Niccolò Machiavelli · Hauptwerke

Unter Zugrundelegung der Übersetzungen von Johann Ziegler
und Franz Nicolaus Baur

Niccolò Machiavelli

Hauptwerke

Herausgegeben von Dr. Alexander Ulfig

Vom Staate

Vom Fürsten

Kleine Schriften

Parkland Verlag

2000 Lizenzausgabe für Parkland Verlag, Köln

Umschlagentwurf: Klaus Dempel
Umschlagbild: Niccolò Machiavelli, ital. polit. Schriftsteller,
Archiv für Kunst und Geschichte, Berlin
Druck und Bindung: Graphischer Großbetrieb Pößneck

ISBN 3-88059-975-0

Printed in Germany

Vorwort des Herausgebers

Niccolò Machiavelli zählt zu den bedeutendsten Universaldenkern der Renaissance: Er war einerseits Philosoph, Geschichtsschreiber, politischer Denker und Staatstheoretiker; andererseits vermochte er das theoretisch Erkannte in seiner Tätigkeit als Diplomat und Berater in die konkrete politische Praxis umzusetzen. Darüber hinaus zeugen die von ihm verfaßten Gedichte und Dramen von seinen außerordentlichen schriftstellerischen Fähigkeiten. Machiavellis Gedanken und Überlegungen üben bis heute einen tiefgreifenden Einfluß sowohl auf die Staatsphilosophie und -theorie als auch auf die Beurteilung politischer Ereignisse und das konkrete politische Handeln aus.

Er wurde am 3. 5. 1469 in Florenz als Sohn eines Rechtsgelehrten geboren. Die Macht- und Intrigenspiele, die das damalige Florenz beherrschten, prägten besonders stark die Herausbildung seiner politischen Überzeugungen. Nach juristischen Studien trat Machiavelli 1498 als Vorsteher der Zweiten Kanzlei in die Dienste der florentinischen Republik. Er was als Beamter, Berater und Diplomat tätig, wobei er sich sowohl mit innen- als auch mit außenpolitischen Angelegenheiten der Republik befaßte. Zu den inneren Angelegenheiten gehörte u.a. die Reform des Heerwesens; Machiavelli lehnte das Söldnerheer als ineffizient ab und schuf eine Bürgerwehr, die sich hauptsächlich aus der Landbevölkerung rekrutierte. Außenpolitisch leitete er wichtige diplomatische Missionen, u.a. zu König Ludwig XII von Frankreich, Kaiser Maximilian I und Papst Julius II. Er war ein geschickter Diplomat, gefragter Berater und glänzender Redner. Nachdem die Medici – eine der damals mächtigsten Fürstenfamilien Italiens – mit spanischer und päpstlicher Unterstützung die Macht in Florenz wiedererlangt hatten, wurde Machiavelli 1513 aus dem Staatsdienst entlassen, zu Unrecht einer Verschwörung gegen die Medici bezichtigt, verhaftet und gefoltert. Es folgten Jahre der Verbannung auf seinem Landgut in Sant Andrea in der Nähe von Florenz. Die Zeit der Verbannung und damit der politischen Untätigkeit nutzte Machiavelli dazu, seine politischen und literarischen Schriften zu verfassen. In dieser Zeit entstanden seine beiden Hauptwerke „Vom Staate“ oder

„Erörterungen über die erste Dekade von Titus Livius" (ital. „Discorsi sopra la prima deca di Tito Livio"; erschienen 1531) und „Der Fürst" (ital. „Il principe"; erschienen 1532). Aber auch literarische Werke, wie die Komödie „La Mandragola", stammen aus dieser Zeit. Machiavelli hat sich stets als treuer Diener der Republik um die Gunst der Medici bemüht („Der Fürst" wurde den Medici gewidmet). Dies führte dazu, daß er von den Medici den Auftrag bekam, die Geschichte der Stadt Florenz zu schreiben (ital. „Istorie fiorentine"; erschienen 1532), ohne jedoch dabei wichtige politische Ämter bekleiden zu können. Als 1527 aufgrund einer militärischen Intervention des Kaisers Karl V die Medici gestürzt wurden, verlor Machiavelli seine Stellung als Geschichtsschreiber. Verarmt, vereinsamt und von seinen Zeitgenossen verkannt, stirbt Machiavelli am 22. 6. 1527 in Florenz.

Machiavellis staatsphilosophische Lehre kann nur dann angemessen verstanden werden, wenn man sich die geschichtlich-gesellschaftliche Situation seiner Epoche, der Renaissance, vergegenwärtigt. Wichtige Merkmale dieser Epoche sind: die Auflösung des christlich-mittelalterlichen Geschichtsbildes und der päpstlichen Macht, der allgemeine Sittenverfall, die Zersplitterung Italiens und anderer europäischer Staaten, den Staat schwächende Macht- und Intrigenspiele, permanente kriegerische Auseinandersetzungen und das Fehlen eines starken und stabilen Staatswesens. Der christlich-mittelalterlichen Lehre zufolge wird Geschichte als ein zielgerichtetes HEILSGESCHEHEN *verstanden; die Geschichte der Menschheit wird als ein „Kampf" zwischen einem jenseitigen Gottesstaat und einem diesseitigen weltlichen Menschenstaat interpretiert, wobei im Endgericht der Gottesstaat den alleinigen „Sieg" davonträgt. Der Zweck der Geschichte ist die Erlösung der Menschheit im Gottesstaat. Diese Geschichtsauffassung wird in der Zeit der Renaissance immer mehr in Frage gestellt, der Glaube an ein Heilsgeschehen und an ein besseres, jenseitiges Leben wird immer schwächer. Die Auflösung des christlich-mittelalterlichen Geschichtsbildes führt zu einer weit verbreiteten Unsicherheit und gleichzeitig zur Suche nach neuen, alternativen geschichts- und staatsphilosophischen Konzepten. Nicht christlich-utopische Heilserwartung, sondern realistische, sich an der menschlichen Natur und den konkreten*

politischen Ereignissen orientierte Auffassungen gewinnen in der Renaissance die Oberhand. Der Mensch und die von ihm bewirkten Ereignisse treten immer mehr in den Mittelpunkt des allgemeinen Interesses. In der Abgrenzung von den christlich-mittelalterlichen Lehren rekurrieren Machiavelli und viele seiner Zeitgenossen auf ethische, staatsphilosophische und historiographische LEHREN DER ANTIKE. *Die Wiederbelebung antiker Gedanken und Konzepte ist ein typisches Merkmal der Renaissance. Antike Elemente der Machiavellischen Lehre sind: das zyklische Geschichtsbild, die Tugendlehre und das römische Herrschaftsideal. Wichtigste politische Ziele Machiavellis, die auch als die grundlegenden Motive seiner Lehre und seines politischen Engagements angesehen werden können, sind die Einheit Italiens und die damit verbundene* ETABLIERUNG EINES STARKEN UND STABILEN STAATES. *Beide Ziele können nur von einer charismatischen Persönlichkeit, dem Fürsten, realisiert werden.*

Machiavelli kann als radikaler Realist bezeichnet werden. Während in den christlichen Lehren viel darüber ausgesagt wird, wie die Menschen handeln SOLLEN, *um als moralisch gut zu gelten, und wie eine ideale, letztlich göttliche, Welt aussehen soll, beschreibt Machiavelli, wie die Menschen wirklich* SIND, *handeln und ihre Ziele zu erreichen trachten. Aus diesem kompromißlosen Realismus folgt sein Menschenbild, das oft als pessimistisch bezeichnet wird; die Menschen sind habgierig, heuchlerisch und hinterlistig; Angst und Haß beherrschen das menschliche Verhalten – die Menschen sind sich einander Feinde. Dem amoralischen Alltagsverhalten entspricht die Amoralität des politischen Handelns. „Wer politisch handelt, muß auch Böses tun". Sowohl im gesellschaftlichen Alltagsleben als auch in der Politik spielt die Moral eine untergeordnete Rolle. Die obersten Zwecke des politischen Handelns,* MACHTGEWINNUNG UND MACHTERHALTUNG, *können auch mit amoralischen Mitteln erreicht werden. Dies bedeutet nicht, daß Machiavelli ein Amoralist war, d.h. sich prinzipiell gegen jegliche Moral und Religion ausgesprochen hat. Im Gegenteil: Moralische und religiöse Überzeugungen sind für die Bildung und Erhaltung eines Gemeinwesens, und damit auch des Staates, notwendig. Sie sollen jedoch auf die* PRIVATSPHÄRE *der Bürger beschränkt werden;*

in ÖFFENTLICHEN, *politischen Angelegenheiten sollen sie keine dominierende Rolle spielen. Machiavelli vollzieht damit die Trennung von Politik und Moral. Regeln des politischen Handelns können nicht aus Moral und Religion abgeleitet werden, sondern nur durch Kenntnis der Geschichte und der konkreten politischen Ereignisse und Verhältnisse. Politik ist nicht mehr Teil einer göttlichen Ordnung, sondern ein besonderer Bereich des menschlichen Handelns, der durch eigene Regeln und Gesetze bestimmt wird. Um Macht zu gewinnen und zu erhalten, ist jedes Mittel recht. Betrug, Lüge, Erpressung, Mord und Krieg sind legitime Mittel im Kampf um politische Macht. Worauf es also bei politischem Handeln ankommt, ist der richtige, zweckgemäße Gebrauch der Mittel und der damit verbundene* ERFOLG. *Vor dem Hintergrund dieses negativen Menschenbildes sieht Machiavelli die Notwendigkeit eines Staates, der Orientierung, Ordnung und Frieden stiften und gewährleisten könnte. Ein solcher Staat kann nur von einer starken Herrscherpersönlichkeit, dem Fürsten, gegründet, etabliert und gelenkt werden. Eine erfolgreiche Staatspolitik des Fürsten hängt von drei wesentlichen Faktoren ab: von* VIRTÙ, FORTUNA *und* NECESSITÀ. *Die virtù bezeichnet die Energie, Kraft, Entschlossenheit und Durchsetzungsfähigkeit eines Herrschers; sie ist die Triebkraft des politischen Handelns, die Kraft, die zu herausragenden politischen Leistungen befähigt, insbesondere zur Gründung und Lenkung von Staaten. Die fortuna bezeichnet die das allgemeine Schicksal lenkende Kraft und die Wechselfälle des Glücks. Nur wenn Zeitumstände für den Herrscher günstig sind, kann er erfolgreich handeln. Ein kluger Staatsmann hat ein Gespür für Zeitumstände; er versteht es, sie zu erkennen und für sich zu nutzen. Die necessità bezeichnet die Notwendigkeit, bestimmte Mittel in bestimmten Situationen einzusetzen, um die Erhaltung und Stärkung des Staates zu gewährleisten. Dabei kann sich der Herrscher auch amoralischer Mittel wie Betrug, Lüge, Mord und Krieg bedienen, auch wenn es seinen privaten moralischen Überzeugungen widerspricht. Wichtig ist hier die bereits oben erwähnte Unterscheidung zwischen der privaten und öffentlichen Sphäre. Der Fürst kann privat eine Handlung für amoralisch halten, muß sie aber, wenn sie dem Interesse des Staates dient, seiner Erhaltung und seinem Wohl, vollziehen. Mit diesem Gedanken ist Machiavelli der Begründer der neuzeitlichen Lehre von der Staatsräson.*

Machiavelli gilt als einer der wichtigsten Vertreter der neuzeitlichen Staatsphilosophie und einer der Väter der heutigen Geschichtswissenschaft und der politischen Wissenschaft. Obwohl viele seiner Schriften, z.B. „Der Fürst", Mitte des 16. Jh. auf den Index der katholischen Kirche gesetzt wurden, haben sie einen starken Einfluß sowohl auf Philosophen als auch auf Politiker ausgeübt. Zu den Philosophen gehören u.a. Gentillet, Bacon, Hobbes, Montaigne, Rousseau, Herder, Hegel, Fichte und Nietzsche. Zu den bekanntesten Politikern zählen Friedrich der Große, Napoleon und Clausewitz. Machiavellis Werke wurden im Laufe der letzten Jahrhunderte sehr kontrovers diskutiert. Schon früh, im Jahre 1576, veröffentlichte Gentillet im Geiste der Gegenreformation die erste anti-machiavellische Schrift. Besonders vehement wurden anti-machiavellische Positionen in der Zeit der Aufklärung vertreten, da sich viele Denker dieser Epoche darum bemühten, normative, ethisch-moralische Elemente als Grundlagen des politischen Handelns herauszustellen. In diesen Zusammenhang gehört auch die von Friedrich dem Großen verfaßte Schrift „Der Antimachiavell" (1740). Für Machiavelli haben sich u.a. Fichte und Hegel ausgesprochen, die dabei den Gedanken eines starken Staates hervorhoben: Die Interessen des Staates, seine Erhaltung und sein Wohl, stehen über den individuellen Interessen und Freiheiten der Bürger.

Machiavellismus ist meist die Bezeichnung für skrupellose Machtpolitik und Interessendurchsetzung ohne Rücksicht auf moralische Bedenken. Um ein bestimmtes Ziel zu erreichen, kann jedes Mittel eingesetzt werden. Der Begriff wurde seit dem 17. Jh. zum Schlagwort, das von vielen Parteien meist polemisch benutzt wurde. Man kann mit Recht behaupten, daß der Machiavellismus eine Vereinseitigung und Verkürzung der Machiavellischen Lehre darstellt. Der Staat soll Machiavelli zufolge neben Frieden und Ordnung auch die sittliche Erziehung eines Volkes garantieren. Recht, Religion und Moral spielen dabei eine fundamentale Rolle. Machiavelli ging es letztlich um das Gemeinwohl in einem friedlichen und stabilen Staat. Die Herrschaft soll sich durch den Bezug auf das Gemeinwohl legitimieren.

Die Skepsis gegenüber utopischen und aufklärerischen Staatsentwürfen hat im 19. und 20. Jh. zu einer intensiven Beschäftigung mit der Machiavellischen Lehre geführt. Nicht die Suche nach der besten politischen Ordnung, sondern die Analyse konkreter Machtstrukturen und –verhältnisse und Fragen nach der Legitimität der Herrschaft bzw. Macht rückten allmählich in den Mittelpunkt des wissenschaftlichen und außerwissenschaftlichen Interesses. Machiavellis Überlegungen und Analysen sind für die gegenwärtig geführten Diskussionen über grundlegende Probleme der demokratischen Staatsordnung von besonderer Wichtigkeit und Aktualität. Es handelt sich hauptsächlich um Probleme der Legitimität der Herrschaft, der Rolle von Führungspersönlichkeiten, der Angemessenheit bestimmter Strategien und Verfahren der Machtgewinnung und Machterhaltung, der politischen Manipulation und der Bedeutung von ethisch-moralischen Normen für das politische Handeln. Nicht zu unterschätzen ist der Einfluß der machiavellischen Politik-Betrachtung auf die Beurteilung von politischen Ereignissen und das daraus folgende konkrete politische Handeln. Dies soll abschließend ein Beispiel verdeutlichen: Der Einsatz der Nato-Truppen im Kosovo kann sowohl moralisch als auch machiavellisch, d.h. hier machtpolitisch, gerechtfertigt werden. Im ersten Fall wird man sich bei der Rechtfertigung des Nato-Einsatzes auf die Einhaltung von Menschenrechten berufen; die Verletzung der Menschenrechte im Kosovo wäre ein Grund für den militärischen Einsatz. Im zweiten Fall würde man argumentieren, daß es bei diesem Einsatz darum geht, die politische, ökonomische und strategische Macht auf dem Balkan zu gewinnen, daß es sich also um einen Machtkampf handelt, der schon seit Jahrhunderten zwischen den westlichen Mächten, Rußland und der Türkei geführt wird. Anhand des oben Gesagten wird deutlich, wie tiefgreifend unser heutiges Politik-Verständnis von den machiavellischen Auffassungen geprägt wird.

IM MÄRZ 2000
DR. ALEXANDER ULFIG

Inhaltsverzeichnis

Vom Staate

Erstes Buch

Zweites Buch

Drittes Buch

VOM FÜRSTEN

Kleine Schriften

Gesandtschaft beim Herzog von Valentinois

Legation nach Mantua in Geschäften mit dem Kaiser

Vom Staate

Niccolò Machiavelli dem Zanobi Buondelmonti und Cosimo Rucellai seinen Gruß

Ich sende Euch ein Geschenk, das, wenn es auch meinen Verbindlichkeiten gegen Euch nicht entspricht, doch ohne Zweifel das Beste ist, was Euch Niccolò Machiavelli senden konnte. Alles was ich weiß und was ich mir durch langjährige Erfahrung und anhaltendes Lesen der Geschichte zu eigen gemacht habe, ist darin ausgesprochen.

Da weder Ihr noch andere mehr von mir verlangen könnt, so könnt Ihr Euch nicht beschweren, wenn ich Euch nicht mehr gegeben habe. Wohl kann sich Euch die Armut meines Geistes aufdecken, wenn diese Erzählungen dürftig sind, und die Trüglichkeit meines Urteils, wenn ich mich häufig beim Erörtern getäuscht habe. In diesem Falle weiß ich nicht, wer von uns dem andern weniger verschuldet ist, ich Euch, die Ihr mich zu schreiben zwangt, was ich nie von freien Stücken geschrieben haben würde, oder Ihr mir, wenn ich Euch durch meine Schrift nicht befriedigt haben sollte.

Nehmt daher dies so, wie alles von Freunden genommen wird, bei welchen immer mehr die Gesinnung des Senders als die Beschaffenheit des Gesendeten in Betracht kommt. Seid versichert, daß der Gedanke ein angenehmes Gefühl in mir erregt, daß, sollte ich mich auch bei vielen Gelegenheiten geirrt haben, ich doch gewiß weiß, in keinen Irrtum verfallen zu sein, daß ich Euch auserwählte, um Euch vor allen andern meine Betrachtungen zu widmen. Ich glaube dadurch einige Dankbarkeit für empfangene Wohltaten gezeigt zu haben, so wie ich von der gewöhnlichen Weise der Schriftsteller abgegangen bin, welche ihre Werke immer einem Fürsten zu widmen pflegen und, von Ehrgeiz und Habsucht geblendet, diesen wegen aller vorzüglichen Eigenschaften loben, während sie ihn wegen jeder Schändlichkeit tadeln sollten.

Um nicht in denselben Fehler zu fallen, habe ich nicht die gewählt, welche Fürsten sind, sondern die, welche durch ihre unzähligen guten Eigenschaften es zu sein verdienen; nicht die, welche mich mit Stellen, Ehren und Reichtümern überhäufen könnten, sondern die, welche es, wenn sie es könnten, tun würden. Um richtig zu urteilen, muß man die achten, welche freigebig sind, nicht die, welche es sein könnten; und ebenso die, welche einen Staat zu regieren verstehen, nicht die, welche regieren, ohne es zu verstehen. So loben die Schriftsteller Hiero von Syracus mehr, während er Privatmann war, als Perseus von Macedonien, der König war, weil dem Hiero, um Fürst zu sein, nichts anderes fehlte als das Fürstentum, jener aber von einem König nichts anderes hatte als das Königreich.

So lasset Euch denn das Gute oder das Schlechte gefallen, was Ihr selbst haben wolltet, und wenn Ihr in Euerm Irrtum beharrt, daß Euch diese meine Meinungen angenehm seien, so werde ich nicht ermangeln, die Geschichte meinem Versprechen gemäß zu Ende zu führen. Lebt wohl.

Der Betrachtungen erstes Buch

Obgleich wegen der neidischen Natur des Menschen neue Regeln und Einrichtungen aufsuchen immer so gefährlich war als die Entdeckung unbekannter Meere und Inseln, weil man viel geneigter ist, die Handlungen anderer zu tadeln als zu loben, so habe ich mich dennoch, von dem mir angeborenen Triebe gespornt, immer das Gemeinnützige ohne alle Rücksicht zu tun, entschlossen, einen Weg einzuschlagen, der, noch von niemand betreten, mir zwar Mühe und Arbeit verursachen wird, aber auch Belohnung eintragen kann, wenn man meine Bestrebungen mit Nachsicht betrachten sollte. Sollte aber wegen Armut des Geistes, weniger Erfahrung in Staatsgeschäften und geringer Kenntnis der Geschichte dieses mein Unterfangen mangelhaft und von nicht viel Nutzen sein, so wird doch wenigstens dadurch einem andern der Weg gebahnt werden, der mit mehr Kraft, Beredsamkeit und Scharfblick meinen Plan so ausführen kann, wie er mir vorschwebt. Dies sollte mir, wenn schon kein Lob erwerben, doch auch keinen Tadel zuziehen.

Wenn ich erwäge, welche Ehre dem Altertum erzeigt wird, und wie häufig, um andere Beispiele zu übergehen, ein Bruchstück einer antiken Bildsäule um hohen Preis angeschafft wird, um es zu besitzen, sein Haus damit zu schmücken, es von denen nachahmen zu lassen, die sich jener Kunst widmen, und wie sich diese nachher mit allem Fleiße bestreben, dasselbe in ihren Arbeiten darzustellen; und wenn ich auf der andern Seite sehe, wie die größten Unternehmungen, welche, wie die Geschichte zeigt, von den alten Reichen und Republiken, von den Königen, Feldherrn, Bürgern, Gesetzgebern und anderen, die für ihr Vaterland gearbeitet, ausgeführt wurden, viel eher bewundert als nachgeahmt, ja so sehr von jedem überall geflohen werden, daß von jener alten Tugend kein Schatten übriggeblieben ist: so kann ich mich nicht enthalten, mich zugleich zu verwundern und zu betrüben; um so mehr als ich sehe, daß man bei den Privatstreitigkeiten, die zwischen den Bürgern entstehen, und bei den Krankheiten, welche die Menschen treffen, immer zu den Urteilssprüchen oder den Heilmitteln seine Zuflucht nimmt, welche von den Alten gefällt oder verordnet worden sind. Denn die bürgerlichen Gesetze sind nichts anderes als von den alten Rechtsgelehrten gefällte Urteile, die, in eine gewisse Ordnung gebracht, unsere jetzigen Rechtsgelehrten Recht sprechen lehren; und nichts anderes ist die Arzneiwissenschaft, als von den alten Ärzten gemachte Erfahrungen, worauf die jetzigen Ärzte ihr Urteil gründen. Nichtsdestoweniger findet sich bei der Einrichtung der Republiken, bei der Erhaltung der Staaten, bei der Regierung der Reiche, bei der Errichtung des Heeres und der Führung des Krieges, beim Rechtsprechen über die Untertanen, bei der Erweiterung der Herrschaft weder Fürst noch Republik, weder Feldherr noch Bürger, der zu den Beispielen der Alten zurückgriffe.

Nach meiner Überzeugung rührt dies nicht so sehr von der Schwächlichkeit, wozu die jetzige Erziehung die Welt geführt, oder von dem Schaden, den ein ehrgeiziger Müßiggang vielen christlichen Ländern und Städten zugefügt hat, als davon her, daß man keine wahre Kenntnis der Geschichte besitzt, daß man, wenn man sie liest, nicht den Sinn, wenn man sie kostet, nicht den Geschmack aus ihr zieht, den sie in sich schließt. Daher kommt es, daß Unzählige, die die Geschichte lesen, Vergnügen daran finden, jene Abwechslung von Ereignissen, welche darin enthalten sind, zu hören, ohne daß sie sich einfallen lassen, dieselben nachzuahmen, indem sie die Nachahmung nicht allein für schwer, sondern für unmöglich halten: als wenn der Himmel, die Sonne, die Elemente, die Menschen in Bewegung, Ordnung und Kraftvermögen verschieden wären von dem, was sie im Altertum waren.

Da ich nun den Menschen diesen Irrtum nehmen will, so habe ich für nötig erachtet, über alle Bücher des Livius, die uns die Tücke der Zeit nicht entzogen hat, das zu schreiben, was ich den alten und neun Begebenheiten gemäß zum bessern Verständnis derselben nötig halte, damit die Leser dieser meiner Betrachtungen daraus den Nutzen ziehen mögen, um dessentwillen man die Kenntnis der Geschichte zu erlangen suchen soll.

Obgleich nun dies Unternehmen schwer ist, so glaube ich dennoch, mit Hilfe derer, die mich aufgemuntert haben, mir diese Last aufzubürden, dieselbe so zu tragen, daß einem andern nur noch ein kurzer Weg übrigbleibt, sie an den Ort ihrer Bestimmung zu bringen.

1.
Welches im allgemeinen der Ursprung einer jeden Stadt, und welches der Roms war.

Wer gelesen hat, welches der Ursprung der Stadt Rom war, wie und von welchen Gesetzgebern sie geordnet wurde, wird sich nicht wundern, daß sich so große Kraft mehrere Jahrhunderte hindurch in dieser Stadt erhielt, und daß nachher das Reich daraus hervorging, zu welchem diese Republik anwuchs. Da ich mich zuerst über den Ursprung verbreiten will, so schicke ich voraus, daß alle Städte entweder von den Eingebornen des Landes selbst, oder von Fremden erbaut werden.

Der erste Fall tritt ein, wenn die Einwohner eines Landes, in viele und kleine Abteilungen zerstreut, nicht sicher zu leben glauben, da nicht eine jede Gruppe für sich, sowohl wegen der Lage ihres Wohnorts, als auch wegen ihrer kleinen Kopfzahl dem Anfall eines Angreifenden widerstehen kann, und da, wenn der Feind kommt, die Zeit fehlt, sich zur Verteidigung zu vereinigen; oder hätten sie Zeit, viele ihre Wohnorte verlassen und diese so eine schnelle Beute der Feinde werden müßten. Um diesen Gefahren zu entgehen, beschränken sie sich entweder aus eigenem Antrieb oder auf Antrieb eines Mannes, der bei ihnen die höchste Gewalt hat, darauf, miteinander vereinigt zu wohnen, und wählen sich dazu einen Ort, so bequem zum Leben, und so leicht zu verteidigen, als sie ihn finden können. Auf diese Art entstanden unter vielen anderen Städten Athen und Venedig. Erstgenannte Stadt wurde unter der Herrschaft des Theseus aus ähnlichen Ursachen von den zerstreuten Landesbewohnern erbaut. Venedig entstand, als sich viele Völkerschaften auf einige kleine Inseln an der Spitze des Adriatischen Meeres geflüchtet hatten, um den Kriegen zu entgehen, die jeden Tag durch die Ankunft neuer Barbarenschwärme nach dem Verfall des römischen Reiches in Italien ausbrachen, und hier, ohne daß ihnen ein einzelner Mann Einrichtungen gegeben hätte, anfingen, miteinander unter den Gesetzen zu leben, welche ihnen zu ihrer Erhaltung am geeignetsten schienen. Ihr Unternehmen glückte dank der langen Muße, welche ihnen ihre Lage gab, da das Meer den Zugang verwehrte und die Völker, welche Italien verheerten, keine Schiffe hatten, um sie anzugreifen; so daß ein ganz kleiner Anfang sie zu ihrer jetzigen Größe führen konnte.

Im zweiten Falle wird eine Stadt von Fremden erbaut, und diese sind entweder freie Männer oder Abhängige. Zu den letzteren gehören die Kolonien, welche von einer Republik oder einem Fürsten ausgesendet werden, um sich der überflüssigen Menschen zu entledigen, oder um ein Land zu verteidigen, das, neu erobert, sicher und ohne Kosten erhalten werden soll. Solche Städte baute das römische Volk viele und in allen Teilen seines Reiches. Ferner gehören hierzu die Städte, welche von einem Fürsten, nicht sowohl um darin zu wohnen, als zu seinem Ruhme gebaut werden, wie Alexandrien von Alexander dem Großen. Da alle diese Städte keinen freien Ursprung haben, so geschieht es selten, daß sie große Fortschritte machen und zu den Hauptreichen gezählt werden können. Auf eine ähnliche Art wurde Florenz erbaut; denn, sei es durch Sullas Soldaten, oder durch die einheimischen Bewohner der Berge von Fiesole, die, dem langen Weltfrieden unter Octavian vertrauend, sich entschlossen, in der Ebene an den Ufern des Arno zu wohnen, so wurde Florenz doch immer unter römischer Herrschaft erbaut und konnte in den ersten Zeiten keine andern Vergrößerungen vornehmen als die, welche ihm durch die Freigebigkeit der Kaiser zugestanden wurden.

Frei sind die Erbauer der Städte, wenn Völker unter einem Fürsten oder für sich durch Krankheit, Hunger oder Krieg ihr Geburtsland zu verlassen und neue Sitze aufzusuchen gezwungen sind. Solche Völker bewohnen dann entweder die Städte, welche sie in den eroberten Ländern finden, wie die Juden unter Moses, oder erbauen neue, wie die Trojaner unter Aneas. Hier ist es, wo man die Größe des Erbauers und das Glück des Gebäudes erkennt, welches Glück dann mehr oder weniger Staunen erregt, je nachdem ein mehr oder weniger ausgezeichneter Mann den Grund dazu legte. Die Größe eines solchen Mannes aber gibt sich in zweierlei Dingen kund, in der Auswahl des Ortes und in der Gesetzgebung.

Da nun die Menschen entweder aus Notwendigkeit oder aus Wahl handeln und man dort größere Tugend sieht, wo der freien Wahl weniger Raum bleibt, so ist zu erwägen, ob es nicht besser sein möchte, zur Erbauung der Städte unfruchtbare Plätze auszusuchen, damit die Menschen zur Arbeit gezwungen und, weniger dem Müßiggang ergeben, einiger leben möchten, indem sie wegen der Armut der Gegend weniger Ursache zu Zwistigkeiten haben: wie es in Ragusa und vielen andern an ähnlichen Orten erbauten Städten der Fall war. Dies wäre nun ohne Zweifel die weiseste und nützlichste Maßregel, wenn die Menschen sich damit begnügten, von dem Ihrigen zu leben, und nicht stets danach strebten, andern zu befehlen. Da aber einmal die Natur des Menschen so beschaffen ist und man sich nur durch Macht sichern kann, so ist es notwendig, diese Öde des Landes zu meiden und sich an den fruchtbarsten Stellen niederzulassen, wo die Ergiebigkeit des Bodens die Vermehrung der Bewohner begünstigt und dieselben so in den Stand setzt, sich sowohl gegen Angriffe zu verteidigen, als auch jeden zu überwinden, der sich ihrer Vergrößerung widersetzen würde. Was den Müßiggang betrifft, den eine günstige Lage zur Folge haben könnte, muß man sorgen, daß die Gesetze dazu zwingen, wozu die Lage nicht nötigt. Man muß die weisen Gesetzgeber nachahmen, welche in den angenehmsten und fruchtbarsten Ländern, die am leichtesten träge, zu jeder männlichen Anstrengung untaugliche Menschen hervorbringen, gewohnt haben und, um den Nachteilen, welche die Milde des Himmelsstriches durch den Müßiggang verursacht haben würde, vorzubeugen, die zu Soldaten bestimmte Mannschaft zu anhaltender Übung nötigten, so daß durch eine solche Einrichtung hier bessere Soldaten gebildet wurden als in den von Natur rauhen und unfruchtbaren Ländern. So vermochten zum Beispiel in Ägypten trotz des angenehmsten Landes die Gesetze so viel, daß daselbst die vorzüglichsten Männer geboren wurden; und wären ihre Namen nicht durch ihr hohes Altertum verloren gegangen, so würde man sehen, daß sie mehr Ruhm als Alexander der Große und viele andere verdienen, deren Andenken noch frisch ist. Wer in späterer Zeit die Regierung des Sultans, die Einrichtungen der Mamelucken und ihres Heeres, ehe es vom Großtürken Selim II. vernichtet wurde, gesehen hätte, würde dort viele Übungen bei den Soldaten wahrgenommen und sich durch den Augenschein überzeugt haben, wie sehr man den Müßiggang fürchtete, wozu die Milde des Himmelsstriches hätte führen können, wenn nicht durch die strengsten Gesetze vorgebeugt worden wäre. Es scheint mir daher viel weiser, sich in einer fruchtbaren Gegend niederzulassen, wenn der Wirkung dieser Fruchtbarkeit durch die Gesetze gehörige Schranken gesetzt werden. Als Alexander der Große eine Stadt zu seinem Ruhme erbauen wollte, kam der Baumeister Dinokrates zu ihm und schlug ihm vor, dieselbe auf dem Berge Athos zu errichten, welcher Ort außer seiner Festigkeit sich auch so bearbeiten lasse, daß die Stadt menschliche Form erhalte, was eine wunderbare, seltene und der Größe des Königs würdige Sache sei. Als ihn aber Alexander fragte, wovon die Einwohner leben würden, antwortete er, daran habe er nicht gedacht. Der König lachte, ließ diesen Berg stehen und erbaute Alexandrien, wo die Einwohner sowohl wegen der Ergiebigkeit des Bodens als wegen der Nähe des Meeres und des Nils gerne würden bleiben wollen.

Wenn man also die Erbauung Roms untersucht, so gehört es, wenn Aeneas als sein erster Gründer angenommen wird, zu den von Fremden erbauten Städten; wenn Romulus, zu den von Eingeborenen erbauten. In beiden Fällen ist es freien, völlig unabhängigen Ursprungs. Unten aber soll gezeigt werden, zu welchen Anstrengungen es durch die Gesetze des Romulus, Numa und anderer gezwungen ward, so daß die Fruchtbarkeit der Gegend, die Nähe des Meeres, die häufigen Siege und die Größe des Reiches die Sitten mehrere Jahrhunderte hindurch nicht verderben konnten, und daß sich Rom voll so großer

Kraft erhielt, wie niemals eine Republik ähnliche Kraft aufweisen konnte.

Da nun die Taten Roms, welche Livius beschrieben hat, entweder infolge öffentlichen Beschlusses oder durch die Entschließung einzelner Männer, entweder im Innern oder außerhalb der Stadt ausgeführt wurden, so will ich zuerst über dasjenige, was im Innern und auf öffentlichen Beschluß geschah, sprechen, insofern es mir besondere Aufmerksamkeit zu verdienen scheint, wobei ich dann jedesmal hinzusetzen werde, was alles davon abhing. Diese Betrachtungen werden dieses erste Buch oder vielmehr diesen ersten Teil ausmachen.

2.

Wieviel Arten von Regierungsformen es gibt, und zu welcher der römische Staat gehört.

Ich unterlasse, von den Staaten abhängigen Ursprungs zu reden, und werde nur von den Staaten handeln, welche von Anfang an frei von aller äußern Knechtschaf sich nach eigenem Willen, sei es nun als Republiken oder als Monarchien regiert haben. Diese Staaten hatten, wie verschiedenen Ursprung, so auch verschiedene Gesetze und Einrichtungen. Einigen gab bei ihrer Gründung, oder nicht lange nachher, ein einzelner und auf einmal Gesetze, wie den Spartanern Lycurgus. Andere erhielten ihre Gesetze bei Gelegenheit, zu mehreren Malen und nach Maßgabe der Ereignisse, wie Rom. Ein Volk kann sich glücklich nennen, einen weisen Mann hervorgebracht zu haben, der ihm dauernde Gesetze vorschreibt, unter welchen es eine lange Zeit sicher leben kann. So liest man, daß Sparta seine Gesetze länger als acht Jahrhunderte bewahrte, ohne sie abzuändern und ohne daß irgendein gefährlicher Aufstand ausbrach. Im Gegensatz dazu kann man die Staaten unglücklich nennen, die sich nicht einem klugen Gesetzgeber unterworfen haben, sondern genötigt sind, sich selbst umzuformen. Von diesen ist wiederum jener Staat der unglücklichste, in welchem die wenigste Ordnung herrscht; die wenigste Ordnung aber herrscht in dem Staate, dessen Einrichtungen ganz von dem geraden Wege ab liegen, der ihn zum vollkommenen und wahren Ziele führen könnte. Es ist fast unmöglich, daß ein Staat, steht er auf dieser Stufe, durch die Ereignisse befestigt wird. Die anderen, welche zwar keine vollkommenen Einrichtungen haben, deren Anfang aber wenigstens gut war und ein Fortschreiten erlaubt, kann das günstige Zusammentreffen der Ereignisse zur Vollkommenheit führen. Wahr ist jedoch, daß dies nie ohne Gefahr geschieht; denn die Mehrzahl der Menschen stimmt einem Gesetze, das eine neue Ordnung der Dinge betrifft, nie bei, wenn ihr die Notwendigkeit davon nicht vor Augen liegt; und da diese Notwendigkeit nur in einem Zustande von Gefahr eintreten kann, so geht ein solcher Staat leicht zugrunde, ehe er seine Vollkommenheit erreicht hat. Einen schlagenden Beweis hiervon liefert die Republik Florenz, welche durch die Vorfälle von Arezzo im Jahre 1502 wieder befestigt und durch die von Prato im Jahre 1512 umgestürzt wurde.

Um die Verfassung der römischen Republik und die Ereignisse, welche dieselbe zur Vollkommenheit führten, zu erörtern, bemerke ich zuvörderst, daß einige Schriftsteller über die Republiken dreierlei Regierungsformen annehmen, nämlich: Alleinherrschaft, Herrschaft der Vornehmsten und Volksherrschaft. Um einen Staat zu konstituieren, sagen sie ferner, müsse man sich für eine dieser drei Formen erklären, je nachdem dieselbe dem vorgesetzten Zweck am meisten zu entsprechen scheine. Einige andere (nach der Meinung vieler weisere) Schriftsteller glauben, es gebe sechserlei Gattungen von Regierungsformen, von welchen drei sehr schlimm, die drei anderen an und für sich gut seien, doch aber so leicht in Verfall gerieten, daß auch sie gefährlich würden. Die guten sind die drei obengenannten; die schlechten sind drei andere, welche von jenen dreien abhängen, und jede derselben ist der ihr nächstverwandten so ähnlich, daß gar leicht eine in die andere überspringt; denn die Monarchie wird leicht Tyrannei, die Aristokratie leicht Oligarchie, die Demokratie verwandelt sich leicht in Anarchie. Führt also der Gründer eines Gemeinwesens eine der erstgenannten Regierungsformen ein, so ist es nur für kurze Zeit, weil kein irdisches Mittel verhindern kann, daß sie nicht infolge der Ähnlichkeit, die in diesem Falle die Tugend und das Laster haben, in die ihr entgegengesetzte ausartet.

Die verschiedenen Regierungsformen entstanden durch Zufall unter den Menschen; denn als im Anfang der Welt die Menschen noch selten waren, lebten sie zerstreut, den wilden Tieren ähnlich. Als sich nachher ihr Geschlecht vermehrte, schlossen sie sich zusammen und begannen, um sich besser verteidigen zu können, den unter ihnen, der am stärksten und beherztesten war, mit Achtung anzusehen, machten ihn gleichsam zu ihrem Haupte und gehorchten ihm. Hieraus entstand die Kenntnis des Edlen und Guten, im Gegensatz zu dem Verderblichen und Schlechten; denn da sie sahen, daß es Haß und Mitleid erzeugte, wenn einer seinen Wohltäter verletzte, da sie die Undankbaren tadelten und die Dankbaren ehrten, und da sie überdies dachten, es könnten ihnen dieselben Beleidigungen selbst zugefügt werden, so entschlossen sie sich, um ähnliches Übel zu vermeiden, Gesetze einzuführen und Strafen gegen die Dawiderhandelnden festzusetzen, wovon sich der Begriff der Gerechtigkeit herleitet. Dies bewirkte dann bei einer späteren Fürstenwahl, daß sie nicht geradeswegs zum Stärksten gingen, sondern zum Verständigsten und Gerechtesten. Als man aber später den Fürsten durch Erbfolge, nicht durch Wahl bestimmte, so fingen sogleich die Erben an, von ihren Vorfahren abzuarten und dachten, tugendhafte Handlungen hintansetzend, die Fürsten hätten nichts zu tun, als die anderen an Prunk, Zügellosigkeit und in jeder Art von Üppigkeit zu übertreffen. Der Fürst fing nun an, gehaßt zu werden und sich wegen dieses Hasses zu fürchten; von der Furcht ging er bald zu Angriffen über, und es entstand daraus bald eine Tyrannei. Dem folgte zunächst der Anfang des Verderbens, der Meutereien und Verschwörungen gegen die Fürsten, die nicht von den Furchtsamen oder Schwachen, sondern von denen unternommen wurden, die durch Großmut, Seelenadel, Reichtum und Geburt den anderen voranstanden und den schimpflichen Lebenswandel des Fürsten nicht ertragen konnten. Die Menge aber, dem Ansehen der Mächtigen folgend, bewaffnete sich gegen den Fürsten und gehorchte, nachdem dieser verjagt war, jenen als ihren Befreiern. Weil nun letzteren der Name eines Fürsten verhaßt war, so setzten sie aus ihrer Mitte eine Regierung zusammen und betrugen sich im Anfang, eingedenk der vergangenen Tyrannei, den von ihnen angeordneten Gesetzen gemäß, jeden eigenen Vorteil dem allgemeinen Wohl nachsetzend, und verwalteten und erhielten öffentliches und Privateigentum mit größter Sorgfalt. Als nachher diese Verwaltung auf ihre Söhne übergegangen war, die den Wechsel des Glückes nicht kannten, niemals Unfälle erfahren hatten und nicht mit der bürgerlichen Gleichheit zufrieden sein wollten, sondern sich der Habsucht, dem Ehrgeiz und den Gelüsten nach Weibern hingaben, so brachten diese es dahin, daß aus einer Aristokratie eine Oligarchie wurde, ohne daß man auf das allgemeine Beste Rücksicht nahm. Jedoch es erging ihnen binnen kurzem wie den Tyrannen. Die Menge, ihrer Regierung überdrüssig, machte sich zur Dienerin eines jeden, welcher irgend die Herrscher beleidigen wollte, und so erhob sich bald ein Mann, der sie mit Hilfe der Menge vertrieb. Man wollte jetzt nach Zerstörung der Oligarchie die Monarchie nicht wieder einführen, weil die Erinnerung an die Fürsten und die von ihnen erlittenen Unbilden noch zu neu war, und wendete sich deshalb zur Demokratie, in welcher weder mehrere Machthaber noch ein Fürst irgendwelche Gewalt erhielten. Da nun jede Regierungsform im Anfang einige Ehrfurcht einflößt, so hielt sich die Volksherrschaft eine Zeitlang, aber nicht lange, zumal wenn die Generation, welche sie eingeführt hatte, verschwunden war. Schnell kam es zur Zügellosigkeit, wo weder Bürger noch Magistrat gefürchtet wurde. Ein jeder lebte nach seiner Art, man fügte sich täglich tausend Unbilden zu: so daß man, durch die Not gezwungen, teils angeregt durch einen wohlmeinenden Mann, teils um einer solchen Anarchie zu entgehen, von neuem zur Monarchie zurückkehrt und von dieser von Stufe zu Stufe in der nämlichen Art und aus den entwickelten Ursachen wieder zur Anarchie zurückkommt.

Dies ist der Kreis, in welchem alle Staaten sich drehend regiert wurden und regiert werden; allein selten kehren sie zu denselben Regierungsformen zurück, weil fast kein Staat so große Lebenskraft haben kann, um mehrmals diese Wechsel zu durchlaufen und sich erhalten zu können. Wohl aber geschieht es, daß während der Geburtswehen ein Staat, da ihm immer Rat und Kräfte fehlen, Untertan eines Nachbarstaates wird, der eine bessere Verfassung hat. Angenommen jedoch, dem sei nicht so, so würde sich ein Staat ohne Ende in jenen Regierungsformen herumdrehen. Alle genannten Formen sind daher unheilbringend, und zwar wegen der Kürze des Lebens der drei guten, und wegen der Verderblichkeit der drei schlechten. Deshalb vermieden die weisen Gesetzgeber, diese Mängel erkennend, jede der drei guten Regierungsformen an und für sich und erwählten eine aus allen dreien zusammengesetzte. Diese hielten sie dann für die festeste und dauerhafteste, da Monarchie, Aristokratie und Demokratie, in einem und demselben Staate vereinigt, sich gegenseitig überwachen.

Durch eine ähnliche Konstitution verdiente unter anderen Lycurgus das größte Lob. Er gab Sparta solche Gesetze, daß, indem König, Adel und Volk ein jedes seine Rechte erhielt, daraus ein Staat hervorging, welcher länger als achthundert Jahre, zum größten Ruhme des Gründers, in tiefster Ruhe fortbestand. Das Gegenteil erfuhr Solon, Athens Gesetzgeber. Er hatte einzig die Volksherrschaft eingeführt und gab dieser ein so kurzes Leben, daß er noch vor seinem Tode die Tyrannei des Pisistratus sehen mußte. Nach vierzig Jahren wurden nun zwar die Erben desselben verjagt und die Freiheit kehrte nach Athen zurück, welches die demokratische Regierungsform den Vorschriften Solons gemäß wieder annahm, allein sie erhielt sich nicht länger als hundert Jahre, obgleich viele Einrichtungen getroffen wurden, um den Übermut der Großen und die Zügellosigkeit der Menge niederzuhalten, zwei Übel, die Solon nicht in Betracht gezogen hatte. So lebte Athen, weil es der Herrschaft des Volkes nicht die Macht eines Fürsten und die des Adels beigestellt hatte, in Vergleich mit Sparta nur sehr kurze Zeit.

Kommen wir aber zu Rom. Diese Stadt hatte nun zwar keinen Lycurgus, der ihr Gesetze gab, um lange Zeit frei leben zu können, hingegen führte die Uneinigkeit des Volkes und des

Senats so viele günstige Ereignisse herbei, daß der Zufall tat, was kein Gesetzgeber getan. Wenn Rom nicht das erste Los aus der Glücksurne zog, so zog es doch das zweite; denn waren auch seine ersten Institutionen fehlerhaft, so wichen sie dennoch nicht von dem geraden Wege ab, der zur Vollkommenheit führt. Romulus nämlich und alle anderen Könige gaben viele und gute der Freiheit noch angemessene Gesetze, allein da die Gründung eines Königreichs, nicht die einer Republik, ihr Zweck war, so fehlten, wenngleich die Stadt frei blieb, doch viele zur Erhaltung der Freiheit nötige Einrichtungen, welche jene Könige nicht gegeben hatten. Als es nun später dahin kam, daß Roms Könige die Herrschaft, aus den unten zu erörternden Ursachen, verloren, so setzten dessenungeachtet ihre Vertreiber sogleich zwei Konsuln ein, die die Stelle der Könige vertraten, und beseitigten auf diese Art den Namen der Könige, nicht die königliche Gewalt. Rom hatte jetzt Konsuln und Senat, und seine Regierungsform war aus zweien der obengenannten Formen zusammengesetzt, aus der monarchischen und aristokratischen. Es blieb nur noch übrig, auch der Demokratie Raum zu geben, weshalb sich das Volk, als der römische Adel, aus Gründen, die ich unten anführen werde, übermütig wurde, erhob, und dieser, um nicht alles zu verlieren, dem Volke seinen Teil zuzubilligen gezwungen war; wobei jedoch auf der anderen Seite Senat und Konsuln mit hinreichendem Ansehen bekleidet blieben, um ihren Rang im Staate behaupten zu können. So entstand das Institut der Volkstribunen, durch welches der Stand dieser Republik mehr ins Gleichgewicht kam, da allen drei Regierungsformen ihr Anteil ward.

So günstig war Rom das Geschick, daß, obgleich es von der Monarchie und von der Aristokratie zur Demokratie auf denselben Stufen und aus denselben Ursachen, die wir oben gezeigt haben, überging, doch niemals, um dem Adel Gewalt zu geben, alle Gewalt der königlichen Macht entzogen, noch die Gewalt des Adels ganz beseitigt wurde, um sie dem Volke zu geben; sondern daß es eine gemischte Regierungsform erhielt und dadurch eine vollkommene Republik wurde. Diese Vollkommenheit ward aber durch die Uneinigkeit des Volkes und des Senates veranlaßt, wie in den zwei nächsten Kapiteln ausführlich gezeigt werden soll.

3.

Welche Ereignisse in Rom die Einführung der Volkstribunen veranlaßten, wodurch die Republik vervollkommnet wurde.

Alle Schriftsteller über die bürgerliche Gesellschaft stimmen darin überein, und die Geschichte belegt es durch eine Menge Beispiele, daß, wer einer Republik Verfassung und Gesetze gibt, alle Menschen als böse voraussetzen muß, und daß sie so oft die Verkehrtheit ihres Gemütes zeigen werden, als ihnen Gelegenheit dazu wird. Wenn irgendeine Bosheit eine Zeitlang verborgen bleibt, so rührt dies aus einer verborgenen Ursache her, die man nicht eher kennenlernt, als bis die Bosheit zum Ausbruch gekommen ist; dann entdeckt sie uns die Zeit, welche man die Mutter der Wahrheit nennt.

Es schien in Rom nach der Vertreibung der Tarquinier zwischen Senat und Volk die größte Eintracht zu herrschen, die Edlen schienen ihren Stolz abgelegt zu haben und herablassenden verträglichen Sinnes gegen den Geringsten geworden zu sein. Diese Verstellung und die Ursache derselben blieb so lange verborgen, als die Tarquinier lebten; denn gerade so lange betrug sich der Adel, der sie fürchtete und besorgte, das mißhandelte Volk würde sich an sie anschließen, freundlich gegen dasselbe. Sobald aber mit dem Tode der Tarquinier die Furcht vor ihnen verschwunden war, begannen die Edlen das Gift gegen das Volk auszuspeien, das sie in ihrer Brust verschlossen hatten, und beleidigten es auf alle Weise.

Dies gibt ein Zeugnis für den oben aufgestellten Satz, daß die Menschen niemals etwas Gutes tun, wenn sie nicht dazu gezwungen sind; sondern daß alles in Verwirrung und Unordnung gerät, sobald ihnen freie Wahl bleibt und sie sich gehen lassen können. Man sagt daher, Hunger und Armut machen die Menschen betriebsam, die Gesetze machen sie gut. Wo von selbst ohne Gesetz gut gehandelt wird, ist das Gesetz nicht nötig; wenn aber diese gute Gewohnheit aufhört, dann ist sogleich das Gesetz notwendig.

Als daher die Familie der Tarquinier ausgestorben war und die Furcht vor ihnen den Adel nicht mehr im Zaume hielt, mußte man auf eine neue Einrichtung bedacht sein, welche dieselbe Wirkung hervorbrachte wie die Tarquinier, solange sie lebten. So kam es denn nach vielen Unruhen, Aufläufen und gefahrvollen Ausbrüchen der Streitigkeiten zwischen Volk und Adel zur Einführung der Tribunen, welche über der Sicherheit des Volkes wachen sollten und mit solchen Vorrechten und solchem Ansehen ausgestattet wurden, daß sie in der Folge immer die Mittler zwischen Volk und Senat sein und dem Übermut des Adels begegnen konnten.

4.

Daß die Uneinigkeit des römischen Volkes und Senats die Republik frei und mächtig machte.

Ich will nicht unterlassen, über die Ursachen zu sprechen, welche vom Tode der Tarquinier an bis zur Einführung des Tribunats Rom erschütterten. Hierauf soll einiges andere besprochen werden, das die ziemlich häufige Meinung widerlegt, Rom sei eine zum Aufruhr geneigte Republik voll so großer Unordnungen gewesen, daß sie jeder anderen Republik nachgestanden haben würde, wenn nicht ein günstiges Geschick und kriegerische Tapferkeit jene Mängel ausgeglichen hätten. Daß Glück und Kriegskunst Ursachen der Größe des römischen Reiches gewesen seien, läßt sich nicht leugnen; allein man scheint zu übersehen, daß da, wo ein gutes Kriegswesen ist, schon deshalb eine gute Staatsordnung sein kann und auch selten gutes Glück fehlt. Kommen wir aber zu den anderen eigentümlichen Verhältnissen Roms.

Wenn man die Kämpfe zwischen den Edlen und dem Volke verdammt, so tadelt man, meiner Meinung nach, die erste Ursache der Erhaltung römischer Freiheit. Man beachtet dann mehr das Gelärm und Geschrei bei solchen Kämpfen, als die guten Wirkungen, die daraus hervorgingen, und bedenkt nicht, daß in jeder Republik das Denken und Streben der Großen und des Volkes verschieden ist, und daß aus ihrer Zwietracht alle Gesetze zugunsten der Freiheit hervorgehen. Auch in Rom ging es so. Von den Tarquiniern bis zu den Gracchen, in einem Zeitraum von mehr als dreihundert Jahren, hatten die Unruhen Roms selten Verbannung zur Folge, viel seltener noch floß Blut. Man kann daher diese Kämpfe weder für schädlich halten, noch glauben, daß die Republik durch Spaltungen zerrissen war, wenn sie in so langer Zeit wegen ihrer Streitigkeiten nicht mehr als acht bis zehn Bürger verbannte, sehr wenige hinrichten ließ und nicht gar viele zu Geldstrafen verurteilte. Ebensowenig kann man irgend mit Grund eine Republik schlecht eingerichtet nennen, wenn sie so viele Beispiele von Tugend aufzuweisen hat, denn gute Beispiele entstehen durch gute Erziehung, gute Erziehung durch gute Gesetze und gute Gesetze durch jene Unruhen, die von vielen unüberlegt verdammt werden. In der Tat wird niemand, der den Ausgang derselben wohl untersucht, finden, daß eine Verbannung, eine Gewalttat zum Nachteil des allgemeinen Wohles daraus hervorging, sondern Gesetze und Einrichtungen zur Förderung der öffentlichen Freiheit.

Man könnte zwar einwenden, es seien ganz außerordentliche, ja furchtbare Wege zum Guten gewesen, wenn das zusammengerottete Volk gegen den Senat, der Senat gegen das Volk schrie, wenn alles lärmend durch die Straßen rannte, wenn die Kaufläden geschlossen wurden, wenn das ganze Volk aus Rom auszog; lauter Dinge, die freilich beim Lesen in Erstaunen setzen; allein jede Stadt muß ihre eigene Art haben, dem Ehrgeiz des Volkes Luft zu machen; besonders aber die Staaten, welche sich in wichtigen Angelegenheiten des Volkes bedienen wollen. Rom hatte die Art, daß das Volk, wenn es ein Gesetz durchsetzen wollte, entweder eines der angeführten Dinge tat, oder sich in den Krieg zu ziehen weigerte, so daß man, um es zu besänftigen, in einigen Stücken nachgeben mußte. Was aber freie Völker verlangen, ist selten für die Freiheit verderblich, weil ihr Verlangen entweder durch Unterdrückung oder durch die Furcht, unterdrückt zu werden, entsteht. Hätte ein Volk darin eine falsche Meinung gefaßt, so findet sich dagegen ein

Mittel in den Volksversammlungen, wo sich dann ein wohlmeinender Mann erhebt und ihm in einer Rede seinen Irrtum zeigt. Cicero sagt, die Völker seien, wenn auch unwissend, doch für die Wahrheit empfänglich, und leicht geben sie nach, wenn ihnen von einem glaubwürdigen Mann die Wahrheit gesagt wird. Man muß daher mit dem Tadel der römischen Regierungsweise sparsamer sein und erwägen, daß die vielen guten Wirkungen, welche aus dieser Republik hervorgingen, nur aus den besten Ursachen entstehen konnten. Die Unruhen aber verdienen das größte Lob, wenn sie Ursache der Einführung der Volkstribunen waren, denn außer daß dadurch das Volk seinen Anteil an der Verwaltung erhielt, wurden die Tribunen auch zu Wächtern der römischen Freiheit eingesetzt, wie uns das nächste Kapitel zeigen soll.

5.

Wem man mit mehr Sicherheit die Bewachung der Freiheit anvertraut, dem Volke oder den Großen; und wer größeres Interesse daran hat, Unruhen zu erregen: der, welcher erwerben, oder der, welcher erhalten will.

Von den weisen Gesetzgebern wurde die Bewachung der Freiheit immer zu den notwendigsten Einrichtungen einer Republik gezählt. Je nachdem die Wächter gut gewählt sind, hat die bürgerliche Freiheit eine kürzere oder längere Dauer. Da nun jede Republik aus Großen und Volk besteht, so war man im Zweifel, welchen Händen diese Bewachung am besten anzuvertrauen sei. Bei den Lacedämoniern, und in unseren Zeiten bei den Venetianern, wurde sie in die Hände der Edlen, bei den Römern hingegen in die des Volkes gelegt. Wir wollen nun untersuchen, welche von diesen Republiken die beste Wahl getroffen hat.

Hält man sich hierbei an Vernunftschlüsse, so läßt sich auf beiden Seiten vieles für und gegen sagen, betrachtet man aber den Erfolg, so wird man sich für die Edlen entscheiden müssen, da die Freiheit Spartas und Venedigs eine längere Dauer hatte, als die Roms. Beginnen wir mit den Vernunftschlüssen.

Wer die Partei der Römer nimmt, kann sagen, daß man die Bewachung einer Sache denen anvertrauen müsse, welche am wenigsten Lust haben, sich derselben zu bemächtigen. Ohne Zweifel zeigt sich aber bei der Betrachtung der Zwecke der Edlen und des Volkes bei jenen ein heftiges Verlangen zu herrschen, bei diesen nur das Verlangen, nicht beherrscht zu werden und folglich ein festerer Wille, frei zu leben, weil es weniger hoffen kann, die Freiheit zu unterdrücken, als die Großen. Wenn demnach Männer aus dem Volke zur Bewachung der Freiheit aufgestellt sind, so ist es vernunftgemäß, daß sie große Sorgfalt zeigen, und weil sie selbst sich der Freiheit nicht bemächtigen können, auch andere daran verhindern.

Auf der anderen Seite sagen die Verteidiger der spartanischen und venetianischen Verfassung, man tue in zweierlei Hinsicht gut daran, die Bewachung in die Hand der Mächtigen zu legen. Einmal befriedige man mehr den Ehrgeiz letzterer, da sie wegen des größeren Anteils an der Regierung der Republik sich zu begnügen Ursache hätten; zweitens entziehe man den unruhigen Köpfen unter dem Volke eine Art Gewalt, welche die Ursache endloser Spaltungen und Unruhen in einer Republik sei, den Adel leicht zur Verzweiflung bringen könne und so mit der Zeit unheilvolle Wirkung hervorbringen müsse. Als Beleg führen sie Rom selbst an, wo die Volkstribunen jene Gewalt in Händen hatten und sich nicht mit einem plebejischen Konsul begnügten, sondern wollten, daß auch der zweite ein Plebejer sei, ja die Zensur, die Prätur und alle anderen Staatsämter verlangten. Das habe ihnen aber noch nicht genügt; von derselben Wut getrieben, hätten sie mit der Zeit die Männer vergöttert, welche ihnen zur Demütigung des Adels geeignet erschienen wären; daraus sei endlich die Macht des Marius und Roms Verfall entstanden.

In der Tat könnte man bei gehöriger Erörterung beider Meinungen im Zweifel bleiben, wer zum Wächter der Freiheit zu erwählen sei, besonders wenn man nicht weiß, welche Klasse von Menschen in einer Republik am schädlichsten ist, die, welche zu erwerben strebt was sie nicht hat, oder die, welche längst erworbene Vorrechte zu erhalten strebt. Bei genauer

Untersuchung wird man jedoch am Ende folgenden Schluß ziehen müssen: Entweder man spricht von einer Republik, die ein mächtiges Reich werden will wie Rom, oder von einer, der es genügt, sich aufrechtzuerhalten. Im ersten Fall muß man in allem wie Rom handeln; im zweiten Fall kann man Venedig und Sparta nachahmen. Weshalb und wie, soll im nächsten Kapitel gesagt werden. Kehren wir aber zu unserer Erörterung zurück, ob in einem Staate Leute, welche zu erwerben wünschen, oder Leute, welche das Erworbene zu verlieren fürchten, schädlicher seien.

Marcus Menennius und Marcas Fulvius, beide Plebejer, wurden jener zum Diktator, dieser zum *Magister equitum* ernannt, um die Teilnehmer einer Verschwörung in Capua gegen Rom aufzusuchen. Bei dieser Gelegenheit erhielten sie von dem Volke auch die Vollmacht, eine Untersuchung anzustellen, wer in Rom durch Bestechung und andere ungesetzliche Mittel nach dem Konsulat und den übrigen Ehrenstellen strebe. Der Adel, welcher glaubte, jene Macht sei dem Diktator gegen ihn gegeben, sprengte durch Rom aus, nicht die Patrizier suchten die Ehrenstellen durch Bestechung und unerlaubte Mittel zu erlangen, sondern die Plebejer, welche sich nicht auf Geburt und Verdienste stützen könnten, müßten unerlaubte Wege zu jenen Ämtern aufsuchen; besonders aber klagte er den Diktator an. Diese Anklage war von solchem Gewicht, daß Menennius eine Volksversammlung zusammenberief, seinen Schmerz über die Verleumdungen des Adels zu erkennen gab, die Diktatur niederlegte und sich dem Urteilsspruch des Volkes unterwarf.

Bei seinem Prozesse, der mit seiner Freisprechung endigte, wurde nun vielfach hin und her gestritten, wer mehr Unruhestifter sei, der, welcher erhalte, oder der, welcher erwerben wolle; denn leicht kann das eine wie andere Streben die größten Erschütterungen verursachen. Meistenteils jedoch werden die Revolutionen von denen verursacht, welche besitzen, weil die Furcht, zu verlieren, dasselbe Verlangen in ihnen erzeugt, wie in denen, welche zu erwerben streben. Überdies können sie, weil sie viel besitzen, mit größerer Macht und Gewalt Umwälzungen hervorbringen. Ferner kommt noch dazu, daß ihr regelloses herrschsüchtiges Betragen in der Brust der Nichtbesitzenden das Verlangen nach Besitz entzündet, teils um sich durch ihre Beraubung zu rächen, teils um auch ihrerseits die Reichtümer erwerben und die Ämter bekleiden zu können, die sie von jenen mißbraucht sehen.

6.

Ob man Rom eine Verfassung geben konnte, wodurch die Feindschaft des Volkes und Senats beseitigt worden wäre.

Wir haben oben die Folgen der Streitigkeiten des Volkes und Senates auseinandergesetzt. Wenn man denselben bis zur Zeit der Gracchen folgt, wo sie die Ursache des Unterganges öffentlicher Freiheit wurden, so drängt sich einem der Wunsch auf, Rom möchte seine großen Erfolge erlangt haben, ohne solchen Zwiespalt im Innern zu nähren. Es scheint mir daher eine nähere Betrachtung zu verdienen, ob man Rom eine Verfassung geben konnte, durch welche diese Streitigkeiten verhütet worden wären. Zu einer solchen Untersuchung ist es nötig, eine Vergleichung Roms mit den Republiken anzustellen, welche ohne so große Zwietracht und Unruhen lange freigeblieben sind. Man muß ihre Verfassung betrachten und erwägen, ob sich dieselbe in Rom einführen ließ. Diese Republiken habe ich schon oben angeführt, es ist bei den Alten Sparta, bei den Neueren Venedig.

Sparta legte seine Regierung in die Hände eines Königs und eines wenig zahlreichen Senates. Venedig gab seiner Regierung keine verschiedenen Namen, sondern nennt alle, die an der Verwaltung teilhaben können, mit dem einen Ausdruck Edle. Der Zufall veranlaßte diese Regierungsform mehr als die Weisheit eines Gesetzgebers. Es hatten sich nämlich aus den oben angeführten Ursachen viele Bewohner auf die Felsen, worauf heute Venedig steht, zurückgezogen. Ihre Zahl vermehrte sich so sehr, daß Gesetze nötig wurden, um in Gesellschaft zu leben. Sie setzten daher eine Art von Regierung ein und versammelten sich oft, um die Angelegenheiten der Stadt zu beraten. Als sie ihre Zahl zu einem Gemeinwesen für hinreichend hielten, schlossen sie alle neu hinzukommenden Bewohner von der Teilnahme an der Regierung aus. Mit der Zeit wuchs die Anzahl der von der Regierung Ausgeschlossenen hinreichend an, um denen, die regierten, Ansehen zu geben, und so legten sich diese den Namen Edle bei und nannten die übrigen Popolanen. Diese Einrichtung konnte ohne Unruhen entstehen und sich erhalten, weil bei ihrer Entstehung jeder damalige Bewohner Venedigs zur Regierung gehörte und also niemand sich beschweren konnte, die später Hinzukommenden aber einen festen geschlossenen Staat fanden und weder Ursache noch Gelegenheit hatten, Unruhen zu erregen. Ursache hatten sie keine, weil ihnen nichts genommen wurde. Gelegenheit hatten sie nicht, weil sie die Regierung im Zaume hielt und sich ihrer zu keinem Geschäfte bediente, wobei sie hätten Ansehen erwerben können. Außerdem waren der späteren Ankömmlinge in Venedig nicht viele, und so konnte ihre Menge kein Mißverhältnis zwischen Regierern und Regierten hervorbringen; denn die Zahl der Edlen ist eben so groß oder noch größer als die der Popolanen. Aus diesen Gründen konnte sich Venedig seine Verfassung geben und in Eintracht fortbestehen.

Sparta, von einem Könige und einem wenig zahlreichen Senate regiert, konnte sich so lange Zeit erhalten, weil es bei einer kleinen Einwohnerzahl keine fremden Bewohner aufnahm und die Gesetze des Lycurgus, welche mit größter Verehrung befolgt wurden, alle Ursachen des Aufruhrs fernhielten und eine lange dauernde Einigkeit hervorbrachten. Lycurgus gab seinem Volke eine große Gleichheit des Vermögens, aber eine desto größere Ungleichheit des Ranges. Bei dieser allgemeinen Armut in Sparta war das Volk weniger ehrgeizig, besonders da man es von den wenigen Ehrenämtern immer ferngehalten hatte und die Edlen nie durch schlechte Behandlung bei dem Volke den Wunsch hervorriefen, jene Ämter selbst zu bekleiden. Letzteres hatte man den spartanischen Königen zu verdanken, welche in der Mitte des eifersüchtigen Adels kein besseres Mittel zur Behauptung ihrer Würde fanden, als das Volk vor jeder Beleidigung zu schützen. Auf diese Art fürchtete und wünschte das Volk die Herrschaft nicht, und da es dieselbe nicht hatte und nicht fürchtete, so waren die Ursachen des gegenseitigen Hasses des Volkes und des Adels und somit auch die Ursachen der Aufstände aus dem Wege geräumt; weshalb die Spartaner lange Zeit in Einigkeit leben konnten. Die zwei Hauptursachen dieser Eintracht waren aber folgende: erstens daß bei der geringen Einwohnerzahl Spartas wenige zur Regierung hinreichten, zweitens daß, weil man allen Fremden die Aufnahme verweigerte, weder Sittenverderbnis in der Republik einriß, noch die Zahl ihrer Bürger so sehr anwuchs, daß jene Wenigen das Gewicht der Regierungsgeschäfte nicht mehr hätten tragen können.

Erwägt man nun alles dies, so zeigt sich, daß die Gesetzgeber Roms eines von beiden tun mußten, wenn Rom so ruhig als die beiden obengenannten Republiken bleiben sollte: entweder sich des Volkes zum Kriege nicht bedienen wie die Venetianer, oder den Fremden die Tore nicht öffnen wie die Spartaner. Allein gerade was die Venetianer und Spartaner nicht taten, das taten die Römer; daher die Stärke und Vermehrung des Volkes und die Ursache endloser Aufstände. Gelang es aber, den römischen Staat ruhiger zu machen, so entstand daraus der Nachteil, daß er auch schwächer wurde; denn man verstopfte ihm die Quellen seiner künftigen Größe. Wollte demnach Rom die Ursachen seiner Unruhen beseitigen, so beseitigte es zugleich die Ursachen seiner Vergrößerung.

In allen menschlichen Dingen zeigt sich dem aufmerksamen Beobachter Ähnliches; nie kann man einen Übelstand vermeiden, ohne daß ein anderer daraus entstünde. Willst du daher ein zahlreiches bewaffnetes Volk, um ein mächtiges Reich zu gründen, so kannst du es nachher nach deinem Willen lenken; hältst du es klein oder waffenlos, um es lenken zu können, so kannst du es, wenn es sein Gebiet vergrößert, nicht im Zaume halten, oder es wird so feige, daß es die Beute des ersten Angriffes wird. Wir müssen also bei allen unseren Entschließungen erwägen, auf welcher Seite die wenigsten Übelstände sind, und einen danach gefaßten Entschluß für den besten halten, weil keine Sache auf der Welt ohne ihre Schattenseite ist.

Rom konnte, wie Sparta, einen Fürsten auf Lebenszeit, einen kleinen Senat einführen, aber es konnte nicht wie jenes die Zahl seiner Bürger beschränken, wenn es ein großes Reich werden wollte, was wiederum die Folge hatte, daß ein König auf Lebenszeit und eine kleine Zahl Senatoren, was Ruhe und Eintracht betrifft, wenig geholfen haben würde.

Wer also einer neuen Republik eine Verfassung geben wollte, hätte zu überlegen, ob sie sich, wie Rom, an Ausdehnung und Macht vergrößern oder aber in engen Grenzen bleiben solle. Im ersten Fall muß man Rom nachahmen und sich Unruhen und allgemeine Zwistigkeiten gefallen lassen; denn ohne eine große Anzahl Männer und krieggeübter Männer wird nie eine Republik wachsen oder, wenn sie wächst, sich erhalten können. Im zweiten Fall läßt sich Spartas und Venedigs Beispiel befolgen. Allein da Vergrößerung Gift für solche Republiken ist, so müssen ihre Gesetzgeber auf alle mögliche Art das Erobern verbieten; denn Eroberungen, auf eine schwache Republik gegründet, sind durchaus das Verderben derselben, wie man an Sparta und Venedig sieht. Nachdem Sparta fast ganz Griechenland unterworfen hatte, zeigte sich bei einem ganz unbedeutenden Ereignis die Schwäche seiner Grundpfeiler. Nach dem Aufstand Thebens, unter Pelopidas' Leitung, fielen alle anderen Städte ab und die Republik ging gänzlich zugrunde. Auf eine ähnliche Weise verlor Venedig, nachdem es ein großes Stück Italiens, größtenteils nicht durch die Waffen, sondern durch Geld und Staatsklugheit erworben hatte, als es eine Probe von seiner Kraft ablegen sollte, alle in einer Schlacht.

Um eine Republik von langer Dauer zu gründen, möchte es am besten sein, derselben eine Verfassung wie die spartanische zu geben und sie wie Venedig an einen so festen Ort zu verlegen, daß es niemand in den Sinn kommt, sie schnell einnehmen zu wollen; dieselbe aber anderseits nicht so groß zu machen, daß sie den Nachbarn furchtbar erscheint. Aus zweierlei Ursachen führt man nämlich gegen eine Republik Krieg: erstens um ihrer Herr zu werden, zweitens aus Furcht, von ihr unterjocht zu werden. Beide Ursachen beseitigt die obengenannte Vorsicht fast ganz. Ist sie schwer zu erobern, wie ich voraussetzte, da gut für ihre Verteidigung gesorgt ist, so wird selten oder nie jemand den Plan fassen, sie einzunehmen. Ebensowenig wird ihr jemand aus Furcht den Krieg erklären, wenn sie innerhalb ihrer Grenzen bleibt, wenn man aus Erfahrung weiß, daß sie nicht ehrgeizig ist und besonders wenn sie Einrichtungen und Gesetze hat, welche ihr Vergrößerungen verbieten.

Ich glaube sicher, daß der richtige politische Zustand und die wahre Ruhe einer Stadt erreicht würde, wenn man die Dinge in einem solchen Gleichgewicht erhalten könnte. Allein, da alle menschlichen Dinge in beständiger Bewegung sind und nicht feststehen können, so müssen sie sinken oder steigen; und zu vielem zwingt die Notwendigkeit, wozu die Vernunft nicht rät. Hat also eine Republik eine solche Verfassung, daß sie sich nur erhalten kann, wenn sie sich nicht vergrößert, und die Notwendigkeit führt sie zur Vergrößerung, so werden ihr dadurch ihre Grundpfeiler entzogen und sie stürzt schnell zusammen. Wäre ihr im Gegenteil der Himmel so günstig, daß sie keine Kriege zu führen brauchte, so würde die Folge sein, daß sie durch den langen Frieden verweichlicht würde oder Spaltungen in ihr entstünden; zwei Übel, welche, vereinigt oder jedes für sich, ihren Untergang herbeiführen müßten.

Da man also, meiner Meinung nach, das Gleichgewicht nicht erhalten und die Mittelstraße nicht genau befolgen kann, so muß man bei der Errichtung einer Republik auf das Ehrenvollere bedacht sein und ihr eine solche Verfassung geben, daß sie sich vergrößern kann, wenn sie die Notwendigkeit dazu führt, und daß sie erhalten kann, was sie erobert hat.

Um aber wieder auf mein erstes Räsonnement zu kommen, so halte ich für notwendig, die römische Verfassung, nicht die der anderen Republiken, nachzuahmen, da ich nicht glaube, daß sich eine richtige Mitte zwischen beiden finden läßt, die Zwistigkeiten aber, welche zwischen Senat und Volk entstehen mögen, als ein mit der Erreichung römischer Größe notwendig verbundenes Übel zu ertragen. Denn außer den schon früher angeführten Gründen, als ich bewies, daß die Gewalt des Tribunates zur Bewachung der Freiheit nötig war, fällt auch der Vorteil der Anklagen in einer Republik leicht in die Augen, zu deren Erhebung ebenfalls die Tribunen ermächtigt waren. Das folgende Kapitel soll diesen Gedanken auseinandersetzen.

7.
Wie notwendig in einer Republik die Anklagen zur Erhaltung der Freiheit sind.

Den Wächtern der Freiheit in einer Stadt läßt sich kein nützlicheres und notwendigeres Recht geben als das, die Bürger, welche sich einen Angriff gegen die bestehende Ordnung der Dinge zuschulden kommen lassen, vor einem Magistrat, vor dem Senat oder dem Volke anzuklagen. Eine solche Einrichtung hat zwei äußerst nützliche Wirkungen für eine Republik. Erstens, daß die Bürger aus Furcht vor der Anklage nichts gegen den Staat unternehmen oder, wenn sie etwas unternehmen, sogleich und ohne Rücksicht verurteilt werden; zweitens, daß dem Hasse, welcher in den Städten auf mancherlei Art sich gegen einen Bürger erhebt, ein Weg geöffnet ist, sich Luft zu machen. Findet dieser Haß keinen Ausweg, so nimmt er gewöhnlich zu außerordentlichen Mitteln seine Zuflucht, welche eine Republik gänzlich zugrunde richten. Nichts macht daher eine Republik fester und dauerhafter als eine gesetzliche Einrichtung, wodurch sich solche gehässige Leidenschaften verflüchtigen können. Dies läßt sich durch viele Beispiele, besonders durch das folgende von Livius erzählte beweisen.

Der römische Adel war gegen das Volk erzürnt, welches ihm durch die Einführung der Tribunen, seiner eifrigen Verteidiger, zuviel Gewalt erlangt zu haben schien. Als nun eine Hungersnot ausgebrochen war und der Senat befohlen hatte, aus Sicilien Korn herbeizuschaffen, so riet Coriolan als heftiger Gegner der Volkspartei, jetzt sei die Zeit gekommen, das Volk zu züchtigen und ihm die zum Nachteil des Adels erlangte Gewalt wieder abzunehmen, indem man es durch Hunger zwingen könne, wenn man das Getreide nicht austeile. Als dieser Rat dem Volke zu Ohren kam, wurde es von einem solchen Unwillen gegen Coriolan ergriffen, daß es denselben beim Verlassen des Senats in einem Auflaufe getötet haben würde, wenn ihm die Tribunen nicht einen Klagtag anberaumt hätten, sich vor dem Volke zu verteidigen.

Dieser Vorfall zeigt, wie nützlich und notwendig es ist, daß die Republiken gesetzliche Bestimmungen haben, wodurch sich der Zorn des Volkes gegen einen Bürger verflüchtigen kann. Sind keine gesetzlichen Mittel da, so werden ungesetzliche ergriffen, und diese haben ohne Zweifel schlimmere Folgen als jene. Wenn ein Bürger mit Beobachtung gesetzlicher Formen fällt, so hat dies, geschähe ihm auch Unrecht, wenig oder keine Unordnung in der Republik zur Folge. Die Hinrichtung geschieht nicht durch Gewalttätigkeit der einzelnen, noch mit Hilfe einer fremden Macht, was beides die Freiheit vernichtet, sondern durch die öffentliche Gewalt und Anordnung, welche ihre bestimmten Grenzen hat und zu keinem Übermaß anwächst, das die Republik zugrunde richtet.

Zur Bestätigung dieser Meinung durch Beispiele mag aus der alten Geschichte das Beispiel Coriolans hinreichen. Es fällt in die Augen, welche schlimmen Folgen es für die Republik gehabt haben würde, wenn er in dem Auflauf getötet worden wäre. Es wären daraus Angriffe einzelner aufeinander entstanden, diese Angriffe erzeugen Furcht, die Furcht sucht Schutz, zum Schutz werden Verbindungen geschlossen, aus den Verbindungen werden Parteien und die Parteien führen den Untergang des Staates herbei. Da hingegen die Sache durch die geführt wurde, welche das Recht dazu hatten, so wurden alle Übel vermieden, die entstehen konnten, wenn sich das Volk selbst Recht verschafft hätte.

Wir haben in unseren Zeiten gesehen, welche Veränderungen in der Republik Florenz daraus entstanden, daß das Volk nicht auf gesetzliche Weise seinen Zorn an einem seiner Mitbürger auslassen konnte. Francesco Valori, sozusagen der Erste der Stadt, wurde von vielen für so ehrsüchtig gehalten, daß er bei seinem kühnen und kräftigen Charakter nach der Oberherrschaft trachte. Da es nun in der Republik kein Mittel gab, ihm zu widerstehen, als eine Gegenpartei zu bilden, so fürchtete er auch nur außergesetzliche Mittel und fing an, sich zu seinem Schutze zahlreicher Anhänger zu versichern. Anderseits nahmen seine Gegner aus Mangel an gesetzlichen Mitteln wirklich zu ungesetzlichen ihre Zuflucht und griffen zu den Waffen. Hätte man sich ihm auf gesetzliche Weise widersetzen können, so wäre seine Macht allein zu seinem Schaden gestürzt worden; da man dieselbe aber auf außergewöhnliche Art stürzen mußte, so mußten außer ihm noch viele andere vornehme Bürger darunter leiden.

Die neuerlichen Vorfälle mit Piero Soderini in Florenz können gleichfalls zur Bestätigung unseres Satzes angeführt werden. Sie waren einzig die Folge davon, daß in dieser Republik keine Anklage gegen den Ehrgeiz mächtiger Bürger möglich ist, weil es in einer Republik nicht hinreicht, einen Mächtigen vor acht Richtern anzuklagen. Da Wenige es immer mit den Wenigen halten, so müssen der Richter viele sein. Hätte eine solche Einrichtung bestanden, so würden ihn die Bürger, wenn sein Betragen verdammungswert war, angeklagt und auf diese Art, ohne das spanische Heer herbeizuführen, ihren Haß befriedigt haben; oder wenn sein Betragen nicht verdammungswert war, so würden sie aus Furcht, selbst angeklagt zu werden, nicht gewagt haben, etwas gegen ihn zu unternehmen. So wäre ihnen in beiden Fällen jene Lust vergangen, die so große Unordnung herbeiführte.

Man kann hieraus schließen, daß es von der schlechten Verfassung einer Stadt herrührt, wenn eine fremde Macht von einem Teil der Bürger herbeigerufen wird. Es fehlt dann an einer gewissen Einrichtung, wodurch ohne außerordentliche Mittel den gehässigen Leidenschaften, welche sich der Bürger bemächtigen, Luft gemacht werden kann. Diesem Übel wird gänzlich abgeholfen, wenn man Anklagen vor vielen Richtern vorsieht und letztere mit gehörigem Ansehen ausstattet. Eine so gute Einrichtung der Art war in Rom getroffen, daß bei so vielen Streitigkeiten zwischen Volk und Senat niemals der Senat noch das Volk noch ein einzelner Bürger den Plan faßte, sich fremder Streitkräfte zu bedienen. Man hatte ein Mittel zu Hause und war nicht genötigt, es auswärts zu suchen. Zum Beweise sind obige Beispiele hinreichend genug, ich will aber doch noch ein anderes aus Livius anführen.

In Clusium, damals der ersten Stadt in Toskana, wurde die Schwester des Aruns von einem gewissen Lucumon genotzüchtigt. Wegen der Macht des Beleidigers konnte sich Aruns nur dadurch rächen, daß er zu den Galliern[1] ging, welche die heutige Lombardei bewohnten, und sie beredete, mit bewaffneter Macht nach Clusium zu ziehen und dort zu ihrem eigenen Nutzen die ihm zugefügte Schmach zu rächen. Hätte Aruns die Möglichkeit gesehen, sich durch die Einrichtungen seiner Vaterstadt Recht zu verschaffen, so würde er nicht die Streitkräfte der Barbaren aufgesucht haben.

So nützlich jedoch die Anklagen in einer Republik sind, so unnütz und schädlich sind die Verleumdungen, wie wir im nächsten Kapitel auseinandersetzen werden.

8.

So nützlich einer Republik die Anklagen sind, so verderblich sind ihr die Verleumdungen.

Das Verdienst des Furius Camillus, der Rom vom Untergang durch die gallischen Waffen befreit hatte, war allgemein anerkannt. Alle römischen Bürger räumten ihm die erste Stelle ein, ohne daß sie sich dadurch an Ansehen oder Rang etwas zu vergeben glaubten. Manlius Capitolinus allein konnte es nicht ertragen, daß ihm soviel Ehre und soviel Ruhm zuteil wurde. Er glaubte sich durch die Rettung des Kapitols ebensosehr wie Camillus um das Heil Roms verdient gemacht zu haben und ihm in kriegerischem Ruhme nicht nachzustehen. Von Eifersucht gepeinigt, konnte er nicht Ruhe finden und wendete sich, da er keine Zwietracht unter die Väter ausstreuen konnte, zu dem Volke, unter welchem er verschiedene unheilvolle Meinungen verbreitete. Die für die Gallier zusammengeschossenen aber nicht abgelieferten Geldsummen, sagte er unter anderem, seien von Privaten zurückbehalten worden; würden sie zurückgegeben, so könne man sie zum öffentlichen Nutzen verwenden, indem man die Abgaben des Volkes erleichtere oder dessen

[1] Machiavelli nennt sie stets *Franciosi* = Franzosen, die er auch als Barbaren bezeichnet.

Privatschulden bezahle. Diese Worte hatten eine solche Wirkung auf das Volk, daß er Zulauf zu bekommen begann und viele Unordnungen in der Stadt beging. Dem Senat mißfiel dies, die Sache schien ihm von Bedeutung und gefährlich; er ernannte daher einen Diktator, um den Handel zu untersuchen und die Wut des Manlius zu bändigen. Der Diktator ließ diesen sogleich vorladen, und beide stellten sich auf dem Forum einander gegenüber, der Diktator in der Mitte der Patrizier, Manlius vom Volke umgeben. Manlius wurde gefragt, wer den vorgeblichen Schatz habe; denn dies zu erfahren, war der Senat ebenso begierig wie das Volk. Manlius ließ sich auf die Frage nicht ein, sondern antwortete ausweichend, es sei nicht nötig, ihnen zu sagen, was sie selbst am besten wüßten, so daß der Diktator ihn in den Kerker zu werfen befahl.

Es zeigt sich daraus, wie verabscheuungswürdig in einer Republik und in jedem anderen Staate die Verleumdungen sind, und daß man zu ihrer Unterdrückung kein Mittel scheuen darf. Zu ihrer Verhütung aber gibt es kein besseres Mittel, als die Anklagen zu gestatten, welche den Republiken ebensoviel nützen, wie die Verleumdungen schaden. Zwischen beiden ist der große Unterschied, daß die Verleumdungen nicht durch Zeugnis bewiesen werden müssen und so ein jeder von jedem verleumdet werden kann. Nicht aber kann ein jeder angeklagt werden, da bei einer Anklage vollgültige Zeugen und Tatsachen die Wahrheit der Anklage beweisen müssen. Man klagt vor dem Magistrat, vor dem Volke, vor einem Rate an; man verleumdet auf den Straßen und in den Häusern.

Die Verleumdung ist da am häufigsten, wo die Anklage seltener vorkommt und wo am wenigsten für ihre Annahme gesorgt ist. Der Gesetzgeber einer Republik muß daher Anordnungen treffen, daß jeder Bürger ohne Furcht und Scheu angeklagt werden kann. Ist dies geschehen und wird es wohl beobachtet, so müssen die Verleumder streng bestraft werden, welche sich dann über ihre Bestrafung nicht beschweren können, da ihnen der Weg offen stand, gegen den eine Klage zu erheben, den sie in den Häusern verleumdet haben. Wo in dieser Hinsicht nicht gute Bestimmungen getroffen sind, entstehen immer große Unordnungen; denn die Verleumdungen erbittern, aber strafen die Bürger nicht; und die Erbitterten sinnen auf Vergeltung, da ihr Haß gegen die Verleumder größer ist als ihre Furcht vor dem, was ihnen nachgesagt wird.

Rom hatte in dieser Hinsicht gute Einrichtungen, unsere Stadt Florenz aber stets schlechte. Auch hatte in Rom diese Ordnung viele gute, in Florenz diese Unordnung viele schlimme Folgen. Liest man die Geschichte letzterer Stadt, so wird man sehen, wie viele Verleumdungen jederzeit gegen diejenigen ihrer Bürger verbreitet wurden, welche die wichtigen Angelegenheiten der Republik zu betreiben hatten. Dem einen sagte man nach, er habe Staatsgelder unterschlagen, dem andern, er habe eine Unternehmung nicht zum glücklichen Ende gebracht, weil er bestochen gewesen sei, ein dritter mußte durch seinen Ehrgeiz diesen oder jenen Nachteil herbeigeführt haben. Es entstand daraus auf allen Seiten Haß, vom Haß kam es zu Spaltungen, von den Spaltungen zu Parteien und von den Parteien zum Sturz des Staates. Hätte es in Florenz eine Einrichtung zur Anklage der Bürger und zur Bestrafung der Verleumder gegeben, so wären unzählige Unruhen vermieden worden. Verurteilt oder freigesprochen hätte dann ein Bürger der Stadt nicht schaden können, und viel weniger Bürger würden angeklagt worden sein als verleumdet wurden, da man, wie ich schon bemerkt habe, nicht einen jeden anklagen wie man ihn verleumden kann. Ein Mann bediente sich unter anderem der Verleumdungen, um zu seiner Größe zu gelangen. Sie waren gegen die mächtigen Bürger, welche sich seinem Emporstreben widersetzten, gerichtet und nützten ihm viel, da er sich dadurch das Volk zum Freunde machte, indem er dessen Partei zu ergreifen schien und es in der Meinung, welche es von ihm hatte, bestärkte.

Von den vielen Verleumdungen in Florenz will ich hier nur ein Beispiel anführen. Messer Giovanni Guicciardini belagerte an der Spitze eines florentinischen Heeres Lucca. Seine schlechte Leitung war Ursache, oder sein ungünstiges Geschick wollte, daß die Stadt nicht eingenommen wurde; wie sich die Sache nun aber auch verhielt, Messer Giovanni wurde beschuldigt, er habe sich von den Luccanern bestechen lassen, eine Verleumdung, die, von seinen Feinden bekräftigt, Messer Giovanni zur äußersten Verzweiflung brachte. Obgleich er sich freiwillig in Haft begeben wollte, um sich zu rechtfertigen, so konnte er letzteres doch niemals, weil die Republik keine Einrichtungen hatte, die es erlaubten. Es entstand daraus Haß und Erbitterung zwischen den Freunden des Messer Giovanni, der Mehrzahl der Vornehmen und der Partei, welche eine Veränderung der Dinge in Florenz wünschte. Dieser Haß aber wuchs aus dieser und aus anderen ähnlichen Ursachen zu einer solchen Größe an, daß der Untergang der Republik daraus folgte.

Manlius Capitolinus war also Verleumder, nicht Ankläger, und die Römer zeigten in diesem Fall, wie man die Verleumder bestrafen müsse. Man muß sie Ankläger werden lassen, und findet sich die Anklage gegründet, sie belohnen oder nicht bestrafen; ist hingegen die Anschuldigung falsch, sie bestrafen wie Manlius.

9.

Daß der Mann allein sein müsse, der eine neue Republik konstituieren oder in einer bestehenden alle alten Einrichtungen umändern will.

Da es dem Leser vielleicht scheinen könnte, ich sei zu weit in der römischen Geschichte vorgerückt, ohne der Gesetzgeber, der religiösen und militärischen Einrichtungen dieser Republik Erwähnung getan zu haben, so will ich seine Erwartung, wenn er über diese Dinge etwas zu hören wünschte, nicht länger gespannt halten.

Viele möchten es vielleicht für ein schlechtes Beispiel halten, daß ein Gründer eines Gemeinwesens wie Romulus zuerst seinen Bruder erschlug und dann zur Ermordung des Sabinerkönigs Titus Tatius, der ihm zum Gefährten in der Regierung erwählt worden war, seine Zustimmung gab. Die Untertanen eines solchen Fürsten, könnte man glauben, würden sich denselben zum Muster nehmen und aus Ehrgeiz und Herrschsucht einen jeden verletzen, der sich ihren Plänen widersetzen würde. Diese Meinung wäre nun vollkommen richtig, wenn man nicht die Absicht in Betracht ziehen müßte, welche Romulus zu jenem Morde bewog.

Es ist eine allgemeine Regel, daß niemals oder selten eine Republik oder ein Reich von Anbeginn gut konstituiert wird oder neue ganz von den bestehenden Einrichtungen abweichende Formen erhält, wenn es nicht von einem einzelnen geschieht, der allein die Macht hat und aus dessen Geist alle Gesetze und Einrichtungen hervorgehen. Ein weiser Gesetzgeber einer Republik, der die Absicht hat, nicht sich, sondern dem Allgemeinwohl, nicht seiner eigenen Nachkommenschaft, sondern dem gemeinschaftlichen Vaterlande zu dienen, muß sich daher bestreben, die Gewalt allein zu haben, und niemals wird der klare Verstand einen Mann wegen einer außerordentlichen Handlung tadeln, die er zur Gründung eines Reiches oder zur Konstituierung einer Republik ausgeführt hat. Wenn ihn die Tat anklagt, so muß ihn der Erfolg entschuldigen, und ist dieser gut, wie bei Romulus, so wird er ihn auch immer entschuldigen; denn wer gewalttätig ist, um zu zerstören, nicht wer es ist, um aufzubauen, verdient Tadel. Er muß jedoch so weise und wohlmeinend sein, daß er die Gewalt, die er sich genommen hat, nicht einem andern erblich hinterläßt; denn, da die Menschen viel geneigter zum Bösen als zum Guten sind, so könnte sein Nachfolger die Gewalt zu herrschsüchtigen Zwecken benutzen, die er zu edlen Zwecken benutzte. Wenn ferner auch ein einzelner Mann geschickt ist, eine Verfassung zu geben, so ist doch diese nicht von langer Dauer, wenn ihre Erhaltung auf den Schultern eines einzelnen Mannes ruht; wohl aber, wenn viele dafür Sorge tragen. So wie nämlich viele nicht geeignet sind, ein Staatswesen zu ordnen, weil sie bei ihrer Meinungsverschiedenheit das Beste desselben nicht erkennen, ebensowenig kommen sie überein, es wieder fahren zu lassen, wenn sie es einmal erkennt haben.

Daß Romulus wegen des Todes seines Bruders und seines Regierungsgefährten Entschuldigung verdient, und daß der Beweggrund seiner Handlungen das allgemeine Beste, nicht eigene Herrschsucht war, beweist die unverzügliche Errichtung eines Senates, mit dem er sich beriet und nach dessen Ansichten er seine Beschlüsse faßte. Betrachtet man genau, welche Gewalt sich Romulus vorbehielt, so wird man finden, daß er nur den Oberbefehl über das Heer, wenn der Krieg beschlossen war, und die Gewalt, den Senat zu versammeln, für sich behielt. Dies zeigte sich später deutlich, als Rom durch die Vertreibung der Tarquinier frei wurde, da man keine alte Einrichtung veränderte, außer daß an die Stelle eines lebenslänglichen Königs zwei jährlich wechselnde Konsuln kamen. Dies ist ein sicheres Zeichen, daß alle ernsten Einrichtungen der Stadt mehr der Freiheit und Gleichheit, als dem Absolutismus und der Tyrannei angemessen waren.

Zur Bekräftigung des aufgestellten Satzes ließen sich unzählige Beispiele anführen, wie Moses, Lycurgus, Solon und andere Gründer von Reichen und Republiken, die alle nur darum das allgemeine Wohl fördernde Gesetze geben konnten, weil sie sich Gewalt beigelegt hatten. Ich will diese Beispiele als bekannte Dinge übergehen und nur eines anführen, das zwar nicht so berühmt, doch von allen wohl zu beachten ist, die gute Gesetzgeber zu werden wünschen. Agis, König von Sparta, wollte die Spartaner in die Grenzen, worin sie die Gesetze des Lycurgus eingeschlossen hatten, zurückführen, da er überzeugt war, sein Vaterland habe, weil es zum Teil davon abgewichen, viel von seiner alten Tapferkeit und folglich an Macht und Herrschaft verloren. Er wurde aber gleich anfangs von den spartanischen Ephoren, unter dem Vorwand, als sei er ein Mann, der sich der Alleinherrschaft bemächtigen wolle, aus der Welt geschafft. Kleomenes, sein Nachfolger in der Regierung, fand die hinterlassenen Papiere des Agis, woraus sich dessen Denkungsart und Gesinnungen ergaben, und faßte denselben Plan. Er sah jedoch, daß er diese Wohltat seinem Vaterlande nicht erweisen könne, wenn er sich nicht die Gewalt allein verschaffen würde, da er, wegen des den Menschen angeborenen Ehrgeizes, nicht Vielen gegen den Willen Weniger nützen könnte. Er ergriff daher eine schickliche Gelegenheit, ließ alle Ephoren und alle anderen, die ihm hätten in den Weg treten können, niedermachen und erneuerte die Gesetze des Lycurgus vollkommen. Dieser Entschluß konnte Sparta wiedererwecken und dem Kleomenes den Ruhm eines Lycurgus erwerben, hätte nicht die Macht der Macedonier und die Schwäche der übrigen griechischen Republiken im Wege gestanden. Da er nämlich nach Einführung der neuen Institutionen von den Macedoniern angegriffen wurde, selbst schwächer an Streitkräften war und nirgends Hilfe fand so wurde er besiegt; und sein Plan, so gerecht und löblich er auch war, blieb unvollendet.

In Erwägung aller dieser Dinge ziehe ich den Schluß, daß man zur Konstituierung einer Republik allein sein müsse und daß Romulus wegen des Todes des Remus und Tatius Entschuldigung, nicht Tadel, verdiene.

10.

So lobenswert die Gründer einer Republik oder eines Reiches sind, so tadelnswert sind die Gründer einer Tyrannei.

Von allen berühmten Männern sind die Häupter und Stifter der Religionen am berühmtesten. Die nächste Stufe nehmen die Gründer der Republiken und Reiche ein. Nach ihnen sind die Männer berühmt, welche als Feldherren entweder ihr eigenes Gebiet oder das ihres Vaterlandes vergrößert haben. Diesen schließen sich die Schriftsteller an, die nach dem verschiedenen Inhalt ihrer Werke und dem Grade der Vollkommenheit derselben gepriesen werden. Jedem anderen aus der unzähligen Menschenmenge wird einiges Lob zuteil, je nachdem er es durch seine Kunst oder sein Geschäft erwirbt.

Ehrlos und verabscheuungswürdig hingegen sind die Zerstörer der Religionen, die Zertrümmerer der Reiche und Republiken, die Feinde der Tugend, der Wissenschaften und jeder anderen Kunst, welche dem Menschengeschlecht Nutzen und Ehre bringt, ich meine die Gottlosen und Gewalttätigen, die Unwissenden, die Müßiggänger, die Niederträchtigen und Taugenichtse.

Niemand wird jemals so blödsinnig oder so weise, so blöde oder so gut sein, daß er bei freier Wahl zwischen beiden Gattungen von Menschen nicht die lobenswerten loben und die tadelnswerten tadeln sollte. Gleichwohl folgen fast alle, durch eiteln Glanz und falschen Ruhm verblendet, mit Willen oder unwissend, den Fußtapfen derer, die eher Tadel als Lob verdienen. Während sie durch Gründung einer Republik oder eines Reiches Unsterblichkeit erringen könnten, wenden sie sich zur Tyrannei und gewahren nicht, welchen Ruhm, welche Ehre, Sicherheit und Ruhe, welche innere Zufriedenheit sie fliehen, um sich der Schmach, der Verachtung, dem Tadel, der Gefahr und Unruhe in die Arme zu werfen. Unmöglich würden die Männer, welche als Bürger eines freien Staates leben oder sich durch Glück und Verdienst zu Fürsten desselben emporschwingen, die Geschichte lesen, sich aus den Überlieferungen der alten Großtaten einen Kenntnisvorrat sammeln, und doch als Bürger lieber ein Cäsar denn ein Scipio, als Fürsten lieber ein Nabis, Phalaris und Dionys denn ein Agesilaus, Timoleon und Dion sein wollen; denn jene würden sie auf das tiefste verabscheut, diese ausnehmend gelebt finden. Sie würden ferner finden, daß Timolcon und die anderen in ihrem Vaterland nicht weniger Macht als Dionys und Phalaris hatten, hingegen bei weitem größere Sicherheit genossen.

Es lasse sich niemand durch Cäsars von den Schriftstellern hoch gefeierten Ruhm blenden. Seine Lobredner waren durch sein Glück bestochen und durch das Kaiserreich eingeschüchtert, welches so lange unter seinem Namen beherrscht wurde und den Schriftstellern nicht erlaubte, sich frei über ihn zu äußern. Will man aber wissen, was die Schriftsteller frei von ihm sagen würden, so betrachte man, was sie von Catilina sagen. Noch größeren Abscheu verdient Cäsar, weil der mehr Tadel verdient, welcher ein Unrecht getan hat, als der, welcher es nur tun wollte. Man betrachte ferner, durch welche Lobeserhebungen sie Brutus feiern; betrachte, daß sie Cäsars Feind in den Himmel erheben, weil sie, wegen seiner Macht, Cäsar selbst nicht tadeln können.

Wer sich zum Fürsten einer Republik emporgeschwungen hat, möge erwägen, wie viel größeres Lob in den Zeiten des römischen Kaiserreiches die Kaiser verdienten, welche als gute Fürsten unter den Gesetzen lebten, als die, welche auf die entgegengesetzte Weise lebten. Er wird sehen, daß Titus, Nerva, Trajan, Hadrian, Antonin und Marc Aurel der Prätorianer und der Menge der Legionen zu ihrem Schutze nicht bedurften, weil sie ihre Tugend, die Liebe des Volkes und das Wohlwollen des Senates verteidigten. Er wird ferner sehen, daß für Caligula, Nero, Vitellius und so viele andere lasterhafte Kaiser die Heere des Orients und Okzidents nicht hinreichten, um sie vor den Feinden zu sichern, welche ihnen ihr schuldvolles Benehmen und ihr ausschweifendes Leben erzeugt hatten.

Die Geschichte der Kaiser, wohl erwogen, ist eine große Lehre für alle Fürsten, auf welchem Wege sie zum Ruhme oder zum Tadel, zur Sicherheit oder zur Furcht gelangen werden. Von den sechsundzwanzig Kaisern, die von Cäsar bis zu Maximin regierten, wurden sechzehn ermordet, zehn starben eines natürlichen Todes; und wenn sich unter den Ermordeten ein guter Kaiser fand, wie Galba oder Pertinax, so war doch die Verderbnis der Soldaten, die ihm sein Vorgänger hinterlassen hatte, die Ursache seines gewaltsamen Todes. War aber unter den Kaisern, die in ihrem Bette starben, ein lasterhafter, wie Severus, so hatte er dies günstige Geschick seinem ungemeinen Glücke und seiner ausgezeichneten Tapferkeit zu verdanken, zwei Dingen, deren sich wenige Menschen rühmen können.

Dieselbe Geschichte zeigt dem Leser, wie eine gute Regierung einzurichten sei. Alle Kaiser durch Erbfolge waren, mit Ausnahme von Titus, schlechte Regenten; die Kaiser durch Adoption hingegen waren alle gute Fürsten, wie die fünf Kaiser von Nerva bis zu Marc Aurel. Als das Reich wieder den Erben anheimfiel, geriet es sogleich wieder in Verfall.

Es fasse daher ein Fürst die Zeiten der Antonine ins Auge und vergleiche sie mit den früheren und späteren. Er wähle dann, in welcher Zeit er hätte mögen geboren sein oder in welcher er hätte regieren mögen. Unter den guten Kaisern wird er den Fürsten sicher in der Mitte sicherer Untertanen, den Senat mit Ansehen, die Magistrate mit Ehre umgeben sehen. Er wird die reichen Bürger im Genuß ihres Reichtums, Adel und Verdienst erhöht, überall Ruhe und Wohlstand erblicken. Streitsucht hingegen, Zügellosigkeit, Bestechung und Ehrgeiz wird er verbannt sehen. Das goldene Zeitalter wird vor ihm aufsteigen, wo jeder seine eigene Meinung haben und verteidigen kann. Er wird endlich die Welt ihren Triumph feiernd, den Fürsten verehrt und ruhmgekrönt, die Völker von Liebe und Vertrauen durchdrungen erblicken.

Wendet er sich nun zu den Zeiten der anderen Kaiser, so werden sie grauenhaft durch Krieg, zwietrachtvoll durch Aufruhr, grausam im Frieden und Kriege erscheinen. Er wird so viele Fürsten erschlagen, so viele bürgerliche, so viele auswärtige Kriege, Italien kummervoll, durch immer neue Unglücksfälle gebeugt, seine Städte zugrunde gerichtet und verheert erblicken. Rom wird er verbrannt, das Kapitol von den Bürgern, die alten Tempel von den Soldaten zerstört, die feierlichen Gebräuche entweiht, die Familien durch Ehebruch geschändet, er wird das Meer voll Verbannter, die Felsen blutbefleckt schauen. Eine endlose Reihe von Grausamkeiten – edle Geburt, Reichtum, Ämter und vor allem Tugend als Todesverbrechen geltend – diesen Anblick wird ihm Rom gewähren. Er wird die Angeber belohnt, die Sklaven gegen ihre Herren, die Freigelassenen gegen den Patron bestochen und die, welchen Feinde fehlten, von den Freunden ermordet sehen.

Er wird dann am besten erkennen, welchen Dank Rom, Italien und die Welt Cäsar schuldig ist. Und sicherlich, ist er von Menschen geboren, so wird er vor jeder Nachahmung der bösen Zeiten zurückschaudern und von einem unendlichen Verlangen entflammt werden, den guten zu folgen. Fürwahr, strebt ein Fürst nach Weltruhm, so sollte er wünschen, eine verderbte Stadt zu besitzen, nicht um sie völlig zu zerstören wie Cäsar, sondern um sie wieder aufzubauen wie Romulus. Eine bessere Gelegenheit Ruhm zu erwerben kann der Himmel den Menschen nicht gewähren, noch können sie die Menschen verlangen. Wenn, um dem Staate eine gute Verfassung zu geben, notwendigerweise die Macht niedergelegt werden müßte, so würde der Fürst, der keine Verfassung gäbe, um nicht von seiner Höhe herabzustürzen, einige Entschuldigung verdienen. Da er aber Fürst bleiben und die Verfassung geben kann, so verdient er nicht die geringste Entschuldigung. So mögen denn in summa die Männer, welchen der Himmel eine solche Gelegenheit schenkt, erwägen, daß zwei Wege vor ihnen liegen, worunter sie zu wählen haben. Der eine führt sie zu einem Leben voll Sicherheit und zu unsterblichem Nachruhm, der andere zu endloser Seelenangst und nach dem Tode zu unauslöschlicher Schande.

11.

Von der Religion der Römer.

Roms erster Gründer war Romulus, ihm hat es, wie eine Tochter, Geburt und Erziehung zu danken. Die Götter aber hielten seine Einrichtungen nicht genügend für die Weltherrschaft und legten in die Brust des römischen Senate den Gedanken, Numa Pompilius als Romulus' Nachfolger zu erwählen, damit dieser ergänze, was Romulus versäumt hatte. Numa fand ein unbändiges Volk und wollte es an bürgerlichen Gehorsam und die Künste des Friedens gewöhnen. Um sein Ziel zu erreichen, nahm er zur Religion als einer zur Erhaltung der Gesellschaft unentbehrlichen Sache seine Zuflucht und brachte es dahin, daß mehrere Jahrhunderte hindurch nirgends größere Gottesfurcht herrschte als in Rom; was jede Unternehmung des Senats und der großen Männer der Republik leicht machte. Man sieht aus einer Menge von Handlungen des ganzen Volkes oder einzelner Römer, daß die Bürger viel mehr ihren Schwur zu brechen fürchteten als die Gesetze zu überschreiten, weil sie die Gewalt der Götter höher als die der Menschen achteten. Die Beispiele Scipios und des Manlius Torquatus liefern hierfür einen sprechenden Beweis.

Nach der Niederlage der Römer bei Cannä durch Hannibal hatten sich viele Bürger versammelt und waren voll Furcht und Zagen übereingekommen, Italien zu verlassen und nach Sicilien überzusetzen. Scipio erfuhr dies, trat in ihre Mitte und zwang sie mit dem bloßen Schwert in der Hand zu dem Schwur, das Vaterland nicht zu verlassen. Lucius Manlius, der Vater des Titus Manlius, der später den Beinamen Torquatus erhielt, war von dem Volkstribunen Marcus Pomponius angeklagt worden.

Ehe der für das Urteil anberaumte Tag erschien, ging Titus zu Pomponius, drohte ihn zu töten, wenn er die Anklage gegen den Vater nicht zurücknähme, und zwang ihn zum Schwur. Pomponius schwor aus Furcht und nahm die Anklage zurück.

So wurden jene Bürger, die die Vaterlandsliebe und die Gesetze des Vaterlandes nicht in Italien zurückhielten, durch einen Schwur zurückgehalten, den sie gezwungen geleistet hatten; und jener Tribun setzte den Haß gegen den Vater, die Beleidigung des Sohnes und seine Ehre beiseite, um dem geleisteten Schwur zu gehorchen; was beides nur ein Ausfluß der durch Numa eingeführten Religion war.

Liest man die römische Geschichte aufmerksam, so wird man sehen, wieviel die Religion dazu beitrug, die Heere im Gehorsam, das Volk in Einigkeit, die Menschen gut zu erhalten und die Bösen zu beschämen. Wenn man demnach zu entscheiden hätte, welchem Fürsten Rom mehr zu verdanken habe, Romulus oder Numa, so glaube ich fast, daß eher Numa die erste Stelle erhalten würde, weil, wo Religion ist, ein Volk leicht bewaffnet werden kann, wo aber Waffen sind und keine Religion, letztere sich nur schwer einführen läßt. Man sieht, daß Romulus zur Einsetzung des Senats und zu den andern bürgerlichen und militärischen Einrichtungen die Macht der Götter nicht nötig hatte; wohl aber war sie Numa nötig, der Unterredungen mit einer Nymphe zu haben vorgab, die ihn belehre, was er dem Volke raten solle. Dies geschah aus keinem anderen Grunde, als weil er der Stadt neue und ungewöhnliche Einrichtungen geben wollte und befürchtete, seine eigene Macht möge dazu nicht hinreichend sein.

Wirklich gab auch niemals ein Mann, ohne zur Gottheit feine Zuflucht zu nehmen, einem Volke außergewöhnliche Gesetze, da sie sonst nicht angenommen worden waren; denn es gibt vieles Gute und in seinen Folgen Wohltätige, das ein weiser Mann erkennt, das aber keine so in die Augen springenden Gründe hat, um andere davon überzeugen zu können. Kluge Männer nehmen daher zur Gottheit ihre Zuflucht, um diese Schwierigkeit zu heben. So tat Lycurgus, so Solon, so viele andere, die sich dasselbe Ziel gesetzt hatten.

Das römische Volk bewunderte die Tugend und Weisheit Numas und folgte in allem seinem Rate. Wahr ist indessen, daß die Religiosität seiner Zeit und die Roheit der Menschen, mit welchen er zu tun hatte, die Ausführung seines Planes bedeutend erleichterte, da er ihnen ohne Schwierigkeit jede neue Form aufdrücken konnte. Wer in unsern Tagen eine Republik gründen wollte, würde auch ohne Zweifel viel leichter bei den Bewohnern der Gebirge, wo noch keine Gesellschaft besteht, seinen Zweck erreichen, als bei den Städtebewohnern, wo die Gesellschaft verdorben ist, gleich dem Bildhauer, welcher leichter eine schöne Bildsäule aus einem rohen Blocke meißelt, als aus einem von einem andern schlecht zugehauenen Marmor.

Alles gehörig erwogen, ziehe ich den Schluß, daß die von Nama eingeführte Religion zu den ersten Ursachen des Gedeihens der Stadt Rom zu rechnen ist, weil sie gute Einrichtungen hervorbrachte, diese aber gutes Glück zur Folge haben, und durch das gute Glück die günstigen Erfolge der Unternehmungen herbeigeführt wurden. Gleichwie aber die Beobachtung des göttlichen Kultus Ursache der Größe der Staaten ist, so ist auch die Entweihung desselben Ursache ihres Verfalles. Wo Gottesfurcht fehlt, muß ein Reich in Verfall geraten, oder es muß durch die Furcht vor einem Fürsten, der den Mangel der Religion ersetzt, aufrechterhalten werden. Da aber die Fürsten ein kurzes Leben haben, so muß ein solches Reich sogleich Not leiden, so wie ihm das Verdienst jenes Fürsten gebricht. Es folgt daraus, daß Reiche, welche allein von den ausgezeichneten Eigenschaften eines Mannes abhängen, wenig dauerhaft sind; denn jene ausgezeichneten Eigenschaften fehlen, sowie der Mann stirbt, und selten werden sie durch Erbfolge erneuert, wie Dante richtig sagt:

Rade volte discende per li rami
L'umana probitate, e questo vuole
Quel che la dà, perchè da lui si chiami [1].

Nicht das ist daher das Heil einer Republik oder einer Monarchie, einen Fürsten zu haben, der sie weise regiert, solan-

[1] Selten erbt auf die Zweige sich fort die menschliche Tugend. Also will es der Geber, damit man ihm sie verdanke.

ge er lebt, sondern daß ein Fürst ihr solche Einrichtungen gibt, daß sie sich auch nach seinem Tode noch erhält.

Obgleich man nun rohe Menschen leichter zu einer neuen Einrichtung oder einem neuen Glauben überredet, so ist es deshalb doch nicht unmöglich, auch zivilisierte Völker, die sich nicht für roh halten, dazu zu überreden. Das Volk von Florenz glaubt weder unwissend noch roh zu sein, gleichwohl ließ es sich von Bruder Girolamo Savonarola überreden, er spreche mit Gott. Ich will nicht entscheiden, ob dies wahr war oder nicht, da man von einem so großen Manne nur mit Ehrfurcht sprechen darf. Wohl aber kann ich sagen, daß Unzählige ihm glaubten, ohne gerade etwas Außerordentliches, was ihren Glauben gerechtfertigt hätte, gesehen zu haben, weil sein Lebenswandel, seine Lehre, der Gegenstand derselben hinreichend waren, ihm Glauben zu verschaffen. Es verzweifle daher niemand, das ausführen zu können, was von einem andern ausgeführt worden ist; denn die Menschen (wie ich in meiner Vorrede gesagt habe) wurden geboren, lebten und starben auf dieselbe Weise.

12.

Von welcher Wichtigkeit es ist, auf die Religion achtzuhaben, und wie Italien in Verfall geriet, weil es durch die Schuld der römischen Kirche keine Religion hat.

Die Fürsten oder Republiken, welche sich unverdorben erhalten wollen, müssen vor allem die Zeremonien der Religion rein und in Ehrfurcht erhalten. Es gibt kein sichereres Zeichen des Verfalles eines Landes, als den göttlichen Kultus mißachtet zu sehen. Ob dies irgendwo der Fall sei, erkennt man leicht, wenn man sich klargemacht hat, worauf an diesem Orte die Religion gegründet ist. Eine jede Religion hat nämlich ihre eigenen Grundlagen, die gleichsam ihr Lebensprinzip ausmachen. Die heidnische Religion beruhte auf den Antworten der Orakel und auf den Orden der Auguren und Haruspices; alle anderen Zeremonien, Opfer und heiligen Gebräuche hingen davon ab. Man glaubte leicht, daß der Gott, welcher künftiges Unglück oder Glück voraussagen konnte, es auch zuteil werden lassen könne. Hieraus entstanden die Tempel, hieraus die Opfer, die Supplikationen und jede andere Zeremonie zur Verehrung der Götter. Das Orakel von Delphi, der Tempel des Jupiter Ammon und andere berühmte Orakel erhielten lange die Welt in Staunen und Frömmigkeit. Als sie aber in der Folge anfingen, nach dem Willen der Mächtigen zu sprechen, und der Betrug entdeckt wurde, wurden die Menschen ungläubig und zur Störung jeder guten Ordnung geneigt.

Die Häupter eines Freistaates oder eines Reiches müssen daher die Grundpfeiler ihrer Religion aufrechterhalten; es wird ihnen dann ein leichtes sein, ihren Staat religiös und folglich gut und einig zu erhalten. Sie müssen alles, was sich zum Vorteil der Religion ereignet (wenn sie es auch für unwahr halten), unterstützen und vergrößern; um so mehr aber müssen sie es tun, je weiser und aufgeklärter sie sind, je klarer sie die Natur der Dinge durchschauen. Dadurch, daß diese Regel von den klugen Männern beobachtet wurde, entstand der Glaube an die Wunder, welche, obgleich falsch, in allen Religionen gefeiert werden; weil sie, aus welcher Quelle sie auch fließen mögen, von den Klugen vergrößert werden und ihnen dann das Ansehen dieser bei einem jeden Glauben verschafft.

Solcher Wunder gab es in Rom viele. Als unter anderem die römischen Soldaten die Stadt Veji plünderten, traten einige in den Tempel der Juno; indem sie sich nun der Bildsäule derselben näherten und zu ihr sagten; *vis venire Romam?*, schien es einem von ihnen, sie nicke mit dem Haupte, einem andern, sie sage ja. Da nun diese Leute sehr religiös waren, indem sie nach dem Zeugnis des Livius ohne Gelärm, voll Frömmigkeit und Ehrfurcht in den Tempel traten, so glaubten sie jene Antwort zu hören, von der sie vielleicht schon vorausgesetzt hatten, daß sie auf ihre Frage erfolgen würde. Camillus aber und die anderen Häupter der Stadt begünstigten und vergrößerten diesen Aberglauben auf alle Art.

Wäre von den Häuptern der christlichen Republik unsere Religion erhalten worden, wie sie der Stifter gab, so würden die christlichen Staaten und Länder viel glücklicher und einiger sein als jetzt. Allein wodurch ließe sich mit mehr Sicherheit auf ihr Sinken schließen, als wenn man sieht, daß die Völker, welche der römischen Kirche, dem Haupte unserer Religion, am nächsten sind, am wenigsten Religion haben? Wer daher ihre Fundamente in Betracht zieht und sieht, wie der jetzige Gebrauch davon abweicht, wird die Überzeugung fassen, daß ihr Untergang oder ein Strafgericht nahe sei[1].

Da aber einige der Meinung sind, der günstige Stand der italienischen Angelegenheiten hänge von der römischen Kirche ab, so will ich gegen diese Meinung meine Gründe anführen, worunter zwei sehr triftige, welche meines Erachtens nicht widerlegt werden können. Erstens verlor dieses Land durch das schlechte Beispiel des römischen Hofes alle Gottesfurcht und alle Religion, was unzählige Übelstände und endlose Unordnungen zur Folge hat, weil ebenso, wie sich dort, wo Religion ist, alles Gute voraussetzen läßt, auch wo sie fehlt das Gegenteil vorauszusetzen ist. Wir Italiener verdanken also der Kirche und den Priestern erstens, daß wir ohne Religion und böse sind; wir verdanken ihr aber zweitens etwas noch Einschneidenderes, was die Ursache unseres Verfalles ist; ich meine, daß die Kirche unser Land in Spaltung erhalten hat und noch hält.

Niemals war ein Land einig und glücklich, wenn nicht das ganze Land einer Republik oder einem Fürsten gehorchte, wie zum Beispiel Frankreich oder Spanien. Die Ursache, warum Italien sich nicht in derselben Lage befindet und nicht auch von einer Republik oder einem Fürsten regiert wird, ist einzig die Kirche, weil sie hier ihren Sitz aufschlug und eine zeitliche Herrschaft hatte, aber nicht so mächtig war, noch Verdienst genug besaß, um den Rest Italiens erobern und sich zu dessen Fürstin machen zu können. Auf der anderen Seite war sie nicht so schwach, daß sie nicht aus Furcht, die Herrschaft über die zeitlichen Dinge zu verlieren, eine Macht herbeirufen konnte, welche sie gegen denjenigen Staat, der in Italien zu mächtig geworden war, verteidige. Man hat dies hinreichend durch die Erfahrung gesehen, als sie in früheren Zeiten durch Karl den

[1] Ungefähr im Jahre 1515 geschrieben.

Großen die Langobarden, welche fast schon Könige von ganz Italien waren, vertrieb; und als sie in unseren Tagen mit Hilfe Frankreichs die Macht der Venetianer brach, später aber die Franzosen mit Hilfe der Schweizer verjagte. Da also die Kirche nicht imstande war, Italien zu erobern, und nicht erlaubte, daß es von einem andern erobert wurde, so war sie Ursache, daß es nicht unter ein Haupt kommen konnte, sondern unter vielen Fürsten und Herren blieb. Dies führte eine so große Uneinigkeit und eine so große Schwäche herbei, daß Italien dahin gebracht wurde, nicht allein die Beute mächtiger Barbaren, sondern eines jeden zu werden, der es angreift. Der Kirche haben wir Italiener dies zu verdanken und niemand anderem.

Wer sich aber durch eine untrügliche Erfahrung von dieser Wahrheit überzeugen wollte, müßte über eine solche Macht verfügen, daß er den römischen Hof mit der Gewalt, die er in Italien hat, in das Land der Schweizer schicken könnte, des einzigen Volkes, das heute noch in Religion und Kriegswesen nach den Vorschriften der Alten lebt. Er würde dann sehen, daß die schlechten Sitten und die Intrigen dieses Hofes mehr Unordnung bei ihnen hervorbringen würden, als jedes andere erdenkliche unglückliche Ereignis.

13.

Wie sich die Römer der Religion bedienten, um den Staat zu ordnen, ihre Unternehmungen auszuführen und die Aufstände zu dämpfen.

Es scheint mir nicht unpassend, einige Beispiele anzuführen, wie sich die Römer der Religion bedienten, um die Angelegenheiten der Stadt wieder in Ordnung zu bringen und ihre Unternehmungen auszuführen. Livius enthält deren viele, folgende aber sollen mir genügen.

Das römische Volk hatte die Tribunen mit konsularischer Gewalt ausgestattet und mit Ausnahme eines einzigen lauter Plebejer dazu gewählt. Als nun in demselben Jahr Pest und

Hungersnot ausgebrochen und gewisse Wunderzeichen erschienen waren, so bedienten sich die Patrizier bei der neuen Tribunenwahl dieser Gelegenheit und sagten, die Götter seien erzürnt, weil das Volk die Majestät seiner Herrschaft mißbraucht habe, und es gebe kein anderes Mittel, die Götter zu versöhnen, als die Wahl der Tribunen wieder in der alten Ordnung vorzunehmen. Das religiöse Volk geriet in Furcht und ernannte lauter Patrizier zu Tribunen.

Man sieht ferner bei der Belagerung der Stadt Veji, daß sich die Feldherren der Religion bedienten, um ihre Heere zu einer Unternehmung aufgelegt zu erhalten. Als die Soldaten, der langen Belagerung überdrüssig, nach Hause zurückkehren wollten und der Albanersee ausgetreten war, fanden die Römer, daß Apollo und gewisse andere Orakelsprüche sagten, in demselben Jahre würde die Stadt Veji eingenommen werden, in welchem der Albanersee austrete. Dies bewirkte, daß die Soldaten, von der Hoffnung, die Stadt zu erobern, durchdrungen, die Mühen des Krieges und der Belagerung ertrugen und es zufrieden waren, die begonnene Unternehmung auszuführen, so daß Camillus, zum Diktator ernannt, die Stadt nach einer zehnjährigen Belagerung endlich einnehmen konnte.

So verhalf die gute Benutzung der Religion zur Eroberung der Stadt Veji und zur Wiedereinsetzung des Adels in das Tribunat, was beides ohne dies Mittel schwerlich erreicht worden wäre. Es soll hier noch ein anderes Beispiel angeführt werden.

Der Plan des Tribunen Terentillus, ein gewisses Gesetz, von dem wir an seinem Orte sprechen werden, vorzuschlagen, hatte in Rom bedeutende Unruhen hervorgerufen. Als Hauptmittel dagegen bediente sich der Adel der Religion, und zwar auf zweierlei Weise. Erstlich ließ er die Sibyllinischen Bücher nachschlagen und daraus die Antwort erteilen, der Stadt stehe durch bürgerlichen Aufruhr in diesem Jahr die Gefahr, die Freiheit zu verlieren, bevor, was, obgleich die Tribunen die List entdeckten, dennoch dem Volke eine solche Furcht einjagte, daß sein Eifer, ihnen zu folgen, gar sehr erkaltete. Als zweitens ein gewisser Appius Herdonicus mit 4000 Verbannten und Sklaven des

Nachts das Kapitol besetzt hatte, so daß zu befürchten stand, die Aequer und Volsker, die ewigen Feinde des römischen Namens, möchten herbeikommen und die Stadt erobern; und als die Tribunen darum doch nicht von ihrem hartnäckigen Entschlusse, das terentillische Gesetz bekanntzumachen, abstanden, indem sie behaupteten, die Patrizier hätten den Überfall des Kapitols selbst veranlaßt, trat Publius Rubetius, ein angesehener und ehrwürdiger Senator, unter das Volk, stellte ihm die Gefahr der Stadt und die Unzeitigkeit seines Begehrens vor und brachte es durch zum Teil liebevolle, zum Teil drohende Worte dahin, daß es schwor, den Befehlen des Konsuls nicht entgegenzuhandeln.

Das Volk gehorchte auch wirklich und nahm das Kapitol wieder mit den Waffen. Da aber beim Sturm der Konsul Publius Valerius gefallen war, so wurde sogleich Titus Quintius Cincinnatus an seine Stelle ernannt, der, um das Volk nicht zur Besinnung kommen und ihm keine Zeit zu lassen, wieder an das terentillische Gesetz zu denken, den Befehl erteilte, aus Rom aus und gegen die Volsker zu ziehen, indem er sagte, das Volk sei durch den geleisteten Schwur, dem Konsul zu gehorchen, ihm zu folgen verbunden. Die Tribunen widersetzten sich zwar, da jener Schwur dem verstorbenen Konsul, nicht ihm, geleistet worden sei, allein Livius zeigt uns, daß das Volk aus Ehrfurcht vor der Religion lieber dem Konsul gehorchen als den Tribunen glauben wollte, indem er zum Lobe der alten Gottesfurcht diese Worte spricht: *Nondum haec, quae nunc tenet saeculum, negligentia deum venerat, nec interpretando sibi quisque jusjurandum et leges aptas faciebat*[1]. Die Tribunen aber, die jetzt ihr ganzes Ansehen zu verlieren fürchteten, kamen mit dem Konsul überein, ihm Gehorsam zu leisten und ein Jahr lang das terentillische Gesetz ruhen zu lassen, wogegen die Konsuln das Volk ein Jahr lang nicht zu einem auswärtigen Kriege sollten führen können. Auf diese Art besiegte der Senat mit Hilfe der Religion diese Schwierigkeit, die er ohne dieselbe nie hätte besiegen können.

[1] Noch nicht war die Zeit der Vernachlässigung der Götter gekommen, und noch machte man sich den Eid und die Gesetze nicht durch Auslegung bequem.

14.

Die Römer legten die Auspizien nach dem Gebot der Umstände aus und gaben sich durch Klugheit den Schein, als beobachteten sie die Religion, wenn sie sie notgedrungen nicht beobachteten; wenn aber jemand freventlich dieselbe geringschätzte, so straften sie ihn.

Die Augurien machten nicht allein (wie ich schon oben gesagt habe) einen großen Teil der Grundlage der alten heidnischen Religion aus, sondern sie waren auch Ursache des Gedeihens der römischen Republik. Für keine andere Einrichtung trugen die Römer mehr Sorge; sie bedienten sich ihrer bei den Konsulatswahlen, beim Beginnen der Feldzüge, beim Ausmarsch der Heere, beim Liefern der Schlachten, überhaupt bei jedem wichtigen Friedens- und Kriegsgeschäfte. Sie würden niemals einen Feldzug unternommen haben, ohne ihre Soldaten überzeugt zu haben, daß die Götter den Sieg versprächen.

Unter anderen Auspizien hatten sie beim Heere eine gewisse Gattung von Haruspices, die man Pullarii nannte. Sooft dem Feinde ein Treffen geliefert werden sollte, mußten die Pullarier ihre Auspizien vornehmen; wenn dabei die Hühner fraßen, focht man mit gutem Vorzeichen, fraßen sie nicht, enthielt man sich des Kampfes. Gebot jedoch die Vernunft, eine Operation vorzunehmen, so geschah dies ungeachtet ungünstiger Auspizien jedenfalls, allein man wendete und deutete letztere durch alle Mittel so geschickt, daß nichts mit Mißachtung der Religion zu geschehen schien. Dieses Auswegs bediente sich der Konsul Papyrius in einer äußerst wichtigen Schlacht mit den Samnitern, in deren Folge letztere für immer geschwächt und niedergebeugt blieben.

Als nämlich Papyrius, in der Ebene auf das Heer der Samniter gestoßen, den Sieg im Kampfe für gewiß hielt und daher eine Schlacht liefern wollte, befahl er den Pullariern, ihre Auspizien zu halten. Da nun die heiligen Hühner nicht fraßen, der oberste Pullarier aber die große Kampflust des Heeres und das feste Vertrauen des Feldherrn und aller Soldaten auf den Sieg sah, so meldete er dem Konsul, um dem Heere die Gelegenheit zu hervorragender Tat nicht zu entziehen, die Augpizien seien günstig, und der Konsul begann, das Heer in Schlachtordnung aufzustellen. Als unterdessen einige Pullarier den Soldaten gesagt hatten, die Hühner hätten nicht gefressen, die Soldaten dies dem Neffen des Konsuls, Spurius Papyrius, mitgeteilt hatten und dieser es seinem Oheim meldete, antwortete der Konsul rasch: er solle tun, was seines Amtes sei, ihm selbst und dem Heere seien die Auspizien günstig, wenn der Pullarier eine Lüge gesagt habe, so werde sie zu seinem eigenen Schaden ausschlagen.

Damit nun der Erfolg der Voraussagung entspreche, befahl Papyrius den Legaten, die Pullarier in das vorderste Treffen zu stellen. Als hierauf gegen die Feinde vorgerückt wurde, fiel der oberste Pullarier, durch Zufall vom Wurfspeer eines römischen Soldaten durchbohrt; der Konsul aber rief auf diese Nachricht aus: alles gehe gut und die Götter zeigten ihre Gunst, da durch den Tod jenes Lügners ihr Zorn gesühnt und das Heer von aller Schuld gereinigt sei. Dadurch also, daß Papyrius seinen Plan den Auspizien anzupassen wußte, konnte er eine Schlacht liefern, ohne daß das Heer irgendeine Vernachlässigung der Vorschriften der Religion seitens des Konsuls gewahrte.

Gerade umgekehrt handelte Appius Pulcher in Sicilien während des ersten punischen Krieges. Er wollte mit dem karthagischen Heere schlagen und ließ durch die Pullarier die Auspizien halten. Als sie ihm meldeten, die Hühner wollten nicht fressen, sagte er, wir wollen sehen, ob sie nicht lieber saufen, und ließ sie ins Meer werfen. Als es hierauf zum Kampf kam, verlor er die Schlacht. Appius Pulcher wurde zu Rom verurteilt, Papyrius aber wurde der Triumph zuerkannt, nicht sowohl weil jener geschlagen worden und dieser gesiegt hatte, sondern weil dieser klug und jener verwegen gegen die Auspizien gehandelt hatte.

Die ganze Einrichtung der Aruspikation hatte auch keinen anderen Zweck, als die Soldaten vertrauensvoll in den Kampf gehen zu machen, ein Vertrauen, das fast immer den Sieg erzeugt. Aber nicht allein die Römer, sondern auch andere Völker bedienten sich ähnlicher Mittel, wovon ich im nächsten Kapitel ein Beispiel anführen werde.

15.

Wie die Samniter in ihrer verzweifelten Lage zur Religion als letztem Mittel ihre Zuflucht nahmen.

Nachdem die Samniter mehrere Niederlagen durch die Römer erlitten hatten, das letztemal in Hetrurien aufs Haupt geschlagen, ihre Heere und ihr Feldherr gefallen, ihre Verbündeten, die Hetrurier, Gallier und Umbrer, besiegt worden waren[1)], *nec suis nec externis viribus jam stare poterant, tamen bello non abstinebant, adeo ne infeliciter quidem defensae libertatis taedebat, et vinci quam non tentare victoriam malebant.* Sie beschlossen daher, es auf die letzte Probe ankommen zu lassen, und da sie wußten, daß es zum Siege notwendig ist, Hartnäckigkeit in die Brust der Soldaten einzuflößen, hierzu aber die Religion die besten Mittel biete, so kamen sie auf den Gedanken, einen ihrer uralten Opfergebräuche durch ihren Oberpriester Ovius Paccius wieder aufleben zu lassen. Diese Zeremonie ging auf folgende Art vor sich: Nachdem das feierliche Opfer vollbracht war und alle Häupter des Heeres zwischen den blutenden Opfertieren und den flammenden Altären geschworen hatten, nie aus dem Kampfe zu weichen, so riefen sie die Soldaten einzeln auf und ließen sie vor den Altären, im Kreise vieler Zenturionen mit bloßen Schwertern in der Hand, zuerst beschwören, nichts von allem, was sie sehen oder hören würden, zu sagen. Dann ließen sie sie unter furchtbaren Worten und grauenvollen Sprächen schwören und den Göttern beteuern, den Befehlen der Feldherren in allem zu gehorchen, nicht aus dem Kampfe zu weichen und jeden, den sie fliehen sähen, niederzuhauen; brächen sie ihren Schwur, so solle Fluch die Häupter ihrer Familie und alle ihre Nachkommen treffen. Als einige Soldaten zagten und den Schwur verweigerten, wurden sie sogleich von den Zenturionen niedergestochen; so daß alle folgenden, durch die Greuel dieses Anblicks erschreckt, den Eid

[1)] Und sie sich weder durch eigene noch durch fremde Kraft aufrechterhalten konnten, so ließen sie dennoch nicht vom Kriege ab, so daß sie sogar der unglücklichen Verteidigung der Freiheit nicht überdrüssig wurden und lieber untergehen als nicht das Kriegsglück versuchen wollten.

leisteten. Um die Feierlichkeit des Aktes noch zu erhöhen, hatten sie die Hälfte ihrer Streiter, die sich noch auf 40000 Mann beliefen, mit weißen Gewändern und wehenden Helmbüschen geschmückt. In dieser Ordnung faßten sie bei Aquilonia Posten.

Ihnen entgegen zog Papyrius mit dem römischen Heere. Als er seinen Soldaten Mut einsprach, bediente er sich der Worte: *Non enim cristas vulnera facere et picta atque aurata scuta transire Romanum pilum*[2]. Um ihnen die hohe Meinung, welche sie von den Samnitern wegen ihres Eides gefaßt hatten, zu benehmen, sagte er ihnen, dieser Schwur müsse Furcht, nicht Tapferkeit bei den Feinden hervorbringen, weil sie zugleich ihre Führer, die Götter und die Gegner zu fürchten hätten. Als es zur Schlacht kam, wurden die Samniter besiegt, weil die römische Tapferkeit und die durch die früheren Niederlagen erzeugte Furcht alle Hartnäckigkeit überwand, welche die Kraft der Religion und des geleisteten Eidschwurs hatte hervorbringen können. Dennoch zeigt sich deutlich, daß sie keine andere Rettung und kein anderes Mittel, neue Hoffnung zu schöpfen und die verlorene Tapferkeit wiederzuerlangen, finden zu können glaubten.

Es ist dies ein vollkommener Beleg, wieviel Zuversicht man durch eine richtige Benutzung der Religion bewirken könne. Ich habe die erzählte Begebenheit hierher gesetzt, obgleich sie zu den auswärtigen Ereignissen gerechnet werden muß; ich tat es deshalb, weil sie von der Religion, einer der wichtigsten Einrichtungen der römischen Republik, abhängt, und ich diesen Stoff nicht zerreißen, noch mehreremal darauf zurückkommen wollte.

16.

Wenn ein an die monarchische Regierungsform gewöhntes Volk durch ein Ereignis frei wird, erhält es nur schwer seine Freiheit.

Wie schwer es einem unter einem Fürsten zu leben gewohnten Volke sei, seine Freiheit zu erhalten, wenn es dieselbe durch

[2] Nicht die Helmbüsche schlagen Wunden, und durch gemalte und vergoldete Schilde dringt der römische Wurfspeer.

irgendein Ereignis erlangt hat, wie die Römer durch die Vertreibung der Tarquinier, zeigen eine Menge Beispiele aus der alten Geschichte. Dies ist auch ganz natürlich, denn ein solches Volk ist gerade in dem Falle eines Tieres, das, obgleich von Natur wild und an das Leben im Walde gewöhnt, immer eingesperrt und dienstbar gehalten, nachher aber zufällig in die Felder freigelassen, die Beute des ersten wird, der es wieder in Ketten legen will, weil es nicht gewohnt ist, seine Nahrung zu suchen und die Schlupfwinkel nicht kennt, worin es sich verbergen könnte. Dasselbe widerfährt einem Volke; unter den Befehlen eines andern zu leben gewohnt, weiß es weder Verteidigung noch Angriff zu beurteilen, es kennt die Fürsten nicht, ist nicht von ihnen gekannt und begibt sich daher bald wieder unter ein Joch, welches meistenteils schwerer ist, als das kurz zuvor von seinem Nacken abgeschüttelte. Es befindet sich in dieser Klemme, wenn es auch nicht ganz verderbt ist; wohingegen ein Volk, bei dem völlige Sittenverderbnis eingerissen ist, nicht nur nicht kurze Zeit, sondern keinen Augenblick frei zu leben vermag, wie unten gezeigt werden soll. Wir sprechen daher hier von solchen Völkern, bei denen die Verderbnis noch nicht sehr überhandgenommen hat, bei denen sich mehr gesunde als kranke Teile vorfinden.

Zur obengenannten Schwierigkeit kommt noch eine andere hinzu, nämlich daß sich der Staat, welcher frei wird, Feinde und nicht Freunde im Innern macht. Zu Feinden werden alle, welche aus der tyrannischen Regierungsform Nutzen zogen, indem sie sich von den Reichtümern des Fürsten nährten; denn da jetzt diese Quelle versiegt ist und sie sich nicht mehr mit wenigem begnügen können, so sind sie gezwungen, die Wiedereinführung der Alleinherrschaft zu versuchen, um ihr verlorenes Ansehen wiederzuerlangen. Freunde erwirbt sich ein solcher Staat nicht, weil eine freie Verfassung nur für einige würdige und fest bestimmte Anlässe Ehre und Belohnung aussetzt, außerdem aber weder Belohnungen noch Ehrenstellen zuerkennt. Befindet sich ein Mann im Besitz jener Auszeichnungen und Vorteile, die er zu verdienen glaubt, so bekennt er sich nicht dazu, denen, die ihn damit belohnt haben, Dank schuldig zu sein. Außerdem wird der allgemeine Nutzen, der aus einer freien Verfassung entspringt, nämlich daß man frei und ohne Scheu sein Eigentum genießt, daß man nicht um die Ehre der Gattin und der Kinder besorgt ist und nicht für seine Person fürchtet, von niemand gefühlt, solange man ihn besitzt; denn nie wird jemand einem Dank schuldig zu sein glauben, der ihn nicht beleidigt.

Der zur neuen Freiheit erstandene Staat macht sich also Feinde, nicht Freunde im Innern. Um aber die daraus entstehenden Übelstände und Unordnungen zu vermeiden, gibt es kein besseres noch kräftigeres, kein vernünftigeres noch notwendigeres Mittel, als die Söhne des Brutus zu töten, welche nach dem Zeugnis der Geschichte zugleich mit anderen römischen Jünglingen nur dadurch zur Verschwörung gegen das Vaterland bewogen wurden, daß sie sich unter den Konsuln nicht wie unter dem König mehr herausnehmen konnten als die anderen Bürger und ihnen so die Freiheit des Volkes eigene Knechtschaft geworden zu sein schien. Wer daher die Regierung einer Menge, sei es nun mit freien oder unumschränkten Formen, übernimmt und sich nicht der gegen diese neue Ordnung der Dinge feindlich Gesinnten versichert, gründet einen Staat von kurzer Dauer. Freilich halte ich die Fürsten für beklagenswert, welche, da sie die Menge zum Feinde haben, sich außerordentlicher Mittel bedienen müssen. Denn der Fürst, welcher die Wenigen zu Feinden hat, sichert sich leicht und ohne Schaden, der aber, welcher das Ganze zum Feinde hat, stellt sich niemals sicher, und je mehr Grausamkeiten er begeht, desto schwankender wird sein Thron. Das beste Mittel, das es für ihn gibt, ist daher, sich das Volk zum Freunde zu machen. Obgleich nun dieser Gegenstand der Aufschrift unseres Kapitels fremd ist, indem hier von einem Fürsten und dort von einer Republik die Rede ist, so will ich mich doch, um nicht mehreremal auf diesen Gegenstand zurückkommen zu müssen, kurz darüber aussprechen.

Ein Fürst, der ein feindlich gesinntes Volk gewinnen will (ich spreche hier von den Fürsten, die Tyrannen ihres Vaterlandes geworden sind), muß zuerst untersuchen, was das Volk wünscht. Immer wird er finden, daß es zwei Dinge wünscht, erstens Rache an denen, die Ursache seiner Knechtschaft sind, zweitens Wiedererlangung seiner Freiheit. Dem ersten Wunsche kann der Fürst ganz, dem zweiten zum Teil Genüge leisten. Was den ersten betrifft, hier dies treffende Beispiel: Der Tyrann von Heraklea, Klearchos, war verbannt worden. Als sich nun zwischen dem Volke und den Vornehmen von Heraklea Streit erhob und sich letztere im Nachteil sahen, beschlossen sie, den Klearchos zu begünstigen, verschworen sich zu diesem Zwecke, setzten ihn wieder auf seinen Thron und nahmen dem Volke die Freiheit. Da sich nun Klearchos auf diese Art zwischen dem Übermut der Aristokraten, die er auf keine Weise befriedigen oder bessern konnte, und der Wut des Volkes, das den Verlust der Freiheit nicht ertragen konnte, eingeengt fand, so beschloß er, sich von den überlästigen Großen zu befreien und zu gleicher Zeit das Volk für sich zu gewinnen. Er ergriff eine schickliche Gelegenheit und ließ zur äußersten Zufriedenheit des Volkes alle Aristokraten in Stücke hauen. So genügte er einem der Wünsche, welche die Völker haben, nämlich dem, sich zu rächen.

Was den zweiten Wunsch des Volkes, seine Freiheit wiederzuerlangen, betrifft, so muß der Fürst, da er ihn nicht gewähren kann, untersuchen, aus welchen Gründen es frei zu sein verlangt. Er wird finden, daß ein kleiner Teil frei zu sein wünscht, um zu befehlen, alle anderen aber, die unverhältnismäßig größere Zahl, die Freiheit wünschen, um sicher zu leben. In einem jeden Gemeinwesen aber, habe es eine Verfassung, welche es wolle, sind die befehlenden Stellen mit höchstens vierzig bis fünfzig Bürgern besetzt. Da nun dies eine kleine Zahl ist, so ist es ein leichtes, sich ihrer zu versichern, entweder dadurch, daß man sie aus dem Wege räumt, oder dadurch, daß man ihnen so große Auszeichnung zukommen läßt, daß sie sich in Anbetracht ihrer Verhältnisse gutenteils zufriedengeben können. Alle übrigen, welchen es genügt, in Sicherheit zu leben, werden leicht zufriedengestellt, wenn man Einrichtungen trifft und Gesetze gibt, wodurch, im Einklang mit der eigenen Macht, die öffentliche Sicherheit erhalten wird. Tut dies ein

Fürst, und sieht das Volk ein, daß er bei keiner Gelegenheit diese Gesetze bricht, so wird es bald sicher und zufrieden zu leben anfangen. Einen Beweis hierzu liefert das Königreich Frankreich, wo nur deshalb Sicherheit herrscht, weil sich seine Könige eine Menge Gesetze auferlegt haben, welche die Sicherheit aller ihrer Völker zur Folge haben. Die Gründer seiner Verfassung wollten, daß die Könige über Waffen und Geld frei verfügen, in allem übrigen aber nur nach dem Ausspruch der Gesetze handeln könnten.

Ein Fürst oder eine Republik also, die sich nicht gleich anfangs gesichert hat, muß sich bei der ersten Gelegenheit, wie die Römer, sicherstellen. Wer diese unbenutzt vorbeigehen läßt, wird zu spät bereuen, nicht getan zu haben, was er tun mußte. Das römische Volk aber, da es bei Erlangung seiner Freiheit noch nicht verderbt war, konnte, nach der Hinrichtung der Söhne des Brutus und dem Aussterben der Tarquinier, seine Freiheit durch die obenangeführten Mittel und Einrichtungen erhalten. War aber das Volk verderbt, so fanden sich in Rom ebensowenig als irgendwo anders Mittel, kräftig genug, um die Freiheit zu erhalten, wie uns das nächste Kapitel zeigen soll.

17.

Wenn ein verderbtes Volk zur Freiheit gelangt, so kann es sich nur mit äußerster Schwierigkeit frei erhalten.

Ich glaube, daß notwendigerweise die Regierung der Könige in Rom ein Ende nehmen, oder Rom sehr bald schwach und völlig kraftlos werden mußte. Wenn man bedenkt, in welche Verderbnis die Könige versunken waren, und daß sich, hätten noch zwei oder drei auf dieselbe Art wie früher regiert, ihre Verderbnis durch die anderen Glieder des Staatskörpers verbreitet haben würde, so muß uns in diesem Falle eine Wiederherstellung des letzteren als unmöglich erscheinen. Da aber das Haupt herabfiel, als der Rumpf noch unversehrt war, so konnte eine freie und geordnete Verfassung leicht wieder eingeführt werden.

Es wird für eine unumstößliche Wahrheit gelten müssen, daß eine verderbte Stadt, die unter einem Fürsten lebt, auch wenn dieser Fürst mit seinem ganzen Stamm vertilgt wird, doch niemals frei werden könne, und daß ein Fürst den andern vertreiben müsse. Ohne sich einen neuen Herrn zu geben, wird sie nie zur Ruhe kommen, es müßte sie denn ein Mann, der Großmut mit Kraft und Tapferkeit vereinigt, frei erhalten. Aber auch dann wird ihre Freiheit mit dem Loben dieses Mannes ein Ende nehmen, wie es Syracus mit Dion und Timoleon erging, deren große Eigenschaften es in verschiedenen Zeiten frei erhielten, und deren Tod die Stadt unter die alte Tyrannei zurücksinken ließ. Das treffendste Beispiel aber liefert Rom, das nach der Vertreibung der Tarquinier sogleich die Freiheit ergreifen und erhalten, nach der Ermordung Cäsars, Caligulas und Neros, nach dem Verlöschen des ganzen cäsarianischen Stammes hingegen niemals seine Freiheit erhalten, ja nicht einmal einen Anfang der Freiheit zustande bringen konnte. Eine solche Verschiedenheit der Erbfolge in einer und derselben Stadt rührt nur davon her, daß das römische Volk zur Zeit der Tarquinier noch nicht verderbt, in den späteren Zeiten aber in die äußerste Verderbnis versunken war. Damit es die königliche Herrschaft verabscheute, war damals ein Schwur, nie Könige in Rom zu dulden, genügend; später reichten die Macht und die Strenge des Brutus und alle Legionen des Orients nicht hin, es zur Erhaltung der Freiheit zu bewegen, welche ihr Brutus gleich seinem Ahnherrn wiedergegeben hatte. Die Ursache davon war die durch die marianische Partei im Volke verbreitete Sittenverderbnis, und nur so konnte Cäsar, das Haupt dieser Partei, die Menge so sehr verblenden, daß sie das Joch nicht gewahrte, welches sie selbst ihrem Nacken aufbürdete.

Roms Beispiel spricht lauter als jedes andere für unseren Satz, doch können auch Völker unserer Zeit angeführt werden. Kein Ereignis, es sei noch so wichtig oder gewaltsam, würde jemals Mailand oder Neapel frei machen können, da die Sitten dieser Staaten völlig verderbt sind. Dies zeigte sich, als Mailand nach dem Tode Philipps Visconti seine Freiheit wiederherstellen wollte und dieselbe nicht zu erhalten wußte noch vermochte.

Es war also ein großes Glück für Rom, daß seine Könige schnell verderbt und daher verjagt wurden, ehe ihre Verderbnis in die Eingeweide der Stadt überging. Die Sittenreinheit war Ursache, daß die endlosen Unruhen Roms (da die Bürger gute Absichten hatten) der Republik nicht schadeten, ihr vielmehr nützten.

Es läßt sich also der Schluß ziehen, daß, wo die Sitten gut sind, Aufstände und Unruhen nicht schaden, wo sie schlecht sind, gute Gesetze nichts helfen, sie müßten denn von einem Mann so lange mit äußerster Kraft gehandhabt werden, bis die Sitten wieder gut werden. Ob dies jedoch jemals geschehen ist oder überhaupt geschehen könne, weiß ich nicht; denn wenn eine Stadt durch Sittenverderbnis zum Sinken gekommen ist und sie sich je wieder erheben sollte, so geschieht dies durch das Verdienst eines gleichzeitigen großen Mannes, nicht durch das Verdienst der Allgemeinheit, welche die guten Einrichtungen in Kraft erhielte; und sogleich wie dieser Mann gestorben ist, kehrt die Stadt zu ihrer alten Gewohnheit zurück. So konnte Theben durch die großen Eigenschaften des Epaminondas, solange er lebte, republikanische Formen erhalten und sich zum vorherrschenden Staat in Griechenland aufschwingen, sobald er aber tot war, fiel es in seine frühere Verwirrung zurück. Die Ursache dieser Erscheinung ist die, daß kein Mann ein so langes Leben haben kann, daß die Zeit hinreichte, einer Stadt, in welcher lange Zeit hindurch schlechte Sitten herrschten, gute Sitten zu geben.

Da nun ein Mann von sehr langem Leben oder die unmittelbare Folge zweier ausgezeichneter Männer noch keine Wirkung hervorbringt, so geht mit ihrem Verschwinden sogleich alles zugrunde, es müßte denn einer dieser Männer mit vielen Gefahren und mit vielem Blute dem Gemeinwesen ein neues Leben gegeben haben. Die Sittenverderbnis und Untauglichkeit zur Freiheit nämlich entsteht aus einer Ungleichheit der Bürger, und um sie wieder gleich zu machen, muß man sich der alleraußerordentlichsten Mittel bedienen, was wenig Männer können oder wollen, wie an einem anderen Orte näher beleuchtet werden soll.

18.

Auf welche Art in verderbten Städten eine freie Verfassung erhalten werden könne, wenn sie schon besteht; und wie eine solche, wenn sie nicht besteht, eingeführt werden könne.

Ich halte eine Untersuchung nicht für unpassend oder dem vorigen Kapitel widersprechend, ob in einer verderbten Stadt eine freie Verfassung erhalten werden könne, wenn sie besteht, oder ob eine solche Verfassung, wenn sie nicht besteht, daselbst eingeführt werden könne. Beides ist äußerst schwierig, und es läßt sich fast unmöglich eine Vorschrift darüber geben, weil man hierbei nach den verschiedenen Graden der Verderbtheit zu Werke gehen müßte. Da es aber gut ist, den Verstand an allen Gegenständen zu üben, so soll auch dieser nicht übergangen werden.

Setzen wir eine äußerst verderbte Stadt voraus und steigern wir so die Schwierigkeit aufs höchste, da sich weder Gesetze noch Einrichtungen finden, genügend, eine allgemeine Sittenverderbnis im Zaume zu halten. Wie nämlich gute Sitten zu ihrer Erhaltung der Gesetze bedürfen, ebenso sind zur Beobachtung der Gesetze gute Sitten erforderlich. Überdies sind die bei der Entstehung einer Republik gegebenen Einrichtungen und Gesetze, als die Menschen noch gut waren, später nicht mehr passend, wenn sie böse geworden sind. Wenn ferner die Gesetze nach den Ereignissen in einer Stadt wechseln, so wechseln doch die Einrichtungen nie oder selten, weswegen die neuen Gesetze nicht genügen, da sie von den Einrichtungen, die fest bleiben, verdorben werden. Mein Gedanke soll sogleich verständlich werden.

In Rom waren es die Einrichtung der Regierung oder vielmehr die Staatseinrichtung, und dann die Gesetze, durch welche die Magistrate die Bürger im Zaume hielten. Unter der Staatseinrichtung war begriffen die Machtvollkommenheit des Volkes, des Senates, der Tribunen, der Konsuln, die Wahl und Ernennung der Magistrate, die gesetzgebende Gewalt. An diesen Einrichtungen wurde wenig oder nichts durch die Ereignisse geändert. Es wechselten hingegen die Gesetze, welche die Bürger im Zaume halten sollten, wie das Gesetz gegen den Ehebruch, die Aufwandgesetze, das Gesetz über die Bewerbung um Staatsämter und viele andere, in dem Maße, als die Bürger nach und nach verderbt wurden. Da nun die Staatseinrichtungen fest blieben und bei der Verderbtheit der Sitten nicht mehr zweckmäßig waren, so reichten jene von Zeit zu Zeit erneuerten Gesetze nicht hin, die Menschen gut zu erhalten; wohl aber würden sie genügt haben, wenn mit der Erneuerung der Gesetze auch die Einrichtungen umgeändert worden wären. Wie richtig es sei, daß solche Einrichtungen in der verderbten Stadt nicht zweckmäßig waren, zeigt sich bestimmt bei zwei Hauptveranlassungen, bei der Ernennung der Magistrate und der Einführung neuer Gesetze.

Was die Ernennung der Magistrate betrifft, so gab das römische Volk das Konsulat und die anderen ersten Ämter der Stadt nur solchen, die sich darum bewarben. Diese Einrichtung war anfangs gut, da sich nur die Bürger bewarben, welche sich für würdig hielten, und es schimpflich war, zurückgewiesen zu werden, so daß, um für würdig erkannt zu werden, ein jeder recht handelte. Es ward diese Einrichtung in der Folge in der verderbten Stadt äußerst schädlich, weil nicht die, welche das meiste Verdienst, sondern die, welche die meiste Macht hatten, sich um die Ämter bewarben, und die Unmächtigen (wenn auch verdienstvoll) sich dessen aus Furcht enthielten. Es kam zu diesem Übelstand nicht auf einmal, sondern stufenweise, so wie man in jede andere üble Lage gerät. Nachdem die Römer Afrika und Asien bezwungen und fast ganz Griechenland unter ihre Herrschaft gebracht hatten, wurden sie, was ihre Freiheit anlangt, sicher und glaubten keine Feinde mehr zu haben, die ihnen hätten furchtbar erscheinen können. Diese Sicherheit und diese Schwäche seiner Feinde bewirkte, daß das römische Volk bei der Erteilung des Konsulates nicht mehr auf Verdienst und Tapferkeit Rücksicht nahm, sondern nach Gunst entschied, indem es diejenigen zu dieser Würde erhob, welche den Bürgern am besten zu Gefallen reden, nicht die, welche die Feinde am besten besiegen konnten; von denen aber, die am meisten in seiner Gunst standen, wandte es sich später zu denen, die die meiste Macht hatten. So blieben durch den Fehler einer solchen Einrichtung die tugendhaften Männer gänzlich ausgeschlossen.

Was die zweite Hauptveranlassung, die Einführung neuer Gesetze, betrifft, so konnte ein Tribun oder irgendein anderer Bürger dem Volke ein Gesetz vorschlagen, für oder gegen welches jeder Bürger sprechen konnte, ehe darüber beschlossen wurde. Diese Einrichtung war gut, solange die Bürger gut waren; denn es war immer vorteilhaft, daß jeder, der etwas dem Allgemeinen Nützliches beabsichtigte, dies vorschlagen und jedermann hierüber seine Meinung sagen konnte, damit das Volk nach Anhörung aller das Beste wählen konnte. Nachdem aber die Bürger schlecht geworden waren, wurde diese Einrichtung sehr schlecht; denn allein die Mächtigen schlugen jetzt Gesetze, nicht zugunsten der allgemeinen Freiheit, sondern zur Vergrößerung ihrer eigenen Macht vor, gegen welche, aus Furcht vor ihnen, niemand sprechen konnte, so daß das Volk, sei es durch Täuschung, sei es gezwungen, dahin kam, sein eigenes Verderben zu beschließen.

Wenn sich also Rom mitten in seiner Sittenverderbnis frei erhalten wollte, so mußte es, wie es sich im Verlaufe seines Lebens neue Gesetze gab, auch neue Einrichtungen schaffen; denn andere Regeln und eine andere Lebensweise müssen einem kranken Körper vorgeschrieben werden als einem gesunden, und ähnliche Form paßt nicht für gänzlich entgegengesetzten Stoff. Da aber jene Einrichtungen entweder alle auf einmal zu erneuern sind, wenn sich gezeigt hat, daß sie nichts mehr taugen, oder die Erneuerung nach und nach geschehen muß, ehe noch ein jeder die Notwendigkeit erkannt hat, so ist beides fast unmöglich. Sollen sie nach und nach erneuert werden, so muß dies auf Veranlassung eines weisen Mannes geschehen, der den Übelstand schon in ziemlicher Ferne und wenn er zu entstehen anfängt voraussieht. Nun ist es sehr leicht möglich, daß in einer Stadt nie solche Männer aufstehen oder, sollte sich auch einer erheben, daß er niemals andere von dem überzeugen kann, was er selbst einsieht, da die Menschen, an einen Zustand gewöhnt, nicht gerne davon abgehen, um so weniger, wenn sie das Übel nicht vor Augen sehen, sondern dieses ihnen durch Mutmaßung gezeigt werden muß.

Was die gleichzeitige Erneuerung jener Einrichtungen betrifft, wenn ein jeder einsieht, daß sie nicht gut sind, so ist diese Unzweckmäßigkeit, welche leicht erkannt wird, schwer zu verbessern. Es reichen hierzu gewöhnliche Mittel nicht aus, da die gewöhnlichen Wege schlecht sind, sondern man maß zu außergewöhnlichen schreiten, das heißt zur Gewalt und zu den Waffen, und vor allem Fürst der Stadt werden, um nach Gutbefinden über sie verfügen zu können. Da nun die Wiedereinführung des echten politischen Zustandes in einer Stadt einen ausgezeichneten Mann und die Besitznahme der Herrschaft in einer Republik durch Gewalthandlungen einen lasterhaften Mann voraussetzt, so wird äußerst selten der Fall eintreten, daß ein Mann durch schlechte Mittel Fürst werden will, wenn seine Absichten gut sind; oder daß ein schlechter Mann, Fürst geworden, recht handeln will und es ihm in den Sinn kommt, die Macht gut anzuwenden, welche er schlecht erworben hat.

Aus allen angeführten Gründen entsteht die Schwierigkeit oder Unmöglichkeit, in verderbten Städten eine Republik zu erhalten oder zu gründen. Hätte man sie aber dennoch zu gründen oder zu erhalten, so würde es notwendig sein, sie mehr der monarchischen als der republikanischen Regierungsform anzunähern, damit die Menschen, welche wegen ihres Übermutes von den Gesetzen nicht gebessert werden können, von einer fast königlichen Macht einigermaßen im Zaum gehalten werden. Sie auf eine andere Art gut machen zu wollen, wäre entweder völlig unmöglich oder die grausamste Unternehmung, wie die oben erzählte Handlung des Kleomenes. Wenn jedoch dieser, um allein zu sein, die Ephoren in Stücke hieb, und Romulus seinen Bruder und den Sabiner Titus Tatius ermordete, und beide hierauf ihre Macht gut anwendeten, so muß man gleichwohl bemerken, daß ihre Völker noch nicht von der Sittenverderbnis zerfressen waren, von welcher wir in diesem Kapitel sprachen, und daß sie deshalb ihren Plan fassen und auch ausführen konnten.

19.

Nach einem vorzüglichen Fürsten kann sich ein schwacher Fürst halten, allein nach einem schwachen Fürsten kann sich mit einem zweiten schwachen Fürsten kein Reich erhalten.

Betrachtet man die Tapferkeit und Handlungsweise des Romulus, Numa und Tullus, der ersten drei römischen Könige, so sieht man, daß Rom ein sehr günstiges Geschick zuteil wurde, da es zuerst einen sehr tapferen und kriegerischen, dann einen friedliebenden und gottesfürchtigen, hierauf einen dem Romulus an Tapferkeit gleichen und den Krieg dem Frieden vorziehenden König hatte. Es war für Rom nötig, daß sich gleich anfangs ein Ordner des bürgerlichen Zustandes erhob, dann aber mußten die folgenden Könige wieder die Tapferkeit des Romulus besitzen, sonst wäre die Stadt weibisch und die Beute ihrer Feinde geworden.

Es läßt sich hieraus schließen, daß ein Thronfolger, weniger tapfer als sein Vorgänger, den Staat durch die Tapferkeit des vorigen Regenten erhalten und die Früchte der Arbeiten des ersten genießen könne; daß aber durch ein langes Leben des zweiten Fürsten oder durch die Thronfolge eines dritten, welcher die Tapferkeit des ersten nicht besitzt, das Reich zugrunde gehen müsse. Besitzen hingegen zwei Fürsten nacheinander große Tapferkeit, so sieht man sie häufig die größten Taten verrichten und ihren Ruhm bis zum Himmel erheben.

David war unbestreitbar ein vorzüglicher König in den Waffen, an Kenntnissen und Urteilskraft, und seine Tapferkeit war so groß, daß er nach der Besiegung und Unterwerfung aller Nachbarstaaten seinem Sohne Salomo das Reich im Frieden hinterlassen und dieser es durch die Künste des Friedens und Krieges erhalten und glücklich die Früchte der väterlichen Tapferkeit ernten konnte. Nicht so konnte Salomo das Reich seinem Sohne Rhoboam hinterlassen, der, dem Großvater an Tapferkeit und dem Vater an Glück nicht gleich, mit Mühe Herr des sechsten Teiles seines Erbes blieb.

Der türkische Sultan Bajazet II., obgleich mehr fried- als kriegliebend, konnte sich der Anstrengungen seines Vaters Mahomet II. erfreuen, welcher wie David nach der Besiegung seiner Nachbarn ein wohlbefestigtes Reich hinterließ, das durch die Künste des Friedens leicht zu erhalten war. Würde aber sein Sohn Selim I., der gegenwärtige Großherr, dem Vater und nicht dem Großvater ähnlich gewesen sein, so wäre dies Reich zugrunde gegangen; doch scheint sein Ruhm den des Großvaters noch übersteigen zu wollen.

Diese Beispiele belegen den Satz, daß sich nach einem vorzüglichen Fürsten ein schwacher Fürst halten kann, daß aber nach einem schwachen Fürsten mit einem zweiten schwachen Fürsten kein Reich zu bestehen vermag, es müßte denn in der Lage Frankreichs sein, daß seine alten Institutionen es von selbst erhalten; und schwach nenne ich die Fürsten, welche nichts vom Kriege verstehen.

Die Tapferkeit des Romulus war also so groß, daß sie dem Numa Pompilius erlaubte, Rom viele Jahre durch die Künste des Friedens zu regieren; nach diesem aber folgte Tullus Hostilius, der durch seinen Mut das Ansehen des Romulus wiedergewann; nach ihm Ancus Martius, so von der Natur begabt, daß er den Frieden benutzen, den Krieg ertragen konnte. Anfangs der Bahn des Friedens folgend, erkannte Ancus bald, daß ihn die Nachbarn für weibisch hielten und geringschätzten, so daß er es zur Erhaltung Roms für nötig erachtete, sich dem Kriege zuzuwenden, und Romulus, nicht Numa nachstrebte.

Es mögen sich deshalb alle Fürsten zur Lehre nehmen, daß, wer Numa gleichkommt, seinen Thron sichert oder nicht sichert, je nachdem die Zeitumstände und das Glück ihm günstig sind; daß aber, wer Romulus gleichkommt und mit Klugheit und Waffen gerüstet ist, jedenfalls auf seinem Throne festsitzt, wenn er nicht von einer hartnäckigen und übergroßen Macht herabgestürzt wird. Für gewiß läßt sich annehmen, daß Rom, wäre ihm als dritter König ein Mann zuteil geworden, der ihm nicht mit den Waffen sein Ansehen wiederzuverschaffen verstand, nie später, oder nur mit äußerster Schwierigkeit, Fuß fassen, noch seine großen Erfolge erreichen konnte. Dieser

Gefahr aber, unter einem schwachen oder schlechten zugrunde zu gehen, war Rom so lange ausgesetzt, als es unter Königen lebte.

20.

Da die unmittelbare Thronfolge zweier tapferer Fürsten große Erfolge hervorbringt; und daß gut geordnete Republiken notwendigerweise tapfere Thronfolger haben, weshalb sie große Eroberungen machen und zu mächtigen Reichen anwachsen.

Nachdem Rom die Könige vertrieben hatte, bestanden die Gefahren nicht mehr, denen es, wie wir oben gesagt, ausgesetzt war, wenn ein schwacher oder böser König auf den Thron kam. Die oberste Herrschaft ruhte nun in der Hand der Konsuln, welche nicht durch Erbfolge, List oder Gewalt, sondern durch freie Stimmenwahl zu dieser Herrschaft gelangten und immer vorzügliche Männer waren. Die Früchte der Tapferkeit und des Glückes dieser Männer von Zeit zu Zeit erntend, konnte Rom den Gipfel seiner Macht in einer Reihe von ebensoviel Jahren erreichen, als da es unter den Königen gestanden hatte.

Schon die unmittelbare Thronfolge zweier tapferen Fürsten, wie Philipps von Macedonien und Alexanders des Großen, reicht hin, die Welt zu erobern. Eher noch muß eine Republik dies Ziel erreichen, da es in ihrer Gewalt steht, nicht nur zwei, sondern unzählige sehr tapfere Fürsten als unmittelbare Thronfolger zu erwählen; und in einer jeden gut geordneten Republik wird dies so geschehen.

21.

Wie tadelnswert der Fürst oder die Republik sei, der eigene Waffen fehlen.

Die heutigen Fürsten und neueren Republiken, welche für Verteidigung und Angriff eigener Soldaten entbehren, sollten sich vor sich selbst schämen und bei Betrachtung des Beispiels des Tullus Hostilius bedenken, daß ein solcher Fehler nicht aus einem Mangel zum Kriege tauglicher Männer herrührt, sondern aus ihrer eigenen Schuld, weil sie ihre Untertanen nicht kriegerisch zu machen verstanden haben. Tullus fand, als er nach einem vierzigjährigen Frieden auf den Thron Roms kam, nicht einen Mann, der jemals im Kriege gewesen wäre. Als er aber einen Krieg anfangen wollte, kam es ihm dennoch nicht in den Sinn, sich der Samniter, Toskaner oder anderer kriegsgewohnter Völker zu bedienen, sondern er beschloß als weiser Fürst, sich seiner eigenen Untertanen zu bedienen; und so ausgezeichnet war sein Verdienst, daß er sie während seiner Regierung zu den besten Soldaten machen konnte.

Es ist wahrer als jede andere Wahrheit, daß, wo es Menschen und keine Soldaten gibt, der Fehler am Fürsten liegt und nicht an der Lage des Landes, noch an dem Himmelsstrich, noch an irgend etwas anderem. Die neueste Geschichte liefert dafür einen Beweis. Es ist jedem bekannt, daß vor einigen Jahren der König von England Frankreich angriff und keine anderen Soldaten als seine eigenen Völker dazu nahm. Obgleich er wegen eines dreißigjährigen ununterbrochenen Friedens in England weder Soldaten noch Feldherren hatte, die je im Felde waren, so fürchtete er doch nicht, ein Reich anzugreifen, das an Feldherren und guten Heeren, die fortwährend in den italienischen Kriegen unter den Waffen gestanden, Überfluß hatte. Alles kam daher, daß der König ein weißer Fürst und England ein wohlgeordnetes Reich ist, daß zur Zeit des Friedens das Kriegswesen nicht vernachlässigt.

Nachdem Pelopidas und Epaminondas Theben befreit und der Dienstbarkeit unter spartanischer Herrschaft entzogen hatten, befanden sie sich in einer an Knechtschaft gewöhnten Stadt und inmitten verweichlichter Völker; dennoch fürchteten sie nicht (so groß war ihre Tapferkeit), diese Thebaner wieder an die Waffen zu gewöhnen und die spartanischen Heere in der Ebene aufzusuchen; und sie besiegten sie. Der Geschichtschreiber sagt, diese beiden Männer hätten in kurzer Zeit gezeigt, daß nicht allein in Lacedämonien kriegerische Männer geboren werden, sondern überall, wo es Menschen gibt, wenn sich nur jemand findet, der sie zum Kriege tauglich zu machen versteht, wie Tullus die Römer tauglich machte. Virgil konnte diese Meinung nicht besser aussprechen, noch mit anderen Worten zeigen, daß es auch die seinige sei, als mit folgenden:

... Residesque movebit
Tullus in arma viros ...[1)]

22.

Was über die drei römischen Horatier und die drei albanischen Curiatier zu bemerken ist.

Tullus, König von Rom, und Metius, König von Alba, kamen überein, daß das Volk Herr des andern sein sollte, dessen obengenannte drei Männer siegen würden. Alle albanischen Curiatier wurden getötet, ein römischer Horatier blieb am Leben, und so war Metius, der König von Alba, mit seinem Volke den Römern untertan.

Als der siegreiche Horatier bei seiner Rückkehr nach Rom seiner Schwester begegnete, welche einem der drei Curiatier vermählt war und ihren gefallenen Gatten beklagte, erstach er sie. Der Horatier wurde wegen dieses Verbrechens vor Gericht gestellt und nach vielen Debatten, mehr auf die Bitten seines Vaters als wegen seiner Verdienste, freigesprochen.

Drei Dinge sind bei diesen Vorfällen zu bemerken: Erstens daß man nie mit einem Teil seiner Streitkräfte sein ganzes künftiges Schicksal wagen darf. Zweitens daß niemals in einem wohlgeordneten Staate Vergehen durch Verdienste ausgeglichen werden. Drittens daß es nie klug ist, Verträge zu schließen, deren Nichterfüllung gefürchtet werden muß oder kann.

Es ist für einen Staat so wichtig, dienstbar zu sein oder nicht, daß man nie glauben durfte, der König oder das Volk von Alba würde sich damit zufrieden geben, daß sie durch drei ihrer Bürger untertan geworden waren, wie es denn auch Metius nicht tat. Obschon er sich unmittelbar nach dem Siege der Römer für besiegt erkannte und dem Tullus Gehorsam ver-

---

1) Tullus ... der die lässigen Männer
Führt ins Schlachtengewühl ... Aeneis 6. Gesang. V. 814

sprach, so zeigte sich doch beim ersten Feldzug, den sie gemeinschaftlich gegen Veji zu unternehmen hatten, wie jener diesen zu täuschen suchte und, wenngleich zu spät, die Unbesonnenheit seiner Handlungsweise einsah. Dies über den dritten bemerkenswerten Punkt, von den anderen beiden in den zwei folgenden Kapiteln.

23.

Daß man nur mit vereinten Streitkräften alles aufs Spiel setzen darf, und daß daher häufig die Besetzung der Pässe schädlich ist.

Niemals galt es für eine weise Maßregel, alles aufs Spiel zu setzen und hierbei nicht alle Streitkräfte anzuwenden. Dies kann auf mehrfache Art geschehen. Wenn man wie Tullus und Metius verfährt, als sie die ganze Zukunft ihres Vaterlandes und die Tapferkeit so vieler Männer, wie beide in ihren Heeren zählten, der Tapferkeit und dem Glücke dreier ihrer Bürger anvertrauten, einem sehr kleinen Teile ihrer beiderseitigen Streitkräfte. Es fällt in die Augen, daß sie durch diesen Entschluß alle Mühe und Arbeit ihrer Vorgänger, dem Staate eine solche Verfassung zu geben, daß er lange unabhängig fortbestehen und die Bürger die Verteidiger ihrer Unabhängigkeit sein sollten, eitel und unnütz machten, da es in der Gewalt so Weniger stand, diese Unabhängigkeit zugrunde zu richten. Die beiden Könige konnten also auf keinen schlimmeren Einfall geraten.

In denselben Nachteil fällt man fast immer, wenn man bei Ankunft des Feindes die schwierigen Stellen zu halten, die Pässe zu besetzen beschließt. Eine solche Maßregel wird fast immer schädlich sein, man müßte denn an jener schwierigen Stelle bequem alle seine Streitkräfte vereint halten können. In solchem Fall ist diese Maßregel zu ergreifen; ist aber die Stelle rauh, und kann man nicht alle seine Streitkräfte daselbst halten, so ist die Maßregel schädlich. Meine Meinung gründet sich darauf, daß von einem mächtigen Feind angegriffene Völker, deren Land von Alpenketten und Berggegenden eingeschlossen ist, niemals versuchten, den Feind in den Pässen und auf den Bergen zu bekämpfen, sondern ihm darüber hinaus entgegenzogen oder, wenn sie das nicht wollten, ihn hinter ihren Bergen in fruchtbaren nicht felsigen Gegenden erwarteten. Die Ursache davon ist die oben angeführte. Da man zur Besetzung bergiger Gegenden nicht viele Leute führen kann, teils weil sie nicht lange daselbst leben können, teils weil diese Stellen eng sind und wenig Leute fassen, so kann man einem zahlreich anrückenden Feinde nicht widerstehen. Dem Feinde ist es leicht, in großen Massen zu kommen, da es seine Absicht ist, zu passieren und nicht stehenzubleiben; dem Verteidiger ist es unmöglich, ihn mit starken Massen zu erwarten, da er in der Ungewißheit, wann der Feind passieren will, längere Zeit an engen und unfruchtbaren Stellen lagern müßte. Geht nun dieser Paß, den du halten zu können glaubtest und auf den sich dein Volk und das Heer verließ, verloren, so bemächtigt sich meistenteils des Volkes und der übrigen Soldaten ein solcher Schrecken, daß du, ohne ihre Tapferkeit auf die Probe stellen zu können, besiegt bleibst und mit einem Teil deiner Streitkräfte alles verloren hast.

Jeder weiß, mit welcher Schwierigkeit Hannibal über die Alpen setzte, die Frankreich von der Lombardei trennen, und dann die andere Alpenkette überschritt, die die Lombardei von Toskana scheidet. Dennoch erwarteten ihn die Römer zuerst am Ticino und später auf der Ebene von Arezzo, und wollten lieber ihr Heer vom Feinde an Stellen, wo er siegen konnte, aufreiben lassen, als es auf die Berge führen, wo es die Unwirtlichkeit der Gegend vernichtet haben würde. Wenn man die ganze Geschichte mit Aufmerksamkeit durchliest, wird man finden, daß sehr wenige ausgezeichnete Feldherren solche Pässe zu halten versucht haben, teils aus den angeführten Gründen, teils weil die Pässe nicht alle gesperrt werden können. Die Gebirge nämlich haben gleich der Ebene nicht allein gewöhnliche und häufig betretene Straßen, sondern viele andere Wege und Pfade, welche, wenn nicht den Fremden, doch den Eingebornen bekannt sind, mit deren Hilfe der Angreifende immer an irgendeine Stelle gegen den Willen des Verteidigers geführt werden wird. Das Jahr 1515 liefert dafür ein ganz frisches Beispiel.

Franz I., König von Frankreich, wollte nach Italien hinübergehen, um die Lombardei wiederzuerobern. Die Gegner dieser Unternehmung legten besonders darauf Gewicht, daß man die Schweizer in den Bergpässen würde zu fürchten haben. Der Ausgang zeigte, daß ihre Gründe falsch waren; denn der König ließ zwei oder drei besetzte Stellen liegen, kam auf einem anderen unbekannten Wege und war eher in Italien und den Schweizern nahe, ehe sie Nachricht von ihm hatten. Dadurch erschreckt, zogen sie sich nach Mailand zurück, und das ganze Land ergab sich dem französischen Heere, da seine feste Hoffnung, die Franzosen müßten auf den Bergen angehalten worden, fehlgeschlagen war.

24.

Wohlgeordnete Republiken setzen Belohnungen und Strafen für ihre Bürger fest und gleichen nie die einen durch die anderen aus.

Sehr groß war des Horatius Verdienst, da er durch seine Tapferkeit die Curiatier besiegt hatte. Grauenhaft war sein Vergehen, da er seine Schwester getötet hatte. Diese Mordtat entrüstete die Römer so sehr, daß sie ihn sein Leben zu verteidigen zwangen, obgleich seine Verdienste so groß und so neu waren. Oberflächlich betrachtet, könnte dies als ein Beispiel von Volksundankbarkeit erscheinen. Bei reiferer Überlegung und näherer Untersuchung, welches die Institutionen einer Republik sein sollen, aber wird man eher das Volk tadeln, daß es ihn freisprach, als daß es ihn verurteilen wollte; und zwar aus dem Grunde, weil niemals eine wohlgeordnete Republik die Vergehen ihrer Bürger durch ihre Verdienste ausgleicht. Im Gegenteil, wenn sie Belohnungen für eine gute und Strafen für eine böse Handlung festgesetzt und einen Mann, weil er gut gehandelt, belohnt hat, so soll sie denselben Mann, beträgt er sich nachher schlecht, ohne irgendeine Rücksicht auf seine guten Handlungen bestrafen. Wird diese Ordnung streng beobachtet, so hält sich eine Stadt lange Zeit frei; geschieht es nicht, so wird sie bald zugrunde gehen. Denn kommt bei einem

Bürger, der etwas Großes für die Stadt vollbracht, zu dem Ansehen, das ihm dies erwirbt, noch die Kühnheit und das Vertrauen, ohne Strafe zu fürchten, eine nicht gute Tat vollbringen zu können, so wird er bald so übermütig werden, daß sich jedes Gemeinwesen dadurch auflösen muß.

Will man aber, daß die Strafe für die bösen Handlungen gefürchtet werde, so ist es notwendig, die Belohnungen für die guten immer zu erteilen, wie es Rom tat. Wenn auch eine Republik arm ist und nur wenig geben kann, so darf sie doch nicht versäumen, dies Wenige zu geben; denn immer wird die geringste Gabe, als Belohnung erteilt für eine wenn auch sehr verdienstvolle Tat, von dem, der sie empfängt, für ehrenvoll und groß erachtet werden. Jedem ist die Geschichte des Horatius Cocles und die des Mutius Scaevola bekannt; wie der erste die Feinde so lange auf einer Brücke zurückhielt, bis sie abgebrochen war, und der zweite sich die Hand abbrannte, da er sich in der Absicht, Porsenna, den König der Retrurier, zu töten, geirrt hatte. Beiden wurde für diese so ausgezeichneten Taten vom Staate zwei Acker Landes gegeben. Ebenso bekannt ist die Geschichte des Manlius Capitolinus. Für die Rettung des von den Galliern belagerten Kapitols erhielt er von denen, die mit ihm darin belagert waren, ein kleines Maß Mehl. Diese Belohnung (groß nach dem damaligen Zustande Roms) gab die Veranlassung, daß Manlius, von Eifersucht oder von seiner verkehrten Sinnesart getrieben, das Volk zu gewinnen und Aufruhr in Rom zu erregen suchte und deshalb ohne irgendeine Rücksicht auf seine Verdienste häuptlings von demselben Kapitol herabgestürzt wurde, das er zuvor mit so großem Ruhme gerettet hatte.

25.

Wer in einem freien Staate eine alte Verfassung reformieren will, behalte wenigstens den Schatten der alten Formen bei.

Will man einem Staate eine neue Verfassung geben, und soll diese angenommen und zur Zufriedenheit eines jeden erhalten werden, so ist man genötigt, wenigstens den Schein der alten Formen beizubehalten, damit das Volk seine alte Ordnung nicht verändert zu haben glaubt, obgleich die neuen Institutionen den früheren ganz fremd sind. Denn die Masse der Menschen läßt sich ebensogut mit dem Scheine abspeisen wie mit der Wirklichkeit; ja, häufig wird sie mehr durch den Schein der Dinge bewegt, als durch die Dinge selbst.

Aus diesem Grunde, und weil sie gleich am Anfang ihrer Freiheit jene Notwendigkeiten einsahen, gaben die Römer den an dic Stelle des Königs ernannten zwei Konsuln nicht mehr als zwölf Liktoren, damit ihre Zahl nicht die Zahl derer überschreite, welche vor dem Könige einhergegangen waren. Da ferner in Rom ein jährliches Opferfest stattfand, das nur vom Könige in eigener Person abgehalten werden durfte, und die Römer nicht wollten, daß das Volk irgendeinen der uralten Gebräuche durch die Abwesenheit der Könige entbehren und zurückwünschen solle, so ernannten sie ein Haupt für dieses Opfer, nannten es Opferkönig und ordneten es dem Oberpriester unter. Auf diese Art blieb das Volk im Genuß des Opferfestes und hatte nie Ursache, wegen Entbehrung desselben die Rückkehr der Könige zu wünschen.

Dasselbe hat man immer zu beobachten, wenn man einem Staate eine uralte Regierungsform nehmen und dafür eine neue freie Verfassung geben will. Da alles Neue die Gemüter der Menschen erschüttert, so muß man sich bemühen, den Veränderungen soviel als möglich vom Alten zu lassen und, wenn die Zahl, Machtvollkommenheit und Amtsdauer der Regierungsmitglieder geändert wird, wenigstens die Titel beibehalten.

Diese Regel gilt sowohl bei der Umänderung eines Reiches in eine Republik, als auch bei der Umänderung einer Republik in ein Königreich; wer aber eine unumschränkte Monarchie, welche von den Schriftstellern Tyrannei genannt wird, errichten will, muß alles Bestehende umstürzen und neu machen, wie im nächsten Kapitel gezeigt werden soll.

26.

Ein neuer Fürst muß in einer eroberten Stadt oder Provinz alles Bestehende umstürzen und neu machen.

Für einen jeden, der Fürst einer Stadt oder eines Staates wird, besonders wenn er nur schwachen Fuß gefaßt hat und kein geordnetes Reich oder eine Republik errichten will, gibt es kein besseres Mittel, sich auf dem Throne zu erhalten, als, so wie er ein neuer Fürst ist, auch alles im Staate neu zu machen. In der Hauptstadt muß er eine neue Regierung mit neuen Titeln, neuer Machtvollkommenheit, neuen Personen ernennen, die Armen muß er reich machen, wie David, als er König wurde, *qui esurientis implevit bonis, et divites dimisit inanes* [1)]. Ferner muß er neue Städte erbauen, die alten zerstören, die Einwohner von einem Ort an den andern versetzen, kurz nichts im Lande an seiner Stelle lassen, damit es keinen Rang, kein Amt, keinen Stand noch Reichtum gebe, die der Besitzer nicht ihm verdanke.

Zu seinem Ziele muß er sich die Handlungsweise Philipps von Macedonien, des Vaters Alexanders des Großen, setzen, der auf diesem Wege aus einem kleinen Könige Beherrscher von ganz Griechenland wurde, indem er, wie die Geschichtschreiber sagen, die Menschen von Provinz zu Provinz wie die Hirten ihre Herden trieb.

Dies sind grausame Mittel. Sie sind nicht nur unchristlich, sondern auch unmenschlich. Wer ein Mensch ist, soll sie fliehen und lieber im Dunkel des Bürgerstandes leben, als die Krone tragen zum Verderben so vieler ihm gleich geschaffener Wesen. Gleichwohl muß der, welcher den obengenannten Weg zum Guten nicht gehen will, will er sich erhalten, zu diesem Übel schreiten. Allein die Menschen wählen einen gewissen Mittelweg, das schädlichste von allem, denn sie verstehen weder ganz gut noch ganz böse zu sein, wie im folgenden Kapitel durch ein Beispiel gezeigt werden soll.

---

1) Der die Hungernden mit Gütern überhäufte und die Reichen ausgesaugt entließ.

27.

Die Menschen verstehen äußerst selten ganz gut oder ganz böse zu sein.

Der Papst Julius II. hatte den Plan gefaßt, alle kleinen Fürsten, welche Teile des Kirchenstaates besaßen, zu entthronen. Als er im Jahre 1505 gegen Bologna zog, um die Bentivogli, welche diesen Staat mehr als hundert Jahre innegehabt hatten, zu vertreiben, wollte er bei dieser Gelegenheit auch den Tyrannen von Perugia, Giovampagolo Baglioni, absetzen. Da er nun in dieser Absicht, die jedermann bekannt war, bei Peragia ankam, so wartete er nicht sein Heer ab, das ihn geschützt hätte, sondern zog ohne Bedeckung in die Stadt, obgleich Giovampagolo mit vielen Truppen, die er zu seiner Verteidigung zusammengebracht hatte, darin war. Von jenem Ungestüm, das er bei allen Gelegenheiten zeigte, getrieben, begab sich der Papst auf diese Art, nur von seiner Leibwache begleitet, in die Hände des Feindes, welchen er mit sich wegführte, nachdem er einen Statthalter für die Kirche zurückgelassen hatte.

Alle verständigen Männer in seinem Gefolge bemerkten die Verwegenheit des Papstes und die Feigheit Giovampagolos. Sie konnten nicht begreifen, warum dieser nicht zu seinem unsterblichen Ruhme mit einem Schlag seinen Feind niedermachte und sich mit Beute belud, da alle Kardinäle mit ihren besten Schätzen den Papst begleitet hatten. – Es ließ sich nicht glauben, er habe es aus Edelmut unterlassen oder das Gewissen habe ihn zurückgehalten; denn in der Brust eines Verbrechers, der mit seiner Schwester in verbotenem Umgang lebte und aus Herrschsucht seine Vettern und Neffen ermordet hatte, konnten keine menschlichen Gefühle Raum finden, sondern man muß daraus schließen, daß die Menschen nicht ehrenvoll böse, noch vollkommen gut sein können; – und liegt in einer bösen Handlung Größe, ist sie in gewisser Hinsicht hochherzig, – daß sie sie nicht auszuführen verstehen.

So achtete Giovampagolo es für nichts, ein Blutschänder und offenkundiger Mörder seiner Verwandten zu sein, wußte aber oder, besser gesagt, wagte (da er die rechte Gelegenheit hatte) nicht, eine Tat auszuführen, wobei jedermann seinen Mut bewundert und wodurch er seinen Namen unsterblich gemacht haben würde. Er würde der erste gewesen sein, der den Prälaten gezeigt hätte, wie wenig Leute zu achten seien, die wie sie leben und regieren, und er würde eine Tat vollbracht haben, deren Großartigkeit alles damit verbundene Schimpfliche und alle mögliche Gefahr bei weitem übertroffen hätte.

28.

Aus welcher Ursache Rom weniger undankbar gegen seine Bürger war als Athen.

Wenn man die Geschichte der Republiken liest, wird man bei allen Beispiele der Undankbarkeit gegen ihre Bürger finden; in Rom aber wird dies weniger als in Athen und vielleicht in jeder anderen Republik der Fall sein. Die Ursache dieser verschiedenen Erscheinung in Rom und Athen war meines Erachtens die, daß die Römer weniger Ursache hatten, gegen ihre Bürger Argwohn zu hegen, als die Athenienser. Rom wurde von der Vertreibung der Könige bis zu Sulla und Marius nie von einem seiner Bürger der Freiheit beraubt; es hatte daher keine große Ursache, Mißtrauen gegen sie zu hegen und sie folglich unbedachtsam zu verletzen. Das Gegenteil widerfuhr Athen. In seiner blühendsten Zeit unter einem falschen Schein von Tugend durch Pisistratus seiner Freiheit beraubt, erinnerte es sich – nach Wiedererlangung derselben – der erlittenen Unbilden und der früheren Knechtschaft stets und wurde der blutigste Rächer nicht allein der Vergehen, sondern des Schattens der Vergehen seiner Bürger. Deshalb die Verbannung und der Tod so vieler ausgezeichneter Männer. Deshalb der Ostrazismus und jede andere Gewalthandlung, welche sich diese Stadt in verschiedenen Zeiten gegen ihre Optimaten zuschulden kommen ließ.

Sehr wahr ist der Ausspruch der Schriftsteller über den Staat, daß die Völker grimmiger beißen, wenn sie die Freiheit wieder errungen, als wenn sie dieselbe aufrechterhalten haben. Erwägt man daher, was wir gesagt, so wird man weder Athen tadeln, noch Rom loben, sondern in Anbetracht der Verschiedenheit der Ereignisse in beiden Städten allein der Notwendigkeit die Schuld geben. In der Tat, wäre Rom wie Athen seiner Freiheit beraubt worden, so würde es nicht gerechter gegen seine Bürger gewesen sein als Athen. Auf das sicherste läßt sich dies aus dem Schicksal des Collatinus und P. Valerius gleich nach der Vertreibung der Könige schließen. Der erste, obgleich er zur Befreiung Roms beigetragen hatte, wurde aus keiner anderen Ursache verbannt, als weil er den Namen der Tarquinier führte; der zweite hatte allein dadurch Verdacht erregt, daß er ein Haus auf dem Mons Cölius baute, und mußte gleichfalls dafür in die Verbannung wandern.

Betrachtet man den Argwohn und die Strenge Roms in diesen beiden Fällen, so läßt sich wohl abnehmen, daß es so undankbar wie Athen gewesen sein würde, hätten es seine Bürger wie jenes in den ersten Zeiten und vor seiner Vergrößerung verletzt. Um aber nicht mehreremal auf das Kapitel der Undankbarkeit zurückkommen zu müssen, will ich das darauf Bezügliche sogleich beibringen.

29.

Wer undankbarer sei, ein Volk oder ein Fürst.

Es scheint mir aus Anlaß der obenstehenden Erörterung angebracht, zu untersuchen, wo die schreiendsten Beispiele von Undankbarkeit vorkommen, bei den Völkern oder bei den Fürsten. Schicken wir zu diesem Zwecke voraus, daß das Laster der Undankbarkeit entweder aus Geiz oder aus Argwohn entsteht. Hat nämlich ein Volk oder ein Fürst einen Feldherrn zu einer wichtigen Unternehmung ausgesandt, der Feldherr aber sie glücklich beendigt und dadurch vielen Ruhm erworben, so sind Fürst oder Volk verbunden, ihn dafür zu belohnen. Entehren sie ihn, oder verletzen sie ihn statt dessen aus Geiz, indem sie ihn, von dieser Kargheit zurückgehalten, nicht befriedigen wollen, so begehen sie ein nicht zu entschuldigendes Unrecht, noch mehr, sie ziehen sich ewige Schande zu. Dennoch gibt es viele Fürsten, die hierin sündigen. Tacitus gibt uns in folgender Sentenz die Ursache: *Proclivius est injuriae, quam beneficio vicem exsolvere, quia gratia oneri, ultio in quaestu habetur*[1]. Belohnen sie ihn hingegen nicht oder, besser gesagt, verletzen sie ihn, nicht aus Geiz, sondern aus Mißtrauen, so verdienen Fürst und Volk einige Entschuldigung.

Beispiele der Undankbarkeit aus diesem Grunde findet man viele. Der Feldherr, welcher seinem Herrn tapfer ein Reich erobert hat, indem er die Feinde überwand, sich mit Ruhm bedeckte und seine Soldaten mit Reichtümern belud, erwirbt notwendigerweise bei seinen Soldaten, bei den Feinden und bei den eigenen Untertanen seines Fürsten ein solches Ansehen, daß der Sieg seinem Herrn nicht wohlschmecken kann. Da nun der Mensch von Natur nicht nur mißtrauisch, sondern auch ehrgeizig ist und sich im Glücke nicht zu mäßigen weiß, so ist es unmöglich, daß das Mißtrauen, welches den Fürsten sogleich nach dem Siege seines Feldherrn ergreift, nicht von diesem selbst durch irgendeine übermütige Äußerung oder Handlung vergrößert werde. Auf diese Art kann der Fürst nur daran denken, sich vor ihm zu sichern, und zu diesem Zwecke darauf sinnen, ihn entweder sterben zu lassen, oder ihm das Ansehen zu entziehen, das er bei seinem Heere oder bei seinen Völkern erworben hat, indem er sich auf alle Weise zu zeigen bemüht, der Sieg sei nicht die Folge der Tapferkeit des Feldherrn, sondern des Glückes, der Feigheit der Feinde oder der Klugheit der anderen Führer, die am Feldzuge teilgenommen.

Nachdem Vespasian in Judäa von seinem Heere zum Kaiser ausgerufen worden war, ergriff Antonius Primus, der sich mit einem anderen Heere in Illyrien befand, seine Partei, zog nach Italien gegen Vitellius, der zu Rom regierte, schlug mit größter Tapferkeit zwei vitellianische Heere und nahm Rom ein, so daß Muzian, von Vespasian abgesendet, jede Schwierigkeit durch die Tapferkeit des Antonius überwunden und alles getan fand. Die Belohnung des Antonius war, daß ihm Muzian sogleich den Oberbefehl über das Heer abnahm und ihm nach und nach in Rom alle Gewalt entzog. Antonius ging deshalb zu Vespasian,

[1] Viel leichter wird es, Unbilden als Wohltaten zu vergelten, denn Rache gilt als Gewinn, Dankbarkeit als Last.

der sich noch in Asien befand, wurde jedoch von diesem auf eine Art aufgenommen, daß er in kurzer Zeit, jedes Grades entkleidet, fast in Verzweiflung starb. Die Geschichte ist voll solcher Beispiele. Jeder Zeitgenosse weiß, mit welcher Geschicklichkeit und Tapferkeit in unseren Tagen Gonsalvo Ferrante, der Feldherr Ferdinands von Aragonien, das Königreich Neapel den Franzosen entriß, und daß als Belohnung für diese Eroberung Ferdinand, als er aus Aragonien in Neapel angekommen, ihm zuerst den Befehl über die Truppen, dann die Festungen entzog und ihn nach Spanien mitnahm, wo er kurze Zeit darauf ungeehrt starb.

Dieser Argwohn der Fürsten ist so natürlich, daß sie sich seiner nicht erwehren und sich unmöglich gegen die Feldherren, welche unter ihren Fahnen große Eroberungen gemacht haben, dankbar bezeigen können. Erwehrt sich aber dessen ein Fürst nicht, so ist es kein Wunder, noch eine auffallendere Erscheinung, wenn sich ein Volk dessen nicht erwehrt. Eine freie Stadt hat zwei Zwecke, erstens zu erobern, zweitens ihre Freiheit zu erhalten, und in beiden muß sie durch zuviel Liebe fehlen. Was die Fehler beim Erobern betrifft, so soll gegebenen Orts davon die Rede sein. Fehler bei der Erhaltung ihrer Freiheit kann sie zwar auch dadurch machen, daß sie Bürger verletzt, die sie belohnen sollte, und daß sie denen mißtraut, welchen sie trauen sollte. Wenn jedoch diese Art zu verfahren in einer Republik, wo Sittenverderbnis eingerissen ist, die Ursache großen Unglücks sein mag, und häufig eher Tyrannei daraus entsteht wie in Rom, als sich Cäsar mit Gewalt nahm, was ihm Undankbarkeit verweigerte, so ist gleichwohl diese Verfahrungsart in einer unverderbten Republik sehr heilbringend und gibt der Freiheit eine längere Dauer, da durch die Furcht vor Strafe die Menschen besser und weniger ehrgeizig erhalten werden.

Von allen Völkern indessen, die eine ausgezeichnete Herrschaft besaßen, war das römische das wenigst undankbare. Man kann sagen, daß sich kein anderes Beispiel seiner Undankbarkeit findet, als das gegen Scipio. Coriolan und Camillus wurden wegen Unbilden verbannt, welche der eine und der andere den Plebejern zugefügt hatte. Allein dem ersten wurde nur darum nicht verziehen, weil er gegen das Volk stets feindlich gesinnt blieb; der zweite wurde nicht allein zurückgerufen, sondern sein ganzes übriges Leben gleich einem Fürsten angebetet. Die Undankbarkeit gegen Scipio entstand daraus, daß der Senat gegen ihn einen Argwohn zu hegen anfing, den man gegen die anderen Feldherren nicht gehegt hatte, und der aus der Größe des Feindes, welchen Scipio überwunden, aus dem Ruhme, den ihm die siegreiche Beendigung eines so langen und gefahrvollen Krieges und die Schnelligkeit des Sieges errungen, und aus der Gunst, welche ihm seine Jugend, seine Klugheit und seine anderen merkwürdigen Tugenden erwarben, entsprang. Seine Taten waren so groß, daß die Magistrate Roms, so gut wie alle anderen, seine Macht fürchteten; was den weisen Männern als eine ungewöhnliche Erscheinung in Rom äußerst mißfiel. So außerordentlich erschien sein Betragen, daß der ältere Cato, der für einen Heiligen galt, der erste war, der gegen ihn sprach, da eine Stadt nicht frei genannt werden könne, wenn einer ihrer Bürger von der Regierung gefürchtet werde. Folgte demnach das römische Volk in diesem Falle der Meinung Catos, so verdient es die Entschuldigung, die, wie oben gesagt wurde, Völker und Fürsten verdienen, welche aus Mißtrauen undankbar sind.

Meine Meinung aber ist kurz folgende: Das Laster der Undankbarkeit hat seinen Grund im Geize oder im Argwohn. Aus Geiz werden die Völker niemals undankbar sein, aus Argwohn viel seltener als die Fürsten, weil sie weniger Ursache haben, argwöhnisch zu sein, wie unten gezeigt werden soll.

30.

Auf welche Art ein Fürst oder eine Republik das Laster der Undankbarkeit vermeiden könne, und was ein Feldherr oder Bürger tun müsse, um nicht darunter zu leiden.

Um der Notwendigkeit, Mißtrauen zu hegen oder undankbar zu sein, zu entgehen, soll ein Fürst persönlich seine Feldzüge leiten, wie es anfangs die römischen Kaiser taten, wie es in unserer Zeit der Türke tut, und wie es alle tapferen Fürsten getan haben und tun. Siegen sie dann, so ist Ruhm und Eroberung ganz ihrer; sind sie hingegen nicht selbst dabei und gehört so der Ruhm einem andern, so glauben sie sich der Eroberung nicht erfreuen zu können, wenn sie nicht des andern Ruhm verdunkeln, welchen sie sich selbst zu verdienen nicht verstanden haben. So werden sie undankbar und ungerecht, und zweifelsohne ist dann ihr Verlust größer als ihr Gewinn. Bleiben sie so aus Nachlässigkeit oder aus Unklugheit müßig zu Hause und schicken einen Feldherrn, so weiß ich ihnen freilich keine andere Vorschrift zu geben als die, welche sie von selbst wissen.

Dem Feldherrn jedoch, der dem Zahne der Undankbarkeit nicht entgehen zu können glaubt, rate ich eines von beiden zu tun: entweder gleich nach dem Siege das Heer zu verlassen und sich in die Hände seines Fürsten zu begeben, indem er jede übermütige oder ehrgeizige Handlung sorgfältig vermeidet, damit der Fürst frei von jedem Mißtrauen, ihn zu belohnen oder nicht zu beleidigen Ursache hat: oder will er das nicht, so ergreife er mutvoll den entgegengesetzten Weg. Er versuche dann alles, was er für zweckmäßig hält, damit die Eroberung sein eigen sei und nicht des Fürsten; er mache sich die Soldaten und die Einwohner geneigt, schließe neue Bündnisse mit den Nachbarn, besetze die Festungen mit seinen Leuten, besteche die Ersten seines Heeres, schaffe die, welche er nicht bestechen kann, auf die Seite und suche auf diese Weise seinen Herrn für die Undankbarkeit zu strafen, welche dieser gegen ihn gezeigt haben würde. Andere Wege gibt es nicht, aber, wie ich oben gesagt habe, die Menschen verstehen nicht, ganz böse noch ganz gut zu sein. Immer kommt es so, daß die Feldherren unmittelbar nach dem Siege ihr Heer nicht verlassen wollen, sich nicht bescheiden benehmen können, und zu gewaltsamen Mitteln, die etwas Ehrenvolles in sich schließen, nicht zu greifen verstehen. So bleiben sie unschlüssig und werden während ihres Wartens und Schwankens erdrückt.

Einer Republik, welche das Laster der Undankbarkeit meiden will, läßt sich nicht dasselbe Mittel wie dem Fürsten, nämlich an ihren Feldzügen selbst teilzunehmen und nicht einen andern zu senden, raten, da sie genötigt ist, einen ihrer Bürger zu schicken. Ich muß ihr daher als Mittel angeben, dieselbe Verfahrungsart wie Rom zu befolgen, um weniger undankbar als andere zu sein. Dies hatte in der Staatsverfassung Roms seinen Grund. Da nämlich die ganze Stadt, sowohl die Edlen als die Plebejer, sich der Kriegskunst beflissen und in den Krieg zogen, so standen jederzeit so viele tapfere und durch verschiedene Siege berühmte Männer auf, daß das Volk nicht Ursache hatte, einen von ihnen zu fürchten, da ihrer viele waren und einer den andern bewachte. Auch zeigten sie sich so tugendhaft und so vorsichtig, jeden Schein von Ehrgeiz zu vermeiden und dem Volke keine Ursache zu geben, sie als Ehrgeizige zu strafen, daß, zur Diktatur gelangt, der von ihnen den größten Ruhm erwarb, der diese Würde am ehesten wieder niederlegte. Da nun ein solches Benehmen kein Mißtrauen erregen konnte, so erzeugte es auch keine Undankbarkeit.

Eine Republik also, die nicht Ursache haben will, sich undankbar zu zeigen, muß wie Rom zu Werke gehen; und ein Bürger, der die Bisse der Undankbarkeit meiden will, muß das Verhalten der römischen Bürger nachahmen.

31.

Daß die römischen Feldherren für begangene Fehler nie außerordentlicherweise bestraft wurden; und daß sie auch dann nicht bestraft wurden, wenn aus ihrer Ungeschicklichkeit oder aus einer bösen Maßregel der Republik Schaden erwachsen war.

Die Römer waren nicht allein weniger undankbar als andere Republiken, wie wir soeben auseinandergesetzt haben, sondern sie waren auch in der Bestrafung ihrer Heerführer milder und rücksichtsvoller als alle andern. War ein Fehler aus bösem Willen gemacht worden, so straften sie menschlich, war es aus Ungeschicklichkeit, so straften sie nicht nur nicht, sondern belohnten und ehrten den unglücklichen Feldherrn. Diese Art zu verfahren war wohl erwogen; sie hielten es für so wichtig, daß die Führer ihrer Heere freien Geistes, rasch und ohne alle Nebenrücksichten ihre Operationspläne entwerfen und ausführen konnten, daß sie einer an sich schwierigen und gefahrvollen Sache nicht neue Gefahr und Schwierigkeit hinzufügen wollten, indem sie es in diesem Falle für unmöglich hielten, daß irgendein Mann tapfer und mutvoll handeln könne.

Zum Beispiel: sie schickten ein Heer nach Griechenland gegen Philipp von Macedonien, oder in Italien gegen die Völker, welche sie zuerst überwanden. Der mit dieser Unternehmung beauftragte Feldherr war durch alle die Sorgen beengt, welche Geschäfte verursachen, die wichtig und von hoher Bedeutung sind. Kam nun zu diesen Sorgen der Gedanke an mehrere Beispiele von Heerführern, die wegen verlorener Schlachten von den Römern gekreuzigt oder auf andere Art hingerichtet worden waren, hinzu, so war es unmöglich, daß der Feldherr, bestürmt von Sorgen, Bangen und Mißtrauen, einen kräftigen Entschluß fassen konnte. Man war daher der Meinung, daß die Schande, verloren zu haben, Strafe genug für den Feldherrn sei, und wollte ihn nicht durch eine andere größere Strafe entmutigen.

Führen wir ein Beispiel eines nicht aus Ungeschicklichkeit gemachten Fehlers an: Sergius und Virginius lagen jeder mit einem Teil des Heeres vor Veji, Sergius auf der Seite, wo die Toskaner kommen konnten, Virginius auf der anderen Seite. Sergius, von den Faliskern und anderen Völkerschaften angegriffen, ließ sich lieber schlagen und in die Flucht jagen, als daß er Virginius um Hilfe bitten wollte. Auf der anderen Seite wollte Virginius, in der Erwartung, daß er sich demütige, lieber die Schmach seines Vaterlandes und die Niederlage des halben Heeres mitansehen, als ihm zu Hilfe kommen. Ein wahrhaft verbrecherischer Fall, wert, bemerkt zu werden; eine schlimme Meinung müßte man von der römischen Republik fassen, wären beide nicht bestraft worden. Während sie indes eine andere Republik mit dem Tode bestraft hätte, strafte sie Rom nur an Geld. Nicht daß ihr Vergehen keine größere Strafe verdient hätte, sondern die Römer wollten auch in diesem Falle aus den angeführten Gründen ihrer alten Gepflogenheit treu bleiben.

Was die Fehler aus Ungeschicklichkeit betrifft, so gibt es kein schöneres Beispiel als das des Terentius Varro. Durch seine Verwegenheit waren die Römer bei Cannä von Hannibal aufs

Haupt geschlagen worden, und die Unabhängigkeit der Republik schwebte in Gefahr; dennoch wurde Varro, weil er aus Unwissenheit, nicht aus bösem Willen, gefehlt hatte, nicht nur nicht bestraft, sondern geehrt. Es ging ihm bei seiner Rückkehr nach Rom der ganze Senat entgegen, und da man ihm nicht wegen der Schlacht danken konnte, so dankte man ihm, daß er nach Rom zurückgekehrt war und nicht am Vaterland verzweifelt hatte.

Als Papyrius Cursor seinen Magister Equitum, Q. Fabius, hinrichten lassen wollte, weil er gegen seinen Befehl sich mit den Samnitern in ein Gefecht eingelassen hatte, bekämpfte des Fabius Vater die Hartnäckigkeit des Diktators unter anderem auch mit dein Grunde, daß das römische Volk wegen keiner verlorenen Schlacht seiner Feldherren jemals getan, was Papyrius gegen den Sieger beschlossen habe.

32.

Eine Republik oder ein Fürst darf es nicht verschieben, die Not des Volkes zu erleichtern.

Als Porsenna Rom belagerte, um die Tarquinier wieder einzusetzen, fürchtete der Senat, das Volk möge lieber den König wieder aufnehmen, als im Kriege ausdauern. Um sich seiner zu versichern, befreite er es von der Salzsteuer und jeder anderen Abgabe, indem er sagte, die Armen täten genug für das allgemeine Beste, wenn sie ihre Kinder aufzögen; das Volk aber trug für diese Wohltat Belagerung, Hunger und Krieg. Obgleich es nun für die Römer glücklich ablief, gegen das Volk beim Herannahen der Gefahr freigebig gewesen zu sein, so verschiebe doch niemand, sich auf dies Beispiel verlassend, bis auf die Zeit der Gefahr, sich das Volk zu gewinnen; denn nie wird ihm gelingen, was den Römern gelang. Nie wird man glauben, eine Wohltat dir zu verdanken, sondern, deinen Feinden, da man fürchten muß, du werdest, wenn die Not vorbei ist, wieder nehmen, was du gezwungen gabst. Man wird dir daher durchaus nicht dankbar sein.

Die Ursache, warum es den Römern gelang, war die, daß der Staat noch neu, nicht völlig konstituiert war, und das Volk gesehen hatte, daß schon vorher Gesetze zu seinen Gunsten gemacht worden waren, wie das Gesetz der Berufung an das Volk. Es konnte daher die Überzeugung fassen, die Wohltat, welche man ihm erzeigte, sei nicht sowohl durch das Erscheinen der Feinde veranlaßt, sondern durch die wohlmeinende Gesinnung des Senates. Überdies standen die Könige, von denen das Volk vielfach bedrückt und beleidigt worden war, noch in frischem Andenken.

Da nun dieselben Ursachen selten zusammentreffen werden, so werden auch dieselben Mittel selten von Nutzen sein. Die Häupter einer Republik sowohl als die Fürsten müssen daher im voraus bedenken, welche schlimme Zeiten kommen und wessen sie dann bedürfen können. Gegen diese müssen sie sich gleich so benehmen, wie sie es im Falle eines widrigen Ereignisses nötig zu haben glauben. Wer anders handelt, Fürst oder Republik, besonders ein Fürst, und, kommt die Gefahr, sich durch Wohltaten die Gemüter wiederzugewinnen glaubt, täuscht sich sehr. Er sichert sich nicht nur nicht dadurch, sondern er beschleunigt seinen Fall.

33.

Wenn ein Übelstand in einem Staat oder gegen einen Staat zu einer gewissen Größe angewachsen ist, so ist es heilsamer, Zeit zu gewinnen, als Gewalt zu brauchen.

Als die römische Republik an Ansehen, Macht und Gebiet anwuchs, fingen die Nachbarvölker, welche anfangs nicht daran gedacht hatten, wie gefährlich ihnen die neue Republik werden konnte, zu spät an, ihren Irrtum einzusehen. Wohl vierzig Völker schlossen jetzt ein Bündnis gegen Rom, um nachzuholen, was sie früher versäumt hatten.

Außer anderen in dringender Gefahr gebräuchlichen Maßregeln ernannten die Römer einen Diktator, das ist, sie gaben einem Manne die Gewalt, ohne irgendeine Beratung Beschlüsse zu fassen, und ohne irgendeine Einrede die Beschlüsse auszuführen. Ein Mittel, das sowohl damals nützlich und Ursache der Besiegung der drohenden Gefahr, wie auch stets bei allen Vorfällen vom größten Nutzen war, welche bei der Vergrößerung des Reiches zu irgendeiner Zeit die Republik gefährdeten.

Bei Gelegenheit dieser Begebenheit ist zuerst folgendes zu erörtern: Wenn ein Übelstand entweder in einer Republik oder gegen eine Republik aus einer inneren oder äußeren Ursache entsteht und zu einer solchen Größe anwächst, daß er bei einem jeden Furcht zu erregen anfängt, so ist es viel sicherer, Zeit zu gewinnen, als Gewalt zu gebrauchen. Sucht man ihn mit Gewalt zu unterdrücken, so vergrößert man fast immer seine Kräfte und beschleunigt den Ausbruch des Übels, das man fürchtete.

Solche Ereignisse rühren nun in einer Republik häufiger aus einer inneren als aus einer äußeren Ursache her, indem diese oft einen Bürger mächtiger werden läßt, als der Vernunft gemäß ist, oder indem ein Gesetz, das der Nerv und das Lebensprinzip der Freiheit ist, seine Kraft zu verlieren anfängt, und dieses Übel so sehr um sich greift, daß Abhelfenwollen schädlicher wird, als Gehenlassen. Die Erkenntnis solcher Übelstände ist aber um so schwerer, je natürlicher es den Menschen scheint, stets den Anfang der Dinge zu begünstigen. Folgenreicher als irgendwo ist diese Begünstigung bei Handlungen, welche einigermaßen verdienstlich scheinen und von Jünglingen ausgeführt werden. Erhebt sich in einer Republik ein vornehmer Jüngling, der ausgezeichnete Eigenschaften besitzt, so wenden die Bürger die Augen auf ihn und kommen ohne allen Bedacht darin überein, ihm Ehre zu bezeigen. Liegt nun ein Funke von Ehrgeiz in ihm, so gelangt er durch das Zusammentreffen seiner natürlichen großen Eigenschaften und des angeführten Umstandes bald auf eine Stufe, daß den Bürgern, wenn sie ihren Fehler merken, wenig Mittel bleiben, ihm entgegenzuarbeiten, und daß er durch die Anwendung dieser Mittel nur schneller zur Macht gelangt. Viele Beispiele ließen sich dafür anführen, ich will aber nur eines aus unserer Stadt geben.

Cosimo de' Medici, der den Grund zur Größe des Hauses Medici in unserer Stadt legte, kam durch die Gunst, welche ihm seine Klugheit und die Unwissenheit der anderen Bürger erwarb, zu solchem Ansehen, daß er dem Staate Furcht einzuflößen begann und die anderen Bürger ihn anzugreifen für gefährlich, ihn gehenzulassen für das gefährlichste hielten. Niccolò da Uzzano aber, der für einen äußerst erfahrenen Staatsmann galt und auch den ersten Fehler gemacht hatte, die Gefahren nicht zu erkennen, welche aus dem Ansehen des Cosimo entspringen konnten, erlaubte, solange er lebte, nie, daß der zweite Fehler gemacht werde, das heißt, daß man Cosimo zu stürzen suche. Er war der Meinung, ein solcher Versuch werde die gänzliche Auflösung der Staatsverfassung zur Folge haben, und daß er recht hatte, zeigte sich nach seinem Tode. Die übrigen Bürger setzten seinen Rat außer acht, verbanden sich gegen Cosimo und vertrieben ihn aus Florenz. Cosimos Partei aber, durch diese Unbill erbittert, rief ihn bald darauf wieder zurück und machte ihn zum Fürsten der Republik, zu welchem Range er sich ohne jenen offenen Widerstand niemals hätte emporschwingen können.

Geradeso erging es Rom mit Cäsar, der wegen seiner Verdienste von Pompejus und den anderen begünstigt wurde, eine Gunst, welche sich kurz darauf in Furcht verwandelte, wie Cicero bezeugt, wenn er sagt, Pompejus habe zu spät den Cäsar zu fürchten angefangen. Die Furcht bewirkte, daß sie auf Abhilfe sannen, und ihre Maßregeln beschleunigten den Sturz der Republik.

Da es also schwer ist, diese Übel bei ihrem Entstehen zu erkennen, weil uns die Dinge in ihrem Anfang täuschen, so ist es klüger, Zeit zu gewinnen, wenn man sie erkannt hat, als sie zu bekämpfen. Gewinnt man Zeit, so verschwinden sie entweder von selbst, oder der Ausbruch wird doch wenigstens länger hinausgeschoben. Jederzeit müssen also die Fürsten, wenn sie einen Feind vertilgen oder sich seiner Macht und seinen Angriffen widersetzen wollen, wohl auf ihrer Hut sein, daß sie ihm nicht zu Wachstum verhelfen, statt ihm zu schaden, und im Glauben, ein Übel zu entfernen, es sich auf den Hals laden, oder eine Pflanze durch Düngen ersticken. Du mußt die Bösartigkeit des Geschwüres wohl untersuchen, und hast du Kraft genug, es zu heilen, tue es rasch und rücksichtslos, wo nicht, laß es stehen und reize es auf keine Art. Es würde dir sonst ergehen, wie wir oben gezeigt haben und wie es den Nachbarn Roms erging, für die es heilsamer gewesen wäre, wenn sie Rom, nachdem es zu großer Macht angewachsen war, auf friedlichem Wege zu besänftigen und zurückzuhalten gesucht hätten, als daß sie es durch Krieg auf neue Einrichtungen und neue Verteidigungsmittel führten. Ihr Bündnis bewirkte nur, daß die Römer einiger und kräftiger wurden und auf neue Mittel sannen, wodurch sie in kürzerer Zeit ihre Macht ausdehnten. Hierzu gehört die Ernennung eines Diktators, eine neue Würde, durch welche nicht allein die drohende Gefahr überwunden wurde, sondern welche auch in der Folge die Ursache der Verhütung unzähliger Übel ward, in die ohne dies Mittel die Republik gefallen sein würde.

34.

Die diktatorische Gewalt brachte der römischen Republik Vorteil, nicht Schaden; und daß die Gewalt, welche ein Bürger an sich reißt, nicht die, welche ihm durch freie Abstimmung erteilt wird, der Freiheit verderblich ist.

Ein Schriftsteller verdammt jene Römer, welche die Einführung der Diktatorwürde erfunden hatten, weil diese Würde in der Folge die Ursache der Tyrannei geworden sei. Er fährt an, daß der erste Tyrann Rom unter dem Titel eines Diktators beherrscht habe, und behauptet, hätte diese Würde nicht bestanden, so würde Cäsar seine Tyrannei durch keinen gesetzmäßigen Titel haben rechtfertigen können. Diese Meinung, das Resultat einer sehr oberflächlichen Untersuchung, fand ohne allen Grund Eingang. Weder der Diktatorname, noch das Amt selbst brachte Rom in Knechtschaft, sondern die Gewalt, welche Bürger durch die Fortdauer des Heerbefehles an sich rissen; hätte in Rom der Diktatortitel gefehlt, so würden sie einen anderen angenommen haben; denn Macht erwirbt leicht Titel, Titel nicht Macht. Die Diktatur, solange sie der Verfassung gemäß gegeben und nicht mit Gewalt genommen wurde, war der Stadt immer heilsam. Nur Ämter und Gewalten, welche auf ungesetzlichem Wege erteilt oder genommen werden, schaden den Republiken, nicht die auf gesetzlichem Wege erteilten. So kam es auch eine lange Zeit in Rom, daß nie ein Diktator der Republik anders als heilsam war. Die Gründe davon fallen in die Augen. Damit erstens ein Bürger schaden und sich eine ungesetzliche Gewalt anmaßen könne, muß er im Besitze vieler Vorzüge sein, die er in einer unverderbten Republik nie haben kann. Er müßte sehr reich sein, viele Anhänger und eine starke Partei haben, und dies ist, wo die Gesetze beobachtet werden, nicht wohl möglich; hätte er sie aber dennoch, so sind solche Männer so gefürchtet, daß eine Wahl durch freie Abstimmung nicht auf sie fällt. Ferner wurde der Diktator für eine gewisse Zeit, nicht für immer, gewählt und nur, um die Ursache, wegen welcher er ernannt wurde, aus dem Wege zu räumen. Seine Machtvollkommenheit erstreckte sich zwar so weit, selbständig die Mittel gegen die dringende Gefahr zu wählen, in allem ohne Beratung zu handeln und jeden ohne Berufung zu bestrafen, allein er konnte nichts zur Schwächung des Staates tun, wie z. B. dem Senat oder dem Volke seine Macht nehmen, die alten Institutionen der Stadt abschaffen und neue einführen. Auf diese Art machte es die kurze Dauer seiner Diktatur, ferner der Umstand, daß seine Machtvollkommenheit beschränkt und das römische Volk nicht verderbt war, unmöglich, daß er jemals seine Grenzen überschritt und der Stadt schadete; im Gegenteil zeigt die Erfahrung, daß er ihr immer nützte. In der Tat ist die Diktatur eine der römischen Institutionen, welche besondere Beachtung verdient und eine der Ursachen der Größe des Reiches war.

Ohne eine ähnliche Institution überstehen Städte schwer außergewöhnliche Ereignisse. Der gewöhnliche Gang der Geschäfte in den Republiken ist langsam, kein Rat, kein Magistrat kann für sich allein alles erledigen, sondern sie bedürfen sich in vielen Dingen gegenseitig; während des Ausgleichs der verschiedenen Willensmeinungen nun verfließt Zeit, und so entsteht die größte Gefahr, wenn einer Sache, die keinen Zeitverlust erlaubt, abzuhelfen ist. Die Republiken müssen daher bei ihren Institutionen etwas der Diktatur Ähnliches haben. Die venetianische Republik, welche unter den neueren Republiken hervorleuchtet, hat wenigen Bürgern die Gewalt vorbehalten, in dringenden Fällen ohne anderweitige Beratung einstimmige Beschlüsse zu fassen. Fehlt in einer Republik eine ähnliche Einrichtung, so muß sie notwendig bei Aufrechterhaltung der Verfassung zugrunde gehen, oder sie muß, um nicht zugrunde zu gehen, die Verfassung brechen. Nie aber sollte in einer Republik etwas vorkommen können, wobei man sich ungesetzlicher Mittel bedienen muß. Ist auch das ungesetzliche Mittel für den Augenblick vorteilhaft, so schadet doch das Beispiel, weil man dadurch, daß die Verfassung zu guten Zwecken gebrochen wird, einen Vorwand gibt, sie zu bösen zu brechen. Eine Republik wird daher niemals vollkommen sein, wenn sie sich nicht durch ihre Gesetze in allen Stücken vorgesehen, für jedes Ereignis ein Mittel, abzuhelfen, bestimmt und die Art, dieses Mittel anzuwenden, festgesetzt hat. Meine Meinung ist also kurz diese, daß die Republiken, welche in dringender Gefahr nicht zur diktatorischen oder einer ähnlichen Gewalt ihre Zuflucht nehmen, immer bei Ereignissen von großer Bedeutung zugrunde gehen werden.

Bei dieser neuen Einrichtung ist noch bemerkenswert, wie weise die Römer die Art der Erwählung angeordnet hatten. Da nämlich die Ernennung eines Diktators mit einiger Beschämung für die Konsuln verbunden war, da die Häupter der Stadt so gut wie alle anderen gehorchen mußten, so setzte man voraus, dies müsse bei den Bürgern Unwillen erzeugen. Man gab daher den Konsuln die Gewalt, den Diktator zu wählen, indem man dafür hielt, sie würden es beim Eintreten eines Ereignisses, das diese königliche Gewalt für Rom nötig machte, freiwillig tun und, hätten sie es selbst getan, weniger Schmerz darüber empfinden. Denn die Wunden und alle anderen Übel, welche sich der Mensch freiwillig und, wenn er die Wahl hat, selbst zufügt, schmerzen bei weitem weniger als die, welche er durch andere erleidet. Übrigens war es später in den letzten Zeiten in Rom Sitte, anstatt einen Diktator zu ernennen, dem Konsul mit folgenden Worten diktatorische Gewalt zu geben: *videat consul, ne respublica quid detrimenti capiat.*[1)]

Um aber wieder auf unseren Gegenstand zurückzukommen, sage ich zum Schlusse dieses Kapitels, daß die Nachbarvölker

[1)] Der Konsul sorge, daß der Staat nicht zu Schaden komme.

durch ihr Bestreben, Rom zu erdrücken, die Republik veranlaßten, sich solche Einrichtungen zu geben, daß sie sich nicht nur verteidigen, sondern auch diese Völker entschlossener und tatkräftiger angreifen konnte.

35.

Aus welcher Ursache die Schaffung des Dezemvirates der Freiheit Roms schädlich war, trotzdem, daß es durch öffentliche und freie Abstimmung ernannt wurde.

Dem, was oben gesagt wurde, daß die Gewalt, welche usurpiert wird, nicht die durch Abstimmung erteilte, den Republiken schädlich sei, scheint die Wahl der zehn Männer zu widersprechen, welche vom römischen Volke, um Rom Gesetze zu geben, ernannt wurden, in der Folge aber die Tyrannei an sich rissen und pflichtvergessen der Republik die Freiheit raubten. Man muß jedoch in Betracht ziehen, was für eine Art von Gewalt und auf wie lange Zeit sie gegeben wird. Wird eine unbeschränkte Gewalt und auf lange Zeit (unter langer Zeit ein Jahr oder mehr verstanden) erteilt, so wird sie immer gefährlich sein und gute oder schlimme Folgen haben, je nachdem die, welche sie empfingen, gut oder böse sind. Betrachtet man nun, welche Gewalt die Zehn hatten, und welche die Diktatoren, so wird man die Gewalt der Zehn ohne Vergleich größer finden. Wenn ein Diktator ernannt war, so blieben die Tribunen, die Konsuln, der Senat in ihrem Amte, und hätte der Diktator auch wohl einen Mann des Konsulates oder der Senatorwürde berauben können, so konnte er doch den Senat nicht abschaffen und neue Gesetze geben. Da auf diese Art der Senat, die Konsuln und die Tribunen in ihrem Amte blieben, so wurden sie gleichsam seine Wächter, daß er nicht vom rechten Wege abwich.

Bei der Ernennung der Zehn hingegen trat das Gegenteil ein; denn Konsuln und Tribunen wurden abgesetzt und die Zehn erhielten die Gewalt, Gesetze zu geben und überhaupt alles zu tun, wie das römische Volk selbst. Da sie so allein standen, ohne Konsuln, ohne Tribunen, ohne Berufung an das Volk, und deshalb niemand da war, der sie beobachtete, so konnten sie im zweiten Jahre, vom Ehrgeiz des Appius getrieben, übermütig werden. Bemerken muß ich hier, daß, wenn ich früher sagte, eine durch freie Abstimmung erteilte Gewalt habe niemals einer Republik Schaden gebracht, ich voraussetzte, daß ein Volk sich nicht so weit verirrt, die Gewalt ohne die gehörigen Umstände und ohne gehörige Zeitbeschränkung zu geben; wird es hingegen durch Hinterlist oder durch eine andere Ursache, die es verblendet, dahin gebracht, die Gewalt unklugerweise und in der Art zu geben, wie sie das römische Volk den Dezemvirn gab, so wird es ihm immer wie diesem ergehen. Leicht läßt sich dies beweisen, wenn man erwägt, welche Ursachen die Diktatoren pflichttreu erhielten und welche die Dezemvirn pflichtvergessen machten; wenn man ferner erwägt, wie die Republiken zu Werke gingen, welche hinsichtlich der Erteilung langdauernder Gewalt gute Einrichtungen hatten, wie die Spartaner und Venetianer in Hinsicht auf ihre Könige und Herzöge. Man wird dann sehen, daß beiden Würden Wächter gesetzt waren, die die Wirkung hatten, daß weder die Könige noch die Dogen ihre Gewalt mißbrauchen konnten. Ohne diese Vorsicht hilft es nichts, daß die Sitten rein sind, weil eine unumschränkte Gewalt sie sehr bald verdirbt und sich Freunde und Anhänger macht. Auch schadet es ihr nicht, arm zu sein oder keine Ahnen zu haben, denn Reiche und Adlige bewerben sich sogleich um ihre Gunst, wie wir bei der Ernennung der Dezemvirn näher erörtern werden.

36.

Die Bürger, welche höhere Würden bekleidet haben, dürfen geringere nicht verschmähen.

Die Römer ernannten Marcus Fabius und Cajus Manilius zu Konsuln und gewannen eine ruhmvolle Schlacht gegen die Vejenter und Etrusker, worin der Bruder des Konsuls, Quintus Fabius, welcher das Jahr zuvor Konsul gewesen war, blieb. Man sieht hieraus, wie geeignet die Einrichtungen dieser Stadt waren, sie groß zu machen, und wie sehr sich die anderen Republiken täuschen, welche von diesen Einrichtungen abweichen. Obgleich die Römer äußerst ruhmbegierig waren, so hielten sie es doch nicht für unehrenvoll, jetzt einem Manne zu gehorchen, dem sie früher befohlen hatten, und in demselben Heere zu dienen, dessen Feldherren sie gewesen waren.

Diese Sitte widerspricht der Meinung, der Ordnung und dem Herkommen der Republiken unserer Zeit. In Venedig herrscht noch der Wahn, daß ein Bürger, wenn er einen hohen Rang bekleidet hat, sich schämt, einen geringeren anzunehmen, und die Stadt erlaubt ihm, ihn abzulehnen. Wäre dies auch für den einzelnen ehrenvoll, so ist es doch nachteilig für den Staat. Eine Republik darf mehr von einem Bürger erwarten, welcher von einem hohen Amte zur Führung eines geringeren herabsteigt, als von dem, welcher vom geringeren zum höheren hinaufsteigt. Dem letzteren kann sie vernünftigerweise nur dann vertrauen, wenn sie ihn von Männern umgeben sieht, die soviel Ehrfurcht gebieten und soviel ausgezeichnete Eigenschaften besitzen, daß seine Neuheit durch ihren Rat und ihr Ansehen gemäßigt wird. Bestand in Rom das Herkommen wie in Venedig und den anderen neueren Republiken und Königreichen, daß, wer einmal Konsul war, nur als Konsul wieder mit dem Heere ziehen wollte, so entstanden daraus unzählige Nachteile für die Freiheit. Sowohl die Fehler, welche neue Männer gemacht haben würden, als auch die Ehrfurcht, die sie leichter hätten befriedigen können, wenn sie nicht Männer um sich hatten, unter deren Augen sie zu sündigen fürchteten, so wie überhaupt ihre aus denselben Grunde entstehende größere Ungebundenheit, mußten durchaus dem Staate gefährlich werden.

37.

Welche Unruhen in Rom das Ackergesetz hervorbrachte, und daß in einer Republik ein Gesetz machen, das weit zurückgreift und gegen ein uraltes Herkommen verstößt, sehr aufruhrerregend ist.

Es ist ein Ausspruch der alten Schriftsteller, daß sich die Menschen im Unglück ohne Maß betrüben und im Glücke ihres Zustandes überdrüssig werden, und daß beide Leidenschaften die nämliche Wirkung hervorbringen. Jedesmal nämlich, wenn die Menschen überhoben sind, aus Not zu kämpfen, so kämpfen sie aus Ehrgeiz, der in der menschlichen Brust so mächtig wirkt, daß er sie nie verläßt, wie hoch sie auch steigen mögen. Die Ursache dieser Erscheinung ist die, daß die Natur die Menschen so geschaffen hat, daß sie alles begehren können, aber nicht alles zu erlangen imstande sind. Da nun immer das Verlangen, zu erwerben, größer ist, als die Macht dazu, so entsteht daraus die Unzufriedenheit mit dem, was man besitzt, und die geringe Befriedigung, welche der Besitz gewährt. Hieraus entsteht der Wechsel der menschlichen Schicksale, denn da ein Teil der Menschen mehr zu haben begehrt, der andere Teil das Erworbene zu verlieren fürchtet, so kommt es zur Feindschaft und zum Krieg, aus welchem der Ruin des einen und die Erhöhung des anderen Landes hervorgeht.

Diese Betrachtung habe ich angestellt, weil es dem Volke in Rom nicht genügte, sich durch die Einführung des Tribunats gegen die Patrizier zu sichern. Kaum hatte es dies erste Begehren, wozu es die Not zwang, erreicht, so fing es sogleich an, aus Ehrgeiz zu kämpfen, und wollte mit dem Adel Ehrenstellen und Güter, zwei Dinge, welche die Menschen am höchsten schätzen, teilen. Hieraus entstand die Krankheit, welche den Streit über das Ackergesetz erzeugte und endlich die Ursache des Sturzes der römischen Republik ward. Da nun wohlgeordnete Republiken den Staat reich und ihre Bürger arm halten sollen, so hatte die römische Verfassung notwendigerweise hinsichtlich dieses Gesetzes einen Fehler. Entweder war es ursprünglich nicht so abgefaßt worden, daß man nicht jeden Tag darauf zurückkommen mußte; oder man verschob so lange, dieses Gesetz zu geben, daß seine Rückwirkung aufruhrerregend war; oder aber es war ursprünglich gut und wurde durch das Herkommen verdorben. Wie dem aber auch gewesen sein mag, gewiß ist, daß jedesmal, wenn das Ackergesetz in Rom zur Sprache kam, die ganze Stadt in Aufruhr geriet.

Das Gesetz hatte zwei Hauptartikel, wovon der eine bestimmte, daß kein Bürger mehr als eine festgesetzte Anzahl Morgen Landes besitzen dürfe, der andere, daß die dem Feinde abgenommenen Felder unter das Volk verteilt werden sollten. Es schädigte also die Patrizier auf zweierlei Weise, indem erstens diejenigen, welche mehr Güter besaßen, und dies war die Mehrzahl der Patrizier, derselben beraubt werden mußten, und indem zweitens, wenn die feindlichen Felder unter die Plebejer verteilt wurden, den Patriziern der Weg, sich zu bereichern, abgeschnitten ward. Da es nun mächtige Männer waren, die auf diese Art geschädigt wurden, und da sie durch Bekämpfung dieses Gesetzes das allgemeine Wohl zu verteidigen glaubten, so geriet, wie ich gesagt habe, jedesmal, wenn das Gesetz in Erinnerung gebracht wurde, die ganze Stadt in Aufruhr. Die Patrizier suchten seine Einführung mit Geduld und Geschicklichkeit hinauszuschieben, indem sie entweder ein Heer aussandten, dem einen Tribunen einen anderen entgegenstellten, manchmal teilweise nachgaben oder aber eine Kolonie an den Ort schickten, der zu verteilen war. Dies war zum Beispiel mit Antium der Fall, wohin, als ein Streit über die Verteilung der Acker entstand, eine aus Rom gezogene Kolonie gesandt wurde, der man den Bezirk anwies. Livius bedient sich bei dieser Gelegenheit der bemerkenswerten Worte, man habe nur schwer in Rom jemand gefunden, der sich zu dieser Kolonie habe einschreiben lassen; soviel geneigter sei das Volk gewesen, die Sache in Rom zu begehren als in Antium zu besitzen!

So dauerte die Gärung wegen dieses Gesetzes, von Zeit zu Zeit aufbrausend, so lange, bis die Römer nach und nach ihre Waffen bis an die äußersten Grenzen Italiens trugen. Nach dieser Zeit schien sie sich gelegt zu haben. Die Felder der Feinde Roms waren nun den Augen des Volkes entrückt und so fern, daß es ihm nicht mehr leicht war, sie zu bebauen. Es begehrte daher nicht mehr so sehr danach. Auch straften die Römer ihre Feinde jetzt weniger auf diese Weise, und wenn sie auch eine Stadt ihres Gebietes beraubten, so setzten sie Kolonien darauf.

Aus diesen Gründen schien das Ackergesetz bis zu den Gracchen wie eingeschlafen. Als es von diesen wieder aufgeweckt worden war, richtete es die Freiheit Roms völlig zugrunde. Es fand jetzt die Macht seiner Gegner verdoppelt und entflammte daher so großen Haß zwischen Volk und Senat, daß es zur Ergreifung der Waffen und zu Blutvergießen kam, über alles Maß und Bürgersitte hinaus. Da auf diese Art die öffentliche Macht nicht mehr abhelfen konnte und keine der Parteien Heil von ihr hoffte, so nahm man zur Selbsthilfe seine Zuflucht, und die Parteien waren darauf bedacht, sich zu ihrer Verteidigung ein Haupt zu wählen. In dieser Verwirrung und Unordnung wendete das Volk sein ganzes Ansehen Marius zu, so daß es ihm viermal das Konsulat gab, und zwar mit so kurzen Zwischenräumen, daß er sich selbst noch drei andere Male zum Konsul machen konnte.

Der Adel, der sich gegen diese Pest nicht zu helfen wußte, begünstigte Sulla und machte ihn zu seinem Haupte. Jetzt kam es zum Bürgerkrieg, und nach vielem Blutvergießen und manchem Glückswechsel behielt der Adel die Oberhand.

Dieselbe Gärung brauste zur Zeit des Cäsar und Pompejus mit erneuter Heftigkeit wieder auf. Cäsar machte sich zum Haupt der Marianischen, Pompejus der Sullanischen Partei. Als es zum Kampfe kam, blieb Cäsar Meister, wurde der erste Tyrann Roms, und nie errang diese Stadt in der Folge ihre Freiheit wieder.

Diesen Anfang und dieses Ende hatte das Ackergesetz. Wir haben an einem anderen Orte gezeigt, daß die Feindschaft zwischen Senat und Volk Rom frei erhielt, weil daraus Gesetze zugunsten der Freiheit entstanden. Obgleich nun die Folgen des Ackergesetzes diesem meinem früheren Schlusse zu widersprechen scheinen, so gehe ich deshalb doch nicht von meiner Meinung ab. Die Ehrsucht der Großen ist so unbegrenzt, daß, wird sie in einer Republik nicht durch verschiedene Mittel abgewehrt, sie bald dieser Republik ihren Untergang bereitet. Der Streit über das Ackergesetz hat erst nach dreihundert Jahren Rom dienstbar gemacht, sehr wahrscheinlich aber würde es viel früher in Knechtschaft geraten sein, wenn die Plebejer nicht gerade durch dieses Gesetz, sowie durch manches andere Begehren die Ehrsucht der Patrizier in Schranken gehalten hätten.

Man sieht auch aus dieser Sache, um wieviel höher die Menschen ihr Vermögen schätzen als die Ehrenstellen. Immer gab der römische Adel in betreff der Ehrenstellen dem Volke ohne ungewöhnlichen Widerstand nach; als es ihm aber an die Habe ging, zeigte er soviel Hartnäckigkeit in der Verteidigung, daß das Volk, um sein Begehren befriedigt zu sehen, zu den obengenannten außergewöhnlichen Mitteln greifen mußte. Die Urheber dieses Unheils waren die Gracchen, deren Absicht mehr zu loben ist als ihre Klugheit. Denn eine tief eingerissene Unordnung in einer Republik heben wollen und zu diesem Zwecke ein Gesetz machen, das weit rückwirkt, ist eine unüberlegte Maßregel. Wie wir oben weitläufig auseinandergesetzt, beschleunigt man auf diese Weise nur das Unheil, wozu jene Unordnung führt; zögert man hingegen, so kommt das Übel später oder verschwindet mit der Zeit von selbst, ehe es seinen höchsten Grad erreicht und zum Ausbruch kommt.

38.

Schwache Republiken sind unentschlossen und wissen sich nicht zu raten; fassen sie jemals einen Entschluß, so geschieht es mehr aus Not als aus Wahl.

Als einst in Rom eine verheerende Pest wütete, schien den Volskern und Aequern die Zeit gekommen, Rom zu demütigen. Beide Völker brachten ein großes Heer zusammen, griffen die Lateiner und Herniker an und verwüsteten ihr Land, so daß diese genötigt waren, die Sache nach Rom zu melden und um Schutz zu bitten. Die durch die Krankheit schwer bedrängten Römer antworteten, sie sollten sich entschließen, sich selbst und mit ihren eigenen Waffen zu verteidigen; denn sie, die Römer, könnten es nicht. Man erkennt hieraus die Großherzigkeit und Weisheit des Senates. Immer wollte er, in jedem Glück oder Unglück, Herr der Beschlüsse seiner Untergebenen bleiben; und er schämte sich niemals, etwas seinem gewöhnlichen Verhalten oder früher gefaßten Beschlüssen Widersprechendes zu beschließen, wenn es ihm die Notwendigkeit gebot. Ich sage dies, weil derselbe Senat ein andermal den genannten Völkern verboten hatte, die Waffen zu ergreifen, so daß sich ein weniger weiser Senat etwas zu vergeben geglaubt hätte, wenn er ihnen nun die Erlaubnis zur eigenen Verteidigung gab. Allein er beurteilte die Dinge immer, wie man sie beurteilen muß, und ergriff die wenigst nachteilige Maßregel als die beste. Ein Übel war es, seine Untertanen nicht verteidigen zu können, ein Übel war es, daß sie sich ohne die Römer bewaffneten, sowohl aus den angeführten Gründen, als auch aus vielen anderen, die jeder begreift. Gleichwohl ergriff der Senat, einsehend, daß sie sich jedenfalls aus Not bewaffnen würden, da ihnen der Feind auf dem Nacken saß, den ehrenvollen Teil und wollte, daß sie, was sie tun mußten, mit seiner Genehmigung taten, damit sie nicht der notgedrungene Ungehorsam später zu freiwilligem Ungehorsam vorführen möge.

Obschon man nun glauben sollte, alle Republiken müßten so handeln, so können sich doch schwache und schlechtberatene Republiken nicht dazu entschließen, noch verstehen sie es, in einem solchen Falle aus der Not eine Tugend zu machen. Der Herzog von Valentinois hatte Faenza genommen und Bologna Bedingungen vorgeschrieben. Als er hierauf durch Toskana wieder nach Rom zurückkehren wollte, schickte er einen Gesandten nach Florenz, um den Durchzug für sich und sein Heer zu begehren. Man beriet sich in Florenz, was in dieser Sache zu tun sei, und niemand fiel es ein, die Erlaubnis anzuraten. Man befolgte hierin nicht das römische Muster; denn da der Herzog ein mächtiges Heer hatte und die Florentiner so wenig krieggerüstet waren, daß sie ihm den Durchzug nicht verwehren konnten, so war es viel ehrenvoller für sie, daß er mit ihrer Erlaubnis durchzog als mit Gewalt. Der Schimpf, der nun ganz auf sie fiel, wäre viel geringer gewesen, hätten sie anders gehandelt.

Allein die schlimmste Seite der schwachen Republiken ist, daß sie unentschlossen sind. Alle Maßregeln, die sie ergreifen, ergreifen sie durch Zwang, und ereignet es sich je, daß sie etwas Zweckmäßiges tun, so tun sie es gezwungen und nicht aus Klugheit. Ich will dafür noch zwei andere Beispiele anführen, welche sich in unserer Stadt im Jahre 1500 zutrugen. Nachdem der König Ludwig XII. von Frankreich Mailand wiedererobert hatte, wünschte er Pisa in seine Gewalt zu bekommen, um 50000 Dukaten, die ihm von den Florentinern für diese Stadt versprochen worden waren, zu erhalten. Er schickte daher sein Heer gegen Pisa unter den Befehlen des Herrn von Beaumont, der, obgleich Franzose, doch das Vertrauen der Florentiner in hohem Grade besaß. Als nun dieser Feldherr seine Truppen gegen Pisa auf der Seite von Cascina geführt hatte, um die Mauer zu beschießen, und hier einige Tage mit Vorbereitungen zum Sturm zubrachte, kamen pisanische Abgeordnete zu ihm und boten ihm an, die Stadt dem französischen Heere unter der Bedingung zu übergeben, daß er im Namen des Königs verspreche, die Stadt nicht vor Ablauf von vier Monaten den Händen der Florentiner zu überliefern. Dieser Vertrag wurde von den Florentinern durchaus verworfen, so daß man mit der Belagerung fortfuhr und bald mit Schande unverrichteter Dinge abziehen mußte. Der Vertrag wurde aus keinem anderen Grunde verworfen, als weil sie in die Treue des Königs Mißtrauen setzten, während sie sich doch selbst aus Mangel an Entschlußkraft recht offenbar in seine Gewalt gegeben hatten. Was also Pisa betraf, trauten sie ihm nicht und sahen nicht, wieviel besser es gewesen wäre, wenn er, im Besitz Pisas, ihnen die Stadt überliefern konnte oder doch im entgegengesetzten Fall seine Gesinnungen geoffenbart hätte; während er nun, ohne die Stadt zu haben, dieselbe ihnen versprechen konnte, und sie dafür ihre eigenen Versprechungen zu halten gezwungen waren. Viel besser hätte man demnach getan, seine Zustimmung zu geben, daß Beaumont unter jeder Bedingung die Stadt genommen hätte; wie es die Erfahrung im Jahre 1502 auch zeigte. Als sich Arezzo empört hatte, sandte der König von Frankreich den Florentinern den Herrn von Imbault mit französischen Truppen zu Hilfe, welcher, vor Arezzo angelangt, bald mit den Aretinern zu unterhandeln anfing, die ihm unter gewissen Bedingungen auf ähnliche Weise wie die Pisaner die Stadt übergeben wollten. Diese Maßregel wurde in Florenz verworfen, Herr von Imbault aber, der dies voraussah und der Meinung war, die Florentiner verstünden nichts von der Sache, setzte die

Unterhandlung für sich und ohne die Kommissäre daran teilnehmen zu lassen fort. Er schloß auch bald einen Vertrag nach seinem Gutbefinden, infolgedessen er mit seinen Truppen in Arezzo einzog, indem er den Florentinern sagen ließ, sie seien Toren und verständen nichts von der Politik; wollten sie Arezzo haben, so sollten sie es vom Könige begehren, der es ihnen viel besser geben könnte, wenn seine Truppen in der Stadt, als draußen wären. Man unterließ nicht, in Florenz auf Imbault loszuziehen und sein Benehmen zu tadeln und hörte damit nicht eher auf, bis es jedermann vor Augen lag, daß, hätte Beaumont gehandelt wie Imbault, man Pisa wie Arezzo gehabt haben würde.

So ergreifen denn, um wieder zu unserem Gegenstand zurückzukehren, unentschlossene Republiken nie eine vorteilhafte Maßregel, wenn nicht gezwungen, weil sie ihre Schwäche nie zur Entscheidung kommen läßt, wenn noch irgendein Zweifel übrig ist; und wird dieser Zweifel nicht durch eine äußere Gewalt gelöst, so schwanken sie ewig hin und her.

39.

Bei verschiedenen Völkern sieht man häufig dieselben Ereignisse.

Wenn man die alten und neuen Begebenheiten betrachtet, erkennt man leicht, daß alle Städte und alle Völker von jeher dieselben Wünsche und Launen hatten. Untersucht man daher sorgfältig die Vergangenheit, so ist es ein leichtes, die zukünftigen Ereignisse vorherzusehen und dieselben Hilfsmittel anzuwenden, welche von den Alten angewendet worden sind, oder finden sich nicht gerade solche, neue, der Ähnlichkeit der Vorfälle angemessene, zu ersinnen. Da aber solche Betrachtungen vernachlässigt oder von denen, die lesen, nicht verstanden werden oder, wenn verstanden, doch denen, die regieren, unbekannt sind, so ist die Folge davon, daß jederzeit dieselben Unordnungen stattfinden.

Da Florenz im Jahre 1494 einen Teil seines Gebietes wie Pisa und andere Städte verloren hatte, so mußte es mit denen, die sie erobert hatten, Krieg führen. Da diese mächtig waren, so folgte daraus, daß man im Kriege viel Geld ohne allen Erfolg ausgab. Die vielen Ausgaben hatten viele Auflagen, und die vielen Auflagen viele Klagen des Volkes zur Folge. Da nun der Krieg von einem Rate von zehn Bürgern geleitet wurde, die man die Zehn des Krieges nannte, so fing die Menge an, gegen diesen Rat zu schreien, als ob er die Ursache des Krieges und der Ausgaben wäre. Sie begann sich einzureden, mit der Entfernung dieses Rates würde auch dem Kriege ein Ende gemacht, so daß sie, als die Zeit der Erneuerung kam, keine Stellvertreter wählte, den Rat der Zehn erlöschen ließ und seine Geschäfte der Signoria übertrug. Diese Maßregel war so verderblich, daß nicht nur dem Krieg kein Ende gemacht wurde, sondern auch durch die Entfernung der Männer, deren Klugheit ihn geleitet hatte, so große Unordnung entstand, daß außer Pisa auch noch Arezzo und mehrere andere Orte verlorengingen. Jetzt erst gewahrte das Volk seinen Irrtum, erkannte, daß die Ursache des Übels im Fieber, nicht im Arzte lag, und setzte den Rat der Zehn wieder ein.

Dieselbe Laune erhob sich in Rom gegen den Konsultitel. Als das Volk einen Krieg aus dem anderen hervorgehen sah und niemals Ruhe fand, so glaubte es, anstatt zu denken, dies entstehe aus dem Ehrgeiz der Nachbarn, die Rom unterdrücken wollten, der Ehrgeiz der Edlen sei daran schuld, welche, nicht imstande, das von den Tribunen beschützte Volk im Innern zu züchtigen, dasselbe unter den Konsuln aus Rom hinausführen wollten, um es hier, wo es keine Hilfe hatte, zu unterdrücken. Es hielt daher für nötig, entweder die Konsuln ganz abzuschaffen, oder ihre Macht so zu beschränken, daß sie weder zu Hause noch auswärts Macht über das Volk hätten. Der erste, der zu diesem Zweck ein Gesetz vorschlug, war ein Volkstribun mit Namen Terentillus, welcher beantragte, man solle fünf Männer ernennen, die die Machtvollkommenheit der Konsuln erwägen und beschränken sollten. Dies entrüstete den Adel sehr, da es ihm schien, die Majestät der Regierung sei ganz herabgewürdigt und ihm würde gar kein Rang mehr in der Republik verbleiben. Nichtsdestoweniger war die Hartnäckigkeit der Tribunen so groß, daß der Konsultitel abgeschafft wurde, wobei sich das Volk jedoch endlich, nach einigen anderen Versuchen, zufrieden gab, lieber Tribunen mit konsularischer Gewalt, als Konsuln zu ernennen; soviel mehr war ihr Name als ihre Gewalt verhaßt. Längere Zeit wurde es so gehalten, bis man endlich den Irrtum einsah und, gleichwie die Florentiner auf die Zehn zurückkamen, wieder Konsuln ernannte.

40.

Die Ernennung des Dezemvirats in Rom und was dabei zu bemerken ist; bei welcher Gelegenheit unter vielen anderen Dingen zu ersehen ist, wie durch dasselbe Ereignis eine Republik gerettet oder unterdrückt werden kann.

Da ich auf die Vorfälle, die in Rom aus der Ernennung des Dezemvirats entsprangen, näher eingehen will, so scheint es mir nicht überflüssig, zuerst alles, was auf diese Ernennung erfolgte, zu erzählen und dann das Bemerkenswerte zu erörtern. Vieles Merkwürdige und die sorgfältigste Beachtung Verdienende wird dabei vorkommen, sowohl für die, welche die Freiheit einer Republik erhalten wollen, als für die, welche sich letztere zu unterwerfen beabsichtigen. Wir werden viele Fehler des Senates und Volkes zum Nachteil der Freiheit und viele Fehler des Appius, des Hauptes der Dezemvirn, zum Nachteil der Tyrannei sehen, die er in Rom zu befestigen sich vorgenommen hatte.

Nach vielen Erörterungen und vielen Streitigkeiten zwischen Volk und Adel, um neue Gesetze in Rom zu erlassen, welche die Freiheit des Staates dauernder machen sollten, kamen sie darin überein, den Spurius Posthumius mit zwei anderen Bürgern nach Athen zu senden, um Abschriften der von Solon dieser Stadt gegebenen Gesetze zu holen, damit man hierauf die römischen Gesetze gründen könne. Nachdem nun diese abgereist und zurückgekommen waren, schritt man zur Ernennung der Männer, die die genannten Gesetze zu untersuchen und festzusetzen hatten. Zu diesem Zwecke wurden zehn

Bürger für ein Jahr ernannt, und unter diesen Appius Claudius, ein schlauer unruhiger Mann. Damit sie nun ohne alle Scheu die Gesetze einführen konnten, wurden alle übrigen Ämter aufgehoben, namentlich das Tribunat und das Konsulat, sowie die Berufung an das Volk, so daß der Rat der zehn Männer gänzlich der Fürst Roms war. In Appius aber vereinte sich durch die Volksgunst die ganze Macht seiner Gefährten, da er sich durch sein äußeres Benehmen so populär gemacht hatte, daß es ein Wunder schien, wie plötzlich er seine Natur und Sinnesart geändert, indem man ihn vor dieser Zeit für einen grausamen Verfolger des Volkes gehalten hatte.

Die Dezemvirn zeigten sich anfangs sehr gemäßigt, sie hielten nur zwölf Liktoren, die jedesmal dem unter ihnen, der gerade den Vorsitz führte, vorausschritten. Ob gleich sie unumschränkte Gewalt hatten, so stellten sie doch, wenn ein römischer Bürger wegen Mord zu bestrafen war, denselben dem Volke gegenüber und ließen ihn von diesem verurteilen. Sie schrieben ihre Gesetze auf zehn Tafeln und hängten letztere vor der Bestätigung öffentlich aus, damit sie jeder lesen und besprechen konnte, um so etwaige Mängel zu erfahren und verbessern zu können. Während dies geschah, ließ Appius in Rom ein Gerücht aussprengen, daß die zehn Tafeln, wenn man noch zwei hinzufügte, ihre Vollkommenheit erreichen würden. Diese Meinung gab die Veranlassung, den Rat der Zehn für ein neues Jahr zu ernennen, wozu das Volk gerne seine Zustimmung gab, sowohl weil auf diese Art nicht wieder Konsuln ernannt wurden, als auch weil es ohne Tribunen sein zu können glaubte, da es, wie wir oben gesagt, Richter der Rechtssachen war.

Als nun dieser Beschluß gefaßt war, setzte sich der ganze Adel in Bewegung, sich um diese Ehrenstellen zu bewerben. Appius befand sich unter den Ersten und zeigte bei seiner Bewerbung eine so große Freundlichkeit gegen das Volk, daß er dadurch seinen Mitbewerbern verdächtig zu werden anfing: *credebant enim haud gratuitam in tanta superbia comitatem fore*[1]. Da sie sich scheuten, sich ihm offen zu widersetzen,

[1] Sie glaubten nämlich, nicht umsonst sei diese Höflichkeit bei solchem Hochmut.

beschlossen sie, dies mit List zu tun und übertrugen ihm, obgleich er der Jüngste von allen war, die Gewalt, dem Volke die künftigen Dezemvirn vorzuschlagen, indem sie glaubten, er würde die Sitte, sich nicht selbst zu ernennen, beobachten, da dies in Rom nicht herkömmlich war und für schimpflich galt. *Ille vero impedimentum pro occasione arripuit*[1]; und ernannte sich zum Staunen und Mißfallen aller Edlen zuerst; hierauf ernannte er neun andere, wie sie in seinen Plan paßten.

Diese neue für ein zweites Jahr geltende Ernennung zeigte dem Volke und Adel bald seine Fehler. Denn sogleich *Appius finem fecit ferendae alienae personae*[2], zeigte seinen angeborenen Hochmut und teilte in wenig Tagen seinen Amtsgenossen die eigene Sinnesart mit. Um das Volk und den Senat in Furcht zu setzen, nahmen sie statt zwölf hundertundzwanzig Liktoren an. Einige Tage war die Furcht allgemein, allein bald fingen sie an, sich mit dem Senat zu halten, das Volk aber zu bedrängen; und wenn ein von dem einen Dezemvir Unterdrückter an den anderen appellierte, so erging es ihm bei der Appellation schlimmer als in erster Instanz. Das Volk erkannte nun seinen Irrtum und begann voll Betrübnis seine Augen auf die Edlen zu wenden, *et inde libertatis captare auram, unde servitutem timendo, in eum statum rempublicam adduxerant*[3]. Dem Adel aber war die Bedrängnis des Volkes erwünscht: *ut ipsi, taedio praesentium, consules desiderarent*[4].

Das Ende des Jahres rückte heran, die zwei Gesetztafeln waren beendigt, aber noch nicht verkündigt. Diese Veranlassung benutzten die Dezemvirn, um im Amte zu bleiben; sie begannen, mit Gewalt zu regieren und sich aus dem jungen Adel Trabanten zu bilden, dem sie die Güter der Verurteilten schenkten. *Quibus donis juventus corrumpebatur, et malebat licentiam suam, quam omnium libertatem*[5].

---

[1] Er aber ergriff das Hindernis als eine Gelegenheit.

[2] Hörte Appius auf, eine fremde Person zur Schau zu tragen.

[3] Und da ein Freiheitslüftchen aufzuhaschen, von wo die Knechtschaft fürchtend, sie den Staat in diese Lage gebracht hatten.

[4] Auf daß es, aus Verdruß über die Gegenwart, Konsuln verlange.

[5] Durch solche Geschenke wurde die Jugend verdorben und wollte lieber die eigene Ungebundenheit als die allgemeine Freiheit.

Während dies in Rom vorging, erklärten die Sabiner und Volsker den Römern den Krieg. Die Furcht davor öffnete zuerst den Dezemvirn über die Schwäche ihrer Regierung die Augen. Ohne den Senat konnten sie keinen Krieg erklären, und versammelten sie den Senat, so schien ihre Herrschaft verloren.

Notgedrungen jedoch ergriffen sie diese letzte Maßregel; allein kaum war der Senat versammelt, so traten viele Redner, namentlich Valerius und Horatius, gegen den Übermut der Dezemvirn auf; und ihre Herrschaft hätte ein Ende gehabt, hätte der Senat nicht aus Eifersucht gegen das Volk seine Macht zu zeigen unterlassen, indem er dachte, es könne sein, daß bei freiwilliger Amtsniederlegung der Zehn keine neuen Volkstribunen mehr ernannt würden. Der Krieg wurde also beschlossen, und zwei Heere unter den Befehlen eines Teiles der Dezemvirn zogen aus.

Appius, der unterdessen zur Regierung der Stadt zurückblieb, verliebte sich in Virginia. Als er sie mit Gewalt fortführen wollte, wurde sie von ihrem Vater, um sie zu befreien, erstochen. Aufruhr in Rom und in beiden Heeren war die Folge. Diese vereinigten sich mit dem Rest des Volkes und zogen auf den heiligen Berg, wo sie so lange blieben, bis die Dezemvirn ihr Amt niederlegten, Tribunen und Konsuln ernannt und Rom die Formen seiner alten Freiheit wiedergegeben wurden.

Über diese Vorfälle ist nun erstens zu bemerken, daß in Rom das Unheil, diese Tyrannei zu schaffen, aus denselben Ursachen entsprang, aus welchen die Mehrzahl der Tyranneien in den Republiken entspringt, das ist, aus dem zu heftigen Verlangen des Volkes, frei zu sein, und aus dem zu heftigen Verlangen des Adels, zu herrschen. Wenn sie sich nun über ein Gesetz zugunsten der Freiheit nicht einigen können, aber eine der beiden Parteien darauf fällt, einen Mann zu begünstigen, dann ist sogleich die Tyrannei da. Das Volk und die Patrizier von Rom kamen überein, die Dezemvirn zu ernennen und mit so großer Machtvollkommenheit zu ernennen, weil beide Teile von dem Verlangen durchdrungen waren, der eine das Konsulat, der andere das Tribunat abzuschaffen. Als die Zehn ernannt waren, schien den Plebejern Appius volksfreundlich geworden zu sein und den Adel zu verfolgen; sie wendeten ihm deshalb ihre Gunst zu. Wenn sich aber ein Volk zu dem Fehler hinreißen läßt, einem Manne Ansehen zu geben, weil er die verfolgt, welche es haßt, und wenn dieser Mann klug ist, so wird er es immer dahin bringen können, Tyrann des Staates zu werden. Er wird mit Hilfe der Volksgunst den Adel auf die Seite zu schaffen streben und sich nie früher, als ihm diesem geglückt ist, zur Unterdrückung des Volkes wenden; wird dann das Volk seine Knechtschaft gewahr, so hat es niemand mehr, zu dem es seine Zuflucht nehmen könnte.

So benahmen sich alle, die eine Alleinherrschaft in einer Republik zustande brachten; und hätte auch Appius sich so benommen, so würde seine Tyrannei mehr Lebenskraft erhalten haben und nicht so bald zu Ende gewesen sein. Allein er tat gerade das Gegenteil, und er konnte nicht unkluger handeln, als daß er, um Tyrann zu bleiben, der Feind derer wurde, welche ihn dazu gemacht und als solchen erhalten konnten, und der Freund derer, welche nichts dazu beigetragen hatten, ihn zum Alleinherrscher zu machen und ihn auch als solchen nicht hätten erhalten können; daß er die verlor, welche ihm Freund waren, und die Freundschaft derer aufsuchte, welche seine Freunde nicht sein konnten. Denn obgleich die Edlen allein zu herrschen begehren, so ist doch der Teil des Adels, welcher von der Alleinherrschaft ausgeschlossen ist, immer dem Tyrannen feind. Nie kann sich dieser den Adel wegen des großen Ehrgeizes und der großen Habsucht desselben ganz gewinnen, da ihm nie soviel Reichtümer und soviel Ehrenstellen zu Gebote stehen, um alle zufriedenzustellen. So machte also Appius dadurch, daß er das Volk fahren ließ und sich an die Edlen anschloß, den augenscheinlichsten Fehler, sowohl aus den angeführten Gründen, als auch weil, um etwas mit Gewalt zu halten, der Zwingherr mächtiger sein muß als der Bezwungene. Dies ist die Ursache, warum die Tyrannen, welche die Menge zum Freund und die Großen zu Feinden haben, sicherer sind, da ihre unrechtmäßige Gewalt durch eine größere Kraft gestützt wird, als die Gewalt der Tyrannen, welche das Volk zum Feind und den Adel zum Freunde haben. Im Besitze der Volksgunst reichen zu ihrer Erhaltung die Streitkräfte des Landes hin, wie sie für Nabis, den Tyrannen von Sparta, hinreichten, als ihn ganz Griechenland und das römische Volk angriff. Nachdem er sich der wenigen Edlen versichert hatte, verteidigte er sich glücklich durch das Volk, das ihm freund war, was ihm, wäre es ihm feind gewesen, nie gelingen konnte.

Im anderen Falle, wenn man wenige Freunde im Innern hat, reichen die inneren Streitkräfte nicht aus, sondern man muß solche auswärts suchen. Diese können von dreierlei Gattung sein: erstens fremde Trabanten, die deine Person bewachen, zweitens das Landvolk, das du bewaffnest, damit es dir den Dienst leiste, welchen die Menge geleistet hätte, drittens kannst du dich mit mächtigen Nachbarn verbinden, die dir Schutz gewähren. Wer sich für eine von diesen drei Verfahrungsarten entscheidet und sich gehörig dabei benimmt, dürfte sich, obgleich er das Volk zum Feinde hat, einigermaßen sichern können. Allein Appius konnte das Landvolk nicht für sich gewinnen, da das Land und Rom eines und dasselbe war, und was er tun konnte, verstand er nicht zu tun, so daß seine Pläne schon im Anfang der Ausführung scheiterten.

Der Senat und das Volk begingen bei Ernennung des Dezemvirats die größten Fehler. Obgleich wir oben im Kapitel von der Diktatur gesagt haben, daß die Magistrate, welche sich selbst dazu machen, nicht die, welche das Volk ernennt, der Freiheit schädlich seien, so soll doch ein Volk, wenn es Magistrate einsetzt, dies auf eine Weise tun, daß sie einige Scheu haben müssen, böse zu werden. Anstatt nun, wie es sein soll, um sie gut zu erhalten, Wächter zu setzen, entfernten die Römer die letzteren, indem sie die Dezemvirn zum alleinigen Magistrate in Rom machten und alle übrigen Magistrate aus dem übermäßigen Verlangen aufhoben, das, wie wir oben gesagt, der Senat hatte, die Tribunen, und das Volk, die Konsuln abzuschaffen, und das beide Teile so blind machte, daß sie in der genannten Unordnung übereinstimmten. Die Menschen gleichen, wie König Ferdinand von Aragonien zu sagen pflegte, öfter gewissen kleineren Raubvögeln, welche mit solcher Gier die Beute, wozu sie die Natur anreizt, verfolgen, daß sie einen größeren Vogel nicht gewahren, der über ihnen schwebt, um sie zu erwürgen. Dieses Kapitel zeigt uns also, wie ich zu Anfang gesagt, die Fehler des römischen Volkes, das seine Freiheit retten, und die Fehler des Appius, der sich der Alleinherrschaft bemächtigen wollte.

41.

Von der Bescheidenheit zum Hochmut, von der Milde zur Grausamkeit ohne die gehörigen Übergänge überzuspringen, ist unklug und unnütz.

Unter anderen schlecht gewählten Mitteln des Appius, die Alleinherrschaft zu erhalten, war von nicht geringer Bedeutung, daß er zu schnell von einer Art zu sein zur anderen übersprang. Seine Schlauheit bei der Täuschung der Plebejer, als er sich stellte, ein volksfreundlicher Mann zu sein, war gut. Gut waren auch die Mittel, die er anwandte, um die Erneuerung des Dezemvirats zu veranlassen. Gut war die Kühnheit, sich selbst wider Erwarten des Adels zu ernennen; gut war endlich, Kollegen zu ernennen, wie er sie brauchte. Allein schon nicht mehr gut war es, nach diesem allem plötzlich seine Natur zu ändern, sich vom Freund als Feind des Volkes zu zeigen; von freundlich, übermütig; von nachgiebig, schwierig; und dies so schnell zu tun, daß durchaus keine Entschuldigung möglich war und jedermann seine Falschheit erkennen mußte. Wer sich eine Zeitlang für gut gab und zu seinen Zwecken böse werden will, muß es mit den gehörigen Übergängen tun und die Gelegenheiten so wahrnehmen, daß, ehe ihm die Veränderung seines Betragens die alte Gunst entzieht, sie ihm schon soviel neue verschafft hat, daß er an Macht nichts verliert, sonst geht er durchschaut und freundlos zugrunde.

42.

Wie leicht die Menschen verdorben werden können.

Bei Gelegenheit des Dezemvirats ist noch zu bemerken, wie leicht man die Menschen verdirbt und ihnen ganz entgegengesetzte Gesinnungen beibringt, obschon sie gut und wohlerzogen sind. Die Jünglinge, welche Appius zu seiner Umgebung auswählte, wurden für ein wenig Nutzen, den er ihnen zukommen ließ, Freunde der Tyrannei, und Quintus Fabius, einer der zweiten Zehn, der tugendhafteste Mann, vertauschte, durch ein wenig Ehrgeiz verblendet und durch Appius' Tücke beschwatzt, seine guten Sitten mit den schlechtesten und wurde Appius ähnlich. Dies wohl erwogen, wird die Gesetzgeber der Republiken und Reiche um so mehr veranlassen, die Gelüste der Menschen zu zügeln und ihnen alle Hoffnung, sich ungestraft vergehen zu können, zu entziehen.

43.

Männer, welche für eigenen Ruhm kämpfen, sind gute und treue Soldaten.

Ferner ersieht man aus der obigen Abhandlung, welcher Unterschied zwischen einem willigen Heere ist, das für seinen eigenen Ruhm kämpft, und einem mißvergnügten, das für den Ehrgeiz eines anderen ficht. Während die römischen Heere unter den Konsuln immer zu siegen gewohnt waren, unterlagen sie stets unter den Dezemvirn. Es läßt sich hieraus ein Teil der Gründe der Nutzlosigkeit der Söldner ersehen, welche keine andere Ursache an dich fesselt, als ein wenig Sold, den du ihnen bezahlst. Diese Ursache ist und kann nicht hinreichend sein, sie dir treu zu erhalten und so zu Freunden zu machen, daß sie für dich zu sterben bereit sind. Fühlen die Heere für den, für welchen sie kämpfen, nicht eine gewisse Liebe und Ergebenheit, welche sie zu seinen Anhängern macht, so kann nie soviel Tapferkeit bei ihnen zu finden sein, daß sie einem nur etwas tapferen Feinde zu widerstehen vermögen. Da nun diese Liebe und ein gewisser Wetteifer mit anderen Völkern oder Nationalstolz nur bei den eigenen Untertanen entstehen kann, so ist es, um auf einem Throne zu bleiben, eine Republik oder ein Reich zu erhalten, durchaus notwendig, sich aus seinen Untertanen Heere zu bilden, wie alle taten, die mit den Waffen große Dinge ausgeführt haben. Die römischen Heere waren unter den

Dezemvirn so tapfer wie immer; allein, da nicht mehr derselbe gute Wille in ihnen herrschte, so hatten sie auch nicht mehr ihre gewöhnlichen Erfolge. Kaum aber war der Rat der Zehn gestürzt und sie zogen wieder als freie Männer in den Krieg, so kam auch wieder derselbe Geist in sie, und ihre Feldzüge endeten glücklich, wie man von jeher gewohnt war.

44.

Die Menge ohne Haupt ist unnütz, und daß man nicht zuerst drohen und dann die Gewalt verlangen dürfe, die Drohung auszuführen.

Das Volk von Rom hatte sich wegen der Vorfälle mit Virginia bewaffnet auf den heiligen Berg zurückgezogen. Der Senat schickte Gesandte, um zu fragen, mit wessen Erlaubnis es seine Feldherren verlassen und auf den Berg gezogen sei. In so hohem Ansehen stand die Autorität des Senates, daß, in Ermangelung eines Hauptes, keiner aus dem Volke zu antworten wagte. Nicht der Stoff zum Antworten fehlte, sagt Livius, sondern es fehlte jemand, der die Antwort aussprach. Dieser Vorgang zeigt treffend, daß eine Menge ohne Haupt unnütz ist. Virginius erfuhr diese Unordnung, und auf seinen Befehl wurden zwanzig Kriegstribunen ernannt, die Häupter sein sollten zum Antworten und zur Beratung mit dem Senate. Es wurde nun verlangt, daß letzterer den Valerius und Horatius zu ihnen senden sollte, welchen sie ihren Willen mitteilen wollten.

Diese beiden Männer weigerten sich, früher zu gehen, ehe die Zehn ihr Amt niedergelegt hätten. Als sie hierauf bei dem Volke auf dem heiligen Berge angekommen waren, verlangte es, daß Volkstribunen ernannt werden sollten, daß von jedem Magistrate an das Volk appelliert werden könne, und daß ihm alle Dezemvirn ausgeliefert würden, die es lebendig verbrennen wolle.

Valerius und Horatius lobten die zwei ersten Begehren, tadelten hingegen das letzte als grausam, indem sie sagten: *crudelitatem damnatis in crudelitatem ruitis*[1], und rieten dem

[1] Ihr verdammt die Grausamkeit und stürzt euch selbst in Grausamkeit.

Volke, der Dezemvirn gar nicht zu erwähnen, sondern abzuwarten, bis es wieder seine Autorität und seine Gewalt erlangt habe, wo ihm dann die Mittel, seinen Willen auszuführen, nicht fehlen könnten.

Man sieht hieraus deutlich, welche Torheit und Unvorsichtigkeit es ist, eine Sache zu verlangen und vorher zu sagen, ich will schlimm damit verfahren. Man darf seine Gesinnungen nicht zeigen, sondern muß zuerst das Begehrte auf alle Weise zu erlangen suchen. Es reicht hin, jemand seine Waffen abzuverlangen, ohne daß man sagt, ich will dich damit umbringen; denn hast du einmal seine Waffen in der Hand, so ist es immer noch Zeit, dein Gelüste zu befriedigen.

45.

Es ist ein schlechtes Beispiel, ein Gesetz nicht zu halten, besonders wenn man der Urheber desselben ist; und jeden Tag einer Stadt neue Unbilden zufügen, ist dem Regenten derselben äußerst schädlich.

Als die Übereinkunft zustande gekommen war und Rom seine alten Formen wiedererhalten hatte, forderte Virginius den Appius vor Gericht, um in Gegenwart des Volkes seine Sache zu verteidigen. Appius erschien von vielen Edlen begleitet. Virginius befahl, ihn ins Gefängnis zu führen. Appius lehnte sich gegen diesen Spruch auf und verlangte, an das Volk zu appellieren. Virginius entgegnete, er sei nicht würdig, daß ihm die Appellation zugestanden werde, die er abgeschafft, und daß er das Volk zum Verteidiger habe, das er beleidigt. Er wurde daher eingekerkert und entleibte sich vor dem Tage des Urteils selbst.

Obgleich nun Appius durch seine Verbrechen jeden Tod verdiente, so war es doch unpolitisch, die Gesetze zu verletzen und besonders das Gesetz, welches eben erst gemacht worden war. Ich glaube nicht, daß etwas ein schlechteres Beispiel in einer Republik geben kann, als ein Gesetz zu machen und es nicht zu beobachten, besonders wenn es der Urheber des Gesetzes selbst nicht beobachtet.

Florenz hatte nach dem Jahre 1494 seine alte Verfassung mit Hilfe des Bruders Girolamo Savonarola wiedererhalten, dessen Schriften seine Gelehrsamkeit, Weisheit und Geisteskraft bewiesen. Er hatte unter anderen Bestimmungen zur persönlichen Sicherheit der Bürger ein Gesetz veranlaßt, daß man von allen Sprüchen der Acht und der Signoria über Staatsverbrechen an das Volk appellieren könne, ein Gesetz, zu dessen Annahme er lange Zeit seine Beredsamkeit aufwendete und das er nur mit größter Mühe zustande brachte. Kurz nach der Bestätigung dieses Gesetzes wurden von der Signoria fünf Bürger wegen Hochverrat zum Tode verurteilt, wurden aber, als sie appellieren wollten, nicht zugelassen und das Gesetz nicht beachtet. Dies schmälerte den Ruf des Frate mehr als irgendein anderer Vorfall; denn war die Appellation nützlich, so mußte er für ihre Handhabung sorgen, war sie unnütz, so durfte er sie nicht durchsetzen.

Um so mehr aber fiel dieser Vorgang auf, als der Bruder in seinen vielen Predigten, nach diesem Bruch des Gesetzes, niemals weder den, der es gebrochen, verdammte, noch den Bruch entschuldigte, weil er ihn als eine Sache, die in seinem Interesse lag, nicht verdammen wollte, aber auch nicht entschuldigen konnte. Es offenbarte dies seinen ehrgeizigen und parteiischen Sinn, brachte ihn so um seinen guten Namen und zog ihm viele Vorwürfe zu.

Es ist ferner für einen Staat gefährlich, jeden Tag die Brust der Bürger mit neuem Unwillen zu erfüllen, durch immer neue Unbilden, die bald diesem bald jenem zugefügt werden, wie dies in Rom nach dem Dezemvirate geschah. Alle Dezemvirn und noch andere vornehme Bürger wurden nach und nach angeklagt und verurteilt, so daß der größte Schrecken unter dem Adel herrschte, da er glaubte, diese Hinrichtungen würden nie ein Ende nehmen, bis der ganze Adel vertilgt sei. Großes Unheil wäre dadurch für die Stadt entstanden, hätte nicht der Tribun Marcus Duellius vorgebeugt, indem er ein Edikt erließ, daß es ein Jahr lang niemand erlaubt sei, einen römischen Bürger vorzuladen oder anzuklagen. Dies beruhigte alle Patrizier.

Man sieht hieraus, wie schädlich es einer Republik oder einem Fürsten ist, durch fortwährende Strafen und Verletzungen die Gemüter in Furcht und Unruhe zu halten. Ohne Zweifel läßt sich kein verderblicheres Verfahren denken, denn fürchten die Menschen erst für ihr Leben, so suchen sie sich auf alle Weise vor der Gefahr zu sichern, werden kühner und scheuen weniger, Umwälzungen zu versuchen. Es ist daher notwendig, entweder nie jemand zu verletzen, oder die Verletzungen auf einmal erfolgen zu lassen, dann aber die Menschen wieder zu beruhigen und ihnen Grund zu geben, an ihre künftige Sicherheit zu glauben,

46.

Die Menschen springen von einer Art Ehrgeiz zur andern über, und zuerst sucht man, nicht beleidigt zu werden, dann andere zu beleidigen.

Als das römische Volk seine Freiheit wiedererlangt und seinen früheren Rang wieder eingenommen, ja noch einen um so bedeutenderen Rang erhalten hatte, als viele Gesetze zur Verstärkung seiner Macht erlassen worden waren, so schien es natürlich, daß Rom einmal zur Ruhe komme. Dennoch zeigte die Erfahrung das Gegenteil; denn jeden Tag entstanden neue Unruhen und neue Zwietracht. Da nun Livius sehr scharfsinnig die Ursache dieser Erscheinung angibt, so scheint es mir passend, genau seine Worte wiederzugeben. Immer, sagt er, wurde das Volk oder der Adel übermütig, wenn der andere Teil sich demütigte; blieb das Volk ruhig in seinen Schranken, so fingen die adeligen Jünglinge an, es zu beleidigen, und die Tribunen konnten nicht viel helfen, da auch sie verletzt wurden. Dem Adel seinerseits, obgleich ihm seine Jugend zu unbändig schien, war es immer lieb, daß, wenn doch einmal das Maß überschritten werden sollte, es durch das Volk geschah. So bewirkte das Verlangen, die Freiheit zu verteidigen, daß sich jeder so viel herausnahm, daß er den anderen unterdrückte.

Die Ordnung, in welcher diese Vorgänge aufeinander folgen, ist die, daß, während die Menschen dahin streben, nichts fürchten zu müssen, sie anfangen, den anderen Furcht einzuflößen; und daß sie die Unbill, die sie von sich abwehren, dem anderen zufügen; als ob es notwendig wäre, entweder zu beleidigen oder beleidigt zu werden. Man sieht hieraus, wie sich unter anderem die Republiken auflösen, wie die Menschen von einer Gattung von Ehrgeiz zur anderen überspringen, und daß die Worte, welche Sallust in den Mund Cäsars legt, sehr wahr sind: *quod omnia mala exempla bonis initiis orta sunt*[1]. Es suchen, wie wir oben gesagt, die ehrgeizigen Männer in den Republiken vor allem, daß sie vor Angriffen sich sichern, nicht bloß der Bürger, sondern auch der Obrigkeiten; sie suchen sich zu diesem Zwecke Freunde zu machen und erwerben sie auf anscheinend ehrbarem Wege, indem sie sie mit Geld unterstützen oder gegen die Mächtigen in Schutz nehmen. Da nun ein Mann, der so handelt, tugendhaft scheint, so wird leicht jedermann getäuscht und man denkt nicht an Abhilfe, bis er, ohne Hindernis fortfahrend, so mächtig wird, daß ihn die Bürger fürchten und die Obrigkeiten scheuen. Ist er zu dieser Stufe aufgestiegen und ist man seiner Größe nicht eher in den Weg getreten, so kommt es dahin, daß, ihn mit Gewalt niederdrücken zu wollen, aus den Ursachen das gefährlichste Unterfangen ist, die wir oben bei Gelegenheit der Gefahr auseinandergesetzt haben, das bei Gewaltanwendung gegen einen zu einer gewissen Größe in einer Republik angewachsenen Übelstand besteht. Die Sache ist dann so weit gekommen, daß man ihn mit Gefahr eines augenblicklichen Untergangs zu vertilgen suchen oder, läßt man ihn gehen, einer offenbaren Knechtschaft entgegensehen muß, wenn nicht der Tod oder irgendein Zufall von ihm befreit. Denn ist er zu dem obengenannten Punkte gelangt, daß Bürger und Obrigkeiten ihn und seine Freunde zu verletzen fürchten, so kostet es ihn dann nicht mehr viel Mühe, sie dahin zu bringen, daß sie nach seinem Wunsche Recht sprechen und andere verletzen.

Eine Republik muß daher unter ihren Institutionen auch eine solche haben, wodurch darüber gewacht wird, daß die

[1] Alle schlimmen Zustände sind aus guten Anfängen entstanden.

vornehmen Bürger nicht unter dem Scheine des Guten Böses tun können, und daß sie dasjenige Ansehen haben, welches der Freiheit nützt, nicht schadet, wie weiter unten erklärt werden soll.

47

Obgleich sich die Menschen in allgemeinen Dingen täuschen, so täuschen sie sich doch nicht im einzelnen.

Als, wie oben gesagt, das Volk von Rom des Konsultitels überdrüssig war und verlangte, daß entweder Plebejer zu Konsuln gewählt werden könnten oder ihre Machtvollkommenheit beschränkt werde, so schlug der Adel, um die Konsulwürde weder durch das eine noch das andere herabzuwürdigen, einen Mittelweg ein und gab zu, daß vier Tribunen mit konsularischer Gewalt ernannt werden sollten, die sowohl Plebejer als Patrizier sein könnten. Das Volk war damit zufrieden, da es dadurch das Konsulat abzuschaffen und seinen Anteil an der höchsten Würde zu erhalten glaubte.

Es entstand hieraus der merkwürdige Fall, daß bei Ernennung dieser Tribunen das römische Volk, das nun lauter Plebejer wählen konnte, dennoch lauter Patrizier wählte. Livius sagt hierüber folgende Worte: *Quorum comitiorum eventus docuit, alios animos in contentione libertatis et honoris, alios secundum deposita certamina in incorrupto judicio esse*[2]. Wenn ich überlege, woher dies gekommen sein möge, so glaube ich, es kam daher, daß sich die Menschen in allgemeinen Dingen häufig, im einzelnen hingegen seltener täuschen. Im allgemeinen glaubte das Volk, das Konsulat zu verdienen, weil es den größeren Teil der Stadt ausmachte, weil es größere Gefahr im Kriege lief, weil seine Arme es waren, die Rom frei erhielten und mächtig machten. Da ihm also sein Begehren vernünftig schien, so wollte es diese Würde durchaus haben. Als es aber seine Glieder einzeln zu beurteilen hatte, erkannte es ihre Schwäche und hielt dafür, daß kein einzelner aus seiner Mitte verdiene, was es vereint zu

[2] Der Ausgang dieses Wahltags lehrte, daß man anders gesinnt ist im Streite für Freiheit und Würde; anders nach beigelegtem Streite bei unbefangenem Urteil.

verdienen glaubte. Es schämte sich daher der plebejischen Mitbewerber und wendete sich zu denen, die das Amt verdienten. Livius ist mit Recht über diese Wahl erstaunt, wenn er sagt: *hanc modestiam, aequitatemque et altitudinem animi ubi nunc in uno inveneris, quae tunc populi universi fuit?*[1)]

Zur Bekräftigung meines Satzes läßt sich ein anderes merkwürdiges Beispiel anführen, das sich in Capua zutrug, nachdem Hannibal die Römer bei Cannä aufs Haupt geschlagen hatte. Infolge dieser Niederlage, die ganz Italien zum Aufstand brachte, hatte sich auch Capua empört und war infolge des Hasses zwischen Volk und Senat noch nicht zur Ruhe gekommen. Pacuvius Calanus, der damals die höchste Würde in Capua bekleidete und die Gefahren erkannte, welche die Unruhen der Stadt bereiteten, faßte den Plan, durch seine Amtsgewalt Volk und Adel wieder miteinander zu versöhnen. Er versammelte zu diesem Zweck den Senat und stellte ihm den Haß des Volkes gegen die Senatoren und die drohende Gefahr vor, daß das Volk sie ermorden und die Stadt bei der verzweifelten Lage der Römer dem Hannibal übergeben werde. Wollten sie, fügte er hinzu, ihm die Sache überlassen, so werde er eine Wiedervereinigung zustande bringen, allein sie müßten sich im Palaste verschließen lassen, damit er sie dadurch, daß er dem Volke die Gewalt gäbe, sie zu strafen, retten könne. Die Senatoren ließen sich überzeugen und traten seiner Meinung bei. Pacuvius berief, nachdem er den Senat im Palaste eingeschlossen hatte, eine Volksversammlung und sprach, jetzt sei die Zeit gekommen, den Übermut des Adels zu demütigen und die erlittenen Beleidigungen zu rächen, denn der ganze Adel sei wohlbewacht in seiner Gewalt; er glaube jedoch, sie wurden nicht ohne Regierung sein wollen, und so müßten sie denn, wenn die alten Senatoren hingerichtet werden sollten, erst neue ernennen. Er habe die Namen aller Senatoren in einen Beutel gelegt, werde sie in ihrer Gegenwart herausziehen und die gezogenen nach und nach hinrichten lassen, sowie man ihre Nachfolger gefunden habe. Nachdem nun mit der Ziehung der Anfang gemacht

[1)] Solche Bescheidenheit, Billigkeit und Erhabenheit der Gesinnung, wo fände man sie jetzt bei einem Einzigen, wie sie damals dem ganzen Volke eigen war.

worden, entstand beim ersten Namen ein großes Geschrei; dieser Senator mußte ein stolzer, grausamer, anmaßender Mann sein. Als aber Pacavius verlangte, man solle den Stellvertreter wählen, schwieg die ganze Versammlung. Nach einiger Zeit wurde einer aus dem Volke genannt, bei dessen Namen der eine zischte, der andere lachte, der auf eine, jener auf die andere Art Übles sagte; und auf dieselbe Weise wurden nach und nach alle, welche man nannte, der Senatorenwürde unwert gehalten. Pacuvius aber ergriff die Gelegenheit und sprach: Da ihr der Meinung seid, die Stadt befinde sich übel ohne Senat, und ihr euch über die Stellvertreter der alten Senatoren nicht einigen könnt, so denke ich, es wird gut sein, euch mit diesen zu versöhnen; denn die Furcht, in der sie waren, wird sie sicherlich so demütig gemacht haben, daß ihr die Humanität, welche ihr anderwärts suchtet, bei ihnen finden werdet. Man stimmte bei, und die Einigkeit der Stadt war die Folge davon. Der Irrtum des Volkes hatte sich herausgestellt, als es aufs Einzelne zu kommen gezwungen war.

Außerdem täuschen sich die Völker gemeiniglich in der Beurteilung der Begebenheiten und ihrer Ursachen; lernen sie dieselben dann näher kennen, so sehen sie ihren Irrtum ein. Als nach dem Jahre 1494 die Medici aus Florenz vertrieben waren und keine geordnete Regierung bestand, vielmehr eine gewisse ehrgeizige Willkür herrschte, und es mit den öffentlichen Angelegenheiten immer schlimmer und schlimmer ging, gaben viele Volksmänner, die den Ruin der Stadt sahen und keine andere Ursache begreifen konnten, dem Ehrgeiz irgendeines Mächtigen die Schuld, der die Unordnungen nähren sollte, um eine Staatsverfassung nach seinen Zwecken herbeizuführen und ihnen die Freiheit zu rauben. Diese Männer gingen in den Häusern und auf den Plätzen umher, indem sie vielen Bürgern Böses nachsagten und ihnen drohten, sollten sie selbst jemals in die Signoria kommen, so wollten sie ihre Arglist aufdecken und sie züchtigen. Oft kam es nun, daß einer von ihnen wirklich ans Staatsruder gelangte und, als er so hoch gestiegen war und jetzt die Dinge mehr in der Nähe sah, erkannte, woraus die Unordnungen entsprangen, welche Gefahren bevorstanden und wie schwer es sei, ihnen abzuhelfen. Als er nun sah, daß die Zeiten, nicht die Menschen die Ursache der Unordnung waren, änderte er plötzlich seine Gesinnung und Handlungsweise, weil ihm die Kenntnis der einzelnen Verhältnisse die Täuschung nahm, in der er bei allgemeiner Betrachtung befangen war. Wer ihn aber früher, noch als Privatmann, hatte sprechen hören und ihn jetzt an der Spitze der Regierung ganz ruhig sah, glaubte, dies rühre nicht aus einer richtigeren Erkenntnis der Dinge, sondern aus Ehrgeiz oder daraus her, daß er von den Großen umgestimmt oder bestochen worden sei. Da nun diese Erscheinung sehr häufig wiederkehrte, so entstand daraus in Florenz das Sprichwort: Diese Leute haben eine Gesinnung auf dem Markt und eine andere im Palast.

Erwägt man also alles Vorhergehende, so sieht man, daß man dem Volke bald die Augen öffnen kann, wenn man, gewahrend, daß es durch etwas Allgemeines getäuscht wird, ein Mittel findet, es zum Eingehen ins Einzelne zu nötigen, wie Pacuvius in Capua und der Senat in Rom. Auch läßt sich, wie ich glaube, der Schluß ziehen daß nie ein kluger Mann das Urteil des Volkes in einzelnen Dingen, wie bei der Vergebung der Ämter und Würden, fürchten soll; denn gerade darin täuscht sich das Volk nicht, und sollte es sich auch manchmal täuschen, so wird dies so selten geschehen, daß sich eine kleine Anzahl Männer, die eine solche Vergebung vorzunehmen haben, viel öfter täuschen wird. Es scheint mir nicht überflüssig, im folgenden Kapitel zu zeigen, wie es der Senat anfing, um das Volk bei seinen Amtsvergebungen zu überlisten.

48.

Wer verhüten will, daß eine Würde einem Verworfenen oder einem Übelgesinnten erteilt werde, bewirke, daß sich ein allzu verworfener und allzu übelgesinnter, oder ein sehr edler und sehr tugendhafter Mann darum bewirbt.

Wenn der Senat fürchtete, die Tribunen mit konsularischer Gewalt möchten aus den Plebejern gewählt werden, bediente er sich eines der beiden Mittel: Entweder er ließ diese Würde von den geachtetsten Männern Roms begehren, oder aber er bestach auf passende Art einen schmutzigen, verworfenen Menschen aus dem Pöbel, der, unter die besseren Plebejer, die gewöhnlich als Bewerber auftraten, gemischt, auch das Tribunat verlangte. Das letzte Mittel bewirkte, daß sich das Volk die Würde zu geben, das erste, daß es sich sie zu verweigern schämte. Alles dieses spricht für den im vorigen Kapitel aufgestellten Satz, daß sich das Volk, wenn auch im allgemeinen, doch nicht im einzelnen täuscht.

49.

Wenn es Städten, welche einen freien Ursprung hatten, wie Rom, schwer wird, Gesetze zu finden, die ihre Freiheit erhalten, so ist dies solchen Städten, welche unmittelbar dienstbaren Ursprungs sind, fast unmöglich.

Wie schwer es sei, bei der Konstituierung einer Republik alle zur Erhaltung der Freiheit nötigen Gesetze vorauszusehen, beweist der Lebensprozeß der römischen Republik hinreichend. Trotzdem zuerst von Romulus, dann von Numa, Tullus Hostilius und Servius und zuletzt von den zehn zu diesem Geschäft ernannten Bürgern viele Gesetze gegeben worden waren, so zeigten sich doch immer bei der Leitung dieser Stadt neue Bedürfnisse und die Notwendigkeit neuer Institutionen. So zum Beispiel, als man die Zensur einführte, welche eine der Einrichtungen war, die Rom so lange frei erhielten. Die Zensoren nämlich, als Richter über die Sitten Roms, waren die mächtigste Ursache, die Verderbnis der Römer zu verzögern.

Zwar wurde bei der Einführung dieser Magistratur ein Irrtum begangen, da die Zensur fünf Jahre dauerte; allein bald wurde dieser Irrtum durch die Weisheit des Diktators Mamercus verbessert, der durch ein neues Gesetz die Amtsdauer auf achtzehn Monate beschränkte. Die damaligen Zensoren nahmen dies so übel auf, daß sie Mamercus aus der Liste der Senatoren strichen; ein Verfahren, das vom Volke und den Vätern aufs heftigste getadelt wurde. Die Geschichte sagt uns jedoch nicht, daß Mamercus etwas dagegen tun konnte. Es muß daher entweder der Geschichtschreiber mangelhaft sein, oder die Einrichtungen Roms waren in diesem Punkte nicht gut; denn es ist nicht gut, wenn die Verfassung einer Republik erlaubt, daß ein Bürger wegen Einführung eines der Freiheit gemäßen Gesetzes ohne irgendeine Abhilfe verletzt werden könne. Kehren wir aber zu unserem Gegenstand zurück.

Bei der Einführung dieser neuen Würde drängt sich uns die Betrachtung auf, daß, wenn es Städten, die einen freien Ursprung hatten und sich sogleich selbst regierten, wie Rom, sehr schwer ist, gute Gesetze zur Erhaltung ihrer Freiheit zu finden, man sich nicht wundern dürfe, wenn es für Städte, die einen unmittelbar dienstbaren Ursprung hatten, nicht nur schwer, sondern unmöglich ist, sich jemals so zu ordnen, daß sie frei und ruhig leben können. Die Stadt Florenz war unter der Herrschaft des römischen Kaiserreichs gegründet worden und hatte immer unter fremder Regierung gelebt, sie blieb daher eine Zeitlang untertan und dachte nicht an sich selbst. Als später die Gelegenheit, aufzuatmen, kam, begann sie ihre Institutionen selbst zu machen. Diese aber konnten, da sie mit den alten, schlechten vermischt waren, nicht gut sein. So regierte sie sich die letzten zweihundert Jahre hindurch, von denen wir glaubwürdige Nachrichten besitzen, ohne jemals eine Verfassung gehabt zu haben, wonach man sie mit Recht eine Republik hätte nennen können. Dieselben Hindernisse aber, die ihr im Wege standen, standen immer allen Städten im Wege, welche ähnlichen Ursprungs sind.

Obgleich nun in Florenz mehreremal durch öffentliche und freie Abstimmung wenige Bürger ausgedehnte Vollmacht erhielten, die Verfassung umzuformen, so taten sie es doch nie zum allgemeinen Nutzen, sondern zum Vorteil ihrer Partei; was statt Ordnung nur noch größere Unordnung zur Folge hatte. Kommen wir aber auf ein einzelnes Beispiel. Der Gesetzgeber einer Republik hat unter anderm zu erwägen, in welche Hände er das Blutrecht gegen seine Bürger legt. Dies war in Rom gut angeordnet, weil man in der Regel an das Volk appellieren konnte; und wäre ja eine wichtige Rechtssache vorgekommen, wobei die Verzögerung der Vollstreckung des Urteils durch die Appellation gefährlich gewesen wäre, so konnte man seine Zuflucht zu einem Diktator nehmen, welcher auf der Stelle vollziehen ließ; zu diesem Mittel aber griffen sie nie, es sei denn aus Not.

In Florenz hingegen und in den anderen auf dieselbe Art entstandenen Städten war das Blutrecht, weil sie dienstbar waren, in die Hand eines Fremden gelegt, welcher, vom Fürsten beauftragt, dies Amt versah. Als sie später zur Freiheit gelangten, ließen sie das Recht einem Fremden und gaben ihm den Titel Hauptmann. Da dieser nun leicht von den mächtigen Bürgern bestochen worden konnte, so war dies die verderblichste Sache. Als sich aber später mit der Veränderung der Verfassungen auch diese Einrichtung änderte, so ernannte man acht Bürger, die das Amt des Hauptmanns versehen sollten. Statt einer schlechten Einrichtung hatte man nun die allerschlimmste, aus den an einem anderen Orte auseinandergesetzten Gründen; denn die Wenigen waren immer die Diener der Wenigen und der Mächtigen. Vor letzterem hat sich Venedig, wo auch zehn Bürger ohne Appellation jeden Bürger bestrafen können, gesichert. Da diese zehn Bürger nämlich nicht hinreichen würden, die Mächtigen zu strafen, auch wenn sie die Amtsgewalt dazu hätten, so führte man die Quarantia[1)] ein und bestimmte überdies, daß der Rat der Pregadi, das ist der Große Rat, jene züchtigen könne. Fehlt auf diese Weise der Ankläger nicht, so fehlt auch nicht der Richter, um die mächtigen Männer im Zügel zu halten.

Wenn also in Rom, das sich selbst durch so viele weise Männer ordnete, jeden Tag neue Ursachen entstanden, die neue Einrichtungen zugunsten der Freiheit nötig machten, so ist es kein Wunder, daß in den anderen Städten, die anfänglich viel schlechter geordnet waren, so große Schwierigkeiten entstehen, daß sie niemals zu einer geordneten Verfassung gelangen können.

[1)] Ein Gericht von vierzig Männern.

50.

Kein Rat oder Magistrat darf den Gang der Staatsmaschine hemmen können.

Die römischen Konsuln Titus Quintius Cincinnatus und Cnejus Julius Mentus hatten sich entzweit und hemmten den Gang der Staatsmaschine völlig. Der Senat ermahnte sie, einen Diktator zu ernennen, damit dieser tue, was wegen ihrer Zwietracht nicht geschehen konnte. Die Konsuln aber, in allem anderen uneinig, stimmten allein darin überein, daß sie keinen Diktator ernennen wollten. Der Senat wußte sich nicht anders zu helfen, als daß er zum Beistand der Tribunen seine Zuflucht nahm, welche mit Ermächtigung des Senats die Konsuln zum Gehorsam zwangen.

Hier ist erstens der Nutzen des Tribunates zu bemerken, das nicht allein dazu diente, den Ehrgeiz, welchen die Großen gegen das Volk zeigten, zu zügeln, sondern auch die Eifersucht unter den Großen selbst. Zweitens muß bemerkt werden, daß man nie einer Republik eine solche Verfassung geben darf, daß die Wenigen irgendeinen von den Beschlüssen aufhalten können, die im gewöhnlichen Lauf der Dinge zur Erhaltung der Staatsmaschine nötig sind. Wenn du zum Beispiel einem Rate überträgst, die Vergebung der Ehrenstellen und Ämter vorzunehmen, oder einem Magistrate, ein Geschäft zu besorgen, so mußt du ihn in die Notwendigkeit versetzen, zu veranstalten oder zu befehlen, daß jenes Geschäft, will er es selbst nicht besorgen, von einem anderen besorgt werden kann und soll; sonst ist die ganze Einrichtung fehlerhaft und gefährlich, wie es in Rom der Fall gewesen wäre, hätte man der Hartnäckigkeit der Konsuln nicht die Amtsgewalt der Tribunen entgegensetzen können.

In Venedig vergibt der Große Rat die Ehrenstellen und Ämter. Es ereignete sich manchmal, daß die Mehrheit aus Zorn oder infolge boshafter Aufhetzung weder den Magistraten der Stadt, noch denen, welche außerhalb das venetianische Gebiet verwalteten, Nachfolger ernannte. Dadurch entstand nun die größte Verwirrung, weil auf einmal die unterworfenen Städte und die Hauptstadt ihre gesetzlichen Richter entbehrten und keine Ausfertigung irgendeines zur Verwaltung nötigen Befehles erlangt werden konnte, wenn jene Mehrheit des Rates nicht zufriedengestellt oder überlistet wurde. Dieser Übelstand hätte Venedig in eine schlimme Lage bringen müssen, wenn ihm die klugen Bürger nicht abgeholfen hätten. Einen schicklichen Anlaß ergreifend, machten sie nämlich ein Gesetz, daß alle inneren und äußeren Magistrate nicht eher außer Funktion treten sollten, als bis sie durch ihre Nachfolger abgelöst wären. So entzog man dem Rate die Möglichkeit, mit Gefährdung der Republik den Gang der öffentlichen Geschäfte zu hemmen.

51.

Eine Republik oder ein Fürst müssen sich den Anschein geben, als täten sie aus Großmut, wozu sie die Notwendigkeit zwingt.

Kluge Männer machen sich immer ein Verdienst aus ihren Handlungen, auch wenn sie die Not durchaus dazu zwingt. Der römische Senat zeigte diese Klugheit am rechten Orte, als er im Kriege Sold aus dem öffentlichen Schatze zu geben beschloß, während zuvor jeder auf eigene Kosten ins Feld zog. Da man nämlich auf die letztere Weise nicht lange Krieg führen konnte und daher weder Festungen belagern, noch entferntere Feldzüge mit den Heeren unternehmen konnte, der Senat aber beides für nötig erachtete, so beschloß er, Sold zu geben, tat es jedoch so, daß er sich ein Verdienst aus dem machte, wozu ihn die Notwendigkeit zwang. Dies Geschenk wurde vom Volke so gut aufgenommen, daß sich Rom vor Fröhlichkeit nicht zu lassen wußte, da es eine große Wohltat erhalten zu haben glaubte, die es nie zu erhalten gehofft und um die es nie selbst nachgesucht haben würde. Obschon sich nun die Tribunen alle Mühe gaben, dies vermeintliche Verdienst des Senates um das Volk zu beleuchten, indem sie bewiesen, das Volk werde dadurch beschwert, nicht erleichtert, weil man Auflagen zur Bezahlung des Soldes ausschreiben müsse, so konnten sie es doch nicht dahin bringen, daß das Volk den Sold nicht dankbar angenommen hätte. Dies Gefühl wurde noch lebhafter durch die Art, wie der Senat die Auflagen verteilte, da die schwersten und größten dem Adel aufgebürdet wurden und diese auch die ersten waren, die bezahlt wurden.

52.

Um dem Übermut eines Mannes, der in einer Republik mächtig wird, Einhalt zu tun, gibt es kein sichereres und weniger unruheerregendes Mittel, als ihm die Wege abzuschneiden, auf denen er zu seiner Macht gelangt.

Wir haben im vorigen Kapitel gesehen, wie sehr sich der Adel dadurch bei dem Volke in Kredit setzte, daß er sich sowohl durch Einführung des Soldes, als auch durch die Austeilung der Auflagen für das Wohl des Volkes zu sorgen den Anschein gab. Hätte der Adel so fortgefahren, so wären alle Unruhen in Rom vermieden worden, und die Tribunen hätten ihr Ansehen bei dem Volke und folglich ihre Macht verloren. In der Tat kann man sich in einer Republik und besonders in einer verderbten auf keine bessere, weniger unruheerregende und leichtere Art dem Ehrgeiz eines Bürgers entgegenstellen, als wenn man ihm die Wege abschneidet, auf denen man ihn nach der Stufe, die er zu ersteigen strebt, hinschreiten sieht.

Sich dieses Mittels gegen Cosimo de' Medici zu bedienen, wäre für seine Gegner viel besser gewesen, als ihn aus Florenz zu vertreiben. Hätten nämlich seine Nebenbuhler seine Gewohnheit angenommen, das Volk zu unterstützen, so zogen sie ihm ohne Aufruhr und ohne Gewalthandlung allmählich die Waffen aus der Hand, deren er sich am meisten bediente. Piero Soderini hatte sich allein dadurch in Florenz Ansehen erworben, daß er sich jedermann gefällig erzeigte, was ihm bei der Menge den Ruf eines Freundes der Freiheit eintrug. Sicher war es den Bürgern, die seine Größe beneideten, viel leichter, es war viel ehrbarer, weniger gefährlich und der Republik weniger verderblich, ihm die Mittel zu entziehen, durch welche er groß wurde, als sich ihm entgegenzuwerfen, damit die ganze Republik in seinen Sturz verwickelt werde. Denn hätten sie ihm die

Waffen aus der Hand gewunden, die ihn stark machten, und sie konnten dies leicht, so hätten sie sich ihm in jedem Rate und bei allen öffentlichen Beschlüssen ohne alle Scheu und Rücksicht widersetzen können. Wollte man auch einwenden, daß, wenn die Feinde Pieros einen Fehler machten, ihm nicht die Wege abzuschneiden, auf denen er sich Ansehen unter dem Volke erwarb, Piero ebenfalls einen Fehler beging, die Wege nicht abzuschneiden, auf denen ihm seine Gegner Furcht einflößten: so antworte ich, daß Piero hierin Entschuldigung verdient, sowohl weil es nicht leicht, als auch nicht ehrenvoll für ihn war, da das Mittel, wodurch man ihn angriff und auch endlich stürzte, in Begünstigung der Medici bestand. Piero konnte daher nicht mit Ehren zu demselben Mittel greifen, weil er nicht ohne Schande die Freiheit zerstören konnte, zu deren Wächter er gesetzt war. Auch war diese Begünstigung, da sie nicht insgeheim und auf einmal geschehen konnte, für Piero die gefährlichste Sache, denn sowie man ihn als Freund der Medici entdeckt hätte, würde er dem Volke verdächtig und verhaßt geworden sein, wodurch ihn seine Feinde viel leichter hätten stürzen können als früher.

Man muß daher bei allen seinen Maßregeln die Mängel und die Gefahren, welche damit verbunden sind, in Betracht ziehen und sie nicht ergreifen, wenn die Gefahr größer ist als der Gewinn; sollte auch eine solche Entschließung einer unserer Maximen gemäß sein. Wer in diesem Falle anders handelt, wird erfahren, was Cicero erfuhr, der dem Antonius die Gunst entziehen wollte und sie statt dessen vergrößerte. Als nämlich Antonius als Feind des Senates erklärt worden war und ein zahlreiches Heer versammelt hatte, das größtenteils aus Soldaten bestand, die der Fahne Cäsars gefolgt waren, ermahnte Tullius, um ihm diese Soldaten zu entziehen, den Senat, er solle den Octavian mit Ansehen ausstatten und ihn mit dem Heere und den Konsuln gegen Antonius senden. Sobald die Soldaten des Antonius den Namen des Octavian, der sich als Cäsars Neffe selbst Cäsar nennen ließ, hören würden, würden sie jenen verlassen und diesem zuströmen. So sei Antonius, von Gunst und Verteidigern entblößt, leicht zu überwinden. Die Sache fiel aber gerade umgekehrt aus; denn Antonius gewann sich den Octavian, und dieser ging, Cicero und den Senat im Stiche lassend, auf die Seite des Antonius über, was die gänzliche Zerstörung der Partei der Aristokraten zur Folge hatte. Dies war leicht zu vermuten. Sie durften nicht glauben, was Cicero sich einredete, sondern sie mußten immer bedenken, daß Cäsar ihr Feind gewesen war, daß er durch ihre Besiegung und die Erringung der Herrschaft in Rom seinen Namen berühmt gemacht hatte, und nie durften sie glauben, daß von seinen Erben oder seiner Partei irgend etwas zu erlangen sei, was der Freiheit gemäß war.

53.

Das Volk begehrt oftmals, von einem Trugbild des Guten getäuscht, seinen Untergang; und leicht läßt es sich durch sanguinische Hoffnungen und große Versprechungen hinreißen.

Nach der Eroberung von Veji verfiel das römische Volk auf die Idee, es wäre vorteilhaft für die Republik, wenn die Hälfte der Römer nach Veji zöge, denn da diese Stadt reich an Ländereien, voll von Gebäuden und Rom nahe sei, so könne man die Hälfte der Bürger bereichern, ohne wegen der Nähe der Lage den Gang der öffentlichen Geschäfte irgend zu stören. Diese Sache schien dem Senat und den weisesten Römern so nachteilig und verderblich, daß sie sich offen aussprachen, lieber den Tod leiden zu wollen, als einem solchen Beschlusse ihre Zustimmung zu geben. Als daher die Sache zur Beratung kam, geriet das Volk so sehr gegen den Senat in Wut, daß es zu den Waffen und zu Blutvergießen gekommen wäre, hätte sich nicht der Senat aus einigen greisen und geachteten Bürgern einen Schild gemacht, deren Ehrfurcht gebietendes Äußeres das Volk zügelte, daß es in seiner Frechheit nicht weiterging.

Zwei Dinge sind hierbei zu bemerken. Erstens, daß das Volk oftmals, von einem Trugbild des Guten getäuscht, sein Verderben begehrt. Wird ihm nun nicht von einem Manne, in den es Vertrauen setzt, begreiflich gemacht, was heilsam und was verderblich sei, so entspringen daraus der Republik eine Menge Gefahren und Unglücksfälle. Will das Schicksal, daß das Volk niemandem traut, wie es manchmal der Fall ist, wenn es früher schon durch den trügerischen Schein der Dinge oder durch die Menschen getäuscht worden ist, so rennt es unaufhaltsam in sein Verderben. Dante sagt hierüber in seinem Traktat *De Monarchia*, das Volk schreie oftmals: es lebe mein Tod, und es sterbe mein Leben. Diese Ungläubigkeit ist die Ursache, daß manchmal in den Republiken die zweckmäßigen Maßregeln nicht ergriffen werden, wie wir schon oben von den Venetianern gesagt haben.

Als sie von so vielen Feinden angegriffen wurden, konnten sie nicht zum Entschluß kommen, einen davon, noch ehe alles verloren war, dadurch zu gewinnen, daß sie ihm freiwillig Abtretungen von Besitzungen machten, die sie früher anderen abgenommen und wegen derer sich die Fürsten gegen sie verbündet und ihnen den Krieg erklärt hatten.

Erwägt man aber, wozu sich ein Volk leicht und wozu schwer überreden läßt, so kann man folgende Unterscheidung machen: Entweder zeigt das, wozu du überreden willst, auf den ersten Anblick Gewinn oder Verlust, oder aber es erscheint als eine mutvolle oder feige Maßregel. Zeigt sich nun bei einem Vorschlag, der dem Volke gemacht wird, Gewinn, obgleich Verlust darunter verborgen liegt, und erscheint ein Vorschlag mutvoll, obgleich der Untergang der Republik darunter verborgen liegt, so wird es immer leicht sein, die Menge zur Annahme zu überreden. Ebenso wird es immer schwer sein, sie zu solchen Maßregeln zu überreden, welche entweder wie Feigheit oder Verlust erscheinen, obgleich Heil und Gewinn darunter verborgen liegen.

Was ich soeben gesagt habe, wird durch viele Beispiele der Römer und Barbaren, der Neueren und Alten, bestätigt. Hieraus entstand in Rom die schlechte Meinung von Fabius Maximus, der das römische Volk nicht überzeugen konnte, daß es der Republik vorteilhaft sei, den Krieg in die Länge zu ziehen und den Angriff Hannibals ohne Schlacht auszuhalten; denn das Volk hielt diesen Plan für feige, es sah den Nutzen davon nicht ein, und Fabius hatte keine hinreichenden Gründe, ihm diesen Nutzen zu beweisen.

So blind sind die Völker in dieser Idee von Kraft, daß das römische Volk, obgleich es den Fehler begangen hatte, dem Magister Equitum des Fabius die Erlaubnis, auch gegen den Willen des Diktators zu schlagen, zu erteilen, und obgleich infolge dieser Erlaubnis das römische Heer fast geschlagen worden wäre, wenn es Fabius durch seine gewohnte Klugheit nicht verhütet hätte, durch diese Erfahrung sich so wenig belehren ließ, daß es später den Varro zum Konsul ernannte, der keine anderen Verdienste besaß, als daß er auf allen Plätzen und an allen öffentlichen Orten Roms versprochen hatte, den Hannibal zu schlagen, sowie man ihm die Gewalt dazu geben würde. Die Folge davon war die Schlacht und die Niederlage bei Cannä und beinahe der Untergang Roms.

Ich will noch ein anderes hierher gehöriges römisches Beispiel anführen. Hannibal war acht oder zehn Jahre in Italien gewesen und hatte das ganze Land mit römischen Leichen angefüllt, als M. Centenius Penula, ein Mann aus der untersten Volksklasse, der jedoch einen gewissen Rang im Heere bekleidet hatte, im Senate erschien und sich erbot, er wolle, wenn man ihm die Erlaubnis gäbe, überall in Italien, wo er wolle, Freiwillige zu einem Heere zu sammeln, in kürzester Zeit den Hannibal tot oder gefangen in ihre Hände liefern. Den Senatoren schien dies Begehren tollkühn; sie bedachten jedoch, daß, schlage man es ab und das Gesuch würde dem Volke bekannt, Unruhen, Mißvergnügen und Unzufriedenheit mit dem Senate daraus entstehen könnten, und gewährten die Bitte. Lieber wollten sie alle, die dem Penula folgen würden, in Gefahr setzen, als neuen Unwillen im Volke veranlassen; denn sie wußten wohl, wie geeignet ein solcher Vorschlag sei, Beifall zu finden, und wie schwer sich davon abraten lasse. Jener zog also mit einer regellosen und ungeordneten Menge gegen Hannibal und war nicht sobald auf ihn gestoßen, als er mit allen, die ihm folgten, geschlagen und niedergehauen wurde.

In Athen konnte Nikias, ein Mann von großem Gewicht und ausgezeichneter Klugheit, das Volk auf keine Weise überzeugen, daß es nicht gut sei, Sicilien anzugreifen. So wurde dieser Beschluß gegen den Willen aller Vernünftigen gefaßt und hatte den gänzlichen Ruin Athens zur Folge.

Als Scipio zum Konsul ernannt worden war und Afrika als Provinz begehrte, mit dem Versprechen, Karthago völlig zu vernichten, der Senat aber, der Meinung des Fabius Maximus folgend, seine Zustimmung nicht geben wollte, drohte Scipio, die Sache dem Volke vorzuschlagen, weil er wohl wußte, wie sehr solche Vorschläge den Völkern gefallen.

Auch unsere Stadt liefert ein hierher passendes Beispiel: ich meine, als Messer Ercolo Bentivogli, Heerführer der florentinischen Truppen, mit Antonio Giacomini nach ihrem Siege über Bartolommeo d'Alviano bei San Vincenti Pisa belagerte. Diese Unternehmung wurde auf die großen Versprechungen des Messer Ercole hin beschlossen, und obgleich viele gute Bürger dieselbe tadelten, so konnten sie sie doch, von dem allgemeinen Willen, der sich auf jene großen Versprechungen gründete, mit fortgerissen, auf keine Weise verhindern.

Ich sage daher, es gibt kein leichteres Mittel, eine Republik, wo das Volk Macht hat, zu ihrem Untergang zu führen, als sie in kühne Unternehmungen zu verwickeln; denn wo das Volk von einigem Gewicht ist, werden solche Vorschläge immer angenommen werden, und wer anderer Meinung ist, wird dem Übel auf keine Weise abhelfen können. Wenn aber daraus der Untergang der Stadt hervorgeht, so gehen auch und noch häufiger die Bürger darüber zugrunde, welche an der Spitze solcher Expeditionen stehen. Erfährt das Volk, das den Sieg als gewiß vorausgesetzt hat, einen unglücklichen Ausgang, so gibt es weder dem Geschicke noch dem Unvermögen des Befehlshabers die Schuld, sondern es glaubt, sein böser Wille und seine Ungeschicklichkeit seien die Ursache des Mißlingens, und verurteilt ihn zum Tode oder zum Gefängnis oder verbannt ihn, wie es unzähligen karthagischen und vielen athenischen Feldherren erging. Kein früher erfochtener Sieg kann ihnen helfen: die gegenwärtige Niederlage verwischt das Andenken an alles Frühere. Auch Antonio Giacomini mußte diese Erfahrung machen. Als er Pisa nicht eroberte, wie das Volk für gewiß angenommen und er versprochen hatte, zog er sich die Ungnade des Volkes in so hohem Maße zu, daß er trotz einer Menge früher geleisteter Dienste mehr aus Menschlichkeit derer, in deren Gewalt er sich befand, als aus irgendeiner anderen Ursache, die ihn beim Volk verteidigt hätte, am Leben blieb.

54.
Welche Gewalt ein bedeutender Mann hat, die empörte Menge zu zügeln.

Über den Text des vorigen Kapitels ist zweitens zu bemerken, daß nichts so geeignet ist, die empörte Menge zu zügeln, als die Ehrfurcht vor einem würdevollen Manne hoher Stellung, welcher ihr entgegentritt. Nicht ohne Grund sagt Virgil:

Tum pietate gravem ac meritis si forte virum quem
Conspexere, silent arrectisque auribus adstant[1].

Wer daher einem Heere vorgesetzt ist oder sich in einer Stadt befindet, wo Aufruhr ausbricht, muß sich so würdevoll und glänzend zeigen, als er kann, indem er die Auszeichnungen seines Amtes anlegt, um sich dadurch ehrwürdiger zu machen. Vor wenigen Jahren war Florenz in zwei Parteien gespalten, die Mönchischen und die Wütenden[2] wie sie sich nannten. Als es zu den Waffen kam und die Mönchischen unterlagen, zu denen Pagolantonio Soderini, ein damals sehr angesehener Bürger, gehörte, zog das bewaffnete Volk gegen das Haus desselben heran, um es zu plündern. Sein Bruder, Messer Francesco, damals Bischof von Volterra, jetzt Kardinal, der zufällig im Hause war, legte sogleich, wie er den Lärm hörte und die Menge sah, seine prächtigsten Kleider an, warf das bischöfliche Chorhemd darüber, ging den Bewaffneten entgegen und brachte sie durch seinen Anblick und seine Worte zum halten. Viele Tage lang erzählte und rühmte man diese Handlung in der ganzen Stadt.

[1] Wenn sie dann etwa einen Mann, ehrwürdig durch Verdienst und Tugend, erblicken, schweigen sie und stehen mit horchenden Ohren.

[2] Die *Frateschi* und die *Arrabbiati*.

Ich schließe daraus, daß es kein kräftigeres und notwendigeres Mittel gibt, eine empörte Menge im Zaume zu halten, als das Auftreten eines Mannes, der durch sein Äußeres Ehrfurcht erweckt. Man sieht aber, um zum oben angeführten Texte zurückzukehren, mit welcher Hartnäckigkeit das römische Volk seinen Entschluß, nach Veji zu ziehen, durchzusetzen strebte, weil es ihn für nützlich hielt und die Schädlichkeit desselben nicht erkannte; und daß das deshalb entstandene Geschrei zum Aufruhr angewachsen wäre, hätte nicht der Senat durch bedeutende, und ehrfurchtgebietende Männer die Wut des Volkes gezähmt.

55.

Wie leicht sich in den Städten, wo die Menge nicht verderbt ist, regieren lasse; und daß sich, wo Gleichheit ist, keine unumschränkte Monarchie, wo sie nicht ist, keine Republik einführen lasse.

Obgleich oben schon vielfach besprochen wurde, was von verderbten Städten zu fürchten oder zu hoffen sei, so scheint es mir doch nicht unpassend, über einen Beschluß des Senates, ein Gelübde des Camillus, den zehnten Teil der Beute von Veji dem Apollo zu opfern, betreffend, einige Betrachtungen anzustellen. Da nämlich diese Beute schon in die Hände des Volkes gekommen war und man auf keine andere Weise nachrechnen konnte, so erließ der Senat ein Edikt, daß jeder den zehnten Teil von dem öffentlich ausstellen solle, was er erbeutet habe. Obgleich nun dieser Beschluß nicht zur Ausführung kam, da der Senat auf anderem Wege zur Zufriedenheit des Volkes dem Apollo die Schuld bezahlte, so ersieht man doch aus diesem Beschluß, wie großes Vertrauen der Senat in die Rechtschaffenheit des Volkes setzte, und daß er der Meinung war, keiner werde ermangeln, genau das auszustellen, was ihm durch das Edikt befohlen war. Auf der anderen Seite sieht man, daß das Volk nicht daran dachte, das Edikt dadurch zu umgehen, daß es weniger gegeben hätte als es sollte, sondern daß es sich davon zu befreien strebte, indem es offen seinen Unwillen zeigte. Dies Beispiel und viele ähnliche beweisen, wie viele Rechtschaffenheit und Religion im römischen Volke herrschte, und wieviel Gutes man daher von ihm erwarten konnte. In der Tat, wo diese Rechtschaffenheit fehlt, läßt sich durchaus nichts Gutes erwarten, wie man es in den Ländern nicht erwarten kann, in welchen wir in der jetzigen Zeit Sittenverderbnis herrschend sehen, das heißt vor allen anderen in Italien und zum Teil auch in Frankreich und Spanien. Sieht man aber in diesen Ländern nicht so viele Unordnungen als in Italien, so kommt dies nicht von der Rechtschaffenheit der Völker, welche großenteils fehlt, sondern daher, daß sie einen König haben, der sie nicht allein durch seine Persönlichkeit, sondern durch die bestehende Verfassung dieser Königreiche zusammenhält.

In Deutschland hingegen ist noch viel Rechtschaffenheit und Religion zu finden, weshalb es auch viele freie Städte dort gibt, die ihre Gesetze so wohl beobachten, daß niemand von innen oder außen etwas gegen ihre Unabhängigkeit zu unternehmen wagt. Daß wirklich in ihnen ein guter Teil der alten Rechtschaffenheit herrscht, soll folgendes Beispiel beweisen, welches mit dem vom römischen Senate und Volke angeführten viel Ähnlichkeit hat. Bedürfen nämlich diese Städte einer Summe Geldes zu öffentlichen Zwecken, so erlassen die Magistrate oder der Rat, in dessen Amt es einschlägt, ein Edikt, daß jeder Bürger ein oder zwei Prozent von seinem Vermögen zu bezahlen habe. Ist nun dieser Beschluß verfassungsmäßig zum Gesetze erhoben, so erscheint ein jeder vor den Einnehmern dieser Abgabe und wirft, nachdem er zuvor einen Eid geleistet, daß er bezahlen wolle, was er schuldig sei, ohne alle Zeugen diejenige Summe in eine verschlossene Kasse, welche er nach seinem Gewissen geben zu müssen glaubt. Hieraus läßt sich schließen, wieviel Rechtschaffenheit und Religion noch bei diesem Volke herrsche. Es läßt sich nicht bezweifeln, daß jeder seinen schuldigen Anteil bezahle, sonst würde die Auflage die Summe nicht erreichen, die man der früheren Erfahrung gemäß erheben wollte; der Betrug müßte entdeckt werden, und man hätte längst eine andere Art der Erhebung eingeführt. Diese Rechtschaffenheit ist in unserer Zeit um so mehr zu bewundern, je seltener sie ist, ja man findet sie nur noch bei den Deutschen allein. Dies hat zwei Ursachen: Erstens die, daß sie niemals bedeutenden Handel mit den Nachbarn trieben, die nicht zu ihnen kamen und die sie auch nicht selbst besuchten, da sie sich mit den Gütern begnügten, von den Speisen lebten, sich in die Wolle kleideten, die ihnen ihr Vaterland gibt, wodurch die Ursache jeden Umgangs und der Anfang jeder Verderbnis beseitigt war, da sie weder französische, noch spanische, noch italienische Sitten annehmen konnten, welche drei Nationen miteinander die Verderbnis der Welt sind. Zweitens dulden diese Städte, welche sich eine freie und unverderbte Verfassung erhalten haben, keine Edelleute in ihrem Innern, noch erlauben sie, daß einer ihrer Bürger als Edelmann lebe; mehr noch, sie sehen streng auf Gleichheit im Innern und sind die größten Feinde der Herren und Ritter Deutschlands, und fällt ihnen einer in die Hände, so töten sie ihn als Fürsten der Verderbnis und Ursache jeder Unordnung.

Um aber die Benennung Edelleute zu erklären, sage ich, daß man diejenigen Edelleute nennt, welche müßig vom Ertrage ihrer Besitzungen im Überflusse leben, ohne irgend darauf bedacht zu sein, Ackerbau zu treiben oder sich mit irgendeinem anderen zum Leben nötigen Geschäfte zu befassen. Solche Leute sind jeder Republik und jedem Lande verderblich; am verderblichsten aber sind diejenigen, welche außer dem Besitz von Gütern noch Burgen und Untertanen haben, die ihnen gehorchen. Das Königreich Neapel, der Kirchenstaat, die Romagna und die Lombardei sind voll solcher Edelleute, weshalb in diesen Ländern nie eine Republik oder ein geordneter politischer Zustand bestand; denn diese Menschenklasse ist der ärgste Feind der bürgerlichen Gesellschaft. In einem solchen Lande eine republikanische Verfassung einführen wollen, würde etwas Unmögliches sein; um aber wieder Ordnung hineinzubringen, gäbe es für den, der Schiedsrichter darüber wäre, keinen anderen Weg, als eine Monarchie zu gründen. Wo die Sitten so verderbt sind, daß die Gesetze nicht zur Zügelung der Menschen hinreichen, ist es nötig, neben den Gesetzen eine größere Gewalt anzuordnen, das heißt eine königliche Hand, welche mit unumschränkter und übermäßiger Macht dem übermäßigen Ehrgeiz und der Verderbnis der Mächtigen einen Zaum anlegt.

Das Beispiel Toskanas spricht für die Wahrheit meiner Behauptung. Auf einem kleinen Raume bestanden dort lange Zeit drei Republiken, Florenz, Siena und Lucca, und die übrigen Städte dieses Landes sind auf eine Art dienstbar, daß man aus ihren Wünschen und Einrichtungen deutlich sieht, wie sehr sie bemüht sind, die ihnen gebliebene Freiheit zu erhalten und völlige Unabhängigkeit wiederzuerringen. Alles kommt daher, daß es in diesem Lande keine Burgbesitzer und keine oder wenige Edelleute gibt, sondern daß daselbst so große Gleichheit herrscht, daß ein weiser Mann, der Kenntnis von der Staatseinrichtung der Alten besäße, leicht den echten politischen Zustand ins Leben rufen könnte. Allein der Unstern Toskanas ist so groß, daß es bis auf unsere Zeit nie einen Mann erzeugte, der dies gekonnt oder verstanden hätte.

Ziehen wir aber aus alledem folgenden Schluß: Wer, wo es viele Edelleute gibt, eine Republik errichten will, kann nur dann zum Ziele kommen, wenn er sie zuerst alle vertilgt. Wer hingegen, wo große Gleichheit herrscht, eine Monarchie oder ein Fürstentum errichten will, wird nie zum Ziele kommen, wenn er nicht viele Ehrgeizige und unruhige Köpfe aus der Gleichheit hervorzieht und sie zu Edelleuten macht; doch nicht dem Namen nach, sondern indem er ihnen Burgen und Besitzungen gibt und sie mit Geld und Leuten beschenkt, damit er in ihrer Mitte durch sie seine Macht erhält, sie durch ihn ihren Ehrgeiz befriedigt sehen, und die übrigen gezwungen sind, ein Joch zu tragen, welches nur Zwang, und nichts anderes, sie zu tragen bewegen kann. Ist auf diese Weise ein gleiches Verhältnis zwischen Zwingherren und Bezwungenen erzeugt, so bleibt Ruhe, und ein jeder bleibt in seinem Stande und in seiner Stellung fest. Da jedoch ein zu einer Monarchie geeignetes Land zur Republik und ein zu einer Republik geeignetes Land zur Monarchie zu machen Sache eines an Kopf und Macht seltenen Mannes ist, so haben es viele unternommen, aber wenige zum Ziele zu führen verstanden. Denn die Größe der Sache entmutigt teils die Menschen, teils verwirrt sie sie so sehr, daß sie schon bei den ersten Versuchen Fehler machen.

Ich glaube, es wird meiner Meinung, man könne, wo es Edelleute gebe, keine Republik einführen, die Erfahrung der Republik Venedig, wo nur Edelleute irgendeinen Rang einzunehmen pflegen, zu widersprechen scheinen. Allein ich antworte, daß dies Beispiel durchaus nicht gegen mich spricht, weil die Edelleute dieser Republik mehr dem Namen als der Sache nach Edelleute sind. Ihre großen Reichtümer bestehen nicht in Einkünften von Ländereien und Besitzungen, sondern in Kaufmannsgütern und beweglichem Eigentum; ferner hält keiner von ihnen Burgen oder hat irgendeine Gerichtsbarkeit über Menschen auszuüben, sondern die Benennung Edelmann ist bei ihnen ein Titel und Ehrenname, ohne auf irgend etwas gegründet zu sein, weshalb man anderwärts Edelmann heißt. Wie alle Republiken ihren verschiedenen Klassen besondere Namen gegeben haben, so teilt sich Venedig in Edle und Gemeine[1)] und will, daß jene alle Ämter haben oder vielmehr haben können, diese hingegen völlig davon ausgeschlossen sind. Warum dies in Venedig keine Unordnung zur Folge hat, ist früher erklärt worden.

Wo also große Gleichheit ist oder hergestellt werden kann, errichte man eine Republik, wo große Ungleichheit ist, eine Monarchie, sonst führt man ein Werk ohne Verhältnis und von kurzer Dauer auf.

56.

Ehe einer Stadt oder einem Lande große Unglücksfälle zustoßen, kommen Zeichen, die sie vorherdeuten, und Menschen, die sie voraussagen.

Woher es kommt, weiß ich nicht, aber man sieht durch alte und neue Beispiele, daß nie ein schwerer Unfall einer Stadt oder einem Lande zustieß, der nicht durch Wahrsager, Prophezeiungen, Wunder oder Zeichen am Himmel vorausgesagt worden wäre. Zum Beweis dieser Sache brauche ich mich nicht von

[1)] Gentiluomini und Popolari.

Hause zu entfernen. Ein jeder weiß, wie oft Bruder Girolamo Savonarola den Einfall Karls VIII. von Frankreich in Italien vorhersagte, und daß durch ganz Toskana die Rede ging, man habe oberhalb Arezzo in der Luft Bewaffnete gehört und gesehen, die sich eine Schlacht lieferten. Ein jeder weiß ferner, daß kurz vor dem Tode des älteren Lorenzo de' Medici der Dom an der Kuppel von einem Blitzstrahl durchbohrt wurde, wodurch das Gebäude sehr großen Schaden litt. Ebenso ist jedem bekannt, daß kurz zuvor, ehe Piero Soderini, der zum lebenslänglichen Gonfaloniere des florentinischen Volkes ernannt worden war, vertrieben und seiner Würde beraubt ward, der Palast gleichfalls vom Blitz getroffen wurde. Man könnte noch viele andere Beispiele anführen, ich unterlasse es aber, um nicht langweilig zu werden. Nur ein von Livius erzähltes soll hier noch einen Platz finden. Vor der Ankunft der Gallier in Rom meldete ein Plebejer, Marcus Ceditius, dem Senat, er habe um Mitternacht, als er durch die neue Straße ging, eine übermenschliche Stimme gehört, die ihm befohlen habe, dem Magistrate zu berichten, die Gallier würden nach Rom kommen.

Die Ursache dieser Erscheinung sollte meines Erachtens von einem Manne erörtert und erklärt werden, der die natürlichen und übernatürlichen Dinge durchschaute, was wir nicht können. Möglich wäre es zwar, daß die Luft, wie ein gewisser Philosoph will, mit vernünftigen Wesen, welche die Gabe haben, in die Zukunft zu sehen, bevölkert ist, und daß diese Wesen mitleidsvoll die Menschen durch solche Zeichen aufmerksam machen, damit sie sich zur Verteidigung rüsten können. Wie dem aber auch sei, so zeigt sich doch, daß die Sache ihre Richtigkeit hat, und daß immer nach solchen Erscheinungen den Ländern außerordentliche und unerwartete Unfälle zustoßen.

57.

Versammelt ist das Volk mutig, einzeln schwach.

Nach der Zerstörung Roms durch die Gallier waren viele Römer gegen den Befehl des Senates nach Veji gezogen. Dieser Unordnung zu steuern, erließ der Senat ein Edikt, ein jeder solle nach Verlauf einer gewissen Zeit bei Strafe wieder nach Rom zurückkehren. Als das Edikt den in Veji wohnenden Römern vorgelesen wurde, spotteten sie darüber, als aber die festgesetzte Zeit herankam, gehorchten alle. Livius bedient sich bei dieser Gelegenheit folgender Worte: *ex ferocibus universis, singuli, metu suo, obedientes fuere*[1]. In der Tat läßt sich die Natur der Menge in dieser Hinsicht nicht besser beschreiben. Die Menge ist oftmals kühn im Sprechen gegen die Beschlüsse ihres Fürsten, zeigt sich aber die Strafe vor Augen, so traut keiner dem andern, und ein jeder beeilt sich zu gehorchen. Was daher das Volk über seine gute oder schlimme Stimmung sagt, ist nicht hoch anzuschlagen, wenn du dich in der Verfassung befindest, es in Ordnung zu halten, wenn es gut gestimmt ist, und wenn es schlimm gestimmt ist, solche Vorkehrungen zu treffen, daß es dich nicht verletzen kann. Unter einer schlimmen Stimmung des Volkes ist hier eine solche zu verstehen, welche aus jeder anderen Ursache, als dem Verlust der Freiheit oder eines geliebten Fürsten, der noch lebt, herrührt; denn die Unzufriedenheit, welche aus letztgenannten Ursachen entspringt, ist mehr als alles andere furchtbar, und es bedarf der gewaltsamsten Mittel, um sie im Zaume zu halten. Jede andere Art von Mißvergnügen ist unbedeutend, wenn das Volk keine Führer hat; denn wenn es auf der einen Seite nichts Furchtbareres gibt, als eine empörte Menge ohne Haupt, so gibt es, auf der anderen Seite, nichts Schwächeres. Hat sie auch die Waffen ergriffen, so wirst du sie doch leicht zur Ordnung bringen, wenn du nur einen Zufluchtsort hast, um ihrem ersten Anfall auszuweichen; denn wenn die Gemüter ein wenig abgekühlt sind und ein jeder nach Hause zu seinem Weibe zurückkehren muß, so fängt er an, für seine Person zu fürchten, und ist entweder durch Flucht oder Unterwerfung auf seine Sicherheit bedacht.

Eine zusammengerottete Menge, welche diesen Gefahren entgehen will, muß daher sogleich aus ihrer Mitte ein Haupt ernennen, welches sie leitet, zusammenhält und auf ihre Sicherheit bedacht ist, wie das Volk von Rom tat, als es nach dem Tode

[1] Sie, die in ihrer Gesamtheit trotzig gewesen waren, wurden einzeln, jeder aus Furcht für sich, gehorsam.

der Virginia auszog und, um sich zu sichern, zwanzig Tribunen aus seiner Mitte erwählte. Wird dies unterlassen, so wird es immer so kommen, wie Livius in den oben angeführten Worten sagt, daß alle vereint mutig sind, jeder Einzelne aber, wenn er seine Gefahr überlegt, feig und schwach wird.

58.

Die Menge ist weiser und beständiger als die Fürsten.

Daß es nichts Eitleres und Unbeständigeres gebe als die Menge, behaupten sowohl unser Livius als alle anderen Geschichtschreiber. Häufig liest man in den Jahrbüchern der Geschichte, daß die Menge einen Mann zum Tode verurteilt und später denselben Mann beklagt und höchlich zurückwünscht, wie zum Beispiel das römische Volk den Manlius Capitolinus zum Tod verdammte und ihn zu spät wieder zurückersehnte. Die Worte des Autors sind folgende: *Populum brevi, posteaquam ab eo periculum nullum erat, desiderium ejus tenuit*[1]. An einem anderen Orte, wo er erzählt, was sich nach dem Tode des Hieronymus, des Neffen Hieros, zutrug, sagt er: *haec natura multitudinis est, aut humiliter servit, aut superbe dominatur*[2].

Ich weiß nicht, ob ich mir nicht eine harte und so schwierige Aufgabe setze, daß ich sie entweder zu meiner Schande aufgeben oder mir durch ihre Lösung Vorwürfe zuziehen muß, die Aufgabe nämlich, eine Sache zu verteidigen, die von allen Schriftstellern angeklagt worden ist. Allein wie dem auch sein mag, so habe ich doch nie geglaubt und werde nie glauben, daß es ein Unrecht sei, irgendeine Meinung mit den sich bietenden Gründen zu verteidigen, ohne Autorität oder Zwang dazu brauchen zu wollen. Kommen wir zur Sache.

Jener Fehler, welchen die Schriftsteller der Menge zur Last legen, kann allen Menschen im einzelnen und besonders den

[1] Bald darauf ist in dem Volke, nachdem es nichts mehr von ihm zu fürchten hatte, Sehnsucht nach ihm erwacht.

[2] Dies ist die Natur der Menge, sie dient niederträchtig oder herrscht übermütig.

Fürsten zur Last gelegt werden. Jeder, der nicht durch die Gesetze gezügelt ist, wird sich dieselben Vergehen zuschulden kommen lassen, wie die entfesselte Menge. Leicht läßt sich dies einsehen; denn es gibt und gab viele Fürsten, aber nur wenig gute und weise; ich sage Fürsten, welche den hemmenden Zügel zerreißen konnten. Hierzu gehören nicht die Könige Ägyptens, als dies Land im grauen Altertum durch die Gesetze beherrscht wurde, noch die spartanischen Könige, noch in unserer Zeit die Könige Frankreichs, welche mehr durch die Gesetze beschränkt sind als irgendein anderer uns bekannter Fürst. Könige, welche mit solchen Konstitutionen regieren müssen, sind nicht zu den Fürsten zu zählen, bei welchen man die Natur des Menschen an sich untersuchen und sehen kann, ob sie der des Volkes gleich ist. Mit ihnen muß man eine gleichfalls durch die Gesetze geregelte Menge vergleichen. Wir werden dann in ihr dieselbe Tugend finden, die wir bei jenen sehen, und sie wird weder übermütig herrschen, noch niederträchtig dienen.

So diente das römische Volk, solange die Sitten der Republik rein waren, niemals niederträchtig, noch herrschte es übermütig, sondern es behauptete durch seine Institutionen und Magistrate seinen Rang auf eine ehrenvolle Weise. War es nötig, gegen einen Mächtigen aufzustehen, so geschah es, wie gegen Manlius, gegen die Dezemvirn und andere, die es zu unterdrücken strebten. War es nötig, den Diktatoren, den Konsuln zum allgemeinen Heile zu gehorchen, so geschah es. Wünschte aber das römische Volk den toten Manlius Capitolinus zurück, so liegt hierin nichts Wunderbares; denn es wünschte seine Tugenden zurück, die so groß waren, daß die Erinnerung daran bei einem jeden Mitleiden erregte und auch wohl dieselbe Wirkung auf einen Fürsten hervorgebracht haben würde. Denn alle Schriftsteller stimmen darin überein, daß man die Tugend selbst am Feinde lobt und bewundert. Wäre aber Manlius, während dieser Sehnsucht nach ihm, wieder auferstanden, so würde das römische Volk dasselbe Urteil über ihn gefällt haben wie damals, als es ihn aus dem Gefängnis zog und zum Tod verdammte. Allein auch bei für weise gehaltenen Fürsten kommt dieselbe Erscheinung vor, daß sie eine Person hinrichten ließen und dann auf das heftigste zurückwünschten, wie Alexander den Clitus und andere seiner Freunde und Herodes die Mariamne.

Was jedoch unser Geschichtschreiber von der Menge sagt, bezieht sich nicht auf eine durch die Gesetze geregelte, wie die syracusanische, die Verbrechen beging, wie sie wütende, fessellose Menschen begehen, wie Alexander der Große und Herodes in den angeführten Fällen.

Die Natur der Menge ist daher nicht verdammungswürdiger als die der Fürsten, weil beide in gleichem Maße sündigen, wenn sie ohne Scheu sündigen können. Hierfür sprechen, außer den angeführten, viele Handlungen der römischen Kaiser und der anderen Tyrannen und Fürsten, bei welchen man eine größere Unbeständigkeit und größeren Wechsel des Betragens sieht, als man je bei irgendeiner Menge finden wird.

Ich widerspreche daher dem allgemeinen Glauben, die Völker, wenn sie Fürsten sind, seien unbeständig, veränderlich und undankbar, und behaupte, daß diese Gebrechen nicht anders bei ihnen vorkommen, wie bei den einzelnen Fürsten. Würde jemand die Völker und die Fürsten zugleich anklagen, so könnte er wohl das Wahre getroffen haben, nimmt er hingegen die Fürsten aus, so irrt er. Ein Volk, das herrscht und wohlgeordnet ist, wird beständig, klug und dankbar sein, nicht weniger als ein Fürst oder mehr als ein Fürst, würde er auch für weise geachtet; und auf der anderen Seite wird ein nicht an die Gesetze gebundener Fürst in höherem Maße undankbar, veränderlich und unklug sein als ein Volk. Die Verschiedenheit ihrer Handlungsweise rührt nicht aus der Verschiedenheit ihrer Natur her, denn diese ist bei allen dieselbe, und überwiegt das Gute auf einer Seite, so ist es beim Volk; sondern sie hängt davon ab, ob Volk oder Fürst mehr oder weniger Scheu vor den Gesetzen haben, unter denen sie leben.

Das römische Volk war vierhundert Jahre lang der Feind des Königtums, es liebte den Ruhm und das öffentliche Wohl des Vaterlandes über alles. Eine Menge Handlungen bezeugen sowohl die eine als die andere Tatsache. Wollte man mir die Undankbarkeit gegen Scipio einwenden, so antworte ich, was ich schon oben ausführlich über diesen Gegenstand gesagt habe, als ich bewies, daß die Völker weniger undankbar sind als die Fürsten.

Was die Klugheit und Beständigkeit anbelangt, so sage ich, daß ein Volk klüger und beständiger ist und ein richtigeres Urteil hat als ein Fürst. Nicht ohne Grund vergleicht man die Stimme des Volkes mit der Stimme Gottes. Die öffentliche Meinung prophezeit so wunderbar richtig, was geschehen wird, daß es den Anschein hat, als sehe sie durch eine verborgene Eigenschaft ihr Wohl und Wehe voraus.

Was die richtige Beurteilung der Dinge betrifft, so sieht man äußerst selten, daß das Volk, wenn es zwei Redner von gleicher Kraft, die verschiedenen Parteien angehören, sprechen hört, nicht dem besseren Vorschlag folgt und die Wahrheit vom Scheine zu unterscheiden weiß. Irrt es auch, wenn ihm kühne, kraftvolle, nützlich scheinende Vorschläge gemacht werden, so irrt gleichfalls ein Fürst, durch seine eigenen Leidenschaften hingerissen, deren Zahl viel größer ist als beim Volke.

Ferner sieht man, daß das Volk bei Besetzung der Ämter eine viel bessere Wahl trifft als ein Fürst. Nie wird man ein Volk überreden können, einen verworfenen ehrlosen Menschen von verdorbenen Sitten zu einer Würde zu erheben, wozu sich ein Fürst leicht und auf tausenderlei Wegen überreden läßt.

Man sieht, daß ein Volk vor einer Sache einen Abscheu faßt und viele Jahrhunderte hindurch dieselbe Gesinnung bewahrt, was man nicht bei Fürsten sieht.

Für die beiden letztgenannten Vorzüge des Volkes legt das römische Volk hinreichendes Zeugnis ab, das während so vieler Jahrhunderte, bei so vielen Konsul- und Tribunenwahlen nicht vier Ernennungen zu bereuen hatte. Und so heftig haßte es den königlichen Namen, daß kein früheres Verdienst einen Bürger, der nach der Krone strebte, vor der verdienten Strafe retten konnte.

Ferner zeigt die Erfahrung, daß Städte, wo die Völker Fürsten sind, in kürzester Zeit ausnehmende Fortschritte machen, viel mehr als solche Staaten, die immer unter einem Fürsten gelebt haben. So Rom nach der Vertreibung der Könige, und Athen, nachdem es sich von Pisistratus befreit hatte. Dies kann seinen Grund in nichts anderem haben als darin, daß die Völker besser regieren als die Fürsten. Man halte mir nicht die Worte des Geschichtschreibers entgegen, die er im angeführten Texte oder an irgendeiner anderen Stelle braucht; denn wenn man alle Unordnungen der Völker und alle Unordnungen der Fürsten, allen Ruhm der Völker und allen Ruhm der Fürsten untersuchen will, so wird man die Völker an Tugend und Ruhm bei weitem überlegen finden. Sind auch die Fürsten in Einführung von Gesetzen, Gründung von Staatsverfassungen, Anordnung von Statuten und Institutionen den Völkern überlegen, so sind diese wiederum in der Erhaltung des Eingeführten so sehr überlegen, daß sie ohne Zweifel zum Ruhme der Gründer beitragen.

Um aber den Inhalt dieser Betrachtungen noch einmal kurz zu wiederholen, sage ich: Lange haben die monarchischen Staaten gedauert, lange die republikanischen, und beide mußten durch Gesetze geregelt werden; denn ein Fürst, der tun kann, was er will, ist unsinnig, ein Volk, das tun kann, was es will, ist nicht weise. Betrachtet man beide in gesetzlosem Zustand, so wird man beim Volke weniger, kleinere und leichter zu bessernde Fehler finden als beim Fürsten. Zu einem zügellosen aufrührerischen Volke kann ein wohlmeinender Mann sprechen und es leicht wieder auf den rechten Weg führen; zu einem schlechten Fürsten kann niemand reden, gegen ihn gibt es kein Mittel als das Eisen. Hieraus läßt sich auf die Größe der Krankheit beider schließen. Wenn zur Heilung der Krankheit des Volkes Worte hinreichen und zur Heilung der Krankheit des Fürsten Eisen nötig ist, so wird jeder urteilen müssen, daß, wo es heftigerer Kur bedarf, auch größere Fehler seien. Ist auch ein Volk entfesselt, so fürchtet man doch nicht die Torheiten, die es begeht, noch das gegenwärtige Übel, sondern das Übel, das daraus entstehen kann, da aus so großer Verwirrung ein Tyrann hervorgehen könnte. Bei dem schlechten Fürsten hingegen ist es umgekehrt: man fürchtet das gegenwärtige Übel und hofft auf die Zukunft, da sich die Menschen einreden, aus seinem sinnlosen Betragen könne die Freiheit hervorgehen. So seht ihr den

Unterschied zwischen beiden, der so groß ist wie der Unterschied zwischen der Gegenwart und der Zukunft. Die Grausamkeiten des Volkes sind gegen die gerichtet, von denen es fürchtet, sie möchten sich des öffentlichen Gutes bemächtigen, die Grausamkeiten des Fürsten gegen die, von denen er fürchtet, sie möchten sich seines eigenen Gutes bemächtigen.

Allein die ungünstige Meinung gegen die Völker entsteht daraus, daß jeder von ihnen frei und ohne Scheu Übles reden kann, auch während sie regieren, von den Fürsten hingegen immer voll Furcht und mit tausend Rücksichten gesprochen wird. Da mich aber der Gegenstand darauf führt, so wird es am rechten Orte sein, wenn ich im folgenden Kapitel erörtere, auf welche Bündnisse man sich mehr verlassen könne, auf die mit einer Republik oder auf die mit einem Fürsten geschlossenen.

59.

Auf welche Bündnisse oder Allianzen man sich mehr verlassen könne, auf die mit einer Republik oder auf die mit einem Fürsten.

Da es jeden Tag vorkommt, daß ein Fürst mit dem andern oder eine Republik mit der andern Bündnis und Freundschaft schließt, und gleichfalls zwischen einer Republik und einem Fürsten Bündnisse und Verträge eingegangen werden, so will ich untersuchen, welche Treue beständiger ist und auf welche man mehr zählen kann, auf die Treue einer Republik oder eines Fürsten. Alles genau erwägend, scheinen mir in vielen Fällen beide gleich, in einigen ungleich zu sein.

Ich glaube, daß erzwungene Verträge weder von einem Fürsten, noch von einer Republik gehalten werden; ich glaube, daß, wenn die Furcht kommt, der Staat könne zugrunde gehen, beide, um sich zu retten, dir die Treue brechen und undankbar sein werden. Demetrius, mit dem Beinamen der Städteeroberer, hatte den Athenern unzählige Wohltaten erzeigt; als er hierauf von seinen Feinden geschlagen wurde und sich nach Athen, als in eine befreundete Stadt, die ihm Dank schuldig war, flüchten wollte, ward er nicht aufgenommen, was ihn viel mehr schmerzte als der Verlust der Schlacht und seines Heeres. Nachdem Pompejus von Cäsar in Thessalien geschlagen worden war, suchte er in Ägypten bei Ptolomäus, den er früher wieder in sein Reich eingesetzt hatte, einen Zufluchtsort und wurde von ihm ermordet. Man sieht, daß beide Handlungen dieselben Beweggründe hatten, doch war bei der Republik die Menschlichkeit größer und die Unbill kleiner als beim Fürsten.

Wo also die Furcht herrscht, wird man in der Tat dieselbe Treue finden. Sollte sich aber auch eine Republik oder ein Fürst finden, der, um dir treu zu bleiben, den Untergang abwartete, so kann dies gleichfalls ähnliche Beweggründe haben. Was den Fürsten betrifft, so kann es sich gar wohl ereignen, daß er der Verbündete eines mächtigen Herrschers ist, der zwar jetzt nicht imstande ist, ihn zu verteidigen, von dem er aber mit der Zeit wieder in sein Fürstentum eingesetzt zu werden hoffen kann; oder besser, dem er immer als Anhänger gefolgt war, so daß er glaubt, er werde bei dem Feinde desselben weder Treue finden noch überhaupt Verträge mit diesem Feinde abschließen können.

In diesem Falle waren jene Fürsten des Königreiches Neapel, welche die Partei der Franzosen ergriffen hatten. Von Republiken befanden sich in dieser Lage Sagunt in Spanien, das seinen Untergang abwartete, weil es die Partei der Römer, und Florenz im Jahre 1512, weil es die Partei der Franzosen ergriffen hatte. Alles gehörig in Betracht gezogen, glaube ich jedoch, daß man in solchen Fällen, wo dringende Gefahr ist, bei den Republiken etwas mehr Beständigkeit findet als bei den Fürsten; denn gesetzt auch, die Republiken hätten dieselbe Gesinnung und denselben Willen wie ein Fürst, so wird doch der langsamere Gang der Staatsmaschine bewirken, daß sie immer mehr Zeit brauchen, sich zu entschließen als ein Fürst, und daher auch mehr Zeit brauchen, dir die Treue zu brechen.

Die Bündnisse werden aus Nützlichkeitsgründen gebrochen. Hierin beobachten die Republiken bei weitem mehr die Verträge als die Fürsten. Es ließen sich Beispiele anführen, wo ein ganz geringer Vorteil einen Fürsten bewogen hat, die Treue zu brechen, und wo der größte Nutzen eine Republik nicht zur

Brechung der Treue bewegen konnte. So der Vorschlag des Themistokles, der in der Volksversammlung sagte, er habe einen Plan, woraus dem Vaterland großer Nutzen entspringen könne, allein, um ihn nicht zu vereiteln, könne er ihn nicht aussprechen, denn wenn er ihn entdeckte, wäre die Ausführung nicht mehr möglich. Das Volk von Athen wählte Aristides, dem die Sache mitgeteilt werden sollte und nach dessen Bericht es dann einen Beschluß fassen wollte. Themistokles zeigte ihm, daß die Flotte von ganz Griechenland, die zwar der Treue der Athener anvertraut war, so an der Küste liege, daß sie leicht erobert oder zerstört werden könnte, was Athen zum dominierenden Staate in Griechenland machen würde. Aristides berichtete dem Volke, der Vorschlag des Themistokles sei äußerst nützlich, aber äußerst schändlich, weshalb ihn das Volk durchaus verwarf. Nicht dasselbe hätten Philipp von Macedonien und die anderen Fürsten getan, die mehr durch Treubruch zu gewinnen strebten und gewannen, als durch irgendein anderes Mittel.

Vom Brechen der Verträge infolge Nichtbeobachtung derselben spreche ich hier nicht, weil dies eine gewöhnliche Sache ist; ich spreche von Verträgen, die aus außergewöhnlichen Ursachengebrochen werden, und glaube aus den angeführten Gründen, daß sich hierin die Völker geringeres Unrecht zuschulden kommen lassen als die Fürsten, und daß man sich deshalb mehr auf sie verlassen kann als auf die Fürsten.

60.

Wie das Konsulat und jede andere Würde in Rom ohne Rücksicht auf das Alter erteilt wurde.

Man sieht aus dem Verlauf der Geschichte, daß die römische Republik, nachdem die Plebejer Teil an dem Konsulate erhalten hatten, diese Würde ihren Bürgern ohne Unterschied des Alters und der Geburt gewährte, und daß eine Rücksicht auf das Alter überhaupt niemals in Rom in Frage kam, sondern daß man immer nur das Verdienst aufsuchte, fand man es nun bei einem Jüngling oder Greise. Ein Beweis dafür ist Valerius Corvinus, der im dreiundzwanzigsten Jahre zum Konsul ernannt wurde und in einer Rede an seine Soldaten sich der Worte bediente: das Konsulat sei *praemium virtutis non sanguinis*[1)].

Ob diese Sache wohl erwogen war oder nicht, hierüber läßt sich viel für und gegen sagen. Was die Geburt betrifft, wurde aus Notwendigkeit nachgegeben. Die Notwendigkeit aber, die in Rom wirksam war, wird in jeder Republik wirksam sein, die Roms Erfolge haben will, wie wir schon früher sagten; denn ohne Belohnung kann man den Menschen nicht Mühe und Arbeit auferlegen, und nicht ohne Gefahr benimmt man ihnen die Hoffnung, diese Belohnung zu erlangen. Bald mußte man daher dem Volke die Hoffnung geben, das Konsulat zu erhalten, und einige Zeit ließ es sich mit dieser Hoffnung hinhalten. Später reichte die Hoffnung nicht mehr hin, und man mußte zur Verwirklichung kommen. Eine Stadt, welche sich des Volkes nicht zu ruhmwürdigen Dingen bedient, kann nach Belieben mit ihm verfahren, wie an einem anderen Orte gezeigt ist; eine Stadt aber, die ausführen will, was Rom tat, darf keinen Unterschied machen.

Angenommen, man wolle das letztere, so läßt sich ein Unterschied der Jahre nicht verteidigen, ja er muß notwendigerweise außer acht gelassen werden; denn der Erwählung eines Jünglings zu einem Amte, das die Klugheit eines Greises erfordert, muß, wenn ihn die Menge zu erwählen hat, notwendigerweise eine ganz vortreffliche Handlung vorausgehen, die ihn dieses Amtes würdig macht. Besitzt nun ein Jüngling soviel Talent und Tapferkeit, daß er sich durch eine ausgezeichnete Tat bekannt gemacht hat, so würde es sehr nachteilig für die Republik sein, wenn sie sich seiner nicht bedienen könnte und warten müßte, bis er gealtert und mit ihm jene Energie, jene Raschheit, woraus das Vaterland Nutzen ziehen konnte. So bediente sich Rom des Valerius Corvinus, des Scipio, des Pompejus und vieler anderer, die im ersten Jünglingsalter triumphierten.

[1)] Preis der Tapferkeit, nicht der Geburt.

Der Betrachtungen zweites Buch

Die Menschen loben immer (aber nicht immer mit Recht) die alten Zeiten und klagen die gegenwärtigen an. Sie sind so sehr für die Vergangenheit eingenommen, daß sie nicht allein die Zustände preisen, welche sie durch die Überlieferungen der Schriftsteller kennen, sondern auch jene, welche sie, alt geworden, in ihren Jugendjahren gesehen zu haben sich erinnern.

Wenn diese Meinung irrig ist, und sie ist es meistens, so treffen, nach meiner Überzeugung, mehrere Ursachen zusammen, welche zu diesem Irrtum Anlaß geben.

Die erste, glaube ich, ist, daß man von den Begebenheiten der Vorzeit nicht ganz die Wahrheit erfährt, sondern daß größtenteils verheimlicht wird, was diesen Zeiten Schande bringen könnte, und daß in prächtiger Fülle dargestellt wird, was ihren Ruhm zu erhöhen vermag.

Die meisten Schriftsteller gehorchen dem Glücke des Siegers so sehr, daß sie, um seine Siege ruhmvoll zu machen, nicht nur seine eigenen tapferen Taten vergrößern, sondern auch die Handlungen der Feinde so sehr preisen, daß, wer später in einem der beiden Länder, im siegreichen oder besiegten, geboren wird, jene Menschen und jene Zeiten anzustaunen Ursache hat und sie aufs höchste zu loben und zu lieben gezwungen ist.

Überdies, da der Haß aus Furcht oder aus Neid entsteht, so verschwinden bei vergangenen Dingen zwei der mächtigsten Ursachen des Hasses, denn sie können weder verletzen noch Neid erregen.

Das Gegenteil tritt bei den Dingen ein, in denen man wirkt oder die man sieht. Durch die vollkommene Kenntnis, die man von ihnen hat, dadurch, daß uns kein Teil derselben verborgen bleibt, daß wir an ihnen neben dem Guten vieles andere kennen, das mißfällt, sind wir gezwungen, sie den alten weit unterzuordnen, wenngleich die Gegenwart in Wahrheit weit mehr Lob und Ruhm verdienen sollte.

Dies ist nicht auf Gegenstände der Künste anwendbar, welche so deutlich für sich selbst sprechen, daß die Zeit wenig zu dem Ruhm hinzufügen oder davon nehmen kann, den sie an sich selbst verdienen, sondern auf solche, die sich auf das Leben und die Sitten der Menschen beziehen, von denen man keine so sichtbaren Zeugnisse erblickt.

Ich setze hinzu, daß es mit dieser Gewohnheit, zu loben und zu tadeln, seine Richtigkeit hat, daß es aber nicht immer richtig ist, daß man irrt, wenn man es tut.

Notwendigerweise muß man manchmal die Wahrheit treffen; denn die menschlichen Dinge sind immer in Bewegung und steigen oder sinken. Eine Stadt oder ein Land, das von einem ausgezeichneten Manne zum politischen Leben geordnet wurde, sieht man eine Zeitlang durch das Verdienst seines Gesetzgebers immer zum Besseren fortschreiten. Wer in einem solchen Lande geboren wird und die alte Zeit mehr lobt als die neue, täuscht sich, und seine Täuschung entsteht aus den obengenannten Ursachen. Wird man aber zu einer Zeit geboren, wo die Glanzperiode dieses Landes vorüber ist und es immer tiefer herabsinkt, dann täuscht man sich nicht.

Mit diesem Sinken und Steigen hat es folgende Bewandtnis: Die Welt war stets dieselbe. Es gab darauf immer soviel Gutes als Böses, allein dieses Böse und dieses Gute wechselte von Land zu Land. So wissen wir, daß die alten Reiche durch den Wechsel der Sitten von einem Land aufs andere übergingen. Die Welt jedoch blieb mit dem einzigen Unterschied dieselbe, daß, wenn sie zuerst ihre Tugend nach Assyrien gepflanzt hatte, sie nachher Medien, dann Persien ausersah, bis sie endlich Italien und Rom erwählte. Folgte der römischen Weltherrschaft keine dauernde Universalmonarchie, worin die Tugend des Menschengeschlechts vereinigt war, so zeigt sich doch diese bei vielen kräftigen Nationen zerstreut. So waren das Reich der Franken, der Türken, des ägyptischen Sultans, heute die Völker Deutschlands und früher die sarazenischen Stämme, Mahomets Anhänger, die so große Dinge ausführten und so viele Länder eroberten, bis sie endlich das oströmische Reich zerstörten.

In allen diesen Ländern und Sekten fand man nach dem Verfall des römischen Reiches jene ersehnte, mit gerechtem Lobe gepriesene Tugend, und zum Teil findet man sie dort noch jetzt. Wer in diesen Ländern geboren ist und die Vergangenheit über die Gegenwart erhebt, mag sich irren; wer aber Italien oder Griechenland sein Vaterland nennt und nicht in Italien Ultramontaner, in Griechenland Türke geworden ist, hat wohl Ursache, seine Zeit zu tadeln und die Vorzeit zu loben. Die frühere Geschichte muß ihn mit Staunen und Verwunderung erfüllen; heute findet er nichts, was das äußerste Elend, Schmach und Verachtung ausgliche, heute, wo weder Religion noch Gesetze beobachtet werden, kein Kriegswesen besteht, alles im Schmutze versunken ist und tierische Laster die Sitten beflecken, Laster, um so verabscheuungswürdiger, als sie bei denen am häufigsten sind, die *pro tribunali* sitzen, einem jeden befehlen und angebetet sein wollen. Kehren wir aber zu unserem Gegenstand zurück.

Wenn auch bei Vergleichung des gegenwärtigen Jahrhunderts mit den vergangenen das Urteil der Menschen in denjenigen Dingen irrig ist, von denen man infolge ihres Alters keine vollkommene Kenntnis haben kann, so sollten doch, könnte man sagen, wenigstens die alten Leute die Zeiten ihrer Jugend und ihres Alters richtig beurteilen, da sie sowohl die einen wie die anderen gesehen haben und kennen. Dies wäre nun allerdings richtig, wenn der Mensch in jedem Lebensalter dasselbe Urteil und dieselben Neigungen behielte. Da sich aber diese verändern, so können ihm die Zeiten, obgleich sie unverändert bleiben, nicht als dieselben erscheinen, weil er andere Gelüste, andere Neigungen, andere Ansichten im Alter hat als in der Jugend. Alternd nimmt der Mensch an Kräften ab, an richtigem Urteil und an Klugheit zu; es müssen ihm daher die nämlichen Dinge, welche ihm in der Jugend ganz erträglich und gut schienen, im Alter unerträglich und schlecht scheinen, und während er demnach sein Urteil anklagen sollte, schiebt er die Schuld auf die Zeiten. Da überdies die menschlichen Wünsche unersättlich sind, weil uns die Natur alles zu begehren erlaubt und antreibt, das Geschick aber nur wenig zu erreichen gestattet, so entsteht daraus eine immerwährende Unzufriedenheit im menschlichen Gemüte und ein Überdruß der Dinge, welche man besitzt. So wird die Gegenwart getadelt, die Vergangenheit gelobt und die

Zukunft herbeigewünscht, wenn man auch keine vernünftige Ursache dazu hat.

Ich weiß daher nicht, ob ich zu denen, die sich irren, gerechnet zu werden verdiene, wenn ich in diesen meinen Betrachtungen die alte Römerzeit lobe und die unserige tadle. In der Tat, wäre die damals herrschende Tugend und das jetzt herrschende Laster nicht klarer als der Tag, so würde ich zurückhaltender sein, ich würde fürchten, in den Irrtum zu verfallen, dessen ich andere beschuldige. Da aber die Sache so offenbar ist, daß sie jeder sieht, so werde ich mich offen und ohne Scheu darüber aussprechen, was ich von jenen und von diesen Zeiten halte, damit die Jünglinge, die meine Schriften lesen, diese fliehen und sich vorbereiten, jene nachzuahmen, sobald ihnen das Schicksal die Gelegenheit darbietet. Es ist die Pflicht eines tugendhaften Mannes, das Gute, das er durch die Tücke der Zeiten und des Geschickes nicht selbst ausführen konnte, andere zu lehren, damit es aus den vielen Fähigen einer, den der Himmel mehr begünstigt, ins Werk setzen könne.

Im vorigen Buche habe ich von den inneren Angelegenheiten der römischen Republik gesprochen, in diesem Buche werde ich über die Art und Weise Betrachtungen anstellen, wie das römische Volk seine Herrschaft ausdehnte.

1.

Was mehr Ursache der Größe des Reiches war, das sich die Römer eroberten, Tapferkeit oder Glück.

Viele Schriftsteller, worunter der gewichtige Plutarch, sind der Meinung, daß die Römer bei Eroberung ihres Reiches mehr vom Glücke begünstigt worden seien, als daß ihre Tapferkeit die Ursache ihrer Größe gewesen sei. Unter anderen Gründen führt er an, das römische Volk habe selbst alle seine Siege als Geschenke des Glückes anerkannt, da es der Fortuna mehr Tempel als irgendeiner anderen Gottheit gebaut habe. Auch Livius scheint sich dieser Meinung anzuschließen; denn selten läßt er einen Römer in einer Rede von der Tapferkeit sprechen, ohne ihr das Glück beizugesellen.

Ich meinesteils kann dieser Meinung durchaus nicht beistimmen und glaube auch nicht, daß sie haltbar ist. Wenn es niemals eine Republik gegeben hatte, die Roms Fortschritte machte, so kam dies daher, daß niemals eine Republik eine solche Verfassung hatte, daß sie Roms Eroberungen machen konnte. Es war die Tapferkeit seiner Heere, die ihm sein ausgedehntes Gebiet erkämpfte, und seine eigene von seinem ersten Gesetzgeber erfundene Staatskunst war es, die ihm die Eroberungen erhielt, wie unten ausführlich in mehreren Kapiteln gezeigt werden soll.

Jene Schriftsteller sagen, es sei Glück, nicht Tapferkeit des römischen Volkes gewesen, daß es niemals zwei bedeutende Kriege zu gleicher Zeit zu führen gehabt habe. Der Krieg nämlich mit den Latinern brach nicht eher aus, als bis die Römer die Samniter zwar noch nicht überwunden hatten, aber doch mit ihnen im Bündnis standen und den Krieg zu ihrer Verteidigung führten. Mit den Toskanern kämpften sie nicht eher, als bis sie die Latiner unterjocht und die Samniter durch viele Niederlagen fast gänzlich entnervt hatten.

Wären zwei von diesen Mächten noch ungeschwächt und frisch im Verein gegen Rom aufgetreten, so läßt sich ohne Zweifel annehmen, daß die Republik untergegangen wäre. Allein woher es auch kommen mag, niemals hatten die Römer zwei wichtige Kriege zugleich zu führen, ja es schien sogar, daß bei der Entstehung des einen der andere erlösche und bei Erlöschung des einen ein anderer entstehe. Es läßt sich dies aus der Folge ihrer Kriege leicht ersehen. Übergehen wir, was der Verbrennung Roms durch die Gallier vorausgeht, und beginnen wir mit dem folgenden Zeitraum. Im Kriege mit den Aequern und Volskern erhoben sich, solange diese Völker mächtig waren, nie andere Feinde. Nach ihrer Bezwingung brach der Krieg mit den Samnitern aus, und obgleich vor dem Ende dieses Krieges die Latiner sich gegen die Römer empörten, so geschah dies doch gerade in einem Zeitpunkt, da die Samniter mit Rom im Bündnis standen und mit ihrem Heere den Übermut der Latiner brechen halfen. Nach ihrer Unterwerfung fing der Krieg mit Samnium wieder an. Nachdem durch viele Niederlagen die Kraft der Samniter gebrochen war, entstand der Krieg mit den Toskanern, nach dessen Beilegung die Samniter, durch Pyrrhus' Landung in Italien ermutigt, von neuem aufstanden. Als dieser König geschlagen und nach Griechenland zurückgetrieben war, fing der erste Krieg mit Karthago an, der kaum beendigt war, als alle Gallier diesseits und jenseits der Alpen Roms Untergang beschlossen. Die Gallier wurden zwischen Popolonia und Pisa, wo heute Torre San Vincenti liegt, in blutiger Niederlage aufs Haupt geschlagen. Jetzt hatten die Römer zwanzig Jahre lang nur unbedeutende Kriege; denn sie kämpften nur mit den Liguriern und mit den Überbleibseln der Gallier in der Lombardei. So blieb es bis zum Ausbruch des zweiten punischen Krieges, der sechzehn Jahre lang Italien verheerte. Nach ruhmgekrönter Beendigung dieses Krieges entstand der macedonische, nach dessen Ende der mit Antiochus und Asien. Nachdem auch dieser Krieg siegreich beendigt worden war, blieb in der ganzen Welt weder Fürst noch Republik, die allein oder vereint der römischen Macht widerstehen konnten.

Betrachtet man die Kriege vor diesem letzten Sieg und die ganze Verfahrungsart der Römer, so wird man mit dem Glücke die größte Tapferkeit und Klugheit vereint sehen. Sucht man daher die Ursache dieses Glückes auf, so wird man sie leicht finden; denn folgendes steht vollkommen fest: Wenn ein Fürst oder ein Volk zu solchem Ansehen gelangen, daß sich jedes benachbarte Volk oder Fürst es für sich allein anzugreifen scheut und sich vor ihm fürchtet, so wird man immer sehen, daß es nie einer von ihnen angreift, wenn er nicht dazu genötigt ist; so daß jenes mächtige Volk sozusagen fast die Wahl hat, mit wem von seinen Nachbarn es Krieg führen will, während es die übrigen geschickt beruhigt. Diese werden teils aus Rücksicht auf seine Macht, teils hintergangen durch die Mittel, die es anwendet, um sie einzuschläfern, leicht beruhigt. Die anderen Mächte, die entfernter sind und in keine Berührung mit ihm kommen, betrachten diese Dinge als fern und sie nichts angehend. In diesem Irrtum verharren sie so lange, bis der Brand näher kommt, ist er aber gekommen, so bleibt ihnen kein

Mittel, ihn zu löschen, als die eigene Kraft, welche nicht mehr hinreicht, da die Gewalt des Feuers sehr groß geworden ist.

Ich will übergehen, wie die Samniter der Besiegung der Volsker und Aequer durch das römische Volk untätig zusahen, und werde, um nicht zu weitschweifig zu werden, nur Karthago anführen. Diese Republik war sehr mächtig und stand in großer Achtung, als die Römer mit den Samnitern und Toskanern kämpften. Sie besaß schon ganz Afrika, Sardinien und Sicilien und einen Teil Spaniens. Diese Macht und die Entfernung ihrer Grenzen vom römischen Volke war Ursache, daß die Karthager nie daran dachten, dieses anzugreifen, noch den Samnitern und Toskanern beizustehen; ja sie handelten, wie man es gewöhnlich tut gegenüber Dingen, die wachsen: sie begünstigten es eher noch, schlossen ein Bündnis und suchten seine Freundschaft. Nicht eher erkannten sie den gemachten Fehler, als bis die Römer alle zwischen sich und ihnen wohnenden Völker unterworfen hatten und ihnen die Herrschaft Siciliens und Spaniens streitig zu machen anfingen. Wie den Karthagern ging es den Galliern, ebenso dem König Philipp von Macedonien und Antiochus. Jeder von ihnen glaubte, während das römische Volk mit dem andern beschäftigt war, dieser andere werde es überwinden, und es sei noch Zeit, sich durch Frieden oder Krieg vor ihm zu schützen. Ich bin daher überzeugt, daß jeder Fürst, der wie Rom zu Werke ginge und dieselbe Tapferkeit besäße, auch in diesem Punkte Roms Glück haben würde.

Bei dieser Gelegenheit sollte ich zeigen, auf welche Weise die Römer in fremde Länder eindrangen, wenn ich diesen Gegenstand nicht schon in meinem Traktat vom Fürsten ausführlich abgehandelt hätte. Ich will daher nur kurz sagen, daß sie sich immer bestrebten, in den neuen Ländern einen Freund zu gewinnen, der als Stufe oder Pforte hineinzugelangen und später als Mittel der Erhaltung diente. So drangen sie mittels der Capuaner in Samnium ein, mittels der Camertiner in Toskana, der Mamertiner in Sicilien, der Sagunter in Spanien, des Masinissa in Afrika, der Aetolier in Griechenland, des Eumenes und anderer Fürsten in Asien, der Massilienser und Aeduer in Gallien. Niemals fehlten ihnen solche Stützen zu leichterer Eroberung oder Erhaltung der Länder. Völker, welche ebenso handeln, werden des Glückes weniger bedürfen als Völker, die es nie tun. Damit aber jeder deutlicher sehen möge, um wieviel mehr Anteil ihre Tapferkeit an der Eroberung ihres Gebietes hatte als ihr Glück, will ich im folgenden Kapitel zeigen, was für Völker es waren, mit denen die Römer zu kämpfen hatten, und wie hartnäckig diese Völker ihre Freiheit verteidigten.

2.

Mit was für Völkern die Römer zu kämpfen hatten, und wie hartnäckig diese Völker ihre Freiheit verteidigten.

Nichts erschwerte den Römern die Überwindung der Nachbarvölker und zum Teil auch der entfernteren Länder so sehr, als die Liebe zur Freiheit, welche diese Völker so hartnäckig verteidigten, daß sie nur durch eine ausnehmende Tapferkeit unterjocht werden konnten. Viele Beispiele zeigen uns, welchen Gefahren sie sich aussetzten, um ihre Unabhängigkeit zu erhalten oder wiederzuerringen, welche Rache sie an den Räubern ihrer Freiheit übten. Auch lehrt die Geschichte, welchen Schaden Völker und Städte durch die Knechtschaft erleiden. Während es jetzt nur ein Land gibt, von dem man sagen kann, daß es freie Städte enthält, fand man in der alten Zeit in allen Ländern viele sehr freie Völker. In der Zeit, von der wir jetzt reden, zählte man von den Alpen an, die Toskana von der Lombardei trennen, bis zur äußersten Spitze Italiens die Toskaner, Römer, Samniter und noch viele andere freie Völker. Man hört nicht, daß es jemals einen König dort gab außer denen Roms und Porsena, König von Toskana, über dessen Geschlecht und sein Erlöschen die Geschichte nichts sagt. Man findet jedoch, daß Toskana zur Zeit, als die Römer Veji belagerten, frei war und sich so sehr seiner Freiheit erfreute und den Namen eines Herrn haßte, daß es den Vejentern, die zu ihrer Verteidigung einen König ernannt hatten und jetzt um Hilfe gegen die Römer baten, nach vielen Beratungen eine abschlägige Antwort gab und ihnen nicht beizustehen beschloß, solange Veji unter einem König stünde. Sie waren der Meinung, es sei nicht gut, das Vaterland von Leuten zu verteidigen, die es schon selbst einem Herrn unterworfen hatten.

Man erkennt leicht, woraus bei den Völkern die Liebe zur Freiheit entspringt. Die Erfahrung zeigt, daß die Staaten immer nur an Gebiet und Reichtum zugenommen haben, solange sie frei waren. Es ist in der Tat staunenerregend, wenn man betrachtet, zu welcher Größe Athen in hundert Jahren anwuchs, nachdem es sich von der Tyrannei des Pisistratus befreit hatte. Das Wunderbarste von allem aber sind die Fortschritte Roms, nachdem es seine Könige verjagt hatte. Die Ursache dieser Erscheinung ist leicht zu begreifen. Nicht das Wohl der einzelnen, sondern das öffentliche Wohl macht die Staaten groß. Ohne Zweifel aber wird dies öffentliche Wohl nur in Freistaaten beachtet, denn alles, was zu seiner Beförderung beiträgt, wird dort ausgeführt, wenn es auch zum Schaden dieses oder jenes Privatmannes ausschlagen sollte. Es sind derer so viele, die dabei gewinnen, daß sie auch gegen die Neigung der wenigen zum Ziele schreiten können, welche darunter leiden. Das Gegenteil tritt ein, wenn ein Fürst da ist. Größtenteils schadet der Stadt, was ihm nützt, und was der Stadt nützt, schadet ihm. So daß, sobald eine Tyrannei auf die Freiheit folgt, das geringste Übel, was für die Stadt daraus hervorgeht, das ist, nicht mehr fortzuschreiten, nicht mehr an Macht und Reichtum zuzunehmen. Allein in den meisten Fällen, ja immer, geht sie rückwärts. Wollte auch das Geschick, daß sich ein tapferer Tyrann erhöhe, der durch Mut und Waffenruhm sein Gebiet vergrößerte, so würde daraus der Republik kein Nutzen entspringen, sondern ihm allein. Er kann den Verdienstvollen und Tugendhaften unter seinen Mitbürgern, die er unrechtmäßigerweise beherrscht, keine Staatsämter erteilen, wenn er nicht in stetem Argwohn und Mißtrauen gegen sie leben will. Er kann die Städte, die er erobert, nicht der Hauptstadt, deren Tyrann er ist, unterwerfen oder tributpflichtig machen; denn diese mächtig machen, liegt nicht in seinem Interesse, sondern sein Interesse fordert, daß er den Staat zersplittert erhalte, und daß jede Stadt und jede Provinz ihn allein als Herrn anerkenne. Auf diese Art nützen seine Eroberungen ihm allein und nicht seinem Vaterland. Will man dies durch eine Menge andere Gründe bestätigt haben, so lese man Xenophons Traktat über die Tyrannei.

Kein Wunder also, daß die alten Völker die Tyrannen mit so großem Hasse verfolgten, freie Verfassungen liebten und daß der Name der Freiheit von ihnen so hoch gehalten wurde. Als Hieronymus, Hieros Neffe, in Syracus getötet worden war und diese Nachricht seinem nicht weit entfernten Heere bekannt wurde, entstand anfänglich ein großer Aufruhr, und es ergriff die Waffen gegen seine Mörder; als es aber erfuhr, daß man in Syracus Freiheit rief, beruhigte es sich aus Freude über diesen Namen völlig, ließ den Zorn gegen die Tyrannenmörder fahren und war darauf bedacht, wie man der Stadt eine freie Verfassung geben könne.

Kein Wunder auch, daß die Völker grausame Rache üben an den Räubern ihrer Freiheit. Die Geschichte enthält davon viele Beispiele, wovon ich nur eins erzählen will. Zur Zeit des peloponnesischen Krieges war Griechenland in zwei Parteien geteilt, die athenische und die spartanische. So kam es, daß in vielen Städten, die im Innern gespalten waren, die eine Partei Sparta anhing, die andere Athen. Als nun in Corcyra, nachdem der Adel das Übergewicht erlangt und dem Volke die Freiheit geraubt hatte, dieses durch den Beistand der Athener von neuem die Oberhand gewann, bemächtigte es sich sämtlicher Edlen, schloß sie alle in ein enges großes Gefängnis ein und zog unter dem Vorwand, sie nach verschiedenen Orten ins Exil zu schicken, je acht oder zehn hervor, die es unter grausamen Martern hinrichten ließ.

Als dies die noch übrigen Edlen gewahr wurden, beschlossen sie, soviel in ihren Kräften stand, diesem schimpflichen Tode zu entgehen, bewaffneten sich so gut sie konnten und verteidigten den Eingang des Gefängnisses. Das Volk aber, durch den Lärm herbeigezogen, brachte den oberen Teil des Gebäudes zum Einsturz und begrub alle unter den Trümmern. Viele ähnliche grauenerregende und bemerkenswerte Fälle trugen sich in Griechenland zu, so daß man sieht, wie wahr es ist, daß der Raub der Freiheit viel blutiger gerächt wird als der Versuch, sie zu rauben.

Wenn ich bedenke, wo es herkommen könne, daß im Altertum die Völker die Freiheit mehr liebten als jetzt, so scheint mir dies aus derselben Ursache herzurühren, welche heute die Menschen weniger kraftvoll macht, ich meine die Verschiedenheit unserer und der ehemaligen Erziehung, welche in der Verschiedenheit unserer und der Religion der Vorzeit ihren Grund hat. Da uns nämlich unsere Religion die Wahrheit und den echten Weg des Heils lehrt, so läßt sie uns die Ehre der Welt weniger schätzen, während die Heiden diese sehr hoch schätzten, ihr höchstes Gut darein setzten und deshalb in ihren Handlungen mehr Kraft und Kühnheit zeigten. Man kann dies aus vielen ihrer Einrichtungen ersehen. Man vergleiche zum Beispiel die Pracht ihrer Opfer mit der Bescheidenheit der unserigen, welche zwar auch mit einigem mehr erlesenen als erhabenen Pompe gefeiert werden, wobei aber kein erschütternder krafteinflößender Akt vorkommt. Ihnen fehlte weder Pomp noch Erhabenheit der Zeremonien, allein es kamen noch blutige und grauenvolle Opfergebräuche hinzu, eine Menge von Tieren wurden geschlachtet, und die Menschen wurden diesem furchtbaren Schauspiele ähnlich.

Die Religion der Alten sprach ferner nur Männer, bedeckt mit weltlichem Ruhme, heilig, wie Feldherren und Häupter der Republiken. Unsere Religion hat mehr die demütigen und beschaulichen Menschen erhoben als die tatkräftigen. Sie hat das höchste Gut in Demut, Selbstverleugnung und Geringschätzung der weltlichen Dinge gesetzt; jene andere setzte es in Geistesgröße, Körperstärke und die übrigen Eigenschaften, welche im Menschen die höchste Kraft und Tapferkeit erzeugen. Verlangt unsere Religion, daß du stark seiest, so will sie dich mehr geschickt zum Dulden als zu kraftvoller Tat. Diese Denkungsart, scheint es, hat das Menschengeschlecht schwach gemacht und als Beute den Bösewichtern hingegeben, die sicher ihr Unwesen treiben können, da sie sehen, daß die große Mehrzahl, um ins Paradies einzugehen, mehr darauf bedacht ist, Unterdrückung zu dulden als zu rächen. Obgleich man aber deshalb glauben sollte, die Erde sei weibisch geworden und der Himmel habe keine Blitze mehr, so rührt doch zweifelsohne alles aus der Nichtswürdigkeit der Ausleger her, die unsere Religion dem Müßiggang gemäß gedeutet haben, nicht der Tapferkeit gemäß. Würden sie erwägen, daß sie die Erhöhung und Verteidigung des Vaterlandes erlaubt, so würden sie wohl begreifen, daß sie will, wir sollen es lieben und ehren und uns zu Männern heranbilden, die es zu verteidigen imstande sind. Unsere Erziehung also und die so falsche Auslegung unserer Religion bewirken, daß es nicht mehr so viele Republiken gibt als ehemals, und daß man deshalb nicht mehr soviel Liebe zur Freiheit bei den Völkern sieht als damals. Allein eher möchte ich glauben, die Ursache dieser Erscheinung sei die, daß das römische Reich durch seine Waffen und seine Größe alle Republiken und freien Verfassungen zerstörte. Hat sich nun zwar in der Folge dieses Reich aufgelöst, so konnten sich doch, mit Ausnahme sehr weniger Stellen desselben, die Städte und Völker noch nicht wieder vereinigen und sich noch nicht wieder freie Verfassungen geben.

Wie sich die Sache aber auch verhalten mag, so fänden die Römer auf einer jeden noch so kleinen Stelle der Erde einen Bund sehr waffengeübter Republiken, die ihre Freiheit auf das hartnäckigste verteidigten. Diese zu überwinden wäre dem römischen Volke ohne seltene, ganz ausgezeichnete Tapferkeit niemals gelungen. Ich will nur das Beispiel der Samniter anführen; es ist bewunderungswürdig. Selbst Livius gesteht, daß sie mächtig und ihre Waffen tüchtig genug waren, den Römern bis zur Zeit des Konsuls Papyrius Cursor, des Sohnes des ersten Papyrius, widerstehen zu können, das heißt während eines Zeitraumes von Jahren, nachdem sie so viele Niederlagen erlitten hatten, so viele ihrer Städte zerstört und ihr Land so häufig verwüstet worden war. Unser Staunen wächst, wenn wir dies Land, das einst so viele Städte, so viele Menschen zählte, jetzt fast unbewohnt sehen; und damals herrschte dort soviel Ordnung, es war so kräftig, daß es nur durch römische Tapferkeit überwunden werden konnte. Leicht jedoch läßt sich begreifen, woraus die damalige Ordnung entstand und wovon die jetzige Unordnung herrührt. Damals war es frei, jetzt lebt es in Knechtschaft. In der Tat machen alle Städte und Länder, die frei sind von innerer und äußerer Sklaverei, die größten Fortschritte. Hier sieht man eine größere Volksmenge, weil die Ehen freier und begehrenswerter sind. Jeder zeugt gern Söhne, wenn er sie glaubt erziehen zu können, da er nicht fürchten muß, sein Vermögen werde ihm genommen, wenn er weiß, daß sie ihm frei, nicht als Sklaven geboren werden, ja daß sie sich durch ihre Verdienste zu Führenden emporschwingen können. Hier vermehren sich die Reichtümer, die Früchte des Ackerbaues, der Künste und Handwerke in größerem Maße. Jeder vervielfacht gern seinen Besitz und sucht sich Güter zu erwerben, wenn er sich seines Erwerbs erfreuen zu können glaubt. Die Bürger wetteifern in Vermehrung des eigenen und öffentlichen Vermögens, und beides wächst zu erstaunlicher Größe heran. Das Gegenteil von alledem tritt in dienstbaren Ländern ein, und sie entbehren des gewohnten Wohlstandes um so mehr, je härter ihre Knechtschaft ist. Die härteste von allen harten Knechtschaften aber ist die, welche ein Land einer Republik unterwirft; denn einmal hat sie größere Dauer und erlaubt weniger Hoffnung, sich aus ihr zu befreien, zweitens liegt es im Interesse der Republiken, zur Vergrößerung ihres eigenen Körpers alle anderen Staatskörper zu entnerven und zu schwächen. Nicht dasselbe tut ein Fürst, der ein Land unterwirft, wenn er nicht ein Barbar, ein Verwüster der Länder und Zerstörer jeder bürgerlichen Gesellschaft ist, wie die orientalischen Fürsten. Hat er hingegen menschliche und gewöhnliche Gefühle, so liebt er größtenteils seine untergebenen Städte gleichmäßig und läßt ihnen alle Zünfte, Gewerbe und fast alle ihre alten Einrichtungen. Wenn sie so nicht als frei anwachsen können, so gehen sie doch auch nicht als dienstbar zugrunde. Ich verstehe hier unter Dienstbarkeit diejenige, welche Städte einer fremden Macht unterwirft, indem ich von der Dienstbarkeit unter einem ihrer Bürger schon früher gesprochen habe.

Erwägt man also alles, was ich gesagt habe, so wird man sich über die Macht der Samniter nicht wundern, solange sie frei waren, und über ihre Schwäche, als sie dienen mußten. Livius äußert sich hierüber an mehreren Orten, besonders im Kriege mit Hannibal, wo er erzählt, wie die Samniter, durch eine in

Nola stehende Legion bedrängt, Gesandte zu Hannibal schickten, ihn um Beistand zu bitten. In ihrer Rede bringen sie vor, sie hätten hundert Jahre lang mit ihren eigenen Soldaten und eigenen Feldherren gegen die Römer gekämpft und oftmals den Angriff zweier konsularischer Heere und zweier Konsuln ausgehalten, jetzt aber seien sie so weit herabgekommen, daß sie sich kaum gegen die kleine römische Legion zu Nola verteidigen könnten.

3.

Rom wurde dadurch eine mächtige Stadt, daß es die benachbarten Städte zerstörte und die Fremden leicht mit gleichen Rechten in sich aufnahm.

Crescit interea Roma Albae ruinis[1]. Wer haben will, daß eine Stadt zu einem großen Reiche anwachse, muß sich mit allem Fleiße bestreben, sie mit Einwohnern anzufüllen; denn ohne diesen Überfluß an Menschen wird es ihm nie gelingen, die Stadt groß zu machen. Dies geschieht auf zweierlei Art, mit Güte und durch Zwang. Mit Güte, wenn man den Fremden, welche die Stadt zu bewohnen wünschen, die Tore offen erhält und ihnen stets Sicherheit gewährt, damit ein jeder gerne da wohnt. Durch Zwang, wenn man die benachbarten Städte zerstört und die Einwohner nach der eigenen Stadt versetzt.

Rom befolgte diese Regel so gut, daß es zur Zeit seines sechsten Königs schon achtzigtausend waffenfähige Männer zählte. Die Römer wollten den geschickten Gärtner nachahmen. Damit ein Schößling wachse und Früchte trage, schneidet er die untersten Sprossen ab. So bleibt die Kraft in dem Stamm und treibt frischer und fruchtbarer.

Daß aber diese Weise sich zu vergrößern und seine Herrschaft auszudehnen notwendig und gut ist, zeigt das Beispiel Spartas und Athens. Diese beiden kriegerischen Republiken, die sich der besten Gesetze erfreuten, erreichten niemals die Größe

[1] Unterdes wächst Rom durch Albas Trümmer.

des römischen Reiches, während Rom aufrührerischer und nicht so gut eingerichtet schien als sie. Es läßt sich für diese Sache kein anderer Grund angeben, als der schon genannte; denn Rom hatte durch jene zwei Mittel seine Stadt so sehr vergrößert, daß es bis zu zweihundertachtzigtausend Mann ins Feld stellen konnte, während Sparta und Athen niemals mehr als zwanzigtausend ein jedes aufbieten konnten. Dies kam nicht daher, daß die Lage Roms fruchtbarer gewesen wäre als die jener Städte, sondern allein aus ihrem verschiedenen Verfahren. In Erwägung, daß seine Gesetze durch nichts leichter in Vergessenheit geraten konnten, als durch die Beimischung neuer Einwohner, tat Lycurgus, der Gründer der spartanischen Republik, alles, damit die Fremden nicht mit der Stadt in Berührung kamen.

Abgesehen davon, daß er sie nicht zu Ehen, zum Bürgerrecht und den anderen Verbindungen, die die Menschen miteinander schließen, zuließ, führte er auch in seiner Republik lederne Münzen ein, damit niemand Verlangen verspüre, Waren zu bringen oder dort irgendein Gewerbe zu treiben. So konnten die Einwohner der Stadt niemals zunehmen.

Da alles, was wir tun, eine Nachahmung der Natur ist; da es ihren Gesetzen widerspricht und daher unmöglich ist, daß ein dünner Stamm einen dicken Ast trägt, so kann auch eine kleine Republik nicht Städte und Reiche erobern, die stärker und volkreicher sind als sie. Sollte sie sie aber auch erobern, so geht es ihr wie einer Pappel, die einen dickeren Ast hätte als ihr Stamm ist. Sie trägt ihn mühsam, und der geringste Windstoß bricht ihn ab. So Sparta, nachdem es alle Städte Griechenlands unterworfen hatte. Kaum hatte sich Theben erhoben, so empörten sich gleichfalls alle übrigen Staaten, und der Stamm blieb leer ohne Äste. Nicht so konnte es Rom ergehen, welches einen so dicken Stamm hatte, daß er jeden Ast leicht tragen konnte.

Diese Art zu verfahren, im Verein mit den anderen, die wir unten zeigen werden, machte Rom groß und mächtig. Livius spricht es in zwei Worten aus, wenn er sagt: *Crescit interea Roma Albae ruinis.*

4.
Die Republiken vergrößern sich auf dreierlei Weise.

Man findet in der alten Geschichte, daß sich die Republiken auf dreierlei Art vergrößern. Die eine Art ist die der alten Toskaner, das ist Bildung eines Bundesstaates von mehreren Republiken, wovon keine der anderen weder an Machtvollkommenheit noch Rang vorgeht, und Aufnahme der eroberten Städte in den Bund; wie in unserer Zeit die der Schweizer und früher in Griechenland die der Achäer und Ätolier. Um diese erste Art besser zu erklären, will ich von den Toskanern, mit denen die Römer viele Kriege führten, ausführlichen Bericht erstatten.

Die Toskaner waren in Italien vor der römischen Herrschaft zur See und zu Lande sehr mächtig. Es fehlt uns zwar eine ausführliche Geschichte ihrer Taten, doch bleiben uns einige Erinnerungen und Denkmäler ihrer Größe.

Man weiß, daß sie eine Kolonie an die Küste des oberen Meeres schickten und ihre Stadt Adria nannten. Diese Stadt wurde so berühmt, daß sie dem Meere den Namen gab, das im Lateinischen noch jetzt das Adriatische heißt. Man erfährt ferner, daß sie ihre Waffen von der Tiber bis zum Fuße der Alpen trugen, die Oberitalien einschließen. Allein schon zweihundert Jahre, ehe die Römer mächtig wurden, verloren sie die heutige Lombardei wieder durch die Gallier. Dieses Volk kam unter Belovesus, angelockt durch den Wohlgeschmack der Früchte, besonders des Weines, nach Italien, schlug und verjagte die Eingeborenen, ließ sich nieder, baute viele Städte und nannte den Landesteil Gallien, in dessen Besitz es bis zu seiner Bezwingung durch die Römer blieb. Bei den Toskanern also war jene Gleichheit, und sie vergrößerten sich auf die angeführte Art. Der Bund bestand aus zwölf Städten, worunter Chiusi, Veji, Fiesole, Arezzo, Volterra und andere. Aus den unten angeführten Gründen aber konnten sie ihre Eroberungen nicht über die Grenzen Italiens hinaustreiben, und auch ein Teil von diesem blieb unberührt.

Die zweite Art ist Erwerbung von Bundesgenossen, wobei jedoch dem Hauptstaate der Oberbefehl und der Sitz der Regierung bleibt und die Kriege in seinem Namen geführt werden. Dies war die Verfahrungsweise der Römer. Die dritte Art ist, sich unmittelbar Untertanen, nicht Bundesgenossen zu machen, wie es die Spartaner und Athener taten.

Von diesen drei Arten ist die letzte ganz schlecht, wie sich bei den angeführten Republiken gezeigt hat. Sie gingen aus keiner anderen Ursache zugrunde, als weil sie ein Gebiet erobert hatten, das sie nicht halten konnten. Es ist eine schwierige und mühevolle Aufgabe, Städte mit Gewalt zu regieren, besonders wenn sie an die Freiheit gewöhnt waren. Man kann sie weder lenken noch beherrschen, ohne bewaffnet, ohne stark bewaffnet zu sein. Zu diesem Zwecke aber ist es nötig, daß man sich Bundesgenossen erwerbe zum Beistand, und daß man die eigene Stadt mit Menschen anfülle. Da jene beiden Republiken weder das eine noch das andere taten, so war ihre Art zu verfahren schlecht.

Rom hingegen, das Muster der zweiten Art sich zu vergrößern, tat beides und stieg deshalb zu seiner ungeheuren Macht empor. Wie aber Rom der einzige Staat war, der so verfuhr, so wurde auch nur allein Rom so mächtig. Da es sich viele Völker durch ganz Italien zu Bundesgenossen gemacht hatte, die in vielen Stücken unter gleichen Gesetzen mit ihm lebten, Rom aber sich immer den Sitz des Reiches und das Recht, in eigenem Namen den Befehl zu führen, vorbehalten hatte, so kam es allmählich dahin, daß sich die Bundesgenossen, ohne es zu merken, durch ihr Blut und ihre Anstrengungen selbst unterjocht hatten. Als nämlich die Römer erst die Grenzen Italiens überschritten hatten, verwandelten sie die Königreiche in Provinzen und machten sich die Völker zu Untertanen. Diese, unter einem Könige zu leben gewohnt, ertrugen dies gleichgültig. Da sie nun römische Statthalter hatten und von Heeren unter römischem Namen überwunden worden waren, so erkannten sie auch nur Rom als ihre Herrin an. So waren die Bundesgenossen Roms in Italien auf einmal von römischen Untertanen umgeben und durch die ungeheure Hauptstadt erdrückt. Als sie jetzt die Täuschung gewahrten, die sie befangen gehalten hatte, war es zu spät; soviel Macht hatte Rom durch die auswärtigen Provinzen gewonnen und so große Kraft besaß es im Herzen durch die Legionen seiner krieggewohnten Bürger. Obgleich die Bundesgenossen die erlittenen Unbilden zu rächen suchten und sich gegen Rom verschworen, so unterlagen sie doch im Kriege bald und verschlimmerten ihre Lage, da sie aus Genossen Untertanen wurden.

Diese Art zu verfahren ist von den Römern allein beobachtet worden, und eine Republik, die sich ausdehnen will, kann keine andere befolgen, weil uns die Erfahrung keine sicherere oder gewisser zum Ziele führende lehrt.

Die erste Art, die eines Bundes, wie jener der Toskaner, Achäer, Ätolier und heute der Schweizer, ist nach der römischen die beste. Daß man sich damit nicht sehr weit ausdehnen kann, hat zwei gute Folgen, erstens daß man sich nicht leicht Kriege zuzieht, zweitens daß man sich das, was man nimmt, leicht erhält. Die Ursache, warum sich ein Bundesstaat nicht weit ausdehnen kann, ist die, daß der Staat zersplittert ist und die Regierung verschiedene Sitze hat, wodurch Beratungen und Beschlüsse schwierig werden. Auch sind solche Staaten nicht herrschsüchtig; denn da viele Gemeinwesen an der Herrschaft teilhaben würden, so schlagen sie eine Eroberung nicht so hoch an als eine einzelne Republik, welche sich des Ganzen zu erfreuen hofft. Sie regieren sich überdies durch eine Versammlung von Abgeordneten und müssen daher in allen Entschließungen langsamer sein als die, welche beisammen innerhalb derselben Ringmauern wohnen. Auch zeigt die Erfahrung, daß ein solcher Bundesstaat feste Grenzen hat, von deren Überschreitung wir kein Beispiel finden. Es verbinden sich zwölf bis vierzehn Gemeinwesen und suchen dann nicht, sich weiter auszudehnen. Wenn sie nämlich zu der Zahl gelangt sind, die ihnen zur Verteidigung gegen einen jeden hinreichend scheint, streben sie nach keiner Gebietsvergrößerung mehr, sowohl weil sie die Notwendigkeit nicht drängt, größere Macht zu erwerben, als auch weil sie keinen Nutzen in Eroberungen sehen. Sie müßten nämlich eins von beiden tun: entweder ihren Bund erweitern, und diese Menge würde Verwirrung zur Folge haben, oder sich Untertanen machen. Da sie nun hierin Schwierigkeiten und keinen großen Nutzen finden, so schlagen sie es nicht hoch an. Sind sie daher zu der Zahl gelangt, die ihnen zu ihrer Sicherheit hinreichend scheint, so wenden sie sich zu zweierlei. Das eine ist, kleinere Mächte unter ihren Schutz nehmen und durch dieses Mittel von allen Seiten Geld ziehen, das sie leicht unter sich verteilen können. Das zweite ist, für andere Kriegsdienste tun und von diesem und jenem Fürsten, der sie für seine Unternehmungen bezahlt, Sold nehmen, wie heute die Schweizer und früher die oben Genannten. Dies letztere lesen wir in einem Berichte des Livius von einer Unterredung des Königs Philipp von Macedonien mit Titus Quintius Flaminius, wo im Beisein eines Prätors der Ätolier über eine Übereinkunft unterhandelt wurde. Als der Prätor mit Philipp in Wortwechsel geriet, warf ihm dieser die Habsucht und Treulosigkeit der Atolier vor, die sich nicht schämten, für eine Macht Kriegsdienste zu tun und auch dem Feinde Soldaten zu schicken, so daß man oftmals in beiden streitenden Heeren die Feldzeichen Ätoliens gesehen habe.

Man sieht daher, daß sich diese Art der Vergrößerung durch einen Bund immer gleich war und gleiche Wirkungen hervorbrachte. Man sieht auch, daß diese Art, sich Untertanen zu machen, immer schwach war und wenig Vorteil gebracht hat; daß aber Staaten, die darin das Maß überschritten, bald zusammengestürzt sind. Wenn aber diese Art, sich Untertanen zu machen, bei bewaffneten Republiken schon schlecht ist, so ist sie bei waffenlosen, wie es die heutigen Republiken Italiens gewesen sind, ganz schlecht. Man sieht daher, daß die Art der Römer die richtige ist, und sie verdient um so mehr Bewunderung, als es vor den Römern kein Beispiel von ihr gibt und nach Rom keine Macht sie nachgeahmt hat. Was die Bünde betrifft, so haben bis jetzt nur die Schweizer und der schwäbische Bund die älteren Bünde nachgeahmt.

Zum Schlusse dieser Betrachtungen aber will ich sagen, daß so viele Grundsätze Roms, sowohl die inneren als auswärtigen Angelegenheiten des Staates betreffend, in unserer jetzigen Zeit nicht nur nicht befolgt, sondern ganz mißachtet werden, weil sie manche für unwahr, manche für unausführbar, manche für unpassend und unnütz halten. So verharren wir in unserer Unwissenheit und sind die Beute eines jeden, der in unser Land einfallen will. Sollte aber auch die Nachahmung der Römer schwer scheinen, so sollte doch besonders den jetzigen Toskanern die Nachahmung der alten Toskaner nicht so erscheinen. Diese konnten zwar aus den angeführten Gründen kein dem römischen ähnliches Reich erobern, allein sie konnten in Italien soviel Macht erlangen, als es ihnen ihre Art zu verfahren erlaubte. Sie waren dadurch während eines langen Zeitraumes sicher, hochberühmt in Waffen und Herrschaft, gepriesen in Sitten und Religion. Diese Macht und Berühmtheit wurde zuerst durch die Gallier vermindert, dann durch die Römer vernichtet und so gänzlich vernichtet, daß man von dem vor zweitausend Jahren so mächtigen Bund der Toskaner jetzt fast nichts mehr weiß. Ich bin dadurch auf einige Gedanken geleitet worden, woher dieses Vergessen komme. Das folgende Kapitel enthält sie.

5.

Der Wechsel der Sekten und Sprachen, im Verein mit Pest und Überschwemmung, verlöscht das Andenken der Vorzeit.

Man würde den Philosophen, die gemeint haben, die Welt sei ewig, entgegenhalten können, daß, wäre ein solches Altertum wahr, wir Nachrichten von länger als fünftausend Jahren her haben müßten, wenn man nicht einsähe, daß die Nachrichten früherer Zeiten durch verschiedene Ursachen verlöschen. Von diesen Ursachen rühren einige von den Menschen her, andere vom Himmel.

Die, welche von den Menschen herkommen, sind die Veränderungen der Sekten und der Sprachen. Erhebt sich eine neue Sekte, das heißt eine neue Religion, so ist ihr erstes Bestreben, um sich Ansehen zu verschaffen, die alte zu vertilgen, und dies gelingt ihr leicht, wenn es sich trifft, daß die Stifter der neuen Religion eine andere Sprache sprechen. Dies zeigt sich uns, wenn wir betrachten, wie die christliche Religion gegen die heidnische verfuhr, wie sie alle Einrichtungen, alle feierlichen

Gebräuche der letzteren abschaffte und jede Erinnerung an die alte Theologie verwischte. Wahr ist, daß es ihr nicht gelang, jedes Denkmal der Großtaten der Bekenner des heidnischen Glaubens zu zerstören. Dies kam jedoch nur daher, daß sie die lateinische Sprache beibehielt, was gezwungen geschah, da die neuen Gesetze in dieser Sprache geschrieben werden mußten. Hätte sie sich hingegen einer neuen Sprache bedienen können, so hätte uns ihre Verfolgungswut nichts mehr von der Vorzeit übriggelassen. Es ist bekannt, mit welcher Hartnäckigkeit St. Gregor und die anderen Häupter des Christentums die alten Denkmäler zu vernichten suchten, wie sie die Werke der Dichter und Geschichtschreiber verbrannten, Statuen und Bilder zerstörten und alles andere verdarben, was Zeugnis gab vom Altertum. Hätten sie dieser Verfolgung noch eine neue Sprache hinzugefügt, so würde in der kürzesten Zeit alles vergessen gewesen sein. Es ist daher zu glauben, daß, was die christliche Religion gegen die Bekenner der heidnischen tun wollte, die heidnische gegen die Religion tat, die ihr vorherging. Da aber die Religionen in fünf- oder sechstausend Jahren zwei- bis dreimal wechseln, so verliert sich das Andenken an die frühere Zeit. Sollte aber auch noch eine Spur davon zurückbleiben, so wird sie für fabelhaft gehalten und nicht geglaubt. So die Geschichte Diodors von Sicilien, die, obgleich sie von vierzig- bis fünfzigtausend Jahren Bericht erstattet, dennoch, und wie ich glaube mit Recht, für lügenhaft gehalten wird.

Die Ursachen des Verlöschens der Erinnerung an die Vorzeit, die der Himmel herbeiführt, sind Naturereignisse, welche das Menschengeschlecht vertilgen und von den Bewohnern eines Teiles der Erde nur wenige übriglassen. Es geschieht dies durch Pest, Hungersnot und Überschwemmung. Das folgenschwerste aber ist letzteres, sowohl weil es weitreichendere Wirkungen hat, als auch weil die Geretteten lauter Bergbewohner und rohe Menschen sind, die, selbst ohne Kenntnis der Vergangenheit, den Nachkommen keine hinterlassen können. Ist vielleicht unter den Entkommenen einer, der davon Kenntnis hat, so hält er sie, um sich Ruf und Namen zu machen, geheim und verdreht sie zu seinem Zwecke, so daß die Nachkommen nur erfahren, was er schreiben wollte, und sonst nichts.

Daß diese Überschwemmungen, Pesten und Hungersnöte kommen, scheint mir nicht zweifelhaft, sowohl weil alle Geschichtschreiber voll davon sind, als auch weil wir ihre Wirkung, die Vergessenheit der Dinge, sehen, sowie endlich, weil es vernunftgemäß scheint, daß es so sei. Wie sich im einfachen Körper, wenn sich viele überflüssige Stoffe gesammelt haben, die Natur oftmals von selbst regt und eine Reinigung vornimmt, welche zum Heile des Körpers gereicht, ebenso ist es bei dem zusammengesetzten Körper des Menschengeschlechts der Fall. Wenn alle Länder mit Bewohnern so sehr überfüllt sind, daß sie sich nicht mehr ernähren und auch nicht auswandern können, weil alle Teile der Erde besetzt und voll sind, und wenn die menschliche Tücke und Ruchlosigkeit ihren höchsten Gipfel erreicht hat, so muß sich notwendig die Erde auf eine der drei Arten reinigen, damit die Menschen, zusammengeschmolzen und gezüchtigt, sich bequemer ernähren können und besser werden.

Es war also, wie ich oben gesagt habe, Toskana einst mächtig, voll Religion und Tapferkeit, es hatte seine eigenen Sitten, seine vaterländische Sprache, und alles wurde von der Macht der Römer so gänzlich vertilgt, daß nur der Name uns als Erinnerung geblieben ist.

6.
Wie die Römer Krieg führten.

Wir haben berichtet, auf welche Art sich die Römer vergrößerten, wir wollen jetzt zeigen, wie sie Krieg führten. Hier, wie in allem, was sie taten, wird man sehen, mit welcher Klugheit sie von der gewöhnlichen Handlungsweise abwichen, um sich den Weg zu ihrer ungeheuren Macht zu bahnen.

Die Absicht dessen, der aus Wahl oder vielmehr aus Ehrgeiz Krieg führt, ist erobern und diese Eroberungen erhalten und den Krieg so zu führen, daß er sein Vaterland bereichert, nicht arm macht. Es ist daher sowohl beim Erobern als beim Erhalten nötig, daß man darauf bedacht sei, nicht zu verschwenden, ja in allem, was man tut, für den Staat noch zu gewinnen. Wer alles dies erreichen will, muß die römische Art und Weise befolgen, die vornehmlich darin bestand, daß sie, wie die Franzosen sagen, die Kriege kurz und mit großer Truppenmacht führten. Da sie nämlich mit mächtigen Heeren ins Feld rückten, so waren alle Kriege, die sie mit den Latinern, Samnitern und Toskanern führten, in der kürzesten Zeit beendigt. Wenn wir alle Kriege der Römer von Erbauung der Stadt bis zur Belagerung von Veji durchgehen, so sehen wir sie in sechs, zehn, zwanzig Tagen ausgekämpft. Es war ihr Gebrauch, sogleich nach Erklärung des Krieges gegen den Feind auszurücken und ihm eine Schlacht zu liefern. War sie gewonnen, so machten die Feinde, damit ihr Land nicht gänzlich verwüstet werde, Friedensvorschläge, und die Römer verurteilten sie zu Abtretung von Ländereien, die in Privateigentum verwandelt oder einer Kolonie angewiesen wurden. An die Grenzen des Feindes gesetzt, war diese eine Schutzwache für das römische Gebiet, und sowohl die Kolonisten, die jene Felder bekamen, als der Staat, der ohne Kosten jene Wache unterhielt, zogen Nutzen daraus.

Diese Art zu verfahren konnte nicht sicherer, erfolgreicher und vorteilhafter sein. Solange die Feinde nicht ins Feld rückten, war die Wache hinreichend; wenn sie zahlreich auszogen, um die Kolonie zu erdrücken, so rückten auch die Römer zahlreich aus, lieferten eine Schlacht, gewannen sie, legten dem Feinde härtere Bedingungen auf und kehrten nach Hause zurück. So erlangten sie allmählich Ansehen über die Feinde und eigene Kraft.

Auf diese Art fuhren sie bis zur Belagerung von Veji fort, wo sie ihre Art Krieg zu führen änderten. Die Heere wurden nun bezahlt, was früher wegen der Kürze der Feldzüge nicht nötig war. Obgleich aber die Römer jetzt Sold gaben, deshalb längere Kriege führen konnten und wegen der größeren Entfernung ihrer Feinde länger im Felde bleiben mußten, so wichen sie doch nie von ihrem früheren Grundsatz ab, die Kriege nach Ort und Zeit rasch zu endigen. Ebenso schickten sie immer Kolonien. Der ersteren Regel, die Kriege kurz zu machen, ließ sie, außer ihrem eigentümlichen Gebrauche, auch der Ehrgeiz der Konsuln treu bleiben, welche, ein Jahr lang im Amte und von diesem Jahr nur sechs Monate im Lager, die Kriege zu endigen strebten, um triumphieren zu können. Am zweiten Gebrauche, Kolonien zu schicken, ließ sie der Nutzen und der große Vorteil festhalten, der daraus entsprang.

Hinsichtlich der Beute änderten sie ihr Verfahren ein wenig. Sie waren jetzt nicht mehr so freigebig als früher, sowohl weil es ihnen nicht mehr so notwendig schien, da die Soldaten ihren Sold hatten, als auch weil sie mit der immer größer werdenden Beute den öffentlichen Schatz so anfüllen wollten, daß sie die Kosten der Feldzüge nicht mehr durch die Abgaben der Stadt zu bestreiten gezwungen wären. Diese Einrichtung bereicherte die Schatzkammer in kurzer Zeit ausnehmend.

Diese beiden Gebräuche hinsichtlich der Verwendung der Beute wie der Absendung von Kolonien hatten zur Folge, daß Rom durch den Krieg reich wurde, während andere unkluge Fürsten und Republiken dadurch verarmen. Es kam so weit, daß ein Konsul nicht triumphieren zu können glaubte, wenn er nicht eine Menge Gold und Silber und Beute aller Art in die Schatzkammer brachte.

So wurden die Römer durch die eben genannten Mittel, durch schnelles Endigen der Kriege und dadurch, daß sie sich begnügten, ihre Feinde allmählich durch Niederlagen, Streifzüge und nachteilige Friedensschlüsse zu schwächen, immer reicher und mächtiger.

7.

Wieviel Feld die Römer auf den Kolonisten gaben.

Wieviel Feld die Römer auf den Kolonisten austeilten, scheint mir schwer auszumitteln. Ich glaube nämlich, daß sie mehr oder weniger gaben, je nach dem Orte, wohin sie Kolonien schickten. Ich bin jedoch der Meinung, daß sie überall und immer in ihrer Verteilung sparsam waren. Einmal um mehr Leute absenden zu können, da diese zur Bewachung des Landes bestimmt waren, dann weil sie selbst zu Hause in Armut lebten und also nicht wohl wollen konnten, daß ihre Bürger aus zu großen Überfluß hatten.

Livius sagt, nach der Einnahme von Veji sei eine Kolo dahin abgeschickt worden, und jeder Kolonist habe drei Mo gen sieben Unzen Feldes erhalten, was nach unserem Maß ......[1] ausmacht. Man glaubte, außer dem oben Gesagten, daß es nicht auf die Menge der Äcker, sondern auf den guten Anbau ankomme. Es ist jedoch nötig, daß die Kolonie gemeinsame Triften habe, worauf jeder sein Vieh weiden lassen kann, und Wälder, um Brennholz zu hauen. Ohne diese beiden Dinge läßt sich keine Kolonie anlegen.

8.

Aus welcher Ursache die Völker ihr Vaterland verlassen und andere Länder überschwemmen.

Ich habe von der Art der Kriegführung der Römer gesprochen und erzählt, daß die Toskaner von den Galliern angefallen wurden. Es scheint mir diesem Stoffe nicht fremd, zu zeigen, daß es zweierlei Gattungen von Krieg gibt. Die eine Gattung wird durch den Ehrgeiz der Fürsten oder Republiken veranlaßt, die ihre Herrschaft auszudehnen suchen, wie die Kriege Alexanders des Großen, der Römer und die, welche jeden Tag eine Macht mit der anderen anfängt. Diese Kriege sind gefährlich, aber sie vertreiben die Einwohner nicht sämtlich aus dem Lande, da dem Sieger der Gehorsam der Völker genügt. Auch läßt er ihnen meistenteils ihre Gesetze und immer ihr bewegliches und unbewegliches Eigentum.

Die andere Gattung ist die, wenn ein ganzes Volk mit Weib und Kind aufbricht und, durch Hunger oder Krieg gezwungen, neue Sitze und neue Länder aufsucht, nicht um darüber zu herrschen, sondern um sie ganz zu besitzen und die alten Einwohner zu verjagen oder zu töten. Solche Kriege sind grausam und schrecklich. Sallust spricht hierüber am Ende seines Jugurtha, wo es heißt, nach der Besiegung dieses Königs habe man den

[1] Lücke im Original.

… ier nach Italien erfahren. Das römische Volk, … mit allen anderen Nationen um die Herrschaft, … ern hingegen immer um sein Dasein. In der Tat … inem Fürsten oder einer Republik, die ein Land … die Herrscher zu töten, solche Völker hingegen … alle vertilgen, da sie von dem leben wollen, womit sich … ernährten.

Die Römer hatten drei solche äußerst gefahrvolle Kriege zu bestehen. Der erste war der, worin Rom verbrannt wurde, als es diejenigen Gallier einnahmen, welche den Toskanern die Lombardei entrissen und sich daselbst niedergelassen hatten. Livius führt zwei Ursachen ihres Einfalles an. Erstens seien sie durch den Wohlgeschmack der Früchte und des Weines Italiens, dessen Gallien entbehrte, angelockt worden. Zweitens sei die Menschenmenge in diesem Reiche so sehr angewachsen, daß sie nicht mehr hinreichende Nahrung fand. Die Fürsten erachteten daher für nötig, daß ein Teil der Bevölkerung neue Sitze aufsuche. Es wurden nun zu Führern der Abziehenden zwei gallische Könige, Bellovesus und Sicovesus, erwählt, von denen der erste nach Italien, der andere nach Spanien übersetzte. Bellovesus eroberte die Lombardei, und hieraus entstand der erste Vernichtungskrieg. Der zweite war der, in welchem die Römer nach dem ersten punischen Kriege zwischen Piombino und Pisa über zweimal hunderttausend Gallier erschlugen. Der dritte Vertilgungskrieg war der mit den Cimbern und Teutonen, die in Italien einfielen, mehrere römische Heere besiegten, zuletzt aber von Marius aufs Haupt geschlagen wurden. Die Römer siegten also in diesen drei äußerst gefahrvollen Kriegen. Es bedurfte dazu keiner geringeren Tapferkeit, als die ihrige war; denn als diese verschwand und ihre Waffen die alte Tüchtigkeit verloren, zerstörten ähnliche Völker die römische Weltherrschaft. Goten, Vandalen und andere eroberten das ganze abendländische Reich.

Solche Völker verlassen, wie ich oben gesagt habe, durch die Not vertrieben, ihre Länder. Diese Not aber entsteht durch Hunger oder durch Krieg und Unterdrückung, die sie im eigenen Lande erleiden, so daß sie gezwungen sind, neue Wohnsitze aufzusuchen. Wenn sie nun sehr zahlreich sind, dann dringen sie mit Gewalt in fremde Länder, töten die Einwohner, bemächtigen sich ihrer Güter, bilden ein neues Reich und verändern den Namen des Landes. So Moses und die Völker, welche das römische Reich eroberten. Italien und die anderen Länder erhielten von den neuen Besitzern neue Namen. Die Lombardei hieß Gallia Cisalpina, Frankreich Gallia Transalpina und wird heute nach den Franken benannt, dem Namen des Volkes, von dem es erobert wurde. Slawonien hieß Illyrien, Ungarn Pannonien, England Britannia, und so veränderten noch viele andere Länder ihre Namen, deren Aufzählung ermüden würde. Auch Moses nannte den Teil Syriens, den er erobert hatte, Judäa.

Ich habe gesagt, daß solche Völker manchmal durch Krieg aus den eigenen Sitzen vertrieben werden und so genötigt sind, neue Wohnsitze aufzusuchen. Die Maurusier, ein altsyrischer Volksstamm, sollen dafür als Beispiel dienen. Als sie das Heranrücken der Hebräer erfuhren und ihnen nicht widerstehen zu können glaubten, hielten sie es für besser, durch Verlassen ihres Vaterlandes sich selbst zu retten, als über einem Versuche, es zu verteidigen, selbst unterzugehen. Sie brachen mit ihren Familien auf und zogen nach Afrika, wo sie sich niederließen und die alten Einwohner ihres neuen Wohnsitzes vertrieben. So konnten Leute, die nicht imstande waren, ihr eigenes Land zu verteidigen, ein fremdes erobern. Procopius berichtet in seiner Beschreibung des Krieges, den Belisar gegen die Vandalen, die späteren Besitzer Afrikas, führte, er habe an den Orten, wo die Maurusier wohnten, auf Säulen die Inschrift gelesen: *Nos Maurusii, qui fugimus a facie Jesu latronis filii Navae* [1]), woraus die Ursache ihres Abzuges aus Syrien erhellt.

Es sind also diese Völker furchtbar, da sie durch die äußerste Not gejagt werden, und wenn sie nicht auf gute Waffen stoßen, so wird ihr Angriff niemals abgewiesen werden. Wenn jedoch die, welche gezwungen sind, ihr Vaterland zu verlassen, nicht sehr zahlreich sind, so sind sie nicht so gefährlich wie die Völker, von denen wir gesprochen haben. Sie können dann

[1]) Wir Maurusier, die vor dem Angesicht des Räubers Jesus, des Sohnes Navas, geflohen sind.

nicht so große Gewalt anwenden, sondern müssen sich durch List in den Besitz eines Ortes setzen und sich durch Erwerbung von Freunden und Verbündeten darin erhalten. So Äneas, Dido, die Marseiller und ähnliche, die sich sämtlich nur durch die Erlaubnis der Nachbarn ihres Niederlassungsortes dort halten konnten.

Die großen Volksmassen kommen von jeher fast alle aus Skythien, einem armen und kalten Lande. Da es viele Menschen dort gibt und das Land sie nicht ernähren kann, so sind sie zum Auswandern gezwungen, weil sie vieles forttreibt und nichts zurückhält. Wenn aber seit fünfhundert Jahren keine neuen Völkerschwärme Europa überschwemmten, so rührt dies aus mehreren Ursachen her. Die erste ist die große Ausleerung Skythiens zur Zeit des Sinkens des römischen Reiches, wo mehr als dreißig Völkerschaften auswanderten. Die zweite ist, daß Deutschland und Ungarn, zwei Länder, aus denen gleichfalls solche Schwärme auszogen, jetzt so gut angebaut sind, daß die Eingeborenen bequem dort leben können und nicht zur Änderung ihrer Wohnsitze gezwungen sind. Andererseits bilden sie als sehr kriegerische Männer ein Bollwerk, das die angrenzenden Skythen nicht wegnehmen oder umgehen zu können glauben. Häufig entstehen auch große Bewegungen unter den Tataren, die von den Ungarn und Polen zurückgehalten werden, und häufig rühmen sich diese Völker, daß ohne ihre Waffen Italien und die Kirche oftmals das Gewicht der tatarischen Heere gefühlt haben würden. Dies mag über die vorgenannten Völker genug sein.

9.

Welche Ursachen gewöhnlich Krieg zwischen zwei Mächten herbeiführen.

Der Kampf zwischen den Römern und Samnitern entstand aus der Ursache, welche gewöhnlich Krieg zwischen den mächtigen Staaten herbeiführt. Diese Ursache ist entweder ein Werk des Zufalls, oder sie wird von dem, der Krieg anfangen will, hervorgebracht. Bei den Römern und Samnitern kam sie zufällig; denn als die Samniter die Sidiciner und hierauf die Campaner mit Krieg überzogen, war es nicht ihre Absicht, auch mit den Römern Krieg anzufangen. Als aber die Campaner in ihrer Bedrängnis zu den Römern, wider Erwarten Roms und Samniums, ihre Zuflucht nahmen, so waren diese gezwungen, die Campaner, die sich ihnen anvertrauten, als ihr Eigentum zu verteidigen und sich auf einen Krieg einzulassen, dem sie mit Ehre nicht ausweichen zu können glaubten. Vorher glaubten die Römer die befreundeten Campaner nicht wohl gegen die befreundeten Samniter verteidigen zu können, jetzt aber schien es ihnen schimpflich, die Campaner als ihre Untertanen oder Schutzbefohlenen preiszugeben.

Wenn sie diese Verteidigung nicht übernahmen, so ließ sich schließen, daß es niemand mehr einfallen würde, sich unter ihre Oberherrschaft zu begeben. Da nun Herrschaft und Ruhm, nicht Ruhe, das Ziel Roms war, so konnte es diese Unternehmung nicht ablehnen. Dieselbe Ursache führte den ersten Krieg mit Karthago herbei, da die Römer die Verteidigung von Messina in Sicilien übernahmen; auch dies war zufällig. Schon nicht mehr zufällig hingegen war der zweite punische Krieg; denn der Feldherr der Karthager, Hannibal, griff das den Römern befreundete Sagunt in Spanien an, nicht um diese Stadt zu verletzen, sondern um die römischen Waffen in Bewegung zu setzen und einen Grund zu haben, sie zu bekämpfen und in Italien einzudringen.

Diese Art Krieg anzufangen war immer unter den Mächten gebräuchlich, welche auf Treu und Glauben und die Meinung der Welt einige Rücksicht nahmen. Will ich mit dem Fürsten Krieg anfangen, und es bestehen zwischen uns seit langer Zeit gehaltene Verträge, so werde ich mich ganz anders rechtfertigen und meine Handlungsweise beschönigen können, wenn ich einen seiner Verbündeten angreife, als wenn ich ihn selbst angreife. Greife ich aber den Freund des Fürsten an, so weiß ich, daß der Fürst entweder aufgebracht wird, und dann habe ich meine Absicht, Krieg mit ihm zu bekommen, erreicht, oder er wird nicht darüber aufgebracht, und dann entdeckt sich seine Schwäche oder Treulosigkeit, da er einen Schutzbefohlenen nicht verteidigt. Beides muß seinem Ansehen schaden und meine Pläne erleichtern.

Bei der Unterwerfung der Campaner ist also, was das Anfangen der Kriege betrifft, zu bemerken, was ich soeben gesagt habe. Ferner läßt sich daraus abnehmen, welches Mittel einer Stadt bleibt, die sich nicht selbst verteidigen kann, aber sich dennoch auf alle Weise gegen den Feind, der sie angreift, verteidigen will. Dies Mittel ist, sich freiwillig einer Macht, die sie verteidigen soll, zu unterwerfen, wie die Campaner den Römern und die Florentiner dem König Robert von Neapel, der sie zuerst als Verbündete nicht verteidigen wollte, sie aber hierauf als Untertanen gegen das Heer Castruccios von Lucca verteidigte, der sie hart bedrängte.

10.

Geld ist nicht der Nerv des Krieges, wie man gewöhnlich glaubt.

Da jeder einen Krieg nach Belieben anfangen, nicht aber endigen kann, so muß ein Fürst, ehe er sich in eine Unternehmung einläßt, seine Kräfte abwägen und danach handeln. Er muß jedoch soviel Klugheit besitzen, daß er sich nicht über seine Kräfte täuscht, und jedesmal wird er sich täuschen, wenn er sie nach dem Gelde, nach der Natur des Landes oder nach dem Wohlwollen der Untertanen bemißt, auf der anderen Seite aber eigener Waffen entbehrt. Die genannten Dinge vergrößern wohl deine Kräfte, aber sie geben dir keine. An und für sich sind sie nichts und helfen ohne treue Soldaten zu gar nichts. Viel Geld reicht nicht hin ohne diese, die Festigkeit des Landes nützt dir nichts, und die Treue und Anhänglichkeit der Untertanen ist nicht von Dauer, da sie dir nicht treu sein können, wenn du sie nicht verteidigen kannst. Jeder Berg, jeder See, jeder unzugängliche Ort wird zur Ebene, wenn ihm tapfere Verteidiger fehlen. Das Geld verteidigt sich nicht allein, sondern es macht sogar, daß du schneller geplündert wirst. Nichts kann daher unrichtiger sein als das Sprichwort: Geld ist der Nerv des Krieges.

Quintus Curtius sagte dies Wort anläßlich des Krieges zwischen dem Macedonier Antipater und dem König von Sparta, wo er erzählt, der König sei zur Schlacht genötigt gewesen und geschlagen worden; hätte er den Kampf um einige Tage verschoben, so kam die Nachricht vom Tode Alexanders nach Griechenland, und er wäre ohne Schwertstreich Sieger geblieben. Da ihm aber Geld gefehlt und er gefürchtet habe, sein Heer möge ihn wegen dieses Mangels verlassen, so sei er gezwungen gewesen, das Kriegsglück zu versuchen. Aus diesem Grunde, behauptet nun Curtius, Geld sei der Nerv des Krieges.

Dieses Wort wird jeden Tag angeführt und von Fürsten, die nicht so klug sind, als sie sein sollten, befolgt. Darauf bauend, halten sie es zu ihrer Verteidigung für hinreichend, wenn sie viele Schätze haben, und bedenken nicht, daß, wenn Schätze zum Siege hinreichten, Darius Alexander den Großen, die Griechen die Römer und in unserer Zeit Karl der Kühne die Schweizer besiegt haben würden, und daß es vor wenigen Tagen dem Papste und den Florentinern miteinander nicht schwer gewesen wäre, Francesco Maria, den Neffen des Papstes Julius II., im urbinischen Kriege zu überwinden. Alle hingegen wurden sie von denen besiegt, die nicht Geld, sondern gute Soldaten für den Nerv des Krieges hielten[1]. Unter den anderen Dingen, die Crösus, König von Lydien, dem Athener Solon zeigte, war auch ein unzählbarer Schatz, und als er fragte, was ihn von seiner Macht dünke, erwiderte Solon, er halte ihn darum nicht für mächtiger; denn Krieg führe man mit Eisen, nicht mit Gold, und es könne einer kommen, der mehr Eisen habe als er, und ihm sein Gold nehmen. Als nach dem Tode Alexanders des Großen eine Menge von Galliern nach Griechenland und hierauf nach Asien zog und Gesandte zum König von Macedonien schickte, um über einen Vertrag zu unterhandeln, wies ihnen der König, um seine Macht zu zeigen und sie einzuschüchtern, viel Gold und Silber; worauf die Gallier, die fast schon Frieden geschlossen hatten, die Unterhandlungen abbrachen, so heftiges Verlangen durchdrang sie, ihm dies Gold zu nehmen. So wurde dieser König wegen derselben Sache beraubt, die er zu seiner

[1] 1517

Verteidigung aufgehäuft hatte. Die Venetianer verloren vor wenigen Jahren mit noch vollen Schatzkammern ihr ganzes Gebiet, ohne daß sie ihr Geld schätzen konnte.

Ich sage daher, nicht Gold, wie die gemeine Meinung schreit, ist der Nerv des Krieges, sondern gute Soldaten; denn Gold genügt nicht, gute Soldaten zu finden, wohl aber genügen gute Soldaten, Gold zu finden. Hätten die Römer mehr mit Geld als Eisen Krieg führen wollen, so hätten ihnen alle Schätze der Weit nicht hingereicht, so groß waren ihre Unternehmungen und soviel Schwierigkeiten hatten sie dabei zu überwinden. Da sie hingegen ihre Kriege mit dem Eisen führten, so litten sie nie Mangel an Gold; denn die, welche sie fürchteten, brachten es ihnen bis in ihr Lager. Wenn aber jener spartanische König aus Mangel an Geld das Kriegsglück versuchen mußte, so widerfuhr ihm hinsichtlich des Geldes, was oftmals aus anderen Ursachen geschah. Wenn einem Heere die Lebensmittel fehlen und es nur zwischen Hungertod und Schlacht die Wahl hat, so hat man immer gesehen, daß es sich zum Schlagen wendet, sowohl weil dies ehrenvoller ist, als auch weil ihm hier das Glück noch günstig sein kann. Auch geschieht es öfters, daß ein Feldherr, der Unterstützung dem feindlichen Heere herannahen sieht, kämpfen und das Schlachtenglück versuchen oder, wenn er wartet, mit dem verstärkten Feinde unter tausend Nachteilen dennoch fechten muß. Auch hat man unter anderem bei Hasdrubal, als er in der Mark von Claudius Nero im Verein mit dem anderen römischen Konsul angegriffen wurde, gesehen, daß ein Feldherr, zur Flucht oder Schlacht genötigt, immer die Schlacht wählt, da er durch diesen Entschluß, so gefährlich er auch sein mag, siegen kann, durch den anderen durchaus verloren ist. Die Notwendigkeit ist also von mancherlei Art, die einen Feldherrn gegen seinen Willen zur Schlacht bewegt, und so kann sie auch manchmal im Mangel an Geld bestehen. Doch kann man deshalb das Geld nicht mit größerem Recht den Nerv des Krieges nennen als alles andere, was in eine solche Notwendigkeit versetzen kann.

Es ist also, ich wiederhole es nochmals, Geld nicht der Nerv des Krieges, sondern gute Soldaten. Geld ist wohl an zweiter

Stelle nötig, allein es ist eine Notwendigkeit, daß es gute Soldaten von selbst erobern; denn es ist unmöglich, daß guten Soldaten Geld fehle, es ist als ob das Geld von selbst die guten Soldaten aufsuchte. Die Geschichte zeigt an tausend Stellen die Wahrheit von dem, was wir gesagt haben. Wenngleich Perikles den Athenern riet, mit dem ganzen Peloponnes Krieg anzufangen, weil sie durch Geschicklichkeit und die Gewalt des Geldes diesen Krieg gewinnen könnten, und wenn auch die Athener in diesem Kriege manchmal glücklich waren, so verloren sie ihn doch zuletzt. Die Umsicht und die guten Soldaten Spartas wirkten mehr als die Geschicklichkeit und das Geld Athens.

Der gültigste Zeuge von allen für meine Meinung ist Livius. Bei seiner Erörterung, ob Alexander der Große, wenn er nach Italien gekommen wäre, die Römer besiegt haben würde, zeigt er, daß drei Dinge im Kriege nötig seien: viele und gute Soldaten, kluge Feldherren und gutes Glück. Nachdem er nun untersucht hat, wer hierin den andern übertraf, die Römer oder Alexander, zieht er seinen Schluß, ohne des Geldes im geringsten zu erwähnen.

Es mußten also auch die Campaner ihre Macht nach dem Gelde, nicht nach ihren Soldaten bemessen haben, als sie von den Sidicinern aufgefordert wurden, für sie gegen die Samniter die Waffen zu ergreifen. Denn nachdem sie den Beschluß, ihnen beizustehen, gefaßt hatten, erlitten sie zwei Niederlagen und waren gezwungen, sich zu ihrer Rettung den Römern tributpflichtig zu machen.

11.

Es ist nicht klug, mit einem Fürsten Bündnis zu schließen, dessen Ruf größer ist als seine Kriegsmacht.

Um den Irrtum der Sidiciner, als sie sich auf die Hilfe der Campaner verließen, und den Irrtum der Campaner, als sie jene verteidigen zu können glaubten, zu zeigen, konnte sich Livius keiner lebendigeren Worte bedienen als der folgenden: *Campa-*

ni magis nomen in auxilium Sidicinorum, quam vires ad praesidium attulerunt[1]. Es ist hierüber zu bemerken, daß Bündnisse, welche mit Fürsten geschlossen werden, die wegen der weiten Entfernung ihrer Länder oder wegen Mangel an Streitkräften, der aus ihrer Ordnungslosigkeit oder aus einer andern Ursache herrührt, nicht helfen können, dem Staate, der sich darauf verläßt, mehr Ruf als Hilfe bringen. So zogen in unsrer Zeit die Florentiner, im Jahre 1479 vom Papste und dem König von Neapel angegriffen, während sie Verbündete des Königs von Frankreich waren, aus diesem Bündnis *magis nomen, quam praesidium*. Ebenso würde es einem Fürsten gehen, der sich im Vertrauen auf den Kaiser Maximilian in eine Unternehmung einließe, denn dies ist eines der Bündnisse, die *magis nomen, quam praesidium* eintragen, wie dies nach unserem Texte bei den Sidicinern mit ihrem Bündnis mit den Campanern der Fall war.

Der Fehler der Campaner lag darin, daß sie ihre Kräfte überschätzten. Die Menschen sind manchmal so unklug, daß sie die Verteidigung anderer übernehmen wollen, während sie sich nicht einmal selbst zu verteidigen verstehen noch vermögen. So machten es auch die Tarentiner, als die römischen Heere den Samnitern gegenüberstanden. Sie schickten Gesandte an den römischen Konsul, um ihn wissen zu lassen, sie wollten Frieden zwischen beiden Völkern und würden dem Volke den Krieg erklären, das zuerst den Frieden bräche. Der Konsul lachte über diese Botschaft, ließ in Gegenwart der Gesandten zur Schlacht blasen und befahl seinem Heere, den Feind anzugreifen, indem er so den Tarentinern durch Werke, nicht durch Worte, zeigte, welche Antwort sie verdienten.

Da ich aber in diesem Kapitel von verkehrten Maßregeln gesprochen habe, welche Fürsten zur Verteidigung anderer ergreifen, so will ich im nächsten Kapitel von der eigenen Verteidigung sprechen.

[1] Die Campaner brachten mehr einen Namen als Kräfte zum Schutz der Sidiciner.

12.

Was besser sei, wenn man fürchtet angegriffen zu werden, zuzuschlagen oder den Krieg zu erwarten.

Ich habe manchmal sehr kriegserfahrene Männer darüber streiten hören, ob von zwei fast gleich mächtigen Fürsten der minder mächtige, wenn ihm der andere den Krieg erklärt hat, besser daran tue, den Feind innerhalb seiner Grenzen abzuwarten oder den Feind in seinem eigenen Lande anzugreifen. Für beides habe ich Gründe vortragen hören.

Für den Angriff wurde der Rat des Crösus angeführt, als Cyrus an den Grenzen der Massageten angekommen war, um sie zu bekriegen, und ihm ihre Königin Tomyris entbieten ließ, er solle wählen, ob er in ihr Reich eindringen wolle, wo sie ihn erwarten würde, oder ob er wolle, daß sie ihm entgegenziehe. Als nun hierüber ein Kriegsrat gehalten wurde, stimmte Crösus gegen die Meinung der übrigen dafür, daß man ihr entgegenziehe, indem er anführte, wenn Cyrus sie fern von ihrem Reiche besiege, so würde er ihr die Krone nicht entreißen, da sie Zeit habe, sich wieder zu sammeln; besiege er sie hingegen innerhalb ihrer Grenzen, so könne er sie auf der Flucht verfolgen, ihr die Zeit rauben, sich wieder zu sammeln, und sich ihres Landes bemächtigen. Ferner wurde der Rat angeführt, den Hannibal dem König Antiochus gab, als dieser König den Römern den Krieg erklären wollte.

Die Römer, zeigte Hannibal, könne man nur in Italien besiegen; denn hier könne man sich der Waffen und Reichtümer ihrer Bundesgenossen bedienen; wer sie hingegen außerhalb Italiens bekämpfe und ihnen Italien freilasse, lasse ihnen die Quelle, die nie versiege, Kräfte an den Punkt zu leiten, wo es nötig sei. Er zog daraus den Schluß, daß man den Römern eher Rom als das Reich, eher Italien als die Provinzen entreißen könne. Es wurde ferner Agathokles angeführt, der, da er den Krieg in Sicilien nicht fortzuführen vermochte, die Karthager in ihrem eigenen Lande angriff und sie dahin brachte, daß sie um Frieden baten. Zuletzt wurde Scipio angeführt, der, zur Entfernung des Krieges aus Italien, Afrika angriff.

Die Gegner dieser Meinung sagten, wer den Feind verderben wolle, müsse ihn von Hause entfernen. Sie führten die Athener an, die, solange sie den Krieg zu Hause führten, die Oberhand hatten, als sie sich aber entfernten und ihre Heere nach Sicilien übersetzten, die Freiheit verloren. Sie führten die fabelhafte Zeit an, wo Antäus, König von Libyen, vom ägyptischen Herakles angegriffen, unüberwindlich war, solange er innerhalb der Grenzen seines Reiches blieb, hingegen durch die List des Herakles herausgelockt, Thron und Leben verlor. Der Dichter bildete hieraus die Fabel vom Giganten Antäus, dem, sooft er zu Boden fiel, die Erde, seine Mutter, neue Kraft gab, so daß ihn Herakles, der dies merkte, in die Höhe hob und von der Erde entfernte. Sie führten auch die Aussprüche Neuerer an. Jeder weiß, daß der König Ferdinand von Neapel in seiner Zeit für einen weisen Fürsten galt. Zwei Jahre vor seinem Tode verbreitete sich das Gerücht, Karl VIII. von Frankreich wolle ihn angreifen; er machte daher große Rüstungen, wurde jedoch darüber krank und ermahnte, als er seinen Tod herannahen fühlte, seinen Sohn Alfons unter anderm auch dazu, daß er den Feind im Reiche erwarte und um nichts in der Welt Truppen aus seinem Staate herausziehe, sondern mit vereinten Streitkräften innerhalb seiner Grenzen bleibe. Alfons tat es nicht, schickte ein Heer in die Romagna und verlor dieses und den Thron ohne Schwertstreich.

Die Gründe, die außer dem Gesagten von beiden Seiten angeführt werden, sind folgende:

Für den Angriff: Der Angreifende kommt mit größerem Mute, als ihn der Verteidiger erwartet, was dem Heere mehr Selbstvertrauen gibt. Du entziehst dem Feinde die Benutzung eines Teiles seiner Verteidigungsmittel, indem der Fürst von dem Teil seiner Untertanen, die geplündert und deren Ländereien verheert worden sind, keine Abgaben erheben kann. Dadurch, daß der Feind im Lande steht, muß der Fürst mehr Rücksicht nehmen, wenn er Geld erheben und Lasten auflegen will, so daß nach dem Ausdruck Hannibals die Quelle versiegt, welche dem Fürsten Krieg zu führen ermöglichte. Endlich sind deine Soldaten, weil sie in fremdem Lande stehen, mehr in die Notwendigkeit versetzt, zu kämpfen, eine Notwendigkeit, die, wie ich oft gesagt habe, Tapferkeit erzeugt.

Für die Verteidigung wird angeführt: Wenn du den Angriff abwartest, so hast du viele Vorteile, weil du, ohne selbst irgend Mangel zu leiden, dem Feinde Lebensmittel und andere Kriegsbedürfnisse entziehen kannst. Du kannst seine Pläne besser vereiteln, weil du eine genauere Kenntnis des Landes hast als er. Du kannst ihm mit mehr Streitkräften entgegenrücken, weil du sie zu Hause leicht alle vereinigen, nicht aber alle aus deinem Lande ausrücken lassen kannst. Du kannst dich, wenn du geschlagen wirst, leicht wieder sammeln, sowohl weil sich viele Leute deines Heeres retten werden, da sie nahe Zufluchtsorte haben, als auch weit der Ersatz nicht von fernher kommen muß. Du wagst auf diese Art mit vereinten Streitkräften nicht alles, während du, ziehst du aus deinem Lande hinaus, ohne alle deine Streitkräfte beisammen zu haben, alles wagen mußt. Es ist sogar vorgekommen, daß man den Feind, um ihn zu schwächen, einige Tagmärsche ins Land einrücken und mehrere Festungen von ihm nehmen ließ, damit durch Zurücklassung von Besatzungen sein Heer geschwächt wurde und man ihn dann besser bekämpfen konnte.

Um aber nun auch zu sagen, was ich selbst von der Sache halte, so glaube ich, daß folgende Unterscheidung zu machen sei. Entweder ich habe ein bewaffnetes Land, wie die Römer und Schweizer, oder ich habe ein unbewaffnetes Land, wie die Karthager, der König von Frankreich und die Italiener. In diesem letzten Falle muß ich den Feind fern von Hause halten; denn da meine Kraft im Gelde, nicht in den Untertanen liegt, so bin ich jedesmal verloren, wenn mir die Wege, Geld zu erheben, gesperrt sind, und nichts sperrt sie mir so sehr als Krieg im eigenen Lande. Ein Beweis sind die Karthager, die, solange sie ihr Land frei hatten, mit ihren Einkünften gegen die Römer Krieg führen konnten, als aber ihr Land angegriffen wurde, dem Agathokles nicht zu widerstehen vermochten. Die Florentiner konnten sich auf keine Weise gegen Castruccio, den Herrn von Lucca, schützen, weil er sie in ihrem eigenen Lande bekriegte, so daß sie sich, um verteidigt zu werden, dem König Robert anvertrauen mußten. Als aber Castruccio tot war, hatten dieselben Florentiner den Mut, den Herzog von Mailand in seinem Lande anzugreifen und es dahin zu bringen, daß ihm die Herrschaft entrissen wurde. So große Tapferkeit bewiesen sie in den entfernten Kriegen und so große Feigheit in den nahen.

Wenn aber die Reiche bewaffnet sind, wie früher Rom und jetzt die Schweiz, so sind sie um so schwerer zu überwinden, je näher man ihnen kommt. Solche Körper können mehr Kräfte zum Widerstand vereinigen als zum Angriff. Hannibals Autorität vermag mich in diesem Falle nicht zu bewegen; denn die Leidenschaft und sein Vorteil sprachen aus ihm zu Antiochus. Hätten die Römer so schnell nacheinander die drei Niederlagen in Gallien erlitten, die sie durch Hannibal in Italien erlitten, so wären sie zweifelsohne verloren gewesen; denn sie hätten sich der Überbleibsel der Heere nicht so bedienen können, wie sie es in Italien konnten, sie hätten die Mittel nicht gehabt, sich wieder zu sammeln und zu ergänzen und konnten daher dem Feinde nicht soviel Streitkräfte entgegensetzen wie in Italien. Man findet nicht, daß sie zum Angriff auf ein Land mehr als fünfzigtausend Soldaten ausschickten, dagegen stellten sie zur Verteidigung der Heimat gegen die Gallier nach dem zweiten punischen Krieg achtzehnhunderttausend Mann unter die Waffen. Sie hätten aber diese Gallier schon nicht mehr in der Lombardei schlagen können, wie sie sie in Toskana schlugen, denn sie hätten gegen die ungeheure Anzahl dieser Feinde so große Streitkräfte nicht so weit von Rom wegführen und also dort nicht mit demselben Vorteil fechten können. Die Cimbern schlugen ein römisches Heer in Deutschland, und die Römer konnten dort nichts gegen sie ausrichten. Als sie aber nach Italien kamen, vereinigte Rom seine ganze Macht und vertilgte sie. Es ist leicht, die Schweizer außerhalb ihres Landes zu schlagen, da sie nur dreißig- bis vierzigtausend Mann ausschicken können, allein zu Hause, wo sie hunderttausend versammeln können, ist es sehr schwer.

Ich ziehe also von neuem den Schluß, daß der Fürst, welcher ein bewaffnetes, zum Kriege geordnetes Volk hat, immer einen mächtigen und gefahrvollen Krieg zu Hause erwarten und ihm nicht entgegengehen soll. Der hingegen, der entwaffnete Untertanen und ein nicht krieggewohntes Land hat, halte den Krieg so weit von Hause fern, als er kann. So werden sich beide, jeder nach seiner Stellung, am besten verteidigen.

13.

Daß man aus niederem Stande zur Größe eher durch Betrug als durch Gewalt gelangt.

Ich halte es für eine ausgemachte Wahrheit, daß die Menschen selten oder nie von niederem Stande ohne Gewalt und ohne Betrug zu hohem Range gelangen, vorausgesetzt, daß ihnen dieser Rang nicht von dem, der ihn einnimmt, geschenkt oder als Erbe hinterlassen wird. Ich glaube auch nicht, daß Gewalt allein je hinreicht, wohl aber wird man finden, daß Betrug allein hinreicht, wie sich deutlich aus dem Leben Philipps von Macedonien, des Sicilianers Agathokles und vieler anderer zeigt, die sich von niedrigstem, oder doch niederem, Stande zu Fürsten oder zu Beherrschern der größten Reiche emporgeschwungen haben. Xenophon zeigt in seiner Cyropädie diese Notwendigkeit zu täuschen, indem der erste Feldzug seines Helden gegen den König von Armenien voller Betrug ist und Cyrus mehr durch List als Gewalt sein Reich erobert. Er folgert nichts anderes daraus, als daß ein Fürst, der große Dinge ausrichten will, zu hintergehen lernen müsse. Er läßt ihn ferner Astyages, den König der Meder, seinen Großvater mütterlicherseits, auf verschiedene Weise überlisten und zeigt, daß sich Cyrus ohne diesen Betrug nicht zu seiner Größe erheben konnte.

Ich glaube auch nicht, daß sich in der Geschichte ein Mann finden läßt, der sich von einer niederen Stellung in der Gesellschaft allein durch offene Gewalt und ohne Verstellung zu einem mächtigen Herrscher emporgeschwungen hat, wohl aber durch Betrug allein, wie Johann Galeazzo Visconti dem Messer Bernabo, seinem Oheim, die lombardische Krone raubte.

Was Fürsten im Anfang ihrer Vergrößerung tun müssen, müssen auch die Republiken tun, bis sie mächtig geworden sind und dann Gewalt allein hinreicht. Da nun Rom durch Schicksalsfügung oder Wahl alle zur Erlangung der Größe nötigen Mittel anwendete, so fehlte ihm auch dieses nicht. Es konnte sich in seinem Anfang keiner größeren Täuschung bedienen, als auf die oben beschriebene Weise zu verfahren, das heißt sich Bundesgenossen zu erwerben; denn unter diesem Namen wurden sie Roms Knechte, wie die Latiner und andere benachbarte Völker.

Zuerst bediente es sich ihrer Waffen, um die angrenzenden Länder zu unterwerfen und der Republik Ansehen zu erkämpfen, und nach der Unterwerfung derselben war es so mächtig geworden, daß es einen jeden unterjochen konnte. Die Latiner wurden ihre gänzliche Knechtschaft nicht eher gewahr, als bis sie die Samniter zweimal geschlagen und zum Frieden gezwungen sahen. Wie aber dieser Sieg das Ansehen der Römer bei den entfernteren Fürsten, die den römischen Namen, nicht ihre Waffen fühlten, bedeutend vergrößerte, so erzeugte er Eifersucht und Argwohn bei denen, die die Waffen sahen und fühlten, worunter die Latiner gehörten. So viel vermochte diese Eifersucht und diese Furcht, daß sich nicht allein die Latiner, sondern auch seine eigenen Kolonien in Latium und die früher beschützten Campaner zum Untergang Roms verschworen. Die Latiner fingen den Krieg so an, wie nach unserer obigen Erklärung die meisten Kriege angefangen werden, indem sie nicht die Römer angriffen, sondern die Sidiciner gegen die Samniter verteidigten, welche von den Samnitern mit Erlaubnis der Römer bekriegt wurden. Daß die Latiner wirklich deshalb Krieg anfingen, weil sie jene Täuschung durchschaut hatten, zeigt Livius in der Rede des latinischen Prätors Annius Setinus im Senat: *Nam si etiam nunc sub umbra foederis aequi servitutem pati possumus etc*[1].

Man sieht also, daß den Römern bei ihren ersten Vergrößerungen auch der Betrug nicht fehlte, dessen sich alle bedienen mußten, die von kleinem Anfang zu den höchsten Stufen der Macht emporsteigen wollten, und der um so weniger verächtlich ist, je verdeckter er ist, wie der der Römer.

[1] Denn wenn wir auch jetzt unter dem Schein eines gleichmäßigen Bündnisses die Knechtschaft ertragen können usw.

14.

Oft täuscht man sich, wenn man glaubt, durch Bescheidenheit den Hochmut besiegen zu können.

Oft sieht man, daß Bescheidenheit nicht nur nichts hilft, sondern daß sie schadet, besonders wenn du sie gegen übermütige Menschen zeigst, welche aus Eifersucht oder einer anderen Ursache Haß auf dich geworfen haben. Unser Geschichtschreiber bezeugt dies bei Auseinandersetzung der Ursachen des Krieges der Latiner mit den Römern. Als sich nämlich die Samniter bei den Römern über den Angriff der Latiner beschwerten, wollten die Römer diesen Krieg den Latinern, aus dem Wunsche, sie nicht zu reizen, nicht verbieten. Dieser Zweck aber wurde nicht nur nicht erreicht, sondern die Latiner wurden noch kühner und erklärten sich nur desto früher als Feinde. Es bezeugen dies die Worte des vorerwähnten Prätors der Latiner, Annius, die er in derselben Versammlung sprach: *Tentastis patientiam negando militem: quis dubitat exarsisse eos? Pertulerunt tamen hunc dolorem. Exercitus nos parare adversus Samnites foederatos suos audierunt, nec moverunt se ab urbe. Unde haec illis tanta modestia, nisi a conscientia virium, et nostrarum, et suarum?*[2)]

Man erkennt hieraus auf das klarste, wie sehr die Geduld der Römer den Übermut der Latiner vermehrte. Ein Fürst darf daher seiner Würde nie etwas vergeben und nie anders einen Abtretungsvertrag eingehen, wenn es mit Ehren geschehen soll, als wenn er noch die abzutretende Sache zu halten imstande ist oder man glaubt, daß er es sei. Ist es so weit gekommen, daß du ein Besitztum nicht auf die angegebene Art abtreten kannst, so ist es fast immer besser, es dir durch die Gewalt selbst entreißen zu lassen, als durch die Furcht vor Gewalt. Trittst du es aus Furcht ab, so tust du dies, um dich vom Kriege zu befreien,

2) Ihr habt ihre Geduld geprüft, indem ihr ihnen Soldaten verweigertet. Wer zweifelt, daß sie hierüber in Zorn entbrannten? Dennoch ertrugen sie diesen Schmerz. Daß wir Heere gegen die Samniter, ihre Verbündeten, rüsten, haben sie gehört und sich dennoch nicht aus der Stadt bewegt. Woher kommt diese Zurückhaltung, woher anders, als aus der Erkenntnis ihrer Kräfte und unsrer Kräfte?

befreist dich aber meistenteils nicht, da der Feind, dem du aus offenbarer Feigheit das eine zugestanden hast, nicht damit zufrieden sein wird, sondern dir auch noch das übrige wird entreißen wollen und nur noch mehr von Habgier entbrennen wird, da er dich geringschätzt. Auf der anderen Seite wirst du deine Gönner und Verteidiger kälter finden, da du ihnen schwach oder feige erscheinst. Rüstest du hingegen sogleich nach Entdeckung der Absicht deines Gegners deine Streitkräfte, obgleich sie geringer sind als die seinigen, so wird er dich zu achten anfangen; die anderen Fürsten rundumher achten dich mehr, und manchem kommt, wenn du unter den Waffen bist, der Wille, dir zu helfen, der, verlässest du dich selbst, dir niemals helfen wird.

Dies gilt für den Fall, daß du einen einzigen Feind hast; hast du hingegen mehrere, so wird es immer eine kluge Maßregel sein, einem von ihnen, wenn auch der Krieg schon eröffnet ist, einige deiner Besitzungen abzutreten, um ihn dir wiederzugewinnen oder um ihn von den anderen gegen dich verbündeten Mächten zu trennen.

15.

Schwache Staaten sind immer schwankend, wenn es gilt, einen Entschluß zu fassen, und immer sind langsame Entschließungen schädlich.

Bei derselben Veranlassung, dem Ausbruch des Krieges zwischen den Latinern und Römern, läßt sich auch die Bemerkung machen, daß es bei jeder Beratung gut sei, auf den Grund der Sache zu kommen und nicht immer im Dunkeln und Ungewissen zu bleiben. Dies zeigt sich deutlich aus der Beratung der Latiner, als sie mit den Römern brechen wollten. Die Römer nämlich hatten von der üblen Stimmung des latinischen Volkes Kenntnis erhalten. Um über die Sache ins reine zu kommen und zu versuchen, ob sie es nicht, ohne zu den Waffen zu greifen, wiedergewinnen könnten, ließen sie es wissen, es solle acht Bürger nach Rom schicken, da sie sich mit ihm zu beraten hätten. Die Latiner, die sich vieler Handlungen gegen den

Willen der Römer bewußt waren, hielten auf diese Botschaft Rat, wer nach Rom geschickt werden und was der Gesandte sagen solle. Da man nun hierüber in der Versammlung uneinig war, ergriff ihr Prätor, Annius, das Wort und sprach: *Ad summam rerum nostrarum pertinere arbitror, ut cogitetis magis quid agendum nobis, quam quid loquendum sit. Facile erit, explicatis consiliis, accomodare rebus verba*[1)].

Diese Worte sind ohne Zweifel sehr treffend und sollten von jedem Fürsten und von jeder Republik zu Herzen genommen werden. In der Unentschlossenheit und in der Ungewißheit, was geschehen soll, lassen sich keine passenden Worte finden, ist aber einmal ein Entschluß gefaßt und beschlossen, was ausgeführt werden soll, so ist es etwas Leichtes, Worte dazu zu finden. Ich habe diese Sache um so lieber angemerkt, als ich selbst die Erfahrung gemacht habe, daß eine solche Doppelsinnigkeit den öffentlichen Geschäften, zum Nachteil und zur Schande unserer Republik, oftmals geschadet hat. Immer aber werden in einer zweifelhaften Lage, wo Mut zur Entschließung nötig ist, die Beschlüsse doppelsinnig und zweideutig ausfallen, wenn schwache Männer zu beraten und zu beschließen haben.

Nicht weniger schädlich als die doppelsinnigen sind die langsamen und späten Beschlüsse, besonders solche, die zugunsten eines Verbündeten zu fassen sind; denn durch ihre Langsamkeit wird niemand geholfen, und man schadet sich selbst. Solche späte Beschlüsse rühren entweder aus Mangel an Mut und Kräften her, oder aus der Böswilligkeit derer, die zu beschließen haben, wenn sie, durch persönliche Leidenschaft getrieben, um den Staat zu stürzen oder einen ihrer Wünsche zu erreichen, den Beschluß nicht erfolgen lassen, sondern ihn aufhalten und hintertreiben. Gute Bürger, wenn sie auch sehen, daß eine Volkslaune sich auf die verderbliche Seite hinwendet, werden doch niemals Beschlüsse verhindern, besonders in Angelegenheiten, die keinen Aufschub leiden. Nach der Ermordung des Hieronymus, Tyrannen von Syracus, zur Zeit als der

[1)] Ich glaube, für uns ist das Wichtigste, zu bedenken, was wir zu tun, nicht was wir zu reden haben. Haben wir uns über unsre Maßregeln verständigt, so wird es leicht sein, die Worte der Sache anzupassen.

Krieg zwischen Rom und Karthago am heftigsten war, gerieten die Syracuser in Streit, ob sie mit den Römern oder Karthagern Bündnis schließen sollten. Die Heftigkeit der Parteien war so groß, daß die Sache unentschieden blieb und nicht eher ein Entschluß gefaßt wurde, als bis Appollonides, einer der ersten Syracuser, eine Rede voll Klugheit hielt, worin er zeigte, daß weder zu tadeln sei, wer für die Vereinigung mit den Römern stimme, noch wer die Partei der Karthager ergreifen wolle; daß aber die Doppelsinnigkeit und das Zögern mit der Fassung eines Entschlusses zu verabscheuen sei; denn in diesem Schwanken sehe er durchaus das Verderben der Republik; sei hingegen ein Entschluß gefaßt, welcher es auch sein möge, so könne man einiges Gute hoffen. Livius hätte nicht besser zeigen können, welchen Nachteil die Unschlüssigkeit nach sich zieht, als er es hier tat. Auch im Falle der Latiner beweist er dies. Als nämlich die Lavinier von ihnen aufgefordert wurden, Hilfe zu schicken gegen die Römer, zögerten sie so lange mit ihrem Beschlusse, daß sie gerade erst ihre Truppen zur Unterstützung der Latiner vor die Tore geführt hatten, als die Nachricht von ihrer Niederlage ankam. Es sagte daher Milonius, der Prätor der Lavinier: dieser kurze Weg wird uns bei den Römern teuer zu stehen kommen. Wirklich, hätten sie sich früher entschlossen, den Latinern beizustehen oder nicht beizustehen, so würden sie im letzten Falle die Römer nicht aufgebracht haben, im ersten, wenn die Hilfe bei Zeit kam, konnten sie durch die Vereinigung ihrer Streitkräfte den Latinern den Sieg verschaffen; zögerten sie hingegen, so mußten sie auf jede Weise verlieren, wie es denn auch nicht anders kam.

Hätten sich die Florentiner dies zur Lehre dienen lassen, so hätten ihnen die Franzosen weder soviel geschadet, noch soviel Verdruß erregt, wie dies im Kriegszug Ludwigs XII. gegen den Herzog Lodovico von Mailand der Fall war. Als nämlich der König wegen seines Einmarsches in Italien unterhandelte, forderte er die Florentiner zur Schließung eines Vertrages auf, und die florentinischen Gesandten beim König kamen mit ihm überein, daß die Republik neutral bleiben, der König dagegen ihr ihre Staaten garantieren und sie unter seinen Schutz nehmen solle. Die Republik erhielt einen Monat Zeit zur Ratifikation. Diese Ratifikation aber wurde durch die Unklugheit der Begünstiger Lodovicos so lange hinausgeschoben, bis der König im Siegen war, und als sich jetzt die Florentiner bereitwillig zeigten, wollte der König nicht mehr, da er sah, daß sie gezwungen, nicht freiwillig kamen, mit ihm in Bündnis zu treten. Dies kostete Florenz viel Geld, und fast hätte es seine Freiheit verloren, wie es ihm später aus ähnlicher Ursache widerfuhr. Dies Benehmen ist um so verwerflicher, als man auch dem Herzog Lodovico nicht dadurch diente, der, hätte er gesiegt, den Florentinern viel mehr Beweise von Feindschaft gegeben haben würde als der König.

Obgleich ich in einem früheren Kapitel von den Übeln gehandelt habe, die aus dieser Schwachheit entstehen, so habe ich doch, da ein neues Ereignis mir hierzu von neuem Gelegenheit gibt, das Gesagte beigefügt, weil mir dieser Gegenstand als einer der wichtigsten für Republiken gleich der unsrigen erscheint.

16.

Wie sehr die Soldaten unserer Zeit der Taktik der Alten entfremdet sind.

Die wichtigste Schlacht der Römer gegen irgendein Volk war die gegen die Latiner unter dem Konsulat des Manlius Torquatus und Decius Mus. Alle Gründe sprechen dafür, daß, wie die Latiner durch den Verlust dieser Schlacht Knechte wurden, ebenso die Römer ihre Unabhängigkeit verloren haben würden, wenn sie nicht siegten. Auch Livius ist dieser Meinung. Er beschreibt beide Heere gleich an Kriegszucht, Tapferkeit, Hartnäckigkeit und Zahl; den einzigen Unterschied macht er zwischen beiden, daß die Feldherren des römischen Heeres heldenmütiger waren als die des latinischen. Im Lauf der Schlacht sieht man zwei bis dahin unerhörte, auch später seltene Handlungen, daß nämlich von beiden Konsuln, um die Soldaten standhaft, den Befehlen gehorsam und zum Kampf entschlossen zu erhalten, der eine sich selbst, der andere seinen Sohn tötete.

Die Gleichheit der Heere bestand nach Livius darin, daß sie deshalb, weil sie lange zusammen Krieg geführt hatten, dieselbe Sprache, Organisation und Waffen hatten, überhaupt von der Schlachtordnung und Fechtart bis zur Benennung der Heeresteile und Offiziere herab in allem gleich waren. Da sie sich nun auch an Zahl und Tapferkeit gleich waren, so bedurfte es notwendigerweise eines außerordentlichen Vorfalls, der die Gemüter des einen Heeres standhafter und hartnäckiger machte als die des anderen; eine Hartnäckigkeit, in der, wie wir an einem anderen Orte schon gesagt haben, der Sieg besteht; denn solange sie in der Brust der Kämpfenden Oberhand hat, solange wenden sich die Heere nicht zur Flucht. Damit sie nun länger daure in der Brust der Römer als der der Latiner, wollte teils das Geschick, teils der Heldenmut der Konsuln, daß Torquatus den Sohn, Decius sich selbst töten mußte.

Livius beschreibt bei dieser Gelegenheit die Heereinteilung und Fechtart der Römer ausführlich. Ich werde nicht alles wiederholen, sondern nur das mir bemerkenswert Erscheinende erörtern, dessen Vernachlässigung durch alle Feldherren unserer Zeit in den Heeren und Schlachten viel Unordnung veranlaßt hat.

Das römische Heer bestand aus drei Hauptabteilungen, die man in unserer Sprache Treffen nennen kann. Das erste hieß Hastaten, das zweite Principes, das dritte Triarier, und ein jedes hatte seine Reiter. Bei der Aufstellung in Schlachtordnung kamen die Hastaten ins erste Treffen, ins zweite gerade dahinter die Principes, und ins dritte, gleichfalls mit derselben Breite, die Triarier. Die ganze Reiterei wurde auf dem rechten Flügel und linken Flügel dieser drei Schlachtlinien aufgestellt; die Geschwader der Reiterei hieß man nach ihrer Form und Stelle Alae; denn sie schienen zwei Flügel dieses Körpers zu sein. Das erste Treffen, die Hastaten, wurde so dicht geschlossen aufgestellt, daß es den Feind schlagen und aushalten konnte. Das zweite Treffen, die Principes, focht nicht gleich anfangs, mußte aber das erste Treffen unterstützen, wenn es geschlagen oder im Gedränge war; es wurde daher nicht dicht geschlossen, sondern mit Lücken aufgestellt, so daß es, ohne in Unordnung zu kommen, das erste Treffen aufnehmen konnte, sooft dieses, vom Feinde geschlagen, zum Rückzug genötigt war. Das dritte Treffen, die Triarier, hatte noch größere Lücken als das zweite, um, wenn es nötig war, die zwei ersten Treffen, die Principes und Hastaten, in sich aufnehmen zu können. Nachdem nun die Treffen in dieser Ordnung aufgestellt waren, eröffnete man die Schlacht. Wurden die Hastati geworfen, so zogen sie sich in die Intervalle der Principes zurück und, beide Treffen zu einem Körper vereinigt, begannen von neuem den Kampf. Wurden auch sie zurückgedrängt, so zogen sich beide in die Zwischenräume der Triarier zurück, und alle drei Treffen, zu einer Masse vereinigt, erneuerten noch einmal den Kampf. Waren sie auch hier überwunden, so verloren sie, weil keine Reserve mehr da war, die Schlacht. Jedesmal, wenn das letzte Treffen, die Triarier, ins Gefecht kam, war das Heer in Gefahr, woraus das Sprichwort entstand: *Res redacta est ad triarios*, was in unserer Sprache soviel heißt als: wir haben unseren letzten Satz gesetzt.

Die Feldherren unserer Zeit haben, so wie alle Vorschriften der Kriegskunst der Alten, auch diese vernachlässigt, die von nicht geringer Wichtigkeit ist. Wer sich so in Schlachtordnung stellt, daß er dreimal mit frischer Kraft fechten kann, dem muß, soll er besiegt werden, das Glück dreimal feindlich sein; er muß auf eine Tapferkeit stoßen, die ihn dreimal zu besiegen vermag. Wer hingegen nur zu einem einzigen Stoß aufgestellt ist, wie heute die christlichen Heere, kann leicht geschlagen werden; denn jede Unordnung, jede mittelmäßige Tapferkeit kann ihm den Sieg entreißen. Unsere Heere können deshalb nicht dreimal das Gefecht erneuern, weil die Art und Weise, wie ein Treffen das andere aufnimmt, verlorengegangen ist. Was man jetzt Schlachtordnung heißt, ist eine der beiden folgenden Unordnungen. Entweder werden die Treffen nebeneinander gestellt und eine breite und dünne Schlachtlinie gebildet, was sie wegen ihrer Tiefe schwach macht. Oder wenn auch, um sie stärker zu machen, die Treffen wie die römischen hintereinander gestellt werden, so sind doch keine Vorkehrungen getroffen, das erste, wenn es geschlagen ist, durch das zweite aufnehmen zu lassen, sondern alle Treffen verwirren sich zu einem Knäuel und werfen und durchbrechen sich selbst. Ist das vorderste geschlagen, so drängt es das zweite; will das zweite vorrücken, so wird es vom ersten verhindert, so daß das erste auf das zweite stößt, das zweite auf das dritte, und eine so große Verwirrung entsteht, daß oft der geringste Zufall ein Heer zugrunde richtet.

In der Schlacht bei Ravenna[1], wo für unsere Zeit gut genug gefochten wurde und der französische Feldherr Gaston de Foix blieb, stellte sich sowohl das französische als das spanische Heer auf eine der oben beschriebenen Arten in Schlachtstellung, nämlich in ein einziges, viel breiteres als tiefes Treffen. So geschieht es immer, wenn man, wie zu Ravenna, ein ausgedehntes Schlachtfeld hat. Da man nämlich die Unordnung kennt, die in der Kolonnenstellung beim Rückzug entsteht, so sucht man ihr, wo es möglich ist, dadurch vorzubeugen, daß man die Front breit macht; wo man aber von der Gegend eingeengt wird, stellt man sich, ohne an Abhilfe zu denken, in der oben beschriebenen Unordnung auf. In derselben Unordnung wird durch Feindesland geritten, wenn Beute zu machen oder ein anderes Kriegsgeschäft vorzunehmen ist. Im Kriege mit Pisa, der durch die Empörung dieser Stadt gegen Florenz nach dem Kriegszug Karls VIII. von Frankreich nach Italien ausgebrochen war[2], wurden die Florentiner bei Santo Regolo und anderwärts durch niemand anders als durch die eigene Reiterei geschlagen. Diese stand in vorderster Linie, wurde vom Feinde geworfen, durchbrach das florentinische Fußvolk, zersprengte es, und der Rest des Heeres ergriff gleichfalls die Flucht. Messer Ciriaco dal Borgo, der ehemalige Hauptmann des florentinischen Fußvolks, hat in meiner Gegenwart vielmal behauptet, er sei nie anders als durch die eigene Reiterei geschlagen worden. Wenn die Schweizer, die Meister in der neueren Kriegskunst, mit den Franzosen in den Krieg ziehen, so tragen sie bei jeder Gelegenheit vor allem anderen Sorge, sich so zu stellen, daß sich die befreundete Reiterei, wenn sie zurückgeschlagen ist, nicht auf sie wirft.

[1] 11. April 1512.

[2] 1496.

Obgleich diese Dinge leicht zu begreifen und sehr leicht ins Werk zu setzen scheinen, so hat bis jetzt doch noch keiner unserer gleichzeitigen Feldherren die Taktik der Alten nachgeahmt und die neuere verbessert. Man teilt die Heere zwar noch in drei Abteilungen, die man Vorhut, Gros und Nachhut nennt; allein man bedient sich dieser Einteilung nur zur Unterscheidung im Lager, wohingegen beim Schlagen selten der Fall eintritt, daß man nicht das Schicksal aller dieser Körper von einem einzigen glücklichen oder unglücklichen Angriff abhängen ließe.

Man hört viele zur Entschuldigung ihrer Unwissenheit behaupten, die Gewalt des Geschützes erlaube in unserer Zeit nicht mehr, den größeren Teil der Vorschriften der alten Kriegskunst anzuwenden. Ich will diesen Gegenstand im folgenden Kapitel erörtern und zugleich untersuchen, ob das Geschütz davon abhält, jetzt noch die Tapferkeit der Alten zu zeigen.

17.

Welchen Wert unsere Heere auf das Geschütz legen sollen; und ob die große Meinung, die man allgemein davon hat, begründet ist.

Wenn ich mich so in Gedanken mit diesen Dingen und den vielen Feldschlachten, die die Römer in allen Zeiten lieferten, beschäftige, so fällt mir immer die allgemein verbreitete Meinung ein, daß, hätte es in jenen Zeiten schon Geschütze gegeben, es den Römern nicht so leicht oder gar nicht möglich gewesen wäre, sich der Länder zu bemächtigen und die Völker zinsbar zu machen, kurz, daß sie in keinem Falle so große Eroberungen gemacht haben würden. Zu dieser Meinung gehört noch ferner, daß man seit Erfindung dieser Feuerinstrumente keine persönliche Tapferkeit mehr zeigen könne wie vor alters. Drittens glaubt man, es sei jetzt schwieriger, zur Schlacht zu kommen, und im Kampfe selbst könne man sich in der Schlachtordnung jener Zeiten nicht mehr halten, so daß sich nach und nach der ganze Krieg auf Geschützfeuer beschränken werde.

Es liegt nicht außerhalb meines Planes zu untersuchen, ob diese Meinungen richtig sind, um wieviel das Geschütz die Heere stärker oder schwächer gemacht hat, und ob es guten Feldherren Gelegenheit zu tapferer Tat gibt oder entzieht. Ich will mit der ersten Meinung, die Heere der alten Römer hätten ihre Eroberungen nicht gemacht, wenn es damals schon Geschütze gegeben hätte, anfangen.

Um diese Meinung zu widerlegen, schicke ich voraus, daß man, entweder um sich zu verteidigen oder um anzugreifen, Krieg führt. Es ist daher zuerst zu untersuchen, wem das Geschütz mehr nützt oder schadet, dem, der verteidigungs- oder dem der angriffsweise zu Werke geht. Obschon sich nun für beide Teile Gründe anführen lassen, so glaube ich doch, daß das Geschütz dem Verteidiger ohne Vergleich mehr Schaden zufügt als dem Angreifenden. Mein Grund ist der folgende: Der, welcher sich verteidigt, ist entweder in einer Festung, oder er ist im Felde hinter einer Verschanzung. Befindet er sich in einer Festung, so ist diese klein, wie der größte Teil der Festungen, oder sie ist groß. Im ersten Fall ist der Verteidiger durchaus verloren; denn die Gewalt des Geschützes ist so groß, daß es keine Mauer gibt, so dick sie auch sein mag, die nicht in wenigen Tagen eingeschossen wäre. Hat nun der Verteidiger nicht hinreichend Raum, durch Graben und Wall einen Abschnitt anzulegen, so ist er verloren und kann den Angriff des Feindes, der durch die Bresche der Mauer eindringen will, nicht abhalten. Auch hilft ihm sein Geschütz nichts; denn es ist eine Maxime, daß, wo man geschlossen und im schnellen Stoß anrücken kann, Geschütz nicht zurückhält. Daher wird das Ungestüm der Ultramontaner von den Verteidigern der Festungen nicht ausgehalten. Wohl hält man die Angriffe der Italiener aus, die nicht geschlossen, sondern aufgelöst ins Gefecht geführt werden, eine Fechtart, die man mit einem sehr passenden Ausdruck Scharmützel nennt. Diese, welche in solcher Unordnung und mit solcher Lauheit sich einer Bresche nähern, worauf Geschütz steht, gehen in einen offenbaren Tod, und gegen sie ist das Geschütz von Nutzen. Jene aber, die, in eine Masse zusammengedrängt, wo einer den andern vordrückt, eine Bresche stürmen und nicht durch Wälle und Gräben zurückgehalten werden, dringen überall durch, ohne daß das Geschütz sie hält. Fallen dabei auch einige, so können es doch nicht so viele sein, daß dadurch der Sieg verhindert würde. Daß dem wirklich so ist, hat man bei der Einnahme vieler italienischer Plätze durch die Ultramontaner gesehen, und besonders bei Brescia[1]. Als sich diese Stadt gegen die Franzosen empört hatte und dic Zitadelle sich noch für den König von Frankreich hielt, fuhren die Venetianer, um einen Angriff abzuhalten, quer über die ganze Straße, die von der Zitadelle in die Stadt herabführt, Geschütz auf und stellten Kanonen an jeden schicklichen Ort, so daß die Straße in Front und Flanke bestrichen wurde. Gaston de Foix jedoch kümmerte sich nichts darum, ließ sein Geschwader absitzen, ging mitten durchs Feuer, nahm die Stadt, und man hat nicht gehört, daß er irgend bedeutenden Verlust erlitten hätte. Wer sich also in einer kleinen Festung verteidigt, wo die Mauern auf ebener Erde stehen, wo Raum fehlt, Abschnitte durch Gräben und Wälle anzulegen, und sich auf das Geschütz verlassen muß, ist schnell besiegt.

Verteidigt man sich in einer großen Festung, wo man Abschnitte anlegen kann, so ist dennoch das Geschütz dem Belagerer nützlicher als der Besatzung. Damit ein Geschütz dem Belagerer Schaden zufügen könne, muß es über den Erdhorizont erhoben werden; denn steht es auf der Ebene, so ist der geringste Erdaufwurf zur völligen Deckung des Feindes hinreichend. Es muß also erhöht werden, auf die Mauer gezogen oder auf irgendeine Art über den Boden erhoben werden. Hier hast du aber mit zwei Schwierigkeiten zu kämpfen: einmal kannst du keine so großen Kaliber, als der Belagerer hat, hinaufbringen, da man die großen Stücke nicht auf dem kleinen Raume handhaben kann; zweitens, wenn du auch dein Geschütz hinaufbringen könntest, so lassen sich doch keine hinreichend sicheren Brustwehren anbringen, und so wird dein Geschütz bald demontiert sein, während der Belagerer, der sich auf der Erde befindet, das seinige nach Belieben decken kann. Es wird daher dem Verteidiger der Festung unmöglich sein,

[1] 1509.

Geschütz an hohen Orten aufzustellen, wenn der Belagerer viel Geschütz und starke Kaliber hat; muß aber das Geschütz der Festung niedrig aufgestellt werden, so ist es, wie wir schon gesagt, zum guten Teil wirkungslos. Die Verteidigung der Festung beschränkt sich demnach wie vor alters auf den Gebrauch der blanken Waffe und auf die kleineren Kaliber. Gewähren diese aber auch einigen Nutzen, so zieht man sich auf der anderen Seite Nachteile zu, die die Vorteile des Geschützes aufwiegen; denn aus Rücksicht auf dieses werden die Festungsmauern jetzt niedrig gemacht und fast in die Gräben versenkt; so daß beim Sturme, wenn Bresche gelegt oder der Graben ausgefüllt ist, die Besatzung einen bei weitem schwierigeren Stand hat als vor alters. Aus allen diesen Gründen nützen diese Kriegswerkzeuge bei weitem mehr dem Belagerer als dem Belagerten.

Man bezieht ein verschanztes Lager, um nur unter günstigen Umständen eine Schlacht zu liefern. Was diesen Punkt betrifft, hat man jetzt gewöhnlich nicht mehr Schutzmittel, um nicht zur Schlacht gezwungen zu werden, als die Alten; und manchmal ist man wegen des Geschützes ihnen gegenüber noch im Nachteil. Rückt dir der Feind auf den Leib, und hat er ein wenig den Vorteil des Geländes, wie dies leicht der Fall sein kann, indem er höher steht, oder bist du durch deine noch unvollendeten Brustwehren nicht gehörig gedeckt, so treibt er dich in einem Augenblick, ohne daß du es hindern kannst, aus deinem Lager; du bist gezwungen, aus deinen Verschanzungen herauszugeben und eine Schlacht zu liefern. So ging es den Spaniern in der Schlacht bei Ravenna. Sie hatten sich zwischen dem Flusse Ronco und einem Damm befestigt und wurden, da sie diesen Damm nicht genug erhöht und die Franzosen ein wenig den Vorteil des Terrains hatten, durch das feindliche Geschütz aus ihren Verschanzungen herausgetrieben und zur Schlacht gezwungen. Gesetzt aber auch, wie es meistens der Fall sein wird, du hättest dir zu deinem Lager eine Stelle ausgesucht, die die Umgegend beherrscht, deine Brustwehren seien gut und gewährten hinreichende Sicherheit, so daß dich der Feind wegen deiner guten Position und deiner anderen Vorbereitungen nicht anzugreifen wagt, so wird er zu den vor alters gebräuchlichen Mitteln greifen, wenn sich ein Heer in einer unangreifbaren Stellung befand, das heißt er wird die Felder verwüsten, deine befreundeten Städte nehmen und plündern, dir die Lebensmittel abschneiden, so daß du durch Mangel gezwungen wirst, aus deinem Lager heraus und zur Schlacht zu kommen, in der dann, wie unten gesagt werden soll, das Geschütz keine große Wirkung hat.

So hätten wir also bewiesen, daß das Geschütz dem Angreifenden mehr nützt als dem Verteidiger. Bedenkt man nun, daß die Römer fast alle ihre Kriege führten, um andere Völker anzugreifen, nicht um sich zu verteidigen, so wird man sehen, wie wahr meine Behauptung ist, daß die Römer in unserer Zeit im Vorteil sein und schneller ihre Eroberungen machen würden.

Ich komme zur zweiten Meinung, daß man seit Einführung der Artillerie nicht mehr wie vor alters persönliche Tapferkeit zeigen könne. Wahr ist, daß der Soldat, wo er einzeln zu erscheinen hat, größerer Gefahr ausgesetzt ist als damals; wie bei der Ersteigung einer Festung mit Leitern oder bei ähnlichen Angriffen, wo die Soldaten nicht geschlossen, sondern jeder einzelne für sich zu fechten hat. Wahr ist ferner, daß die Feldherren der Gefahr, getötet zu werden, mehr unterworfen sind als damals, da sie durch die Geschützkugeln an jedem Orte erreicht werden können und es ihnen nichts hilft, im letzten Treffen zu halten und von der tapfersten Leibwache umgeben zu sein. Gleichwohl zeigt die Erfahrung, daß beide Gefahren nur selten besondere Verluste zur Folge haben; denn wohlbefestigte Plätze ersteigt man nicht mit Leitern, noch versucht man mit wenig Leuten einen Sturm, sondern, um sie einnehmen zu wollen, muß man sie jetzt, wie vor alters, förmlich belagern. Wird aber auch hie und da eine Festung mit Sturm genommen, so ist die Gefahr jetzt nicht viel größer als damals, denn ehemals hatte die Besatzung gleichfalls Wurfmaschinen und Schießwerkzeuge, die, wenn sie auch nicht so gewaltig knallten, doch, was die Tötung der Menschen betrifft, ähnliche Wirkung hatten. Was den Tod der Feldherren und Condottieri betrifft, so haben wir davon in den letzten vierundzwanzig Kriegsjahren in Italien weniger Beispiele gesehen, als bei den Alten in zehn

Jahren vorkamen. Außer dem Grafen Lodovico della Mirandola, der bei Ferrara fiel, als die Venetianer vor einigen Jahren diesen Staat angriffen, und dem Herzog von Nemours, der bei Cerignuola blieb, wurde kein Feldherr durch eine Stückkugel getötet; denn Gaston de Foix fiel bei Ravonna durch einen Pikenstich, nicht durch eine Feuerwaffe. Wenn also die Soldaten keine persönliche Tapferkeit zeigen, so rührt dies nicht von der Artillerie her, sondern von der schlechten Einrichtung und Erbärmlichkeit unserer Heere, die in ihrer Ganzheit feige sind und also auch in ihren Teilen keine Tapferkeit zeigen können.

Ich gehe zur dritten Meinung über, daß man nicht mehr zum Handgemenge kommen könne, und daß sich der Krieg gänzlich auf den Gebrauch des Geschützes beschränken werde. Diese Meinung ist durchaus falsch und wird von allen immer für falsch gehalten werden, die sich ihrer Heere nach dem großen Vorbild der Alten bedienen wollen. Wer ein gutes Heer bilden will, muß seine Soldaten durch Scheingefechte oder wirkliche Scharmützel daran gewöhnen, sich dem Feinde auf Degenlänge zu nähern und ihn an der Brust zu fassen; er muß sich mehr auf das Fußvolk als auf die Reiterei verlassen, aus den Gründen, die unten gesagt werden sollen. Verläßt er sich aber mehr auf das Fußvolk und die genannte Fechtart, so wird das Geschütz völlig unnütz; denn das Fußvolk kann, wenn es dem Feinde auf den Leib rückt, viel leichter die Schüsse des Geschützes vermeiden, als es vor alters dem Anrennen der Elefanten, der Sichelwagen und anderer ungewöhnlicher Kriegswerkzeuge ausweichen konnte, auf die die Römer stießen und gegen die sie immer ein Mittel fanden. Um so leichter aber hätten sie es hier gefunden, als die Zeit kürzer ist, während welcher das Geschütz schaden kann, als die war, während welcher die Elefanten und Streitwagen schaden konnten. Diese brachten dich mitten in der Schlacht in Unordnung, jenes hindert dich bloß vor der Schlacht; ein Hindernis, dem das Fußvolk leicht ausweicht, indem es entweder vom Gelände gedeckt marschiert oder sich, wenn geschossen wird, auf die Erde bückt. Aber auch dies hat die Erfahrung als überflüssig ausgewiesen, besonders das

Deckungsuchen vor dem schweren Geschütz, das nicht so genau gerichtet werden kann, und dessen Kugeln, wenn hoch visiert wird, dir über den Kopf hinausfliegen, wenn niedrig visiert wird, dich nicht erreichen. Sind die Heere einmal zum Handgemenge gekommen, so ist es klarer als der Tag, daß dir weder schweres noch leichtes Geschütz schaden kann; denn ist es vor der Schlachtlinie deines Gegners aufgefahren, so fällt's dir in die Hand, ist es dahinter aufgefahren, so trifft es eher seinen Freund als dich; ebensowenig kann es dich im Rücken beschießen, ohne daß du darauf losgehen kannst und dann wieder derselbe Fall eintritt. Dagegen läßt sich auch gar nicht viel streiten; denn die Sache ist von den Schweizern bewiesen, die im Jahre 1513 ohne Geschütz und Reiterei das mit Geschütz wohl versehene französische Heer bei Novara hinter seinen Verschanzungen angriffen und schlugen, ohne irgend durch das Geschütz behindert zu werden.

Die Ursache, warum das Geschütz kein Hindernis ist, ist außer dem Gesagten auch noch die, daß es, um wirken zu können, durch eine Mauer, durch Gräben oder durch Wälle geschützt sein muß; fehlen diese Schutzmittel, so wird es genommen oder es wird unnütz, wie es immer der Fall ist, wenn es durch Soldaten geschützt werden soll, das heißt in Schlachten und Gefechten. Auf den Flügeln kann es nur in der Art angewendet werden, wie die Alten ihre Ballisten anwendeten, die sie außerhalb der Schlachtordnung aufstellten und jedesmal, wenn Reiterei oder andere Truppen einen Angriff darauf machten, in die Legionen zurückzogen. Wer anders auf das Geschütz rechnet, versteht es nicht recht und verläßt sich auf eine Sache, die ihn leicht täuschen kann. Hat aber der Türke durch sein Geschütz den Sofi von Persien und den Sultan von Ägypten besiegt, so geschah es nicht durch die eigentümliche große Wirkung desselben, sondern durch den panischen Schrecken, den das ungewohnte Gekrach ihrer Reiterei einjagte.

Aus allem Vorhergehenden ziehe ich den endlichen Schluß, daß das Geschütz in einem Heere, wo die Tapferkeit der Alten zu finden ist, nützlich, ohne diese Tapferkeit aber gegen ein tapferes Heer völlig unnütz ist.

18.

Daß man nach der Autorität der Römer und den Vorschriften der Kriegskunst der Alten mehr Wert auf das Fußvolk als auf die Reiterei legen müsse.

Die Römer gaben dem Fußvolk in allen Gefechten und Schlachten den Vorzug vor der Reiterei und gründeten alle ihre Operationspläne auf dasselbe. Durch viele Gründe und Beispiele läßt sich dies klar beweisen. Als unter anderm in der Schlacht am See Regillus schon die Legionen wankten, ließen die Römer zu ihrer Unterstützung einen Teil der Reiterei absitzen, erneuerten den Kampf und gewannen den Sieg. Desselben Mittels bedienten sie sich in vielen anderen Schlachten, und immer bewährte es sich als vortrefflich in der Gefahr. Die Meinung Hannibals vermag die Wahrheit dieser Tatsache nicht zu entkräften. Als er nämlich in der Schlacht bei Cannä sah, daß die Konsuln ihre Reiterei absitzen ließen, sprach er spottend: *Quam mallem vinctos mihi traderent equites,* d. h. noch lieber wär mir's, man liefere sie mir gebunden aus. Kommt diese Meinung nun gleich aus dem Munde eines der ausgezeichnetsten Männer, so muß man doch, will man sich an Autoritäten halten, mehr der römischen Republik und so vielen ihrer ausgezeichnetsten Feldherren, als dem einen Hannibal glauben. Allein auch abgesehen von der Autorität lassen sich die in die Augen fallendsten Gründe anführen.

Der Soldat zu Fuß kann in mancherlei Gattung von Gelände marschieren, wo der Reiter nicht fortkommt; man kann ihn Ordnung halten und, wenn sie gestört ist, wiederherstellen lehren; den Reitern ist es schwer, Ordnung zu halten, und sind sie in Verwirrung gebracht, unmöglich, sie wiederherzustellen. Überdies gibt es, wie bei den Menschen, auch bei den Pferden solche, die wenig, und andere, die viel Mut oder Feuer haben. Häufig hat nun ein feuriges Pferd einen feigen Reiter und ein furchtsames Pferd einen mutigen Reiter; eine Ungleichheit, die in beiden Fällen Roß und Reiter unnütz macht und Unordnung erzeugt. Geschlossenes Fußvolk kann endlich leicht Reiterei werfen und nur schwer von ihr geworfen werden. Diese

Meinung wird durch viele alte und neue Beispiele bestätigt und überdies von den Schriftstellern über bürgerliche Einrichtungen bekräftigt. Sie lehren uns, die Kriege seien anfänglich durch Reiter geführt worden, weil man das Fußvolk noch nicht zu ordnen verstanden; sowie man dies aber gelernt, habe man sogleich erkannt, um wieviel nützlicher es sei als jene. Es soll damit nicht gesagt sein, daß die Heere keiner Reiterei bedürfen. Sie ist notwendig zum Rekognoszieren, zum Furagieren und Beutemachen, zur Verfolgung des geschlagenen Feindes und zum Teil auch, um der feindlichen Reiterei die Spitze zu bieten. Allein der Grundpfeiler und der Nerv des Heeres, worauf man den meisten Wert legen soll, muß das Fußvolk sein.

Die größte aller Sünden der italienischen Fürsten durch deren Schuld Italien die Sklavin der Fremden ist, war die, daß sie das Fußvolk vernachlässigt und alle ihre Sorge der Reiterei zugewandt haben. Diese Unordnung ist teils dem Eigennutz der Hauptleute, teils der Unwissenheit derer zuzuschreiben, die die Staaten lenkten. Es sind nun fünfundzwanzig Jahre, daß die Kriegsmacht Italiens allein in der Hand solcher Männer ruht, die keine Fürsten, sondern gleichsam Glücksritter waren. Diese waren sogleich darauf bedacht, sich dadurch in Ansehen zu erhalten, daß sie bewaffnet, die Fürsten hingegen waffenlos blieben. Da ihnen nun eine große Anzahl Fußvolk nicht fortwährend bezahlt werden konnte, sie. keine Untertanen hatten, deren sie sich zu diesem Zwecke bedienen konnten, und eine kleine Anzahl ihnen kein Ansehen gab, so gingen sie dazu über, Reiter zu halten, wovon zwei- bis dreihundert, die einem Condottiere bezahlt wurden, diesen in Ansehen erhielten und zugleich keinen so großen Sold erforderten, daß ihn ein Fürst nicht erschwingen konnte. Damit ihnen dies leichter gelinge und sie mehr geachtet würden, setzten sie das Fußvolk auf alle Weise herab und erhoben ihre Reiterei, bis sie endlich diese Unordnung zu dem Punkte steigerten, daß im zahlreichsten Heere nur ein ganz kleiner Teil Fußvolk war. Dieser Gebrauch im Verein mit vielen anderen Unordnungen brachte unsere Kriegsmacht zu solcher Schwäche herab, daß Italien von allen Ultramontanern leicht unter die Füße getreten wurde.

Ein anderes römisches Beispiel zeigt deutlich, daß es ein Irrtum ist, die Reiterei höher zu achten als das Fußvolk. Als die Römer Sora belagerten, machte die feindliche Reiterei einen Ausfall. Der Magister Equitum warf sich ihr mit der römischen Reiterei entgegen, und der Zufall wollte, daß beim ersten Anprall beide Befehlshaber blieben. Als nun der Kampf auch ohne Leitung fortgesetzt wurde, sprangen die Römer, um den Feind leichter zu überwinden, vom Pferde, zwangen die feindlichen Reiter, wenn sie sich verteidigen wollten, dasselbe zu tun, und trugen dadurch den Sieg davon. Dies Beispiel könnte nicht treffender sein zum Beweis, daß das Fußvolk der Reiterei überlegen ist. Wenn in den anderen Schlachten die Konsuln die römische Reiterei absitzen ließen, so geschah es, um dem leidenden hilfebedürftigen Fußvolk beizustehen; in diesem Falle hingegen saßen die Römer ab, nicht um dem Fußvolk beizustehen, noch um mit feindlichem Fußvolk zu kämpfen; sondern zu Pferde mit Reitern fechtend, glaubten sie, nicht imstande zu Pferde die Oberhand zu gewinnen, abgesessen leichter zu siegen. Ich ziehe daher den Schluß, daß geordnetes Fußvolk nur mit größter Schwierigkeit geschlagen werden kann, wenn es nicht durch Fußvolk geschieht.

Crassus und Marcus Antonius zogen mit sehr wenig Reiterei und vielem Fußvolk viele Tagereisen weit durch das Gebiet der Parther und hatten unzählige Reiterschwärme gegen sich. Crassus fiel mit einem Teil des Heeres. Antonius machte einen glänzenden Rückzug. Sogar in dieser Bedrängnis der Römer sieht man die Überlegenheit des Fußvolks über die Reiterei. In einem weiten Lande, wo wenig Berge, die Flüsse selten, die Meere fern sind, ohne Kommunikation und alle Zufuhr entbehrend, führte Antonius dennoch nach dem eigenen Geständnis der Parther einen glänzenden Rückzug aus, und nie wagte die gesamte parthische Reiterei, seine Legionen anzugreifen. Wenn auch Crassus blieb, so wird man doch bei näherer Betrachtung dieser Vorgänge finden, daß er mehr überlistet als bezwungen wurde, und daß ihm die Parther mitten in der Unordnung seines Heeres nie auf den Leib zu rücken wagten, sondern ihn durch beständiges Umgehen, Abschneiden der Lebensmittel und Versprechungen, die sie nicht hielten, zum äußersten Mangel brachten.

Es würde mir schwerer sein, meinen Leser von der Überlegenheit des Fußvolkes über die Reiterei zu überzeugen, wenn nicht viele neuere Begebenheiten das vollkommenste Zeugnis dafür ablegten. So sah man 9000 Schweizer bei Novara 10000 Reiter und ebensoviel Fußknechte angreifen und sie besiegen; die Reiter konnten ihnen nichts schaden; dic Fußknechte, größtenteils Gascogner und schlecht geordnet, achteten sie gering. Später sah man 26000 Schweizer oberhalb Mailand den König Franz I. von Frankreich, der 20000 Pferde, 40000 Mann zu Fuß und 100 Stück Geschütze hatte, angreifen, und wenn sie die Schlacht nicht wie bei Novara gewannen, so fochten sie doch zwei Tage lang auf das tapferste, und nachdem sie geschlagen waren, zog sich die Hälfte von ihnen in guter Ordnung zurück.

Marcus Regulus Attilius unternahm mit seinem Fußvolk nicht nur den Stoß der Reiterei, sondern auch das Anrennen der Elefanten auszuhalten; und wenn ihm sein Plan nicht gelang, so war doch immer die Kraft und Tapferkeit seines Fußvolkes so groß, daß er das Vertrauen hatte, mit ihm diese Schwierigkeit überwinden zu können.

Ich wiederhole daher, daß, um wohlgeordnetes Fußvolk überwinden zu wollen, man ihm noch besser geordnetes Fußvolk entgegenstellen muß, sonst geht man einer offenbaren Niederlage entgegen. Zur Zeit als Philipp Visconti Herzog von Mailand war, stiegen ungefähr 16000 Schweizer von ihren Bergen in die Lombardei herab, welchen der Herzog seinen damaligen Hauptmann Carmignuola mit ungefähr 1000 Pferden und wenigem Fußvolk entgegenschickte. Carmignuola kannte ihre Fechtart nicht und griff sie mit seiner Reiterei an, im Glauben, sie augenblicklich auseinandersprengen zu können. Als er sie aber unbeweglich fand und viele von seinen Leuten verloren hatte, mußte er sich zurückziehen. Da er jedoch ein vorzüglicher Feldherr war und für neue Vorfälle neue Maßregeln zu ergreifen wußte, kehrte er, nachdem er sich mit frischen Truppen verstärkt, wieder um, ließ, in der Nähe des Feindes angekommen, seine Schweren Reiter absitzen, stellte sie an die

Spitze seines Fußvolkes und griff so die Schweizer an, die sich auf keine Weise helfen konnten. Die abgesessenen, wohlgerüsteten Reiter Carmignuolas konnten leicht in die Reihen der Schweizer einbrechen, ohne im geringsten verwundet zu werden, und einmal eingebrochen war es ihnen nicht schwer, sie niederzuhauen, so daß bis auf wenige, denen durch die Menschlichkeit Carmignuolas das Leben geschenkt wurde, alle blieben.

Ich bin überzeugt, daß viele diese Kraftverschiedenheit der beiden Waffengattungen kennen, allein unsere Zeit ist so unglückselig, daß weder alte noch neue Beispiele, noch selbst das Eingeständnis des Irrtums, hinreichend ist, unsere Fürsten zur Besinnung zu bringen. Sie sollten bedenken, daß, um der Kriegsmacht eines Landes oder Staates wieder Ansehen zu verschaffen, notwendigerweise die Einrichtungen der Alten wiedererweckt, aufrechterhalten, ihnen Ansehen und Lebenskraft gegeben werden muß, damit durch sie wiederum der Staat Lebenskraft und Ansehen erhalte. Allein hierin und in allem übrigen weichen sie so sehr von den Regeln und Gebräuchen der Alten ab, daß auch die Eroberungen den Staaten zum Schaden, nicht zur Größe ausschlagen, wie sogleich gezeigt werden soll.

19.

Daß Eroberungen nicht gut eingerichtete Republiken, die nicht nach dem vollendeten Muster der Römer zu Werke gehen, zum Untergang, nicht zur Größe führen.

Solche, der Wahrheit widersprechende, auf schlechte Beispiele gegründete Meinungen unseres verderbten Zeitalters sind die Ursache, daß man nicht daran denkt, sich vom Herkömmlichen zu entfernen. Wem wäre es vor dreißig Jahren gelungen, einen Italiener zu überzeugen, daß 10000 Mann Fußvolk in der Ebene 10000 Reiter und ebensoviel Fußvolk angreifen, bekämpfen und sogar besiegen könnten, wie man in der mehr erwähnten Schlacht von Novara sah? Obgleich die Geschichte voll ähnlicher Beispiele ist, hätte man ihr doch keinen Glauben beigemessen, oder wenn man ihr geglaubt hätte, so würde man gesagt haben, man führe in jetziger Zeit bessere Waffen und Rüstung, und eine Schwadron Schwerer Reiter sei imstande, einen Fels zu durchbrechen, geschweige denn einen Haufen Fußvolk. Durch solche falsche Entschuldigungen verdarb man sein Urteil. Niemand hätte beachtet, daß Lucullus mit wenigem Fußvolk die 15000 Reiter des Tigranes schlug, und daß sich unter diesen eine in allem unseren Schweren Reitern ähnliche Reiterschar befand. So mußten uns denn die Ultramontaner durch ihr Beispiel die Trüglichkeit unserer Schlüsse aufdecken.

Gleichwie die Geschichte hinsichtlich der Überlegenheit des Fußvolks Wahrheit enthält, so sollte man auch alle anderen Grundsätze der Alten als wahr und nützlich anerkennen. Geschähe das, so würden Republiken und Fürsten weniger Fehler machen, sie würden kräftiger einem Angriff widerstehen und nicht in der Flucht ihr Heil suchen. Die Häupter freier Staaten würden ihr Vaterland auf dem Wege der Vergrößerung oder auf dem der Erhaltung besser zu leiten verstehen, sie würden glauben, daß die Hauptstadt mit Einwohnern anfüllen, sich Bundesgenossen, nicht Untertanen machen, zur Sicherung der eroberten Länder Kolonien abschicken, aus der Beute einen Schatz anlegen, den Feind durch Streifzüge und Schlachten, nicht durch Belagerungen, zur Unterwerfung bringen, den Staat reich, die Bürger arm halten, mit größter Sorgfalt die kriegerischen Übungen aufrechterhalten, daß dies, sage ich, die Wege sind, eine Republik zum mächtigen Reiche emporzuheben. Wollten sie sich nicht auf diese Art vergrößern, so würden sie bedenken, daß Eroberungen auf jedem anderen Wege das Verderben der Republiken sind, sie würden dem Ehrgeiz einen Zügel anlegen, indem sie ihre Stadt im Innern durch Gesetze und Sitten regelten, das Erobern verböten und allein auf die Verteidigung bedacht wären, sie würden endlich ihre Verteidigungsmittel wohl im Stande halten und nach dem Muster der deutschen Republiken einrichten, die auf diese Art schon seit längerer Zeit frei leben.

Was jedoch diesen letzten Punkt betrifft, so muß ich wiederholen, was ich schon bei einer früheren Gelegenheit, als ich von dem Unterschied zwischen einer Verfassung zum Erobern und einer Verfassung zum Erhalten sprach, gesagt habe, nämlich, daß es einer Republik unmöglich gelingt, ruhig und unangefochten zu bleiben und sich ihrer Freiheit und beschränkter Grenzen zu erfreuen. Wenn sie nicht andere belästigt und in ihrer Ruhe stört, wird sie selbst belästigt werden, und durch diese Belästigungen und Plackereien wird bei ihr der Wunsch und die Notwendigkeit entstehen, zu erobern. Sollte sie aber auch keinen äußeren Feind haben, so würde sie ihn zu Hause finden, wie es das unvermeidliche Schicksal aller großen Freistaaten zu sein scheint. Wenn jedoch die Republiken Deutschlands längere Zeit auf diese Weise leben konnten, so liegt dies in gewissen eigentümlichen Verhältnissen dieses Landes, die man anderwärts nicht findet und ohne die sie nicht so leben könnten.

Der Teil Deutschlands, von dem ich spreche, war anfänglich wie Frankreich und Spanien eine Provinz des römischen Reiches. Als letzteres später in Verfall geriet und der Titel Römisches Reich sich allein auf Deutschland beschränkte, fingen die mächtigsten Städte, die Schwäche oder Not der Kaiser benutzend, an, sich frei zu machen, indem sie sich mit Vorbehalt einer kleinen, jährlich durch sie zu entrichtenden Abgabe vom Reiche loskauften. So kauften sich nach und nach alle Städte, die unmittelbar unter dem Kaiser standen und keinem Fürsten untertan waren, los. Zur selben Zeit trug sich zu, daß sich einige dem Herzog von Österreich unterworfene Gemeinden empörten, worunter Freiburg, Schwyz und andere. Diese, gleich anfangs glücklich, wuchsen nach und nach so heran, daß sie, weit entfernt unter das Joch Österreichs zurückzukehren, der Schrecken aller ihrer Nachbarn sind, und diese nennt man Schweizer. Deutschland besteht also aus Schweizern, Republiken, die man freie Städte nennt, Fürsten und dem Kaiser. Die Ursache aber, daß bei dieser Verschiedenheit der politischen Zustände keine Kriege entstehen oder doch nicht lange dauern, ist die Würde des Kaisers, der, wenn er auch manchmal keine Macht hat, doch bei ihnen in so großem Ansehen steht, daß er die Rolle eines Versöhners spielt, sich mit seiner Autorität ins Mittel schlägt und jedem Unwesen bald ein Ende macht. Die bedeutendsten und längsten Kriege, die dort geführt wurden, sind die Kriege zwischen den Schweizern und dem Herzog von Österreich, und obgleich seit vielen Jahren der Kaiser und der Herzog von Österreich immer ein und dieselbe Person ist, so konnte er doch nie die Kühnheit der Schweizer überwinden, und die Bedingungen der Friedensschlüsse wurden immer durch Gewalt vorgeschrieben. Der Rest Deutschlands hat ihm keine große Hilfe geleistet, sowohl weil sich die freien Städte nicht dazu hergeben, Leute, die wie sie frei leben wollen, anzugreifen, als auch weil die Fürsten zum Teil wegen ihrer Armut nicht konnten, zum Teil aus Eifersucht auf seine Macht nicht wollten. Es können sich also die freien Städte mit ihrem kleinen Gebiete begnügen, weil sie, durch die Autorität des Kaisers beschützt, keine Ursache haben, ein größeres Gebiet zu wünschen; sie können einig innerhalb ihrer Mauern leben, weil ihr Feind nah ist, der jedesmal sogleich die Gelegenheit ergreifen würde, sie zu unterjochen, wenn sie sich der Zwietracht überließen. Wären hingegen die Verhältnisse Deutschlands anders, so müßten sie sich zu vergrößern streben und ihre Ruhe brechen.

Da sich nun anderwärts solche Verhältnisse nicht finden, so kann man diese Art zu leben nicht annehmen, und muß sich auf dem Weg eines Bundes oder wie die Römer vergrößern. Wer sich hierbei anders benimmt, sucht nicht sein Leben, sondern seinen Tod und sein Verderben; denn in tausenderlei Hinsicht und aus vielen Ursachen sind ihm dann Eroberungen schädlich. Es läßt sich gar wohl miteinander vereinigen, daß man ein großes Gebiet erobert und nicht Macht erwirbt; wer aber ein großes Gebiet und nicht zugleich Macht besitzt, muß notwendig zugrunde gehen. Macht kann nicht erwerben, wer durch den Krieg arm wird, wer, obgleich siegreich, mehr ausgibt, als er aus den Eroberungen zieht, wie es die Venetianer und Florentiner getan haben. Sie waren viel schwächer, als jene die Lombardei, diese Toskana besaßen, als zur Zeit, da sich Venedig mit dem Meere, Florenz mit einer Grenze von sechs Meilen begnügte. Alles kam daher, daß sie erobern wollten und nicht gehörig anzugreifen verstanden. Sie verdienen aber um so mehr Tadel, je weniger sie sich entschuldigen können, da sie das von den Römern befolgte Verfahren kannten und ihrem Beispiel folgen konnten, während die Römer ohne alles Beispiel aus eigener Klugheit so zu handeln verstanden.

Außerdem fügen Eroberungen manchmal jeder wohlgeordneten Republik nicht geringen Schaden zu, wenn eine Stadt oder ein Land voller Genüsse erobert wird, dessen Sitten der Sieger durch den Umgang mit den Besiegten annehmen kann. In diesem Falle war zuerst Rom und später Hannibal durch die Eroberung Capuas. Hätte diese Stadt in einer größeren Entfernung von Rom gelegen und wäre gegen die Verirrung der Soldaten Abhilfe nicht nahe oder Rom in irgendeiner Art verderbt gewesen, so war diese Eroberung ohne Zweifel das Verderben der römischen Republik. Livius bezeugt dies durch folgende Worte: *Jam tunc minime salubris militari disciplina Capua, instrumentum omnium voluptatum, delinitos militum animos avertit a memoria patriae*[1]. In der Tat rächen sich solche Städte oder Länder am Sieger ohne Schlacht und Blut; denn dadurch, daß sie ihm ihre schlechten Sitten mitteilen, entnerven sie ihn so sehr, daß er die Beute des ersten Angriffs wird. Juvenal konnte diesen Gedanken nicht besser ausdrücken, als indem er sagte, durch die Eroberung fremder Länder seien in die Brust der Römer fremde Sitten eingezogen; an die Stelle der Sparsamkeit und anderer vortrefflichen Tugenden *gula et luxuria incubuit, victumque ulciscitur orbem*[2].

Wenn also die Eroberungen den Römern fast verderblich waren in einer Zeit, wo sie so große Weisheit und Tapferkeit in allen ihren Handlungen zeigten, wie wird es erst mit denen sein, die ganz entgegengesetzt zu Werke gehen? Mit denen, die außer den übrigen Sünden, die sie begehen und die ich oben hinreichend erörtert habe, sich auch noch der Söldner oder Hilfsvölker bedienen?

Welche Verluste ihnen häufig aus diesem letzteren entspringen, soll im folgenden Kapitel gesagt werden.

---

[1] Capua, schon damals ein der Kriegszucht gar nicht zuträglicher Aufenthalt, Sammelplatz aller Wollüste, wendet die verweichlichten Gemüter der Soldaten vom Gedanken an ihr Vaterland ab.

[2] Drang Schwelgerei und Üppigkeit und rächt die besiegte Welt.

20.

Welcher Gefahr sich ein Fürst oder eine Republik aussetzen, die sich der Hilfstruppen oder der Söldner bedienen.

Wenn ich nicht in einem anderen meiner Werke[3] die Nutzlosigkeit der Söldner und Hilfsheere und den Nutzen eines eigenen Heeres ausführlich abgehandelt hätte, so würde ich mich hier viel mehr darüber verbreiten. Da ich dies aber anderwärts getan habe, so kann ich mich jetzt über diesen Gegenstand kurz fassen; ganz wollte ich ihn nicht übergehen, da ich in der Geschichte des Livius, was die Hilfstruppen betrifft, ein sehr passendes Beispiel finde. Man nennt nämlich Hilfstruppen solche Truppen, die dir ein Fürst oder eine Republik, von ihr selbst befehligt und bezahlt, zu Hilfe schickt. Kommen wir zur Erzählung des Geschichtschreibers.

Die Römer hatten den Capuanern ein Heer zur Unterstützung geschickt, zwei samnitische Heere an verschiedenen Orten geschlagen und dadurch die Capuaner von dem Kriege befreit, den die Samniter gegen sie führten. Damit nun bei der Rückkehr des Heeres nach Rom die Capuaner, des Schutzes beraubt, nicht von neuem die Beute der Samniter werden möchten, ließ man zwei Legionen zu ihrer Verteidigung im Lande. Diese Legionen, im Müßiggang faulend, fanden bald Gefallen an ihrem Zustand. Sie vergaßen ihr Vaterland und die Ehrfurcht vor dem Senat und sannen darauf, die Waffen zu ergreifen und sich zu Herren des Landes zu machen, das sie durch ihre Tapferkeit beschützt hatten. Es schien ihnen, die Einwohner verdienten nicht die Güter zu besitzen, die sie nicht zu verteidigen verstanden. Der Anschlag wurde entdeckt und von den Römern unterdrückt und bestraft, wie im Kapitel von den Verschwörungen ausführlich gezeigt werden soll.

Ich sage aber von neuem, daß von allen Gattungen von Soldaten die Hilfstruppen die schädlichsten sind. Die Republik oder der Fürst, der sich ihrer zu seinem Beistande bedient, hat durchaus keine Gewalt über sie, sondern sie gehorchen allein dem, der sie gesendet hat. Hilfstruppen sind nämlich, wie schon

[3] Im Buche vom Fürsten, Kapitel 12.

gesagt, solche Truppen, die dir von einem Fürsten unter seinen Feldherren, seinen Fahnen und von ihm bezahlt, geschickt werden, wie das von den Römern nach Capua geschickte Heer. Diese Art Soldaten berauben nach dem Siege sowohl den, für welchen sie gefochten haben, als den, gegen welchen sie kämpften, und sie tun es aus Tücke des Fürsten, der sie sendet, oder aus eigenem Ehrgeiz. Obschon es der Wille der Römer nicht war, Bündnis und Vertrag mit den Capuanern zu brechen, so war es doch so leicht, sie zu unterjochen, daß dies jene Soldaten zur Fassung des Planes bewegte, den Capuanern Stadt und Staat zu entreißen. Ich könnte noch eine Menge ähnlicher Beispiele anführen, es mag jedoch mit diesem und dem Beispiel der Reginer genug sein, denen durch eine von den Römern zu ihrem Schutze in ihre Mauern gelegte Legion Leben und Stadt entrissen wurde.

Eine Republik oder ein Fürst soll daher eher jede andere Maßregel ergreifen, als zu seinem Schutze Hilfsvölker in seinen Staat führen, wenn er sich ihnen anvertrauen muß. Jeder Friedensschluß, jeder Vergleich mit dem Feinde, wenn er auch hart ist, wird besser für ihn sein als eine solche Maßregel. Wenn man die Geschichte und die Begebenheiten unserer Zeit durchgeht, so findet man für einen, dem sie glückte, Unzählige, die hintergangen wurden. Wirklich kann auch ein ehrgeiziger Fürst oder eine herrschsüchtige Republik keine bessere Gelegenheit, sich einer Stadt oder eines Landes zu bemächtigen, finden, als daß sie ihre Heere zur Verteidigung desselben abzuschicken aufgefordert wird. Wer daher so ehrgeizig ist, daß er nicht nur zu seiner Verteidigung, sondern sogar zum Angriff anderer solche Hilfe herbeiruft, sucht zu erobern, was er nicht erhalten und was ihm der, welcher für ihn erobert, leicht entreißen kann. Allein der Ehrgeiz des Menschen ist so groß, daß er, um eine augenblickliche Begierde zu befriedigen, nicht an das Übel denkt, das ihm in kurzer Zeit daraus entspringen wird. Die alte Erfahrung ist hierin, wie in allem übrigen, für ihn verloren.

Ließe man sich durch sie bewegen, so würde man auch einsehen, daß sich die Nachbarstaaten einer Macht desto eher in die Arme werfen, je großmütiger und abgeneigter sie sich zeigt, sie unterjochen zu wollen. Die Capuaner liefern hierfür folgendes Beispiel.

21.

Die Römer schickten ihren ersten Prätor nach Capua, nachdem sie schon vierhundert Jahre lang Krieg geführt hatten.

Wir haben ausführlich gezeigt, wie ganz anders die Römer bei ihren Eroberungen zu Werke gingen als die Mächte, welche in unserer Zeit ihre Herrschaft ausdehnen wollen. Wir haben ferner gesagt, daß sie allen Städten, die sie nicht zerstörten, sogar denen, die sich ihnen nicht als Bundesgenossen, sondern als Untertanen ergaben, ihre Gesetze ließen, und daß man daselbst kein Zeichen der Herrschaft des römischen Volkes sah, sondern daß diesen Städten nur gewisse Bedingungen auferlegt wurden, bei deren Erfüllung sie ihre Verfassung und Würde behalten durften. Diese Art zu verfahren wurde so lange beobachtet, bis die Römer die Grenzen Italiens überschritten und die Reiche und Staaten nach und nach zu Provinzen machten. Der beste Beweis dafür ist der, daß sie ihren ersten Prätor nach Capua sandten, und dies nicht aus Herrschsucht, sondern weil die Capuaner darum nachgesucht hatten, die damals in einem Zustand innerer Zwietracht einen römischen Bürger für nötig hielten, die Parteien zu versöhnen und die Ordnung in ihrer Stadt wiederherzustellen. Dies Beispiel bewog die Antiater, die sich in derselben Not befanden, auch ihrerseits einen Präfekten zu verlangen. Livius sagt über diese neue Art zu herrschen: *Quod jam non solum arma, sed jura Romana pollebant*[1)].

Es fällt in die Augen, wie sehr die Handlungsweise der Römer die Vergrößerung ihres Reiches erleichterte. An die Freiheit gewöhnte Städte, die sich immer durch ihre Landsleute regiert haben, fügen sich ganz anders unter eine Herrschaft, die sie nicht sehen, und wenn sie auch einigermaßen drückend wäre, als unter einen Herrn, dessen täglicher Anblick ihnen jeden Tag ihre Knechtschaft vorzuwerfen scheint. Ein zweiter

1) Daß nun nicht bloß die römischen Waffen, sondern auch die römischen Rechte weithin galten.

Vorteil für den Fürsten ist der, daß nicht seine Diener Richter und Beamte sind, die in solchen Städten bürgerlich und peinlich Recht sprechen, und daß also auch kein Urteilsspruch ihm Vorwurf oder Schande zuziehen kann, so aber viele Ursachen der Verleumdung und des Hasses gegen den Fürsten wegfallen. Wie wahr dies sei, beweist außer vielen allen auch dies neuere Beispiel:

Es ist bekannt, daß Genua mehreremal von den Franzosen erobert worden ist und daß der König, ausgenommen im jetzigen Augenblick, jedesmal einen französischen Statthalter dahin geschickt hatte. Erst jetzt läßt er, nicht freiwillig, sondern weil es die Notwendigkeit befiehlt, Genua sich selbst durch einen einheimischen Statthalter regieren. Untersucht man nun, welche dieser beiden Arten der Verwaltung die Herrschaft des Königs mehr sichert und jenes Volk zufriedenstellt, so wird man unstreitig der letzteren bei weitem den Vorzug geben müssen.

Überdies werfen sich dir die Menschen desto eher in die Arme, je abgeneigter du scheinst, sie unterjochen zu wollen, und sie fürchten von dir um so weniger für ihre Freiheit, je humaner und freundlicher du gegen sie bist. Diese Freundlichkeit und Großmut war Ursache, daß die Capuaner zu den Römern eilten, einen Prätor zu verlangen; hätten die Römer aber nur die geringste Lust gezeigt, ihn abzuschicken, so würden sie sogleich mißtrauisch geworden sein und sich von ihnen entfernt haben. Was brauche ich aber Beispiele in Capua und Rom zu suchen, da sie mir Florenz und Toskana liefern?

Jeder weiß, wann und wie die Stadt Pistoja sich freiwillig unter florentinische Herrschaft begab. Ebenso weiß jeder, welche Feindschaft zwischen Florentinern, Pisanern, Luccesern und Sanesern bestand. Diese verschiedene Sinnesart hatte nicht darin ihren Grund, daß die Pistojeser ihre Freiheit weniger schätzten als die anderen und sich nicht für ebenso gut hielten, sondern darin, daß sie von den Florentinern immer als Brüder, die anderen als Feinde behandelt wurden. So begaben sich die Pistojeser freiwillig unter ihre Herrschaft, die anderen wehrten und wehren sich dagegen aus allen Kräften. Die Florentiner würden ohne allen Zweifel jetzt Herren von Toskana sein, wenn sie sich durch Bündnisse und Beistand ihren Nachbarn freundlich bewiesen hätten, statt daß sie sich rauh und unfreundlich gegen sie zeigten.

Es soll jedoch damit nicht gesagt sein, daß man Waffen und Gewalt gar nicht anwenden dürfe, ich sage nur, man soll sie bis zuletzt aufsparen, wenn alle anderen Mittel nicht mehr hinreichen.

22.

Wie irrig und schief die Menschen oft die wichtigsten Dinge beurteilen.

Wie irrig oft die Meinungen der Menschen sind, sieht jeder, der Zeuge ihrer Beratungen und Beschlüsse ist, welche, wenn sie nicht von vorzüglichen Männern ausgehen, häufig der Wahrheit völlig entgegenlaufen. Da nun in verdorbenen Republiken die vorzüglichen Männer, besonders in ruhigen Zeiten, aus Neid und Ehrgeiz angefeindet werden, so geschieht, was eine allgemeine Täuschung für gut hält oder was von Leuten, die mehr nach Gunst streben als das allgemeine Wohl zu befördern suchen, vorgeschlagen wird. Diese Täuschung enthüllt sich in widrigen Zeitverhältnissen, und dann erst nimmt man aus Not zu jenen Männern seine Zuflucht, die in ruhigen Zeiten gleichsam vergessen waren, wie im dritten Buche ausführlich gezeigt werden soll. Es entstehen auch gewisse Ereignisse, wodurch Leute ohne große Erfahrung leicht getäuscht werden, indem sich in einem solchen Falle viele wahrscheinliche Umstände finden, um das glaublich zu machen, was man sich einredet.

Auf diese Betrachtung leitete mich der Rat des Prätors Numitius nach der Niederlage der Latiner durch die Römer und die ziemlich allgemeine Meinung, als Franz I. von Frankreich vor wenigen Jahren das von den Schweizern verteidigte Mailand nahm[1]. Franz von Angoulême, der Ludwig XII. auf den Thron von Frankreich folgte, wollte das Herzogtum Mailand, das wenige Jahre vorher von den Schweizern auf Antrieb des Papstes Julius II. erobert worden war, seinem Reiche wieder einverleiben. Er wünschte zur Erleichterung

[1] 1515

dieser Unternehmung außer den Venetianern, die sich Ludwig XII. wiedergewonnen hatte, noch andere Hilfe in Italien zu finden und ließ die Florentiner und den Papst Leo X. sondieren, deren Beistand ihm besonders deshalb wichtig war, weil der König von Spanien Truppen in der Lombardei hatte und auch Kriegsvölker des Kaisers in Verona standen. Leo X. entsprach dem Begehren des Königs nicht, sondern wurde, wie es hieß, von seinen Räten beredet, neutral zu bleiben, da dieser Entschluß einen gewissen Sieg herbeiführen müsse. Der Kirche, sagten sie, könne weder die Macht des Königs noch die der Schweizer in Italien zusagen, im Gegenteil müsse sie das Land von den Fesseln beider befreien, wenn sie ihm seine alte Freiheit wiedergeben wolle. Beide zu besiegen sei auch nicht möglich, man möge sie nun beide auf einmal oder jeden allein bekämpfen, und so sei es gut, daß einer den andern überwinde und daß hierauf die Kirche mit ihren Verbündeten über den Sieger herfalle. Unmöglich könne man hierzu eine bessere Gelegenheit finden als die gegenwärtige, da beide als Gegner im Felde stünden, der Papst aber seine Truppen bei der Hand habe, sich unter dem Vorwand, seine Länder zu schützen, an den Grenzen der Lombardei in der Nähe beider Heere aufstellen und hier eine Schlacht abwarten könne, welche bei der Tapferkeit beider Heere mit gutem Grunde als blutig angenommen werden müsse und den Sieger so sehr schwächen werde, daß der Papst leicht über ihn herfallen und ihn auseinandersprengen könne. So würde er sich Ruhm und die Herrschaft über die Lombardei gewinnen und der Schiedsrichter von ganz Italien werden. Wie irrig diese Meinung war, zeigte der Ausgang der Sache. Als nämlich die Schweizer nach einem langen Kampfe überwunden wurden, wagten es die Truppen das Papstes und Spaniens so wenig, die Sieger anzugreifen, daß sie sich vielmehr anschickten, die Flucht zu ergreifen, welche ihnen nicht einmal geholfen haben würde, wenn nicht der König aus Menschlichkeit oder Lässigkeit einen zweiten Sieg verschmäht und ihm ein Vertrag mit der Kirche genügt hätte.

Jene Meinung hat einige Gründe für sich, die, von ferne betrachtet, richtig erscheinen, aber doch eigentlich nichts weniger als wahr sind. Selten erleidet der Sieger einen sehr starken Verlust, weil er nur im Kampfe, nicht auf der Flucht Leute verliert. In der Hitze des Gefechts aber, wenn sich Mann und Mann ins Auge schauen, fallen wenige, besonders da dieser Zeitpunkt meist nur kurz dauert. Sollte er aber auch lange dauern und der Sieger viel Leute verlieren, so ist doch der Ruf des Sieges und der Schrecken, den er einflößt, so mächtig, daß er bei weitem den Schaden übertrifft, den der Sieger an Toten und Verwundeten erlitten hat. Es würde sich daher ein Heer, das ihn in der Meinung, er sei geschwächt, angriffe, getäuscht finden; dies Heer müßte denn so beschaffen sein, daß es sich jederzeit, vor wie nach dem Siege, mit ihm messen könnte. In diesem Falle mag es nach Glück und Tapferkeit überwinden oder unterliegen, immer aber wird der Gegner, der die erste Schlacht gewann, eher im Vorteil sein.

Man kann dies auf das deutlichste aus der Erfahrung der Latiner erkennen, und zwar sowohl aus dem Trugschluß des Prätors Numitius, als auch aus dem Schicksal der Völker, die ihm glaubten. Nachdem die Römer die Latiner besiegt hatten, schrie er durch ganz Latium, jetzt sei es Zeit, die durch die Schlacht geschwächten Römer anzugreifen; nur den Namen des Sieges hätten die Römer davongetragen, in allem übrigen hätten sie gleich Besiegten gelitten, und der neue Angriff der kleinsten Macht müsse sie zersprengen. Die Völker, welche ihm glaubten, brachten ein neues Heer zusammen, wurden geschlagen und erlitten den Schaden, den alle, die solchen Meinungen beistimmen, immer erleiden werden.

23.

Wie sehr die Römer den Mittelweg mieden, wenn ein Vorfall die Fällung eines Urteils über Untergebene nötig machte.

Jam Latio is status erat rerum, ut neque pacem, neque bellum pati possent[1]. Die unglückseligste aller Lagen ist die eines

[1] Latium war in einem solchen Zustande, daß es weder den Krieg noch den Frieden ertragen konnte.

Fürsten oder einer Republik, welche dahin gebracht ist, daß sie weder den Frieden annehmen noch den Krieg fortsetzen kann. Ein Staat sieht sich dahin gebracht, wenn er durch die Friedensbedingungen allzusehr leidet und andererseits, bei fortgesetztem Kriege, entweder die Beute eines Helfers werden oder die des Feindes bleiben muß. In diese Lage gerät man durch Ungeschicklichkeit und dadurch, daß man seine Kräfte überschätzt hat, wie wir oben schon gesagt haben. Ein Fürst oder eine Republik, die ihre Macht wohl ermessen, werden schwerlich so weit kommen als die Latiner. Diese hatten aber auch mit den Römern Frieden geschlossen, als sie hätten Krieg führen sollen, und den Frieden gebrochen, als sie nicht hätten Krieg anfangen sollen, und wußten es so dahin zu bringen, daß ihnen die Feindschaft und die Freundschaft der Römer gleich schädlich war.

Es waren die Latiner zuerst durch Manlius Torquatus, dann durch Camillus völlig besiegt und gedemütigt worden. Nachdem sie nun der letztere sich den Römern auf Gnade und Ungnade zu ergeben gezwungen, in alle Städte des Landes Besatzung gelegt und Geiseln genommen hatte, kehrte er nach Rom zurück und berichtete dem Senat, das Schicksal Latiums liege in der Hand des römischen Volkes. Da nun das hierauf gefällte Urteil merkwürdig ist und zur Nachahmung bei ähnlichem Anlaß von den Fürsten beachtet zu werden verdient, so will ich die Worte anführen, die Livius in den Mund des Camillus legt. Man ersieht daraus, wie die Römer bei der Vergrößerung ihres Reiches verfuhren, und daß sie in ihren Staatsurteilen immer den Mittelweg flohen und sich zu den Extremen wendeten.

Wirklich heißt auch regieren nichts anderes, als die Untertanen so halten, daß sie dich nicht verletzen können oder sollen. Diesen Zweck erreichst du entweder dadurch, daß du dich ihrer vollkommen versicherst, indem du ihnen jede Möglichkeit dir zu schaden entziehst; oder dadurch, daß du ihnen soviel Gutes erzeigst, daß sie keine gegründete Ursache haben, eine Änderung ihres Zustandes zu wünschen.

Alles dies ersieht man aus dem Vorschlag des Camillus und aus dem darauf erfolgten Ausspruch des Senates. Die Worte des Konsuls sind folgende: *Dii immortales ita vos potentes hujus consilii fecerunt, ut, sit Latium deinde, an non sit, in vestra manu posuerint. Itaque pacem vobis, quod ad Latinos adtinet, parare in perpetuum, vel saeviendo, vel ignoscendo, potestis. Vultis crudeliter consulere in deditos, victosque? licet delere omne Latium. Vultis exemplo majorum augere rem Romanam, victos in civitatem accipiendo? materia crescendi per summam gloriam subpeditat. Certe id firmissimum imperium est, quo obedientes gaudent. Illorum igitur animos, dum expectatione stupent, seu poena, seu beneficio, praeoccupari oportet*[1]. Auf diesen Vorschlag folgte der Beschluß des Senates, der den Worten des Konsuls gemäß dahin ausfiel, daß man Stadt für Stadt durchging und allen, die von Bedeutung waren, entweder Wohltaten erzeigte oder sie verwüstete. Die ersteren erhielten Freiheiten, Vorrechte, man gab ihnen Bürgerrecht und sicherte sie von allen Seiten. Die anderen wurden ihrer Mauern beraubt, Kolonien dahin geschickt, die Einwohner aber nach Rom verpflanzt oder so zerstreut, daß sie weder durch die Waffen noch durch Aufreizung ferner mehr schaden konnten. Gegen die bedeutenden Städte wurde, wie ich schon gesagt habe, niemals ein Mittelweg eingeschlagen.

Dies Urteil müssen die Fürsten nachahmen, und auf ähnliche Weise hätten die Florentiner verfahren sollen, als sich im Jahre 1502 Arezzo und das ganze Chianatal empörte. Wäre dies geschehen, so hätten sie ihre Herrschaft gesichert, die Hauptstadt Florenz bedeutend vergrößert und ihr die Felder gegeben, die ihr zum Unterhalt fehlten. Allein sie bedienten sich jenes Mittelweges, der verderblichsten Maßregel, wo es sich darum handelt, die Menschen zu verurteilen. Sie verbannten einen Teil der Aretiner, verdammten einen anderen Teil zum Tode, entzo-

[1] Die unsterblichen Götter haben in eure Hand gelegt zu bestimmen, ob hinfür Latium sei oder nicht sei. Ihr könnt euch daher, was die Latiner betrifft, ewigen Frieden entweder durch Härte oder durch Verzeihen erwerben. Wollt ihr grausam gegen die verfahren, die besiegt sind und sich ergeben haben? Ihr könnt ganz Latium zerstören. Wollt ihr nach dem Beispiel der Vorfahren den römischen Staat dadurch vergrößern, daß ihr den Besiegten das Bürgerrecht erteilt? Die rühmlichste Gelegenheit größer zu werden bietet sich dar. Gewiß ist jene Herrschaft die festeste, der sich die Untergebenen freuen. Jetzt aber müßt ihr, während sie noch betäubt in Erwartung stehen, ihre Gemüter durch Strafe oder Wohltat einnehmen.

gen allen ihre Würden und ihren alten Rang in der Stadt und ließen Arezzo bestehen. Wenn ein Bürger in den Beratungen riet, man solle Arezzo zerstören, so entgegneten die, welche sich klüger dünkten, es bringe der Republik wenig Ehre, die Stadt zu zerstören, da es scheinen würde, Florenz ermangle der Kraft, sie zu halten. Dies ist einer von den Gründen, welche wahr scheinen und nicht wahr sind; denn ebensogut dürfte man einen Hochverräter, Straßenräuber, einen Aufrührer nicht hinrichten lassen, da es für den Fürsten gleichfalls eine Schande wäre, auf diese Art zu zeigen, daß er nicht stark genug sei, einen einzigen Menschen im Zaume zu halten. Leute, die ähnliche Meinungen vertreten, sehen nicht, daß einzelne Männer und eine ganze Stadt sich manchmal gegen den Staat so schwer vergehen, daß, zum warnenden Beispiel für andere, zur eigenen Sicherheit, dem Fürsten nichts übrigbleibt, als sie zu vertilgen. Die Ehre besteht darin, daß man sie zu züchtigen weiß und vermag, nicht daß man sie mit tausend Gefahren halten kann; denn ein Fürst, der den Fehlenden nicht auf eine Weise straft, daß er ferner nicht mehr fehlen kann, wird für ungeschickt oder feige gehalten.

Wie nötig solche Urteile, wie dies der Römer, sind, bestätigt sich auch noch durch ihre Entscheidung über das Schicksal der Privernater. Es ist hier über den Text des Livius zweierlei zu bemerken. Einmal, daß man den Untertanen entweder Wohltaten erzeigen oder sie vernichten müsse. Zweitens, wieviel die Hochherzigkeit, wieviel das Sprechen der Wahrheit nützt, wenn es vor weisen Männern geschieht.

Der Senat war versammelt, um über die Privernater Recht zu sprechen, die sich gegen Rom empört hatten und mit Gewalt zum Gehorsam zurückgebracht worden waren. Es waren vom Volke von Privernum viele Bürger abgesandt worden, Verzeihung zu erwirken. Vor dem Senate erschienen, wurde einem derselben von einem Senator die Frage vorgelegt: *Quam poenam meritos Privernates censeret*[1]. Der Privernater antwortete: *Eam, quam merentur qui se libertate dignos censent*[2]. Worauf

[1] Welche Strafe seiner Meinung nach die Privernater verdient hätten.

[2] Die, welche Männer verdienen, die sich der Freiheit würdig fühlen.

der Konsul entgegnete: *Quid si poenam remittimus vobis, qualem nos pacem vobiscum habituros speremus?*[3] Jener erwiderte: *Si bonam dederitis, et fidelem et perpetuam; si malam, haud diuturnam*[4]. Der weisere Teil des Senates, obgleich viele andere darüber in Zorn gerieten, sprach hierauf: *Se audivisse vocem et liberi et viri, nec credi posse nullum populum aut hominem denique in ea conditione, cujus eum poeniteat, diutius quam necesse sit mansurum. Ibi pacem esse fidam, ubi voluntarii pacati sint, neque eo loco, ubi servitutem esse velint, fidem sperandam esse*[5]. Auf diese Worte hin wurde beschlossen, die Privernater zu römischen Bürgern zu ernennen und sie mit allen Privilegien des Bürgerrechtes zu ehren, denn: *Eos demum, qui nihil praeterquam de libertate cogitant, dignos esse, qui Romani fiant*[6]. So sehr gefiel dem erhabenen Sinne der Römer diese wahre hochherzige Antwort; denn jede andere Antwort würde Lüge und Feigheit gewesen sein.

Wer die Menschen anders beurteilt, besonders die, welche immer frei waren oder frei zu sein glaubten, täuscht sich und ergreift in dieser Täuschung Maßregeln, die weder gut für ihn selbst sind, noch jene befriedigen können. Daher die häufigen Empörungen und Revolutionen.

Um aber wieder zum eigentlichen Gegenstand dieses Kapitels zurückzukommen, ziehe ich sowohl aus dem letzten Beispiel als aus dem Urteilsspruch über die Latiner folgenden Schluß: Wenn man über das Schicksal mächtiger Staaten zu entscheiden hat, die an die Freiheit gewöhnt sind, muß man sie entweder vertilgen oder ihnen schmeicheln, sonst ist jeder Urteilsspruch eitel. Man muß hier durchaus den Mittelweg

---

[3] Wie, wenn wir euch die Strafe erlassen, welchen Frieden werden wir uns von euch zu versprechen haben?

[4] Einen getreuen und beständigen, wenn ihr uns einen Guten gewährt, einen kurzen, wenn er schlecht ist.

[5] Dies sei die Sprache eines Mannes und eines Freien, man könne nicht glauben, daß ein Volk oder auch nur ein Mensch in einer Lage, die ihm zuwider sei, länger verharren werde, als er müsse. Da sei der Friede zuverlässig, wo die Gemüter sich freiwillig beruhigt haben; da aber, wo man haben wolle, daß Knechtschaft sei, sei keine Treue zu hoffen.

[6] Nur solche, die auf nichts als auf Freiheit dächten, verdienten Römer zu werden.

vermeiden, welcher verderblich ist. So war er es zum Beispiel den Samnitern, als sie die Römer im caudinischen Engpaß eingeschlossen hatten und den Rat jenes Greises nicht befolgen wollten, daß man die Römer entweder ehrenvoll entlassen oder alle niederhauen solle. Statt dessen wählten sie einen Mittelweg: entwaffneten das römische Heer, zwangen es durchs Joch zu gehen und entließen es voll Schmach und Erbitterung. Bald aber erkannten sie zu ihrem Schaden, wie nützlich der Rat des Greises und wie verderblich ihr Beschluß war, wie seines Orts ausführlicher gezeigt werden soll.

24.

Die Festungen sind gemeiniglich viel eher schädlich als nützlich.

Es wird vielleicht den Weisen unserer Zeit nicht wohlbedacht scheinen, daß die Römer, um sich der Völker Latiums und der Stadt Privernum zu versichern, nicht daran dachten, einige Festungen zu bauen als Zügel, sich ihre Treue zu versichern; besonders da es in Florenz ein Sprichwort gibt, das unsere Weisen immer anführen: man müsse Pisa und solche Städte durch Festungen halten. In der Tat, wären die Römer beschaffen gewesen wie sie, so würden sie auf Erbauung von Festungen bedacht gewesen sein; da sie aber andere Tapferkeit, andere Umsicht und andere Macht besaßen, so bauten sie keine. Solange Rom frei war und seiner Staatskunst und seinen vortrefflichen Institutionen, treu blieb, baute es niemals Festungen zur Erhaltung von Ländern oder Städten, wohl aber ließ es einige schon vorhandene stehen. Wenn ich daher dies Verfahren der Römer mit dem der Fürsten unserer Zeit vergleiche, scheint es mir am Platze, zu erwägen, ob die Erbauung von Festungen überhaupt gut sei und ob sie dem Erbauer Schaden oder Nutzen bringen.

Festungen werden erbaut entweder um sich vor den Feinden zu schützen oder um sich vor den Untertanen zu schützen. Im ersten Falle sind sie nicht notwendig, im zweiten Falle sind sie schädlich. Fangen wir damit an, die Gründe anzuführen, warum sie im zweiten Falle schädlich sind.

Die Furcht eines Fürsten oder einer Republik vor ihren Untertanen und vor Empörung entsteht notwendigerweise aus dem Hasse der Untertanen gegen den Fürsten, und dieser Haß aus seiner schlechten Regierung. Die schlechte Regierung aber entsteht aus dem Glauben des Regenten, die Untertanen mit Gewalt im Gehorsam halten zu können, oder aus seiner Unklugheit. Eines der Dinge nun, die den Glauben, die Untertanen in der Gewalt behalten zu können, hervorbringen, ist der Besitz von Festungen auf ihrem Nacken. Es entsteht also die üble Behandlung, die Ursache des Hasses, gutenteils daraus, daß der Fürst oder die Republik Festungen hat. Diese sind daher bei weitem mehr schädlich als nützlich. Zuerst machen sie dich kühner und gewalttätiger gegen die Untertanen und dann gewähren sie dir nicht die Sicherheit, die du vorausgesetzt hast. Aller Zwang und alle Gewalt ist unzureichend, um ein Volk unterjocht zu halten, mit Ausnahme von zweien. Entweder du hast immer ein gutes Heer ins Feld zu schicken, wie die Römer, oder du zerstreust, zerstörst, lösest auf, zersplitterst das Volk auf eine Art, daß es sich nicht vereinigen kann, um dich anzugreifen. Denn machst du es arm, *spoliatis arma supersunt*[1]. Entwaffnest du es, *furor arma ministrat*[2]. Tötest du die Häupter und fährst fort, die Menge zu bedrücken, so wachsen sie neu, wie die Köpfe der Hydra.

Wenn du also Festungen baust, so dienen sie dir im Frieden nur dazu, dich zur Bedrängung deiner Untertanen zu ermutigen, und sind im Kriege völlig unnütz, weil sie unmöglich dem vereinten Angriff deiner Feinde und deiner Untertanen widerstehen können. Waren sie aber jemals unnütz, so sind sie es jetzt wegen des Geschützes, gegen dessen heftige Wirkung man kleine Plätze, die die Anlegung von Abschnitten nicht erlauben, durchaus nicht halten kann, wie wir oben gezeigt haben.

Ich will diesen Gegenstand ausführlicher behandeln. Entweder du Fürst willst durch diese Festungen das Volk deiner Stadt

[1] So bleiben den Geplünderten Waffen.
[2] So schafft die Wut Waffen.

im Zaume halten, oder du Fürst oder du Republik willst eine durch Krieg eroberte Stadt zügeln.

Ich wende mich zum Fürsten und sage ihm: Um deine Bürger im Zaume zu halten, kann es nichts Unnützeres geben als eine solche Festung, und zwar aus den oben genannten Gründen. Sie macht dich geneigter und rücksichtsloser, die Bürger zu unterdrücken, und diese Unterdrückung erzeugt in ihnen eine solche Sehnsucht nach deinem Sturze und entflammt sie zu solcher Wut gegen dich, daß die Festung, die Ursache dieses Hasses, dich dann nicht mehr schützen kann. Ein weiser und guter Fürst wird daher nie eine Festung bauen, sowohl damit er sich selbst gut erhalte, als auch damit er seinen Söhnen keinen Anlaß gebe und sie sich nicht erkühnen können, böse zu werden, und damit sie sich nicht auf die Festung, sondern auf die Liebe der Bürger verlassen.

Wenn aber der Graf Franz Sforza, zum Herzog von Mailand emporgestiegen, für weise galt und doch in Mailand eine Festung baute, so sage ich, daß er in diesem Punkte nicht weise war, und der Erfolg hat bewiesen, daß diese Festung seinen Erben zum Verderben, nicht zur Sicherheit gereichte. Im Vertrauen darauf glaubten sie Bürger und Untertanen verletzen zu können, und es gab keine Gewalthandlung, die sie nicht ausübten. So wurden sie über die Maßen verhaßt und verloren die Krone, sowie sie vom Feinde angegriffen wurden. Die schützte sie nicht, noch brachte sie ihnen im Kriege irgendeinen Nutzen, während sie ihnen im Frieden vielen Schaden getan hatte. Denn hätten sie sie nicht gehabt und hätten sie aus Unklugheit ihre Bürger hart behandelt, so würden sie die Gefahr früher gewahr geworden, sie würden auf ihrem schlimmen Wege umgekehrt sein und hätten dann beherzter mit befreundeten Untertanen ohne Festung dem Angriff der Franzosen widerstehen können, als mit feindlich gesinnten Untertanen und einer Festung.

Die Festungen helfen dir aber überhaupt nichts, weil sie entweder durch Verräterei der Besatzung oder durch Sturm oder endlich durch Hunger verlorengehen. Willst du, daß sie dir helfen und zur Wiedereroberung des verlorenen Staates, in dem dir nur noch die Festung geblieben ist, beitragen sollen, so mußt du ein Heer haben, mit dem du den Feind, der dich vertrieben, angreifen kannst. Hast du aber dies Heer, so wirst du deinen Staat dennoch wiedererobern, wenn auch keine Festung darin ist, und zwar in diesem Falle um so leichter, da dir die Bürger befreundeter sind, als sie es gewesen wären, wenn du sie, durch eine Festung übermütig gemacht, mißhandelt hättest.

Die Erfahrung hat gezeigt, daß die Festung Mailands weder den Sforza noch den Franzosen im Unglück irgend etwas genützt hat. Ja sie hat beiden großen Schaden und öftere Verjagung zugezogen, da sie wegen derselben nicht darauf bedacht waren, den Staat besser zu regieren.

Als der Herzog von Urbino, Guido Ubaldo, der Sohn Federigos, der in seiner Zeit für einen so ausgezeichneten Feldherrn galt, durch Cäsar Borgia, den Sohn des Papstes Alexander VI., aus seinen Staaten vertrieben, später durch die Ereignisse wieder zurückgeführt ward, ließ er alle Festungen des Herzogtums schleifen, da er sie für schädlich hielt. Gegen seine Untertanen, die ihn liebten, wollte er sie nicht, gegen die Feinde konnte er sie nicht verteidigen, da er zu diesem Zweck ein Heer mußte ins Feld stellen können, und so ließ er sie schleifen.

Papst Julius II. errichtete, nach Vertreibung der Bentivogli aus Bologna, in dieser Stadt eine Festung, dann ließ er dem Volke durch seinen Statthalter das Blut aussaugen, so daß es sich empörte und augenblicklich die Festung verlorenging. So nützte ihm diese nicht und schadete ihm noch insofern, als eine andere Behandlung des Volkes ihm nützlich gewesen wäre.

Niccolò da Castello, der Vater der Vitelli, in sein Vaterland zurückgekehrt, aus dem er verbannt gewesen war, ließ sogleich zwei Festungen schleifen, die der Papst Sixtus V. erbaut hatte, indem er urteilte, nicht Festungen, sondern die Liebe des Volkes müsse ihn im Besitz des Staates erhalten.

Vor allen anderen Beispielen aber das neueste, das in jedem Stücke merkwürdigste und das geeignetste zum Beweis der Nutzlosigkeit der Erbauung von Festungen und des Nutzens ihrer Schleifung ist das Beispiel Genuas aus jüngster Zeit. Jedermann weiß, daß sich im Jahre 1507 Genua gegen Ludwig XII. von Frankreich empörte, der sich selbst an die Spitze aller seiner

Streitkräfte stellte, es wiedereroberte und die stärkste aller Festungen baute, die man bis jetzt gesehen hat. Sie war durch Lage und Kunst uneinnehmbar. Auf dem Gipfel eines Hügels, der sich ins Meer erstreckt und von den Genuesern Codefa genannt wird, angelegt, bestrich sie den ganzen Hafen und einen großen Teil Genuas. Als später, im Jahre 1512, die Franzosen aus Italien verjagt wurden, empörte sich Genua trotz der Festung von neuem, und Ottaviano Fregoso, der sich an die Spitze der Regierung gestellt hatte, schloß sie auf das sorgfältigste ein und nahm sie nach zehn Monaten durch Hunger. Jedermann glaubte nun und von vielen wurde ihm geraten, daß er sie als letzten Zufluchtsort in jedem Glückswechsel erhalte; er aber, als ein sehr kluger Mann, sah ein, daß nicht die Festungen, sondern der Wille des Volkes die Fürsten auf dem Thron erhält, und schleifte sie. Ohne so auf die Festung zu bauen, wohl aber auf seine Tapferkeit und Klugheit, erhielt er bis jetzt seine Herrschaft. Während früher tausend Lanzenknechte hinreichend waren, eine Staatsveränderung in Genua hervorzubringen, griffen ihn seine Gegner mit zehntausend Mann an und konnten ihm nichts anhaben. Man sieht daraus, daß die Schleifung der Festung Ottaviano nichts schadete und ihre Erbauung den König von Frankreich nicht schützte. Denn als er ein Heer nach Italien hatte führen können, nahm er Genua wieder ein, ohne darin eine Festung zu haben, und als er mit keinem Heere herbeikommen konnte, konnte er Genua nicht halten, obgleich er im Besitz der Festung war. Für den König war also ihre Erbauung kostspielig und ihr Verlust schimpflich, für Ottaviano ihre Eroberung ruhmvoll und ihre Schleifung nützlich.

Kommen wir aber zu den Republiken, die Festungen nicht in der Vaterstadt, sondern in eroberten Städten bauen. Wenn zum Beweise, daß auch dies trüglich sei, das angeführte Beispiel Frankreichs und Genuas nicht hinreichen sollte, so mag doch das von Florenz und Pisa genügen. Um diese Stadt zu erhalten, erbauten die Florentiner eine Festung und begriffen nicht, daß man, eine Stadt zu halten, die eine immerwährende Feindin des florentinischen Namens gewesen war, die immer der Freiheit genossen hatte und die, um sie wiederzuerringen, stets zur

Empörung ihre Zuflucht nahm, notwendig das Muster der Römer nachahmen, das heißt sie zur Bundesgenossin erheben oder zerstören mußte. Der Wert der Festung zeigte sich beim Kriegszug Karls VIII., dem sie sich durch die Verräterei der Besatzung oder aus Furcht vor größerem Übel ergab. Wäre keine dagewesen, so hätten die Florentiner die Möglichkeit, Pisa zu halten, nicht auf sie gegründet, und der König hätte die Florentiner nicht gerade durch die Festung der Stadt berauben können. Die Mittel, wodurch sich Pisa bisher immer verteidigt hatte, hätten vielleicht auch jetzt zu seiner Erhaltung genügt, jedenfalls aber hätten sie keine schlechteren Dienste getan als die Festung.

Ich schließe daher, daß Festungen, um die Vaterstadt zu halten, schädlich sind und daß Festungen, um eroberte Städte zu halten, unnütz sind. Die Autorität der Römer soll mir dafür genügen, die in Städten, welche sie mit Gewalt halten wollten, die Festungswerke einrissen, nicht neue erbauten.

Man wird mir gegen meine Meinung in den alten Zeiten Tarentum und in den neueren Brescia anführen, welche Städte nach ihrer Empörung durch ihre Festungen wiedererobert wurden. Ich antworte, daß zur Wiedereinnahme von Tarentum nach zwölfmonatiger Belagerung Fabius Maximus mit dem ganzen Heere abgeschickt worden war, der wohl auch die Stadt erobert haben würde, ohne daß eine Festung darin im Besitz der Römer war. Bediente sich auch Fabius dieses Weges, so hätte er, war keine Festung da, ebensogut einen anderen eingeschlagen, der denselben Erfolg haben mußte. Ich weiß nicht, zu was dir eine Festung nützen soll, wenn du zur Wiedereinnahme der empörten Stadt ein konsularisches Heer und einen Fabius Maximus als Feldherrn nötig hast. Daß aber die Römer Tarentum auf jeden Fall wiedergenommen haben würden, zeigt das Beispiel Capuas, das keine Festung hatte und durch die Tapferkeit des Heeres wiedererobert wurde.

Kommen wir aber zu Brescia. Selten wird es so kommen wie bei der Empörung dieser Stadt, daß der Festung, die in deiner Gewalt bleibt, während sich die Stadt empört hat, ein so zahlreiches Heer nahe ist, wie das französische war. Gaston de Foix nämlich, der Feldherr des Königs, stand mit dem Heere zu Bologna, brach sogleich nach Empfang der Nachricht des Verlustes Brescias auf, kam in drei Tagen an und nahm mittels der Festung die Stadt wieder ein. Damit sie etwas nützte, hatte also auch die Festung von Brescia einen Gaston de Foix und ein französisches Heer nötig, das ihr in drei Tagen zu Hilfe kam.

Diese zwei Beispiele reichen also nicht aus gegen die Beispiele vom Gegenteil. Wie viele Festungen sind nicht in den Kriegen unserer Zeit durch dieselbe Wendung des Glückes genommen und wiedergenommen worden, wodurch auch das flache Land erobert und zurückerobert wurde, und dies nicht allein in der Lombardei, sondern auch in der Romagna, im Königreich Neapel und in allen Teilen Italiens.

Was aber die Erbauung von Festungen zum Schutze gegen den äußeren Feind betrifft, so sage ich, daß sie für Völker und Reiche, welche gute Heere haben, nicht nötig, und für die, welche keine guten Heere haben, unnütz sind. Denn ein gutes Heer ist ohne Festungen hinreichend, dich zu verteidigen, Festungen aber ohne ein gutes Heer können dich nicht schützen. Man erkennt dies aus der Erfahrung der Völker, die in Regierungs- und Staatskunst hervorleuchten. So bei den Römern und Spartanern. Wenn aber die Römer keine Festungen bauten, so gingen die Spartaner noch weiter und erlaubten nicht einmal, daß ihre Stadt Mauern habe; denn sie wollten, daß die persönliche Tapferkeit der Bürger und kein anderes Schutzmittel Sparta verteidige. Als daher ein Lacedämonier von einem Athener gefragt wurde, ob ihm die Mauern Athens gefielen, antwortete er: ja, wenn Weiber dahinter wohnten.

Wenn daher ein Fürst, der im Besitz eines guten Heeres ist, an den schwächsten Punkten seiner Grenzen einige Forts hat, die den Feind ein paar Tage aufhalten können, bis er gerüstet ist, so kann dies manchmal nützlich sein, ist aber nicht notwendig. Hat hingegen der Fürst kein gutes Heer, so sind ihm Festungen, in seinem Lande verteilt oder an der Grenze, entweder schädlich oder unnütz. Schädlich, weil er sie leicht verliert und sie ihm dann selbst den Krieg machen. Ganz fruchtlos, weil sie das feindliche Heer liegen läßt, wenn sie so stark sein sollten, daß es sie nicht einnehmen kann. Wenn ein gutes Heer nicht den kräftigsten Widerstand findet, so dringt es in das Land des Feindes ein, ohne auf eine Stadt oder Festung zu achten, die es im Rücken läßt. Man sieht dies aus der alten Geschichte, und man sah es, als in der neuesten Zeit Francesco Maria, um Urbino anzugreifen[1)], zehn feindliche Städte in seinem Rücken liegen ließ, ohne im geringsten darauf zu achten.

Der Fürst also, der ein gutes Heer auf die Beine bringen kann, braucht keine Festungen zu bauen, der, welcher kein gutes Heer hat, soll keine bauen. Er soll wohl seine Hauptstadt befestigen, sie mit Vorrat versehen und sich die Bürger wohlgeneigt erhalten, um einen Angriff des Feindes so lange abhalten zu können, bis ihn ein Vertrag oder äußere Hilfe befreit. Alles übrige Festungbauen ist im Frieden kostspielig und im Kriege unnütz.

Erwägt man nun alles, was ich gesagt habe, so wird man erkennen, daß die Römer, wie sie in allem, was sie taten, weise waren, auch in ihrem Urteil über die Latiner und Privernater klug handelten, wobei sie nicht an Festungen dachten, sondern sich durch kräftigere und weisere Mittel dieser Völker versicherten.

25.

Eine uneinige Stadt angreifen, um sie durch ihre Uneinigkeit zu erobern, ist eine verkehrte Maßregel.

Es war in der römischen Republik so große Uneinigkeit zwischen Volk und Adel, daß die Vejenter im Verein mit den Etruskern wegen dieser Uneinigkeit Rom vertilgen zu können glaubten. Nachdem sie ein Heer versammelt hatten und die Felder Roms verheerten, sandte der Senat Cn. Manlius und M. Fabius gegen sie ab, die das römische Heer an das ihrige heranführten. Die Vejenter reizten jetzt den Feind unaufhörlich durch kleine Gefechte und beleidigten ihn unausgesetzt durch Schmähungen und Herabwürdigung des römischen Namens.

[1)] 1517.

Ihre Verwegenheit und ihr Übermut war so groß, daß die entzweiten Römer sich versöhnten und, als es zur Schlacht kam, sie aufs Haupt schlugen.

Man sieht hieraus, wie wir schon oben gezeigt haben, wie sehr sich die Menschen im Ergreifen ihrer Maßregeln täuschen. Oft glauben sie etwas zu gewinnen und verlieren es. Die Vejenter glaubten zu siegen, wenn sie die uneinigen Römer angriffen, und gerade dieser Angriff ward Ursache der Aussöhnung der Römer und ihres eigenen Verderbens. Die Ursache der Zwietracht in Republiken ist größtenteils Muße und Friede, die Ursache der Einigkeit Furcht und Krieg. Wären daher die Vejenter weise gewesen, so hätten sie um so sorgfältiger den Krieg vermieden, je uneiniger sie Rom sahen, und hätten es durch Künste des Friedens zugrunde zu richten gesucht.

Der Weg dazu ist der folgende: man muß der Vertraute einer entzweiten Stadt zu werden suchen und, solange sie nicht zu den Waffen greifen, sich als Schiedsrichter mit beiden Parteien gut halten; kommt es zum Kampfe, so muß man der schwächsten langsame Hilfe geben, sowohl um den Krieg länger dauern zu machen und sie sich untereinander aufreiben zu lassen, als auch damit bei Absendung bedeutender Streitkräfte, nicht beide Teile fürchten, man habe im Sinne, sie zu unterdrücken und ihr Fürst zu werden. Wird dies geschickt ausgeführt, so wirst du fast immer dein Ziel erreichen.

Die Stadt Pistoja kam, wie ich an einem anderen Orte bei einem anderen Anlaß gezeigt habe, allein durch diesen Kunstgriff an die Republik Florenz. Als sie entzweit war, begünstigten die Florentiner bald die eine, bald die andere Partei und brachten sie, ohne sich von einer von beiden Vorwürfe zuzuziehen, dahin, daß sie sich, ihres unruhigen Zustandes müde, von freien Stücken Florenz in die Arme warf. Die Stadt Siena hat nie anders mit Unterstützung der Florentiner die Regierung geändert, als wenn diese Unterstützung schwach und wenig zahlreich war. Kam hingegen zahlreiche und starke Unterstützung, so vereinigte sich die Stadt zur Verteidigung der bestehenden Regierung. Ich will den angeführten noch ein anderes Beispiel beifügen. Der Herzog von Mailand, Philipp Visconti, fing mehreremal im Vertrauen auf ihre Uneinigkeit mit den Florentinern Krieg an und zog immer den kürzeren. So konnte er sagen, als er sich über seine Feldzüge beklagte, die Torheiten der Florentiner hätten ihn unnützerweise zwei Millionen Goldgulden auszugeben veranlaßt.

So betrogen sich also die Vejenter und Toskaner in ihrer Hoffnung und wurden zuletzt in einer Hauptschlacht von den Römern überwunden. Ebenso wird sich immer jeder betrügen, der durch gleiche Mittel und aus gleicher Ursache ein Volk besiegen zu können glaubt.

26.

Schmähungen und schimpfliche Vorwürfe erzeugen Haß gegen ihren Urheber, ohne ihm irgend zu nützen.

Ich halte es für einen der größten Beweise menschlicher Klugheit, sich der Drohungen und Beleidigungen durch Worte zu enthalten. Beides entzieht dem Feinde keine Kräfte, aber Drohungen machen ihn vorsichtiger, Beleidigungen erzeugen in ihm größeren Haß gegen dich und reizen ihn an, mit größerer Anstrengung auf dein Verderben zu sinnen. Man sieht dies aus dem Beispiel der Vejenter, die zur Unbill des Krieges noch Schmähungen gegen die Römer hinzufügten, wie wir im vorigen Kapitel erzählt haben. Jeder kluge Feldherr muß dafür sorgen, daß sich seine Soldaten solcher Schmähungen enthalten. Sie entflammen nur den Feind zur Rache und benehmen ihm nichts von seiner Angriffsfähigkeit, so daß es Waffen sind, die sich gegen dich selbst kehren.

Es trug sich davon einst in Asien ein merkwürdiges Beispiel zu. Der persische Feldherr Gabas hatte längere Zeit vor Amida gelegen und beschloß, durch die langwierige Belagerung ermüdet, abzuziehen. Er brach schon sein Lager ab, als die Einwohner der Stadt alle auf die Mauer kamen, hochmütig durch ihren Sieg keiner Gattung von Beleidigung gegen ihn sich enthielten, ihn schmähten und ihm Ungeschicklichkeit und Feigheit vorwarfen. Gabas, hierdurch gereizt, begann die Belagerung von neuem; und so groß war der Unwille über die Unbill, daß er die Stadt in wenigen Tagen einnahm und zerstörte. Dasselbe widerfuhr den Vejentern, denen es, wie wir gesehen, nicht genügte, die Römer zu bekriegen. Dadurch, daß sie sie auch noch mit Worten schmähten und bis an die Palisaden des Lagers gingen, ihnen Schimpfreden zuzurufen, entflammten sie die Feinde viel mehr durch Worte als durch die Waffen zum Zorn. Dieselben Soldaten, die früher nur mit Widerstreben gefochten hatten, zwangen jetzt die Konsuln, zur Schlacht zu blasen, so daß die Vejenter wie die Amider für ihre Schmähungen bestraft wurden.

Gute Feldherren und Häupter von Republiken müssen daher jede passende Vorkehrung treffen, daß solche Beleidigungen und schimpfliche Vorwürfe weder in der Stadt noch im Heere, weder unter sich noch gegen den Feind vorkommen können. Werden sie gegen den Feind gebraucht, so entstehen daraus die oben genannten Übelstände. Unter sich würden sie noch schlimmere Folgen haben, wenn man ihnen nicht vorbeugt, wie es stets von klugen Männern geschehen ist.

Als sich die in Capua zurückgelassenen römischen Legionen gegen die Capuaner verschworen hatten, wie seines Orts erzählt werden soll, und als infolge dieser Verschwörung eine Meuterei entstanden war, die Valerius Corvinus beilegte, wurden durch die Bestimmungen der Übereinkunft die schwersten Strafen gegen jeden festgesetzt, der jemals einem der Soldaten diese Meuterei vorwerfen würde. Tiberius Gracchus, im Kriege Hannibals zum Befehlshaber einer Anzahl Sklaven ernannt, die die Römer aus Mangel an Mannschaften bewaffnet hatten, setzte vor allem gegen jeden die Todesstrafe fest, der einem von ihnen den Sklavenstand vorwerfen würde.

Für so schädlich hielten es die Römer, die Menschen verächtlich zu behandeln und ihnen etwas Schimpfliches vorzuwerfen; denn nichts reizt mehr zum Zorn und erzeugt größere Erbitterung, mag es nun im Ernst oder Scherz gesagt werden. *Nam facetiae asperae, quando nimium ex vero traxere, acrem sui memoriam relinquunt*[1].

[1] Denn beißende Scherze, wenn sie zuviel Wahres enthalten, lassen eine bittere Erinnerung zurück.

27

Weisen Fürsten und Republiken muß es genug sein, zu siegen; denn größtenteils verliert man, wenn man sich nicht damit begnügt.

Entehrende Worte gegen den Feind rühren größtenteils vom Übermut her, den der Sieg oder die falsche Hoffnung des Sieges erzeugt; eine falsche Hoffnung, welche die Menschen nicht nur im Sprechen, sondern auch im Handeln Fehler machen läßt. Bemächtigt sich diese Hoffnung des Menschen, so vergißt er Maß und Ziel und verliert meistens die Gelegenheit, ein gewisses Gutes zu haben, über der Hoffnung auf ein ungewisses Besseres. Da nun dies ein Punkt ist, der Beachtung verdient, indem sich die Menschen sehr häufig darin täuschen, und zwar zum Nachteil ihres Staates, so will ich die Sache durch alte und neue Beispiele gehörig erläutern, da sie sich durch Gründe nicht so deutlich dartun läßt.

Nach der Niederlage der Römer bei Cannä schickte Hannibal Gesandte nach Karthago, um seinen Sieg zu verkünden und Verstärkung zu begehren. Im Senat entstand ein Streit darüber, was zu tun sei. Hanno, ein alter kluger Bürger von Karthago, riet, man solle diesen Sieg weise benutzen, um Frieden mit den Römern zu schließen, da man jetzt, nach dem Siege, ehrenvolle Bedingungen erhalten könne; man solle nicht warten, bis man nach einer verlorenen Schlacht Frieden schließen müsse. Es sei die Absicht der Karthager gewesen, zu beweisen, daß sie imstande seien, den Römern die Spitze zu bieten; da man jetzt gesiegt habe, so müsse man sich hüten, die Früchte dieses Sieges in der Hoffnung auf größere Siege zu verlieren. Sein Rat wurde nicht befolgt, wohl aber wurde er später vom karthagischen Senate für weise erkannt, als die Gelegenheit verloren war.

Als Alexander der Große fast den ganzen Orient erobert hatte, schickte ihm die Republik Tyrus, damals berühmt und mächtig, weil ihre Stadt im Meere stand wie Venedig, in Anbetracht der Größe des Königs Gesandte mit dem Erbieten, sie wolle seine ergebene Dienerin sein und ihm in allem Gehorsam leisten, nur nicht ihn selbst oder seine Truppen in ihre Mauern aufnehmen. Alexander, entrüstet, daß eine Stadt ihm die Tore verschließen wolle, die ihm die ganze Welt geöffnet hatte, wies die Gesandten mit ihren Bedingungen ab und belagerte Tyrus. Tyrus jedoch lag mitten im Wasser und war mit Mund- und Kriegsbedarf aufs beste versehen; so daß Alexander, nach viermonatigen fruchtlosen Bemühungen gewahrend, daß eine einzige Stadt seinem Ruhme mehr Zeit raubte, als viele andere Eroberungen gekostet hatten, eine Übereinkunft zu versuchen und ihnen zu gewähren beschloß, was sie selbst verlangt hatten.

Allein die übermütig gewordenen Tyrer wollten jetzt nicht nur den Frieden nicht annehmen, sondern ermordeten sogar die zur Unterhandlung abgeschickten Macedonier. Alexander, hierüber aufs heftigste erbittert, betrieb Belagerung und Sturm mit solchem Nachdruck, daß er die Stadt einnahm, zerstörte und alle Einwohner töten oder als Sklaven verkaufen ließ.

Im Jahre 1512 drang ein spanisches Heer in das florentinische Gebiet ein, um die Medici wieder einzusetzen und die Stadt zu brandschatzen. Es war von Bürgern herbeigerufen worden, die ihm Hoffnung machten, sie würden sogleich nach seinem Einrücken die Waffen ergreifen und sich mit ihm vereinigen. Als nun die Spanier in die Ebene herabgestiegen waren, aber niemand sahen und an Lebensmitteln Mangel litten, versuchten sie zu unterhandeln. Das Volk von Florenz, dadurch aufgeblasen, weigerte sich, und der Verlust von Prato und der Sturz der Republik war die Folge.

Fürsten also, die von einem weit mächtigeren Feinde angegriffen waren, können keinen größeren Fehler machen, als jeden Vergleich abzuweisen; denn nie wird ein Vertrag so unvorteilhaft angeboten werden, daß das Wohl des Annehmenden nicht einigermaßen berücksichtigt werden sollte und letzterer nicht dadurch einiges von dem erreichte, was ihm der Sieg geben würde. Es mußte den Tyrern genügen, daß Alexander die Bedingungen annahm, die er zuerst zurückgewiesen hatte, und ihr Sieg war groß genug, daß sie mit den Waffen in der Hand einen so großen Fürsten zur Nachgiebigkeit gegen ihr Begehren gebracht hatten.

Ebenso mußte es den Florentinern genügen, und der Sieg war groß genug, wenn das spanische Heer nur einem ihrer Wünsche nachgab und die eigenen nicht alle erreichte. Es war nämlich die Absicht dieses Heeres, den Staat in Florenz zu ändern, es von der Ergebenheit gegen Frankreich abzubringen und Geld aus ihm zu ziehen. Hätten die Spanier von diesen drei Dingen zwei erhalten, ich meine die letzten, und wäre dem florentinischen Volke eines geblieben, die Erhaltung seiner Verfassung, so lag hierin für beide Teile etwas Ehrenvolles und Befriedigendes, und das Volk durfte sich um Geld und Bündnis mit Frankreich nicht viel kümmern, da es doch am Leben blieb. Wenn es auch einen größeren und fast gewissen Sieg vor Augen gesehen hätte, so durfte es sich doch nicht der Laune des Glückes anvertrauen, da sein letzter Satz auf dem Spiele stand, den ein Kluger niemals ohne Not wagen wird.

Als Hannibal nach sechzehn ruhmvollen Jahren von Italien absegelte, zurückgerufen von seinen Karthagern zum Beistand des Vaterlandes, fand er Hasdrubal und Syfax geschlagen, fand er das Königreich Numidien verloren und Karthago innerhalb des Umfanges seiner Mauern eingeschränkt, ohne andere Rettung als ihn und sein Heer. Als er nun sah, daß dies der letzte Satz seines Vaterlandes war, wollte er ihn nicht eher aufs Spiel setzen, als bis er jeden anderen Ausweg versucht hatte. Er schämte sich nicht, um Frieden zu bitten, da er wohl wußte, daß, wenn Karthago noch ein Rettungsmittel blieb, dies im Frieden, nicht im Kriege lag. Als jedoch der Friede verweigert wurde, wollte er, da doch alles verloren war, den Kampf nicht unversucht lassen, da er vielleicht noch siegen oder doch ruhmvoll untergehen konnte.

Wenn nun Hannibal, dieser so tapfere Feldherr, mit seinem unversehrten Heere eher Frieden als die Schlacht suchte, als er sah, daß durch ihren Verlust sein Vaterland dienstbar werden mußte, was soll dann ein anderer von geringerer Tapferkeit und Erfahrung tun? Allein die Menschen begehen den Irrtum, daß sie ihren Hoffnungen kein Ziel zu setzen wissen; darauf bauend, ohne sich irgend nach ihren Kräften zu richten, rennen sie in ihr Verderben.

28.
Wie gefährlich es für eine Republik oder einen Fürsten ist, eine Unbill, einem Staate oder einem einzelnen Manne zugefügt, straflos zu lassen.

Wozu die Menschen der Unwille bringt, sieht man deutlich aus dem, was den Römern begegnete, als sie die drei Fabier als Gesandte zu den Galliern schickten, die Toskana und namentlich Clusium angegriffen hatten. Als nämlich das Volk von Clusium Rom um Hilfe bat, wurden Gesandte zu den Galliern geschickt, die ihnen im Namen des römischen Volkes bedeuten sollten, sie möchten vom Kriege gegen die Toskaner abstehen.

Diese Gesandten, Männer, mehr geeignet zur Tat als zu Worten, stellten sich, als es zwischen den Galliern und Toskanern zur Schlacht kam, in die vordersten Reihen der Toskaner. Die Folge davon war, daß sie von den Feinden erkannt wurden und diese allen ihren Unwillen von den Toskanern ab gegen die Römer kehrten. Dieser Unwille wurde noch vermehrt, als sich die Gallier durch Gesandte beim römischen Senat beschwerten und zur Sühne für den erlittenen Schaden die Auslieferung der drei Fabier verlangten, dies aber nicht nur nicht geschah, sie auch nicht auf andere Weise bestraft, sondern bei den nächsten Komitien zu Tribunen mit konsularischer Gewalt ernannt wurden. Als die Gallier auf diese Art die geehrt sahen, die hätten gezüchtigt werden sollen, nahmen sie alles als Verachtung und Hohn auf, rückten von Zorn und Wut entbrannt vor Rom und nahmen es mit Ausnahme des Kapitols. Die Ursache der Zerstörung Roms also war einzig die Nichtachtung der Gerechtigkeit, da seine Gesandten, die das Völkerrecht verletzt hatten und hätten gestraft werden sollen, geehrt wurden.

Es läßt sich daraus abnehmen, wie sehr jede Republik und jeder Fürst auf der Hut sein muß, sich solche Beleidigungen nicht allein gegen ein ganzes Volk, sondern auch gegen einen einzelnen nicht zuschulden kommen zu lassen. Ist ein Mann entweder vom Staate oder von einem Privaten schwer beleidigt worden und erhält er nicht befriedigende Genugtuung, so strebt er, ist's ein Bürger, nach Rache und sollte die Republik darüber zugrunde gehen; steht er unter einem Fürsten und besitzt er einige Großherzigkeit, so wird er nicht eher ruhen, als bis er sich auf irgendeine Art an ihm gerächt hat, sollte er auch sein eigenes Verderben dabei sehen.

Zum Beweis dessen gibt es kein treffenderes und wahreres Beispiel als das Philipps von Macedonien, des Vaters Alexanders. Der König hatte an seinem Hofe Pausanias, einen schönen und adeligen Jüngling. In diesen war Attalus, einer der ersten Männer in Philipps Umgebung, verliebt, hatte ihn mehreremal ersucht, sich ihm gefällig zu zeigen, ihn aber solchen Dingen abgeneigt gefunden und beschloß daher, durch List und Gewalt zu erhalten, was er auf andere Weise nicht erreichen konnte. Er veranstaltete ein festliches Mahl, wozu sich Pausanias und andere edle Herren einfanden, und ließ, nachdem alle von Speisen und Wein angefüllt waren, Pausanias ergreifen, in ein Seitengemach führen und befriedigte nicht allein mit Gewalt sein Gelüste, sondern ließ ihn zu größerer Schmach auch noch von vielen anderen Gästen auf dieselbe Art beschimpfen. Pausanias beklagte sich mehreremal über diese Unbill bei Philipp, der ihn eine Zeitlang mit der Hoffnung auf Rache hinhielt, statt Wort zu halten, aber Attalus zum Statthalter einer griechischen Provinz ernannte. Als jetzt Pausanias seinen Feind geehrt und nicht gezüchtigt sah, wandte er all seinen Grimm nicht gegen den Beleidiger, sondern gegen Philipp, der ihm Rache versagt hatte, und an einem feierlichen Morgen bei der Vermählung der Tochter des Königs mit Alexander von Epirus, als Philipp in der Mitte der beiden Alexander, seines Sohnes und Schwiegersohnes, zum Tempel ging, erstach ihn Pausanias.

Dies Beispiel hat viel Ähnlichkeit mit dem der Römer. Jeder Fürst muß sich sagen, daß er nie einen Mann so gering schätzen darf, um zu glauben, er würde, wenn Beleidigungen auf Beleidigungen gehäuft werden, nicht mit Hintansetzung jeder Gefahr und jedes persönlichen Nachteils auf Rache sinnen.

29.

Das Schicksal macht die Menschen blind, wenn es nicht will, daß sie sich seinen Plänen widersetzen.

Wenn man den Lauf der menschlichen Dinge genau betrachtet, so sieht man oft Umstände eintreten und Ereignisse kommen, denen der Himmel durchaus nicht vorgebeugt haben wollte. Wenn aber dies Rom widerfuhr, wo soviel Tapferkeit, Religion und Ordnung herrschte, so ist es kein Wunder, daß es in einer Stadt oder in einem Lande viel häufiger vorkommt, die dieser Vorzüge entbehren. Da nun hier ein sehr passender Ort ist, die Gewalt des Himmels über die menschlichen Dinge zu beweisen, so hat es Livius ausführlich und mit den treffendsten Worten getan. Da der Himmel, sagt er, zu irgendeinem Zwecke wollte, daß die Römer seine Macht erkennen sollten, ließ er zuerst jene Fabier, die als Gesandte zu den Galliern gingen, einen Fehler begehen und reizte dieses Volk durch ihre Handlung zum Kriege mit Rom an. Dann fügte er, daß zur Abwendung der Folgen dieses Krieges nichts geschah, was des römischen Volkes würdig war. Zuvor hatte er gewollt, daß Camillus, der einzige Helfer in so großer Not, nach Ardea ins Exil geschickt worden war. Als hierauf die Gallier gegen die Stadt anrückten, durften dieselben Römer, die gegen den Angriff der Volsker und anderer angrenzender Feinde oft einen Diktator ernannt hatten, gegen die nahenden Gallier keinen Diktator ernennen. Die Auswahl der Soldaten wurde in geringer Zahl und ohne besondere Sorgfalt vorgenommen; im Ergreifen der Waffen waren sie so lässig, daß sie den Galliern kaum bis an den Fluß Allia, zehn Miglien von Rom, entgegenrücken konnten. Hier schlugen die Tribunen das Lager ohne irgendeine herkömmliche Vorsichtsmaßregel; sie wählten den Ort nicht aus, umgaben sich weder mit Gräben noch Palisaden und bedienten sich weder menschlicher noch göttlicher Sicherheitsmittel. Bei der Aufstellung in Schlachtordnung stellten sie die Scharen dünn und schwach, so daß weder Soldaten noch Feldherren sich irgend der römischen Kriegszucht würdig zeigten. Hierauf wurde ohne Blutvergießen gefochten; denn alles floh ohne den Angriff abzuwarten, und der größere Teil lief nach Veji, die übrigen zogen sich nach Rom zurück, wo sie, ohne nur ihre Häuser zu betreten, auf das Kapitol rannten. Der Senat dachte nicht an die Verteidigung Roms, schloß nicht einmal die Tore und floh zum Teil, zum Teil schloß er sich mit den anderen ins Kapitol ein. Nur bei der Verteidigung dieser Burg verstanden sie einige nicht kopflose Maßregeln zu treffen; denn sie überfüllten sie nicht mit unnützen Leuten, brachten soviel Getreide als möglich hinein, um die Belagerung aushalten zu können, und der unnütze Schwarm von Greisen, Weibern und Kindern floh zum größern Teil in die benachbarten Städte, der Rest blieb in Rom den Galliern zur Beute. Wer daher die früheren Taten dieses Volkes während so vieler Jahre gelesen hat und dann diese Begebenheiten liest, wird kaum glauben können, daß es ein und dasselbe Volk war. Nachdem Livius die obengenannten Unordnungen beschrieben hat, schließt er mit den Worten: *Adeo obcoecat animos fortuna, cum vim suam ingruentem refringi non vult*[1].

Nichts Wahreres gibt es als diesen Schluß. Deswegen verdienen auch die Menschen, welche in großem Unglück oder Glücke leben, weniger Lob oder Tadel. Größtenteils wird man sie zu ihrem Sturze oder ihrer Größe auf einer Bahn geführt sehen, die ihnen der Himmel geebnet hat, indem er ihnen Gelegenheit zu ausgezeichneter Tat schenkte oder entzog. Will indessen das Schicksal große Dinge ausführen, so wählt es einen Mann von soviel Geist und Verdienst aus, daß er die Gelegenheiten, die es ihm darbietet, erkennt. Ebenso wenn es große Umwälzungen hervorbringen will, schiebt es Männer vor, die den Einsturz des Bestehenden beschleunigen. Wäre ein Mann da, der sich seinen Beschlüssen in den Weg stellen könnte, so tötet es ihn oder beraubt ihn jeder Möglichkeit, etwas Heilsames zu tun. Man erkennt dies aufs deutlichste aus diesem Text. Das Schicksal, um Rom zu erhöhen und zu seiner Größe zu führen, hielt seine Züchtigung für nötig (wie wir zu Anfang des nächsten Buches ausführlich zeigen werden), allein völlig wollte

[1] So verblendet das Schicksal die Geister, wenn es nicht will, daß seine einbrechende Gewalt gehemmt werden soll.

es Rom noch nicht stürzen. Aus diesem Grunde sieht man, daß es Camillus verbannen, nicht sterben ließ; es ließ Rom nehmen und nicht das Kapitol; es fügte, daß die Römer zur Schützung Roms an nichts Zweckmäßiges dachten, zur Verteidigung des Kapitols keine nützliche Maßregel versäumten. Es fügte, damit Rom genommen werde, daß der größere Teil der an der Allia geschlagenen Soldaten nach Veji floh, und raubte so zur Verteidigung der Stadt alle Mittel. Bei diesen Anordnungen aber bereitete es alles zur Wiedereroberung Roms vor, indem es ein ganzes römisches Heer nach Veji und Camillus nach Ardea geleitet hatte, damit ein Feldherr, unbefleckt durch den Schimpf der Niederlage und unangetastet in seinem Ruhm, es zur Wiedereroberung seines Vaterlandes fahren könne.

Zur Bestätigung des Gesagten wäre manches neuere Beispiel anzuführen, allein ich halte sie für überflüssig, da dieses jeden befriedigen kann, und will sie übergehen. Wohl aber behaupte ich von neuem, daß es unumstößlich wahr ist, und die ganze Geschichte bezeugt es, daß die Menschen das Schicksal unterstützen, nicht aber sich ihm widersetzen können. Sie können seine Fäden zusammenweben, nicht sie zerreißen. Sie dürfen sich indes nie selbst verlassen. Da sie die Zwecke der Göttin nicht kennen und Fortuna auf krummen und unbekannten Pfaden wandelt, so sollen sie immer hoffen und hoffend in keiner Lage, in keiner Not noch Mühsal sich selbst verlieren.

30.

Wahrhaft mächtige Republiken und Fürsten erkaufen Bündnisse nicht durch Gold, sondern durch Tapferkeit und Waffenruhm.

Die Römer waren im Kapitol belagert und mußten, obgleich sie Entsatz von Veji her durch Camillus erwarteten, durch Hunger aufs Äußerste gebracht, vor den Galliern kapitulieren. Sie waren übereingekommen, sich durch eine gewisse Summe Goldes loszukaufen, und wogen das Gold schon ab, als plötzlich Camillus mit seinem Heere ankam. So fügte es das

Geschick, sagt der Geschichtschreiber, *ut Romani auro redempti non viverent*[1]. Diese Sache bemerkt man nicht nur hier, sondern überall im Verlauf der Taten dieser Republik. Niemals eroberte sie Festungen durch Geld, niemals erkaufte sie Frieden durch Geld, sondern stets durch die Tapferkeit der Heere. Ich glaube nicht, daß sich eine einzige andere Republik dessen rühmen kann.

Die Macht eines Staates läßt sich unter anderm daraus erkennen, wie er mit seinen Nachbarn steht. Bezahlen ihm die Nachbarn, um ihn zum Freunde zu haben, Subsidien, so ist dies ein sicheres Zeichen, daß er mächtig ist. Ziehen hingegen die Nachbarn, obgleich sie kleiner sind als er, Geld von ihm, so ist dies ein großes Zeichen seiner Schwäche.

Man lese die römische Geschichte und man wird scheu, daß die Massilier, die Aeduer, die Rhodier, Hiero von Syracas, die Könige Eumenes und Masinissa, alle Grenznachbarn des römischen Reiches, um im Bündnis mit ihm zu stehen, zu seinen Bedürfnissen Geld und Tribut beitrugen und dafür nach keinem anderen Lohne strebten als nach seinem Schutz.

Das Gegenteil wird man in schwachen Staaten sehen. So war, um mit unserem Florenz den Anfang zu machen, früher zur Zeit seines größten Ansehens kein Herrlein in der Romagna, der nicht eine Provision[2] von ihm erhalten hätte; mehr noch, es gab sie den Peruginern, den Castellanern und allen seinen anderen Nachbarn. Wäre dieser Staat bewaffnet und kräftig gewesen, so würde es umgekehrt gekommen sein; denn um sich seines Schutzes zu erfreuen, würden alle Geld gegeben und nicht ihre Freundschaft zu verkaufen, sondern die seinige zu erkaufen gesucht haben. Aber nicht allein die Florentiner lassen sich diese Erbärmlichkeit zuschulden kommen, sondern auch die Venetianer und der König von Frankreich, der mit einem so großen Reiche den Schweizern und dem König von England tributpflichtig ist. Dies kommt alles daher, daß ihre Völker nicht bewaffnet sind und daß der König und die anderen oben Genannten den augenblicklichen Vorteil, ihr Volk ausplündern

[1] Damit die Römer ihr Leben nicht durch Gold erkauften.
[2] Die Besoldung, die ein Condottiere für sich und seine Soldaten erhielt.

zu können, und die Vermeidung einer mehr eingebildeten als wirklichen Gefahr einem Verfahren vorziehen, das sie sichern und ihre Staaten auf immer glücklich machen würde. Diese Unordnung, wenn sie auch eine Zeitlang einige Ruhe erzeugt, ist doch notwendigerweise in der Folge Ursache von Verlust und unabwendbarem Untergang.

Es würde zu weit führen, wenn ich erzählen wollte, wie oft die Florentiner, die Venetianer und Frankreich sich vom Kriege losgekauft haben, wie oft sie sich einem Schimpf unterworfen haben, dem sich die Römer nur ein einziges Mal zu unterwerfen auf dem Punkte standen.

Es würde zu weit führen, wenn ich erzählen wollte, wie viele Städte die Florentiner und Venetianer erkauft haben, wie sich später diese Unordnung offenbarte, und wie man sah, daß, wer durch Gold erobert, den Besitz nicht durch Eisen zu verteidigen weiß.

Die Römer blieben ihrer Hochherzigkeit und ihren Grundsätzen getreu, solange sie frei waren; als sie aber unter die Kaiser kamen und die Kaiser nach und nach lasterhaft wurden und den Schatten mehr als die Sonne liebten, fingen auch sie an, sich bald von den Parthern, bald von den Germanen, bald von anderen benachbarten Völkern loszukaufen, was der Ursprung des Verfalls dieses ungeheuren Reiches war.

Diese Übelstände entstehen daraus, wenn die Völker entwaffnet sind. Ein anderer noch größerer aber ist der, daß dich der Feind desto schwächer findet, je näher er dir auf den Leib rückt. Wer nämlich so regiert, wie wir oben gesagt haben, mißhandelt die seiner Untertanen, welche im Innern seines Reiches wohnen, um wohlgeneigte Leute zu haben, die den Feind fernhalten. Zu diesem Zwecke zahlt er den Herren und Völkerschaften in der Nähe seiner Grenzen Subsidien. Hieraus entsteht nun, daß solche Staaten an ihren Grenzen einigen Widerstand leisten; hat aber der Feind diese Grenzen überschritten, so ist alles verloren. Sie sehen nicht ein, daß dieses ihr Verfahren aller guten Ordnung widerstrebt. Das Herz und die edlen Teile eines Körpers müssen gewappnet werden, nicht seine Extremitäten; denn ohne diese kann man leben, sind jene verletzt, erfolgt der Tod. Solche Staaten aber haben ein ungewappnetes Herz und gerüstete Hände und Füße.

Was diese Unordnung Florenz geschadet hat, hat man gesehen und sieht es jeden Tag. Sowie ein Heer seine Grenzen durchdringt und dem Herzen nahe kommt, ist alles verloren. Vor wenigen Jahren mußten die Venetianer dieselbe Erfahrung machen, und wäre ihre Stadt nicht vom Meere umflossen, so würde man ihr Ende gesehen haben. Gleiches Unheil widerfuhr Frankreich nur aus dem Grunde nicht so häufig, weil es ein so großes Reich ist, daß es nur wenige überlegene Feinde hat. Dennoch, als es im Jahre 1513 von den Engländern angegriffen wurde, erzitterte das ganze Land, und der König selbst wie jeder andere urteilte, daß eine einzige Niederlage ihn die Krone kosten könne.

Bei den Römern war das Gegenteil der Fall; denn je mehr sich der Feind Rom näherte, desto mächtiger fand er die Stadt in ihrem Widerstand. Im Kriege Hannibals, nach so vielen Niederlagen, nachdem so viele Feldherren und Soldaten gefallen waren, konnten sie nicht nur den Feind aushalten, sondern siegreich aus dem Kriege hervorgehen. Alles kam daher, daß ihr Herz wohl bewaffnet und die äußeren Teile wenig beachtet waren. Die Grundpfeiler des Staates waren das Volk von Rom, die Völker Latiums, die übrigen Bundesgenossen in Italien und die Kolonien, die zusammen Heere lieferten, hinreichend, die Welt zu bekriegen und im Zaume zu halten. Daß dies richtig sei, sieht man aus dem Worte des Karthagers Hanno. Als die Gesandten Hannibals seine Großtaten und den Sieg bei Cannä meldeten, fragte Hanno, ob einer aus dem römischen Volke gekommen sei, um Frieden zu bitten, und ob eine Stadt aus Latium oder eine der Kolonien sich gegen die Römer empört habe. Als beides verneint wurde, entgegnete Hanno: „Dieser Krieg ist noch derselbe wie vorher."

Man sieht also aus dieser Abhandlung sowie aus dem, was wir mehreremal gesagt haben, welche Verschiedenheit zwischen den Regierungsgrundsätzen der jetzigen und der alten Republiken sei. Man sieht deshalb auch täglich wunderbare Verluste und staunenerregende Eroberungen. Denn wo die Menschen wenig Kraft und Tapferkeit besitzen, zeigt das Glück in hohem Grade seine Macht. Da es aber wechselt, so wechseln die Republiken und Throne und werden immer wechseln, bis sich ein Staat erhebt, der das Altertum so verehrt, daß er dem Glücke solche Schranken setzt, daß es nicht bei jedem Umschwung der Sonne zu zeigen Gelegenheit hat, wie viel es vermag.

31.
Wie gefährlich es ist, den Verbannten zu glauben.

Es scheint mir nicht unpassend, in diesen meinen Betrachtungen auch darüber zu sprechen, wie gefährlich es sei, den Männern zu glauben, die aus ihrem Vaterlande verjagt worden sind, da dies eine Sache ist, mit der die Häupter der Staaten täglich zu rechnen haben. Ich kann diese Gefahr durch ein merkwürdiges Beispiel beweisen, das uns Livius in seiner Geschichte gibt, obgleich es eigentlich nicht dahin gehört. Als nämlich Alexander der Große nach Asien übersetzte, kam Alexander von Epirus, sein Oheim und Schwager, an der Spitze eines Heeres nach Italien, wohin ihn verbannte Luccaner gerufen hatten, indem sie ihm Hoffnung machten, er könne durch sie das ganze Land erobern. Als er in dieser Hoffnung und im Vertrauen auf ihre Treue in Italien ankam, wurde er von ihnen ermordet, da ihnen ihre Mitbürger unter dieser Bedingung die Rückkehr in ihr Vaterland versprochen hatten.

Man kann daraus schließen, wie eitel die Treue und die Versprechungen von Leuten sind, die ihres Vaterlandes beraubt sind. Was die Treue betrifft, so kannst du sicher sein, daß sie dich jedesmal, wenn sie auf anderem Wege als durch dich in ihr Vaterland zurückkehren können, verlassen und sich der anderen Seite anschließen werden, trotz aller Versprechungen, die sie dir gemacht haben mögen. Was die eitlen Verheißungen und Hoffnungen betrifft, so ist ihre Sehnsucht, in die Heimat zurückzukehren, so groß, daß sie natürlich vieles glauben, was nicht wahr ist, und hierzu noch vieles Selbsterfundene fügen, so daß du durch das, was sie glauben, sowohl als durch das, was sie zu glauben vorgeben, mit übertriebener Hoffnung erfüllt wirst. Verlässest du dich nun darauf, so machst du Ausgaben umsonst oder verwickelst dich in einen Krieg, in dem du zugrunde gehst.

Als Beispiel soll mir nächst Alexander der Athener Themistokles genügen. Rebell geworden, floh er nach Asien zu Artaxerxes, dem er so viel versprach, wenn er Griechenland angreifen wolle, daß sich Artaxerxes dazu entschloß. Als Themistokles jetzt sein Versprechen nicht halten konnte, vergiftete er sich aus Scham oder Furcht vor dem Martertod selbst. Wenn aber Themistokles, einer der ausgezeichnetsten Männer, diesen Irrtum beging, so läßt sich wohl abnehmen, um wieviel mehr sich andere irren müssen, die, weniger verdienstvoll, sich mehr durch ihre Wünsche und Leidenschaft hinreißen lassen.

Ein Fürst muß daher vorsichtig sein, sich in Unternehmungen auf den Bericht eines Verwiesenen hin einzulassen; denn größtenteils hat er nur Schande oder großen Schaden davon. Auch die Einnahme einer Stadt oder Festung durch Überfall und Einverständnis mit einem Teil der Besatzung, gehört in diese Klasse von Unternehmungen, die selten gelingen. Ich will daher im folgenden Kapitel hierüber sprechen und beifügen, auf wieviel Arten die Römer Festungen eroberten.

32.

Auf wieviel Arten die Römer befestigte Plätze einnahmen.

Alles Sinnen und Trachten der Römer ging auf Krieg, sie führten ihn daher stets auf die vorteilhafteste Weise, sowohl was die Kosten betrifft, als auch in Hinsicht auf alles andere, was im Kriege nötig ist. Aus diesem Grunde hüteten sie sich wohl, Festungen durch Belagerungen einzunehmen. Sie hielten dies für so kostspielig und beschwerlich, daß die Nachteile bei weitem den Nutzen der Eroberung aufwögen, und sie glaubten deshalb, es sei besser und vorteilhafter, die Festungen auf jede andere Weise als durch förmliche Belagerung einzunehmen. Man findet daher in so vielen Kriegen und in einer so langen

Zeit nur wenig Beispiele, daß die Römer Städte förmlich belagerten. Sie eroberten sie vielmehr entweder durch Sturm oder durch Übergabe.

Der Sturm geschah entweder durch offene Gewalt oder durch Überfall. Die offene Gewalt bestand in folgendem: Sie machten einen Angriff, ohne die Mauer zu durchbrechen, was sie *aggredi urbem corona* nannten, weit sie die Stadt mit ihrem ganzen Heere umgaben und von allen Seiten angriffen. Oft gelang es ihnen auf diese Art in einem Anlauf, eine, wenn auch sehr große, Stadt zu nehmen, wie Scipio Neu-Karthago in Spanien. Wenn dieser Anlauf nichts half, legten sie durch den Widder und andere Kriegsmaschinen Bresche in die Mauer. Sie gruben eine Mine und drangen durch dieselbe in die Stadt, wie Veji genommen wurde. Um in gleicher Höhe, mit den Verteidigern der Mauer zu stehen, bauten sie hölzerne Türme, oder sie suchten durch einen von außen an die Mauer angeschütteten Erdaufwurf die Höhe derselben zu erreichen.

Die erste Art des Angriffs war der Besatzung der Festung augenblicklich am gefährlichsten, und die Verteidigung war zweifelhaft. Da an jedem Punkte eine hinreichende Anzahl Verteidiger sein mußten, so war die Besatzung entweder nicht zahlreich genug, alle Punkte zu besetzen und sich im Gefechte abzulösen, oder war sie es auch, so widerstanden doch nicht alle mit gleichem Mute; und wich nur ein Teil aus dem Gefecht, so war alles verloren. Diese Angriffsart hatte daher häufig einen glücklichen Erfolg. Gelang aber der erste Angriff nicht, so wurde kein weiterer versucht, weil die Sache dem Heere gefährlich war; denn auf einen so großen Raum verteilt, war es überall zu schwach, einem Ausfall der Besatzung zu widerstehen. Auch kamen die Soldaten dadurch in Unordnung und wurden sehr abgemattet, weshalb nur einmal und unversehens ein solcher Angriff versucht wurde.

Gegen die Mauerbresche schützte man sich wie jetzt durch Wälle. Gegen die Minen legte man Gegenminen an und widersetzte sich in denselben dem Feinde entweder mit den Waffen oder durch künstliche Mittel. Hierzu gehörten unter anderen mit Federn gefüllte Tonnen, die angezündet und brennend in die Mine gebracht wurden, um durch Rauch und Gestank das Eindringen des Feindes zu verhindern. Wenn mit Türmen angegriffen wurde, suchte man sie in Brand zu stecken. Gegen die Erdaufwürfe wurde unten an der Mauer, wo der Aufwurf angeschüttet war, eine Öffnung gemacht und in die Stadt gezogen, was von außen aufgehäuft wurde, so daß die von außen zugeführte Erde von innen weggenommen wurde und der Aufwurf nicht wuchs.

Diese verschiedenen Arten der Eroberung lassen sich nicht lange fortsetzen, sondern man muß entweder aufbrechen und den Krieg auf andere Weise zu gewinnen suchen (wie Scipio, als er nach seiner Landung in Afrika Utica angriff und, da er es nicht einnehmen konnte, sein Lager abbrach und die karthagischen Heere zu schlagen suchte), oder aber man muß sich zu einer förmlichen Belagerung entschließen, wie bei Veji, Capua, Karthago, Jerusalem und einigen anderen Städten.

Wir kommen zur Eroberung der Städte durch Überfall und durch Verrat, wie zum Beispiel die Römer Palepolis durch ein geheimes Einverständnis mit den Einwohnern einnahmen. Die Römer und andere haben häufig versucht, Städte auf diesem Wege einzunehmen, selten aber ist es ihnen gelungen. Die Ursache ist die, daß das geringste Hindernis den Plan zerstört und gar leicht Hindernisse in den Weg kommen. Entweder wird die Verschwörung entdeckt, ehe es zur Ausführung kommt, und sie wird leicht entdeckt sowohl durch die Treulosigkeit eines der Mitwisser, als auch wegen der Schwierigkeit der Unterhandlung, da man mit Feinden zusammenkommen muß, mit denen es nur unter einem Vorwand zu sprechen erlaubt ist. Oder wenn auch die Verschwörung während der Einleitung nicht entdeckt wird, so sind doch während der Ausführung tausend Schwierigkeiten zu überwinden. Kommt man vor oder nach der festgesetzten Zeit, so ist alles verdorben; entsteht ein unerwarteter Lärm, wie das Geschrei der Gänse auf dem Kapitol, wird etwas an der Disposition, worauf man sich vorbereitet und woran sich jeder in Gedanken gewöhnt hat, abgeändert, wird der geringste Fehler gemacht, fällt der geringste Irrtum vor, so scheitert die Unternehmung. Hierzu kommt noch die Finsternis der Nacht, welche die handelnden Personen in diesem gefährlichen Spiele noch mehr in Furcht setzt. Die Mehrzahl der Soldaten, die man zu einer solchen Unternehmung führt, sind mit der Lage und Örtlichkeit des Landes unbekannt, so daß sie durch den geringsten Zufall den Kopf verlieren, entmutigt und verwirrt werden. Jeder Schatten, jedes Bild, das einem Feinde ähnlich sieht, kann sie in die Flucht jagen. Sonderbar ist es, daß niemand in solchen nächtlichen Überfällen glücklicher war als Aratus von Sikyon, der sich bei Tage im offenen Kampfe ebenso kleinmütig zeigte, als er dort Mut bewies. Man kann glauben, die Ursache dieser Erscheinung liege eher in einer verborgenen, ihm angeborenen Eigenschaft, als darin, daß diese Unternehmungen der Natur der Sache nach öfter glücken müssen. Solcher Unternehmungen werden viele eingeleitet, wenige zur Ausführung gebracht und sehr wenige gelingen.

Was die Eroberung der Städte durch Übergabe betrifft, so übergeben sie sich freiwillig oder gezwungen. Der freie Wille entsteht entweder durch eine äußere Notwendigkeit, die sie zwingt, sich unter deinen Schutz zu flüchten, wie Capua unter den Schutz der Römer. Oder er entsteht aus dem Wunsche, gut regiert zu werden, wenn eine Stadt durch die gute Regierung eines Fürsten angelockt wird, dem sich schon andere Völker freiwillig unterworfen haben. So übergaben sich Rhodus, Marseille und andere Städte den Römern. Die gezwungene Übergabe ist entweder die Folge einer langen Belagerung oder einer anhaltenden Bedrückung durch Streifzüge, Plünderungen, Verheerung des Gebietes und anderer Übel, zu deren Vermeidung sich eine Stadt ergibt.

Von allen genannten Arten zu erobern bedienten sich die Römer am häufigsten der letzteren und bestrebten sich während eines Zeitraumes von mehr als vierhundertfünfzig Jahren, ihre Nachbarn durch Niederlagen und Streifzüge zu entkräften und durch Friedensschlüsse Ansehen über sie zu gewinnen, wie wir schon früher auseinandergesetzt haben. Obgleich sie alle Arten versuchten, verließen sie sich doch immer auf diese, denn bei den anderen fanden sie Gefahren oder Nachteil. Mit den Belagerungen ist Zeitverlust und Kostenaufwand verbunden, der

Sturm ist zweifelhaft und gefährlich, geheime Einverständnisse sind ungewiß. Durch die Niederlage eines feindlichen Heeres eroberten sie ein Reich in einem Tage, über der förmlichen Belagerung einer hartnäckigen Stadt gingen viele Jahre hin.

33.

Daß die Römer ihren Heerführern unbeschränkte Vollmacht gaben.

Ich halte dafür, daß das Verfahren des römischen Volkes und Senates in allen Stücken von dem beachtet werden müsse, der die Geschichte des Livius liest, um daraus Vorteil zu ziehen. So ist unter anderm auch die Untersuchung lehrreich, mit welcher Gewalt die Römer ihre Konsuln, Diktatoren und anderen Befehlshaber ihrer Heere ausschickten. Man findet, daß diese Gewalt sehr groß war; der Senat behielt sich nichts anderes vor als das Recht, neue Kriege zu erklären und die Friedensschlüsse zu bestätigen; alles übrige war dem Gutbefinden und der Macht des Konsuls anheimgestellt. Hatten Volk und Senat einen Krieg beschlossen, zum Beispiel gegen die Latiner, so überließen sie die Leitung desselben vollkommen dem Konsul. Er konnte eine Schlacht liefern oder nicht liefern, die eine oder die andere Stadt belagern, wie es ihm gut schien.

Dies wird durch viele Beispiele bestätigt, und besonders durch einen Vorfall in einem Feldzuge gegen die Toskaner. Als der Konsul Fabius nach einem Siege in der Nähe von Sutri den ciminischen Wald durchziehen und in Toskana einrücken wollte, beriet er sich weder mit dem Senat, noch gab er ihm irgend Nachricht von seinem Plane, obgleich der Krieg dadurch, daß er in ein neues, den Römern unbekanntes Land vordrang, zweifelhaft und gefährlich wurde. Daß dem wirklich so war, zeigt uns ein Senatsbeschluß hinreichend. Von seinem Siege benachrichtigt, vermutete nämlich der Senat, Fabius werde durch den ciminischen Wald in Toskana eindringen wollen. Da er nun nicht für gut hielt, sich der Gefahr dieses Krieges auszusetzen, so schickte er zwei Gesandte an Fabius ab, um ihm den Einfall in Toskana zu verbieten. Die Gesandten kamen an, als Fabius schon eingedrungen war und eine neue Schlacht gewonnen hatte; und statt als Verhinderer des Krieges kehrten sie als Verkünder des neuerrungenen Sieges und Ruhmes zurück.

Erwägt man diese Art zu verfahren wohl, so wird man sie sehr klug bedacht finden. Hätte der Senat gewollt, daß ein Konsul Schritt für Schritt nach dem, was ihm von Rom aus aufgetragen wurde, verfahren sollte, so würde der Konsul den Krieg mit weniger Vorsicht und Eifer geführt haben; denn der Ruhm des Sieges war dann nicht mehr ganz sein, sondern der Senat, nach dessen Rat er handelte, hatte teil daran. Überdies hätte sich der Senat die Verbindlichkeit auferlegt, in einer Sache raten zu wollen, die er nicht verstehen konnte. Denn obgleich alle Senatoren sehr kriegserfahrene Männer waren, so würden sie doch, da sie sich nicht an Ort und Stelle befanden und deshalb unzählige, für einen guten Rat notwendige Einzelheiten nicht wissen konnten, in ihrem Rat eine Menge Irrtümer begangen haben. Der Konsul sollte daher unabhängig handeln und der erworbene Ruhm ihm allein angehören. Die Liebe zum Ruhm aber sollte ihm Zügel sein und Sporn.

Ich habe diesen Gegenstand um so lieber angemerkt, als ich sehe, daß die Republiken der jetzigen Zeit, wie Venedig und Florenz, andere Ansichten darüber haben. Wenn ihre Feldherren, Provveditoren oder Kommissare eine Batterie anzulegen haben, so wollen sie davon wissen und es beraten. Dies Verfahren verdient dasselbe Lob wie alles übrige, was man bei ihnen sieht. Deshalb haben sie es aber auch so weit gebracht.

Der Betrachtungen drittes Buch

1.

Damit eine Sekte oder eine Republik lange bestehe, ist es nötig, sie häufig zu ihrem Anfang zurückzuführen.

Es ist eine ausgemachte Wahrheit, daß alle Dinge auf der Welt ihre Lebensgrenze haben. Allein diejenigen durchleben den ganzen ihnen vom Himmel im allgemeinen vorgezeichneten Lauf, welche ihren Körper nicht in Unordnung bringen, sondern ihn so in Ordnung halten, daß er nicht krank wird oder, wenn er krank wird, ihm dies zum Heile, nicht zum Verderben gereicht.

Da ich nun hier von zusammengesetzten Körpern spreche, wie es die Republiken und Sekten sind, so sage ich: diejenigen Krankheiten gereichen ihnen zum Heil, die sie zu ihren Anfängen zurückführen. Die sind daher am besten geordnet und haben das längste Leben, welche vermittels ihrer Einrichtungen sich häufig erneuern können oder aber durch einen äußeren Zufall zu dieser Erneuerung geführt werden.

Es ist klarer wie der Tag, daß diese Körper, wenn sie sich nicht erneuern, keine Dauer haben. Das Mittel, sie zu erneuern, ist, wie gesagt, sie zu ihrem Anfang zurückzuführen; denn alle Anfänge der Sekten, Republiken und Königreiche müssen notwendig etwas Gutes haben, mit Hilfe dessen sie ihr ursprüngliches Ansehen und ihr ursprüngliches Wachstum wieder annehmen. Dieses Gute verdirbt im Laufe der Zeit; wenn daher nichts dazwischentritt, das es wiederherstellt, so muß der Körper notwendigerweise sterben. Die Doktoren der Medizin sagen vom menschlichen Körper: *quod quotidie aggregatur aliquid, quod quandoque indiget curatione*[1].

Das Zurückführen zum Anfang geschieht bei den Republiken durch dein äußeres Unglück oder durch innere Klugheit. Was das erste betrifft, so sieht man, wie es nötig war, daß Rom

[1] Daß sich jeden Tag etwas ansetzt, das manchmal der Heilung bedarf.

durch die Gallier genommen wurde, wenn es wiedergeboren werden sollte, wenn es durch die Wiedergeburt neues Leben und neue Kraft erhalten, wenn die Beobachtung der Religion und der Gerechtigkeit, die beide entweiht zu werden begannen, wieder aufgenommen werden sollte. Daß dem so war, sieht man auf das deutlichste aus der Geschichte des Livius, wo er zeigt, daß beim Ausmarsch der Heere gegen die Gallier und bei der Ernennung der Tribunen mit konsularischer Gewalt keine einzige religiöse Zeremonie beobachtet wurde. Ebenso straften sie die drei Fabier, die *contra jus gentium*[1] gegen die Gallier gefochten hatten, nicht nur nicht, sondern ernannten sie zu Tribunen. Es läßt sich daraus leicht schließen, daß man auch die anderen guten Verordnungen, die von Romulus und den anderen weisen Fürsten eingeführt worden waren, weniger beachtete als vernünftig und nötig war, um die Freiheit zu erhalten. Es kam daher diese äußere Züchtigung, damit die Verfassung der Stadt in allem wiederhergestellt werde, und damit dem Volke gezeigt werde, daß es nicht allein nötig sei, die Religion und Gerechtigkeit aufrechtzuerhalten, sondern auch seine guten Bürger zu schätzen und ihre Verdienste höher anzuschlagen als die Vorteile, deren es als Folge ihres Wirkens zu entbehren glaubte. Alles dies kam genau so; denn kaum war Rom wiedererobert, so erneuerte man alle Gebräuche der alten Religion, strafte die Fabier, die *contra jus gentium* gefochten hatten, und achtete die Tapferkeit und Tugend des Camillus so hoch, daß der Senat und alle anderen alle Eifersucht beiseite setzten und ihm das ganze Gewicht der Regierung übertrugen.

Es ist also notwendig, daß die Menschen, gleichviel unter welchen Formen sie miteinander leben, häufig entweder durch solche äußere oder durch innere Ereignisse zur Selbsterkenntnis gebracht werden. Dies letzte muß entweder durch ein Gesetz bewirkt werden, das häufig den Gliedern dieses Körpers ihre Rechnung nachsieht, oder durch einen vorzüglichen Mann, der durch sein Beispiel und seine tugendhaften Handlungen dieselbe Wirkung hervorbringt wie das Gesetz.

[1] Dem Völkerrecht zuwider.

Es entspringt also für die Republiken dieses Gute entweder aus dem Verdienst eines Mannes oder aus der Kraft einer Einrichtung. Was diese letzte betrifft, so waren die Einrichtungen, die die römische Republik zu ihrem Anfang zurückführten, die Volkstribunen, die Zensur und alle übrigen Gesetze, die nach und nach gegen den Ehrgeiz und den Übermut der Bürger gemacht wurden. Diese Gesetze bedürfen, um in Kraft zu treten, der Bürgertugend eines Mannes, der mutvoll mitwirkt, sie gegen die Macht der Übertreter zu vollstrecken. Von solchen Vollstreckungen des Gesetzes sind vor der Einnahme Roms merkwürdig: die Hinrichtung der Söhne des Brutus, die Hinrichtung der Dezemvirn, die des Melius Frumentarius; nach der Einnahme Roms die Hinrichtung des Manlius Capitolinus, die Todesstrafe des Sohnes des Manlius Torquatus, die Verurteilung des Magister Equitum Fabius durch den Diktator Papirius Cursor[2], die Anklage der Scipionen.

Da dies merkwürdige und ungeheure Vorfälle waren, so brachten sie die Bürger, sooft sich ein solcher zutrug, wieder zu sich selbst. Als sie aber seltener wurden, ließen sie ihnen mehr Raum, verderbt zu werden, und waren mit größerer Gefahr und Aufruhr verbunden. Von einer zur andern dieser Verurteilungen sollten daher höchstens zehn Jahre verfließen; denn ist diese Zeit vorbei, so fangen die Menschen an, ihre Sitten zu ändern und die Gesetze zu überschreiten. Fällt nun nichts vor, wodurch ihnen die Strafe ins Gedächtnis gerufen und neue Furcht eingeflößt wird, so häuft sich die Zahl der Verbrecher so sehr an, daß sie nicht mehr ohne Gefahr bestraft werden können.

Über diese Sache pflegten die Männer, welche Florenz vom Jahre 1434 bis 1494 regierten, zu sagen, es sei nötig, alle fünf Jahre *ripigliare lo stato*, sonst wäre es schwer, den Staat zu erhalten. *Ripigliare lo stato* nannten sie, den Bürgern denselben

[2] Nun wendete sich das römische Volk bittend an den Diktator, er möge ihm zuliebe dem Magister Equitum die Strafe erlassen. – Da gebot der Diktator Stille und sprach: Es steht alles gut, Quiriten, gesiegt hat die Kriegszucht, gesiegt die Hoheit des Oberbefehls. Nicht der Verurteilung wird er entzogen, aber der Verurteilte wird dem römischen Volk, wird dem Tribunate geschenkt, das bittenden, nicht amtlichen Beistand geleistet hat. So lebe denn Q. Fabius usw. (Livius, 8. Buch, Kap. 35.)

Schrecken und die Furcht wieder einflößen wie anfangs, als sie die Zügel der Regierung ergriffen und alle gezüchtigt hatten, die nach der damaligen Verfassung unrecht gehandelt hatten. Da nun eine solche Züchtigung nach und nach vergessen wird, so erkühnen sich die Menschen, Neuerungen zu versuchen und auf das Bestehende zu schmähen; es ist daher notwendig, dem abzuhelfen, indem man den Staat zu seinem Anfang zurückführt.

Ein solches Zurückführen der Republiken zu ihrem Anfang wird auch durch die edle Einfachheit und Bürgertugend eines einzelnen Mannes hervorgebracht, ohne von einem Gesetz abzuhängen, das zu Verurteilungen antreibt. Solche Männer stehen in so großem Rufe und ihr Vorbild wirkt so mächtig, daß die Guten ihnen nachzuahmen streben und die Bösen sich schämen, einen entgegengesetzten Lebenswandel zu führen. In Rom brachten hauptsächlich diese Wirkung hervor: Horatius Cocles, Scaevola, Fabricius, die beiden Decius, Regulus Attilius und einige andere, die alle durch ihr seltenes und erhabenes Beispiel dieselbe Wirkung erzielten wie Gesetze und Institutionen. Wären die obengenannten Verurteilungen, im Verein mit diesen einzelnen Beispielen, wenigstens von zehn zu zehn Jahren erfolgt, so war die notwendige Folge davon, daß sich die Republik unverderbt erhalten hätte; als aber beides selten wurde, häuften sich die Stoffe der Sittenverderbnis. Nach Regulus sah man kein ähnliches Beispiel, und obgleich Rom später seine beiden Catorien aufzuweisen hat, so lebten sie doch so lange nach Regulus, es war ein so langer Zeitraum zwischen beiden und sie blieben so gänzlich allein, daß ihr tugendhaftes Muster nichts nützte. Besonders konnte der letzte Cato, der die Sittenverderbnis der Stadt auf ihrem höchsten Punkte fand, es durch sein Beispiel nicht dahin bringen, daß die Bürger besser wurden. Dies mag über die Republiken genügen.

Was die Sekten betrifft, so ersieht man die Notwendigkeit dieser Erneuerung aus dem Beispiel unserer Religion, die völlig erloschen wäre, wenn sie nicht durch den heiligen Franciscus und durch den heiligen Dominicus zu ihrem Anfang zurückgeführt worden wäre. Diese beiden Männer brachten sie durch ihre Armut und ihren christusähnlichen Lebenswandel den Menschen wieder ins Gedächtnis, als sie fast schon vergessen war. Ihre neuen Orden sind so mächtig, daß sie Ursache sind, daß die Unzüchtigkeit der Prälaten und Häupter der Religion diese nicht zugrunde richtet. Sie leben noch in Armut und stehen in der Beichte und den Predigten bei den Völkern in so großem Ansehen, daß sie ihnen begreiflich machen, es sei schlimm, die Schlimmen zu lästern, und gut, jenen zu gehorchen und ihre Strafe, wenn sie sündigen, Gott zu überlassen. Und so treiben es jene so schlimm sie nur können; denn sie fürchten eine Strafe nicht, die sie nicht sehen und an die sie nicht glauben. Diese Erneuerung hat also unsere Religion erhalten und erhält sie noch.

Auch die Königreiche bedürfen der Erneuerung und der Zurückführung ihrer Gesetze zu ihrem Anfang. Welche gute Wirkung dies hat, sieht man in Frankreich, das mehr unter Gesetzen und Institutionen lebt als irgendein anderes Königreich. Die Erhalter dieser Gesetze und Institutionen sind die Parlamente, besonders das von Paris, und die Erneuerung geschieht jedesmal, wenn es ein Gesetz an einem Fürsten des Reiches vollzieht und in seinen Sprüchen den König verurteilt. Bis jetzt hat es sich erhalten, da es sich als einen unerbittlichen Vollstrecker gegen jenen Adel gezeigt, und diese Beharrlichkeit hat Frankreich erhalten; sowie es aber eine Überschreitung der Gesetze unbestraft ließe und diese Überschreitungen sich häufen würden, so würde zweifelsohne die Folge davon sein, daß entweder die Ahndung mit großer Unordnung verbunden wäre oder das Reich sich auflöste.

Ich ziehe daher den Schluß, daß für eine Gesellschaft, sei es nun eine Sekte, eine Monarchie oder eine Republik, nichts notwendiger ist, als ihr das Ansehen wiederzugeben, das sie in ihrem Anfang hatte. Hierbei muß man sich jedoch bestreben, daß gute Einrichtungen oder tugendhafte Männer diese Wirkung hervorbringen, nicht eine äußere Gewalt; denn obgleich diese oft die beste Arznei ist, wie in Rom, so ist sie doch so gefährlich, daß sie durchaus nicht wünschenswert sein kann.

Um aber jedermann zu zeigen, wie groß die Taten einzelner Männer Rom machten und wie vielfältige gute Wirkung sie in dieser Stadt hervorbrachten, so will ich sie jetzt erzählen und erörtern. Das dritte Buch und der letzte Teil dieser ersten Dekade wird damit abgeschlossen werden. Schon die Taten der Könige waren groß und merkwürdig, allein da sie die Geschichte ausführlich beleuchtet, so will ich sie übergehen und mit Ausnahme einiger Handlungen, die ihren Privatvorteil bezweckten, von den Königen weiter nicht sprechen. Machen wir deshalb mit Brutus, dem Vater der römischen Freiheit, den Anfang.

2.
Daß es sehr weise ist, zu gehöriger Zeit Torheit vorzuspiegeln.

Nie wurde ein Mann für so klug gehalten, noch wegen einer ausgezeichneten Handlung für so weise erachtet, als es Junius Brutus dadurch verdiente, daß er sich dumm stellte. Livius gibt nur einen Grund dieser Verstellung an, den nämlich, daß er so sicherer leben und sein Erbe erhalten konnte. Wenn man jedoch seine ganze Handlungsweise betrachtet, so läßt sich glauben, daß er sich auch deshalb verstellte, um weniger beobachtet zu sein, die Könige leichter stürzen und sein Vaterland befreien zu können, sowie sich ihm eine Gelegenheit darbieten würde. Daß seine Gedanken dahin gingen, ersieht man zuerst aus seiner Auslegung des Orakels von Delphi, als er sich stellte, er falle, um so die Erde zu küssen, wodurch er die Götter seinem Plane günstig zu machen glaubte[1]; und später, als er bei Lucretias Tode von Vater, Gemahl und den übrigen Verwandten der erste war, der das Messer aus der Wunde zog und die anderen schwören ließ, niemals in Zukunft die Regierung eines Königs in Rom zu dulden.

[1] Zwei Söhne des Königs, bei denen sich Brutus befand, fragten das delphische Orakel, an wen von ihnen die Herrschaft über Rom gelangen werde. Das Orakel, so geht die Sage, antwortete: Der von euch, ihr Jünglinge, wird die höchste Gewalt in Rom erhalten, der zuerst der Mutter einen Kuß geben wird. Livius, I. Buch, Kap. 56.

Aus Brutus Beispiel müssen alle Männer lernen, die unzufrieden mit dem Fürsten sind. Vor allem haben sie ihre Kräfte zu messen und zu wägen. Sind sie so mächtig, daß sie sich als seine Feinde erklären und ihm offen den Krieg machen können, so sollen sie diesen Weg als weniger gefährlich und ehrenvoller einschlagen. Reichen aber ihre Kräfte nicht hin, ihn zu bekämpfen, so müssen sie sich ihn durch alle Kunstgriffe zum Freunde zu machen streben und zu diesem Zwecke alle Mittel versuchen, die sie für nötig halten, indem sie seinen Wünschen zuvorkommen, an seinen Vergnügungen teilnehmen und sich an allem ergötzen, was ihn selbst ergötzt. Diese Gefälligkeit erwirbt dir erstlich Sicherheit, läßt dich das gute Glück des Fürsten gerade wie er selbst genießen und gewährt dir jede Bequemlichkeit, deine Absicht zu erreichen. Zwar sagen einige, man soll den Fürsten nicht so nahe stehen wollen, daß dich ihr Sturz mit begräbt, noch so fern, daß du, wenn sie fallen, nicht bereit bist, auf ihre Trümmer zu steigen; und diese Mitte wäre wirklich die richtigste, wenn man sie halten könnte. Da dies aber meiner Überzeugung nach unmöglich ist, so muß man sich zu einem von beiden entschließen, ich meine weit weg gehen oder sich ihnen ganz anschließen. Wer anders handelt und ein ausgezeichneter Mann ist, lebt in beständiger Gefahr. Es ist nicht genug zu sagen: ich kümmere mich um nichts, ich verlange weder Ehrenstellen noch Ämter, ich will ruhig ohne Sorge leben.

Diese Entschuldigungen werden gehört, aber nicht ernst genommen. Männer von Stand können gar das Stehenbleiben nicht erwählen, wenn sie es auch wirklich wollten und ganz ohne Ehrgeiz wären; denn man glaubt es ihnen nicht. Wenn sie daher auch selbst stehenbleiben wollten, so geben dies die anderen nicht zu. Man muß also den Toren spielen wie Brutus, und man macht genug den Narren, wenn man der eigenen Denkungsart zuwider, um dem Fürsten zu gefallen, lobt, spricht, sieht, handelt.

Da wir aber von der Klugheit dieses Mannes zur Wiedererlangung der Freiheit Roms gesprochen haben, so wollen wir jetzt auch von seiner Strenge in ihrer Erhaltung sprechen.

3.

Daß es zur Erhaltung einer neu errungenen Freiheit nötig ist, die Söhne des Brutus zu töten.

Um Rom die Freiheit zu erhalten, die er ihm errungen hatte, war Brutus' Strenge nicht weniger notwendig als nützlich, eine Strenge, die ein seltenes Beispiel ist in der ganzen Geschichte, da ein Vater zu Gericht saß und nicht allein seine Söhne zum Tode verdammte, sondern ihrer Hinrichtung beiwohnte.

Jeder, der die alten Begebenheiten liest, wird erkennen, daß nach einer Staatsveränderung, sei es nun von einer Republik in eine Tyrannei oder von einer Tyrannei in eine Republik, eine denkwürdige Hinrichtung der Feinde der neuen Ordnung der Dinge nötig ist. Wer sich der Alleinherrschaft bemächtigt und Brutus nicht tötet, und wer einen Staat frei macht und die Söhne des Brutus nicht hinrichten läßt, erhält sich nur kurze Zeit. Da ich jedoch diesen Gegenstand oben ausführlich erörtert habe, so berufe ich mich auf das dort Vorgebrachte; nur ein merkwürdiges Beispiel unserer Tage und aus unserer Geschichte will ich hier anführen.

Es ist dies Piero Soderini, der durch Geduld und Güte das Gelüste der Söhne des Brutus, unter eine andere Herrschaft zurückzukehren, überwinden wollte und sich täuschte. Obgleich er als ein kluger Mann die Notwendigkeit einsah und obgleich ihm das Geschick und ihr Ehrgeiz Gelegenheit gab, sie zu vertilgen, so entschloß er sich doch niemals dazu. Nächst dem Glauben, durch Geduld und Güte die schlimme Stimmung entfernen und durch einzelnen erzeigte Wohltaten ihre Feindschaft versöhnen zu können, urteilte er, und oft sagte er dies seinen Freunden, daß er zur kräftigen Niederwerfung seiner Widersacher und zur Züchtigung seiner Gegner nötig habe, eine ungesetzliche Gewalt zu ergreifen und durch neue Gesetze die bürgerliche Gleichheit zu brechen. Diese Sache, wenn er sie auch nachher nicht tyrannisch benutze, würde doch jedermann so in Furcht gesetzt haben, daß nach seinem Tode kein lebenslänglicher Gonfaloniere mehr gewählt worden wäre; eine Würde, deren Fortdauer er für vorteilhaft hielt.

Diese Rücksicht war weise und tugendhaft; allein niemals darf man ein Übel überhandnehmen lassen in Rücksicht auf ein Gutes, wenn dieses Gute leicht von dem Übel vernichtet werden kann. Da man seine Handlungen und seine Absichten nach dem Erfolg zu beurteilen hatte, so mußte Soderini glauben, daß er, vom Glück begünstigt und sein Leben erhaltend, jedermann überzeugen könne, er habe zum Heile seines Vaterlandes, nicht aus Herrschsucht, so gehandelt. Auch konnte er solche Vorkehrungen treffen, daß keiner seiner Nachfolger zu bösen Zwecken tun konnte, was er zu guten tat. Allein es täuschte ihn seine erste Meinung, da er nicht erkannte, daß Böswilligkeit weder durch die Zeit bezähmt noch durch Geschenke besänftigt wird. So verlor er, weil er Brutus nicht zu gleichen wußte, Vaterland, Würde und Ehre, und mit ihm stürzte die Republik.

Wie es aber schwer ist, einen freien Staat zu bewahren, ebenso schwer ist die Bewahrung einer Königskrone, wie im folgenden Kapitel gezeigt werden soll.

4.

Ein König sitzt nicht sicher auf seinem Throne, solange der verjagte Königsstamm lebt.

Die Ermordung des Tarquinius Priscus durch die Söhne des Ancus und die Ermordung des Servius Tullius durch Tarquinius Superbus bewiesen, wie schwierig es ist und gefährlich, einen des Thrones zu berauben und ihn leben zu lassen, obgleich man ihn durch Wohltaten zu gewinnen strebt. Tarquinius Priscus ließ sich darüber täuschen, daß er das Reich rechtmäßigerweise zu besitzen glaubte, da es ihm vom Volke gegeben und vom Senat bestätigt worden war. Er glaubte nicht, daß die Söhne des Ancus von so großem Unwillen durchdrungen sein könnten, daß sie mit dem nicht zufrieden wären, womit ganz Rom zufrieden war. Servius Tullius täuschte sich, da er sich durch Wohltaten die Söhne des Tarquinius gewinnen zu können glaubte.

Was daher den ersten betrifft, so kann man jeden Fürsten aufmerksam machen, daß er nie auf einem Throne sicher lebt, solange die leben, die davon verjagt worden sind. Was den zweiten betrifft, so kann man jeden Mächtigen erinnern, daß niemals alte Unbilden durch neue Wohltaten in Vergessenheit gebracht worden sind, um so weniger wenn die neue Wohltat kleiner ist als die alte Unbill.

Ohne Zweifel war Servius Tullius unklug, daß er glaubte, die Söhne des Tarquinius würden geduldig die Schwiegersöhne eines Mannes sein, dessen Könige zu sein sie ein Recht zu haben glaubten. Die Herrschsucht ist eine so heftige Leidenschaft, daß sie nicht allein in die Brust derer eindringt, denen der Thron gebührt, sondern auch derer, denen er nicht gebührt. So trieb die Gemahlin des jüngeren Tarquinius, die Tochter des Servius, von dieser Raserei gestachelt, gegen alles kindliche Gefühl ihren Gatten an, dem Vater Reich und Leben zu entreißen. So viel höher schlug sie an, Königin zu sein als Königstochter.

Wenn aber Tarquinius Priscus und Servius Tullius die Krone verloren, weil sie sich derer nicht zu versichern wußten, deren Thron sie sich bemächtigt hatten, so verlor Tarquinius Superbus die Krone, weil er die Institutionen der früheren Könige nicht beobachtete, wie im folgenden Kapitel gezeigt werden soll.

5.

Wodurch ein König sein angeerbtes Reich verliert.

Als Tarquinius Superbus den Servius Tullius getötet hatte, der keine Erben zurückließ, besaß er das Reich sicher und hatte nichts von dem zu fürchten, was seine Vorgänger gestürzt hatte. Obgleich seine Thronbesteigung ungesetzlich und haßerregend war, so wäre er doch ertragen worden und Senat und Volk wäre nicht aufgestanden, ihm die Krone zu nehmen, wenn er nur die alten Institutionen der anderen Könige beobachtet hätte. Er wurde nicht verjagt, weil sein Sohn Sextus die Lucretia schändete, sondern weil er die Gesetze des Reiches brach und tyrannisch regierte; weil er dem Senat alle Autorität nahm und sich beilegte; weil er die Geschäfte, in deren öffentlicher Besorgung der Senat Befriedigung fand, in seinen Palast zog und unter vielen Vorwürfen und erregter Eifersucht abtat, so daß er in kurzer Zeit Rom aller der Freiheit beraubte, die es unter den anderen Königen bewahrt hatte. Es genügte ihm nicht, sich die Väter zu Feinden zu machen, auch das Volk reizte er gegen sich auf, indem er es zu ermüdender Fronarbeit ganz gegen die Sitte seiner Vorgänger zwang. Da er auf diese Weise Rom mit Handlungen voll Grausamkeit und Hochmut angefüllt hatte, so hatte er schon die Gemüter aller Römer zum Aufstand vorbereitet, sobald sich nur die Gelegenheit zeigen würde. Hätte sich daher auch der Vorfall mit Lucretia nicht zugetragen, so würde doch der erste andere Anlaß dieselbe Wirkung hervorgebracht haben. Wenn hingegen Tarquinius wie die anderen Könige regiert und sein Sohn Sextus jenen Fehler begangen hätte, so würden sich Brutus und Collatinus wegen der Bestrafung des Sextus an Tarquinius gewendet haben, nicht an das römische Volk.

Die Fürsten mögen daher wissen, daß sie in der Stunde beginnen, ihren Thron zu verlieren, in der sie anfangen, die Gesetze und die alten Institutionen und Herkommen, unter denen ihr Volk lange Zeit gelebt hat, zu brechen. Sind sie aber des Thrones beraubt und werden jemals klug genug, um einzusehen, mit welcher Leichtigkeit ein Thron von Fürsten erhalten wird, die sich vernünftig benehmen, so muß sie ihr Verlust noch viel mehr schmerzen und sie selbst müssen sich zu schwererer Strafe verdammen, als sie von anderen verdammt worden sind. Denn viel leichter ist es, sich die Liebe der Guten als der Bösen zu erwerben, und den Gesetzen zu gehorchen als ihnen befehlen zu wollen. Wollen aber die Fürsten wissen, was sie zu diesem Zwecke zu tun haben, so haben sie keine andere Mühe, als sich das Leben der guten Fürsten zum Spiegel zu nehmen, wie zum Beispiel das Timoleons von Korinth, Aratus von Sikyon und ähnlicher. Im Leben dieser Männer werden sie so große Sicherheit und so große Zufriedenheit des Regenten und der Regierten finden, daß ihnen der Wille kommen muß, sie nachzuahmen. Sie können es aus den angeführten Gründen leicht; denn wenn die Menschen gut regiert werden, suchen und wollen sie keine andere Freiheit. So zwangen die von jenen beiden Männern regierten Völker diese, solange sie lebten, Fürsten zu bleiben, obgleich sie mehreremal sich in den Bürgerstand zurückzuziehen versuchten.

Da nun in diesem und den zwei vorhergehenden Kapiteln vom Hasse, den sich die Fürsten zuziehen, von der Verschwörung der Söhne des Brutus gegen das Vaterland und von der gegen Tarquinius Priscus und Servius Tullius gesprochen wurde, so scheint es mir nicht unpassend, im folgenden Kapitel die Verschwörungen ausführlich abzuhandeln, da dieser Gegenstand von Fürsten und Bürgern beherzigt zu werden verdient.

6.
Von den Verschwörungen.

Da die Verschwörungen für die Fürsten und für die Bürger so gefährlich sind, so wollte ich diesen Gegenstand nicht übergehen. Viel mehr Fürsten haben dadurch Leben und Thron verloren als durch offenen Krieg; denn mit einem Fürsten offen Krieg zu führen steht nur in der Macht weniger, sich gegen ihn zu verschwören steht in der Macht eines jeden. Andererseits können sich Privatleute in keine gefährlichere und verwegenere Unternehmung einlassen als in diese; denn sie ist in allen ihren Teilen schwierig und äußerst gefährlich. Daher kommt es, daß zwar viele Verschwörungen unternommen werden, aber nur sehr wenige den erwünschten Ausgang haben. Damit also die Fürsten sich vor diesen Gefahren zu hüten lernen und die Privaten sich nicht so leicht hineinwagen, ja lernen, mit der Herrschaft, die das Geschick über sie gesetzt hat, zufrieden zu sein, will ich ausführlich über die Verschwörungen sprechen und keinen merkwürdigen Fall übergehen, der beiden Teilen zur Lehre dienen kann. Golden ist die Sentenz des Corn. Tacitus, „daß man die Vergangenheit ehren und der Gegenwart gehorchen müsse; gute Fürsten wünschen, dieselben aber, wie sie auch sein mögen, ertragen müsse“. In der Tat, wer anders handelt, richtet meistens sich und sein Vaterland zugrunde. Kommen wir zur Sache.

Zuerst müssen wir betrachten, gegen wen die Verschwörungen angezettelt werden; wir werden finden, daß dies entweder gegen das Vaterland oder gegen einen Fürsten geschieht; von denen, die angezettelt werden, um dem belagernden Feinde eine Festung auszuliefern, und anderen, die mit diesen Ähnlichkeit haben, ist oben schon hinlänglich gesprochen worden.

Wir wollen also mit den Verschwörungen gegen den Fürsten den Anfang machen und zuerst ihre Ursachen untersuchen. Es gibt deren viele, eine aber ist mehr als alle anderen wichtig. Sie ist: allgemein verhaßt zu sein; denn hat sich ein Fürst diesen allgemeinen Haß zugezogen, so gibt es natürlich einzelne, die stärker von ihm beleidigt worden sind und nach Rache dürsten. Dieser Rachedurst wird vermehrt durch die allgemeine üble Stimmung, die sie gegen ihn aufgeregt sehen. Ein Fürst muß sich daher hüten, die öffentliche Meinung gegen sich zu haben; wie dies zu vermeiden sei, habe ich anderwärts[1] gezeigt. Hütet er sich davor, so werden ihm einfache Verletzungen einzelner weniger schaden. Einmal weil es selten Leute gibt, die eine Unbill so hoch anschlagen, daß sie sich, um sie zu rächen, in so große Gefahr begeben. Zweitens weil sie, wenn sie auch den Mut und die Macht dazu hätten, durch das allgemeine Wohlwollen zurückgehalten werden, womit sie den Fürsten umgeben sehen.

Die Verletzungen richten sich gegen Vermögen, Leben oder Ehre. Was die blutigen Unbilden betrifft, so ist die Drohung gefährlicher als die Ausführung; ja, die Drohung ist äußerst gefährlich und bei der Ausführung ist gar keine Gefahr, weil, wer tot ist, nicht auf Rache sinnen kann und die, welche am Leben bleiben, meistens den Gedanken an den Toten fahren lassen. Wer hingegen bedroht ist und sich in die Notwendigkeit versetzt sieht, zu handeln oder zu leiden, wird der gefährlichste Mann für den Fürsten, wie wir gegebenen Orts noch besonders zeigen werden.

[1] Im Fürsten, Kapitel 16 und folgende.

Nächst dieser Notwendigkeit ist es die Beraubung des Vermögens und die Kränkung der Ehre, welche den Menschen mehr als alles andere verletzt. Der Fürst muß sich daher hüten, weil er nie einen Mann so ganz ausplündern kann, daß ihm kein Messer bleibt, sich zu rächen. Ebensowenig kann er jemals einen Mann so sehr entehren, daß ihm nicht der unerschütterliche Entschluß bleibt, Rache zu üben.

Was die Ehre betrifft, so ist die der Frauen den Menschen am teuersten, nächst dieser verletzt die Beschimpfung der eigenen Person am tiefsten. Dies gab Pausanias, gegen Philipp von Macedonien den Dolch in die Hand; dies bewaffnete viele andere Männer gegen den Fürsten, und in unserer Zeit wurde Giulio Belanti durch nichts anderes bewegt, sich gegen Pandolfo[1], den Tyrannen von Siena, zu verschwören, als weil er ihm seine Tochter vermählt und dann wieder genommen hatte, wie wir an seinem Orte erzählen werden. Die Hauptursache der Verschwörung der Pazzi[2] gegen die Medici war die Erbschaft Giovanni Borromeis, die ihnen auf Befehl der Medici entzogen wurde.

Eine andere Ursache gibt es noch, und zwar eine großartige, welche die Menschen zur Verschwörung gegen den Fürsten bewegt: es ist das Verlangen, das Vaterland zu befreien, das er unter seiner Gewalt hält. Diese Ursache regte Brutus und Cassius gegen Cäsar auf, dies erregte viele andere gegen die Dionyse, die Phalaris und die anderen Unterdrücker ihres Vaterlands. Kein Tyrann kann sich davor schützen, er müßte denn dem Thron entsagen. Da aber keiner dies tut, so gibt es wenige, die nicht ein schlimmes Ende nehmen, was Juvenal die Verse eingab:

Ad generum Cereris sine caede et vulnere pauci
Descendunt reges, et sicca morte tyranni[3].

Die Gefahren der Verschwörungen sind, wie ich oben gesagt habe, groß, da sie in jedem Zeitpunkte drohen; denn man läuft

---

1) Pandolfo Petrucci.

2) 1478.

3) Wenige Könige steigen zum Eidam der Ceres hinab ohne Wunden und Blut, wenige Tyrannen friedlichen Todes.

Gefahr bei der Einleitung, während der Ausführung und nach der Ausführung.

Die sich verschwören sind, entweder einer oder mehrere. Handelt es sich um einen, so kann nicht von einer Verschwörung gesprochen werden, sondern nur von dem festen Willen eines Mannes, den Fürsten zu ermorden. Für diesen allein besteht von den drei Gefahren, die man bei Verschwörungen läuft, die erste nicht; weil es vor der Ausführung keine Gefahr für ihn gibt, da kein anderer im Besitz seines Geheimnisses ist und also keine Gefahr da ist, sein Plan könne dem Fürsten zu Ohren kommen. Ein solcher Entschluß kann sich eines jeden, von welchem Stande er auch sei, bemächtigen, klein, groß, adelig, bürgerlich, in der Umgebung und nicht in der Umgebung des Fürsten: denn jedem ist es erlaubt, manchmal mit ihm zu sprechen, und wem es erlaubt ist, mit ihm zu sprechen, dem ist es erlaubt, ihm das Leben zu nehmen. Pausanias, von dem wir anderwärts gesprochen haben, ermordete Philipp von Macedonien, der, von tausend Bewaffneten umgeben, in der Mitte seines Sohnes und Schwiegersohnes zum Tempel ging; allein er war ein Edler und Bekannter des Fürsten. Ein armer Spanier aus dem Pöbel gab Ferdinand von Spanien einen Messerstich in den Hals; die Wunde war nicht tödlich, aber man sieht daraus, daß er Mut und Möglichkeit hatte, sie tödlich zu machen. Ein Derwisch, eine Art türkischer Priester, schoß nach Bajazet, dem Vater des jetzigen Großtürken; er traf ihn nicht, allein er wollte und konnte es doch. Leute, die dies tun möchten, gibt es, glaube ich, viele, weil der Wille weder Strafe noch Gefahr zuzieht; allein wenige gibt es, die es tun. Von denen aber, die es tun, werden die meisten oder alle über der Tat niedergemacht. Wenig Menschen finden sich daher, die in einen gewissen Tod gehen wollen. Lassen wir aber diese einzelnen Willen und kommen wir zu den Verschwörungen mehrerer.

Man findet in der Geschichte, daß alle Verschwörungen von Großen oder von Männern aus der nächsten Umgebung des Fürsten angefangen wurden. Andere, wenn sie nicht völlig unsinnig sind, können sich nicht verschwören, da geringen Leuten alle die Hoffnungen und alle die Bequemlichkeiten abgehen, die zur Ausführung einer Verschwörung erforderlich sind. Zuerst können geringe Leute niemand finden, der ihnen treu bliebe, weil niemand sich mit ihnen in einer von den Hoffnungen vereinigen kann, wegen welcher sich die Menschen in große Gefahren begeben. Haben sie sich daher zwei oder drei Personen anvertraut, so finden sie ihren Ankläger und, gehen zugrunde. Wären sie aber auch so glücklich, keinen Ankläger zu finden, so treten ihnen bei der Ausführung so viele Hindernisse in den Weg, weil sie keinen leichten Zugang zu der Person des Fürsten haben, daß sie unmöglich während der Ausführung selbst ihrem Untergang entgehen können. Denn unterliegen Große und Männer, die einen leichten Zugang haben, den Hindernissen, die wir unten aufzählen werden, so muß für sie die Schwierigkeit des Unternehmens bis ins unendliche anwachsen. Da nun die Menschen, wo es um Leben und Vermögen geht, nicht ganz unsinnig sind, so hüten sie sich, wenn sie sich schwach sehen, vor Verschwörungen, begnügen sich, einen Fürsten, der ihnen zuwider ist, zu verfluchen und warten, bis sie durch die, welche höher stehen als sie, gerächt werden. Wenn man aber auch finden sollte, daß einer von ihnen etwas unternommen hätte, so mag man seine Absicht loben, nicht seine Klugheit.

Man sieht daher, daß immer mir Große und Männer aus der Umgebung des Fürsten sich gegen ihn verschworen haben. Von diesen wurden viele ebensowohl durch zu viele Wohltaten als durch zu große Beleidigungen dazu bewogen, wie Perennius gegen Commodus, Plautian gegen Severus, Sejan gegen Tiber. Alle diese wurden von ihren Kaisern mit soviel Reichtümern und Ehre überhäuft und zu so hohem Range erhoben, daß ihnen, um ihre Macht vollkommen zu machen, nur das Zepter zu fehlen schien. Da sie auch dieses nicht entbehren wollten, verschworen sie sich gegen ihre Fürsten, und alle ihre Verschwörungen hatten den Ausgang, den ihre Undankbarkeit verdiente. Von solchen Verschwörungen gelang indessen in neuerer Zeit die Jacopo d'Appianos gegen Messer Piero Gambacorti, den Fürsten von Pisa[1]; Jacopo, von ihm erzogen,

[1] 1392.

ernährt, zu Ansehen erhoben, entriß ihm die Krone. Es gehört zu diesen die Coppolas in unseren Zeiten gegen den König Ferdinand von Arragonien; Coppola, zu solcher Größe gestiegen, daß ihm nur noch der Thron zu fehlen schien, verlor, weil er auch diesen haben wollte, das Leben. Gewiß, wenn irgendeine Verschwörung von Großen gegen einen Fürsten gelingen sollte, so müßte es eine solche sein, weil sie sozusagen von einem anderen König unternommen wird, der die größte Bequemlichkeit hat, seinen Wunsch zu erfüllen. Allein dieselbe Herrschsucht, die ihn so sehr verblendet, daß er eine Verschwörung unternimmt, verblendet ihn auch, während er seine Unternehmung ins Werk setzt. Wüßte er diese Schlechtigkeit mit Klugheit auszuführen, so wäre es unmöglich, daß sie ihm nicht gelänge.

Ein Fürst, der sich vor Verschwörungen schützen will, muß daher die mehr fürchten, denen er zu viele Wohltaten erzeigt, als die, denen er zu viele Unbilden zugefügt hat, weil diesen die Bequemlichkeit abgeht, jene Überfluß daran haben und die Begierde bei beiden gleich ist; denn ebenso groß und größer ist die Sucht zu herrschen als die Rachsucht. Die Fürsten dürfen daher ihren Freunden nur soviel Gewalt geben, daß zwischen dieser und dem Throne einiger Zwischenraum bleibt und in der Mitte noch etwas zu wünschen ist; sonst wird es eine große Ausnahme sein, wenn es ihnen nicht wie den obengenannten Fürsten ergeht. Kehren wir aber zu unserer Ordnung zurück.

Die, welche sich verschwören, müssen also Große sein, die einen leichten Zugang zum Fürsten haben. Es ist jetzt zu erörtern, welches die Erfolge ihrer Unternehmungen waren und welche Ursache sie glücken oder mißglücken machte. Ich habe schon gesagt, daß bei den Verschwörungen zu dreierlei Zeit Gefahr ist: anfänglich, während der Tat und nachher. Man findet daher wenige, die einen guten Ausgang haben, da es fast unmöglich ist, alle diese Gefahren glücklich zu überstehen.

Die anfänglichen Gefahren sind die größten. Man muß sehr klug sein und vom Schicksal begünstigt werden, um über der Einleitung einer Verschwörung nicht entdeckt zu werden. Die Entdeckung geschieht durch Anzeige oder Vermutung. Die

Anzeige rührt aus Mangel an Treue oder aus Unklugheit derer her, denen du dich mitteilst.

Treulosigkeit findet sich leicht, weil du dich nur deinen Vertrauten, die sich aus Liebe zu dir dem Tod ausssetzen, oder Männern anvertrauen kannst, welche mit dem Fürsten unzufrieden sind. Vertraute kannst da wohl einen oder zwei finden, sowie du dich aber mehreren mitteilst, ist es unmöglich, Vertraute zu finden. Überdies muß ihr Wohlwollen gegen dich groß sein, wenn es durch die Gefahr und die Furcht vor Strafe nicht überwogen werden soll. Auch täuscht man sich größtenteils über die Liebe, die man bei anderen für sich voraussetzt. Du kannst ihrer nie gewiß sein, wenn du sie nicht auf die Probe stellst; und sie auf die Probe stellen ist in diesem Falle die gefährlichste Sache. Hättest du sie aber auch in irgendeiner anderen gefahrvollen Sache auf die Probe gestellt und treu befunden, so kannst du doch nach dieser Treue die jetzt nötige nicht bemessen, da die damit verbundene Gefahr alle andere Gattung von Gefahr bei weitem übertrifft. Bemissest du die Treue eines Mannes nach seiner Unzufriedenheit mit dem Fürsten, so kannst du dich hierin gar leicht täuschen; denn sowie du diesem Unzufriedenen deine Gesinnung geoffenbart hast, gibst du ihm Anlaß, sich befriedigt zu fühlen, und sein Haß muß groß oder deine Macht sehr groß sein, wenn er treu bleiben soll. Aus allem diesem folgt, daß viele Verschwörungen verraten und in ihrem Entstehen unterdrückt worden sind. Bleibt aber eine bei vielen Teilnehmern geheim, so wird dies für eine wunderbare Erscheinung gehalten, wie die Verschwörung Pisos gegen Nero und die der Pazzi gegen Lorenzo und Giuliano de' Medici, wo mehr als fünfzig Personen Mitwisser waren und die Sache bis zur Ausführung geheim blieb.

Infolge Unklugheit werden die Verschwörungen entdeckt, wenn einer der Verschworenen unvorsichtig davon spricht, so daß es ein Diener oder eine andere dritte Person hört; wie es den Söhnen des Brutus erging, die bei der Verhandlung der Sache mit den Gesandten des Tarquinius von einem Sklaven behorcht wurden, der sie anzeigte. Oder aber wenn dir aus Leichtsinn das Geheimnis gegen ein Weib oder einen Knaben, die du liebst, oder gegen eine ähnliche leichtfertige Person entschlüpft. So teilte Dinnus, einer der mit Philotas gegen Alexander den Großen Verschworenen, die Sache dem Nikomachus, einem von ihm geliebten Knaben, mit, der dies sogleich seinem Bruder Ciballinus und Ciballinus dem König sagte.

Was die Entdeckung durch Vermutung betrifft, so liefert hiervon die Pisonische Verschwörung gegen Nero ein Beispiel. Scevinus, einer der Verschworenen, machte den Tag vorher, ehe Nero ermordet werden sollte, sein Testament; er befahl seinem Freigelassenen Melichius, einen alten rostigen Dolch schleifen zu lassen; er schenkte allen seinen Sklaven die Freiheit und gab ihnen Geld; er ließ Verbandzeug zurechtmachen. Infolge dieser Vorbereitungen durchschaute Melichius die Sache und klagte seinen Herrn bei Nero an. Scevinus und zugleich Natalis, ein anderer Verschworener, mit dem man ihn den Tag zuvor lange insgeheim hatte sprechen sehen, wurden ergriffen. Sie stimmten über ihre Unterredung in ihren Aussagen nicht überein, wurden gezwungen, die Wahrheit zu bekennen, und so war die Verschwörung zum Verderben aller Teilnehmer entdeckt.

Vor diesen Ursachen der Entdeckung der Verschwörungen, daß sie nämlich aus Bosheit, Unvorsichtigkeit oder Leichtsinn verraten werden, kann man sich niemals hüten, sooft die Zahl der Mitwisser drei oder vier übersteigt.

Wird dann mehr als einer ergriffen, so müssen sie notwendig überwiesen werden, weil zwei Personen nicht über alle ihre Aussagen übereingekommen sein können. Wird nur ein Mann von starkem Geiste ergriffen, so kann er wohl soviel festen Mut zeigen, daß er die Verschworenen verschweigt; diese müssen aber nicht weniger Mut besitzen, um ruhig zu bleiben und sich nicht durch die Flucht zu verraten; denn verliert nur einer von beiden Teilen den Mut, der Verhaftete oder die Freien, so ist die Verschwörung entdeckt. Das von Livius angeführte Beispiel in der Verschwörung gegen Hieronymus, König von Syracus, ist selten, wo Theodorus, einer der Verschworenen, verhaftet, mit großer Standhaftigkeit alle Mitverschworenen verschwieg und die Freunde des Königs angab; und auf der anderen Seite die Verschworenen der Standhaftigkeit des Theodorus so sehr vertrauten, daß sich keiner aus Syracus entfernte oder ein anderes Zeichen von Furcht gab.

Durch alle diese Gefahren muß man bei der Einleitung der Verschwörungen hindurchgehen, ehe es noch zur Ausführung kommt. Um sie zu vermeiden, gibt es folgende Mittel. Das erste und sicherste, oder besser gesagt, das einzige Mittel ist, den Verschworenen keine Zeit zu lassen, dich zu verraten, und deshalb ihnen deinen Plan erst dann mitzuteilen, wenn du ihn eben ausführen willst, und nicht früher. Wer dies tut, wird mit Gewißheit die Gefahren der Einleitung und größtenteils auch die anderen vermeiden. Alle solche Unternehmungen hatten daher einen glücklichen Ausgang, und in der Macht jedes Klugen steht es, so zu handeln. Zwei Beispiele sollen mir genügen.

Nelematus, der die Tyrannei des Aristotimus, des Tyrannen von Epirus, nicht ertragen konnte, versammelte in seinem Hause viele Verwandte und Freunde und forderte sie auf, das Vaterland zu befreien. Als nun einige Bedenkzeit verlangten, ließ Nelematus die Haustüren durch seine Diener sperren und sprach zur Versammlung: „Entweder ihr schwört mir, sogleich zur Tat zu folgen, oder ich überliefere euch alle gefangen dem Aristotimus." Sie schworen, begaben sich ohne Zeitverlust auf den Weg und führten glücklich den Befehl des Nelematus aus. Als ein Magier durch List den Thron Persiens eingenommen und Otanes, ein Großer des Reichs, den Betrug entdeckt hatte, beriet er sich hierüber mit sechs anderen Fürsten des Staates und sagte, man müsse das Land von der Tyrannei des Magiers befreien. Da nun einer von ihnen Bedenkzeit verlangte, erhob sich Darius, einer der sechs von Otanes gerufenen Fürsten, und sprach: Entweder wir gehen augenblicklich zur Ausführung, oder ich klage euch sogleich alle an. Sie stimmten bei, brachen auf, ohne einem Zeit zur Reue zu geben, und führten leicht ihre Pläne aus.

Ähnlich diesen beiden Beispielen ist die Art, wie die Aetolier Nabis, den Tyrannen von Sparta, ermorden ließen. Sie sandten ihren Bürger Alexamenes mit dreißig Pferden und zweihundert Mann zu Fuß zu Nabis, unter dem Vorwand, ihm Hilfe zu schicken, und teilten Alexamenes allein das Geheimnis mit, befahlen aber allen übrigen, ihm in allem und jedem bei Strafe der Verbannung zu gehorchen. Er zog nach Sparta, teilte seinen Auftrag keine Minute früher mit, als da er ihn ausführen wollte, und es gelang ihm, Nabis zu töten. Wer sich also auf diese Weise benommen hat, entging stets den Gefahren, die man bei der Einleitung der Verschwörungen läuft, und wer es ebenso macht, wird ihnen immer entgehen. Um aber zu zeigen, daß ein jeder ebenso handeln könne, will ich das Beispiel des obenerwähnten Piso geben. Piso war ein höchst angesehener Mann und einer der ersten in Neros Umgebung, der viel Vertrauen in ihn setzte. Nero besuchte ihn häufig in seinen Gärten, um mit ihm zu speisen. Piso konnte sich durch Gesinnung, Mut und Neigung zu einem solchen Anschlag geeignete Männer zu Freunden machen, was einem Mächtigen ein leichtes ist. War nun Nero in seinen Gärten, so konnte er ihnen die Sache mitteilen, sie mit geeigneten Worten antreiben, zu tun, was sie nicht Zeit hatten zu verweigern und was unmöglich mißlingen konnte. Wenn man alle anderen Verschwörungen untersucht, so finden sich wenige, die nicht auf dieselbe Weise geleitet werden konnten. Allein die Menschen verstehen im Durchschnitt wenig von den Geschäften des Lebens und machen deshalb die größten Fehler, und um so größere, je außerordentlicher eine Sache ist, und diese ist es.

Man darf sich also nie eher mitteilen, als wenn man dazu gezwungen ist, das heißt im Augenblick der Tat. Willst du dich aber dennoch mitteilen, so sei es nur einem einzigen, den du lange geprüft hast oder den derselbe Beweggrund treibt wie dich. Einen solchen zu finden ist viel leichter als mehrere solche zu finden, und deshalb ist weniger Gefahr dabei; sollte er dich aber auch hintergehen, so bleibt dir immer noch ein Mittel, dich zu verteidigen, das dir, wo viele Mitverschworene sind, nicht bleibt. Ich habe nämlich kluge Männer sagen gehört, mit einem könnte man alles sprechen, weil (vorausgesetzt, daß du dich nicht verleiten lässest, etwas von deiner Hand Geschriebenes zu geben) das Ja des einen so viel gilt als das Nein des anderen; vor dem Schreiben aber muß sich jeder hüten wie vor der Klippe;

denn nichts überweist dich leichter als ein Schreiben von deiner Hand.

Plautian wollte den Kaiser Severus und seinen Sohn Antonin ermorden lassen und beauftragte damit den Tribunen Saturninus. Dieser wollte ihn anklagen, nicht ihm gehorchen, fürchtete aber, man möchte Plautian mehr glauben als ihm und verlangte daher ein Zettelchen von seiner Hand, das diesen Auftrag beglaubige. Plautian, blind gemacht durch den Ehrgeiz, stellte den Schein aus. Die Folge war, daß er vom Tribunen angeklagt und überwiesen wurde; ohne diesen Zettel aber und gewisse andere Anzeichen wäre Plautian überlegen gewesen, so kühn leugnete er.

Es findet sich also gegen die Anklage eines einzigen noch ein Mittel, wenn man nicht durch Schrift oder einen anderen Beweis überwiesen werden kann, wovor man sich daher wohl hüten muß. Zur Pisonischen Verschwörung gehörte ein Weib namens Epicaris, früher Neros Freundin, welche für gut hielt, einen Präfekten über einige Dreiruderer, die Nero zu seiner Bewachung an der Küste hielt, unter die Verschworenen aufzunehmen und ihm die Sache, nicht aber die Namen der Verschworenen mitteilte. Als sie der Präfekt verriet und bei Nero anklagte, leugnete Epicaris mit solcher Kühnheit, daß Nero nicht wußte, was er denken sollte, und sie nicht verdammte.

Wenn du also die Sache einem einzigen mitteilst, so ist zweierlei zu fürchten; erstens, daß er dich freiwillig anklagt, zweitens, daß er dich, überwiesen oder durch die Folter gezwungen, angibt, wenn er aus irgendeinem Verdacht oder Anzeichen festgenommen wird. Allein in beiden Gefahren gibt es noch ein Rettungsmittel; im ersten Falle kannst du leugnen, indem du den Haß anführst, den er gegen dich gehegt habe; im zweiten Falle, indem du sagst, der Schmerz habe ihn zur Lüge gezwungen. Klugheit ist es daher, die Sache niemand im voraus mitzuteilen oder, wenn du sie dennoch mitteilst, nur einem einzigen, wobei zwar eine Gefahr mehr ist, allein immer viel weniger, als wenn du dich vielen anvertraust.

Als nächster kommt der Fall, wenn dich die Not zwingt, das dem Fürsten zu tun, was du siehst, daß er dir tun will, und wenn diese Not so groß ist, daß dir nur Zeit übrigbleibt, dich sicherzustellen. Diese Not bringt die Sache fast immer zum gewünschten Ziele; zum Beweise sollen zwei Beispiele genügen.

Der Kaiser Commodus zählte Lätus und Electus unter seine ersten Freunde und Vertrauten und Marcia unter seine ersten Beischläferinnen und Freundinnen. Da er von ihnen manchmal wegen der Schändlichkeiten getadelt wurde, wodurch er seine Person und die Kaiserkrone befleckte, beschloß er ihren Tod, schrieb Marcia, Lätus und Electus nebst einigen anderen, die er in der folgenden Nacht wollte hinrichten lassen, auf eine Liste und legte diese Liste unter sein Kopfkissen. Als er hierauf ins Bad ging, fand ein von ihm geliebter Knabe, der im Zimmer und auf dem Bette herumspielte, die Liste und begegnete, als er mit der Schrift in der Hand hinausging, Marcia, die sie ihm nahm, las, den Inhalt sah und sogleich Lätus und Electus rufen ließ. Alle drei erkannten die Gefahr, in der sie schwebten, beschlossen ihr zuvorzukommen und ermordeten ohne Aufschub Commodus in der folgenden Nacht.

Der Kaiser Antonin Caracalla stand mit dem Heere in Mesopotamien und hatte Macrin, einen Mann mehr für die Toga als die Waffen geschaffen, zum Präfekten. Da nun schlechte Fürsten stets fürchten, daß man ihnen tun werde, was sie zu verdienen glauben, so schrieb Caracalla an seinen Freund Maternian in Rom, er solle die Astrologen befragen, ob es einen Mann gebe, der nach der Kaiserkrone strebe, und ihn davon unterrichten. Maternian schrieb, Macrin sei es, der danach strebe. Der Brief kam eher in die Hände Macrins als des Kaisers. Macrin erkannte die Notwendigkeit, den Kaiser zu ermorden, ehe neue Briefe von Rom kämen, oder selbst zu sterben, und übertrug dem ihm treu ergebenen Centurio Martialis, dem Antonin vor wenigen Tagen einen Bruder getötet hatte, dieses Geschäft; und dieser führte es glücklich aus.

Man sieht also, daß diese Not, die keine Zeit läßt, fast dieselbe Wirkung hat als das oben beschriebene Verfahren des Nelematus von Epirus. Man sieht ferner, was ich zu Anfang dieses Kapitels gesagt habe, daß die Drohungen den Fürsten mehr schaden und wirksamere Verschwörungen verursachen als die

Verletzungen. Ein Fürst muß sich davor hüten; denn man muß die Menschen entweder liebkosen oder sich ihrer versichern, nie aber sie so weit bringen, daß ihnen die Notwendigkeit einleuchten muß, entweder selbst zu sterben oder den anderen zu ermorden.

Die Gefahren während der Ausführung der Verschwörungen entstehen entweder durch Abänderung der Anordnung oder dadurch, daß der, der ausführen soll, den Mut verliert, oder durch einen Fehler, den er aus Unklugheit macht, oder endlich dadurch, daß die Sache nicht vollendet wird, indem ein Teil derer am Leben bleibt, die man zu ermorden beabsichtigte.

Nichts stört und hintertreibt die Handlungen der Menschen so sehr als augenblicklich, ohne Zeit zu haben, eine Anordnung ändern und eine ganz andere als die anfängliche machen zu müssen. Erzeugt aber diese Abänderung irgendwo Unordnung, so ist es im Kriege und in dem unsrigen ähnlichen Fällen; denn bei solchen Geschäften ist nichts notwendiger, als daß sich jeder in dem, was er zu tun hat, in Gedanken befestigt. Hat man nun mehrere Tage hindurch seine Einbildungskraft mit einer Vorschrift und einer Ordnung beschäftigt, und diese werden plötzlich abgeändert, so müssen alle verwirrt werden, und jede Unternehmung mißglückt. Es ist daher viel besser, eine Unternehmung nach der gegebenen Anordnung auszuführen, obgleich man einigen Nachteil hierbei sieht, als um diesen zu entfernen, sich tausend Nachteile zuzuziehen. Das ist gesagt für den Fall, daß man keine Zeit hat, einen neuen Plan zu entwerfen; denn hat man Zeit, so kann man nach Gutdünken verfahren. Die Verschwörung der Pazzi gegen Lorenzo und Giuliano de' Medici ist bekannt. Ihr Plan war, dem Kardinal von St. Giorgio ein Gastmahl zu geben und sie dabei zu töten; es war bestimmt, wer sie zu töten hatte, wer sich des Palastes zu bemächtigen, wer durch die Stadt zu reiten und das Volk zur Freiheit aufzurufen hatte. Nun trug sich zu, daß, als die Pazzi, die Medici und der Kardinal am Morgen des festgesetzten Tages einem feierlichen Amte in der Kathedralkirche zu Florenz beiwohnten, Julian sich wegen einer Unpäßlichkeit entschuldigte, er könne bei dem Gastmahl nicht erscheinen. Auf diese

Nachricht traten die Verschworenen zusammen und beschlossen, was sie den Medici zu Hause hatten tun wollen, sogleich in der Kirche auszuführen. Die Folge davon war, daß ihre ganze Disposition verwirrt wurde; denn Giovanbattista da Montesecco wollte sich an dem Morde nicht beteiligen, indem er erklärte, ihn nicht in der Kirche ausführen zu wollen. Alle Rollen mußten daher neu ausgeteilt werden, und die damit Beauftragten, die keine Zeit hatten, ruhige Entschlossenheit zu gewinnen, machten solche Fehler, daß sie über der Ausführung getötet wurden.

Der Vollstrecker verliert den Mut entweder aus Ehrfurcht oder aus Feigheit. Die Majestät eines Fürsten und die Ehrfurcht, welche seine Gegenwart einflößt, ist so groß, daß sie den Vollstrecker leicht milder stimmt oder schüchtern macht. Zum gefangenen Marius schickten die Minturner einen Sklaven, um ihn zu töten. Vom Anblick des Mannes und der Erinnerung seines Namens erschreckt, wurde der Sklave feig und verlor alle Kraft, ihn zu durchbohren. Wenn aber ein gefesselter, gefangener, vom Unglück verfolgter Mann diese Gewalt hat, um wieviel mehr mußt du sie fürchten bei einem fessellosen Fürsten, in der Majestät des Diadems und Purpurs, umgeben mit dem blendenden Glanz seines Gefolges? Es kann dich also dieser Glanz in Furcht setzen oder ein freundlicher Empfang milder stimmen. Es verschworen sich einige Thrakier gegen ihren König Sitalkes; sie setzten den Tag der Ausführung fest, kamen am bestimmten Orte, wo der Fürst war, zusammen, und keiner hob die Hand gegen ihn auf. So gingen sie unverrichteter Dinge, wieder fort, ohne zu wissen, was sie zurückgehalten hatte, und einer schob die Schuld auf den andern. Denselben Fehler machten sie mehrmals, bis zuletzt die Verschwörung entdeckt wurde und sie die Strafe für ein Unrecht litten, das sie tun konnten und nicht wollten. Es verschworen sich gegen den Herzog Alphons von Ferrara zwei seiner Brüder und bedienten sich der Hilfe des Priesters Giannes, des Kantors des Herzogs, welcher mehreremal auf ihr Verlangen den Herzog zu ihnen führte, so daß es in ihrer Macht stand, ihn zu ermorden. Allein nie wagte es einer von ihnen, dies zu tun, so daß sie, entdeckt, die Strafe ihrer Bosheit und Unklugheit litten. Diese Lässigkeit konnte keinen anderen Grund haben, als daß sie der Anblick entmutigte oder irgendeine Freundlichkeit des Fürsten milder stimmte.

Ein Übelstand oder Fehler bei der Ausführung entsteht durch Unvorsichtigkeit oder Verzagtheit, welche dich überfallen und Ursache sind, daß du in der Verwirrung der Gedanken sprichst oder tust, was du nicht solltest. Daß die Menschen verzagt und verwirrt werden, könnte Livius nicht besser zeigen, als er es in folgenden Worten tut. Nachdem er nämlich erzählt hat, daß der Aetolier Alexamenes, wie schon oben erwähnt, Nabis von Sparta töten wollte und im Augenblicke der Ausführung seinen Soldaten eröffnete, was zu tun sei, sagt er: *Collegit et ipse animum, confusum tantae cogitatione rei*[1]. Es ist unmöglich für jeden, sei er auch noch so festen Mutes und noch so sehr daran gewöhnt, Menschen zu töten und den Degen zu führen, bei einer solchen Gelegenheit nicht verwirrt werden. Man muß daher in solchen Geschäften erfahrene Leute aussuchen und keinem anderen trauen, wenn er für noch so mutvoll gilt. Denn ohne die Probe gemacht zu haben, verlasse sich in großen Dingen niemand auf seinen Mut. Es kann also diese Verwirrung Ursache sein, daß dir entweder die Waffen aus der Hand fallen, oder daß du etwas sprichst, was dieselben Folgen hat. Lucilla, die Schwester des Commodus, befahl dem Quintian, ihn zu ermorden. Dieser erwartete Commodus am Eingang des Amphitheaters, stürzte mit entblößtem Dolch auf ihn zu und rief: „Dies schickt dir der Senat." Die Folge dieser Worte war, daß man ihm in den Arm fiel, ehe er zugestoßen hatte. Messer Antonio da Volterra war beauftragt, Lorenzo de' Medici zu töten; als er auf ihn eindrang, rief er: „Ha Verräter!" Dieser Ausruf war die Rettung Lorenzos und der Zusammenbruch der obenerwähnten Verschwörung der Pazzi.

Eine Verschwörung gegen ein Haupt kann aus den angegebenen Ursachen unvollendet bleiben. Leicht aber bleibt sie unvollendet, wenn man sich gegen zwei Häupter verschwört;

[1] Er sammelte seinen Geist, der durch den Gedanken an eine so große Sache verwirrt worden war.

dies ist sogar so schwierig, daß es fast unmöglich gelingen kann. Dieselbe Handlung zur selben Zeit an verschiedenen Orten auszuführen ist fast unmöglich, und zu verschiedener Zeit kann man es nicht, wenn nicht die eine die andere verderben soll. Ist daher sich gegen einen Fürsten verschwören zweifelhaft, gefährlich und unklug, so ist sich gegen zwei verschwören völlig eitel und leichtsinnig. Wenn die Ehrfurcht vor dem Geschichtschreiber nicht wäre, so würde ich niemals glauben, daß möglich wäre, was Herodian von Plautian sagt, daß er nämlich dem Centurio Saturninus aufgetragen habe, ganz allein Severus und Antonin, die an verschiedenen Orten wohnten, zu töten; denn diese Sache ist so sehr der Vernunft zuwider, daß mich eine andere Autorität nie zum Glauben vermögen würde. Einige athenische Jünglinge verschworen sich gegen Hippias und Hipparchus[2]), die Tyrannen von Athen. Sie töteten Hipparchus, und Hippias, der am Leben blieb, rächte ihn. Chion und Leonidas von Heraklea, zwei Schüler Platos, verschworen sich gegen die Tyrannen Clearchus und Satyrus; Clearchus fiel und Satyrus, der davonkam, rächte ihn. Den Pazzi, die wir mehrmals angeführt, gelang nur, Julian niederzustoßen. Solcher Verschwörungen gegen mehrere Häupter muß sich daher ein jeder enthalten, da er dadurch weder sich, noch dem Vaterland, noch irgend jemand nützt; ja die, welche sich gerettet haben, werden nur noch unerträglicher und härter, wie es in Florenz, Athen und Heraklea der Fall war. Wahr ist, daß die Verschwörung des Pelopidas zur Befreiung Thebens, seines Vaterlandes, mit allen diesen Schwierigkeiten verbunden war und dennoch den glücklichsten Erfolg hatte. Pelopidas verschwor sich nicht nur gegen zwei Tyrannen, sondern gegen zehn; er war nicht nur keiner ihrer Vertrauten und hatte keinen leichten Zutritt zu den Tyrannen, sondern er war Rebell; trotzdem konnte er nach Theben kommen, die Tyrannen töten und das Vaterland befreien. Nur den Beistand eines Ratgebers der Tyrannen namens Carion hatte er, der ihm den Eingang erleichterte. Allein niemand nehme sich ihn zum Muster; denn die Unternehmung war unmöglich und konnte nur durch ein

[2]) Machiavelli schreibt: Diokles.

Wunder gelingen, und auch die Schriftsteller halten sie dafür, indem sie sie als eine seltene, fast beispiellose Erscheinung darstellen.

Die Ausführung kann auch unterbrochen werden durch eine falsche Meinung oder einen unvorhergesehenen Zufall, der sich über der Tat ereignet. An dem Morgen, als Brutus und seine Mitverschworenen Cäsar ermorden wollten, sprach dieser zufällig lange mit Cn. Popilius Läna, einem der Verschworenen. Die anderen, diese lange Unterredung sehend, fürchteten, Läna werde dem Cäsar die Verschwörung entdecken, und waren auf dem Punkte, hier den Versuch der Ermordung Cäsars zu machen und nicht abzuwarten, bis er im Senat war. Sie würden es auch getan haben, wenn sie nicht dadurch, daß die Unterredung endigte und Cäsar keine ungewöhnliche Bewegung zeigte, wieder beruhigt worden wären. Diese falschen Meinungen sind zu untersuchen und mit Klugheit zu berücksichtigen, um so mehr, je leichter man sich ihnen hingibt; denn wer ein böses Gewissen hat, glaubt leicht, man spreche von ihm. Du kannst ein zu einem anderen Zwecke gesprochenes Wort hören, darüber den Kopf verlieren, glauben, es gehe dich an, und die Verschwörung durch die Flucht entdecken oder die Ausführung durch unzeitige Übereilung in Verwirrung bringen. So etwas ereignet sich um so leichter, wenn viele Mitwisser der Verschwörung sind.

Die Zufälle lassen sich, weil sie unverhofft sind, nur durch Beispiele zeigen, und hieraus mag man Vorsicht lernen. Giulio Belanti von Siena, dessen wir oben erwähnt haben, war gegen Pandolfo erbittert, der ihm die Tochter entriß, nachdem er sie ihm zur Gemahlin gegeben hatte, und beschloß, ihn zu ermorden. Er wählte die Zeit wie folgt: Pandolfo besuchte fast täglich einen kranken Verwandten, und sein Weg führte ihn am Hause Belantis vorbei. Dieser hatte dies beobachtet und entwarf den Plan, seine Mitverschworenen in seinem Hause bereitzuhalten, um Pandolfo im Vorbeigehen zu überfallen. Er stellte sich zu diesem Zwecke bewaffnet hinter das Haustor, und einer war am Fenster, um ein Zeichen zu geben, wenn Pandolfo im Vorübergehen sich dem Tore nähern würde. Als nun Pandolfo kam und das Zeichen gegeben war, begegnete ihm zufällig ein Freund, der ihn anhielt, während einige seiner Begleiter weitergingen, Männer sahen und Waffengeräusch hörten und den Hinterhalt entdeckten, so daß Pandolio sich rettete und Belanti mit seinen Genossen aus Siena fliehen mußte. Dies zufällige Begegnen verhinderte also die Ausführung und machte die Unternehmung Belantis scheitern. Gegen solche Zufälle läßt sich, weil sie selten sind, kein Mittel anwenden. Wohl aber muß man alle Zufälle, die im ordentlichen Lauf der Dinge eintreten könnten, erwägen und ihnen abhelfen.

Es bleibt uns jetzt nur noch übrig, von der Gefahr zu handeln, die man nach der Ausführung läuft. Hier ist die einzige Gefahr, daß jemand am Leben bleibt, der den ermordeten Fürsten rächt. Am Leben können bleiben seine Brüder, seine Kinder oder andere Verwandte, die die Anwartschaft auf die Krone haben und Rache üben. Sie können am Leben bleiben durch die: Nachlässigkeit der Verschworenen oder aus den obengenannten Ursachen. Giovanandrea da Lampugnano und seine Mitverschworenen hatten den Herzog von Mailand ermordet[1]; ein Sohn und zwei Brüder von ihm entgingen dem gleichen Schicksal und kamen zu rechter Zeit herbei, den Ermordeten zu rächen. In solchen Fällen kann man sicher den Verschworenen keine Schuld geben, denn sie können nichts dagegen tun; lassen sie aber aus Unklugheit oder Nachlässigkeit eines der bestimmten Opfer am Leben, so verdienen sie keine Entschuldigung. Einige verschworene Forliveser ermordeten ihren Herrn, den Grafen Girolamo[2] und bemächtigten sich seiner Gattin und seiner noch kleinen Kinder. Da sie nun ihres Lebens nicht sicher zu sein glaubten, wenn sie die Festung nicht in ihre Gewalt bekämen, und der Kastellan sie nicht übergeben wollte, so versprach Madonna Caterina, so nannte sich die Gräfin, sie wolle ihnen die Festung ausliefern lassen, wenn sie ihr erlaubten, hineinzugehen; unterdessen könnten sie ihre Kinder als Geiseln zurückbehalten. Auf dies Versprechen hin

[1] Galeazzo Maria Sforza wurde am 26. Dezember 1476 ermordet.

[2] Girolamo Riario wurde am 14. April 1488 erstochen. Seine Gattin war die berühmte Caterina Sforza.

ließ man sie hineingehen. Kaum aber war sie drinnen, als sie ihnen von der Mauer herab die Ermordung ihres Gemahls vorwarf, die furchtbarste Rache drohte und, um zu beweisen, wie wenig sie sich um ihre Kinder bekümmere, mit den Worten ihre Geschlechtsteile zeigte, sie habe noch das Mittel, andere zu bekommen. Die Verschworenen, ohne sich raten zu können und zu spät ihren Fehler einsehend, litten in ewiger Verbannung die Strafe ihrer Unklugheit. Von allen Gefahren aber, die nach der Ausführung eintreten können, ist die gewisseste und am meisten zu fürchtende die, wenn das Volk den ermordeten Fürsten liebte; denn hiergegen haben die Verschworenen kein Mittel, weil sie sich gegen das Volk niemals sichern können. Ein Beispiel ist Cäsar, der von dem Volke gerächt wurde, weil es ihn liebte. Nachdem es die Verschworenen aus Rom verjagt hatte, war es Ursache, daß sie alle zu verschiedener Zeit und an verschiedenen Orten das Leben verloren.

Die Verschwörungen gegen das Vaterland sind weniger gefährlich für die Verschwörer als die gegen den Fürsten, weil bei der Einleitung weniger, bei der Ausführung dieselben Gefahren und nach der Ausführung gar keine vorhanden sind.

Bei der Einleitung ist nicht viel Gefahr, weil ein Bürger, ohne hierzu irgend jemand seine Gesinnung und seinen Plan mitteilen zu müssen, mächtig werden und, wird er hierin nicht gestört, sein Unternehmen glücklich ausführen kann. Wird er aber durch ein Gesetz gestört, so kann er andere Zeit abwarten und einen anderen Weg einschlagen. Dies gilt für eine Republik, wo schon einige Sittenverderbnis eingerissen ist; denn in einer unverdorbenen Republik, wo noch kein schlimmer Anfang gemacht ist, kann kein Bürger auf solche Gedanken geraten. Die Bürger können also durch viele Mittel und Wege nach der Herrschaft streben, wobei sie keine Gefahr laufen, sowohl weil die Republiken langsamer, weniger mißtrauisch und daher weniger vorsichtig sind als die Fürsten, als auch weil sie rücksichtsvoller gegen ihre großen Bürger sind, was diese wiederum kühner macht und zu Unternehmungen gegen das Vaterland ermutigt.

Jedermann hat Sallusts Catijina gelesen und weiß, daß Catilina nach der Entdeckung der Verschwörung nicht nur in Rom blieb, sondern sogar in den Senat ging und demselben sowie dem Konsul Schmähungen sagte; so große Rücksicht gewährte diese Stadt ihren Bürgern. Als er hierauf aus Rom abreiste und schon an der Spitze eines Heeres stand, würde man doch Lentulus und die anderen noch nicht ergriffen haben, wenn nicht eigenhändig von ihnen geschriebene Briefe sie offenbar angeklagt hätten. Hanno, einer der größten Bürger Karthagos, strebte nach der Tyrannei und hatte alles vorbereitet, bei der Hochzeit seiner Tochter den ganzen Senat zu vergiften und sich dann zum Fürsten zu machen. Als man dies erfuhr, tat der Senat zur Verhütung nichts anderes, als daß er ein Gesetz gab, das den Aufwand bei Gastmählern und Hochzeiten beschränkte, so große Rücksicht nahm er auf den Rang Hannos.

Wahr ist indessen, daß bei der Ausführung einer Verschwörung gegen das Vaterland mehr Schwierigkeit und größere Gefahr ist, weil selten deine eigenen Kräfte hinreichen gegen so viele; und nicht jeder hat ein Heer unter seinen Befehlen wie Cäsar, Agathokles, Kleomenes und andere, die auf einen Schlag mit Gewalt das Vaterland eroberten. Solchen ist freilich die Bahn sicher und eben genug, allein die anderen, die über keine so große Masse von Streitkräften verfügen können, müssen die Sache durch List und Kunst oder durch fremde Soldaten zum Ziele führen. Was List und Kunst betrifft, mag folgendes zum Beispiel dienen.

Der Athener Pisistratus hatte durch die Besiegung der Megarenser die Gunst des Volkes erworben. Eines Morgens kam er verwundet auf den Markt, sagte, der Adel habe ihm aus Eifersucht nachgestellt, und verlangte die Erlaubnis, Bewaffnete zu seinem Schutze, mit sich zu führen. Dies ermöglichte ihm leicht, zu solcher Macht emporzusteigen, daß er Tyrann Athens wurde.

Pandolfo Petrucci wurde mit anderen Verwiesenen nach Siena zurückgerufen und erhielt den Befehl über die Stadtwache, als einen mechanischen Dienst, den die anderen ausschlugen; nichtsdestoweniger gaben ihm diese Soldaten nach und nach solches Ansehen, daß er durch sie in kurzer Zeit Fürst wurde. Viele andere haben sich anderer Kunstgriffe und anderer

Mittel bedient und haben mit der Zeit ohne Gefahr ihr Ziel erreicht.

Die, welche durch eigene Kraft oder mit fremden Waffen gegen die Freiheit ihres Vaterlandes sich verschworen haben, hatten verschiedene Erfolge, je nachdem ihnen das Glück günstig war. Catalina ging darüber zugrunde. Hanno, dem, wie wir erwähnt, sein Versuch mit Gift nicht gelang, bewaffnete viele Tausende seiner Anhänger und kam mit allen ums Leben. Einige der ersten Bürger von Theben riefen, um sich zu Tyrannen zu machen, ein spartanisches Heer zu Hilfe, und bemächtigten sich der Herrschaft. Wenn man so alle gegen das Vaterland unternommenen Verschwörungen durchgeht, so findet man keine oder wenige, die während der Einleitung unterdrückt worden wären; sondern alle gelangen oder mißlangen bei der Ausführung.

Nach der Ausführung ist keine andere Gefahr dabei als die mit der Natur der Herrschaft selbst verbundene; denn ist ein Mann Tyrann geworden, so drohen ihm die natürlichen und gewöhnlichen Gefahren der Tyrannei, gegen welche er nur die oben erörterten Mittel hat.

Dies ist, was ich über die Verschwörungen schreiben wollte. Wenn ich dabei von denen durch das Eisen und nicht durch Gift gehandelt habe, so geschah es, weil dieselben Regeln auf beide anzuwenden sind. Die durch Gift sind indessen gefährlicher, weil sie ungewisser sind. Da nicht jeder die Bequemlichkeit dazu hat, so muß man sich mit dem, der sie hat, verständigen, und diese Notwendigkeit, sich zu verständigen, bringt Gefahr. Überdies kann ein Gifttrank aus vielen Gründen nicht tödlich sein, wie bei Commodus, der das empfangene Gift wieder von sich gab; die Verschworenen waren daher genötigt, ihn zu erdrosseln, damit er starb.

Die Fürsten haben keinen größeren Feind als die Verschwörungen; denn ist eine Verschwörung gegen sie angezettelt, so tötet sie sie entweder oder bringt sie um ihren guten Namen. Gelingt sie nämlich, so sterben sie; wird sie entdeckt und sie lassen die Verschworenen hinrichten, so glaubt man immer, die ganze Sache sei eine Erfindung des Fürsten gewesen, um seine

Habsucht und seine Grausamkeit mit dem Blut und Vermögen der Hingerichteten zu befriedigen.

Ich will nicht ermangeln, den Fürsten oder die Republik, gegen die man sich verschwört, aufmerksam zu machen, daß sie, wenn sie eine Verschwörung erfahren, zuerst recht genaue Kenntnis über ihre Beschaffenheit zu erlangen suchen und die Verhältnisse der Verschwörer und ihre eigenen abwägen, ehe sie zu strafen unternehmen. Finden sie die Verschwörung weit ausgedehnt und mächtig, so dürfen sie sie nie eher aufdecken, als bis sie hinreichende Streitkräfte zu ihrer Unterdrückung gesammelt haben; handelten sie anders, so würden sie ihr eigenes Verderben aufdecken. Sie müssen sich daher mit aller Kunst verstellen, weil sonst die Verschworenen, sich entdeckt sehend, von der Not getrieben, ohne alle Rücksicht losschlagen. Zum Muster dienen die Römer.

Die Offiziere der zwei den Capuanern zum Schutze gegen die Samniter gelassenen Legionen verschworen sich gegen ihre Schützlinge, wie wir oben erzählt haben. Als man dies zu Rom erfuhr, wurde dem neuernannten Konsul Rutilius aufgetragen, die Sache zu verhüten. Um die Verschworenen einzuschläfern, machte Rutilius bekannt, der Senat belasse die campanischen Legionen für ein weiteres Jahr in ihrem Standort. Die Soldaten, welche dies glaubten und zur Ausführung ihres Planes Zeit zu haben dachten, suchten die Sache nicht zu beschleunigen und blieben so lange untätig, bis sie merkten, daß sie der Konsul voneinander trennte. Jetzt erst schöpften sie Verdacht, entdeckten sich und schritten zur Ausführung ihres Willens.

Dies Beispiel könnte nicht lehrreicher sein, sowohl was den einen als den anderen Teil betrifft. Man sieht daraus, wie langsam die Menschen sind, wo sie Zeit zu haben glauben, und wie rasch sie sind, wo sie die Not treibt. Ebenso kann ein Fürst oder eine Republik, die zu ihrem Vorteil den Ausbruch einer Verschwörung hinausschieben will, kein besseres Mittel anwenden, als geschickterweise den Verschworenen eine nahe Gelegenheit darzubieten, damit sie in der Erwartung dieser oder im Glauben Zeit zu haben, dem Fürsten oder der Republik Zeit geben, sie zu züchtigen.

Wer anders handelte, beschleunigte seinen Sturz, wie der Herzog von Athen[1] und Guglielmo de' Pazzi. Der Herzog, Tyrann von Florenz geworden, erfuhr, man habe sich gegen ihn verschworen, und ließ, ohne die Sache näher zu untersuchen, einen der Verschworenen ergreifen; die Folge war, daß die anderen sogleich die Waffen ergriffen und ihm die Herrschaft entrissen. Guglielmo, im Jahre 1501 Kommissar im Tal der Chiana, erfuhr, daß man in Arezzo zugunsten der Vitelli sich verschwöre, um die Stadt den Florentinern zu entreißen, begab sich sogleich in diese Stadt und ließ, ohne an die Kräfte der Verschworenen noch an die seinigen zu denken und ohne irgend für Soldaten zu sorgen, auf den Rat des Erzbischofs, seines Sohnes, einen der Verschworenen ergreifen; nach der Verhaftung dieses griffen die anderen sogleich zu den Waffen, entrissen den Florentinern die Stadt und Guglielmo wurde aus einem Kommissar ein Gefangener.

Sind hingegen die Verschwörungen schwach, so kann und soll man sie ohne Rücksicht unterdrücken.

Auch die beiden folgenden Maßregeln, die sich fast entgegengesetzt sind, sind auf keine Weise nachzuahmen. Der vorgenannte Herzog von Athen ließ, um zu zeigen, daß er die Liebe der florentinischen Bürger zu besitzen glaube, einen Mann hinrichten, der ihm eine Verschwörung entdeckte; und Dion von Syracus erlaubte, um einen Mann, den er im Verdacht hatte, auf die Probe zu stellen, dem Kalippus, dem er vertraute, zum Schein eine Verschwörung anzuzetteln. Beide fuhren dabei übel; denn der eine nahm den Anklägern den Mut und gab ihn denen, die sich verschwören wollten; der andere bahnte den Weg zu seiner Ermordung, ja er war selbst das Haupt der Verschwörung, wie ihn die Erfahrung lehrte; denn Kalippus, der ohne Scheu gegen Dion unterhandeln konnte, unterhandelte so lange, bis er ihm Krone und Leben entrissen hatte.

---

[1] Gauthier de Brienne, Herzog von Athen, Tyrann von Florenz, wurde am 3. August 1343 vertrieben.

7.

Woher es kommt, daß die Revolutionen oder Übergänge von der Freiheit zur Knechtschaft und von der Knechtschaft zur Freiheit zum Teil blutig, zum Teil unblutig sind.

Es könnte viellcicht jemand darüber im Zweifel sein, woher cs kommt, daß von den vielen Staatsveränderungen, sei es nun aus einer Republik in eine Tyrannei oder umgekehrt, einige blutig, andere unblutig sind. Die Geschichte zeigt uns nämlich, daß bei solchen Umwälzungen manchmal eine Menge Menschen getötet wurden, manchmal kein einziger verletzt wurde, wie beim Übergang Roms von den Königen zu den Konsuln, wo nur die Tarquinier vertrieben wurden, ohne daß irgend jemand sonst verletzt worden wäre. Dies hängt nun von folgende Umständen ab:

Entweder der Staat, welcher verändert wird, entstand durch Gewalt oder nicht. Entstand er durch Gewalt, so mußten viele dadurch verletzt werden; es ist dann bei seinem Sturze natürlich, daß sich die Verletzten rächen wollen, und dieses Verlangen nach Rache erzeugt Blut und Mord. Wenn hingegen ein Staat durch die einstimmige Übereinkunft einer Gesellschaft gebildet wurde, so ist später, wenn sich das Band dieser Gesellschaft auflöst, kein Grund vorhanden, jemand anders als das Haupt zu verletzen.

Dies war mit dem römischen Königreiche der Fall und mit der Vertreibung der Tarquinier; ebenso mit der Regierung der Medici, bei deren Sturz im Jahre 1494 gleichfalls niemand anderes außer ihnen verletzt wurde. Dies ist der Grund, warum solche Änderungen für ein Land nicht sehr gefährlich sind; äußerst gefährlich hingegen sind Umwälzungen, welche von Männern hervorgebracht werden, die sich zu rächen haben. In diesem Falle wurden immer Greuel verübt, bei deren Lesen man schaudert. Die Geschichte ist so voll solcher Beispiele, daß ich sie übergehen will.

8.

Wer eine Republik stürzen will, muß ihren Zustand in Betracht ziehen.

Es ist oben gesagt worden, daß ein schlechter Bürger in einer Republik, die nicht verdorben ist, nichts Böses tun kann. Dieser Schluß wird, außer den damals aufgezählten Gründen, auch durch das Beispiel des Spurius Cassius und Manlius Capitolinus bestätigt.

Spurius, ein ehrgeiziger Mann, wollte ungesetzliche Autorität in Rom ergreifen und sich das Volk durch viele Wohltaten gewinnen, unter anderm dadurch, daß er ihm die Felder, die die Römer, den Herniciern abgenommen hatten, verkaufte. Die Väter deckten seinen Ehrgeiz auf, und dies erregte solchen Argwohn gegen ihn, daß sein Anerbieten in einer Rede, den Ertrag des Kornes, das der Staat aus Sicilien hatte kommen lassen, dem Volke zu geben, von diesem rein ausgeschlagen wurde, da es ihm schien, Spurius wolle ihm mit diesem Gelde seine Freiheit abkaufen. Wäre das Volk verderbt gewesen, so würde es diesen Preis nicht ausgeschlagen und ihm den Weg zur Tyrannei geöffnet haben, den es ihm verschloß.

Ein noch viel treffenderer Beweis ist das Schicksal des Manlius Capitolinus. Man sieht daraus, wie viele Vorzüge des Geistes und Körpers, wie viele schöne Taten zum Nutzen des Vaterlandes eine gemeine Sucht zu herrschen aus dem Andenken verlöschen kann. Diese Herrschsucht wurde in Manlius, wie wir oben gesehen haben, durch die Eifersucht auf die Ehre erzeugt, die man dem Camillus erwies. Es bemächtigte sich seiner eine solche Geistesverblendung, daß er, die Sitten der Stadt nicht bedenkend und ihren Zustand, der sie noch nicht geeignet machte, eine schlechte Form anzunehmen, nicht erwägend, in Rom Aufruhr gegen den Senat und gegen die vaterländischen Gesetze stiftete. Bei dieser Gelegenheit erkennt man die Vollkommenheit dieses Freistaates und die Reinheit seiner Sitten. Im Prozesse des Manlius rührte sich keiner vom Adel, obgleich sie sonst einander auf das hartnäckigste verteidigten, zu seinem Beistand. Keiner seiner Verwandten versuchte etwas zu seinen Gunsten, und während es sonst Sitte war, mit den Angeklagten mit Asche bestreut, in Trauerkleidern und mit kummervollen Gebärden zu erscheinen, um Gnade zu erflehen, erschien kein einziger mit Manlius. Die Volkstribunen, die sonst alles zu begünstigen pflegten, was ihnen zum Vorteil des Volkes zu gereichen schien, und es um so mehr hervorhoben, je mehr es gegen die Interessen der Patrizier war, vereinigten sich in diesem Falle mit den Patriziern, um eine gemeinschaftliche Pest zu unterdrücken. Das Volk von Rom, sehr begierig auf seinen Vorteil und Förderer alles dessen, was gegen den Adel ging, begünstigte zwar anfänglich Manlius sehr; als ihn aber die Tribunen vorluden und seine Sache, dem Volke zur Entscheidung vorlegten, verurteilte ihn dasselbe Volk, vom Verteidiger zum Richter geworden, rücksichtslos zum Tode. Ich glaube daher nicht, daß man in der römischen Geschichte ein besseres Beispiel findet, um die Bürgertugend aller Stände dieser Republik zu beweisen, als dieses. Man sieht, daß keiner in der Stadt sich zur Verteidigung eines Bürgers erhob, der ausgestattet war mit allen Vorzügen, der öffentlich und als Privatmann eine Menge löblicher Taten getan hatte. Über sie alle vermochte die Vaterlandsliebe mehr als jede andere Rücksicht, und sie schlugen die gegenwärtigen Gefahren, die durch ihn drohten, so viel höher als seine früheren Verdienste an, daß sie sich durch seinen Tod daraus befreiten. Livius sagt: *Hunc exitum habuit vir, nisi in libera civitate natus esset, memorabilis* [1].

Bei dieser Gelegenheit sind zwei Dinge zu bedenken: Das erste, daß man durch andere Mittel in einer verderbten Republik nach Ruhm zu streben hat, als in einer Republik, die noch ihrer Verfassung gemäß lebt. Das zweite, das fast dasselbe ist wie das erste, daß die Menschen in ihrer Handlungsweise, besonders bei großen Unternehmungen, die Zeiten in Betracht ziehen und sich danach richten müssen. Wer durch schlechte Wahl oder durch seine Natur nicht mit der Zeit übereinstimmt, in der er lebt, ist meistens unglücklich, sieht seine Unternehmungen scheitern und nimmt ein schlimmes Ende; umgekehrt

[1] Ein solches Ende nahm der – wäre er nicht in einem freien Staate geboren gewesen – ausgezeichnete Mann.

ist es bei denen der Fall, die mit der Zeit übereinstimmen. Sicher läßt sich aus den angeführten Worten des Geschichtschreibers schließen, daß Manlius, hätte er in den Zeiten des Marius und Sulla gelebt, wo Sittenverderbnis schon eingerissen war und wo er dem Staatskörper die Form seines Ehrgeizes geben konnte, dieselben Fortschritte gemacht und dieselben Erfolge gehabt haben würde wie Marius und Sulla und die anderen, die nach ihnen nach der Tyrannei strebten. Ebenso würden Sulla und Marius in den Zeiten des Manlius über den ersten Versuchen ihrer Unternehmung zugrunde gegangen sein.

Ein Mann kann wohl den Grund zur Sittenverderbnis einer Stadt legen, allein sein Leben reicht nicht hin, das Volk so zu verderben, daß er selbst die Früchte ernten könnte. Wäre dies aber auch mit der Länge der Zeit möglich, so würde es die Handlungsweise des Menschen nicht erlauben, der von Natur ungeduldig ist und die Befriedigung seiner Leidenschaften nicht lange hinausschieben kann. Auch täuscht sich der Mensch in den Dingen, die ihn selbst betreffen, und besonders in dem, was er sehnlich wünscht. So läßt er sich aus Ungeduld und Selbsttäuschung in Unternehmungen gegen die Zeit ein und nimmt ein unglückliches Ende.

Um daher die Herrschaft in einer Republik ergreifen und ihr schlechte Formen geben zu wollen, muß man die Maschine durch die Zeit verrückt und nach und nach von Generation zu Generation zur Unordnung geführt finden; ein Zustand, wohin sie notwendigerweise kommt, wenn sie nicht häufig durch gute Beispiele aufgefrischt und durch neue Gesetze zu ihrem Anfang zurückgeführt wird.

In einer verderbten Republik geboren, wäre Manlius also ein seltener ausgezeichneter Mann gewesen. Es müssen daher die Bürger, welche sich in Republiken in eine Unternehmung zugunsten der Freiheit oder zugunsten der Tyrannei einlassen, den Zustand der Republik in Betracht ziehen und hiervon auf die Schwierigkeit ihrer Unternehmung schließen. Denn es ist ebenso schwer und gefährlich, ein Volk, das in Sklaverei leben will, frei zu machen, aIs ein Volk, das Freiheit atmet, in Ketten zu legen.

Da ich aber oben gesagt habe, daß man bei seinen Handlungen die Zeiten erwägen und danach zu Werke gehen müsse, so will ich im folgenden Kapitel ausführlich hierüber sprechen.

9.

Wer immer glücklich sein will, muß mit den Zeiten wechseln.

Oft habe ich über die Ursachen des Glückes und Unglückes der Menschen nachgedacht und glaube sie darin gefunden zu haben, daß ihre Handlungsweise in ihre Zeit paßt oder nicht paßt. Die Menschen geben bei ihren Handlungen, die einen mit Ungestüm, die anderen mit Zögern und Vorsicht zu Werke. Nun wird zwar in beidem die gehörige Grenze überschritten, da man nicht auf dem rechten Wege bleiben kann, und so in beidem gefehlt. Allein der fehlt weniger und hat günstige Erfolge, dessen Art zu handeln in seine Zeit paßt. Immer und immer jedoch tut der Mensch nur das, wozu ihn seine Natur zwingt.

Jeder weiß, daß Fabius Maximus bedächtig und vorsichtig im völligen Widerspruch mit der römischen Kraft und Kühnheit Krieg führte; und sein Verfahren paßte in die Zeit. Hannibal war als Jüngling mit frischem Glücke nach Italien gezogen und hatte dreimal das römische Volk geschlagen. Die Republik, fast aller ihrer guten Soldaten beraubt und entmutigt, konnte kein günstigeres Geschick haben, als einen Feldherrn zu besitzen, der durch sein Zögern und seine Vorsicht den Feind im Schach hielt. Ebenso konnte Fabius in keine zu seiner Handlungsweise besser passende Zeit fallen, und daher kam es, daß er sich Ruhm erwarb. Daß aber Fabius seiner Natur zufolge, nicht aus freier Wahl, handelte, ersieht man daraus, daß, als Scipio, um den Krieg zu endigen, mit dem Heer nach Afrika übersetzen wollte, Fabius sich aus allen Kräften widersetzte, weil er sich nicht von seiner Denkungsart und Gewohnheit losmachen konnte. Wäre es auf ihn angekommen, Hannibal stünde noch in Italien; denn er begriff nicht, daß sich die Zeiten verändert hatten, und daß man also auch die Art, den Krieg zu führen, ändern mußte. Wäre daher Pabius König von Rom gewesen, so konnte der Krieg leicht unglücklich ausgehen, weil er mit seiner Art zu verfahren nicht zu wechseln gewußt hätte, je nachdem die Zeiten wechselten. Da er hingegen in einer Republik geboren wurde, wo es verschiedene Bürger und verschiedene Charaktere gab, so hatte die Republik, wie sie einen Fabius hatte, der in der passenden Zeit zur Unterhaltung des Krieges vorzüglich war, später einen Scipio, den Krieg zur rechten Zeit siegreich zu endigen.

Dies letztere ist der Grund, warum eine Republik eine längere Dauer und länger gutes Glück hat als ein Königreich. Sie kann sich wegen der Verschiedenheit ihrer Bürger besser in die verschiedenen Zeiten schicken als ein Fürst. Ein Mann hingegen, der an eine Art zu handeln gewöhnt ist, ändert sich niemals und muß, wenn die wechselnde Zeit seiner Art zu handeln widerstrebt, notwendig untergehen.

Piero Soderini verfuhr in allem, was er tat, mit Humanität und Langmut. Er machte sein Vaterland glücklich, solange die Zeiten seiner Handlungsweise gemäß waren; als aber später Zeiten kamen, die erforderten, der Geduld und Humanität ein Ende zu machen, wußte er es nicht zu tun und erlitt samt seinem Vaterland Schiffbruch. Papst Julius II. verfuhr während der ganzen Dauer seines Pontifikates mit Ungestüm und Heftigkeit; und weil ihn die Zeiten unterstützten, gelangen ihm alle seine Unternehmungen. Kamen aber andere Zeiten, die andere Handlungsweise erforderten, so mußte er notwendig stürzen; denn er hätte weder seine Denkungsart noch Handlungsweise geändert.

Zwei Dinge sind die Ursache, daß wir uns nicht ändern können. Erstens können wir uns dem nicht widersetzen, wozu sich unsere Natur hinneigt. Zweitens ist es unmöglich, einen Mann, dem durch eine Art zu verfahren viel geglückt ist, zu überzeugen, er könne gut daran tun, anders zu verfahren. Daher kommt es, daß das Glück eines Mannes wechselt; denn die Zeiten wechseln, er aber wechselt nicht sein Verfahren. Auch der Untergang der Städte entsteht aus dieser Ursache, weil die Institutionen der Republiken nicht mit den Zeiten geändert werden (wie wir oben ausführlich besprochen haben). Gewöhnlich kommen sie zu spät und zögern zu lange mit diesen Veränderungen; denn nur die Macht der Ereignisse, die die ganze Maschine erschüttert, kann sie dazu vermögen; ein einzelner Mann, dessen Scharfblick die Notwendigkeit anders zu handeln erkennt, reicht dazu nicht hin.

Da ich aber Fabius Maximus erwähnt habe, der Hannibal im Schach hielt, so will ich bei diesem Anlaß im folgenden Kapitel untersuchen, ob ein Feldherr, der seinem Gegner durchaus eine Schlacht liefern will, von diesem daran verhindert werden kann.

10.

Daß ein Feldherr der Schlacht nicht ausweichen kann, wenn der Gegner durchaus schlagen will.

Cneus Sulpicius Dictator, adversus Gallos bellum trahebat, nolens se fortunae committere adversus hostem, quem tempus deteriorem in dies, et locus alienus, faceret[1].

Wenn ein Irrtum besteht, in welchem alle Menschen oder der größere Teil befangen sind, so ist es sicher nichts Übles, ihn öfter zu widerlegen. Obgleich ich daher schon mehreremal gezeigt habe, wie sehr wir in der Behandlung der großen und wichtigen Dinge von den Alten abweichen, so scheint es mir doch nicht überflüssig, dies auch bei dieser Gelegenheit zu zeigen.

Weicht man in irgend etwas von den Alten ab, so ist dies gewiß in der Kriegführung der Fall, wo nichts mehr von alledem beobachtet wird, worauf die Alten so großen Wert legten. Der Grund dieses Übelstandes liegt darin, daß die Republiken und Fürsten diese Sorge anderen übertragen und, um die damit verbundene Gefahr zu meiden, sich ganz vom Kriege losgesagt haben. Sieht man auch manchmal in unseren Tagen einen König in Person zu Felde ziehen, so darf man deshalb nicht glauben,

[1] Der Diktator Cn. Sulpicius zog den Krieg gegen die Gallier in die Länge, da er sich dem Glücke gegen einen Feind nicht überlassen wollte, den die Zeit und der ungünstige Ort von Tag zu Tag schwächte.

der Krieg werde dadurch auf eine bessere, lobenswertere Art geführt. Sein Beweggrund ist dann, Pomp und Pracht zu zeigen, nicht aber irgend etwas anderes, das Lob verdiente. Doch machen die Könige keine so großen Fehler, da sie doch manchmal selbst ihre Heere, die Musterung passieren lassen und dem Titel nach Feldherren sind, was die Republiken und besonders die italienischen nicht tun, die sich auf andere verlassen und gar nichts von allem verstehen, was zum Kriege gehört, während sie doch, um als Fürst zu erscheinen, raten und leiten wollen und hierbei tausend Fehler machen. Einige davon habe ich schon anderwärts mitgeteilt, einen der bedeutendsten will ich jetzt nicht verschweigen.

Wenn solche Müßiggänger von Fürsten oder solche weibische Republiken einen Feldherrn aussenden, glauben sie ihm keine weisere Instruktion geben zu können, als daß er sich auf keine Schlacht einlassen, ja daß er sich vor allen Dingen vor dem Kampfe hüten soll. Sie glauben hierin die Klugheit des Fabius Maximus, der durch Aufschub des Kampfes Rom rettete, nachzuahmen und sehen nicht ein, daß eine solche Instruktion in den meisten Fällen ein Unsinn oder schädlich ist; denn ein Heerführer, der sich im Felde halten will, kann nie die Schlacht vermeiden, wenn sein Gegner auf jede Weise schlagen will. Eine solche Instruktion heißt also nichts anderes als: liefere die Schlacht, wenn's dem Feinde vorteilhaft ist, nicht dir.

Um im Feld zu bleiben und keine Schlacht zu liefern, gibt es nur ein sicheres Mittel, nämlich sich wenigstens fünfzig Meilen vom Feinde entfernt aufzustellen und gute Späher zu haben, damit man sogleich, wie er sich nähert, wieder weitereilen kann. Ein anderes Mittel, der Schlacht auszuweichen, ist, sich in eine Festung einzuschließen, und beide Mittel sind durchaus verderblich. Im ersten Falle läßt man sein Land dem Feinde zur Beute, und jeder tapfere Fürst wird eher in der Schlacht das Kriegsglück versuchen wollen, als den Krieg zu so großem Schaden seiner Untertanen in die Länge ziehen. Im zweiten Falle ist der unglückliche Ausgang des Krieges vorauszusehen; denn mit einem ganzen Heere in einer Festung eingeschlossen und belagert, mußt du bald Hunger leiden und dich ergeben.

Durch diese beiden Mittel der Schlacht ausweichen ist also durchaus verderblich.

Dies Verfahren des Fabius Maximus, sich immer in festen Stellungen zu halten, ist gut, wenn dein Heer so tapfer ist, daß der Feind dich in deiner vorteilhaften Position nicht anzugreifen wagen kann. Man kann eigentlich nicht sagen, Fabius habe die Schlacht vermieden, er wollte sie vielmehr zu seinem Vorteil liefern. Wäre Hannibal gegen ihn gerückt, so hätte er ihn erwartet und ihm eine Schlacht geliefert; allein Hannibal wagte niemals zu kämpfen, wo und wie Fabius wollte. Man kann also sagen, sowohl Hannibal als Fabias haben die Schlacht vermieden; hätte hingegen einer von beiden auf jede Weise schlagen wollen, so hatte der andere nur drei Mittel dagegen, nämlich die beiden angeführten oder die Flucht. Daß das, was ich sage, wahr sei, ersieht man auf das deutlichste aus vielen Beispielen und besonders aus dem Kriege der Römer gegen Philipp von Macedonien, den Vater des Perseus.

Philipp, von den Römern angegriffen, beschloß die Schlacht zu vermeiden und wollte anfänglich das Beispiel des Fabius Maximus nachahmen, indem er sich mit dem Heere auf der Kuppe eines Berges festsetzte, sich daselbst verschanzte und nun fest glaubte, die Römer würden ihn nicht anzugreifen wagen. Sie kamen aber doch, bekämpften ihn und vertrieben ihn von seinem Berge, und er mußte, unfähig zu widerstehen, mit dem größten Teile seiner Leute in der Flucht sein Heil suchen. Nur die Schwierigkeit des Terrains und die Unebenheit des Landes, welche die Römer am Verfolgen hinderte, rettete sein Heer vor der gänzlichen Aufreibung. Da also Philipp nicht schlagen wollte, in der Nähe der Römer gelagert fliehen mußte und aus dieser Erfahrung gelernt hatte, daß zur Vermeidung des Kampfes auf den Bergen zu stehen nicht hinreichte, er sich aber auch nicht in die Festungen einschließen wollte, so beschloß er, das dritte Mittel zu wählen, das heißt sich viele Meilen weit vom römischen Lager fernzuhalten. Waren daher die Römer in einem Teile seiner Staaten, so zog er in einen anderen und ging so immer dorthin, von wo die Römer abzogen. Als er aber am Ende sah, daß durch die Verlängerung des Krieges auf diesem

Wege seine Lage nur schlimmer wurde und daß seine Untertanen bald von ihm selbst, bald vom Feinde bedrückt wurden, beschloß er, das Kriegsglück zu versuchen und lieferte den Römern eine richtige Schlacht.

Es ist also nützlich, nicht zu kämpfen, wenn sich bei den Heeren dieselben Bedingungen finden wie bei dem Heere des Fabius und des Cneus Sulpicius, das heißt wenn du ein so gutes Heer hast, daß dich der Feind nicht in deinen Verschanzungen anzugreifen wagt, und wenn der Feind, ohne viel Fuß gefaßt zu haben, in deinem Lande sieht und deshalb an Lebensmitteln Not leidet. In diesem Falle ist die Maßregel aus folgenden von Livius angegebenen Gründen nützlich: *Nolens se fortunae committere adversus hostem, quem tempus deteriorem in dies, et locus alienus, faceret.* In jeder anderen Lage läßt sich die Schlacht nur mit Unehre und Gefahr vermeiden. Die Flucht ergreifen wie Philipp ist so gut als geschlagen werden, und die Schande ist um so größer, je weniger man Tapferkeit gezeigt hat. Wenn es ferner ihm gelang, sich zu retten, so wird es deshalb doch niemals einem anderen gelingen, der nicht wie er durch die Beschaffenheit des Landes begünstigt ist.

Nie wird sich jemand einfallen lassen, Hannibal die Meisterschaft in der Kriegführung abzusprechen. Hätte er, als ihm in Afrika Scipio gegenüberstand, darin Vorteil gefunden, daß er den Krieg in die Länge zog, so würde er es sicher getan haben. Als guter Feldherr würde er es mit einem guten Heere vielleicht wie Fabius in Italien gekonnt haben; da er es aber nicht tat, so muß man wohl glauben, daß er wichtige Gründe hatte, nicht so zu handeln. In der Tat ist ein Fürst, der ein Heer zusammengebracht hat, das er offenbar aus Mangel an Geld oder Verbündeten nicht lange beisammenhalten kann, völlig blödsinnig, wenn er nicht vorher das Glück versucht, ehe sein Heer auseinanderläuft; denn wartet er, so verliert er sicherlich, versucht er dagegen sein Glück, so kann er vielleicht den Sieg davontragen. Eine zweite Sache kommt hier noch sehr in Betracht, nämlich daß man auch unterliegend soll Ruhm erwerben wollen und daß es rühmlicher ist, durch die Waffen besiegt zu werden als durch einen anderen Übelstand den Krieg zu verlieren. So mußte also

Hannibal durch die angeführte Notwendigkeit gezwungen sein, gerade so zu handeln, wie er handelte. Hätte aber auf der anderen Seite auch Hannibal die Schlacht hinausschieben können, und hätte Scipio auch nicht Mut genug gehabt, ihn in festen Stellungen anzugreifen, so litt darunter der römische Feldherr doch nichts, da er schon den König Syfax geschlagen und soviel afrikanische Städte erobert hatte, daß er in Afrika sicher und im Überfluß wie in Italien bleiben konnte. Dies letztere war nicht bei Hannibal der Fall, als er Fabius gegenüberstand, noch bei den Galliern, die Sulpicius gegen sich hatten.

Viel weniger kann man im Angriffskrieg die Schlacht vermeiden. Will man in das Land des Feindes eindringen, so muß man sich wohl mit ihm schlagen, wenn er sich widersetzt; und belagert man eine Festung, so ist man noch mehr zur Schlacht genötigt. So wurde in unserer Zeit Herzog Karl von Burgund, der Murten, eine schweizerische Stadt, belagerte, von den Schweizern angegriffen und geschlagen; und ebenso wurde das französische Heer, das vor Novara lag, von den Schweizern besiegt.

11.

Wer mit mehreren Gegnern zu kämpfen hat, wird, obgleich schwächer, siegen, wenn er nur die ersten Angriffe aushalten kann.

Die Macht der Volkstribunen war groß und notwendig, wie wir mehrere Male erörtert haben; denn anders hätte sich dem Ehrgeiz des Adels kein Zügel anlegen lassen, und dieser Ehrgeiz würde die Republik viel früher verdorben haben, als es wirklich geschah. Wie ich jedoch schon früher gesagt habe, liegt in jeder Sache irgendein eigentümliches Übel verborgen, aus dem unerwartete Ereignisse entstehen, so daß es nötig ist, dagegen durch neue Einrichtungen Vorkehrungen zu treffen. So wurden auch die Tribunen übermütig und dem Adel und ganz Rom furchtbar. Es würde daraus irgendein der römischen Freiheit schädlicher Übelstand entsprungen sein, wenn Appius Claudius nicht die Art gezeigt hätte, wie man sich gegen den Ehrgeiz der

Tribunen zu verteidigen habe. Man fand nämlich immer einen unter ihnen, der entweder furchtsam oder bestechbar oder ein Freund des allgemeinen Wohles war, und wußte diesen so zu stimmen, daß er sich den anderen Tribunen widersetzte, die irgend einen Beschluß gegen den Willen des Senate durchsetzen wollten. Dies Mittel mäßigte eine so große Autorität sehr und war für Rom lange Zeit von Nutzen.

Diese Sache hat mich auf die Betrachtung geleitet, daß jedesmal, wenn viele Mächte gegen eine Macht verbündet und sie alle zusammen auch mächtiger sind als diese, man doch mehr von der einen und weniger starken erwarten müsse als von den vielen, obgleich sie sehr stark sind. Um von allen den Dingen, bei denen ein allein Handelnder im Vorteil ist, und diese Dinge sind unzählig, gar nicht zu sprechen, wird er immer mit ein wenig Geschicklichkeit die vielen entzweien und sie so, die in ihrer Gesamtheit stark waren, schwach machen können. Ich will hier keine alten Beispiele, wovon es eine Menge gibt, anführen, es sollen mir die neueren aus unserer Zeit genügen.

Ganz Italien verbündete sich im Jahre 1484 gegen die Venetianer, die den Krieg völlig verloren und kein Heer mehr ins Feld zu stellen vermochten. Sie bestachen jetzt den Herzog von Mailand, Ludwig Sforza, und erhielten dadurch einen so günstigen Friedensschluß, daß sie nicht nur ihre verlorenen Städte zurückerhielten, sondern noch einen Teil des Staates Ferrara an sich rissen. So wurden sie im Krieg besiegt und wurden Sieger durch den Frieden.

Vor wenigen Jahren verbündete sich die ganze Welt gegen Frankreich. Ehe man aber das Ende des Krieges sah, lehnte sich Spanien gegen die übrigen Verbündeten auf, schloß einen besonderen Frieden, und so wurden die anderen gezwungen, bald darauf auch ihrerseits Frieden zu schließen.

Wenn daher von vielen einem der Krieg erklärt wird, so muß man ohne Zweifel stets urteilen, daß der eine die Oberhand erhalten wird, wenn er soviel Tapferkeit besitzt, daß er die ersten Angriffe aushalten und Zeit gewinnend Zeit und Gelegenheit abwarten kann. Ist dies freilich nicht so, dann ist er tausend Gefahren ausgesetzt, wie die Venetianer im Jahre 1508.

Hätten diese dem französischen Heer gegenüber Zeit gewinnen können und Zeit gehabt, einen der Fürsten zu gewinnen, die sich in Cambrai gegen sie verbündet hatten, so würden sie jenem Zusammenbruch entgangen sein. Da hingegen ihr Heer nicht tapfer genug war, den Feind hinzuhalten, und sie deshalb keine Zeit hatten, einen der Fürsten von der Liga zu trennen, so verloren sie den Krieg[1]. Wirklich sah man auch, daß der Papst, nachdem er die ihm gehörenden Staaten wieder hatte, mit ihnen Freundschaft schloß, und ebenso Spanien[2]; sehr gerne aber würden beide Fürsten, wenn sie gekonnt hätten, ihnen die Lombardei gegen Frankreich erhalten haben, damit dieses in Italien nicht so mächtig geworden wäre. Die Venetianer konnten daher ein Glied aufopfern, um den Körper zu retten; allein diese Maßregel, die sehr weise gewesen wäre, wäre sie früh genug ergriffen worden, um nicht als gezwungen zu erscheinen, das heißt ehe sich die Terra ferma empörte, war jetzt schimpflich und durch die Umstände von wenig Nutzen. Aber vor dem Ausbruch der Empörung konnten wenige Bürger Venedigs die Gefahr erkennen, sehr wenige die Abhilfe sehen und keiner dazu raten.

Um aber wieder zum Anfang des Kapitels zurückzukehren, ziehe ich den Schluß: daß, wie der römische Senat zum Heile des Vaterlandes gegen den Ehrgeiz der Tribunen dadurch ein Mittel fand, daß es viele waren, ebenso ein Fürst, der von vielen Gegnern angegriffen wird, jedesmal ein Mittel finden wird, wenn er mit Klugheit die rechten Maßregeln zu ihrer Entzweiung zu ergreifen versteht.

---

[1] Die Liga von Cambrai wurde 1508 gegen Venedig geschlossen. Am 14. Mai 1509 wurden die Venetianer bei Ghiaradadda geschlagen und verloren Cremona, Bergamo, Brescia, Verona, Vicenza und Padua.

[2] Der Papst 1510, Spanien 1511.

12.

Daß ein geschickter Feldherr seine Soldaten auf jede Weise in die Notwendigkeit zu kämpfen versetzen, für die Feinde aber diese Notwendigkeit beseitigen soll.

Wir haben schon anderwärts gesagt, wie nützlich der Zwang der Not den menschlichen Handlungen ist, zu welchem Ruhme er sie geführt hat, und daß man in den Werken einiger Philosophen über den menschlichen Geist findet, der Mensch würde durch seine Hände und durch seine Zunge, diese zwei edelsten Werkzeuge zu seiner Verherrlichung, nichts so Vollkommenes hervorgebracht noch in seinen Werken eine solche Erhabenheit erreicht haben, wenn er nicht durch die Not angetrieben worden wäre.

Die alten Feldherren kannten die Macht der Notwendigkeit wohl, sie wußten, welche Hartnäckigkeit im Kampfe sie dem Gemüte des Soldaten einflößt, und taten alles, daß ihre Soldaten in diese Notwendigkeit versetzt wurden. Auf der anderen Seite bemühten sie sich auf jede Weise, die Feinde davon zu befreien. Sie öffneten zu diesem Zwecke häufig dem Feinde einen Ausgang, den sie ihm verschließen konnten, und verschlossen ihren eigenen Soldaten eine Pforte, die sie offen halten konnten.

Will man daher, daß sich eine Festung hartnäckig verteidigt oder daß ein Heer hartnäckig im Felde kämpft, so muß man sich vor allem bestreben, die Kämpfer in eine solche Notwendigkeit zu versetzen. Ebenso muß ein kluger Feldherr, der eine Stadt einzunehmen hat, die Leichtigkeit oder Schwierigkeit seiner Unternehmung nach der Notwendigkeit bemessen, welche die Einwohner zur Verteidigung zwingt. Findet er diese Notwendigkeit dringend, so halte er die Einnahme für schwer; wo nicht, so halte er sie für leicht. Daß Städte nach einer Empörung schwerer zu erobern sind als das erstemal, hat denselben Grund. Das erstemal hatten sie keine Ursache, Strafe zu fürchten, weil sie nicht beleidigt hatten, und ergaben sich leicht; haben sie sich aber später gegen den Sieger empört, so glauben sie ihn beleidigt zu haben, fürchten die Strafe und sind viel schwerer einzunehmen.

Eine solche Hartnäckigkeit entsteht auch bei benachbarten Fürsten und Republiken aus einem natürlichen Hasse, der in der Herrschsucht und Eifersucht auf ihre Unabhängigkeit seinen Grund hat; besonders ist dies bei benachbarten Republiken der Fall, wie in Toskana. Dieser Wettstreit und dieses Entgegenstreben hat von jeher die Eroberung der einen durch die andere schwierig gemacht. Wer daher die Nachbarn der Florentiner und die Venedigs gehörig betrachtet, wird sich nicht wundern, wie es viele tun, daß Florenz größere Summen im Kriege aufgewendet und doch weniger erobert hat als Venedig. Alles kommt daher, daß die Nachbarstädte Venedigs sich nicht so hartnäckig verteidigten als die der Republik Florenz, weil sie alle unter einem Fürsten und nicht frei zu leben gewohnt waren. Wer aber zu dienen gewöhnt ist, kümmert sich wenig darum, ob er den Herrn wechselt, ja er wünscht es oft. So konnte Venedig seine Nachbarn, obgleich sie mächtiger waren als die Nachbarn von Florenz, bälder besiegen als dieses, das von freien Städten umgeben war, die seinigen.

Wenn also, um wieder auf das vorhin Gesagte zurückzukommen, ein Feldherr eine Stadt angreifen will, so muß er sich auf alle Weise bestreben, sie der Notwendigkeit der Verteidigung zu entheben und hierdurch die Hartnäckigkeit der Verteidigung zu vermeiden. Fürchtet sie Strafe, so verspreche er Verzeihung, fürchtet sie für ihre Freiheit, so sage er, der Krieg sei nicht gegen das allgemeine Wohl gerichtet, sondern werde nur gegen einige Ehrgeizige der Stadt geführt. Dies hat häufig eine Unternehmung und die Einnahme der Städte erleichtert. Obgleich solche Vorwände, besonders von klugen Männern, leicht durchschaut werden, so wurden die Völker doch häufig dadurch getäuscht, da sie, nach augenblicklichem Frieden begierig, die Augen für jede Schlinge verschließen, die unter den großen Versprechungen gelegt ist. Auf diesem Wege wurden eine Menge Städte dienstbar, worunter Florenz in den neuesten Zeiten. Ebenso erging es Crassus und seinem Heere. Obschon er die Trüglichkeit der Versprechungen der Parther durchschaute, die nur zum Zwecke hatten, seine Soldaten glauben zu machen, daß sie nicht durch die Not zur Verteidigung gezwungen seien, so konnte er es doch nicht dahin bringen, sie hartnäckig zu erhalten, da sie durch die Friedensanträge der Feinde zu sehr verblendet waren; man findet dies ausführlich im Leben des Crassus.

Als die Samniter, den Bedingungen des Vertrages zuwider, durch den Ehrgeiz einiger weniger Männer angestiftet, das Gebiet römischer Bundesgenossen angegriffen und beraubt hatten, hierauf aber Gesandte nach Rom schickten, um Frieden zu bitten, mit dem Anerbieten, die Beute zurückzugeben und die Urheber der Unordnung auszuliefern, wurden sie von den Römern zurückgewiesen. Als nun die Gesandten ohne Hoffnung eines Ausgleichs nach Samnium zurückgekehrt waren, hielt Clundius Pontius, der damalige Feldherr des samnitischen Heeres, eine merkwürdige Rede, worin er ihnen zeigte, daß Rom durchaus Krieg wolle, und obgleich sie Frieden wünschten, so zwinge sie doch die Notwendigkeit zum Kriege, und: *Justum est bellum, quibus necessarium, et pia arma, quibus nisi in armis spes est*[1]; und auf diese Notwendigkeit gründete er mit seinen Soldaten die Hoffnung des Sieges.

Um nicht mehreremal auf diesen Gegenstand zurückkommen zu müssen, will ich hier auch die merkwürdigsten römischen Beispiele anführen. Cajus Manilius stand mit einem Heere den Vejentern gegenüber. Als nun ein Teil des vejentischen Heeres innerhalb der Palisaden des Manilius eingedrungen war, eilte dieser, der sich gerade mit einer Truppenabteilung auswärts befand, zu Hilfe und besetzte, damit die Vejenter nicht entfliehen könnten, alle Ausgänge des Lagers. Die Vejenter aber, die sich eingeschlossen sahen, fochten jetzt mit so verzweifelter Wut, daß sie Manilius töteten und alle übrigen Römer niedergehauen haben würden, wenn ihnen nicht durch die Klugheit eines Tribunen ein Weg zum Rückzug geöffnet worden wäre. Man sieht hieraus, daß die Vejenter, solange sie die Not zum Kampfe zwang, auf das tapferste fochten, daß sie aber, als sich der Weg offen zeigte, mehr auf die Flucht als auf den Kampf bedacht waren.

[1] Die führen einen gerechten Krieg, die einen notwendigen Krieg führen, und fromm sind die Waffen, wo die Hoffnung nur auf den Waffen beruht.

Zwei volskische und äquische Heere hatten die römische Grenze überschritten. Beide Konsuln wurden gegen sie ausgesandt. Im Verlauf der Schlacht befand sich das Heer der Volsker, das von Vettius Messius geführt wurde, plötzlich zwischen seinem Lager, das die Römer weggenommen hatten, und dem zweiten römischen Heere eingeschlossen. Messius sah, daß ihm nur die Wahl blieb zwischen Tod oder dem Entschluß, sich mit dem Schwerte einen Weg zu bahnen, und sprach zu seinen Soldaten: *Ite mecum, non murus, nec vallum, sed armati armatis obstant; virtute pares, necessitate, quae ultimum ac maximam telum est, superiores estis*[2]. So nennt Livius die Notwendigkeit: *ultimum ac maximum telum.*

Als Camillus, der klügste aller römischen Feldherren, mit seinem Heere schon innerhalb der Stadt Veji war und, um sich ihrer leichter vollends zu bemächtigen, den Feinden die Notwendigkeit, sich bis aufs äußerste zu verteidigen, entziehen wollte, ließ er auf eine Weise Befehl geben, daß es alle Vejenter hören konnten, niemand solle diejenigen verletzen, die die Waffen niedergelegt hätten. Alles warf die Waffen von sich, und die Stadt wurde fast ohne Blutvergießen genommen. Diese Maßregel wurde später von vielen Feldherren nachgeahmt.

13.

Auf wen man mehr bauen könne, auf einen guten Feldherrn mit einem schlechten Heer oder auf ein gutes Heer mit einem schlechten Feldherrn.

Nachdem Coriolan aus Rom verbannt war, begab er sich zu den Volskern, warb daselbst ein Heer, um sich an seinen Mitbürgern zu rächen, und zog vor Rom, von wo er mehr aus kindlicher Pietät gegen seine Mutter wieder abzog, als daß ihn die römischen Streitkräfte dazu gezwungen hätten.

[2] Folgt mir nach, keine Mauer, kein Wall, sondern Bewaffnete stehen Bewaffneten entgegen; an Tapferkeit seid ihr ihnen gleich, durch die Not, die letzte stärkste Waffe, überlegen.

Livius sagt, man ersehe hieraus, daß die römische Republik mehr durch das Verdienst ihrer Feldherren als ihrer Soldaten angewachsen sei, indem die Volsker früher immer geschlagen worden wären und nur so lange siegten, als Coriolan an ihrer Spitze stand. Obgleich aber Livius hier diese Meinung äußert, ersieht man doch aus vielen Stellen seiner Geschichte, daß die Soldaten ohne Feldherren Wunder der Tapferkeit taten, daß sie besser geordnet blieben und größeren Mut zeigten, nachdem die Konsuln gefallen waren, als vorher. So konnte zum Beispiel das unter den Scipionen nach Spanien geschickte Heer, nachdem beide Feldherren gefallen, durch seine eigene Tapferkeit nicht nur sich retten, sondern auch den Feind besiegen und jenes Land der Republik erhalten.

Wenn man daher alles genau untersucht, so wird man viele Beispiele finden, wo die Tapferkeit der Soldaten allein die Schlacht gewann, und viele andere, wo die Tapferkeit der Feldherren allein dasselbe getan; so daß man schließen kann, der Feldherr bedürfe so sehr des Heeres als das Heer des Feldherrn.

Wohl aber kann man erstlich in Erwägung ziehen, was man mehr zu fürchten habe, ein gutes Heer mit einem schlechten Feldherrn oder einen guten Feldherrn mit einem schlechten Heere. Dem Ausspruch Cäsars zufolge braucht man weder das eine noch das andere hoch anzuschlagen. Als er nämlich in Spanien gegen Afranius und Petrejus zog, die ein gutes Heer hatten, sagte er, er achte sie gering: *Quia ibat ad exercitum sine duce*[1)], wodurch er die Unfähigkeit der Feldherren anzeigen wollte. Als er hingegen in Thessalien gegen Pompejus zog, sprach er: *Vado ad ducem sine exercitu*[2)].

Eine zweite Sache läßt sich in Betrachtung ziehen: ob es einem guten Feldherrn leichter ist, ein gutes Heer zu bilden, oder einem guten Heere, einen guten Feldherrn zu bilden. Auf den ersten Anblick scheint diese Frage schon entschieden; denn viele werden leichter einen finden oder so unterrichten, daß er gut wird, als einer viele. Als Lucullus gegen Mithridates abgeschickt wurde, war er im Kriege ganz unerfahren; dennoch

1) Denn er gehe gegen ein Heer ohne Feldherrn.

2) Ich gehe gegen einen Feldherrn ohne Heer.

machte ihn das gute Heer, das viele sehr gute Offiziere besaß, bald zum guten Feldherrn. Jedoch bewaffneten auch die Römer, als sie einst Mangel an Bürgern hatten, eine Menge Sklaven und übergaben sie zur Einübung dem Sempronius Gracchus, der aus ihnen in kurzer Zeit ein gutes Heer bildete. Nachdem ferner Pelopidas und Epaminondas, wie wir anderwärts gesagt haben, Theben von den Fesseln der Spartaner befreit hatten, bildeten sie in kurzer Zeit aus den Bauern Böotiens die besten Soldaten, welche dem spartanischen Heere nicht allein widerstehen, sondern es besiegen konnten. So steht die Sache gleich, weil ein Guter den andern finden kann.

Jedoch pflegt ein gutes Heer ohne ein gutes Haupt übermütig und gefährlich zu werden, wie das macedonische Heer nach dem Tode Alexanders und die Veteranen in den Bürgerkriegen. Ich glaube daher, daß man sich weit mehr auf einen Feldherrn verlassen könne, der Zeit und Mittel hat, Soldaten auszuheben und einzuüben, als auf ein übermütiges Heer mit einem aufrührerisch von ihm selbst ernannten Haupte. Jene Feldherren verdienen daher doppelten Ruhm, die nicht allein den Feind bekämpfen, sondern erst ein gutes Heer bilden mußten. In ihnen zeigt sich doppeltes und so seltenes Verdienst, daß viele Fürsten und Feldherren, wenn sie diese schwierige Aufgabe zu lösen gehabt hätten, nicht würden so hoch geachtet werden, noch in so großem Rufe stünden, als dies jetzt der Fall ist.

14.

Welche Wirkung neue Erfindungen hervorbringen, die mitten im Kampfe zum Vorschein kommen, oder neue Stimmen, die gehört werden.

Welchen entscheidenden Einfluß auf den Gang der Gefechte und Schlachten ein unerwarteter Vorgang habe, der plötzlich gesehen oder gehört wird, zeigte sich bei vielen Gelegenheiten und besonders in einer Schlacht zwischen den Römern und Volskern, wo Quintius dem einen wankenden Flügel seines Heeres mit lauter Stimme zurief, er solle standhalten, denn der andere Flügel habe gesiegt. Durch diese Worte ermutigte er die Seinigen, entmutigte den Feind und gewann die Schlacht. Wenn aber solche Ausrufungen auf ein wohlgeordnetes Heer schon große Wirkung hervorbringen, so sind sie für ein ordnungsloses, ungeregeltes Heer entscheidend; es wird dadurch wie vom Winde dahingeweht.

Die Stadt Perugia war vor wenigen Jahren in zwei Parteien, die Oddi und Baglioni, gespalten, wovon die letzteren regierten, die anderen verbannt waren. Die Oddi hatten mit Hilfe ihrer Freunde ein Heer zusammengebracht, sich in eine Festung in der Nähe Perugias geworfen und drangen, von ihrer Partei begünstigt, bei Nacht in die Stadt ein, was ihnen auch, ohne entdeckt zu werden, gelang. Sie rückten jetzt gegen den Hauptplatz der Stadt vor, und da die Straßen Perugias durch an allen Straßenecken angebrachte Ketten gesperrt sind, so ging den Truppen der Oddi ein Mann voraus, der mit einem eisenbeschlagenen Streitkolben die Schlösser der Ketten entzweischlug, damit die Pferde durch konnten. Sie waren schon bis zur letzten Kette gekommen, die den Eingang auf den Hauptplatz sperrte, als sich in der Stadt das Geschrei: zu den Waffen! erhob. Das Gedränge nach dem Platze zu war jetzt so groß, daß der Mann mit dem Streitkolben die Arme nicht erheben konnte, um die letzte Kette zu zerschlagen, und deshalb den hinter ihm Stehenden zurief: „zurück!“ Dieser Ruf „zurück“ ging nun von Mund zu Mund, so daß die letzten und dann auch die anderen mit solchem Ungestüm flohen, daß sie ihre eigenen Leute auseinandersprengten und so der Plan der Oddi durch einen so unbedeutenden Vorfall mißlang.

Man kann hieraus ersehen, daß man nicht sowohl darum ein Heer in Reihe und Glied aufstellt, um in Ordnung fechten zu können, sondern damit es nicht durch den geringsten Zufall in Verwirrung gerät. Eine Volksmenge ist aus keinem anderen Grunde zum Kampfe untauglich, als weil sie jedes Gerücht, jeder Ausruf, jedes Geräusch erschreckt und zur Flucht bringt. Ein guter Feldherr muß daher unter anderen Befehlen bestimmen, wer ihm seine Kommandos abzunehmen und weiterzugehen hat. Er muß seine Soldaten daran gewöhnen, daß sie nur seinen dazu bestimmten Offizieren glauben, und diese dürfen nichts anderes sagen, als was er ihnen aufgetragen hat. Man hat häufig gesehen, daß die Nichtbeobachtung dieser Regel die größten Unordnungen veranlaßte.

Was unerwartete Erscheinungen betrifft, soll sich jeder Feldherr bestreben, während die Heere im Kampfe begriffen sind, eine solche Erscheinung hervorzubringen, die den Seinigen Mut einflößt und die Feinde entmutigt. Unter den besonderen Vorfällen, die den Sieg geben, ist dieser einer der wirksamsten. Zum Beweise läßt sich der römische Diktator Cajus Sulpicius anführen, der in einer Schlacht mit den Galliern seinen ganzen Troß und alle Packknechte bewaffnete, sie auf Maultiere und andere Lasttiere setzte, ihnen Waffen und Standarten gab, daß sie wie Reiterei aussahen, und sie so hinter einen Hügel stellte mit dem Befehl, auf ein gegebenes Zeichen, wann die Schlacht am heißesten sein würde, vorzurücken und sich dem Feinde zu zeigen. Dies geschah und jagte den Galliern einen solchen Schrecken ein, daß sie die Schlacht verloren.

Ein guter Feldherr muß daher zweierlei tun, erstens den Feind durch solche neue Erfindungen zu entmutigen suchen, zweitens vorbereitet sein, daß er die Erfindungen des Feindes entdecken und zunichte machen kann, wie es der König von Indien Semiramis gegenüber tat. Da diese Königin sah, daß ihr Gegner eine große Anzahl Elefanten hatte, so suchte sie ihn zu entmutigen und sich den Schein zu geben, als habe sie gleichfalls eine große Anzahl dieser Tiere; zu welchem Zwecke sie vielen Kamelen durch Ochsenhäute eine elefantenähnliche Gestalt geben ließ, und sie so vor ihr Heer stellte. Als jedoch der König diese Täuschung gewahrte, ward ihr Plan nicht nur vereitelt, sondern hatte sogar schädliche Folgen für sie. Als der Diktator Mamercus den Fidenatern gegenüberstand, ordneten diese, um das römische Heer in Furcht zu setzen, an, daß während der Hitze des Kampfes eine Anzahl Soldaten mit Feuer auf den Lanzen aus Fidenä herausmarschieren sollte, damit die Römer, von der Neuheit der Sache überrascht, in Verwirrung gerieten. Hier ist zu bemerken, daß solche Erfindungen, wenn mehr Wirkliches als Scheinbares daran ist, wohl in der Nähe gezeigt werden können, da sie dann soviel Kraft haben, daß ihre Schwäche nicht sobald entdeckt wird. Sind sie hingegen mehr scheinbar als wirklich, so ist es gut, sich ihrer entweder gar nicht zu bedienen oder sie so weit entfernt zu halten, daß sie nicht sobald entdeckt werden können, wie C. Sulpicius mit seinen Troßknechten tat. Sind sie gar zu schwach, so erkennt man sie bei ihrer Annäherung sogleich, und sie bringen anstatt Vorteil Schaden, wie die nachgeahmten Elefanten der Semiramis und die Feuer der Fidenater. Zwar machten diese Feuer anfangs das Heer ein wenig stutzen; als jedoch der Diktator herbeikam und den Soldaten zurief, ob sie sich nicht schämten, vor dem Rauch zu fliehen wie die Bienen, sie sollten wieder Front machen und: *Suis flammis delete Fidenas, quas vestris beneficiis placare non potuistis*[1)], so wurde die Erfindung unnütz und die Fidenater verloren die Schlacht.

15.

Daß nur ein Mann, nicht viele, dem Heere vorgesetzt sein soll, und daß mehrere Feldherren schädlich sind.

Als sich die Fidenater empört und die nach Fidenä gesendete Kolonie getötet hatten, ernannten die Römer vier Tribunen mit konsularischer Gewalt, die diese Beleidigung rächen sollten. Einer davon blieb zur Bewachung Roms zurück; gegen die Fidenater und Vejenter wurden die drei übrigen geschickt, die durch ihre Uneinigkeit Schande, nicht Schaden davontrugen, weil sie die Ursache der Schande waren, die Verhütung des Schadens aber der Tapferkeit der Soldaten zu verdanken war. Als die Römer diese Unordnung sahen, nahmen sie zu der Ernennung eines Diktators ihre Zuflucht, damit einer wieder gutmachen solle, was drei verdorben hatten. Man sieht hieraus den Nachteil vieler Kommandierenden in einem Heere oder in einer Festung. Livius kann dies nicht klarer aussprechen als durch folgende Worte: *Tres Tribuni potestate Consulari documento fuere, quam plurium imperium bello inutile esset; tenden-*

[1)] Durch seine Flammen zerstört Fidenä, das ihr durch eure Wohltaten nicht versöhnen konntet.

do ad sua quisque consilia, eum alii aliud videretur, aperuerunt ad occasionem locum hosti[2].

Obgleich dies Beispiel schon zum Beweis hinreichen könnte, wie große Unordnung mehrere oberste Befehlshaber im Kriege verursachen, so will ich doch zu besserer Beleuchtung noch ein anderes neues und ein altes anführen. Als der König Ludwig XII. von Frankreich im Jahre 1500 Mailand wiedererobert hatte, schickte er seine Truppen vor Pisa, um diese Stadt für die Florentiner wieder einzunehmen. Von Florenz aus wurden Giovanbattista Ridolfi und Luca Albizzi, der Sohn Antonio Albizzis, als Kommissare zur Befehligung dieser Truppen abgesendet. Da nun Giovanbattista Ruf hatte und im Dienste älter war, so ließ ihn Luca alles nach Gutbefinden besorgen und setzte, wenn er auch seinen Ehrgeiz nicht durch Widerspruch zeigte, doch alles, was geschah, herab und spottete darüber, so daß er weder durch Rat noch Tat zur Belagerung etwas beitrug, als ob er ein ganz unbedeutender Mann gewesen wäre. Man sah jedoch bald hierauf gerade das Gegenteil, als Giovanbattista wegen eines Vorfalls nach Florenz zurückkehren mußte; denn jetzt zeigte Luca, wieviel Mut, Geschicklichkeit und Klugheit er besaß, was alles verloren war, solange er einen Kollegen gehabt hatte.

Ich will Livius noch einmal zur Bestätigung meines Satzes anführen. Als die Römer, so erzählt er, gegen die Aequer Cincinnatus und seinen Kollegen Agrippa abgesendet hatten, wollte Agrippa, daß Cincinnatus die Leitung des Krieges allein übernehmen solle, und sprach: *Saluberrimum in administratione magnarum rerum est, summam imperii apud unum esse*[3].

Dies widerspricht völlig dem Verfahren unserer heutigen Fürsten und Republiken, die, zu besserer Verwaltung, an denselben Ort mehr als einen Kommissar und mehr als ein Haupt schicken, was unberechenbare Verwirrung zur Folge hat.

[2] Die drei Tribunen mit Konsulargewalt gaben den Beweis, wie nachteilig es sei, den Oberbefehl im Krieg mehreren anzuvertrauen; indem jeder der Erreichung seiner Absichten nachstrebte, jeder etwas anderes für gut hielt, so eröffneten sie dem Feinde Gelegenheit.

[3] Bei der Leitung großer Dinge ist es am besten, wenn ein einziger den Oberbefehl führt.

Wenn man die Ursachen der Niederlagen der italienischen und französischen Heere in unserer Zeit gehörig aufsucht, so wird man finden, daß dies die mächtigste Ursache war. Es läßt sich mit Recht der Schluß ziehen, daß es besser ist, einen Mann von gewöhnlichem Verstande allein zu einer Unternehmung abzusenden, als zwei ganz vorzügliche Männer, die gleiche Gewalt haben.

16.

Wahres Verdienst sucht man nur in schwierigen Zeiten auf; in gewöhnlichen Zeiten hingegen werden nicht die verdienstvollen Männer begünstigt, sondern die, welche sich auf Reichtum oder Familienverbindungen stützen können.

Es war immer und wird immer so sein, daß die großen seltenen Männer in friedlichen Zeiten in den Republiken vernachlässigt werden. In solchen Zeiten gibt es viele Bürger, die sie wegen der Achtung, die sie sich durch ihre Tugend erworben haben, beneiden und nicht sowohl ihnen gleich als mehr sein wollen. Der griechische Geschichtschreiber Thukydides enthält hierüber eine treffende Stelle.

Als die Republik Athen Siegerin war im Peloponnesischen Kriege, den Stolz Spartas gebrochen und fast ganz Griechenland unterworfen hatte, stieg sie so hoch im Ansehen, daß sie Sicilien erobern wollte. Es kam in Athen zur Erörterung, ob man sich auf diese Unternehmung einlassen solle. Alkibiades und einige andere Bürger rieten dazu, da sie wenig an das allgemeine Wohl dachten, sondern ihre eigene Ehre im Auge hatten, indem sie den Oberbefehl in diesem Feldzug zu erhalten hofften. Nikias hingegen, der angesehenste Mann Athens, riet ab, und der triftigste Grund, wodurch er in seiner Rede dem Volke bewies, daß es ihm glauben könne, war der: daß er rate, was ihm nicht vorteilhaft sei; denn im Frieden, wisse er wohl, gebe es viele Bürger in Athen, die den Vorrang vor ihm haben wollten, im Kriege hingegen würde kein Bürger über ihm stehen oder ihm gleich sein.

Es herrscht also in den Republiken der Übelstand, daß die ausgezeichneten Männer in ruhigen Zeiten wenig geschätzt werden. Dies muß in zweierlei Hinsicht empören, einmal weil sie sich zurückgesetzt sehen, zweitens weil sie sehen müssen, daß man unwürdige, weniger brauchbare Leute ihnen gleichstellt und zu ihren Vorgesetzten macht. Den Republiken aber entsprang daraus viel Unheil, da jene Männer, dic sich unverdienterweise verschmäht sehen, wissen, daß die ruhigen gefahrlosen Zeiten die Ursache ihrer Hintansetzung sind, und sich daher alle Mühe geben, diese Ruhe zu stören, indem sie die Republik zu ihrem Nachteil in immer neue Kriege verwickeln.

Wenn ich bedenke, wie diesem Übel abzuhelfen sei, so finde ich zwei Mittel. Das eine ist, die Bürger arm erhalten, damit Reichtum ohne Verdienst weder den Besitzer noch die anderen verderben könne; das zweite ist, sich eine so kriegerische Verfassung zu geben, daß man immer Krieg führen kann und deshalb stets der ausgezeichneten Bürger bedarf. So verfuhr Rom in seinen ersten Zeiten. Da es immer Heere im Felde stehen hatte, so war dem Verdienste stets die Bahn geöffnet. Kein Mann konnte hier von der Stelle entfernt werden, die er mit Recht einnahm, um einen anderen dahin zu setzen, der es nicht verdiente; denn jeder Irrtum oder jeder Versuch dieser Art hatte so große Verwirrung und Gefahr zur Folge, daß die Republik sogleich wieder auf den rechten Weg zurückkehren mußte. Die Republiken hingegen, welche nicht Roms Verfassung haben und nur Krieg führen, wenn sie die Not dazu zwingt, können diesen Übelstand nicht vermeiden. Immer aber wird Unordnung daraus entstehen, wenn ein vernachlässigter verdienstvoller Bürger rachsüchtigen Gemüts ist und in der Stadt einiges Ansehen und einigen Anhang hat. Sogar die Stadt Rom konnte endlich dies Übel nicht mehr vermeiden. Nachdem sie Karthago und den König Antiochus besiegt hatte und vom Kriege nichts mehr für ihr Dasein fürchtete, glaubte auch sie, die Heere einem jeden, dem sie wollte, anvertrauen zu können, und sah nicht so sehr auf das Verdienst des Feldherrn als auf andere Eigenschaften, die ihm die Gunst des Volkes gewannen. So bewarb sich Paulus Arnilias mehreremal fruchtlos um das

Konsulat und wurde nicht eher zum Konsul ernannt, als bis der macedonische Krieg ausbrach, den man für gefährlich erachtete und dessen Leitung ihm von der ganzen Stadt einstimmig übertragen wurde.

Als unser Vaterland Florenz nach dem Jahre 1494 viele Kriege zu führen hatte und alle florentinischen Bürger ihre Untauglichkeit bewiesen hatten, fiel die Stadt durch Zufall auf einen Mann, der zeigte, wie man die Heere führen müsse. Es war Antonio Giacomini. Solange nun die Kriege gefährlich waren, ließen die anderen Bürger nichts von Ehrgeiz merken und es trat kein Mitbewerber bei der Wahl der Kommissare und Feldherren auf. Als aber ein Krieg kam, wobei nichts zu fürchten war und wo sich viel Ehre und Dank erwerben ließ, fanden sich soviel Bewerber, daß von drei Kommissarstellen, die zur Belagerung von Pisa zu besetzen waren, Giacomini nicht eine erhielt.

Obgleich man nun nicht unzweideutig sehen konnte, welcher Schaden dem Staate daraus erwachsen würde, wenn man Giacomini nicht sandte, so ließ es sich doch sehr leicht voraus vermuten. Die von allen Verteidigungs- und Lebensmitteln entblößten Pisaner wären durch Giacomini sicher so weit gebracht worden, daß sie sich den Florentinern auf Gnade und Ungnade ergeben hätten. Da hingegen die Belagerung durch Befehlshaber betrieben wurde, die die Festung weder einzuschließen noch mit Sturm zu nehmen verstanden, so zog sich die Belagerung so sehr in die Länge, daß man endlich die Übergabe erkaufen mußte, die man hätte erzwingen können.

Eine solche Zurücksetzung war notwendigerweise sehr kränkend für Giacomini, und er mußte ein sehr geduldiger tugendhafter Mann sein, um nicht im Untergang der Stadt, wenn ihm das möglich war, oder in der Verletzung einzelner Bürger Rache zu suchen. Vor dieser Rache muß eine Republik auf der Hut sein, wie im folgenden Kapitel gezeigt werden soll.

17.

Daß man einen Mann nicht verletzen und demselben Manne später ein Staatsgeschäft von Wichtigkeit anvertrauen dürfe.

Eine Republik muß wohl auf ihrer Hut sein, nicht einen Mann an die Spitze eines wichtigen Amtes zu stellen, der früher eine blutige Beleidigung erfahren hat. Claudius Nero, der Hannibal gegenüberstand, zog mit einem Teile seines Heeres plötzlich ab, um in der Mark mit dem anderen Konsul Hasdrubal vor seiner Vereinigung mit Hannibal eine Schlacht zu liefern. Er war früher mit dem Kriege in Spanien gegen denselben Hasdrubal beauftragt gewesen und hatte ihn so geschickt eingeschlossen, daß er ein ungünstiges Treffen liefern oder Hungers sterben mußte, war aber durch gewisse Friedensunterhandlungen so schlau hingehalten worden, daß Hasdrubal entschlüpfte und Claudius die Gelegenheit, den Feind zu vernichten, verlor. Als dieser Vorfall in Rom bekannt wurde, zog er ihm von Senat und Volk viele Vorwürfe zu, und die ganze Stadt sprach so schimpflich von ihm, daß ihn diese Schmach in große Erbitterung und Bekümmernis versetzte. Als er daher später zum Konsul ernannt und gegen Hannibal ausgeschickt wurde, führte er die oben erzählte Bewegung aus, die so äußerst gefährlich war, daß sich Rom so lange in Angst und Schrecken befand, bis die Nachricht von der Niederlage Hasdrubals eintraf. Als Claudius später gefragt wurde, warum er eine so gefährliche Maßregel ergriffen und die Unabhängigkeit Roms ohne die äußerste Not aufs Spiel gesetzt habe, gab er zur Antwort: er habe es deshalb getan, um im glücklichen Falle den in Spanien verlorenen Ruhm wiederzugewinnen, im unglücklichen Falle aber, wenn seine Unternehmung ein schlechtes Ende nahm, sich an der Stadt und den Bürgern zu rächen, die ihn so undankbarer und unbilliger Weise verletzt hatten.

Wenn aber die Leidenschaft der Rache für solche Beleidigungen so viel über einen römischen Bürger in einer Zeit vermochte, wo die Sitten Roms noch nicht verdorben waren, so läßt sich schließen, welche Gewalt sie über einen Bürger einer Republik hat, die nicht so ist, wie Rom damals war. Da sich nun den Republiken gegen dieses Übel kein sicheres Mittel geben läßt, so ist es auch nicht möglich, eine ewig dauernde Republik zu errichten, da auf tausenderlei Weise ganz unerwartet ihr Sturz herbeigeführt werden kann.

18.
Nichts ist eines Feldherrn würdiger, als die Entschlüsse des Feindes vorauszusehen.

Der Thebaner Epaminondas pflegte zu sagen, nichts sei notwendiger und nützlicher für einen Feldherrn, als die Pläne und Operationen des Feindes zu kennen. Da aber diese Kenntnis schwer zu erlangen ist, so verdient der Feldherr um so größeres Lob, der es dahin bringt, richtig zu schließen und zu mutmaßen. Es ist jedoch nicht so schwer, die Pläne des Feindes zu durchschauen, als es manchmal schwer ist, zu erfahren, was er tut, und nicht sowohl, was er in der Ferne tut, als was im gegenwärtigen Augenblick und in der Nähe geschieht. Oft hat es sich ereignet, daß in einer Schlacht, die bis zur Nacht währte, der Sieger geschlagen zu sein und der Geschlagene gesiegt zu haben glaubte. Ein solcher Irrtum hat manchen Feldherrn schon zu unheilvollem Entschlusse gebracht; wie Brutus und Cassius, die durch diesen Irrtum den Krieg verloren. Als Brutus mit seinem Flügel gesiegt hatte, glaubte Cassius, der unterlegen war, das ganze Heer sei geschlagen, verzweifelte in diesem Irrtum am Heile und tötete sich selbst.

Als in der Schlacht bei St. Cecilia in der Lombardei, die in unseren Tagen Franz I. von Frankreich den Schweizern lieferte, die Nacht hereingebrochen war, glaubte der noch unangetastete Teil der Schweizer, gesiegt zu haben, da sie von den in die Flucht geschlagenen und getöteten Kameraden nichts wußten. Dieser Irrtum hatte zur Folge, daß sie nicht auf ihre Sicherheit bedacht waren, den Morgen abwarteten, um einen so unverhältnismäßigen Kampf zu erneuern, und noch dazu Ursache wurden, daß das päpstlich-spanische Heer gleichfalls einen Irrtum beging und fast seinen Untergang fand, da es auf die falsche Nachricht des Sieges den Po überschritt und so weit vorrückte, daß es sich in die Gewalt der siegreichen Franzosen begab.

Von einem ähnlichen Irrtum war einst das römische und äquische Lager befangen. Als der Konsul Sempronius dem Feinde gegenüberstand, begann er den Kampf, und die Schlacht zog sich mit abwechselndem Glücke bis zum Abend hinaus. Als nun die Nacht kam, zog sich keines der beiden halbgeschlagenen Heere in sein Lager, sondern ein jedes zog sich auf die nächsten Hügel zurück, wo es sicherer zu sein glaubte. Das römische Heer hatte sich in zwei Teile geteilt, wovon der eine dem Konsul folgte, der andere dem Centurio Tempanius, durch dessen Tapferkeit die Römer nicht gänzlich geschlagen worden waren. Als nun der Morgen anbrach, marschierte der Konsul, ohne weitere Nachricht vom Feinde zu haben, gegen Rom zu, und das Heer der Aequer richtete seinen Zug gleichfalls nach Hause, da beide Teile glaubten, der Feind habe gesiegt, weshalb sich auch ein jeder, ohne sich um sein Lager zu bekümmern, zurückgezogen hatte. Nun wollte der Zufall, daß Tempanius, der sich mit dem Rest des römischen Heeres gleichfalls zurückzog, von einigen äquischen Verwundeten erfuhr, ihre Feldherren seien abgezogen und hätten das Lager im Stich gelassen. Er rückte daher auf diese Nachricht sogleich in das römische Lager ein, rettete es, erbeutete das äquische und kehrte als Sieger nach Rom zurück. Man sieht, daß dieser Sieg allein davon abhing, wer die Verwirrung des Feindes zuerst erfuhr.

Auf diese Art kann es sich häufig ereignen, daß zwei sich feindlich gegenüberstehende Heere in derselben Verwirrung sind und dieselbe Not leiden, und daß der am Ende Sieger bleibt, der die Not des anderen zuerst erfährt. Ich will hiervon ein Beispiel aus unserer eigenen neueren Geschichte geben.

Im Jahre 1498 lagen die Florentiner mit einem starken Heere vor Pisa und schlossen diese Festung eng ein. Die Venetianer, die Pisa unter ihren Schutz genommen hatten, beschlossen, kein anderes Mittel zu seiner Rettung sehend, eine Diversion zu machen, indem sie das florentinische Gebiet von einer anderen Seite angriffen. Nachdem sie also ein mächtiges Heer zusammengebracht, fielen sie durch das Lamonatal ein, besetzten das Dorf Marradi und belagerten das Fort Castiglione, welches auf dem anstoßenden Hügel erbaut ist. Als die Florentiner diese Nachricht erhielten, beschlossen sie, Marradi zu Hilfe zu eilen, ihre Streitkräfte vor Pisa jedoch nicht zu vermindern. Sie warben daher frisches Fußvolk und Reiterei an und schickten sie unter den Befehlen Jacopo Appianis, Herrn von Piombino und des Grafen Rinuccio da Marciano gegen die Venetianer ab. Als diese Truppen gegen Marradi vorrückten, hoben die Feinde die Belagerung Castigliones auf und zogen sich sämtlich in das Dorf.

Beide Heere blieben sich einige Tage lang gegenüber stehen, so daß ein jedes an Lebensmitteln und allen anderen notwendigen Dingen Mangel litt. Da nun keines das andere anzugreifen wagte und keines die schlimme Lage des anderen wußte, so beschlossen sie zufällig an einem und demselben Abend beide, den folgenden Morgen ihr Lager abzubrechen und sich zurückzuziehen, und zwar das venetianische Heer nach Berzighella und Faenza, das florentinische nach Casaglia und den Mugello zu. Als nun der Morgen gekommen war und beide Lager ihr Gepäck abziehen zu lassen begannen, entfernte sich zufällig ein Weib aus dem Dorfe Marradi und ging, sicher durch Alter und Armut, in das florentinische Lager, wo sie einige daselbst befindliche Verwandte besuchen wollte. Von diesem Weibe erfuhren die florentinischen Feldherren, das venetianische Lager ziehe ab; sie gewannen durch diese Nachricht Mut, änderten ihren Entschluß, als ob sie es gewesen wären, die den Feind zum Abbrechen des Lagers gezwungen hätten, folgten ihm nach und schrieben nach Florenz, sie hätten ihn in die Flucht geschlagen und den Krieg siegreich beendigt[1]. Dieser Sieg entstand aus nichts anderem, als daß sie zuerst erfahren hatten, der Feind entferne sich; hätten es die Venetianer zuerst erfahren, so würde der Erfolg auf ihrer Seite gewesen sein.

[1] Auf ähnliche Weise besiegten die Italiener 1918 die nach Verkündigung des Waffenstillstandes abziehenden Österreicher.

19.

Ob zur Leitung der Menge Güte notwendiger sei als Strafe.

Die römische Republik war durch die Feindschaft der Patrizier und Plebejer im Aufruhr; dennoch schickte man bei ausbrechendem Kriege die Konsuln Quintius und Appius Claudius mit den Heeren aus. Appius war grausam und rauh im Befehlen, fand schlechten Gehorsam bei seinen Untergebenen und floh, fast geschlagen, aus seiner Provinz. Quintias war gütig und leutselig, hatte gehorsame Soldaten und trug den Sieg davon. Es scheint daher zur Führung der Menge besser, leutselig zu sein als stolz, milde als grausam. Tacitus jedoch, dem viele andere Schriftsteller beistimmen, behauptet in folgender Maxime das Gegenteil: *In multitudine regenda plus poena, quam obsequium valet*[2).

Um nun beide Meinungen in Kraft zu erhalten, sage ich, daß du entweder Leute zu regieren hast, die gewöhnlich deinesgleichen sind, oder Leute, die immer deine Untertanen sind. Sind es deinesgleichen, so kannst du dich nicht ausschließlich der Strafe bedienen noch jener Strenge, wovon Tacitus spricht. Da nun die Plebejer in Rom gleichen Anteil an der Regierung hatten wie der Adel, so konnte sie ein Mann, der für eine Zeitlang Fürst über sie wurde, nicht durch Grausamkeit und Rauheit lenken. Auch hatten die römischen Feldherren, die sich die Liebe ihrer Heere erwarben und sie durch Güte lenkten, häufig bessere Erfolge als die, welche sich außergewöhnlich furchtbar machten; sie müßten denn hiermit eine ausnehmende Tapferkeit vereinigt haben wie Manlius Torquatus.

Wer hingegen Untertanen beherrscht, von welchen Tacitus spricht, muß, damit sie nicht übermütig werden und ihn wegen seiner allzu großen Nachgiebigkeit nicht mit Füßen treten, sich eher zur Strafe als zur Güte wenden. Allein auch hier muß die Strafe so gemäßigt sein, daß man den Haß vermeidet, weil Haß erregen nie für einen Fürsten gut ausschlägt. Das Mittel aber, ihn zu vermeiden ist, das Eigentum der Untertanen nicht anzu-

[2)] Um die Menge zu regieren, gilt die Strafe mehr als die Güte.

tasten, denn nach Blut, worunter kein Raub verborgen steckt, gelüstet keinen Fürsten ohne Not, und diese kommt selten. Ist hingegen Raub mit Blut vereinigt, so kommt immer die Lust, es zu vergießen, und Vorwände finden sich immer im Überfluß, wie ich in einem anderen Traktat über diesen Gegenstand ausführlich gezeigt habe.

Es verdient also Quintius mehr Lob als Appius, und die Maxime des Tacitus verdient in ihren Grenzen, nicht aber im Falle des Appius, gebilligt zu werden. Da wir aber von Strafe und Güte gesprochen haben, so scheint es mir nicht unpassend, zu zeigen, wie eine Handlung voll Menschlichkeit mehr über die Falisker vermochte als die Waffen.

20.

Ein Beispiel von Menschlichkeit vermochte mehr über die Falisker als die Gewalt der römischen Waffen.

Als Camillus die Stadt der Falisker belagerte, führte ein Schulmeister, im Glauben, sich Camillus und das römische Volk zu verpflichten, die vornehmsten Knaben unter dem Vorwand eines Spazierganges aus der Stadt und bot sie dem Feldherrn mit den Worten an: durch sie würde er die Stadt in seine Hände bekommen. Camillus jedoch schlug dies Geschenk nicht nur aus, sondern ließ den Schulmeister entkleiden, ihm die Arme auf den Rücken binden und von den Knaben, von denen jeder eine Rute erhielt, mit vielen Schlägen nach der Stadt zurücktreiben. Als die Falisker diesen Vorgang erfuhren, wurden sie durch die Menschlichkeit und den Edelmut des Camillus so gerührt, daß sie sich nicht mehr verteidigen wollten und ihm die Stadt übergaben.

Aus dieser wahren Begebenheit ersieht man, wieviel mehr manchmal ein Akt der Menschlichkeit und Güte über die Gemüter der Menschen vermag als eine grausame gewalttätige Handlung, und daß oft Länder und Städte, welche Waffen, Kriegswerkzeuge und jede andere menschliche Gewalt nicht öffnen könnte, ein Zug von Menschlichkeit und Erbarmen, von

Keuschheit oder Großmut geöffnet hat. Die Geschichte enthält hiervon außer diesem noch viele andere Beispiele.

So konnten die römischen Waffen Pyrrhus nicht aus Italien vertreiben, und es vertrieb ihn die Großmut des Fabricius, der ihm das Anerbieten seines Arztes, ihn zu vergiften, eröffnete.

So erwarb dem Scipio Africanus die Eroberung Neukarthagos in Spanien kein so großes Ansehen als jenes Beispiel von Keuschheit, da er die junge Gattin voll strahlender Schönheit unberührt dem Gatten zurückgab, eine Handlung seltener Selbstüberwindung, deren Ruf ihm ganz Spanien zum Freunde machte.

Man sieht auch, wie sehr die Völker bei den Großen diese Eigenschaften wünschen, und wie sehr sie deshalb von den Schriftstellern, sowohl von denen, die ihr Leben beschrieben, als von denen, die Regeln aufstellen, wie sie leben sollen, gepriesen werden. Unter diesen letzteren bemüht sich Xenophon zu zeigen, welche Ehre, welche Siege, welchen hohen Ruf Cyrus dadurch erwarb, daß er menschlich und liebreich war, daß er sich weder Stolz noch Grausamkeit, weder Üppigkeit noch irgendein anderes Laster, das die menschlichen Sitten befleckt, zuschulden kommen ließ. Da jedoch Hannibal durch ganz entgegengesetzte Mittel unsterblichen Ruhm und große Siege errungen hat, will ich im folgenden Kapitel erörtern, woher dies kam.

21.

Woher es kam, daß Hannibal mit einer ganz verschiedenen Handlungsweise dieselben Erfolge in Italien hatte wie Scipio in Spanien.

Man könnte sich meines Erachtens darüber wundern, daß mancher auf ganz entgegengesetztem Wege dieselben Erfolge hatte wie jene, welche auf die oben beschriebene Art verfuhren. Es scheint demnach, daß die Ursache der Siege nicht in diesen Dingen liegt, ja es scheint sogar, daß sie weder mehr Macht noch mehr Glück geben, da man auf die entgegengesetzte Weise Ruhm und Ansehen erwerben kann. Um bei den schon genannten Männern stehenzubleiben und meinen Gedanken besser zu erklären, wiederhole ich, daß Scipio in Spanien eindrang, sich durch seine Menschlichkeit und Milde dies Land zum Freunde machte und von den Völkern angebetet und bewundert wurde. Dagegen drang Hannibal in Italien ein und hatte durch völlig entgegengesetzte Mittel, das heißt durch Gewalttätigkeit, Grausamkeit, Räubereien und Treulosigkeit jeder Art dieselben Erfolge, wie Scipio in Spanien; denn bei seinem Erscheinen empörten sich alle Städte Italiens gegen Rom, und alle Völker folgten ihm.

Wenn man überlegt, wie das so kommen konnte, zeigen sich mehrere Ursachen. Die erste ist, daß die Menschen neuerungssüchtig sind, so daß größtenteils sowohl die, denen es gut geht, eine Veränderung wünschen, als die, denen es schlecht geht; denn ich habe schon früher gesagt, und es hat seine völlige Richtigkeit, daß das Wohlergehen beim Menschen Überdruß, das Unglück Kummer erzeugt. Dies Verlangen nach Neuem öffnet daher jedem die Tore, der sich in einem Lande an die Spitze einer neuen Ordnung der Dinge stellt. Ist er ein Fremder, so strömt ihm alles zu; ist er ein Einheimischer, so umgibt man ihn, verstärkt ihn, begünstigt ihn, so daß es ihm immer gelingt, große Fortschritte zu machen, er mag sich benehmen wie er will. Überdies treibt den Menschen hauptsächlich zweierlei an: Liebe oder Furcht. Es beherrscht ihn daher ebensowohl, wer seine Liebe gewinnt, als wer ihm Furcht einflößt; ja meistens findet der Gefürchtete mehr Folgsamkeit und Gehorsam als der Geliebte. Es kommt daher wenig darauf an, welchen Weg ein Feldherr einschlägt, wenn er nur ein tapferer Mann ist und ihm seine Tapferkeit Ansehen und die Achtung der Menschen erwirbt. Ist diese Tapferkeit groß, wie die Hannibals und Scipios, so hält sie allen Fehlern die Waage, die man macht, wenn man zu sehr nach Liebe strebt oder zu große Furcht erregt. Beides kann nämlich große Nachteile haben und wohl den Sturz eines Fürsten herbeiführen. Bei einem zu großen Bestreben, geliebt zu sein, macht die geringste Überschreitung des richtigen Maßes verächtlich. Bei einem zu großen Verlangen, gefürchtet zu sein, wird man durch die geringste Übertretung der Schranken verhaßt. Die richtige Mitte aber kann man nicht genau treffen, da unsere Natur dies nicht gestattet. Es ist daher notwendig, jedem Übermaß durch eine ausnehmende Tapferkeit die Waage zu halten wie Hannibal und Scipio. Dennoch war beiden ihre Handlungsweise schädlich, so wie sie die Ursache ihrer Größe war. Von dieser letzteren haben wir bei beiden bereits gesprochen.

Was die Schädlichkeit betrifft, so empörten sich Scipios Soldaten im Verein mit einem Teil seiner Verbündeten in Spanien gegen ihn, was aus keinem anderen Grunde entstand, als weil man ihn nicht fürchtete. Denn die Menschen sind so unruhig, daß sie sogleich, wie sich ihrem Ehrgeiz die kleinste Pforte öffnet, alle Liebe vergessen, die sie dem Fürsten wegen seiner Güte zugewandt hatten, wie Scipios Soldaten und Verbündete. So war Scipio zur Abhilfe dieses Übels gezwungen, einen Teil jener Grausamkeit zu zeigen, die er geflohen hatte.

Bei Hannibal findet sich kein einzelnes Beispiel, daß ihm seine Grausamkeit und Treulosigkeit geschadet hätte. Wohl aber läßt sich annehmen, daß die Furcht davor Neapel und viele andere Städte dem römischen Volke treu erhielt. Gewiß ist jedoch, daß seine ruchlose Handlungsweise ihn den Römern verhaßter machte als irgendeinen früheren Feind. Während sie Pyrrhus, der an der Spitze seines Heeres in Italien stand, anzeigten, daß man ihn vergiften wolle, verziehen sie sogar dem wehrlosen flüchtigen Hannibal niemals und verfolgten ihn bis zum Tode.

Dadurch also, daß er für gottlos, treubrüchig und grausam gehalten wurde, zog sich Hannibal diesen Nachteil zu; wogegen ihm jedoch eben daraus ein sehr großer, von allen Schriftstellern bewunderter Vorteil entsprang, daß in seinem Heere, obgleich es aus verschiedenen Nationen zusammengesetzt war, niemals weder Zwietracht entstand, noch Meuterei gegen den Feldherrn vorkam. Dies konnte in nichts anderem seinen Grund haben als in dem Schrecken, den seine Persönlichkeit einflößte, und so groß war dieser Schrecken, daß er dadurch und durch das Ansehen, das ihm seine Tapferkeit gab, Einigkeit und Gehorsam bei seinen Soldaten aufrechterhielt.

Ich schließe daher, daß es nicht viel darauf ankommt, wie ein Feldherr verfährt, wenn er nur große Tapferkeit besitzt, um damit beide Arten zu verfahren wohl zu verbergen. Denn es sind, wie ich schon gesagt habe, beide fehlerhaft und gefährlich, wenn sie nicht durch eine ausnehmende Tapferkeit verbessert werden. Wie aber Hannibal und Scipio, der eine durch lobenswerte, der andere durch abscheuliche Mittel dieselbe Wirkung hervorbrachten, so erwarben zwei römische Bürger auf verschiedene Weise, doch jede lobenswert, denselben Ruhm; was ich näher zu beleuchten nicht unterlassen will.

22.

Wie die Härte des Manlius Torquatus und die Menschlichkeit des Valerius Corvinus beiden denselben Ruhm erwarben.

Rom besaß zur selben Zeit zwei ausgezeichnete Feldherren, Manlius Torquatus und Vallerius Corvinus, die gleiches Verdienst hatten, gleiche Triumphe zählten und sich gleichen Ruhmes erfreuten. Beide Männer erwarben diesen Ruhm, was den Feind betrifft, durch dieselbe Tapferkeit, gingen hingegen, was die Heere und die Behandlung der Soldaten betraf, auf das verschiedenste zu Werke. Manlius befehligte sie mit jeder Gattung von Strenge und ließ sie vor Strapazen und Strafen nicht zu Atem kommen. Valerius behandelte seine Soldaten auf jede Weise freundlich und menschlich und zeigte sich voll herablassender Vertraulichkeit. Um sich den Gehorsam seines Heeres zu erhalten, ließ der eine seinen Sohn hinrichten, und der andere verletzte niemals irgend jemand. Dennoch zogen aus einer so großen Verschiedenheit des Verfahrens beide dieselben Früchte, sowohl gegen den Feind, als auch zugunsten der Republik und zu eigenem Vorteil. Nie wich ein Soldat aus der Schlacht, empörte sich gegen sie oder zeigte sich in irgendeiner Hinsicht widerspenstig gegen ihren Willen, obgleich Manlius in seinen Befehlen so rauh war, daß man später alle Befehle, die das Maß überschritten, *Manliana imperia* zu nennen pflegte.

Es ist hier erstens zu untersuchen, wodurch Manlius gezwungen war, so streng zu Werke zu gehen; zweitens, warum Valerius so menschlich verfahren konnte; drittens, aus welcher Ursache diese entgegengesetzte Handlungsweise dieselbe Wirkung hervorbrachte; und letztens, welche besser und nützlicher nachzuahmen sei.

Betrachtet man den Charakter des Manlius genau von der Zeit an, wo Livius seiner zuerst erwähnt, so wird man ihn als einen sehr kräftigen Mann finden, voll Pietät gegen Vater und Vaterland und durchdrungen von Ehrfurcht gegen seine Vorgesetzten. Man erkennt dies aus der Besiegung jenes Galliers, aus der Verteidigung seines Vaters gegen die Tribunen und aus dem Umstand, daß er vor dem Kampfe mit dem Gallier zum Konsul folgende Worte sprach: *Injussu tuo adversus hostem nunquam pugnabo, non si certam victoriam videam*[1]. Kommt nun ein Mann von solcher Sinnesart zum Rang eines Befehlshabers, so will er, daß alle ihm gleichen sollen, sein kräftiger Geist läßt ihn kräftige Befehle geben, und er will aus demselben Grunde, daß das Befohlene geschehe. Es ist aber die richtigste Regel, daß auf die Ausführung harter Befehle mit Härte gehalten werden müsse, wenn man nicht hintergangen sein will.

Hier ist zu bemerken, daß, um Gehorsam zu finden, man zu befehlen verstehen muß; zu befehlen aber versteht der, welcher eine Vergleichung anstellt zwischen sich und dem, der gehorchen soll, und wenn er ein Verhältnis findet, befiehlt, findet er hingegen ein Mißverhältnis, sich dessen enthält. Es pflegte daher ein weiser Mann zu sagen, daß, um eine Republik mit Gewalt zu halten, ein Verhältnis zwischen dem Zwingherrn und dem Bezwungenen stattfinden müsse. Wo dies Verhältnis sei, könne man glauben, die Gewaltherrschaft sei dauerhaft. Wenn aber der Unterdrückte stärker sei als der Unterdrücker, so lasse sich beständig hoffen, daß der nächste Tag der Gewaltherrschaft ein Ende mache.

Um aber zu unserem Gegenstand zurückzukehren, sage ich, daß, um kräftige Befehle zu geben, man kräftig sein müsse, und

[1] Ohne deinen Befehl werde ich den Feind niemals bekämpfen, auch wenn ich einen gewissen Sieg vor Augen sähe.

daß der, welcher diese Kraft besitzt und Kräftiges befiehlt, die Ausführung nicht durch Sanftmut erwirken kann. Wer hingegen diese Kraft des Geistes nicht besitzt, muß sich hüten, etwas Ungewöhnliches zu befehlen; er kann, Gewöhnliches befehlend, seine Humanität zeigen, da die gewöhnlichen Strafen nicht dem Fürsten, sondern den Gesetzen und Einrichtungen zugeschrieben werden. Man muß daher glauben, daß Manlius zu seinem so strengen Verfahren durch seine ungewöhnlichen Befehle gezwungen wurde, zu denen er von Natur neigte. Solche Befehle aber sind in einer Republik nützlich, weil sie ihre Institutionen zu ihrem Ursprung und zu ihrer alten Vortrefflichkeit zurückführen. Wäre eine Republik so glücklich, daß sie, wie wir schon oben gesagt haben, häufig Männer besäße die durch ihr Beispiel die Gesetze erneuerten und die Republik nicht allein abhielten, ihrem Untergang zuzueilen, sondern sie rückwärts zögen, so würde sie ewig bestehen. Manlius war ein solcher Mann. Er erhielt die römische Kriegszucht durch die Rauheit seiner Befehle und seine Strenge aufrecht, wozu ihn zuerst seine Natur, dann das Verlangen zwang, daß erfüllt werde, was er aus angeborener Neigung befohlen hatte.

Valerius auf der anderen Seite konnte menschlich verfahren, da es ihm genügte, daß die gewöhnlichen Kriegsregeln der römischen Heere beobachtet wurden. Da nun diese gut waren, so reichten sie hin, ihm Ehre zu erwerben; es war nicht anstrengend, sie zu beobachten, und Valerius war nicht in die Notwendigkeit versetzt, die Übertreter zu bestrafen, sei es nun, weil es keine gab, sei es, daß man, wenn es ihrer doch gegeben haben sollte, ihre Strafe, wie ich schon gesagt, den Institutionen, nicht der Grausamkeit des Feldherrn zuschrieb. So konnte Valerius in allen Stücken, wodurch er sich nur immer die Dankbarkeit der Soldaten und ihre Zufriedenheit erwerben konnte, Humanität zeigen.

Auf diese Weise kam es, daß beide denselben Gehorsam fanden und daher auch mit verschiedener Handlungsweise denselben Erfolg haben konnten. Wer sie aber nachahmen wollte, kann in ein Übermaß fallen, das zum Laster wird und Geringschätzung oder Haß erzeugt, wie ich oben von Hannibal und Scipio gesagt habe; und eine ausnehmende Tapferkeit des Feldherrn allein ist imstande, dies Übel zu vermeiden.

Wir haben jetzt noch zu erwägen, welche dieser beiden Arten zu verfahren lobenswerter sei; eine Sache, die mir streitig scheint, da die Schriftsteller beide Arten loben. Doch aber findet man, daß die, welche schreiben wie sich ein Fürst benehmen soll, eher auf der Seite des Valerius als des Manlius sind, und Xenophon, den ich vorhin anführte, stimmt in vielen Zügen von Humanität bei Cyrus fast ganz mit dem überein, was Livius von Valerius sagt. Als Konsul nämlich gegen die Samniter sprach er zu seinen Soldaten mit derselben Humanität, mit der er sie leitete, und Livius macht hierüber folgende Bemerkung: *Non alias militi familiarior dux fuit, inter infimos militum omnia haud gravate munia obeundo. In ludo praeterea militari, quum velocitatis viriumque inter se aequales certamina ineunt, comiter facilis vincere ac vinci vultu eodem; nec quemquam adspernari parem, qui se offerret; factis benignus pro re; dictis haud minus liberlatis alienae, quam suae dignitatis memor; et, quo nihil popularius est, quibus artibus petierat magistratus, iisdem gerebat*[1]. Von Manlius spricht Livius gleichfalls ehrenvoll, indem er zeigt, daß die Strenge, die der Konsul durch die Hinrichtung seines Sohnes bewies, das Heer so gehorsam machte, daß sie Ursache des Sieges der Römer über die Latiner wurde. Der Geschichtschreiber geht so weit in seinem Lobe, daß er nach Beschreibung der Schlacht, der Gefahren, die das römische Volk darin lief, und der Schwierigkeit des Sieges damit schließt, daß allein die Tapferkeit des Manlius den Römern diesen Triumph gegeben habe. Bei der Vergleichung der Stärke beider Heere behauptet er, derjenige Teil würde gesiegt haben, welcher Manlius zum Feldherrn gehabt hätte.

[1] Sonst war kein Feldherr mit den Soldaten vertraulicher, er übernahm alle Dienste mit den Untersten auf gute Art. Außerdem war er bei den Lagerspielen, wo die Gleichen im Laufen und Ringen Wettkämpfe halten, immer freundlich bereit, gewann oder unterlag mit demselben Gesichte und nahm jeden als einen Gleichen an, der sich anbot. Gütig in Handlungen, wie die Sache es erlaubte, in Reden nicht minder seiner eigenen Würde eingedenk als der Freiheit der Andern; und was am meisten dem Volke gefällt: die Art zu sein, die er angenommen hatte, um Ämter zu erhalten, behielt er bei, indem er sie führte.

Wenn man auf diese Weise alles erwägt, was die Schriftsteller über diese Sache sagen, so ist es schwer, ein Urteil zu fällen. Wir wollen jedoch die Sache nicht unentschieden lassen. Ich glaube also, daß ein Bürger, der unter den Gesetzen einer Republik lebt, lobenswerter und weniger gefährlich ist, wenn er wie Manlius handelt. Ein solches Verfahren nützt allein dem Staate und ist mit keinen ehrgeizigen Nebenabsichten verbunden; denn man kann sich keine Anhänger dadurch erwerben, daß man sich rauh gegen jedermann zeigt und nur das öffentliche Wohl liebt. Wer sich so benimmt, erwirbt keine persönlichen Freunde, die wir, wie schon oben gesagt, Anhänger nennen. Es gibt daher in einer Republik nichts Nützlicheres und Achtungswerteres als eine solche Handlungsweise, da sie den öffentlichen Nutzen nicht gefährdet und in keiner Weise Furcht vor Privatgewalt erregt. Mit der Handlungsweise des Valerius ist es umgekehrt; denn wenn sie auch, was die Öffentlichkeit betrifft, dieselbe Wirkung hervorbringt, so entsteht doch zugleich vielfache Befürchtung, der Feldherr möge durch das persönliche Wohlwollen, das er sich beim Soldaten erwirbt, bei längerer Bekleidung der höchsten Würde der Freiheit verderblich werden. War dies aber bei Valerius nicht der Fall, so lag die Ursache nur darin, daß die Denkart der Römer noch unverderbt war und er nicht lange und ununterbrochen den Befehl führte.

Hätten wir hingegen, wie Xenophon, einen Fürsten im Auge, so würden wir uns gänzlich an Valerius halten und Manlius beiseite setzen; denn ein Fürst muß bei Soldaten und Untertanen Gehorsam und Liebe zugleich zu erwerben streben. Gehorsam gibt ihm die Handhabung der Gesetze und Institutionen und der Ruf der Tapferkeit, Liebe die Herablassung, Menschlichkeit, Milde und die anderen Eigenschaften des Valerius und Cyrus. Gar wohl verträgt sich, daß der Fürst persönlich geliebt sei und in seinen Soldaten Anhänger habe, mit der Verfassung eines Fürstentums. Nicht so verträgt sich, daß ein Bürger sein Heer zum Anhänger habe, mit der Verfassung eines Freistaats, wo er unter den Gesetzen leben und den Magistraten gehorchen soll. Man liest in der älteren Geschichte der Republik Venedig folgende Begebenheit: Als bei der Rückkehr der Galeeren zwischen der Bemannung und dem Volke ein blutiger Streit ausbrach, den weder die öffentliche Macht, noch die Ehrfurcht vor den angesehenen Bürgern, noch die Furcht vor der Regierung zu stillen vermochte, erschien ein Edler, der im vorigen Jahre Admiral gewesen war, vor den Seeleuten, die aus Liebe zu ihm sogleich den Kampf einstellten. Dieser Gehorsam erregte beim Senat so großes Mißtrauen, daß sich die Venetianer bald darauf durch Gefangenschaft oder Tod gegen ihn sicherten.

Ich ziehe daher den Schluß, daß das Verfahren des Valerius bei einem Fürsten nützlich, bei einem Bürger nicht allein dem Vaterland, sondern auch ihm selbst verderblich ist: dem Vaterland, weil es den Weg zur Tyrannei bahnt; ihn selbst, weil der Staat, dem seine Handlungsweise verdächtig wird, gezwungen ist, sich zu seinem Schaden gegen ihn zu sichern. Ebenso behaupte ich umgekehrt, daß das Verfahren des Manlius bei einem Fürsten schädlich, bei einem Bürger aber besonders dem Vaterland nützlich ist und auch ihm selbst selten schadet, es müßte denn der Haß, den ihm seine Strenge zuzieht, durch einen Argwohn vergrößert werden, den ein durch seine anderen Tugenden erworbenes großes Ansehen erregt, wie unten von Camillus gezeigt werden soll.

23.

Aus welcher Ursache Camillus aus Rom vertrieben wurde.

Wir haben oben den Schluß gezogen, daß man wie Valerius handelnd dem Vaterland und sich selbst schadet, und daß man wie Manlius handelnd dem Vaterlande nützt und manchmal sich selbst schadet. Dies beweist sehr gut das Beispiel des Camillus, der in seiner Handlungsweise eher Manlius als Valerius glich. Livius sagt daher von ihm: *Ejus virtutem milites oderant, et mirabantur*[1]. Was ihm Bewunderung verdiente, war seine Tätigkeit, Klugheit, Geistesgröße, Geschicklichkeit in der

[1] Die Soldaten haßten und bewunderten seine Tugend.

Schlacht und im Heerbefehl. Was ihm Haß zuzog, war, daß er strenger war im Strafen als freigebig im Belohnen. Livius führt folgende besondere Ursachen dieses Hasses an. Erstens wendete er das aus dem Verkauf der vejentischen Güter gelöste Geld dem öffentlichen Schatze zu und verteilte es nicht mit der Beute. Zweitens waren bei seinem Triumphe vier weiße Pferde vor seinen Triumphwagen gespannt, was zu der Behauptung Anlaß gab, er habe sich aus Hochmut der Sonne gleichstellen wollen. Drittens tat er das Gelübde, dem Apollo den zehnten Teil der vejentischen Beute zu weihen, welcher, wenn das Gelübde erfüllt werden sollte, den Soldaten, die schon im Besitz waren, wieder abgenommen werden mußte.

Man sieht hieraus leicht auf das deutlichste, welche Dinge einen Fürsten beim Volke verhaßt machen. Die Entziehung der Habe nimmt hierunter die erste Stelle ein. Diese Sache ist von großer Wichtigkeit, da der Mensch einträgliche Dinge, die man ihm genommen hat, niemals vergißt, sondern sich beim geringsten Bedürfnis daran erinnert; weil aber die Bedürfnisse jeden Tag wiederkommen, so erinnert er sich täglich daran. An zweiter Stelle kommt der Schein des Hochmuts und der Aufgeblasenheit; das Gehässigste, was es für Völker, und besonders für freie Völker, geben kann. Obgleich ihnen aus diesem Stolz und Prunk kein Schaden erwächst, so hassen sie doch den Mann, der ihn zeigt. Hiervor aber muß sich ein Fürst hüten wie vor einer Klippe; denn sich unnützerweise Haß auf den Nacken laden, ist völlig tollkühn und unklug.

24.

Die Verlängerung des Heerbefehles machte Rom dienstbar.

Wenn man den Gang der Begebenheiten in Rom genau betrachtet, so wird man sehen, daß zwei Dinge Ursache der Auflösung dieser Republik waren. Das erste waren die Streitigkeiten, die aus dem Ackergesetz entsprangen, das zweite die Verlängerung des Heerbefehls. Hätte man diese Übel gleich anfangs richtig erkannt und die gehörigen Mittel angewendet, so würde die Freiheit eine längere Dauer gehabt haben und Rom vielleicht ruhiger gewesen sein. Wenn auch aus der Verlängerung des Heerbefehls in der ersten Zeit keine Unruhen in Rom entstanden, so zeigte sich doch in der Folge, wie schädlich dem Staate die Macht war, die einzelne Bürger durch eine solche Maßregel erlangten.

Wären alle anderen Bürger, denen die Amtsdauer verlängert ward, so weise und tugendhaft gewesen als L. Quintius, so würde dieser Mißbrauch nicht eingerissen sein. Die Tugend dieses Mannes ist ein merkwürdiges und seltenes Beispiel. Als sich das Volk und der Senat durch einen Vertrag verglichen hatten und das Volk dieselben Tribunen für ein neues Jahr ernannte, weil es sie für tauglich hielt, dem Ehrgeiz des Adels zu widerstehen, so wollte der Senat aus Eifersucht auf das Volk und um nicht hinter ihm zurückzubleiben dem L. Quintius gleichfalls sein Konsulat verlängern. Dieser aber mißbilligte durchaus diesen Beschluß, indem er sagte, schlechte Beispiele müsse man auszurotten streben, nicht aber durch ein noch schlechteres Beispiel vergrößern; und er wollte, daß neue Konsuln gewählt wurden.

Hätten alle römischen Bürger solche Uneigennützigkeit und Klugheit besessen, so hätte man die Gewohnheit der Verlängerung der Amtsdauer nicht einschleichen lassen und wäre von da nicht zur Verlängerung des Heerbefehles übergegangen, wodurch in der Folge die Republik gestürzt wurde. Der erste, dem der Heerbefehl verlängert wurde, war P. Philo. Als er die Stadt Paläpolis belagerte und das Ende seines Konsulats heranrückte, der Senat aber glaubte, daß er den Sieg in den Händen habe, so schickte er ihm keinen Nachfolger, sondern ernannte ihn zum Prokonsul, so daß er der erste Prokonsul war.

Diese Maßregel, obgleich vom Senat zum Nutzen des Staates verfügt, war das, was Rom in der Folge dienstbar machte. Je weiter nämlich die Römer ihre Gewalt ausbreiteten, desto nötiger schien ihnen eine solche Verlängerung und desto häufiger kam sie vor. Zwei Übelstände waren die Folge: Erstens übten sich weniger Männer in der Führung der Heere, und alles Ansehen beschränkte sich auf wenige; zweitens stand ein Bürger lange Zeit an der Spitze desselben Heeres, gewann es sich dadurch und machte es sich zum Anhänger. Das Heer aber vergaß so nach und nach den Senat und erkannte, seinen Feldherrn als Haupt an. Aus diesem Grunde konnten Sulla und Marius Soldaten finden, die ihnen gegen das öffentliche Wohl folgten; aus diesem Grunde konnte Cäsar das Vaterland unterjochen. Hätten die Römer niemals die Würden und den Heerbefehl verlängert, so würden sie vielleicht nicht so bald zu ihrer Macht gelangt und ihre Eroberungen langsamer gewesen sein, allein sie würden auch später in Knechtschaft geraten sein.

25.

Von der Armut des Cincinnatus und vieler römischen Bürger.

Wir haben anderwärts darüber gesprochen, daß die nützlichste aller Anordnungen in einem Freistaate die ist, die Bürger arm zu erhalten. Obschon nun nicht in die Augen fällt, welche Institution in Rom diese Wirkung hervorbrachte, besonders da das Ackergesetz einen so großen Widerstand fand, so zeigt doch die Geschichte, daß vierhundert Jahre nach Erbauung der Stadt die größte Armut in Rom herrschte. Es läßt sich nicht glauben, daß irgend etwas anderes mehr dazu beitrug, als daß die Armut den Weg zu keinem Amte, zu keiner Ehrenstelle versperrte, und daß man das Verdienst aufsuchte, unter welchem Dache es auch wohnte. Dieser Umstand machte Reichtümer weniger wünschenswert; er zeigt sich offenbar aus folgender Begebenheit:

Als der Konsul Minutius mit dem Heere von den Aequern eingeschlossen war und hart bedrängt wurde, erfüllte Rom die Furcht, das Heer möge verlorengehen, so daß sie zum letzten Mittel in ihrer Bedrängnis ihre Zuflucht nahmen und einen Diktator ernannten. Die Wahl fiel auf L. Quintius Cincinnatus, der sich damals auf seinem kleinen Landgut befand, das er mit eigener Hand bebaute. Mit goldenen Worten preist dies Livius, indem er sagt: *Operae pretium est audire, qui omnia prae diviti-*

is humana spernunt, neque honori magno locum, neque virtuti putant esse, nisi effuse affluant opes[1]. Cincinnatus pflügte gerade seine Äcker, die nicht über vier Morgen betrugen, als die Abgeordneten des Senates von Rom anlangten, ihm seine Ernennung zum Diktator zu melden und ihm die Gefahr der Republik mitzuteilen. Er nahm seine Toga, ging nach Rom, sammelte ein Heer und zog Minutius zu Hilfe. Als er ihn befreit und die Feinde geschlagen hatte, wollte er nicht, daß das eingeschlossene Heer teil an der Beute habe, indem er zu ihm diese Worte sprach: „Ich will nicht, daß du teilhabest an der Beute derer, deren Beute du fast selbst gewesen wärest.“ Den Konsul Minutius setzte er ab und machte ihn zum Legaten, indem er ihm sagte: „Da wirst so lange in diesem Grade bleiben, bis du Konsul zu sein lernst.“ Er hatte L. Tarquinius, der aus Armut zu Fuße diente, zu seinem General der Reiterei ernannt. Man bemerke, welche Ehre man in Rom der Armut erzeigte und daß zum Unterhalte eines so tugendhaften und verdienstvollen Mannes wie Cincinnatus vier Morgen Landes hinreichten.

Wir sehen diese Armut noch zur Zeit des Marcus Regulus. Als er an der Spitze der Heere in Afrika stand, begehrte er vom Senat die Erlaubnis, zurückkehren zu dürfen, um sein Landgut zu bestellen, das von seinen Arbeitern verdorben worden war.

Es zeigen sich uns hier zwei äußerst merkwürdige Dinge. Erstens die Armut, die Zufriedenheit mit diesem Zustand und daß es jenen Bürgern an der Ehre genügte, während sie den Gewinn gänzlich dem Staate ließen. Denn hätte Regulus daran gedacht, sich durch den Krieg zu bereichern, so hätte ihn die Vernachlässigung seines Landgutes wenig gekümmert. Die zweite Sache ist die Seelengröße dieser Bürger. An der Spitze eines Heeres, übertraf die Erhabenheit ihrer Denkungsart weit jeden Fürsten; nicht der Könige noch der Republiken achteten sie, nichts vermochte sie zu erschüttern noch zu schrecken. Ins bürgerliche Leben zurückgekehrt, waren sie sparsam, bescheiden, sorgfältig für ihr kleines Vermögen, den Magistraten

---

[1] Es ist der Mühe wert, daß es die hören, die alle Erdengüter gegen den Reichtum verachten und glauben, für große Ehre und für große Eigenschaften sei nur da der Ort, wo Schätze in Strömen herbeifließen.

gehorsam, voll Ehrfurcht gegen ihre Oberen. Fast unmöglich scheint es, daß ein und derselbe Geist solchen Wechsel ertrage.

Diese Armut dauerte bis zu Paulus Aemilius, fast der letzten glücklichen Zeit der Republik, wo ein Bürger, der durch seinen Triumph Rom bereicherte, selbst arm blieb. Noch so hoch achtete man damals die Armut, daß Aemilius seinem Schwiegersohn, der sich im Kriege ausgezeichnet hatte, um ihn zu ehren eine silberne Schale gab, das erste Silber in seinem Hause. Vieles könnte ich zum Beweise sagen, wieviel bessere Früchte die Armut trägt als der Reichtum, daß jene die Städte, Länder und Sekten emporgehoben, dieser sie gestürzt hat, wenn dieser Gegenstand nicht oft von anderen Männern abgehandelt worden wäre.

26.

Wie wegen Weibern ein Staat zugrunde geht.

In der Stadt Ardea entstand zwischen den Patriziern und Plebejern wegen einer Verschwägerung Bürgerkrieg. Es war eine Erbin zu verheiraten, um deren Hand zu gleicher Zeit ein Patrizier und ein Plebejer anhielt. Da sie nun keinen Vater mehr hatte, wollten sie ihre Pfleger dem Plebejer, ihre Mutter dem Edlen vermählen. Es entstand hierüber ein so großer Lärm, daß es zu den Waffen kam, wobei der ganze Adel für den Edlen, das ganze Volk für den Plebejer Partei ergriff. Das Volk unterlag, zog aus Ardea aus und verlangte Hilfe bei den Volskern; die Edlen wendeten sich nach Rom. Die Römer kamen dazu und schlossen die Volsker zwischen der Stadt und sich ein, so daß sie sich aus Hunger auf Gnade und Ungnade ergeben mußten. Die Römer zogen in Ardea ein, töteten alle Rädelsführer des Aufstandes und legten den Streit bei.

Über diesen Text ist mehreres zu bemerken. Zuerst sieht man, daß die Weiber die Ursache vielen Unglücks gewesen sind, daß sie oft den Regenten einer Republik großen Schaden zugefügt und viele Spaltungen in ihr veranlaßt haben. So zeigt uns unsere Geschichte, daß der Exzeß gegen Lucretia den Tarquiniern die Krone entriß und der andere gegen Virginia den Zehn ihre Herrschaft raubte. Aristoteles zählt unter die ersten Ursachen des Sturzes der Tyrannen die Verletzung der Menschen in der Person ihrer Weiber oder Töchter durch Schändung, Notzucht oder Ehebruch, wie wir in unserm Kapitel von den Verschwörungen ausführlich gezeigt haben. Ich sage daher, daß die unumschränkten Fürsten und die Regenten der Republiken diese Sache nicht geringachten dürfen, sondern die Unordnungen, die aus einem solchen Vorfall entstehen können, wohl beachten und ihnen zeitig genug abhelfen müssen, damit die Abhilfe nicht zum Verderben und zur Schmach ihres Thrones oder ihrer Republik ausfalle. So erging es den Ardeatern, die, weil sie jenen Wettstreit zwischen ihren Bürgern zum Übermaß anwachsen ließen, in Spaltung gerieten und zu ihrer Wiedervereinigung äußere Hilfe herbeirufen mußten; was ein großer Schritt zur nahen Knechtschaft ist.

Kommen wir aber zum anderen bemerkenswerten Punkte, zur Art eine Stadt wieder zu vereinigen, wovon wir im folgenden Kapitel sprechen wollen.

27.

Wie man eine entzweite Stadt einig zu machen hat, und daß die Meinung nicht richtig ist, um die Städte zu behaupten, müsse man sie uneinig halten.

Aus dem Beispiel der römischen Konsuln, die die Ardeater wieder miteinander aussöhnten, ersieht man die Art, wie man die Spaltungen einer Stadt beilegen soll. Diese Art ist nichts anderes noch darf man andere Heilung versuchen, als die Rädelsführer der Aufstände, die Häupter der Parteien hinzurichten. Es gibt überhaupt nur drei Wege: sie hinrichten, wie es jene taten, sie aus der Stadt entfernen oder sie miteinander Frieden schließen lassen, mit der Verpflichtung, sich nicht zu beleidigen. Von diesen drei Arten ist die letzte die schädlichste, wenigst gewisse und unnützeste. Wo viel Blut geflossen oder andere solche Unbilden ausgeübt worden sind, kann unmöglich eine erzwungene Aussöhnung dauern, wenn sich die Parteien jeden Tag vor Augen sehen; und schwer nur enthalten sie sich gegenseitiger Beleidigungen, da durch den Umgang jeden Tag neue Ursachen des Streites entstehen können. Man kann hierfür kein besseres Beispiel anführen als das der Stadt Pistoja.

Diese Stadt war vor fünfzehn Jahren, wie noch jetzt, in Panciatichi und Cancellieri geteilt, damals jedoch stand sie unter den Waffen, heute hat sie sie niedergelegt. Nach vielem Gezänke kamen die Parteien zum Blutvergießen, zur Zerstörung der Häuser, zum Raub des Eigentums und zu jeder anderen feindlichen Behandlung. Die Florentiner, die den Streit beizulegen hatten, wandten das dritte Mittel an, und immer entstanden daraus größere Unordnungen und blutigere Auftritte. Der Sache endlich müde, griffen sie zum zweiten Mittel, die Häupter der Parteien zu entfernen, setzten davon einen Teil ins Gefängnis und verwiesen den andern an verschiedene Orte, so daß die Übereinkunft bestehen konnte und bis heute bestand. Ohne Zweifel aber würde das erste Mittel noch sicherer gewesen sein.

Allein da in solchen Hinrichtungen etwas Großes und Hochherziges liegt, so weiß sie eine schwache Republik nicht ins Werk zu setzen und ist so fern davon, daß sie sich kaum zum zweiten Mittel entschließt. Dies gehört zu jenen Irrtümern, von denen ich zu Anfang dieses Werkes gesagt habe, daß sie die Fürsten unserer Zeit begehen, wenn sie über große Sachen zu urteilen haben. Sie sollten sehen wollen, wie sich die benahmen, die vor alters über solche Fälle zu urteilen hatten. Allein die Schwäche der jetzigen Menschen, verursacht durch ihre schwächliche Erziehung und ihre Unkenntnis der Dinge, bewirkt, daß sie die alten Urteile teils für unmenschlich, teils für unmöglich halten. Einige ihrer modernen Meinungen widersprechen völlig der Wahrheit, wie die, welche von unseren Weisen vor einiger Zeit stets im Munde geführt wurde, „daß man Pistoja durch die Parteien und Pisa durch die Festungen halten müsse". Sie sehen nicht ein, wie unnütz beides ist.

Ich will die Festungen übergehen, da ich oben ausführlich darüber gesprochen habe, und will erörtern, wie unnütz es ist, die Städte, die man unter seiner Herrschaft hat, geteilt zu halten.

Zuerst ist es unmöglich, sich alle beiden Parteien als Freunde zu erhalten, mag es nun ein Fürst oder eine Republik sein, die sie regieren. Es liegt in der Natur des Menschen, überall, wo eine Spaltung ist, Partei zu ergreifen und mehr an der einen als an der anderen Gefallen zu finden. Da nun deshalb immer ein Teil der Stadt unzufrieden ist, so verliert man sie im ersten Kriege; denn es ist unmöglich, eine Stadt zu halten, die den Feind vor und in ihren Mauern hat. Wenn es eine Republik ist, die die Herrschaft über sie hat, so gibt es kein schöneres Mittel, ihre eigenen Bürger schlecht zu machen und die eigene Stadt zu Spaltungen zu bringen, als eine gespaltene Stadt zu regieren zu haben, da jede Partei in dieser letzteren sich in der Hauptstadt Gönner zu erwerben und sich durch verschiedene Bestechungsmittel Freunde zu machen sucht. Es entstehen also zwei sehr große Übelstände. Der eine, daß man die Stadt sich niemals zum Freunde macht, da sie nicht gut regiert werden kann, weil sich die Regierung häufig bald auf die eine, bald auf die andere Seite schlägt; der zweite, daß jener Parteieifer notwendig die Republik selbst teilt. Biondo[1)], wo er über die Florentiner und Pistojeser spricht, bezeugt dies mit folgenden Worten: „Während die Florentiner Pistoja geteilt haben wollten, spalteten sie sich selbst." Es läßt sich also leicht auf das Übel schließen, das aus dieser Teilung entsteht. Als im Jahre 1501 Arozzo, das ganze Tal des Tiber und das Tal der Chiana durch die Vitelli und den Herzog von Valentinois erobert wurden, sendete der König von Frankreich einen Herrn von Lant ab, um den Florentinern alle verlorenen Städte wieder zurückgeben zu lassen. Als Lant in jeder Burg Leute fand, die bei der Besichtigung derselben sagten, sie gehörten zur Partei Marzoccos[2)], tadelte er sehr diese Spaltung, bemerkend, wenn in Frankreich ein Untertan des Königs sagen würde, er gehöre zur Partei des Königs, so würde er bestraft werden; denn ein solcher Ausdruck würde nichts anderes bedeuten, als daß sich in dieser Stadt gegen den König feindlich gesinnte Leute befänden, und der König wolle, daß alle seine Städte seine Freunde, einig und ohne Parteien seien.

1) Biondo da Forlì.
2) D. h. Florenz'.

Allein alle diese von der Wahrheit abweichenden Mittel und Meinungen entstehen aus der Schwäche der Regenten, die im Unvermögen, die Staaten durch Gewalt und Kraft zu halten, zu solchen Kunstgriffen ihre Zuflucht nehmen, die manchmal in ruhigen Zeiten etwas nützen, sowie aber Mißgeschick und bewegte Zeiten kommen, ihre Trüglichkeit zeigen.

28.

Daß man auf die Handlungen der Bürger achthaben müsse, weil oft unter einer tugendhaften Handlung ein Anfang der Tyrannei verborgen liegt.

Als in Rom große Hungersnot war und die öffentlichen Vorräte nicht hinreichten, erkühnte sich ein gewisser Spurius Melius, der für die damalige Zeit sehr reich war, auf eigene Hand Vorräte von Getreide anzulegen, die Menge damit zu speisen und sich so ein Verdienst um sie zu erwerben. Er erwarb sich auch wirklich dadurch so große Volksgunst, daß der Senat, das Übel bedenkend, das aus seiner Freigebigkeit entspringen konnte, um es zu unterdrücken, ehe es mehr Kraft gewann, einen Diktator ernannte und ihn hinrichten ließ.

Es ist hier zu bemerken, daß oftmals Handlungen, die barmherzig scheinen und an sich eigentlich nicht zu verdammen sind, grausam werden und einer Republik sehr gefährlich sind, wenn sie nicht beizeiten in ihre Schranken gewiesen werden. Betrachten wir diese Sache näher. Eine Republik kann ohne angesehene Bürger weder bestehen noch irgend gut regieren. Auf der anderen Seite ist das Ansehen der Bürger die Ursache der Tyrannei in Republiken. Will man diese Sache regeln, so ist es nötig, solche Einrichtungen zu treffen, daß die Bürger mit demjenigen Ansehen umgeben sind, welches der Stadt und der Freiheit nützt, nicht schadet. Man muß daher die Mittel untersuchen, durch welche sie Ansehen erlangen. Diese sind eigentlich von zweierlei Gattung, öffentliche oder Privatmittel. Die öffentlichen Mittel sind, wenn ein Bürger durch guten Rat und bessere Tat zum gemeinschaftlichen Wohle Ansehen erwirbt. Zu dieser Ehre muß man den Bürgern die Wege öffnen und

Belohnungen für den Rat und für die Taten aussetzen, so daß sie dadurch Ruhm und Befriedigung finden. Wenn der auf diesem Wege erlangte Ruf rein und einfach ist, so wird er niemals gefährlich sein; wird er hingegen durch Privatmittel erlangt, so ist er äußerst gefährlich und durchaus schädlich. Die Privatmittel sind, diesem und jenem Bürger Wohltaten erzeigen, indem man ihm Geld leiht, seine Töchter ausstattet, ihn vor den Magistraten schützt und ihm die anderen Begünstigungen erzeigt, die sich Parteien erzeigen und die den auf diese Weise Begünstigten ermutigen, die öffentlichen Sitten zu verderben und die Gesetze zu brechen.

Eine wohlgeordnete Republik muß also, wie ich gesagt habe, dem, der durch öffentliche Mittel Gunst sucht, die Wege öffnen und sie dem verschließen, der sie durch Privatmittel sucht. So hielt es Rom. Zur Belohnung dessen, der durch seine Taten dem Staate nützte, setzte es die Triumphe und alle anderen Ehrenbezeigungen fest, die es seinen Bürgern gewährte. Zum Schaden dessen, der unter verschiedenen Vorwänden durch Privatmittel nach Größe strebte, ordnete es die Anklagen an; reichten diese nicht hin, weil er wegen eines falschen Scheines von Tugend beim Volke beliebt war, so ernannte es einen Diktator, der mit königlichem Arm jeden in die Schranken wies, der sie überschritten hatte, wie es zur Bestrafung des Spurius Melius geschah. Eine einzige solche Sache, die man unbestraft läßt, ist geeignet, eine Republik zugrunde zu richten; denn schwer bringt man sie, wenn dies Beispiel da ist, dann wieder auf den rechten Weg.

29.

Daß die Sünden der Völker durch die Fürsten entstehen.

Es beschwere sich kein Fürst über Sünden, welche die Völker begehen, die er regiert; denn diese Sünden entstehen notwendig aus seiner Nachlässigkeit oder weil ähnliche Laster ihn beflecken. Betrachtet man die Völker, welchen man in unserer Zeit Räuberei und andere solche Schlechtigkeiten vorwirft, so wird man sehen, daß sie durchaus nur durch ihre Regenten, die diese Natur hatten, so geworden sind. Ehe die Herren, welche die Romagna beherrschten, durch den Papst Alexander VI. ausgerottet worden waren, war dies Land ein Muster des lasterhaftesten Lebenswandels; beim geringsten Anlaß waren dort Mord und Raub an der Tagesordnung. Dies entsprang aus der Verworfenheit der Fürsten, nicht aus der verworfenen Natur der Menschen, wie sie behaupteten. Da diese Fürsten arm waren und es den Reichen gleichtun wollten, so waren sie gezwungen, viele Räubereien zu begehen und diese auf verschiedene Arten zu verüben. Unter anderen schändlichen Mitteln gaben sie zu diesem Zwecke Gesetze, die irgendeine Handlung verboten; dann waren sie die ersten, die zur Überschreitung Anlaß gaben, und bestraften die Übertreter nie eher, als bis sich ihre Zahl angehäuft hatte. Jetzt wandten sie sich zur Bestrafung, nicht aus Eifer für die Aufrechterhaltung des Gesetzes, sondern aus Gier, die Strafsumme einzuziehen. Hieraus entstanden denn viele Übel, vor allem das, daß die Völker verarmten, nicht aber sich besserten, und daß die einzelnen Verarmten sich an den Schwächeren zu entschädigen suchten. Hieraus entstand nun alles das obenerwähnte Unheil, dessen Ursache der Fürst war.

Daß meine Behauptung wahr ist, zeigt auch Livius. Als die römischen Gesandten das Geschenk aus der Beute von Veji dem Apollo brachten, wurden sie von den Seeräubern aus Lipari bei Sicilien gefangen und in diese Stadt geführt. Als Timasistheus, ihr Fürst, hörte, was für ein Geschenk es sei, wohin es bestimmt sei und wer es sende, so benahm er sich, obgleich zu Lipari geboren, als Römer, zeigte dem Volke, wie gottlos es wäre, sich eines solchen Geschenkes zu bemächtigen, und ließ mit allgemeiner Zustimmung die Gesandten unberaubt ihre Reise fortsetzen. Die Worte des Geschichtschreibers sind diese: *Timasistheus multitudinem religione implevit, quae semper regenti est similis*[1]. Zur Bestätigung dieses Satzes dient, was Lorenzo de' Medici sagt:

E quel che fa il signor, fanno poi molti,
Chè nel signor son tutti gli occhi volti[2].

[1] Timasistheus hatte die Menge, welche immer ihrem Oberhaupte ähnlich ist, mit religiösem Sinn erfüllt.

[2] Und was der Herr tut, tun dann viele; denn auf den Herrn sind alle Augen gerichtet.

30.

Ein Bürger, der in seiner Republik durch seine Autorität etwas Gutes zustande bringen will, hat vor allem nötig, die Eifersucht zu überwinden; und wie man gegen den anrückenden Feind die Verteidigung einer Stadt anzuordnen hat.

Als der römische Senat erfuhr, daß in ganz Toskana neue Truppenaushebungen gegen Rom vorgenommen wurden und daß sich die Latiner, früher die Freunde des römischen Volkes, mit den Volskern, den ewigen Feinden Roms, verbündet hatten, urteilte er, dieser Krieg müsse gefährlich werden. Da nun Camillus Tribun mit konsularischer Gewalt war, glaubte er die Ernennung eines Diktators nicht nötig zu haben, wenn die anderen Tribunen, seine Kollegen, ihm die oberste Leitung des Krieges abtreten wollten. Die Tribunen taten es willig. *Nec quicquam (sagt Livius) de majestate sua detractum credebant, quod majestati ejus concessissent*[3]. Camillus nahm diesen Gehorsam beim Worte und befahl, drei Heere auszuheben. Das Haupt des ersten wollte er selbst sein, um gegen die Toskaner zu ziehen; dem zweiten setzte er Quintus Servilius vor, der in der Nähe von Rom Stellung nehmen sollte, um den Latinern und Hernikern entgegenzutreten, wenn sie anrücken würden; Lucius Quintius erhielt das dritte Heer, das ausgehoben wurde, um als Besatzung der Stadt zu dienen und im Fall der Not die Tore und die Curia zu verteidigen. Überdies befahl er, daß Horatius, gleichfalls einer seiner Kollegen, für Waffen und Mundvorrat und die anderen Kriegsvorräte sorgen solle. Cornelius, der letzte seiner Kollegen, sollte im Senat und der Volksversammlung den Vorsitz führen, um den Gang der täglich zu besorgenden Geschäfte zu leiten. Auf diese Weise waren diese Tribunen damals zum Heil des Vaterlandes zum Befehlen und Gehorchen bereit.

Man ersieht aus diesem Text, wie ein tugendhafter weiser Mann handelt, von wieviel Gutem er Ursache ist und wieviel er

[3] Sie glaubten nicht, daß ihrer Hoheit entzogen wäre, was sie der Hoheit desselben eingeräumt hätten.

seinem Vaterlande nützen kann, wenn er durch seine Tugend und sein Verdienst die Eifersucht besiegt hat, welche häufig das Hindernis wird, warum ein Mann nichts Gutes zustande bringen kann, da sie nicht erlaubt, daß er die Gewalt erhalte, die in wichtigen Dingen nötig ist.

Diese Eifersucht wird auf zweierlei Weise besiegt. Einmal durch ein schlimmes und schwieriges Ereignis, wo jeder, seinen Untergang vor Augen sehend, mit Hintansetzung jeden Ehrgeizes freiwillig dem zu gehorchen eilt, von dem er glaubt, daß er ihn durch seine Tüchtigkeit retten könne. Dies war der Fall mit Camillus. Er hatte so viele Beweise von seiner Vortrefflichkeit gegeben, er war dreimal Diktator gewesen und hatte dies Amt stets zum allgemeinen Nutzen, nicht zu eigenem Vorteil, verwaltet, so daß man seine Größe nicht fürchtete und, weil er so groß und berühmt war, nicht für schimpflich hielt, ihm nachzustehen. Livius sagt daher weise die Worte: *Nec quicquam etc.*

Auf die zweite Art wird die Eifersucht besiegt, wenn durch Gewalt oder auf natürlichem Wege die Männer sterben, welche deine Nebenbuhler um Ansehen und Größe waren. Es ist unmöglich, daß diese, die dich höher stehen sehen als sie, sich jemals beruhigen und in Geduld fügen. Sind es Bürger einer verderbten Republik, wo die Erziehung nicht einige Tugend in ihnen erzeugt hat, so ist es unmöglich, daß sie durch irgendein Ereignis zum Zurücktreten bewogen werden. Um ihren Willen zu erreichen und die Verkehrtheit ihres Gemütes zu befriedigen, würden sie mit Vergnügen den Untergang ihres Vaterlandes sehen. Um diese Eifersucht zu besiegen, gibt es kein anderes Mittel als den Tod. Ist das Glück dem ausgezeichneten Manne so günstig, daß sie auf gewöhnlichem Wege sterben, so wird er ohne anstößige Auftritte berühmt, da er ohne Hindernis und ohne Blut sein Verdienst zeigen kann. Hat er aber dies glückliche Los nicht, so muß er sie durch jedes Mittel hinwegzuräumen suchen und, ehe er irgend etwas tut, Maßregeln treffen, um diese Schwierigkeit zu überwinden. Wer die Bibel mit Verstand liest, wird sehen, daß Moses gezwungen war, wenn seine Gesetze und Einrichtungen Kraft erhalten sollten, eine Menge

Menschen zu töten, die sich allein aus Eifersucht seinen Plänen widersetzten.

Bruder Girolamo Savonarola sowohl als der Gonfaloniere von Florenz, Pietro Soderini, kannten diese Notwendigkeit sehr gut. Der Bruder konnte nicht obsiegen, weil er die Gewalt dazu nicht hatte und weil er von seinen Anhängern, die sie hatten, nicht recht verstanden wurde. Was an ihm lag, unterließ er nicht; seine Predigten sind voll Anklagen und Strafreden gegen die Weltklugen, wie er die Eifersüchtigen nannte, die sich seinen Einrichtungen widersetzten. Soderini glaubte durch die Zeit, durch Güte, durch sein Glück, durch Wohltaten diese Eifersucht zu besiegen. Er sah sich in rüstigem Alter und mit soviel neuer Gunst umgeben, die er durch seine Handlungsweise erwarb, daß er alle die, welche sich ihm aus Eifersucht widersetzten, ohne Ärgernis, Gewalttat und Unruhen überwinden zu können glaubte. Allein er wußte nicht, daß man die Zeit nicht abwarten kann, daß die Güte nicht hinreicht, daß das Glück wechselt und daß die Bosheit durch kein Geschenk besänftigt wird. Beide scheiterten daher, und ihr Sturz hatte darin seine Ursache, daß sie die Eifersucht nicht zu besiegen verstanden oder vermochten.

Die zweite bemerkenswerte Sache ist die Anordnung, die Camillus zum Heile Roms im Innern und außerhalb traf. Fürwahr nicht ohne Grund setzen die guten Geschichtschreiber, wie der unserige, gewisse Fälle ausführlich und genau auseinander, damit die Nachkommen lernen, wie sie sich unter ähnlichen Umständen zu verteidigen haben. Man muß aus diesem Text ersehen, daß es keine gefährlichere und unnützere Verteidigung gibt als eine solche, die tumultuarisch und ohne Ordnung ist. Dies beweist das dritte Heer, das Camillus zur Besatzung Roms ausheben ließ. Viele würden dies für überflüssig gehalten haben und noch halten, da das an sich bewaffnete und kriegerische Volk zum Heere zu organisieren überflüssig gewesen sei und es genügt habe, dasselbe unter die Waffen treten zu lassen, wenn das Bündnis kam. Camillus hingegen und jeder andere, der so weise wäre wie er, urteilt anders; er wird nie erlauben, daß die Menge die Waffen ergreift, wenn es nicht mit

Ordnung und auf Befehl geschieht. Wer daher Befehlshaber einer Stadt ist, muß diesem Beispiel zufolge sich, wie vor einer Klippe, davor hüten, daß er die Einwohner tumultuarisch die Waffen ergreifen läßt. Zuerst muß er diejenigen eingeschrieben und ausgewählt haben, die Soldaten sein sollen, er muß bestimmen, wem sie zu gehorchen, wo sie sich zu versammeln, wohin sie zu gehen haben; allen anderen muß er befehlen, ein jeder solle in seinem Hause bleiben und dieses verteidigen. Wer in einer angegriffenen Stadt diese Anordnungen trifft, wird sich leicht verteidigen können; wer es anders macht, ahmt Camillus nicht nach und wird sich nicht verteidigen.

31.

Kräftige Republiken und vorzügliche Männer bewahren in jedem Glückswechsel dieselbe Gesinnung und dieselbe Würde.

Unter anderen vortrefflichen Dingen, die unser Geschichtschreiber Camillus tun und sprechen läßt, um zu zeigen, wie ein großer Mann sein soll, legt er ihm auch folgende Worte in den Mund: *Nec mihi Dictatura animos fecit, nec exilium ademit*[1].

Man sieht daraus, daß große Männer in jeder Lage stets dieselben sind. Mag sie der Wechsel des Glücks erhöhen oder herabdrücken, sie ändern sich niemals, sondern behalten stets denselben festen Sinn, mit dem ihr Betragen so übereinstimmt, daß jeder leicht erkennt, das Glück habe keine Macht über sie. Anders benehmen sich schwache Menschen. Das Glück macht sie eitel und berauscht sie, da sie ihre gute Lage Tugenden zuschreiben, die sie niemals kannten. Auf diese Weise werden sie allen, die um sie sind, unerträglich und verhaßt. Die Folge hiervon ist dann der plötzliche Wechsel ihres Loses, und kaum zeigt sich dieser ihrem Auge, so fallen sie in den entgegengesetzten Fehler und werden feige und niedrig. Solche Fürsten sind im Mißgeschick mehr auf Flucht als auf Widerstand bedacht, da sie

[1] Die Diktatur hat mein Selbstgefühl nicht erhöht und die Verbannung es nicht geschwächt.

ihr Glück schlecht benutzt haben und so zur Verteidigung völlig unvorbereitet sind.

Diese Tugend und dies Laster, das man bei einem einzelnen Mann findet, findet man auch bei Republiken. Zum Beweise dienen Rom und Venedig. Die Römer machte kein Mißgeschick jemals niederträchtig, noch ein Glück übermütig. Deutlich zeigte sich dies nach der Niederlage bei Cannä und nach dem Siege über Antiochus. Die Niederlage, obgleich schwer, weil es die dritte war, konnte sie nicht erniedrigen; sie schickten Heere aus, wollten die Gefangenen, weil es ihrem Grundsatz widersprach, nicht auswechseln, und baten weder Hannibal noch Karthago um Frieden; mit Hintansetzung aller dieser niedrigen Maßregeln war Krieg ihr einziger Gedanke, indem sie aus Mangel an Männern Greise und Sklaven bewaffneten. Als Hanno dies erfuhr, zeigte er, wie oben erwähnt, dem karthagischen Senat, wie wenig man auf die Folgen des Siegs bei Cannä zu rechnen habe. So sieht man, daß sie schwierige Zeiten weder entmutigen noch erniedrigen konnten. Ebensowenig machten sie günstige Zeiten übermütig. Vor der verlorenen Schlacht schickte Antiochus Gesandte, eine Übereinkunft zu verlangen; Scipio machte die Friedensbedingung, der König solle sich nach Syrien zurückziehen und seine übrigen Länder den Römern abtreten. Antiochus verwarf dies, verlor die Schlacht und schickte von neuem Gesandte, die alle Bedingungen des Siegers annehmen sollten. Scipio schlug keinen anderen Vertrag vor als er vor dem Siege angeboten hatte, und fügte die Worte hinzu: *Quod Romani, si vincuntur non minuuntur animis, nec si vincunt insolescere solent*[2].

Völlig entgegengesetzt handelten die Venetianer. Im Glücke, das sie durch Tapferkeit, welche sie nicht besaßen, erworben zu haben glaubten, wurden sie so übermütig, daß sie den König von Frankreich den Sohn des heiligen Markus nannten, den päpstlichen Stuhl nicht achteten, die Grenzen Italiens zu enge fanden und sich in den Kopf gesetzt hatten, sie müßten ein dem römischen ähnliches Weltreich schaffen. Als sie hierauf das

[2] Die Römer werden, wenn sie besiegt werden, nicht kleinmütig, und nicht übermütig, wenn sie siegen.

Glück verließ und ihnen der König von Frankreich bei Vaila eine halbe Niederlage beibrachte, verloren sie nicht allein ihre Staaten durch Empörung, sondern gaben einen guten Teil davon aus Feigheit und Niederträchtigkeit freiwillig dem Papste und dem König von Spanien; sie sanken so tief, daß sie Gesandte an den Kaiser schickten, sich ihm tributpflichtig zu machen, und an den Papst Briefe voll Unterwerfung und Kriecherei schrieben, um ihn zum Erbarmen zu bewegen. In diese unglückselige Lage kamen sie in vier Tagen und nach einer halben Niederlage; denn ihr Heer, das gar nicht gekämpft hatte, wurde auf dem Rückzug zum Kampfe gezwungen und ungefähr die Hälfte außer Gefecht gesetzt, so daß der eine Provveditor, der sich rettete, mit mehr als 25000 Mann zu Fuß und zu Pferd nach Verona kam. Fand sich daher in Venedig und in seiner Verfassung nur irgendeine Art von Kraft, so war es leicht, sich wieder zu sammeln, dem Schicksal von neuem die Stirne zu bieten und sich bereitzumachen zum Siege, zu ruhmvollerer Niederlage oder zu ehrenvollerem Frieden. Allein ihre Feigheit, die Folge der schlechten Beschaffenheit ihres Kriegswesens, war Ursache, daß sie durch einen Schlag Staat und Mut verloren.

Immer wird es denen ebenso gehen, die sich wie sie benehmen. Denn der Übermut im Glücke und die Niedrigkeit im Mißgeschick entsteht aus deinen Grundsätzen und aus der Erziehung, in der du aufgewachsen bist. Ist diese schwächlich und eitel, so macht sie dich ebenso; war sie anders, so gibt sie dir gleichfalls ein anderes Gepräge, und dadurch, daß sie dir richtigere Weltkenntnis gibt, mäßigt sie deine Freude im Glück und deinen Kummer im Unglück. Was wir vom einzelnen sagen, gilt auch von vielen, die in derselben Republik leben; sie erlangen den Grad von Vollkommenheit, welchen die eingeführte Lebensweise hat.

Ich habe andernorts zwar schon gesagt, daß der Grundpfeiler aller Staaten ein gutes Kriegswesen ist und daß, wo dieses fehlt, weder gute Gesetze noch überhaupt etwas Gutes bestehen kann, allein es scheint mir nicht überflüssig, dies nochmals zu wiederholen. Aus jedem Blatte der römischen Geschichte geht diese Notwendigkeit hervor. Man sieht darin, daß die Heere nicht gut sein können, wenn sie nicht geübt werden, und daß man sie nicht üben kann, wenn sie nicht aus eigenen Untertanen bestehen. Immer steht man nicht im Felde und kann nicht immer darin stehen; es ist daher notwendig, die Soldaten im Frieden zu üben; wegen der Kosten aber kann man nur mit Untertanen diese Übungen vornehmen. Camillus war, wie wir oben gesagt, gegen die Toskaner gezogen. Als seine Soldaten die Stärke des feindlichen Heeres sahen, bemächtigte sich ihrer völlige Mutlosigkeit, da sie soviel schwächer an Zahl den Angriff nicht aushalten zu können glaubten. Als Camillus die üble Stimmung des Heeres zu Ohren kam, ließ er es vor die Zelte treten, ging durch die Reihen, benahm den Soldaten ihre falsche Meinung und sprach zuletzt, ohne irgend etwas an der Anordnung des Lagers zu ändern: *Quod quisque didicit, aut consuevit, faciat*[1]. Wer diese Worte und die anderen, die er später zu ihnen sagte, um sie zum Angriff auf den Feind zu ermutigen, in Betracht zieht, wird erkennen, daß sich nichts anderes sagen ließ und daß man das Heer nichts anderes konnte tun lassen, als was früher im Krieg und im Frieden angeordnet und eingeübt war. Auf Soldaten, die nichts gelernt haben, kann sich ein Feldherr nicht verlassen oder glauben, sie würden etwas Gutes zustande bringen. Wenn ein neuer Hannibal befehligte, so müßte er unterliegen; denn ein Feldherr kann während der Schlacht nicht überall sein, und wenn er daher nicht früher Männer herangebildet hat, die von seinem Geiste durchdrungen sind und seine Regeln und Kriegführung wohl kennen, so muß er notwendig zugrunde gehen.

Wäre also eine Republik wie Rom bewaffnet und eingerichtet und kämen ihre Bürger täglich einzeln und insgesamt in die Lage, ihre Tugend und Kraft erproben zu müssen und die Macht des Glückes zu erfahren, so würden sie in allen Zeitumständen denselben Sinn zeigen und dieselbe Würde behaupten. Sind sie hingegen waffenlos und verlassen sie sich allein auf die Launen des Glücks, nicht auf die eigene Kraft, so werden sie mit seinem Wechsel wechseln und stets Proben ablegen, wie sie die Venetianer abgelegt haben.

[1] Es tue ein jeder, was er gelernt hat und gewöhnt ist.

32.

Welcher Mittel sich einige bedient haben, einen Friedensschluß zu hintertreiben.

Die Circeer und Velitrer, zwei Kolonien, hatten sich in der Hoffnung auf den Schutz der Latiner gegen das römische Volk empört. Als hierauf die Latiner besiegt wurden und diese Hoffnung verschwunden war, rieten viele Bürger, man solle Gesandte nach Rom schicken, um sich mit dem Senate auszusöhnen. Diese Maßregel wurde von den Urhebern der Empörung hintertrieben, in der Furcht, die ganze Strafe werde auf ihr Haupt fallen. Um aller Beratung über den Frieden ein Ende zu machen, hetzten sie die Menge auf, die Waffen zu ergreifen und in das römische Gebiet einzufallen.

In der Tat, wenn man will, daß ein Volk oder ein Fürst jeden Gedanken an Übereinkunft fahren lassen soll, so gibt es kein Mittel, das so sicher und dauernd wirkt, als ihn zur Verübung einer schweren Untat an dem zu bringen, mit welchem er keine Übereinkunft schließen soll. Es wird ihn dann immer die Furcht vor der Strafe, die er für sein begangenes Verbrechen zu verdienen glaubt, davon fernhalten.

Nach dem ersten punischen Kriege segelten die Soldaten, welche den Karthagern in Sicilien und Sardinien gedient hatten, als Frieden geschlossen war, nach Afrika und kehrten, als sie ihren Sold nicht erhielten, ihre Waffen gegen Karthago, ernannten zwei Häupter, Matus und Spendius, nahmen den Karthagern viele Städte weg und plünderten viele andere. Um zuvor jedes andere Mittel zu versuchen als den Kampf, schickte Karthago seinen Bürger Hasdrubal als Gesandten zu ihnen ab, von dem man glaubte, daß er einige Gewalt über sie habe, da er früher ihr Feldherr gewesen war. Als dieser angekommen war und Spendius und Matus die Soldaten zum Aufgeben aller Hoffnung, jemals von den Karthagern Frieden zu erhalten, und hierdurch zum Kriege nötigen wollten, überredeten sie sie, es sei das beste, den Gesandten und alle karthagischen Bürger, die sie gefangenhielten, zu töten. Dies geschah, und sie wurden nicht nur sämtlich ermordet, sondern vorher mit tausend

Martern gepeinigt und diesem Verbrechen ein Edikt beigefügt, daß alle Karthager, die in Zukunft ergriffen würden auf dieselbe Weise getötet werden sollten. Dieser Beschluß und die Hinrichtung machte das Heer grausam und hartnäckig gegen die Karthager.

33.

Um eine Schlacht zu gewinnen, ist es nötig, das Heer mit Vertrauen auf sich selbst und auf den Feldherrn zu erfüllen.

Um eine Schlacht zu gewinnen, ist es nötig, dem Heere ein solches Vertrauen einzuflößen, daß es durchaus siegen zu müssen glaubt. Die Dinge, die es vertrauensvoll machen, sind, daß es gut bewaffnet und geordnet ist, daß einer den anderen kennt. Nur bei Soldaten, die miteinander geboren und aufgewachsen sind, kann dieses Vertrauen oder diese Ordnung entstehen. Der Feldherr muß geachtet sein, so daß das Heer auf seine Klugheit vertraut. Immer wird es vertrauen, wenn es ihn geregelt, tätig, mutvoll sieht, wenn er sein Ansehen als Feldherr und die Majestät seiner Würde behauptet. Immer wird er dies, wenn er seine Soldaten für ihre Vergehen straft, sie nicht zwecklos anstrengt, seine Versprechungen hält, wenn er den Weg zum Siege als leicht darstellt und was die Gefahren von ferne zeigen könnte, verbirgt, verkleinert. Diese Dinge, wohl beobachtet, sind eine große Ursache, daß das Heer vertraut und vertrauend siegt.

Bei den Römern war es gebräuchlich, ihren Heeren dies Vertrauen durch die Religion einzuflößen. Dies war der Grund, warum sie die Konsulwahl, die Aushebung, den Abmarsch des Heeres, die Schlacht mit Augurien und Auspizien begannen. Ohne diese hätte ein guter und weiser Feldherr nie eine Schlacht gewagt, in der Überzeugung, daß sie leicht verloren werden könne, wenn die Soldaten nicht zuvor gehört hätten, daß die Götter auf ihrer Seite seien. Wenn aber ein Konsul oder anderer Heerführer unter ungünstigen Auspizien gefochten hätte, so würde er gestraft worden sein wie Claudius Pulcher. Man sieht dies in der ganzen römischen Geschichte, doch beweisen es Livius' Worte im Munde des Appius Claudius am deutlichsten, wo dieser sich beim Volke über die Frechheit der Volkstribunen beschwert und zeigt, daß durch sie die Auspizien und andere religiösen Gebräuche entweiht wurden: *Eludant nunc licet religionem. Quid enim interest, si pulli non pascentur, si ex cavea tardius exierint, si occinuerit avis? Parva sunt haec; sed parva ista non contemnendo, Majores nostri maximam hanc rempublicam fecerunt*[1]. Diese kleinen Dinge haben die Kraft, die Soldaten einig und vertrauensvoll zu erhalten, was die Hauptursache jedes Sieges ist.

Doch müssen diese Dinge die Tapferkeit begleiten, sonst haben sie keinen Wert. Als die Pränestiner gegen die Römer im Felde standen, bezogen sie am Flusse Allia an der Stelle ein Lager, wo die Römer von den Galliern geschlagen worden waren. Dies taten sie, um ihren Soldaten Zuversicht einzuflößen und die Römer durch die Vorbedeutung des Ortes zu entmutigen. Obschon nun ihre Maßregel aus den erwähnten Gründen Erfolg versprach, so zeigt doch der Ausgang, daß die wahre Tapferkeit nicht jeden unbedeutenden Zufall fürchtet. Der Geschichtschreiber sagt dies sehr gut durch die Worte, die er den Diktator an seinen General der Reiterei richten läßt: *Vides tu, fortuna illos fretos, ad Alliam consedisse, at tu, fretus armis animisque, invade mediam aciem*[2]. Wahre Tapferkeit, gute Ordnung, Zuversicht, gegründet auf so viele Siege, verschwindet nicht vor Dingen von wenig Bedeutung; eine leere Einbildung jagt ihr weder Furcht ein, noch schadet ihr eine augenblickliche Verwirrung. Man sah dies deutlich, als zwei Manlius, Anführer gegen die Volsker, einen Teil ihres Lagers verwegenerweise auf Beute ausgeschickt hatten, und zu gleicher Zeit die

---

[1] Mögen sie jetzt immerhin die heiligen Gebräuche verspotten. – Was liegt denn daran, ob junge Hühner nicht fressen, ob sie zu langsam aus dem Käfig gehen, ob ein Vogel zur Unzeit pfeift? Dies sind Kleinigkeiten, aber dadurch, daß sie diese nicht verachteten, haben unsere Vorfahren unseren Staat groß gemacht.

[2] Siehst du, sie haben sich, auf das Glück vertrauend, an der Allia gelagert, aber du, auf Waffen und auf Mut vertrauend, greife ihre Schlachtreihe in der Mitte an.

ausgeschickten Soldaten umringt und die zurückgebliebenen bestürmt wurden. Aus dieser Gefahr rettete die Römer nicht die Klugheit der Konsuln, sondern die eigene Tapferkeit der Soldaten. Livius sagt hierüber, wie folgt: *Militum etiam sine rectore stabilis virtus tulata est*[3].

Ich will ein Wort des Fabius, um sein Heer vertrauensvoll zu machen, nicht übergehen. Als er in Toskana eingedrungen war und dieses Vertrauen für um so nötiger erachtete, als er seine Soldaten in ein neues Land gegen neue Feinde geführt hatte, sagte er ihnen, nach Anführung vieler Gründe, warum sie den Sieg zu hoffen hätten: er könne ihnen noch gewisse gute Dinge sagen, woraus sie den gewissen Sieg sehen würden, wenn es nicht gefährlich wäre, sie bekannt werden zu lassen. Dieses weise angewandte Mittel verdient Nachahmung.

34.

Welcher Ruf oder welche Meinung bewirkt, daß das Volk einen Bürger zu begünstigen anfängt; und ob es mit mehr Klugheit Ämter erteilt als ein Fürst.

Wir haben früher erzählt, wie Titus Manlius, später Torquatus genannt, seinen Vater Lucius Manlius von den Folgen einer Anklage rettete, die der Volkstribun Marcus Pomponius gegen ihn erhoben hatte. Obgleich nun die Art der Rettung einigermaßen gewalttätig und ungesetzlich war, so gefiel doch diese kindliche Pietät gegen den Vater jedermann so sehr, daß er nicht nur nicht zur Rede gestellt, sondern bei der Wahl der Kriegstribunen an zweiter Stelle ernannt wurde. Bei Gelegenheit dieses Erfolges scheint es mir gut zu untersuchen, wie das Volk die Männer bei der Übertragung von Ämtern beurteilt, und ob nach dem, was wir hier sehen, unser oben gezogener Schluß richtig ist, daß das Volk bessere Wahlen treffe als ein Fürst.

Das Volk richtet sich bei seinen Amtszuteilungen nach dem, was die öffentliche Stimme oder der Ruf von einem Manne sagt,

[3] Auch ohne Leitung schützte die beständige Tapferkeit der Soldaten.

wenn es ihn nicht durch seine bekannten Taten, durch Vermutung oder durch eine Meinung, die man von ihm hat, genauer kennt. Die beiden letzteren Dinge rühren von den Vätern solcher Männer her, die große Männer und einflußreich in der Stadt waren und von deren Söhnen man daher glaubt, daß sie ihren Vätern ähnlich sein werden, solange sie nicht durch ihre Handlungen das Gegenteil bewiesen haben. Oder aber diese Dinge rühren aus dem Benehmen des Mannes selbst her, von dem man spricht. Das beste Benehmen in dieser Hinsicht ist gesetzte, wohlgesittete, von jedem für weise gehaltene Männer zu seinem Umgang zu haben. Da es kein sichereres Zeichen der Sinnesart eines Menschen gibt als die Gesellschaft, mit der er umgeht, so erwirbt ein Mann, der gute Gesellschaft hat, mit Recht einen guten Namen; denn es ist unmöglich, daß er nicht einige Ähnlichkeit mit ihr habe. Oder drittens erwirbt man diesen öffentlichen Ruf durch eine ungewöhnliche und ausgezeichnete Handlung, die dem Vollbringer, wenn es auch nur eine Privathandlung ist, Ehre macht.

Von allen drei Dingen, die anfänglich einen guten Ruf verleihen, ist keines wirksamer als das letzte. Das erste, Ahnen und Väter, ist so träglich, daß die Menschen zögern, sich darauf zu verlassen, und in kurzem verzehrt es sich, wenn es nicht durch das eigene Verdienst dessen, der zu beurteilen ist, begleitet wird. Das zweite, daß man dich durch deinen Umgang erkennt, ist besser als das erste, allein es ist viel weniger sicher als das dritte; denn solange man kein Zeichen sieht, das du selbst gibst, beruht dein Ruf auf der Meinung, die gar leicht wankend gemacht wird. Das dritte hingegen, das durch deine Werke entstanden und darauf gegründet ist, gibt dir sogleich einen solchen Namen, daß du später vieles dagegen tun mußt, um es zu verwischen. Wer daher in einer Republik geboren wird, muß diese Richtung nehmen und sich bestreben, durch eine außerordentliche Handlung sich hervorzutun. Viele Römer taten dies in ihrer Jugend dadurch, daß sie entweder ein Gesetz vorschlugen, das den allgemeinen Nutzen bezweckte, oder einen mächtigen Bürger als Übertreter der Gesetze anklagten, oder etwas ähnliches Auffallendes und Neues taten, das von ihnen reden machte.

Diese Dinge sind nicht allein nötig, sich anfänglich Ansehen zu geben, sie sind auch notwendig, um dies Ansehen zu erhalten und zu vergrößern. Zu diesem Zwecke maß man sie wiederholen, wie es Titus Manlius sein ganzes Leben hindurch tat. Nachdem er seinen Vater auf so mutvolle und außerordentliche Weise verteidigt und durch diese Handlung sein erstes Ansehen erworben hatte, focht er einige Jahre später mit dem Gallier und zog dem Erlegten die goldene Kette vom Halse, die ihm den Namen Torquatus gab. Nicht zufrieden damit, ließ er schon in reiferem Alter seinen Sohn hinrichten, weil er ohne Erlaubnis gefochten, obgleich er den Feind überwunden hatte. Diese drei Handlungen gaben ihm damals einen größeren Namen und machen ihn durch alle Jahrhunderte berühmter als es irgendein Triumph, irgendein Sieg tat, womit er geschmückt ist wie nur irgendein Römer. Die Ursache ist die, daß, was die Siege betrifft, sehr viele Römer Manlius gleich waren; was diese einzelnen Handlungen betrifft, sehr wenige oder keiner. Dem älteren Scipio erwarben alle seine Triumphe keinen so großen Ruhm, als daß er noch im ersten Jünglingsalter am Tesino seinen Vater verteidigt hatte, und daß er nach der Niederlage bei Cannä mutvoll mit entblößtem Schwerte mehrere Jünglinge zum Schwure zwang, Italien nicht zu verlassen, wie sie es schon beschlossen hatten. Diese beiden Handlungen waren der Ursprung seines Rufes und dienten ihm als Stufen zu den Triumphen über Spanien und Afrika. Die hohe Meinung von ihm stieg noch mehr, als er in Spanien die Tochter dem Vater, die Gattin dem Gatten zurücksandte.

Diese Art zu verfahren ist nicht allein für die Bürger nötig, welche Ruhm erwerben wollen, um die höchsten Würden in ihrer Republik zu erreichen, sie ist auch für die Fürsten notwendig, die sich in ihren Staaten in Ansehen erhalten wollen. Nichts erwirbt ihnen soviel Achtung, als wenn sie, ein seltenes Vorbild, dastehen durch ein seltenes, das öffentliche Wohl bezweckendes Werk oder Wort, das den Herrn großmütig, freisinnig oder gerecht zeigt und so ist, daß es bei seinen Untertanen gleichsam zum Sprichwort wird. Kehren wir aber zum Anfang dieses Kapitels zurück.

Wenn das Volk einem seiner Bürger das erste Amt gibt, indem es auf die drei obengenannten Gründe baut, so baut es nicht schlecht; wenn aber hierauf viele Beispiele eines guten Betragens einen Mann bekannter machen, dann baut es besser; denn in diesem Falle kann es sich fast niemals täuschen. Ich spreche hier nur von den Ämtern, die man Männern zu Anfang erteilt, ehe sie noch durch eine feste Erfahrung bekannt sind oder von einer Handlung zu einer anderen ungleichen übergehen. Hierin begehen die Völker, sowohl was die falsche Meinung als was die Bestechung durch irgendein Mittel betrifft, immer kleinere Irrtümer als die Fürsten. Es könnte sein, daß sich die Völker über den Ruf, die Gesinnung und die Werke eines Mannes täuschen, indem sie sie für größer halten als sie wirklich sind, was einem Fürsten nicht begegnen kann, da es ihm gesagt und er durch seine Ratgeber darauf aufmerksam gemacht werden würde. Damit nun auch die Völker diesen Rat nicht entbehren, haben die guten Gesetzgeber der Republiken verordnet, daß bei Besetzung der höchsten Ämter der Stadt, wo es gefährlich wäre, Männer zu wählen, die der Sache nicht gewachsen sind, jedem Bürger, wenn man sieht, daß sich der Volkswille auf die Wahl solcher richtet, erlaubt ist und zum Ruhme gerechnet wird, die Fehler dieser Männer in der Versammlung aufzudecken, damit das Volk, genau unterrichtet, besser urteilen könne. Daß dies in Rom Gebrauch war, bezeugt die Rede, welche Fabius Maximus im zweiten punischen Kriege an das Volk hielt, als bei der Konsulwahl die Gunst sich dem Titus Ottacilius zuwandte. Fabius hielt ihn nicht für gewachsen, in diesen Zeiten das Konsulat zu verwalten, und sprach gegen ihn, indem er seine Unzulänglichkeit bewies, so daß er ihm die Würde entzog und die Volksgunst denen zuwandte, die sie besser verdienten.

Die Völker urteilen also bei der Wahl der Magistrate nach den sichersten Zeichen, die man von den Menschen haben kann; sie irren, wenn sie wie die Fürsten beraten werden können, weniger als die Fürsten; und ein Bürger, der die Volksgunst wünscht, muß sie durch eine bemerkenswerte Tat, wie Manlius, gewinnen.

35.

Welche Gefahr es mit sich bringt, sich zum Ratgeber aufzuwerfen; und je außerordentlicher die Sache ist, wozu man rät, desto größere Gefahr läuft man.

Wie gefährlich es ist, sich zum Haupt einer Neuerung aufzuwerfen, wobei viele beteiligt sind, wie schwer es sei, eine solche Neuerung zu betreiben und durchzusetzen und, wenn sie durchgesetzt ist, zu erhalten, dies zu erörtern ist ein zu hoher Gegenstand und würde uns zu weit führen, als daß ich hier darüber sprechen könnte. Dies auf einen passenderen Ort versparend, werde ich daher nur von den Gefahren sprechen, in welche sich die Bürger oder die Ratgeber eines Fürsten begeben, die einem solchen zum Fassen eines wichtigen und bedeutenden Beschlusses so raten, daß diese Entscheidung ganz ihm zugeschrieben wird. Da nämlich die Menschen die Dinge nach dem Erfolg beurteilen, so wird alles Übel, das daraus entspringt, dem Urheber des Rates aufgebürdet, und sind die Folgen gut, so wird er dafür gelobt; allein die Belohnung hält bei weitem dem Schaden nicht die Waage.

Als sich der gegenwärtige Sultan Selim II., den man Großtürke nennt, nach dem Berichte einiger Reisenden, die aus seinen Ländern kommen, zu einem Feldzug gegen Syrien und Ägypten gerüstet hatte, wurde er von einem seiner Paschas, dessen Paschalik an den Grenzen Persiens liegt, aufgemuntert, gegen den Sofi zu ziehen. Durch diesen Rat bewogen, unternahm er mit einem sehr zahlreichen Heere diesen Feldzug, kam in einem weit ausgedehnten Lande an, wo viele Wüsten und nur wenige Gewässer sind, fand dieselben Schwierigkeiten, welche einst viele römische Heere zugrunde gerichtet hatten, und litt durch sie so sehr, daß er durch Hunger und Pest, obgleich im Kriege überlegen, einen großen Teil seiner Truppen verlor. Voll Zorn über den Urheber des Rates, ließ er ihn hinrichten.

Man liest von vielen Bürgern, die zu einer Unternehmung aufmunterten und, weil sie ein schlechtes Ende nahm, ins Exil geschickt wurden. Einige römische Bürger setzten durch, daß ein Konsul aus den Plebejern gewählt werden solle. Durch

Zufall wurde der erste, der an der Spitze des Heeres auszog, geschlagen, und jene Bürger würden darunter gelitten haben, wenn sie nicht die große Macht der Partei, die durch jenen Beschluß geehrt ward, beschützt hätte.

Es ist daher ausgemacht, daß sich die Ratgeber einer Republik und die Ratgeber eines Fürsten in der Klemme befinden: daß sie entweder ihre Amtspflicht verletzen, wenn sie nicht rücksichtslos raten, was ihnen für die Stadt oder für den Fürsten nützlich scheint, oder daß sie sich, wenn sie es raten, in die Gefahr begeben, Leben und Amt zu verlieren; da alle Menschen hierin blind sind, daß sie guten und schlechten Rat nach dem Erfolg beurteilen. Wenn ich bedenke, wie sie diese Schande oder diese Gefahr vermeiden können, so sehe ich keinen anderen Ausweg, als die Dinge gemäßigt anzugreifen, keines als eigene Unternehmung zu behandeln, seine Meinung ohne Leidenschaft zu sagen und sie ohne Leidenschaft mit Bescheidenheit zu verteidigen; so daß, wenn die Stadt oder der Fürst sie befolgt, er dies freiwillig tut und nicht durch dein ungestümes Drängen dazu gezogen scheint. Wenn du so handelst, so ist nicht anzunehmen, daß ein Fürst oder Volk dir wegen deines Rates übel will, da dieser nicht gegen den Willen vieler befolgt worden ist. Denn da ist Gefahr, wo viele widersprochen haben, die bei einem unglücklichen Ausgang sich zu deinem Untergang vereinigen. Entbehrt man auch in diesem Falle den Ruhm, welchen man erwirbt, wenn man allein gegen viele etwas rät und dies gelingt, so hat man dagegen zweierlei Gutes: erstens keine Gefahr; zweitens, wenn du deine Sache gemäßigt rätst und wegen Widerspruch dein Rat nicht angenommen wird und aus dem Rat eines andern ein Unheil entspringt, so geht daraus für dich der größte Ruhm hervor. Obgleich dich nun der Ruhm, den du durch das Unglück deiner Stadt oder deines Fürsten erwirbst, nicht erfreuen kann, so ist er doch immer einigermaßen in Anschlag zu bringen.

Einen anderen Rat kann man, glaube ich, den Menschen in dieser Sache nicht geben; denn wollte man ihnen raten, sie sollten schweigen und ihre Meinung nicht sagen, so wäre dies der Republik oder ihrem Fürsten nachteilig, und sie selbst werden dadurch der Gefahr nicht entgehen. Bald werden sie verdächtig werden, und es könnte ihnen wie einem Freunde des Königs Perseus von Macedonien ergehen. Als dieser König von Paulus Aemilius geschlagen worden war und mit wenigen Freunden floh, gab es sich, daß bei der Besprechung des Geschehenen einer von ihnen dem König viele Fehler zu nennen anfing, die Ursache seines Sturzes gewesen waren. Perseus wandte sich mit den Worten gegen ihn: „Verräter, der du bis jetzt gezögert hast, mir dies zu sagen, wo ich kein Hilfsmittel mehr habe“ und tötete ihn mit eigener Hand. So empfing dieser Macedonier dafür die Strafe, daß er stumm gewesen war, als er hätte sprechen sollen, und sprach, als er hätte schweigen sollen, und er entging dadurch, daß er keinen Rat gab, nicht der Gefahr. Ich glaube daher, daß man sich auf die obengenannte Weise zu benehmen habe.

36.

Warum die Gallier von jeher im Anfang der Schlacht für mehr als Männer und später für weniger als Weiber galten.

Die Kühnheit des Galliers, der am Flusse Anio jeden Römer herausforderte, und der hierauf erfolgte Zweikampf zwischen ihm und Titus Manlius erinnert mich an das, was Livius mehremal sagt, daß die Gallier im Anfang des Gefechtes mehr als Männer sind, im Verlauf der Schlacht aber weniger als Weiber werden. Um diese Erscheinung zu erklären, sagen viele, dies liege in ihrer Natur, und ich glaube, daß sie recht haben; allein es folgt nicht daraus, daß diese ihre Natur, die sie im Anfang mutig macht, nicht durch Kunst so ausgebildet werden könnte, daß sie bis zu Ende mutig bleiben. Ich will dies zu beweisen suchen.

Man kann zu diesem Zwecke die Heere in drei Klassen einteilen. In die erste gehören die, in welchen man feurigen Mut und Ordnung sieht. Die Ordnung ist's, die den wahren Mut und die Tapferkeit erzeugt. So war es bei den Römern. Die Geschichte berichtet, daß in ihren Heeren während eines langen Zeitraumes eine gute Ordnung herrschte, welche durch eine strenge Kriegszucht eingeführt worden war. In einem guten Heere darf nichts ohne Vorschrift geschehen; so findet man, daß im römischen Heere, das sich alle Heere zum Muster nehmen müssen, weil es die Welt besiegt hat, weder gegessen noch geschlafen, weder eingekauft noch irgendein anderes häusliches oder Kriegsgeschäft verrichtet wurde, ohne daß der Konsul Befehl dazu gab. Heere, wo es anders gehalten wird, sind keine wahren Heere; richten sie auch etwas aus, so geschieht es durch blinde Wut und ungestümes Feuer, nicht durch Tapferkeit. Ein Heer hingegen, das geregelte Tapferkeit besitzt, braucht sein Feuer mit Maß nach und nach; keine Schwierigkeit kann es feige machen noch seinen Mut verringern, denn die gute Schlachtordnung gibt ihm stets neuen Mut und neues Feuer und nährt es mit Siegeshoffnung, die niemals fehlt, solange die Scharen standhalten.

Umgekehrt ist es mit der zweiten Klasse von Heeren, wo man blinde Wut und keine Ordnung sieht, wie es bei den Galliern war, die im Gefechte immer nachließen. Sowie es ihnen nicht gelang, durch den ersten Anfall zu siegen, war ihr ungestümer Mut, auf den sie ihre Hoffnung setzten, durch keine geregelte Tapferkeit unterstützt, sie hatten außer ihm nichts, worauf sie hätten vertrauen können, und ließen, sowie er abgekühlt war, nach. Die Römer hingegen fürchteten wegen ihrer guten Schlachtordnung weniger Gefahren, mißtrauten dem Siege nicht und fochten standhaft mit demselben Mute und mit derselben Tapferkeit am Ende wie am Anfang, ja durch die Schlacht erhitzt, entbrannten sie von immer größerer Kampflust.

Die dritte Gattung von Heeren ist die, bei denen man weder natürlichen Mut noch künstliche Ordnung findet. So sind unsere neueren italienischen Heere beschaffen. Sie sind ganz unnütz, und wenn sie nicht auf ein Heer stoßen, das durch irgendeinen Zufall davonläuft, so werden sie wohl niemals siegen. Man braucht dafür weiter keine Beispiele anführen; denn sie zeigen jeden Tag, daß sie nicht die geringste Tapferkeit besitzen.

Damit nun jeder auch durch Livius' Zeugnis hören mag, wie ein gutes Heer beschaffen sein soll und was man ein schlechtes nennt, so will ich die Worte des Papirius Cursor anführen, als er Fabius, seinen General der Reiterei, strafen wollte: *Nemo hominam, nemo Deorum verecundiam habeat, non edicta Imperatorum, non auspicia observentur: sine commeatu vagi milites in pacato, in hostico errent; immemores sacramenti, licentia sola se, ubi volint, exauelorent; infrequentia deserantur signa; neque conveniant ad ediclum, nec discernant interdiu, nocte, aequo, iniquo loco, jussu, injussu Imperatoris pugnent, et non signa, non ordines servent; latrocinii modo, coeca et fortuita, pro solemni et sacrata militia sit*[1]. Es läßt sich hieraus leicht schließen, ob die Heere unserer Zeit blind und dem Zufall preisgegeben oder durch feierliche Auswahl und Eid geheiligt seien, und wie viel ihnen zu dem fehle, was man ein Heer nennen kann, und wie weit sie davon entfernt sind, mutvoll und geordnet wie die römischen oder auch nur mutig wie die gallischen zu sein.

37.

Ob kleine Gefechte vor der Schlacht nötig sind, und auf welche Weise man das Heer mit einem neuen Feind bekannt machen soll, wenn man sie vermeiden will.

Es scheint, daß sich bei den Handlungen der Menschen, wie wir früher gezeigt haben, außer den anderen Schwierigkeiten bei der Durchsetzung einer Sache auch noch die findet, daß immer dem Guten ein Übel nahe ist, das so leicht mit diesem Guten entsteht, daß es unmöglich scheint, das eine zu vermeiden, wenn man das andere will. Dies sieht man bei allem, was die Menschen tun. Das Gute wird daher nur schwer erreicht,

[1] Wenn niemand vor Menschen, niemand vor Göttern Ehrerbietung habe, wenn man keine Befehle der Feldherren, keine Vogeldeutungen mehr beachte, wenn die Soldaten, ohne Urlaub sich verlaufend, in Freundes- und Feindeslanden umherschwärmen, vergessend ihres Eides die Fahnen verlassen, nicht auf Befehl sich versammeln, nicht unterscheiden, ob sie bei Tag oder bei Nacht, auf günstigem oder ungünstigem Boden, mit oder ohne Befehl des Feldherrn kämpfen, nicht auf das Feldgeschrei achten, nicht sich zu ihren Rotten halten, und man, einer Räuberbande ähnlich, ein blindes, dem Zufall preisgegebenes Heer habe statt eines durch feierliche Auswahl und Eid geheiligten Heeres.

wenn dir das Glück nicht auf eine Weise beisteht, daß es durch seine Macht diesen gewöhnlichen und natürlichen Übelstand besiegt.

Auf diese Betrachtung wurde ich von neuem geführt durch den Zweikampf des Titus Manlius und des Galliers, worüber Livius sagt: *Tanti ea dimicatio ad universi belli eventum momenti fuit, ul Gallorum, exercitus, relictis trepide castris, in Tiburtem agrum, mox in Campaniam transierit*[1].

Auf der einen Seite nämlich erwäge ich, daß ein guter Feldherr durchaus vermeiden muß, etwas zu tun, was, an sich von wenig Bedeutung, doch schlimme Wirkung auf sein Heer hervorbringen kann; denn sich in einen Kampf einlassen, wozu nicht alle Streitkräfte verwendet werden und wo doch alles aufs Spiel gesetzt wird, ist ein völlig tollkühnes Verfahren, wie ich oben sagte, als ich das Besetzen der Pässe tadelte. Auf der anderen Seite erwäge ich, daß weise Feldherren, wenn sie einen neuen Feind, der Ruf hat, gegen sich haben, genötigt sind, ehe es zur Schlacht kommt, ihre Soldaten sich an diesem neuen Feinde in leichten Gefechten versuchen zu lassen, damit sie ihn kennen und behandeln lernen und dadurch den Schrecken verlieren, den ihnen Gerücht und Ruf eingeflößt hat. Dies ist für den Feldherrn von höchster Wichtigkeit, denn er wird fast durch die Notwendigkeit dazu gezwungen, da er einer gewissen Niederlage entgegenzugehen scheint, wenn er nicht zuerst durch kleine Versuche seinen Soldaten den Schrecken benimmt, womit sie der Ruf des Feindes erfüllt hat. Valerius Corvinus wurde an der Spitze eines Heeres gegen die Samniter abgeschickt, einen neuen Feind, gegen den die Römer noch niemals ihre Waffen versucht hatten, und Livius sagt, Valerius habe die Römer in einigen leichten Gefechten sich mit den Samnitern messen lassen: *Ne eos novum bellum, ne novus hostis terreret*[2]. Allein es ist die größte Gefahr vorhanden, daß, wenn deine Soldaten in diesen Gefechten besiegt werden, ihre Furcht und Feigheit

[1] So wichtig war dieser Kampf für den Ausgang des ganzen Krieges, daß das Heer der Gallier sein Lager eilig verließ, in das tiburtinische Gebiet und bald darauf nach Campanien zog.

[2] Damit sie der neue Krieg und der neue Feind nicht schrecke.

zunimmt und eine deiner Absicht entgegengesetzte Wirkung die Folge ist, das heißt, daß du sie entmutigst, während du ihnen Zuversicht einflößen wolltest. Dies ist also eine von den Sachen, wo das Übel dem Guten so nahe ist und beide so verwandt miteinander sind, daß man sehr leicht in das eine gerät, indem man das andere zu erreichen glaubt.

Meine Meinung über die Sache ist daher die, daß ein guter Feldherr mit aller Sorgfalt darauf bedacht sein muß, daß er nichts tut und nichts zuläßt, was durch sein Mißglücken dem Heere den Mut benehmen könnte. Was ihm den Mut benehmen kann, ist, anfänglich den kürzeren ziehen; er muß sich daher vor kleinen Gefechten hüten und sie nur dann erlauben, wenn er im größten Vorteil ist und die gewisse Hoffnung auf den Sieg hat. Er darf es nicht unternehmen, Pässe, wo er nicht sein ganzes Heer aufstellen kann, zu verteidigen. Er darf nur die von seinen Festungen besetzen, deren Verlust notwendig seinen Untergang nach sich zöge; und bei denen, die er besetzt, muß er die Besatzungen und sein Heer in eine solche Verfassung setzen, daß, wenn sie der Feind nehmen will, er alle seine Streitkräfte gegen ihn anwenden kann; alle übrigen Plätze muß er unverteidigt lassen. Denn geht etwas verloren, was man preisgibt, und das Heer ist noch beisammen, so verliert man weder die Ehre des Krieges noch die Hoffnung, ihn siegreich zu beenden. Geht hingegen etwas verloren, das du verteidigen wolltest und von dem jedermann glaubt, daß du es mit Erfolg verteidigen würdest, dann ist der Verlust verderblich, du hast fast wie die Gallier durch eine Sache von wenig Bedeutung den Krieg verloren.

Als Philipp von Macedonien, der Vater des Perseus, ein Kriegsmann und einer der ersten Machthaber jener Zeit, von den Römern angegriffen wurde, verließ und verheerte er einen großen Teil seiner Länder, die er nicht verteidigen zu können glaubte. Als kluger Fürst erachtete er für verderblicher, dadurch, daß er nicht verteidigen könnte, was er zu verteidigen unternähme, seinen Kriegsruf zu verlieren, als diese Länderstrecken als etwas außer acht Gelassenes dem Feinde preiszugeben. Als sich die Römer nach der Niederlage bei Cannä in bedrängter Lage befanden, verweigerten sie vielen ihrer Schutzbefohlenen und Untertanen ihren Beistand, indem sie ihnen auftrugen, sich so gut als möglich selbst zu verteidigen. Diese Maßregeln sind viel besser, als die Verteidigung zu übernehmen und dann doch nicht verteidigen zu können; denn in diesem Falle verliert man Verbündete und Soldaten, in jenem nur Verbündete.

Um aber wieder zu den kleinen Gefechten zurückzukehren, sage ich, daß, wenn ein Feldherr durch die Neuheit des Feindes durchaus gezwungen ist, ein solches Gefecht zu liefern, er es mit so großem Vorteil tun muß, daß gar keine Gefahr ist, es zu verlieren; oder aber, was noch besser ist, er mache es wie Marius, als er gegen die Cimbern zog. Diese unbändigen Volksstämme rückten zur Plünderung Italiens heran, und es ging ihnen, wegen ihrer wilden Tapferkeit und Menge, und weil sie schon ein römisches Heer geschlagen hatten, ein großer Schrecken voraus.

Marius hielt daher für nötig, ehe es zur Schlacht käme, etwas zu tun, wodurch er seinem Heere diesen Schrecken, womit es der furchtbare Feind erfüllt hatte, benähme. Als sehr kluger Feldherr legte er zu diesem Zwecke sein Heer mehr als einmal an Orte, wo die Cimbern vorbeiziehen mußten. So sollten hinter den Verschanzungen des Lagers seine Soldaten die Barbaren betrachten und ihre Augen an den Anblick des Feindes gewöhnen, damit sie, eine regellose Masse, mit Gepäck beladen, schlecht bewaffnet und zum Teil nur Troß sehend, wieder Vertrauen gewännen und kampflustig würden. Diese von Marius weise ergriffene Maßregel verdient sorgfältig nachgeahmt zu werden, um sich nicht in die Gefahren zu begeben, die ich oben gezeigt habe, und nicht in die Lage der Gallier zu geraten, *qui ob rem parvi ponderis trepidi in Tiburtem agrum, et in Campaniam transierunt*[1]. Da wir aber in diesem Kapitel Valerius Corvinus angeführt haben, so wollen wir im folgenden durch seine Worte zeigen, wie ein Feldherr sein soll.

[1] Die wegen eines Vorfalls von wenig Wichtigkeit sich eilig in das tiburtinische Gebiet und von da nach Campanien zogen.

38.

Wie ein Feldherr sein soll, auf den sein Heer vertrauen könne.

Wie wir oben gesagt haben, stand Valerius Corvinus den Samnitern, neuen Feinden des römischen Volkes, gegenüber, weshalb er, um seinen Soldaten Zuversicht einzuflößen und sic mit dem Feinde bekannt zu machen, leichte Gefechte liefern ließ. Da ihm dies noch nicht hinreichend schien, wollte er vor der Schlacht zu ihnen sprechen und bewies ihnen durch die triftigsten Gründe, wie wenig sie diese Feinde anzuschlagen hätten, indem er die Tapferkeit des römischen Soldaten und seine eigene anführte. Aus den Worten, die ihm hier Livius in den Mund legt, läßt sich abnehmen, wie ein Feldherr sein soll, auf den das Heer vertrauen mag. Diese Worte sind folgende: *Tum etiam intueri, cujus dactu auspicioque ineunda pugna sit: utrum qui audiendus dumtaxat magnificus adhortalor sit, verbis lantum ferox, operum militarium expers; an qui et ipse tela traetare, procedere ante signa, versari media in mole pugnae sciat. Facta mea, non dicta vos milites sequi volo, nec disciplinam modo, sed exemplum etiam a me petere, qui hac dextra mihi fres Consulatus, summamqü laudem peperi*[2].

Diese Worte, wohl erwogen, belehren jeden, wie er verfahren soll, wenn er den Feldherrnrang würdig einnehmen will. Wer anders ist, wird bald finden, daß ihm dieser Rang, wenn er durch Glück oder Ehrgeiz weitkommen sollte, Ruf nimmt, nicht gibt. Denn nicht die Titel verherrlichen den Mann, sondern der Mann die Titel.

Der Anfang dieses Kapitels führt noch auf eine andere Betrachtung. Wenn nämlich die großen Feldherren außeror-

[2] Dann muß jeder auch erwägen, unter wessen Führung und Leitung er in den Kampf zieht. Ob der Feldherr, der zu ruhmvollen Taten ermuntert, bloß mit Worten tapfer, an den Kriegsarbeiten keinen Teil nimmt, oder ob er selbst die Waffen braucht, vor den Fahnen herschreitet und mitten im Gedränge des Kampfes arbeitet. Meinen Taten, ihr Soldaten, will ich, daß ihr følget, nicht meinen Worten, und nicht bloß Befehle sollt ihr von mir nehmen, sondern auch Beispiele, von mir, der mit dieser Rechten sich drei Konsulate und den höchsten Ruhm erworben hat.

dentliche Mittel anwandten, um den Mut eines Veteranenheeres zu stählen, wenn es sich mit ungewohnten Feinden zu messen hatte, so läßt sich daraus abnehmen, um wieviel größerer Sorgfalt und Geschicklichkeit es bedarf, wenn man ein neues Heer befehligt, das noch nie einem Feind ins Auge geschaut hat. Wenn ein ungewohnter Feind einem alten Heere Schrecken einflößt, so muß jeder Feind ein neues Heer mit noch viel größerem Schrecken erfüllen.

Dennoch hat man oft gesehen, daß gute Feldherren alle diese Schwierigkeiten mit höchster Klugheit überwanden, wie der Römer Gracchus und der Thebaner Epaminondas, von denen wir früher erzählten, daß sie mit neuen Heeren die geübtesten Veteranenheere schlugen. Ihre Mittel waren, die Soldaten an den Gehorsam und die Kriegszucht zu gewöhnen und sie einige Monate in Scheingefechten zu üben, von denen sie dann mit dem größten Vertrauen zum ernstlichen Kampfe übergingen. Kein Kriegsmann darf daher Mißtrauen in die Möglichkeit setzen, gute Heere zu bilden, wenn es ihm nicht an Menschen fehlt; denn der Fürst, der Überfluß an Menschen und keine Soldaten hat, darf sich nicht über die Feigheit seiner Untertanen, sondern allein über seine eigene Lässigkeit und Unklugheit beschweren.

39.

Daß ein Feldherr Geländekenntnis besitzen muß.

Unter die Dinge, welche einem Heerführer nötig sind, gehören die Gelände- und Landeskenntnis. Ohne diese Kenntnis, sowohl im allgemeinen als im einzelnen, kann ein Heerführer nichts Gutes zustande bringen. Verlangen aber alle Wissenschaften eine Fertigkeit, wenn man sie vollkommen innehaben will, so verlangt diese eine besonders große. Diese Fertigkeit, oder vielmehr diese Kenntnis im einzelnen, wird mehr durch die Jagd, als durch irgendeine andere Übung erworben. Die alten Schriftsteller sagen daher, die Heroen, welche zu ihrer Zeit die Welt regierten, seien in Wäldern und Jagden herangewachsen; denn die Jagd lehrt, außer jener Kenntnis, noch eine Menge anderer zum Kriege nötiger Dinge.

Als Cyrus, erzählt Xenophon in seiner Cyropädie, den König von Armenien angriff und seine Disposition zur Schlacht traf, sprach er zu seinen Streitern, dies sei nichts anderes als eine jener Jagden, die sie oft mit ihm gehalten hätten. Der in die Berge geschickte Hinterhalt gleiche jenen Jägern, welche in den Schluchten Netze gespannt, und der durch die Ebene sprengende Heeresteil sei gleich jenen Treibern, die das Wild aus seinem Lager aufgejagt, damit es in die Netze fiel.

Dies diene zum Beweis, daß die Jagd nach Xenophon ein Bild des Krieges sei. Sie ist daher für Männer hohen Standes eine ehrenvolle und notwendige Übung. Auch kann die Geländekenntnis auf keine andere bequeme Art als durch die Jagd erlangt werden. Man lernt dadurch die besondere Beschaffenheit der Gegend, wo man sich mit Jagen beschäftigt, kennen. Hat man sich aber mit einer Gegend wohl vertraut gemacht, so versteht man mit Leichtigkeit alle neuen Länder; denn alle Länder und alle Geländeabschnitte darin haben unter sich einige Gleichförmigkeit, so daß man von der Kenntnis des einen leicht zur Kenntnis des anderen übergeht. Hat man jedoch in der Beurteilung einer Gegend noch keine Fertigkeit erlangt, so wird man nur schwer und nie ohne großen Zeitverlust eine andere erkennen.

Besitzt man hingegen diese Fertigkeit, so wird man auf den ersten Blick wissen, wie weit sich diese Ebene erstreckt, welche Abdachungen dieser Berg hat, woher jenes Tal kommt und alle anderen ähnlichen Dinge, woraus man sich früher eine sichere Wissenschaft gebildet hat.

Daß diese Sache ihre Richtigkeit habe, beweist Livius durch das Beispiel des Publius Decius, der sich als Kriegstribun im Heere des Konsuls Cornelius gegen die Samniter befand. Als sich der Konsul in ein Tal zurückgezogen hatte, wo das römische Heer von den Samnitern eingeschlossen werden konnte, und man diese Gefahr wahrnahm, sprach er zum Konsul: *Videsne tu, Aule Corneli, cacumen illud supra hostem? arx illa est spei salutisque nostrae, si eam (quam caeci relinquere Samnites) impigre capimus*[1]. Vor diesen Worten des Decias sagt Livius: Es hatte wahrgenommen *Publius Decius, tribunus militum, unum editum in sallu collem, imminentem hostium castris, aditu arduum impedito agmini, expeditis haud difficilem*[2]. Als er nun vom Konsul mit dreitausend Mann dahin abgeschickt worden war, das römische Heer gerettet hatte und mit einbrechender Nacht abziehen wollte, um auch sich und seine Soldaten zu retten, läßt ihn Livius folgende Worte sagen: *Ite mecum, ei dum lucis aliquid superest, quibus locis (hostes) praesidia ponant, qua pateat hine exilus, exploremus. Haec omnia sagulo gregali amictus, ne ducem circumire hostes notarent, perlustravit*[3].

Zieht man also diesen ganzen Text in Betracht, so wird man sehen, wie nützlich und notwendig es für einen Feldherrn ist, Geländekenntnis zu besitzen. Hätte sie Decius nicht besessen und die Beschaffenheit der Gegend nicht erkannt, so hätte er nicht schließen können, wie nützlich es dem römischen Heere sei, jene Höhe zu besetzen; ebensowenig hätte er von ferne wissen können, ob diese Höhe zugänglich war oder nicht; und nachdem er von der besetzten Höhe abziehen wollte, um sich mit dem Konsul wieder zu vereinigen, und vom Feinde umgeben war, hätte er die offenen und die vom Feinde bewachten Stellen nicht von ferne erspähen können. Notwendigerweise mußte also Decius vollkommene Geländekenntnis besitzen, welche bewirkte, daß er durch Besetzung jener Höhe das römische Heer rettete und hierauf, vom Feinde umringt, einen Weg zu seiner und der Seinigen Rettung zu finden wußte.

---

[1] Siehst du, Aulus Cornelius, jenen Gipfel über dem Feinde? Er ist die Burg unserer Hoffnung und Rettung, wenn wir ihn, den die blinden Samniter unbesetzt ließen, rasch besetzen.

[2] Der Kriegstribun Publius Decius hatte im Waldgebirge eine einzige hervorragende Höhe bemerkt, welche das feindliche Lager beherrschte und für eine bepackte Schar schwer, für eine unbepackte aber nicht schwer zu ersteigen war.

[3] Kommt mit mir, und solange wir noch etwas Tageslicht haben, laßt uns erspähen, wo sie ihre Posten aufstellen und wo uns ein Ausweg offen bleibt. Dies alles hat er untersucht, in einen Soldatenmantel gehüllt, damit die Feinde nicht merkten, daß der Anführer umhergehe.

40.

Daß Betrug im Kriege ruhmvoll sei.

Obgleich Betrug in jedem Geschäfte schändlich ist, so ist er doch im Kriege löblich und ruhmvoll, und wer den Feind durch Betrug überwindet, wird in gleichem Maße gelobt, als wer ihn mit Gewalt besiegt. Man sieht dies aus dem Urteil der Verfasser von Lebensbeschreibungen großer Männer, die Hannibal und andere Feldherren preisen, welche sich in dieser Art zu verfahren auszeichneten. Man liest hiervon eine Menge Beispiele, die ich nicht wiederholen will. Nur das will ich bemerken, daß ich nicht daran denke, jenen Betrug ehrenvoll zu nennen, den du dir durch Brechung deines gegebenen Wortes und der geschlossenen Verträge zuschulden kommen lässest; denn obgleich du dir dadurch manchmal Zepter und Reich erwirbst, wie ich oben erörtert habe, so wirst du dir doch niemals auf diese Weise Ruhm erwerben.

Ich spreche im Gegenteil nur von jenem Betrug, wodurch du den Feind, der dir nicht traut, hintergehst und worin eigentlich die Kunst der Kriegführung besteht. So gab sich Hannibal am See von Perugia den Anschein, als fliehe er, um den Konsul und das römische Heer einzuschließen, und umgab, um der Hand des Fabius Maximus zu entschlüpfen, die Hörner seines Schlachtviehs mit Feuer. Ähnlich diesem war der Betrug des samnitischen Feldherrn Pontius, um das römische Heer im caudinischen Engpaß einzuschließen. Nachdem er sein Heer hinter die Berge versteckt hatte, ließ er mehrere Viehherden durch Soldaten in Hirtenkleidern über die Ebene treiben, die, von den Römern gefangen, einstimmig aussagen mußten, das samnitische Heer belagere Nocera.

Die Konsuln glaubten diese Nachricht, und so kam es, daß sie sich in die caudinischen Engpässe einschlossen, wo sie plötzlich von den Samnitern angegriffen wurden. Für Pontius würde dieser durch Betrug gewonnene Sieg glorreich gewesen sein, wem er den Rat seines Vaters befolgt hätte, der wollte, daß man die Römer entweder auf ehrenvolle Weise entlasse oder alle töte und sich des Mittelwegs enthalte: *quae neque amicos parat, neque inimicos tollit*[1]. Dieser Weg ist in Staatsangelegenheiten stets verderblich gewesen, wie wir seines Ortes erörtert haben.

41.

Man soll das Vaterland verteidigen, mag es Ruhm bringen oder Schmach, und wie man es auch verteidigt, ist es gut verteidigt.

Es war also das römische Heer von den Samnitern umringt, welche den Römern die schimpflichsten Bedingungen vorschlugen. Sie sollten durchs Joch gehen und entwaffnet nach Rom geschickt werden. Die Konsuln waren wie vom Donner getroffen und das ganze Heer in Verzweiflung. Der Legat Lucius Lentulus aber sprach: Ich glaube nicht, daß irgendeine Maßregel zur Rettung des Vaterlandes zu fliehen sei. Roms Leben hängt von dem Leben dieses Heeres ab. Man muß es auf jede Weise retten. Das Vaterland ist gut verteidigt, wie es auch verteidigt werde, mit Schimpf oder Ruhm. Wird dies Heer gerettet, so hat Rom Zeit, die Schmach auszulöschen. Wird es nicht gerettet und stirbt es auch ruhmvoll, so ist Rom und seine Freiheit verloren. Sein Rat wurde befolgt.

Dies Beispiel verdient bemerkt und nachgeahmt zu werden von jedem Bürger, der seinem Vaterland zu raten hat. Wo es sich um Sein oder Nichtsein des Vaterlandes handelt, darf nicht in Betracht kommen, ob etwas gerecht oder ungerecht, menschlich oder grausam, löblich oder schändlich, man muß vielmehr mit Hintansetzung jeder Rücksicht die Maßregeln ergreifen, die ihm das Leben retten und die Freiheit erhalten.

Die Franzosen zeigen sich so in Wort und Tat, um die Majestät ihres Königs und die Macht ihres Reiches zu verteidigen. Keine Rede kann sie in größere Ungeduld versetzen, als wenn man äußert: diese Maßregel ist schimpflich für den König. Ihr König, sagen sie, könne sich durch keinen seiner Beschlüsse, sei es im Glück oder Unglück, Schande zuziehen; denn er möge unterliegen oder siegen, so geschehe es königlich.

[1] Der weder Freunde erwirbt, noch die Feinde wegschafft.

42.

Daß man erzwungene Versprechen nicht halten müsse.

Als die Konsuln mit dem entwaffneten Heer und der erlittenen Schmach nach Rom zurückgekehrt waren, trat der Konsul Spurius Posthumius sogleich im Senat auf und behauptete, der Friedensschluß dürfe nicht gehalten werden, da das römische Volk nicht dazu verbunden sei, sondern er und die anderen, welche den Frieden versprochen hätten; wolle sich daher Rom von jeder Verbindlichkeit freimachen, so habe man ihn und alle die anderer Häupter den Samnitern auszuliefern. Er beharrte so fest auf seiner Meinung, daß der Senat einstimmte und ihn nebst den anderen gefangen nach Samnium schickte, wo sie den Frieden für ungültig erklärten. So günstig aber war in diesem Falle dem Posthumius das Geschick, daß ihn die Samniter nicht zurückbehielten und er, nach Rom zurückgekehrt, bei den Römern durch seine Besiegung größeren Ruhm erwarb als Pontius bei den Samnitern durch seinen Sieg.

Zwei Dinge sind hier bemerkenswert. Erstens, daß ein Feldherr in jeder Lage Ruhm erwerben kann, da er ihn durch den Sieg gewöhnlich erringt, nach dem Verlust der Schlacht aber beweisen kann, daß er an dem ungünstigen Ausgang keine Schuld habe, oder diese Schuld durch eine unmittelbar darauf folgende ausgezeichnete Tat wieder gutmachen kann. Zweitens, daß es nicht schimpflich ist, Versprechungen nicht zu halten, die man aus Zwang gemacht hat. Wirklich werden auch erzwungene Versprechungen, die den Staat betreffen, immer gebrochen werden, wenn der Zwang aufhört, ohne daß sich der, welcher sie bricht, Schande dadurch zuzieht. Die Geschichte aller Völker enthält hiervon Beispiele, und jeder Tag zeigt uns neue. Es werden aber zwischen den Fürsten nicht allein erzwungene Verträge nicht gehalten, wenn der Zwang aufhört, sondern sie brechen auch alle anderen Versprechungen, sobald die Ursache aufhört, die sie dazu bewogen hatte. Ob dies lobenswert sei oder nicht, ob sich ein Fürst so benehmen solle oder nicht, haben wir in unserem Traktat vom Fürsten ausführlich abgehandelt und können deshalb hier darüber schweigen.

43.

Daß die Menschen, die in einem Lande geboren werden, fast zu allen Zeiten dieselbe Natur behalten.

Nicht unüberlegt noch ohne Grund pflegen kluge Männer zu sagen, daß, um vorauszusehen, was sein wird, man betrachten müsse, was gewesen ist; denn alle Begebenheiten sind jederzeit nur die Seitenstücke zu irgendeinem Ereignis der Vergangenheit. Dies kommt daher, daß die handelnden Personen auf der großen Bühne der Welt, die Menschen, stets dieselben Leidenschaften haben, und also dieselbe Ursache stets dieselbe Wirkung hervorbringen muß. Wahr ist, daß die Handlungen der Menschen bald in dem einen, bald in dem anderen Lande kräftiger und tugendhafter sind, je nach der Form der Erziehung, welche den Völkern ihre Eigentümlichkeit gibt. Die Kenntnis der Zukunft durch die Vergangenheit wird auch dadurch erleichtert, daß eine Nation lange Zeit dieselben Sitten behält, indem sie entweder anhaltend habsüchtig oder anhaltend hinterlistig ist, oder irgendein anderes ähnliches Laster oder eine Tugend hat.

Wenn man die Geschichte unserer Vaterstadt Florenz liest und die Begebenheiten der neuesten Zeit betrachtet, so wird man die Deutschen und Franzosen voll Habsucht, Hochmut, Unbändigkeit und Treulosigkeit finden; denn durch diese vier Eigenschaften wurden unserer Stadt in verschiedenen Zeiten schwere Wunden geschlagen. Was die Wortbrüchigkeit betrifft, so weiß jeder, wie oft König Karl VIII. Geldsummen erhielt, die Zitadelle von Pisa zurückzugeben versprach und es niemals tat. So zeigte dieser König seinen Mangel an Treue und Glauben und seine große Habsucht. Übergehen wir aber diese neuerlichen Vorgänge.

Jeder kann gehört haben, daß im Kriege der Florentiner mit den Visconti, den Herzogen von Mailand, Florenz, aufs Äußerste gebracht, auf den Gedanken fiel, den Kaiser nach Italien zu rufen, der durch sein Ansehen und seine Kriegsmacht die Lombardei angreifen sollte. Der Kaiser versprach mit einem großen Heere herbeizukommen, den Visconti den Krieg zu erklären und Florenz gegen ihre Macht zu schützen, wenn man ihm hunderttausend Dukaten zur Rüstung und hunderttausend nach seiner Ankunft in Italien geben wolle. Die Florentiner gingen diese Bedingungen ein, bezahlten die erste Summe und, als er Verona erreicht hatte, die zweite, worauf er unverrichteter Sache wieder nach Hause ging, indem er sagte, sie seien selbst schuld und hätten den bestehenden Vertrag nicht beobachtet.

Wäre also Florenz nicht durch die Not gezwungen oder durch die Leidenschaft hingerissen worden, und hätte man aus der Geschichte die uralten Sitten der Barbaren gekannt, so würde die Republik weder damals noch gar manches andere Mal von ihnen hintergangen worden sein. Immer waren sie sich gleich, und in allen Stücken und gegen jedermann zeigten sie sich als dieselben. Geradeso machten sie es ehemals den Toskanern. Als diese mehrere Niederlagen erlitten hatten, von den Römern hart bedrängt wurden und ihrem Angriff mit den eigenen Streitkräften nicht mehr widerstehen konnten, schlossen sie mit den Galliern, die diesseits der Alpen in Italien wohnten, einen Vertrag, eine Summe Geldes auszubezahlen, wogegen ein Heer zu ihnen stoßen und mit ihnen gegen die Römer ziehen sollte.

Die Folge davon war, daß die Gallier nach dem Empfang des Geldes nicht für Toskana fechten wollten, indem sie sagten, sie hätten die Summen nicht dafür erhalten, daß sie seinen Feinden den Krieg erklärten, sondern dafür, daß sie sich der Beraubung des toskanischen Gebietes enthielten. So waren die Hetrurier durch die Habsucht und Treulosigkeit der Gallier gleichzeitig des Geldes und der Hilfe beraubt, die sie sich dadurch zu erkaufen hofften. Man sieht aus diesem Beispiel der alten Toskaner und aus dem der Florentiner, daß die Franzosen stets dieselben geblieben sind, und leicht läßt sich hieraus schließen, wie sehr sich die Fürsten auf sie verlassen können.

44.

Oft erreicht man durch Ungestüm und Kühnheit, was man auf gewöhnliche Weise nie erreicht haben würde.

Als die Samniter vom römischen Heere angefallen worden waren und sich ihr Heer nicht im Felde halten konnte, beschlossen sie, ihre Städte mit Besatzungen zu versehen, ihr ganzes Heer aber nach Toskana, das mit den Römern Waffenstillstand geschlossen hatte, hinüberzuführen und zu versuchen, ob die Gegenwart des Heeres zu bewirken vermöge, was ihren Gesandten abgeschlagen worden war, nämlich daß die Toskaner die Waffen wieder ergriffen. In der Rede an die Toskaner, als sie die Gründe auseinandersetzten, die sie hauptsächlich zur Erhebung des Schildes bewogen hatten, bedienten sich die Samniter der denkwürdigen Worte: *Rebellasse, quod pax servientibus gravior, quam liberis bellum esset*[1]. So brachten sie sie teils durch Überredung, teils durch die Gegenwart des Heeres zur Erneuerung des Kampfes.

Es ist hierüber zu bemerken, daß ein Fürst, der von einem anderen etwas zu erhalten wünscht, ihm, wenn es die Umstände erlauben, keine Zeit zur Überlegung lassen darf und es so einrichten muß, daß die Notwendigkeit einer schnellen Entschließung vor Augen liegt, das heißt, daß der Gebetene sieht, daß Weigerung oder Aufschub einen augenblicklichen und gefährlichen Unwillen erzeugt. Dieses Mittels hat sich in unseren Tagen geschickt der Papst Julius II. gegen die Franzosen und Gaston de Foix, der Feldherr des Königs von Frankreich, gegen den Markgrafen von Mantua bedient.

Als Julius II. die Bentivogli aus Bologna vertreiben wollte und dafür hielt, daß er zu diesem Zwecke französischer Soldaten und der Neutralität der Venetianer bedürfe, auf sein Ansuchen aber von beiden eine ungewisse doppelsinnige Antwort erhielt, beschloß er, beide dadurch, daß er ihnen keine Zeit ließ,

---

[1] Sie seien aufgestanden, weil der Friede für ein Volk in Knechtschaft härter sei, als der Krieg für ein freies Volk.

zu seinem Willen zu vermögen. Er zog also mit soviel Leuten, als er zusammenbringen konnte, von Rom ab, marschierte gegen Bologna und ließ den Venetianern sagen, sie sollten neutral bleiben, und dem König von Frankreich, er solle ihm Soldaten schicken. Da nun beide Mächte auf diese Weise durch die Kürze der Bedenkzeit gedrängt waren und sahen, daß Aufschub oder Weigerung den Unwillen des Papstes zu offenbarem Ausbruch bringen müsse, gaben sie seinem Begehren nach, und der König schickte Hilfe und die Venetianer blieben neutral.

Als Gaston de Foix mit seinem Heere noch in Bologna stand, wurde ihm die Empörung Brescias gemeldet, zu dessen Wiedereroberung er auf zwei Wegen ziehen konnte, der eine lang und beschwerlich durch das Gebiet des Königs, der andere kurz durch das mantuanische. Auf diesem letzten Wege mußte man nicht nur durch das Gebiet des Markgrafen durchziehen, sondern um hineinzukommen, mußte man gewisse Engpässe zwischen Sümpfen und Seen, von denen die Gegend voll ist, passieren, welche er durch Schanzen und auf andere Weise gesperrt und bewacht hielt. Gaston de Foix beschloß, den kürzesten Wege einzuschlagen; um aber jede Schwierigkeit zu überwinden und dem Markgrafen keine Zeit zum Besinnen zu geben, setzte er zu gleicher Zeit sein Heer auf diesem Wege in Marsch und ließ dem Markgrafen bedeuten, er solle ihm die Schlüssel zum Passe überschicken. Der Markgraf, durch diesen raschen Entschluß verblüfft, sendete wirklich die Schlüssel, was er nie getan haben würde, wenn Gaston de Foix zaghaft zu Werke gegangen wäre.

Auch hatte der Markgraf die triftigsten Entschuldigungsgründe einer abschlägigen Antwort, da er mit dem Papste und den Venetianern im Bündnis stand und sich einer seiner Söhne in den Händen des Papstes befand. Allein von der plötzlichen Maßregel überrascht, gab er aus den Ursachen, die wir oben auseinandergesetzt haben, seine Erlaubnis. Ebenso handelten die Toskaner, indem sie wegen der Gegenwart des samnitischen Heeres die Waffen ergriffen, was sie zu jeder anderen Zeit verweigert haben würden.

45.

Was besser sei in der Schlacht, den Angriff des Feindes aushalten und sodann auf ihn eindringen, oder sogleich mit Ungestüm auf ihn losbrechen.

Die römischen Konsuln Decius und Fabius standen den Heeren der Samniter und Toskaner gegenüber. Bei der hierauf erfolgten Schlacht ist zu bemerken, welche der zwei verschiedenen Verfahrungsarten der Konsuln die bessere sei. Decius brach im stärksten Sturmschritt und mit allen seinen Streitkräften auf den Feind los; Fabius hielt ihn nur aus, indem er einen allmählichen Angriff für nützlicher hielt und seine Kraft bis zuletzt aufsparte, wenn die Kampflust des Feindes vorbei und seine erste Hitze verraucht sein würde. Der Erfolg zeigt, daß der Plan des Fabius viel besser gelang als der seines Kollegen. Decius ermattete sich durch den ersten Angriff so sehr, daß er seinen Flügel im Begriff sah, dem Feind den Rücken zu zeigen. Um jetzt durch Aufopferung seiner selbst den Ruhm zu erringen, den er sich durch den Sieg nicht hatte erwerben können, weihte er sich nach dem Vorbilde seines Vaters freiwillig für die römischen Legionen dem Tode. Fabius aber, um lebend nicht weniger Ehre zu verdienen als sein Kollege sterbend, ließ alle seine Reserven vorrücken und gewann den glänzendsten Sieg. Man sieht hieraus, daß die Verfahrungsweise des Fabius sicherer und nachahmenswerter ist.

46.

Woher es kommt, daß eine Familie in einer Stadt längere Zeit dieselben Sitten behält.

Es hat nicht nur jede Stadt ihre Eigentümlichkeit, wodurch sie sich von der anderen unterscheidet, und erzeugt festere oder weichlichere Männer, sondern es zeigt sich auch eine solche Verschiedenheit zwischen den einzelnen Familien einer und derselben Stadt. Daß dies seine Richtigkeit habe, sieht man überall, und auch Rom liefert dafür viele Beweise. So waren die Manlius hart und starrsinnig, die Publicola gütig und volksfreundlich, die Appius ehrgeizig und Feinde des Volkes, und ebenso hatten viele andere Familien ihre scharf unterschiedenen Eigenschaften.

Diese Erscheinung kann nicht allein im Blute seinen Grund haben, weil sich dieses durch die Verschiedenheit der Ehen notwendig verändert, sondern sie muß durch die verschiedene Erziehung in den einzelnen Familien hervorgebracht werden. Es kommt viel darauf an, ob ein Knabe von zarter Jugend an immer von einer Sache gut oder übel sprechen hört; denn dies läßt notwendig einen Eindruck zurück, der seiner Handlungsweise in jedem Lebensalter die Richtung gibt. Wäre dem nicht so, so könnten die Appius unmöglich alle dieselbe Gemütsart gehabt haben und von denselben Leidenschaften getrieben worden sein, wie wir dies bei vielen Gliedern dieses Hauses und zuletzt bei einem Zensor Appius aus Livius ersehen. Als sein Kollege nach achtzehn Monaten nach der Bestimmung des Gesetzes sein Amt niedergelegt hatte, wollte Appius nicht ein Gleiches tun, indem er behauptete, er könne nach dem ersten Gesetze über die Zensur fünf Jahre lang im Amte bleiben. Obgleich nun hierüber viele Volksversammlungen gehalten wurden und viele Aufläufe entstanden, war es trotz des Willens des Volkes und der Mehrzahl des Senates doch niemals möglich, ihn zur Niederlegung der Zensur zu vermögen. In der Rede aber, die der Volkstribun P. Sempronius gegen ihn hielt, kann man den Übermut und alle Anmaßungen der Appius, sowie die durch Gehorsam gegen die Gesetze und den geheiligten Namen des Vaterlandes bewiesene Bürgertugend unzähliger Römer lesen.

47

Daß ein tugendhafter Bürger aus Vaterlandsliebe persönliche Beleidigungen vergessen müsse.

Als der Konsul Manlius im Kriege mit den Samnitern in einer Schlacht verwundet worden und deshalb sein Heer in Gefahr war, hielt der Senat für nötig, zur Ersetzung des durch die Wunden geschwächten Konsuls Papirius Cursor als Diktator abzusenden. Da nun der Diktator von Fabius, der als anderer Konsul mit einem Heere in Toskana stand, ernannt werden mußte und man fürchtete, er werde Papirius nicht ernennen wollen, weil er sein Feind war, so schickte der Senat zwei Gesandte an ihn ab, ihn zu bitten, er möge seinen persönlichen Haß beiseite setzen und Papirius zum Wohle des Staates ernennen. Fabius tat es, von Vaterlandsliebe bewogen, obgleich er durch Schweigen und Gebärden deutlich zu erkennen gab, wie viele Überwindung ihn diese Ernennung koste. An ihm muß sich jeder ein Beispiel nehmen, der für einen guten Bürger gelten will.

48.

Wenn der Feind einen großen Fehler macht, läßt sich ein Fallstrick dahinter vermuten.

Als der Legat Fulvius an der Spitze des römischen Heeres in Toskana zurückgeblieben war, weil sich der Konsul wegen gewisser feierlicher Gebräuche nach Rom begeben hatte, machten die Toskaner einen Versuch, ob sie den Legaten ins Netz locken könnten. Sie legten zu diesem Zwecke in die Nähe des römischen Lagers einen Hinterhalt und ließen eine große Viehherde von einigen Soldaten in Hirtenkleidern unter den Augen des römischen Heeres bis an die Palisaden des Lagers herantreiben. Der Legat jedoch geriet über diese Frechheit, die ihm ganz unnatürlich schien, in Erstaunen, traf Maßregeln, die den Betrug entdeckten und der Plan der Toskaner schlug fehl.

Es läßt sich hier leicht anmerken, daß ein Feldherr einem offenbaren Fehler des Feindes nicht trauen darf; denn immer wird Betrug dahinterstecken, da man die Menschen vernünftigerweise nicht als allzu unvorsichtig annehmen kann. Allein häufig verblendet uns das Verlangen zu siegen so sehr, daß wir nur sehen, was uns günstig zu sein scheint, und für alles andere keine Augen haben.

Als die Gallier nach ihrem Siege an der Allia gegen Rom heranrückten und die Tore offen und unbewacht fanden, verschoben sie ihren Einzug jenen Tag und die Nacht, da sie

Betrug fürchteten und die Römer nicht für so feige und unverständig halten konnten, ihr Vaterland zu verlassen.

Als die Florentiner im Jahre 1508 zur Belagerung von Pisa auszogen, versprach ein gefangener Pisaner, Alfonso del Mutolo, dem florentinischen Heere ein Tor der Festung zu übergeben, wenn man ihn freilassen wolle. Dies geschah. Um die Sache ins Werk zu setzen, hatte er jetzt häufige Unterredungen mit den Bevollmächtigten der Kommissare und kam nicht heimlich, sondern offen und in Begleitung von Pisanern, die er beiseite warten ließ, wenn er mit den Florentinern sprach. Man konnte also leicht seine Treulosigkeit vermuten, weil es vernünftigerweise nicht anzunehmen war, daß er mit redlichen Absichten so offen unterhandelt haben würde. Allein das heftige Verlangen, Pisa einzunehmen, machte die Florentiner so blind, daß sie, seiner Anordnung zufolge, das Luccaertor geführt, durch den doppelten Verrat Alfonsos zu ihrer Unehre mehrere Offiziere und andere Mannschaften einbüßten.

49.

Um eine Republik frei zu erhalten, sind jeden Tag neu Vorkehrungen nötig; und wegen welcher Verdienste Q. Fabius „Maximus" genannt wurde.

Wir haben schon früher gesagt, daß es notwendigerweise jeden Tag in einer großen Stadt Vorfälle gibt, die des Arztes bedürfen; und je bedeutender sie sind, einen desto weiseren Arzt muß man aufsuchen. In keiner anderen Stadt gab es mehr solcher Vorfälle und von sonderbarerer, unverhoffterer Natur als in Rom; wie zum Beispiel, als sich alle römischen Weiber gegen das Leben ihrer Männer verschworen zu haben schienen, so viele Weiber hatten ihre Männer schon vergiftet, und so viele andere hatten schon Gift zubereitet. Wie ferner die Verschwörung der Bacchanalien, welche zur Zeit des macedonischen Krieges entdeckt wurde, worin schon mehrere tausend Männer und Weiber verwickelt waren, und die ohne ihre Entdeckung der Republik gefährlich gewesen wäre oder vielleicht noch nach der Entdeckung wenn die Römer nicht daran gewöhnt gewesen wären, eine Menge von Fehlenden zu züchtigen.

Wenn wir nicht aus unendlich vielen Zeichen die Größe dieser Republik und die Kraft ihrer Vollstreckungen kennten, so würden wir diese aus der Art der Strafen ersehen, die sie denen, die gefehlt hatten, auflegte. So stand sie nicht an, eine volle Legion auf einmal, eine ganze Stadt zum Tode zu verdammen, und acht oder zehntausend Menschen zu verweisen mit so außerordentlichen Bedingungen, daß man glauben möchte, nicht einer könne sie halten, geschweige denn so viele; wie es jenen Soldaten erging, welche die Republik nach ihrem unglücklichen Kampfe bei Cannä nach Sicilien verwies und ihnen auferlegte, kein Haus zu betreten und stehend zu essen. Von allen anderen Hinrichtungen aber war das Dezimieren der Heere die schrecklichste, wo nach dem Lose jeder zehnte Mann des ganzen Heeres sterben mußte. Es ließ sich zur Züchtigung einer Menge keine abschreckendere Strafe ersinnen; denn wenn eine Menge ein Verbrechen begeht, wo der Urheber ungewiß ist, kann man nicht alle strafen, weil ihrer zu viele sind; und durch die Bestrafung eines Teiles und die Strafloslassung der übrigen würde man den Bestraften unrecht tun und die Straflosen zu neuen Verbrechen ermutigen. Wird hingegen der zehnte Teil durch das Los zum Tode bestimmt, wenn alle zu sterben verdienen, so beklagt sich der Bestrafte über das Los und der Straflose fürchtet, es möge das nächste Mal ihn treffen, und hütet sich zu fehlen.

Es wurden also die Giftmischerinnen und die Verschwörer der Bacchanalien bestraft, wie es ihr Verbrechen verdiente. Obgleich nun diese Krankheiten für eine Republik üble Folgen haben, so sind sie doch nicht tödlich, da man fast immer Zeit hat, sie zu heilen; nicht aber hat man Zeit bei solchen, die den Staat betreffen; denn diese werden ohne schnelle Abhilfe durch einen klugen Mann der Republik verderblich. In Rom waren durch die freigebige Erteilung des Bürgerrechts an Fremde so viele neue Geschlechter entstanden, welche so vielen Anteil an den Wahlen erhielten, daß die Regierung anfing sich zu verändern, in die Hände anderer Männer zu kommen und von den gewohnten Grundsätzen abzuweichen. Als dies Quintius Fabius, der damals Zensor war, wahrnahm, bildete er aus allen jenen neuen Geschlechtern, von denen die Unordnung herrührte, vier Tribus, damit sie, auf so kleinen Raum beschränkt, nicht das ganze Rom verderben konnten. Fabius erkannte das Übel richtig und wandte ohne Erschütterung das gehörige Mittel dagegen an; was ihm das Vaterland so sehr dankte, daß er den Beinamen Maximus erhielt.

Vom Fürsten

Niccolò Machiavelli

Bürger und Sekretär zu Florenz

dem Durchlauchtigen Lorenzo de' Medici

Herzog von Urbino, Herrn von Pesaro usw.

Wer nach der Gnade eines Fürsten strebt, pflegt ihm in der Regel das Kostbarste, was er besitzt, oder doch etwas, was ihm angenehm sein könnte, zum Geschenke zu bringen. Daher werden ihm häufig Pferde, Waffen, Goldstoffe, Edelsteine und dergleichen Dinge, eines Fürsten würdig, dargebracht. – So habe auch ich lange darüber nachgedacht, was ich Eurer Durchl. zur Bezeugung meiner Untertänigkeit darbringen könne; und ich fand nichts Besseres, als eine Darstellung der Handlungen der Großen, deren Kenntnis mir eine lange Erfahrung in den Welthändeln unserer Tage und das Studium der Geschichte der Vorzeit verschafft hat. Ich übergebe daher Eurer Durchl. die Resultate dieses meines Nachdenkens in einem kleinen Band zusammengefaßt, nicht als ob ich solche Ihrer würdig hielte, sondern weil Ihre Gnade mir zu einer geneigten Aufnahme Hoffnung gibt. Ich kann Ihnen nichts Besseres anbieten als die Mittel, alles das, was ich in der Schule des Unglücks durch so viele Jahre erlernt habe, in kurzer Zeit fassen zu können.

Mein Werk hat zwar das Gepräge einer blumenreiche Sprache nicht, noch trägt es den Schmuck einer glänzenden und prächtigen Darstellung; es hat das Süße nicht, mit welchem so manche Schriftsteller ihre Schriften zu zieren pflegen: es soll sich bloß durch die Wichtigkeit des Inhaltes und seine Gründlichkeit empfehlen.

Auch möge man es nicht anmaßend finden, daß ich, als ein Mann niederen Standes, mir sozusagen herausnehme, die Fürsten regieren lehren zu wollen. Denn, wie die Landschaftsmaler zur Aufnahme erhöhter Gegenstände, als Berghöhen und der Lokalverhältnisse des Hochgelegenen, ihren Standpunkt unten in der Ebene suchen, und, um niedere Orte zu zeichnen, die Gipfel der Berge ersteigen, so muß man Fürst sein, um das Wesen des Volkes – und ein Mann des Volkes, um das Wesen des Fürsten kennenzulernen.

Geruhen Sie demnach, durchlauchtiger Fürst, dies Werkchen so gnädig aufzunehmen, als es warm aus meiner Seele floß. Sie werden, wenn Sie es aufmerksam durchlesen, darinnen meinen innigsten Wunsch nicht verkennen, Sie auf jener hohen Stufe von Macht zu sehen, zu welcher Sie das Schicksal und Ihre vortrefflichen Talente bestimmt haben. Und wenn Sie von der erhabenen Stelle, auf der Sie sich befinden, bisweilen herabsehen, dann werden Sie finden, daß ich eine so harte und andauernde Verfolgung des Schicksals schuldlos leide.

1.

Von den monarchischen Regierungsformen und dem Erwerbe der Oberherrschaft.

Alle Regierungen, unter welchen bisher die Menschen lebten und noch leben, waren und sind republikanisch oder monarchisch. Die Monarchien sind entweder bei einer Familie, welche dieselbe lange schon beherrscht, erblich oder erst neu erworben. Letztere hat entweder ein jetzt erst neu gewordener Regent an sich gezogen, wie dies der Fall mit Francesco Sforza in Mailand war, oder sie sind mit den Erbstaaten eines anderen Fürsten, der sie sich erworben hat, vereinigt, wie Neapel mit den Staaten des Königs von Spanien. Sie können einen Fürsten haben oder frei sein; und man kann sie durch eigene oder fremde Waffengewalt, durch Glück oder persönliche Tüchtigkeit erwerben.

2.

Von den erblichen Monarchien.

Ich rede hier nichts weiter mehr von den Republiken, von denen ich bereits anderswo ausführlich gesprochen habe, sondern nur von Monarchien und will, den Einschlag in den bereits angelegten Zettel webend, dartun, wie diese Monarchien regiert und behauptet werden können. Ich sage also, daß in den erblichen und angestammten Staaten die Schwierigkeiten, sie zu behaupten, weit geringer sind als in den neu erworbenen. Bei den ersteren genügt es, wenn man es bei der bisherigen Einrichtung beläßt und sich nach den Umständen richtet. Wenn da ein Fürst nur mittelmäßige Talente besitzt, so wird er sich gleichwohl auf dem Throne erhalten, wenn ihn nicht eine außerordentliche und überlegene Macht desselben beraubt. – Und wenn auch der Eroberer noch so stark ist, so kann er doch leicht wieder zu seinem Throne kommen, wenn jener nur ein wenig Unglück hat. Als Beispiel dient uns in Italien der Herzog von Ferrara, der allein deswegen, weil er sich in dem Besitze des Herzogtumes befestigt hatte, im Jahre 1484 Venedig und im

Jahre 1510 Papst Julius II. die Spitze bieten konnte. Ein Fürst, den die Geburt zum Throne rief, hat weniger Gelegenheit und weniger Ursache, seine Untertanen zu kränken; er wird daher auch natürlicherweise von denselben geliebt, ja sie haben sogar eine gewisse natürliche Neigung zu diesem ihrem Landsmanne, wenn ihn anders nicht außergewöhnliche Laster noch verhaßt machen; denn Alter und Stetigkeit der Herrschaft löschen die Erinnerungen und die Gründe der Neuerungen aus, wohingegen eine Staatsveränderung stets die Kragsteine zum Aufbau einer anderen stehen läßt.

3.

Von den zusammengesetzten Monarchien.

Desto schwieriger ist die Regierung einer neuerworbenen Monarchie. Ist dieser Erwerb nicht durchaus neu, sondern gleichsam ein Glied, indem man das Ganze zusammen als eine gemischte Monarchie bezeichnen kann, dann hat eine solche Veränderung die schwierige Folge, welche allen neuen Regierungen gemein ist: die Menschen, welche in der Hoffnung einer phantastischen Verbesserung ihres Zustandes gerne ihre Regenten wechseln, finden sich nämlich in dieser Erwartung, welche ihnen die Waffen gegen ihre Beherrscher in die Hände gab, durch die Erfahrung getäuscht. Das ist aber unvermeidlich, da ein Fürst notwendigerweise seine neuen Untertanen immer beleidigt, indem er sie mit militärischen Besatzungen und allen den tausend Übeln, welche eine Eroberung und Besetzung des Landes nach sich zieht und sozusagen notwendig macht, belästigen muß. Eine andere Folge ist, daß alle die, welche durch die Eroberung des Thrones sich beleidigt glauben, Feinde des neuen Regenten werden; daß dieser die Freundschaft derer, die ihm geholfen, nicht erhalten kann, weil er nie imstande ist, ihre Erwartungen ganz zu befriedigen, und er sie gleichwohl aber auch nicht mit Strenge behandeln darf, weil er ihnen verpflichtet ist. – Auch bei der stärksten Armee bedarf man der Neigung der Einwohner eines Landes, in welches man eindringen will.

Aus diesem Grunde nahm Ludwig XII. von Frankreich zwar Mailand schnell ein, allein er verlor es auch ebenso geschwind wieder. Um es ihm das erstemal zu entreißen, reichten allein Lodovico Sforzas eigene Streitkräfte aus; denn da das Volk, das ihm selbst die Tore geöffnet hatte, sich in seinen Erwartungen getäuscht fand, faßte es einen unüberwindlichen Widerwillen gegen den neuen Regenten. Unleugbar verliert deswegen auch ein Regent ein Land nicht so leicht wieder, dessen Thron er nach einer Empörung wiedergewonnen hat; denn die Empörung gibt ihm Veranlassung, weniger rücksichtsvoll zu sein und sich durch die Bestrafung der Schuldigen, sowie eine strenge Beaufsichtigung der Verdächtigen und Ausgleichung seiner Schwächen zu sichern. So hatte der Herzog Lodovico Sforza nichts weiter zu tun, als die mailändischen Grenzen etwas zu beunruhigen und Mailand wieder Frankreich zu entreißen; aber die ganze Welt mußte sich verbinden, um seine Armeen aufzureiben und aus Italien zu treiben, um ihm Mailand zum zweitenmal zu nehmen. Die Ursachen sind die von mir oben angeführten. Nichtsdestoweniger wurde Mailand Frankreich das erste und zweitemal entrissen. Die allgemeinen Gründe, warum dies das erstemal geschah, sind erwähnt worden; zu betrachten sind noch die Gründe, warum es das zweitemal geschah, und die Mittel zu nennen, welche der König von Frankreich oder ein anderer Fürst, der sich an seiner Stelle befand, hatte, um sich besser im Besitze seiner Eroberungen zu halten als der König von Frankreich. Man bemerke hier zuvörderst: die vereinigten Länder liegen entweder mit den Besitzungen des Eroberers im nämlichen Lande, und beide haben eine Sprache miteinander gemein, oder dies ist nicht der Fall. Im ersten Fall ist es sehr leicht, den Besitz derselben sich zu erhalten, besonders wenn sie zuvor nicht frei waren. Man hat hier nicht viel mehr nötig, als die Familie der vorigen Regenten auszurotten. Läßt man nur die Einwohner bei ihren alten Verhältnissen, dann werden sie, wenn anders kein Unterschied der Sitten und Gebräuche hervortritt, ruhig fortleben. Burgund, die Bretagne, die Gascogne und die Normandie geben uns hiervon ein Beispiel, da diese solange schon mit Frankreich vereinigt sind. Die Sprache derselben weicht zwar ein wenig von der französischen ab; Sitten aber und Gebräuche sind ebendieselben, und darum harmonieren sie auch zusammen.

Um also einen eroberten Staat zu erhalten, müßte man zuerst das ganze Geschlecht der vorigen Regenten ausrotten und dann zweitens die Gesetze nicht abändern und die Abgaben nicht erhöhen. Durch diese Behandlung könnten die Erblande und die neuerworbenen bald zu einem Staatskörper umgeschaffen werden.

Weit gefährlicher ist es aber, wenn man Länder erobert, in denen eine andere Sprache gesprochen wird und andere Sitten, Gebräuche und Gewohnheiten zu Hause sind; hier sind Mühe und Glück erforderlich, um sich in dem Besitze derselben zu befestigen. Ein vorzügliches Mittel zu diesem Zwecke würde sein, wenn der neue Regent in denselben residierte; dies würde den Besitz mehr sichern und befestigen. Die Osmanen geben uns hier das Beispiel. Der Sultan würde sich durch kein Mittel im Besitze von Griechenland behauptet haben, wenn er nicht seine Residenz dahin verlegt hätte. Leicht kann der Regent durch seine Gegenwart den Unordnungen, da er sie entstehen sieht, auf der Stelle steuern, während der abwesende Beherrscher nicht eher etwas von denselben erfährt, als wenn sie schon eine gewisse Reife erlangt haben und kein Mittel mehr zureicht. So können Minister und Staatsdiener das Land auch nicht aussaugen, und bei der Leichtigkeit, Zutritt beim Fürsten zu erhalten, werden gute Untertanen ihn lieben, die bösen aber ihn fürchten. Auswärtige werden sich eher hüten, einen solchen Staat anzugreifen; denn solange der Herrscher dort wohnt, kann er ihn nur sehr schwer verlieren.

Das andere bessere Mittel ist, daß man an einen oder zwei Plätze, welche sozusagen der Schlüssel des Landes sind, Kolonien schickt oder starke Militärbesatzungen dahin legt. Kolonien kosten den Fürsten wenig; ohne allen oder mit nur geringem Aufwand entsendet er sie und unterhält sie; und er kränkt durch diese Ansiedlungen niemand als die, welchen er zugunsten der Kolonisten ihren Grund und Boden und ihre Häuser raubt. Die letzteren machen nur einen kleinen Teil der Untertanen aus, während die ersteren, die er kränkte, ihm wegen ihrer Armut und Zerstreuung unschädlich sein werden. Die, welche ungekränkt bleiben, verhalten sich um so ruhiger, weil sie befürchten, bei der geringsten Bewegung gleiches Schicksal zu haben. Hieraus folgt: die Kolonien kosten nichts, man kann auf ihre Treue mehr rechnen; die Kränkung der Beleidigten ist nicht so schreiend, und diese werden durch Armut und Zerstreuung unschädlich. Indes ist es Grundregel, daß man die Menschen entweder durch Freundlichkeit gewinne oder aus der Welt schaffe; denn wegen geringfügiger Kränkungen können sie sich rächen, wegen schwerer aber sind sie dazu außerstande. Beleidigt man sie aber, dann muß man es ihnen auch unmöglich machen, sich rächen zu können.

Kostspieliger würde es sein, wenn man statt dessen das Militär als Mittel zu dem beabsichtigten Zwecke gebrauchte; der Aufwand für die Besatzungen würde die Einkünfte des Landes erschöpfen, und der Fürst würde von seiner Eroberung und Erwerbung bloß Schaden haben. Auch beleidigt er dann viel mehr Einwohner des Landes, weil diese Maßregel dem ganzen Lande schadet, und da mit den Besatzungen öfter gewechselt werden muß, so wird der Druck und zugleich der Haß gegen den Regenten allgemein. Und gerade diese Feinde sind die gefährlichsten, weil es innere Feinde sind. Besatzungen sind daher so schädlich, als Kolonien nützlich sind.

Hat das neuerworbene Land andere Gesetze und Gewohnheiten als jenes, welches der Fürst zuvor besaß, dann muß sich der Fürst das Übergewicht über die schwächeren Nachbarn desselben verschaffen, sich zu ihrem Beschützer aufwerfen, die Mächtigsten derselben schwächen und vorzüglich jeden Fremden, der sich mit ihm an Macht messen kann, von dem Lande fernhalten.

Ehrgeiz und Furcht der Mißvergnügten im Innern des Landes könnten sonst gar zu leicht einen solchen ins Land ziehen. So riefen die Ätolier die Römer nach Griechenland, und überall, wohin sie kamen, wurden sie von den Einheimischen selbst herbeigerufen. Wenn daher ein mächtiger Feind in einem Lande erscheint, so wird er gewiß überall durch die minder mächtigen Unzufriedenen, aus Eifersucht gegen ihren Überwinder, verstärkt. Diese Mindermächtigen zu gewinnen, verursacht ihm gar keine Mühe, weil sie allesamt freudig eine Masse mit dem Staate bilden, den er erobert hat. Der Regent muß diese also im Auge behalten, es verhindern, daß sie zu mächtig werden oder daß sie weiter um sich greifen. Er muß daher ihre Kräfte selbst so wie seine eigenen gegen die Mächtigeren benutzen, um allein Herr zu bleiben. – Versteht er dies nicht, so hat er nicht allein einen unruhigen Besitz, sondern der volle Verlust des Ganzen wird bald und sicher die unfehlbare Folge sein. – Die Römer verstanden die Anwendung dieser Maxime auf ihre Eroberungen trefflich. Sie siedelten Kolonien an, unterstützten die Mindermächtigen, ohne gleichwohl ihre Macht zu vergrößern, sie schwächten die Übermächtigen und gestatteten gar keinen Einfluß eines Fremden auf die Einwohner. – Griechenland diene hier als einziges Beispiel. Die Römer unterstützten die Achäer und Ätolier, verjagten den Antiochus aus Macedonien und schwächten dann Macedonien selbst. Der guten Dienste ungeachtet, welche die Achäer und Ätolier ihnen geleistet hatten, gestanden sie ihnen doch nie eine Vergrößerung zu. Aller Vorstellungen Philipps ungeachtet, erkannten sie ihn dann erst als Freund an, als sie ihn hinlänglich gedemütigt hatten; und Antiochus konnte es mit all seiner Macht nicht erzwingen, daß er an dieser Provinz irgendwelchen Anteil erhielt. Dies Verhalten der Römer sollte allen klugen Fürsten zum Muster dienen, wie man gegenwärtigen Übeln steuern und künftigen vorbeugen müsse. Entfernter Gefahr ist leichter zu begegnen, läßt man sie näher kommen, dann sind die Mittel dagegen erschwert; die Krankheit ist unheilbar geworden. Die Schwindsucht, sagen die Ärzte, ist anfangs schwer zu erkennen, aber leicht zu heilen; dagegen ist sie, wenn man sie nicht gleich im Anfang erkennt und die richtige Heilmethode angewendet hat, leicht zu erkennen, aber schwer zu heilen. Ebenso steht es auch mit der Politik. Sieht man das aufkeimende Übel schon von weitem – wozu freilich ein nicht gemeiner Kopf gehört –, dann kann man es leicht abwenden; aber alle Abhilfe kommt zu spät, wenn man es nicht erkannt und es schon so weit um sich gegriffen hat, daß es nun für jedermann offen daliegt. Die Römer sahen alle Zufälle dieser Art voraus und begegneten ihnen so genau zur rechten Zeit, daß sie nie in die Notwendigkeit versetzt waren, dem Kriege auszuweichen; sie wußten, daß sie durch einen Aufschub ihn nie ganz vermeiden, wohl aber ihrer Gegner Vorteil befördern würden. So eilten sie, Philipp und Antiochus in Griechenland zu bekriegen, damit diese nicht den Krieg nach Italien verpflanzten. Und obgleich sie damals beiden Kriegen ausweichen konnten, so unterließen sie doch, dies zu tun. Jenes Sprichwort, das die klugen Leute unserer Tage stets im Munde führen: kommt Zeit, kommt Rat, hatte nicht ihren Beifall; sie fanden es zweckmäßiger, ihre Tapferkeit und Politik stets tätig sein zu lassen. – Alles unterliegt dem Wechsel der Zeit, aus ihr entkeimt ebenso das Böse als das Gute.

Werfen wir einen Blick auf Frankreich, um zu untersuchen, ob dieses Reich auch nur den geringsten der bisher dargelegten Grundsätze befolgt hat. Wir wollen Karl VIII. übergehen und nur von Ludwig XII. reden, dessen Verhalten, weil er länger in Italien herrschte, besser in die Augen fiel. Man wird finden, daß er ein Verfahren einhielt, das gerade demjenigen zuwiderläuft, welches durchaus notwendig ist, um sich in einem an Sitten und Gebräuchen heterogenen Staate zu erhalten.

Die Ehrsucht der Venetianer, welche dadurch die Hälfte der Lombardei zu gewinnen hofften, brachte Ludwig nach Italien. Ich will diesen Zug nach Italien oder die Partei, die der König hierbei ergriff, nicht tadeln; denn da er sich einmal in Italien festzusetzen wünschte und keine Freunde in der Lombardei hatte, so mußte er sie nehmen, wo sie sich ihm boten, um so mehr als ihm das üble Verfahren seines Vorgängers dort alle Tore schloß; auch würde sein ganzes Unternehmen schnell gelungen sein, wenn er keine Fehler dabei begangen hätte. Nach der Eroberung der Lombardei gewann er den von Karl verlorenen Ruhm wieder. – Genua gab nach; Florenz, der Marchese von Mantua, der Herzog von Ferrara, die Bentivoglio, als Herren von Bologna, die Gräfin von Forli, die Herren von Faenza, Pesaro, Rimini, Camerino und Piombino, die Luccaner, Pisaner, Sieneser und alle anderen suchten seine Freundschaft. –

Jetzt erst entdeckten die Venetianer ihre Torheit, Ludwig zum Herrn von zwei Dritteln von Italien gemacht zu haben, um zwei Städte in der Lombardei zu erhalten.

Man bedenke, wie leicht es dem Könige gewesen wäre, sich auf dieser Höhe des Einflusses zu erhalten, wann er den vorgezeichneten Grundsätzen gefolgt und die Sicherheit seiner sämtlichen Verbündeten begründet hätte. Denn dieser waren viele, alle aber ohnmächtig; sie hatten den Papst und Venedig zu fürchten und waren daher in die Notwendigkeit versetzt, sich mit dem Könige zu vereinigen, welchem es also leicht ward, durch sie den noch mächtig Gebliebenen das Gleichgewicht zu halten.

Aber kaum war er in Mailand, als er schon gerade das Gegenteil tat. Er half Papst Alexander die Romagna erobern und übersah es, daß er sich selbst schwächte, indem er sich der Freunde beraubte, die sich ihm in die Arme geworfen hatten, und den Papst groß machte, indem er zu der geistlichen Macht, die ihm schon soviel Einfluß verleiht, soviel weltliche fügte. – Er war genötigt fortzufahren, da er sich einmal eingelassen hatte, und so kam er endlich in die Notwendigkeit, selbst nach Italien zu gehen, um dem Ehrgeize Alexanders Schranken zu setzen und ihn an der Eroberung Toskanas zu verhindern. Aber nicht genug, daß er den Papst größer machte und sich seiner Freunde beraubte, er beging auch noch die Torheit, das Königreich Neapel, das er besitzen wollte, mit Spanien zu teilen. Er, zuvor allein Italiens Herr, setzte selbst sich noch jemand zur Seite, um den Ehrgeizigen und Unzufriedenen im Lande einen Gegenstand zu verschaffen, an den sie sich anschließen konnten. Er hätte Neapel einen ihm zinsbaren König geben können; allein er verjagte diesen, um einen einzusetzen, der ihn selbst fortjagen konnte. Gewiß, die Vergrößerungssucht ist eine allen Menschen gemeine, eine allen von Natur aus eigene Leidenschaft. Wegen jeder Vergrößerung, die ihnen gelingt, werden sie gelobt, nie getadelt. Allein Begierde danach, ohne Macht, ist ein tadelnswürdiger Fehler. Hatte also Frankreich Kräfte genug, um Neapel anzugreifen, so hätte es dies tun müssen, ohne dieses aber nie mit einem anderen teilen sollen. Es verdiente Entschuldigung, daß es die Lombardei mit den Venetianern teilte, weil es hierdurch Fuß in Italien faßte; aber die Teilung Neapels ist um so weniger zu rechtfertigen, je minder notwendig sie war. – So beging Ludwig fünf Fehler. Er richtete die Schwachen zugrunde, – er vermehrte die Macht eines in Italien bereits Übermächtigen, – er brachte einen sehr mächtigen Fremden hinein, – er hatte keine ständige Residenz daselbst, – er schickte keine Kolonisten hin. – Und gleichwohl hätte er alle diese Fehler aushalten können, wenn er nicht noch den sechsten dazu gemacht hätte, nämlich: daß er die Venetianer des Ihrigen beraubte. Freilich hätte zu dieser Schwächung nicht bloß die Stunde geschlagen, sondern diese wäre sogar notwendig gewesen, wenn er die Macht des Papstes nicht vergrößert und den König von Spanien nicht nach Italien gezogen hätte; nach diesem Verfahren aber durfte er nie in ihren Untergang willigen; denn wenn sie mächtig waren, so hätten sie immer einen Einfall der anderen in die Lombardei abgehalten; sowohl weil die Venetianer nie darein gewilligt hätten, ohne selbst die Herren des Landes zu werden, als auch weil die anderen Frankreich die Lombardei nie konnten entreißen wollen, um sie den Venetianern zu geben, und beide anzugreifen ihnen der Mut gefehlt haben würde.

Einige werden mir zwar einwenden: Ludwig habe dem Papste die Romagna und Neapel an Spanien überlassen, um einem Krieg auszuweichen. Man soll aber nie etwas richtiger Berechnung Zuwiderlaufendes zugeben, um einen Krieg zu vermeiden; denn man weicht demselben nicht aus, sondern man schiebt ihn bloß zu eigenem Schaden auf. Denen, welche dagegen einwenden, daß Ludwig dem Papste sein Wort gegeben habe, zu seinen Gunsten nach Italien zu ziehen, um für sich Dispens in seiner Heirat und für den Erzbischof von Rouen die Kardinalswürde zu erhalten, wird unten im 18. Kapitel „von der Verbindlichkeit des Versprechens der Fürsten“ geantwortet werden. Kurz, Ludwig verlor die Lombardei, weil er von den Maßregeln anderer, welche Länder erobert und die Eroberung zu erhalten gesucht haben, überall abwich. Das ist auch gar nicht wunderbar, sondern ganz folgerichtig und natürlich. Dies habe ich dem Kardinal von Rouen zu Nantes sehr bestimmt gesagt, als der Herzog von Valentinois – so nannte man Cesare Borgia, den Sohn des Papstes Alexanders – sich der Provinz Romagna bemächtigte. Denn als der Kardinal sich gegen mich äußerte: „die Italiener verstünden sich nicht auf den Krieg“, erwiderte ich ihm: „daß die Franzosen ebenso fremd in der Politik seien, weil sie die Kirche so mächtig werden ließen“. Die Erfahrung zeigte es auch, daß die Kirche und der König von Spanien, deren Macht in Italien Frankreich gründete, dasselbe in der Folge stürzten.

Hieraus folgt fast unfehlbar: Ein Fürst, der eines anderen Macht erhöht, gräbt sich selbst sein Grab; denn er hat sich seine Macht entweder durch Klugheit oder durch Gewalt geschaffen, und jeder dieser beiden Vorzüge ist dem zu neuer Macht Gelangten verdächtig.

4.

Warum das von Alexander eroberte Reich des Darius sich nach seinem Tode nicht gegen die Nachfolger des Macedoniers empörte.

Bedenkt man die Schwierigkeit, einen neuerworbenen Staat zu behaupten, dann muß man sich über die Möglichkeit wundern, daß nach dem Tode Alexanders des Großen, der in wenigen Jahren ganz Asien eroberte und dann kurz nach dieser Eroberung starb, seine Nachfolger sich in diesen Eroberungen ohne weitere Schwierigkeiten als jene, die sie sich durch ihren eigenen Ehrgeiz zuzogen, behaupten konnten, da doch den unterjochten Nationen die Stunde zur Abwerfung des neuen Joches jetzt geschlagen zu haben schien.

Nachfolgende Betrachtungen beantworten indes diesen Einwurf.

Alle uns bekannten Monarchien werden auf zweierlei Art regiert. Entweder ist der Regent unumschränkt und erwählt sich als Helfer in den Regierungsgeschäften Minister und Räte nach Willkür; oder ein Fürst und die Stände regieren miteinander, und zwar letztere nicht durch fürstliche Gnade und Bewilligung, sondern durch das Alter ihrer Familie. Diese Mitherrscher besitzen eigene Länder und Untertanen, welche sie für ihre Herren erkennen und eine gewisse natürliche Ergebenheit für sie haben. – Der Fürst, der unumschränkt allein und durch seine Diener herrscht und der einzige Herr ist, den das Land anerkennt, ist gewaltiger und geehrter; und der Gehorsam, der einem anderen außer ihm geleistet wird, geschieht sicher nicht aus Liebe, sondern weil er Minister oder Beamter des in unumschränktem Ansehen stehenden Fürsten ist. – Beispiele für diesen Unterschied der Regierungsform sind heute der Sultan und der König von Frankreich. In dem Reiche des Großtürken herrscht nur einer, alle übrigen sind Diener. Dieser teilt sein Land in Sandschaks und ernennt Statthalter über diese, die er nach Belieben ein- und absetzt. – Frankreich dagegen hat eine Menge von Großen, welche ihre eigenen Untertanen haben, von denen sie anerkannt werden und deren Liebe sie besitzen. Kein König würde diesen ihre Vorrechte nehmen können, ohne sehr viel bei diesem Schritte zu wagen. Betrachtet man nun diese beiden Staaten, dann zeigt es sich, daß es schwer wäre, das Reich der Osmanen zu erobern, aber leicht, sich darin zu behaupten, wenn es einmal genommen ist. Denn wer es erobern will, kann nicht durch die Stände herbeigerufen werden und von einer Empörung der Minister keine Erleichterung seiner Unternehmung hoffen, was aus den oben angegebenen Verhältnissen folgt; denn es hält schwer, diese – alle Sklaven und Kreaturen des Großherrn – zu bestechen; ja eine solche Bestechung würde sogar ohne Nutzen sein, solange die Bestochenen aus den oben angeführten Gründen das Volk nicht für sich zu gewinnen vermögen.

Wer die Osmanen angreifen will, muß darauf gefaßt sein, sie vereint zu finden, und alles von der eigenen Macht, aber gar nichts von ihren Spaltungen hoffen. Nach einer Besiegung derselben, die sie außerstand setzte eine neue Armee zu bilden, würde nur noch die fürstliche Familie zu fürchten sein, welche ausgerottet werden müßte; und dann wäre niemand mehr zu fürchten übrig, weil sonst niemand die Liebe und Achtung des Volkes besitzt, und der Überwinder, der vor seinem Siege nichts von dem Volke zu hoffen hatte, hat nun auch nichts mehr von demselben zu fürchten.

Anders verhält es sich mit den Staaten, die eine der französischen ähnliche Verfassung haben. Es ist leicht, in dieselben einzudringen, wenn man nur einen der Mächtigen des Reiches auf seine Seite bringt; denn Mißvergnügte und unruhige Köpfe finden sich überall. Leicht kann man sich durch diese den Weg zur Eroberung des Thrones bahnen; aber um ihn zu erhalten, sind tausend Schwierigkeiten zu überwinden, die, ebenso von denen, welche dem Eroberer Hilfe geleistet, als von denen, welche er überwunden hat, herrühren. Da genügt es nicht, die fürstliche Familie auszurotten; die übrigbleibenden Großen stellen sich doch an die Spitze der durch sie gebildeten Parteien; diese kann man weder alle befriedigen, noch alle aus der Welt schaffen, und darum wird eine solche Eroberung bei der ersten Gelegenheit wieder verloren.

Das Reich des Darius hatte vollkommene Ähnlichkeit mit jenem der Osmanen. Darum mußte Alexander ihn zuerst ganz werfen und im Felde überwinden. Nach den Niederlagen und dem Tode des Darius blieb er aber auch – aus den oben dargelegten Ursachen – ruhig im Besitze seiner Länder. Mit mehr Einigkeit hätten seine Nachfolger das Ganze sehr leicht erhalten können, besonders da keine andere Unruhe entstand als jene, welche sie selbst erzeugten. Länder aber von der Verfassungsform – wie jene der Franzosen – so ruhig zu besitzen, ist unmöglich. Daher die häufigen Beispiele von Unruhen und Empörungen der Spanier, Gallier und Griechen gegen die Römer, deren Quelle die vielen Herrscherfamilien dieser Staaten waren. Solange diese sich bei ihrer alten Macht erhielten, solange wankte die Herrschaft der Römer; erst dann blieb ihr Besitz ohne Störung, als ihre dauernde Übermacht dieselben vertilgt hatte. Als aber Uneinigkeit die Römer selbst schied, fand doch jeder durch das Ansehen, das er sich in den Provinzen zu verschaffen gewußt hatte, Mittel genug, sich die Herrschaft über dieselben anzumaßen. Dies war um so leichter, als von der Familie der alten Beherrscher kein Zweig mehr übrig war und nur die Herrschaft der Römer galt.

Nach diesen Betrachtungen wird sich dann auch niemand wundern, daß es Alexander so leicht ward, sich in Asien zu behaupten, und dem Pyrrhus und vielen anderen so schwer, ihre Eroberungen festzuhalten. Man kann die Ursache gewiß nicht in der größeren oder geringeren Tapferkeit der Sieger finden; sie liegt in der Verschiedenheit des Zustandes der eroberten Staaten selbst.

5.

Wie man die Städte oder Monarchien regieren muß, die vor ihrer Eroberung unter ihrer eigenen Verfassung lebten.

Liebt das Volk, welches erobert worden, die Freiheit und seine Gesetze, dann gibt es drei Mittel, sich zu behaupten: Erstens, man muß den Staat zerstören, oder zweitens, der Eroberer muß darin residieren, oder er muß drittens dem Volke seine Gesetze lassen, ihm aber eine Steuer auferlegen und innerhalb des Staates eine aus wenigen bestehende Verwaltungsbehörde schaffen, die ihm denselben befreundet erhalten soll. Weil diese Verwaltungsbehörde, da sie von dem erobernden Fürsten geschaffen, sich bewußt ist, nicht ohne seine Gunst und Macht bestehen zu können, so muß sie alles aufbieten, ihn zu halten.

Und es ist leichter, eine freiheitgewohnte Stadt zu behaupten, wenn man sie durch ihre Bürger regieren läßt, als wenn man andere Maßregeln nimmt. Dies beweisen die Lakedämonier und Römer. Erstere führten eine aus wenigen bestehende Regierungsbehörde zu Athen und Theben ein und verloren dennoch beide Staaten wieder. Diese behaupteten sich in Karthago, Capua und Numantia, weil sie diese Städte zerstörten. Hingegen, als sie nach Spartas Beispiel Griechenland seine Freiheit und seine Gesetze ließen, verfehlten sie ihren Zweck und waren genötigt, verschiedene Städte dieses Landes zu zerstören, um sich nur darin zu behaupten. Hieraus folgt: Das sicherste Mittel, sich in eroberten Städten zu behaupten, ist deren Zerstörung. Wer eine zuvor freie Stadt erobert und sie nicht zerstört, der sehe zu, daß er von ihr nicht vernichtet werde. Freiheit und das Andenken der vorigen Verfassung, welches weder die Zeit noch Wohltaten aus dem Gedächtnisse der Bürger verwischen können, werden diesen immer zum Vorwande der Empörung dienen. Wirft man nicht die Fackel der Zwietracht unter sie oder zerstreut sie, dann werden sie sich bei jeder Gelegenheit zur Wiedererlangung ihrer Freiheit vereinigen; so wie Pisa, obgleich so viele Jahre unter die Herrschaft von Florenz gebeugt, dies tat. Städte und Provinzen aber, die einmal gewöhnt sind, unter einem Fürsten zu leben, werden, wenn auch die fürstliche Familie ausgerottet ist, diese Gewohnheit nicht ablegen, andererseits aber, nach Vertilgung ihres Regenten und seiner Familie, sich nicht so leicht wieder vereinigen, um einen anderen zu wählen. An Gehorsam gewöhnt, verstehen sie es nicht, unter freier Verfassung zu leben; sie greifen daher um so später zu den Waffen und erleichtern daher ihre Unterjochung. Freie Völker aber haben ein lebendigeres Gefühl, einen hellodernden Haß und glühende Rachgier; nie erstirbt in ihnen das Gefühl ihrer früheren Freiheit. Daher ist es das sicherste, sie entweder zu vertilgen oder unter ihnen zu wohnen.

6.

Von Monarchien, die man durch Waffengewalt und Tüchtigkeit erwirbt.

Man finde es nicht auffallend, wenn in den nachstehenden Betrachtungen über neue Fürsten und Fürstentümer großartige Beispiele angeführt werden. Es ist ja dem Menschen eigen, den Wegen anderer zu folgen und ihre Handlungen nachzuahmen, und gleichwohl kann man diesen Wegen nicht überall folgen – und oft seine Muster nicht erreichen. Der Vernünftige wird sich daher immer gerade die vortrefflichsten Männer zum Muster aufstellen und die von ihnen eingeschlagenen Wege verfolgen, damit er, wenn er sie auch nicht erreicht, ihnen doch etwas ähnlich werde. Er muß es so machen wie die Schützen, welche höher anlegen, als das Ziel ist, wenn sie berechnet haben, daß das Ziel weiter entfernt ist, als der Bogen den Pfeil in gerader Richtung schnellt, nicht damit der Pfeil so hoch gehe, sondern damit er so um so sicherer das Ziel treffe.

Die Talente des neuen Fürsten bestimmen das Maß der Schwierigkeit in der Behauptung eines neuen Fürstentums. Es zeugt von Glück und persönlichem Wert, wenn ein Privatmann zu einem Throne gelangt, und beides scheint die Hindernisse, welche sich hierbei auftürmen, teilweise zu mildern; nichtsdestoweniger wird aber derjenige, der auf Glück verzichten mußte, sich eher behaupten. Die wenigsten Beschwerlichkeiten wird der zu bekämpfen haben, der, weil er kein anderes Land hat, in dem erworbenen Reiche zu residieren genötigt ist. Unter denen, die durch persönliche Tüchtigkeit und nicht durch Glück zum Throne gekommen, sind die vortrefflichsten und berühmtesten ein Moses, Kyros, Romulus, Theseus u. a. Wenn auch Moses bloß göttliche Befehle vollstreckte, so erwirbt ihm doch schon dieses Verhältnis zu Gott unsere Bewunderung. Von den Taten des Kyros und der übrigen, welche sich auf Throne emporgeschwungen, ist alles zu bewundern. Ihre Taten und ihre einzelnen Einrichtungen waren – genau betrachtet – von jenen des Moses, der unter einer so erhabenen Leitung wirkte, wenig verschieden. Jeder Blick auf ihre Taten und ihren Lebenswandel beweist uns, daß sie dem Glück bloß die Gelegenheit dankten, die ihnen den Stoff darbot, aus dem sie die Form bildeten, welche ihnen die beste schien. Ohne diese Gelegenheit wäre ihre Vortrefflichkeit ohne Wert gewesen, und ohne diese Vortrefflichkeit hätten sie die Gelegenheit entwischen lassen. So war es notwendig, daß Moses die Israeliten unter dem Drucke Ägyptens fand, damit sie Lust bekamen, sich von ihm, von diesem befreit, wegführen und retten zu lassen. – So mußte Romulus aus Alba entführt und gleich nach seiner Geburt ausgesetzt werden, um Roms Stifter und König werden zu können. – So mußte Kyros durch einen langen Frieden verweichlichte Meder und der medischen Herrschaft überdrüssige Perser finden. – Und wenn die Athener nicht zerstreut gewesen wären, dann hätte Theseus seine Tüchtigkeit nicht zeigen können.

Die Gelegenheit war es, welche diese Männer groß und zu Helden machte, und ihre Klugheit, welche sie diese Gelegenheit zum Glücke und zum Glanze ihres Vaterlandes erkennen ließ.

Es wird jedem schwer werden, wie sie Throne zu erobern, aber leicht, sich auf den erworbenen zu behaupten. Die Hindernisse, die sie zu übersteigen haben, liegen zum Teil in der Notwendigkeit, in den Staaten neue Gesetze zu machen und eine neue Verfassung einzuführen, in welche sie, um ihren Staat und ihre Sicherheit zu gründen, gesetzt sind. Es ist gewiß kein geringes Wagestück und sehr zweifelhaft im Erfolg und äußerst gefährlich, neue Gesetze aufzustellen. Wer solche einführt, hat alle die, welche sich bei den vorigen wohl befanden, zu Feinden und nur sehr laue Freunde an denen, welchen die neuen Vorteile bringen; eine Lauheit, die teils durch die Furcht vor denen erzeugt wird, welche, mit den vorigen zufrieden sind, teils aber auch durch das Vorurteil, das gegen alle neuen Einrichtungen sich so lange erhebt, bis man dieselben gewohnt geworden. Bei jeder Gelegenheit greifen also erstere sie mit aller Parteileidenschaft an, während die anderen sie nur schwach verteidigen, und so ist der Fürst zugleich mit ihnen gefährdet.

Hier kommt jedoch alles darauf an, ob die Gesetzgeber durch eigene Kraft wirken können oder fremder Hilfe bedürfen; nämlich ob sie, um ihr Werk durchzuführen, bitten müssen oder Zwang ausüben können. Im ersten Falle sind sie immer schlimm dran und bringen nichts zustande; hängen sie aber nur von sich ab und können sie Gewalt gebrauchen, dann laufen sie nur selten Gefahr; und dann gelingt es fast immer.

Daher haben alle bewaffneten Propheten gesiegt, während die unbewaffneten zugrunde gingen. Noch ist zu bemerken, daß außer allem dem hier Angeführten auch noch die Unbeständigkeit der Menschen starken Einfluß hat: es ist leicht, sie zu überreden, aber stets schwer, sie in dem Glauben zu erhalten. Man muß daher solche Maßregeln treffen, daß man sie, wenn sie nicht mehr freiwillig glauben, zum Glauben zwingen kann. Ohne Gewalt würden Moses, Kyros, Theseus und Romulus nie ihren Gesetzen dauernden Gehorsam verschafft haben. Girolamo Savonarola ist hierfür das Beispiel unserer Tage. Er fiel, weil es ihm an Macht fehlte, seine Anhänger in dem Glauben an sich zu erhalten und die Zweifler hierzu zu zwingen. Der Weg solcher Leute ist gleich anfangs felsig und gefährlich, und sie bedürfen zum Ausharren und zur Überwindung mehr als gemeinen Mut. Haben sie die Schwierigkeiten aber einmal besiegt und bringt ihnen die Vernichtung ihrer Feinde und Neider Ansehen und Verehrung, dann bleiben sie bei Macht, Glück, Ehre und in Sicherheit.

Diesen hohen Beispielen wollen wir noch ein geringeres anfügen, welches übrigens mit den vorigen viele Ähnlichkeit hat und statt aller anderen dienen kann. – Hiero, aus dem Privatstande zum Throne von Syrakus erhoben, hatte dem Glücke nichts weiter als die Gelegenheit zu danken. Die Syrakusaner, von der Tyrannei erdrückt, wählten ihn zu ihrem Anführer, und so verdiente er sich selbst den Thron. Die Schriftsteller jener Zeit sagen: Ihm habe schon im Privatstande, um Fürst zu sein, nur ein Königreich gefehlt.

Er entließ die alten Krieger und warb neue an; er gab seine vorigen Freunde auf und erwarb sich neue; und mit diesen, ihm ganz ergebenen Freunden und Kriegern ward es ihm leicht, seine Gebäude aufzuführen. Es ward ihm wohl schwer, zum Throne zu gelangen, aber er hielt sich ohne Mühe auf demselben.

7.

Monarchien, die man mit fremder Gewalt oder durch Glück gewinnt.

Derjenige, welchen das Glück allein aus dem Privatstande auf den Thron erhebt, wird zwar mit wenig Schwierigkeiten dahin gelangen, aber desto mehr hat er, um sich auf demselben zu erhalten. Kein Hindernis beengt seinen Weg, – er geht nicht, sondern fliegt zum Throne; erst dann, wenn er denselben in Besitz genommen hat, erwächst die ganze Fülle der Schwierigkeiten.

Dies ist das Schicksal jener Fürsten, welchen für Geld oder durch die Gunst dessen, der ihn überließ, ein Staat zuteil wurde;

z. B. so wie jener Regenten in Griechenland und in dem Hellespont, welche Darius zu seiner Sicherheit und Ehre als Fürsten einsetzte. Zu diesen gehören auch noch jene Kaiser Roms, welche durch die Gewogenheit der bestochenen Heere aus dem Privatstande zu dieser Würde erhoben worden sind. Diesen bleibt zu ihrer Erhaltung die Neigung und das Glück jener, die sie erhoben, das einzige Mittel. Beides ist äußerst schwankend und veränderlich. – Es fehlt ihnen an Fähigkeit und Macht, sich zu behaupten. Denn wie sollte ein Mann, der sein ganzes Leben bisher im Privatstande zugebracht hat, ohne besondere vorzügliche Talente zu besitzen, zu regieren verstehen? und, wenn er es verstünde, wie will er ohne treue, ihn liebende Soldaten herrschen? Es verhält sich mit den über Nacht entstandenen Herrschaften wie mit allen Dingen, die schnell aufkeimen und wachsen: sie können keine so starken Wurzeln fassen und sich so gut anpassen, daß nicht der erste Sturm sie niederreißen solle, wenn anders die Stifter derselben nicht soviel Fähigkeiten haben, um Mittel zu finden, sich das zu sichern, was ihnen das Glück verliehen hat, und gleich nach ihrer Erhebung jene Festigkeit zu gewinnen suchen, welche andere schon vor derselben gehabt haben.

Wir haben für den Thronerwerb durch persönliches Verdienst und durch das Glück zwei Beispiele neuerer Zeiten, Francesco Sforza und Cesare Borgia. Francesco Sforza erhob sich mit den gehörigen Mitteln und durch seine große Tüchtigkeit aus dem Privatstande zu der Würde eines Herzogs von Mailand und erhielt sich leicht auf dieser mit so vieler Anstrengung erklommenen Stufe. Cesare Borgia, gewöhnlich Herzog von Valentinois genannt, erhielt durch das Glück seines Vaters ein Land, das er gleich nach dessen Tode wieder verlor, obgleich er gar nichts versäumte, was ein kluger und fähiger Mann tun kann, um in den Staaten festen Fuß zu fassen, die er dem Glücke oder den Waffen eines anderen zu verdanken hat. Denn wie gesagt: wer den Grund nicht zuvor gelegt hat, ehe er Fürst geworden, der könnte es durch große Kraft noch tun, wenn er es geworden, aber nicht ohne große Gefahr für Bau und Baumeister.

Bedenkt man, wie weit es der Herzog von Valentinois gebracht hatte, so überzeugt man sich, daß der Grund seiner künftigen Macht schon gelegt war. Es wird nicht überflüssig sein, dies näher zu beleuchten, denn es ist nicht möglich, einem neuen Fürsten ein besseres Muster aufzustellen als ihn. Wenn er bisweilen seinen Zweck verfehlte, so lag die Schuld gewiß nicht an ihm, sondern an der außerordentlichen Feindseligkeit des Schicksals gegen ihn.

Es kostete Alexander VI. unendlich viel Mühe, seinen Sohn groß zu machen. Denn erstens: er sah keine Möglichkeit, ihm ein anderes Land außer dem Eigentume der Kirche zuzuwenden, und er wußte, daß der Herzog von Mailand und Venedig, das Faenza und Rimini in Schutz genommen, nie gestatten würden, daß er sich dieser Gebiete bemächtige. – Zweitens: er sah ein, daß die Waffenmacht Italiens, deren er sich hätte bedienen können, sich in den Händen solcher Männer befand, welche alles von dem Anwachsen der päpstlichen Macht zu fürchten hatten, nämlich in den Händen der Orsini, der Colonna und ihrer Anhänger; daß er sich also auf diese nicht verlassen könne. – Diese Hindernisse mußten aus dem Wege geräumt, es mußte eine Verwirrung unter den Staaten Italiens erzeugt werden, um sich mit Sicherheit eines Teils derselben bemächtigen zu können. Dies erleichterten ihm die Venetianer, da diese aus anderen Ursachen die Franzosen nach Italien riefen; er selbst widersetzte sich dem nicht, sondern erleichterte es durch die Aufhebung der ersten Ehe des Königs Ludwig. Dieser war nicht sobald auf Einladung der Venetianer und mit Papst Alexanders VI. Einwilligung in Mailand eingerückt, als er seiner Ehre wegen des Papstes Absicht unterstützte und ihm zum Angriffe auf die Romagna Truppen gab, mit denen sich auch der Herzog nach Besiegung der Colonna dieses Landes bemächtigte. Als es aber auf die Erhaltung dieser Eroberung und die weiteren Fortschritte ankam, stellten sich ihm zwei bedenkliche Schwierigkeiten in den Weg. Die eine bereiteten ihm die Orsini, die er bisher zu seinen Zwecken gebraucht hatte; jetzt fürchtete er, sie möchten ihn in der Gefahr stecken lassen und nicht nur ihn an den neuen Eroberungen hindern, sondern sogar die bereits gemachten ihm wieder abnehmen. – Die andere stellte ihm Frankreich entgegen, von welchem er gleichfalls verlassen zu werden befürchtete. Das Benehmen der Orsini nach Faenzas Eroberung und bei der Belagerung von Bologna hatte er kalt gefunden, und da ihn der König von Frankreich nach der Eroberung des Herzogtums Urbino von einem Einfalle in die Toskana abhielt, so erkannte er nun klar die Absicht und entschloß sich daher, nichts mehr auf das Glück und fremde Waffen ankommen zu lassen. Er fing daher damit an, die Orsini und Colonna zu schwächen, indem er die Edlen von ihrer Partei in seine Dienste zog, ihnen beträchtliche Besoldungen, ansehnliche Ämter und nach ihrem Range sogar Feldherrnstellen, Statthalterschaften gab.

So entzog er der Gegenpartei in wenigen Monaten alle ihre Macht und verstärkte sich selbst damit. Dann zerstreute er die Colonna und wartete nun auf eine Gelegenheit, die Orsini zu stürzen. Auch diese fand sich mit der Zeit, und er wußte sie auch mit der äußersten Gewandheit zu benutzen. Zu spät wurden nun diese gewahr, daß der Kirche und des Herzogs wachsende Macht ihren Untergang befördere. Sie hielten daher zu Magione, im perusinischen Gebiete, einen Landtag. Dieser erzeugte den urbinatischen Aufstand, Unruhen in Romagna und eine Menge Gefahren für den Herzog, die er jedoch mit Hilfe der Franzosen zu überwinden wußte. Nach dieser glücklichen Entwicklung entzog er den letzteren wie auch allen Fremden sein Zutrauen, und mit dem festen Entschlusse, nicht mehr von ihnen abhängig zu sein, bot er seine ganze List auf, sie zu betrügen. Er verstand es so gut, seine Gesinnung zu verbergen, daß die Orsini sich mit ihm aussöhnten, durch Vermittlung des Signor Paolo, den er auf jede Weise sich verbindlich zu machen und ergeben zu halten suchte, indem er ihm Kleider, Geld und Pferde schenkte. Die Orsini waren sogar töricht genug, sich ihm zu Sinigaglia in die Hände zu liefern. Als er ihre Häupter weggeräumt und sich die Freundschaft ihrer Anhänger verschafft hatte, war seine Macht um so fester gegründet, da er die ganze Romagna nebst dem Herzogtume Urbino besaß und das Volk sich unter seiner Regierung wohl befand. – Da diese

Seite sehr merkwürdig und nachahmenswert ist, so muß ich noch dabei verweilen.

Nach der Eroberung der Romagna fand er, daß diese Provinz durch die Unfähigkeit ihrer Beherrscher, die ihre Untertanen eher ausgeplündert als in Zucht und Ordnung gehalten hatten, arm und unmoralisch geworden, und daß im ganzen Lande Parteien, Raub, Gewalttätigkeiten und Mord herrschend waren. Er überzeugte sich daher, daß bloß eine gute Regierung die Ruhe wiederbringen und das Land an die königliche Herrschaft gewöhnen könne. Remiro d'Orco, ein tätiger, entschlossener, aber grausamer Mann, ward von ihm an die Spitze der Geschäfte gestellt, und diesem ließ er überall freie Hand mit unumschränkter Gewalt. D'Orco stellte auch in kurzem Ruhe und Ordnung wieder her und erwarb sich ein nicht geringes Ansehen. – Aber der Herzog befürchtete, eine so ausgebreitete Gewalt möchte dem Volke verhaßt werden, er organisierte daher in der Mitte des Landes ein Zivilgericht mit einem ausgezeichneten Vorsitzenden, und jede Stadt hatte dort ihren Anwalt, und da er endlich auch bemerkte, daß ihn die bisherige Strenge doch sehr verhaßt gemacht, so ließ er einst in der Frühe diesen Gouverneur Remiro d'Orco in zwei Stücke zerhauen und mit einem Stück Holz und einem blutigen Messer zur Seite auf dem Marktplatze zu Cesena ausstellen, um dem Volke zu zeigen, daß nicht er, sondern das heftige Temperament seines Ministers die Ursache der verübten Grausamkeiten gewesen. Dieses grauenhafte Schauspiel machte einen tiefen Eindruck und befriedigte die Gemüter. – Doch wir müssen zu unserm Gegenstande wieder zurückkehren.

Der Herzog stand nun auf einer sehr hohen Stufe der Macht, und nachdem er sich zweckmäßig gerüstet und die meisten von denen, die ihm in der Nähe schaden konnten, sich vom Halse geschafft hatte, so war er gegen alle nahe Gefahr gedeckt. Wollte er in seinem Vergrößerungsplane fortschreiten, so hatte er nur noch Frankreich zu fürchten; denn er wußte, daß der König seinen begangenen Fehler – obgleich zu spät – eingesehen hatte und keine weitere Ausbreitung seiner Macht mehr zugeben würde. Er fing daher an, neue Freunde zu suchen und nahm gegen die Franzosen, als sie in Neapel eindrangen, um die Spanier, welche eben Gaeta belagerten, zu verjagen, eine zweideutige Haltung an. Er würde auch gewiß seinen Zweck und seine Absicht, die letzteren zu gewinnen, bald erreicht haben, wenn sein Vater nur noch kurze Zeit gelebt hätte.

So behandelte er die Gegenwart. Für die Zukunft hatte er Ursache zu fürchten, ein neuer Papst werde ihm nicht freundlich gesinnt sein und ihm die von Alexander erhaltenen Schenkungen wieder abnehmen, und diesem suchte er durch vier Mittel vorzubeugen.

ERSTENS: indem er das ganze Geschlecht aller derer ausrottete, welche er um das Ihrige gebracht hatte; um den nachfolgenden Papst durchaus außerstand zu setzen, ihnen wieder dazu zu verhelfen;

ZWEITENS: machte er sich den ganzen römischen Adel zu Freunden, um durch diesen den Papst in Schach halten zu können;

DRITTENS: gewann er so viele Kardinäle, als möglich, und

VIERTENS: suchte er noch vor des Papstes Tode so mächtig zu werden, daß er den ersten Sturm allein auszuhalten imstande wäre.

Mit dreien dieser Maßregeln war er schon vor Alexanders Tode zustande gekommen, und auch mit der vierten war er beinahe schon zu Ende. Von den verarmten Großen entkamen ihm wenige, der ganze Adel Roms war auf seiner Seite, die meisten Kardinäle seine Kreaturen. Was seinen Machtzuwachs anging, so hatte er den Plan gefaßt, sich Toskanas zu bemeistern, Perugia und Piombino besaß er bereits und Pisa hatte er unter seinen Schutz genommen. Da er die Franzosen nicht mehr zu fürchten hatte, weil sie schon von den Spaniern aus Neapel verjagt worden waren und beide seiner Freundschaft bedurften, so hätte er einen Handstreich gegen Pisa ausgeführt. Lucca und Siena hätten sich ihm hierauf sofort ergeben, es sei nun aus Eifersucht gegen die Florentiner oder aus Furcht, und die Florentiner hätten es nicht verhindern können. Und hätte er all dies Weitumfassende vollendet, wie er es gewiß noch in dem Jahre, als Alexander starb, vollendet haben würde, so wären sein

Ansehen, seine Macht und seine eigenen Kräfte zureichend gewesen, um sich ohne fremde Hilfe zu erhalten. Allein fünf Jahre, nachdem er zuerst den Degen gezogen, starb Alexander. Er hinterließ ihn in dem allein sicheren Besitze der Romagna, alles andere war in nichts zerronnen; er selbst zwischen zwei feindlichen, sehr mächtigen Herren, auf den Tod erkrankt. – Nun war er sehr tapfer, listig und geschickt genug, den Zeitpunkt abzulauern, wie und wann er die Menschen an sich ziehen oder verderben müsse. Seine Maßregeln waren auch so gut getroffen, daß, wäre er gesund geblieben und hätten ihn nicht jene zwei Heere bedroht, er gewiß alle Schwierigkeiten überwunden haben würde.

Daß die Grundlagen seiner Macht gut waren, beweist, daß Romagna länger als einen Monat auf ihn wartete, und daß die Baglioni, die Vitelli und die Orsini, welche sogleich nach Rom eilten, nichts gegen ihn ausrichten konnten, obgleich er todkrank war. Und wenn er auch nicht den päpstlichen Stuhl nach seiner Willkür besetzen konnte, so schloß er doch diejenigen davon aus, welche, er nicht wünschte. Wäre er eben nicht selbst bei Alexanders Tode krank gewesen, dann würde er leichte Arbeit gehabt haben. Bei der Wahl Julius 11. sagte er mir: „Er habe alle möglichen Vorgänge nach Alexanders Tode berechnet und sich auf alles gefaßt gemacht; daß er aber zu eben der Zeit, in welcher sein Vater starb, selbst in Lebensgefahr kommen werde, habe er nicht voraussehen können."

Alle seine Maßnahmen genau erwogen, sehe ich keinen begründeten Vorwurf, welchen man dem Herzoge machen könnte. Ich glaube vielmehr, er sei das Muster für alle, welche fremde Waffen und das Glück zum Throne erhoben; mit seinem Mute und seinen weitausschauenden Plänen konnte er nicht anders handeln; bloß seine Krankheit und Alexanders schneller Tod hemmten die Ausführung seiner Pläne. Kein Usurpator, der sich seiner Feinde und Freunde versichern, durch Gewalt und List groß werden, Furcht und Liebe vom Volke, Ehrfurcht und Gehorsam von den Soldaten erlangen will, der sich jener, die ihm schaden können oder wollen, entledigen, neue Verfassungen einführen, mit Ernst, Würde und Strenge – und doch auch großmütig und freigebig sein will, der insubordinierte Soldaten abschaffen, dagegen brauchbarere anwerben und sich die Freundschaft und Achtung der übrigen Regenten erhalten will, damit sie ihm, wo nicht nützlich, doch wenigstens auch nicht schädlich werden – kann sich ein schicklicheres Muster wählen, als den Herzog von Valentinois.

Nur die zweckwidrige Auswahl zum Papsttum in der Person Julius II. könnte man ihm zum Vorwurfe machen. Wenn er auch nicht gerade nach seiner Willkür den päpstlichen Stuhl besetzen konnte, so stand es doch bei ihm, alle diejenigen, die nicht nach seinem Wunsche waren, von demselben auszuschließen. Er hätte nie in die Erhebung jener Kardinäle einwilligen sollen, welche er beleidigt hatte, oder die ihn nach ihrer Erhebung zum päpstlichen Throne zu fürchten hatten. Furcht oder Haß sind die Quellen der Kränkungen unter den Menschen. – Die Kardinäle von San Pietro in Vincoli, Colonna, San Giorgio und Ascanio hatte er beleidigt. Alle übrigen, den Kardinal von Rouen und die spanischen Kardinäle ausgenommen (diese wegen der Stammesverwandtschaft und gegenseitiger Verbindlichkeit, jener wegen des Einflusses, den er durch diese Verbindung mit Frankreich hatte), mußten ihn im Falle der Erhebung zur Papstwürde fürchten. Es erforderte daher die Klugheit, daß er entweder einen Spanier oder, wenn dies unmöglich war, den Kardinal von Rouen, nie aber den Kardinal von San Pietro in Vincoli, der ihn stürzte, zum Papst zu machen suchen mußte.

Wer glaubt, daß die Großen über neuen Wohltaten die alten Beleidigungen vergessen, irrt sehr. Der Herzog beging also bei dieser Papstwahl einen Fehler, und dieser war der Grund seines endlichen Unterganges.

8.

Vom Thronerwerbe durch Verbrechen.

Noch auf zweierlei Wegen kann ein Privatmann zum Throne kommen, ohne es ganz dem Glücke oder seiner Tapferkeit und Talenten zu verdanken zu haben, und auch hiervon wird zu reden nötig sein, obgleich man von dem einen dieser Wege eingehender in einer Betrachtung der Republiken sprechen könnte. Man kann nämlich durch Verbrechen zur Alleinherrschaft gelangen oder durch die Liebe seiner Mitbürger Fürst werden.

Übergehen wir es, den Wert des ersten zu beurteilen, und begnügen wir uns, ein neueres und ein älteres Beispiel hiervon anzuführen, welche denen, die sich in der Notwendigkeit befinden, auf diesem Wege zu wandeln, zum Muster dienen können.

Der Sicilianer Agathokles wurde nicht allein vom Privatstande, sondern von ganz niedrigen Lebensverhältnissen aus König von Syrakus. Dieser, ein Sohn eines Töpfers, führte durch alle Stufen seines Glücks hindurch ein verbrecherisches Leben, aber es begleitete jedes seiner Verbrechen viel Verstand und Mut. Aus seiner militärischen Karriere bis zur Prätorswürde gelangt, wandelte ihn die Lust an, Fürst von Syrakus zu werden und durch Gewalt und ohne fremde Hilfe das zu behalten, was man freiwillig ihm bereits gegeben hatte. Nachdem er sich über diesen Plan mit Hamilcar, der eben an der Spitze eines karthagischen Heeres in Sicilien stand, ins Einvernehmen gesetzt, ließ er einst das Volk und den Rat von Syrakus zu einer – angeblich das allgemeine Beste bezweckende Beratschlagung versammeln und dann auf ein gegebenes Zeichen alle Senatoren und die reichsten Bürger durch seine Soldaten niedermachen; und auf diese Art bemächtigte er sich des Thrones ohne Widerstand seitens der Bürger. Zweimal schlugen ihn die Karthager aufs Haupt und belagerten ihn schließlich in der Stadt; gleichwohl verteidigte er diese, besetzte sie mit einem Teile seiner Leute und fiel mit dem anderen sogar in Afrika ein, entsetzte Syrakus und trieb die Karthager so sehr in die Enge, daß sie gezwungen waren, sich mit ihm in Unterhandlungen einzulassen und, mit dem Besitz Afrikas zufrieden, ihm Sicilien zu überlassen.

Von all dem kann man indes wenig oder nichts auf Rechnung des Glückes setzen. Nicht durch fremde Unterstützung, sondern durch die Grade des Soldatenstandes hindurch, die er mit tausend Schwierigkeiten und Gefahren erkämpft, gelangte er zur Oberherrschaft und behauptete sie gegen so erbitterte und gefährliche Feinde. Gewiß ist Bürgermord, Freundesverrat, Treulosigkeit, Mangel an Menschlichkeit und Gottesfurcht keine Tugend zu nennen; durch sie kann man wohl einen Thron, nie aber Ehre erwerben.

Aber als unerschrockener Mann in Gefahren, mit einer unüberwindlichen Standhaftigkeit bei allen Widerwärtigkeiten sieht Agathokles keinem der größten Helden nach, obgleich er wegen seiner schändlichen Grausamkeit und den tausenden von Ruchlosigkeiten, die er beging, nicht unter die großen Menschen gezählt werden kann. Man darf es also weder auf Rechnung seines Glückes noch seiner Tugend setzen, was er ohne diese und jenes tat.

In den neueren Zeiten unter der Regierung Alexanders VI. spielte Oliverotto da Fermo eine ähnliche Rolle. In seiner Kindheit, als Waisenknabe von Giovanni Fogliani, seiner Mutter Bruder, erzogen, lernte er bei Paolo Vitelli die Kriegskunst. Nach Paolos Tode diente er unter dessen Bruder Vitellozzo und erhielt durch Verstand, Talente und körperliche Vorzüge bald die ersten militärischen Ehrenstellen. Durch seinen Ehrgeiz zu großen Dingen angefeuert, entschloß er sich mit Vitellozzos Einwilligung, Fermo zu erobern, worin ihn einige von dessen Bürgern, welche ihr Vaterland lieber unterjocht als frei sehen wollten, unterstützten. So schrieb er denn an seinen Oheim: Nach so langem Fernsein wünsche er sehr, in seine Vaterstadt zurückzukommen, um ihn und seine Freunde zu besuchen und sich etwas nach seinem väterlichen Vermögen umzusehen, bis jetzt habe er bloß nach Ehre gestrebt; und um seinen Mitbürgern zu zeigen, daß er seine Zeit gut benutzt habe, wünsche er öffentlich mit hundert seiner Freunde und Dienerschaft glanzvoll zu Pferde einzuziehen. Er bäte ihn daher, es so einzurichten, daß er von den Einwohnern mit Auszeichnung empfangen werde. Eine solche Ehre würde auch auf ihn als seinen Oheim und Erzieher zurückfallen.

Fogliani erfüllte auf das pünktlichste seinen Wunsch; Oliverotto ward bei seinem Einzuge in die Stadt mit einem großen Prunke empfangen und wendete einige Tage im geheimen dazu an, die Ausführung seines schändlichen Vorhabens einzuleiten.

Dazu diente ihm ein glänzendes Fest, zu dem er Fogliani und die Vornehmsten der Stadt einlud. Gegen das Ende der Tafel und der bei solchen Gelegenheiten üblichen Tischfreuden lenkte er die Unterhaltung absichtlich auf ernsthafte Gegenstände, besonders auf die Größe des Papstes Alexander und die Taten seines Sohnes Cesare. Als Fogliani und die übrigen Gäste sich hierüber äußerten, erhob er sich schnell von seinem Stuhle mit der Äußerung: daß man über diese Dinge nur an einem geheimen Orte reden dürfe; und er zog sich in ein Zimmer zurück, wohin Giovanni und alle anderen Bürger ihm folgten. Sie hatten sich kaum gesetzt, als aus Schlupfwinkeln dieses Gemaches Soldaten hervorbrachen und Giovanni nebst allen übrigen erschlugen. – Oliverotto bestieg hierauf sein Pferd, sprengte durch die Stadt und belagerte im Palast die oberste Behörde, so daß sie aus Schreck gezwungen war, ihm zu gehorchen und eine Regierung einzusetzen, an deren Spitze er als Fürst trat. In dieser Würde wußte er sich auch sehr trefflich zu benehmen und zu behaupten, indem er die unzufriedenen und ihm schädlichen Menschen aus dem Wege räumte, neue Staats- und Kriegsgesetze entwarf, so daß er im Laufe eines Jahres, währenddessen er die Fürstengewalt innehatte, nicht nur in der Stadt Fermo sicher, sondern allen seinen Nachbarn furchtbar ward.

Daß Agathokles und andere seiner Art nach tausend Schlechtigkeiten und Grausamkeiten so lange lebten, ohne daß je eine Verschwörung innerer Feinde gegen sie entstand, und daß sie sogar imstande waren, äußeren Feinden die Spitze zu bieten, während so viele andere mittels Grausamkeit nicht einmal die Regierung in den Zeiten des Friedens, viel weniger im Kriege behaupten konnten, verdient unsere Bewunderung, und es scheint alles daran zu liegen, ob man von der Grausamkeit einen guten oder üblen Gebrauch mache. Ich verstehe unter einem guten Gebrauche derselben – wenn man anders je von einem Laster sagen kann, daß man davon einen guten Gebrauch machen darf –, wenn man nur einmal, und zwar nur um der eigenen Sicherheit willen, grausam ist und dies den Untertanen nützlich wird. Üblen Gebrauch derselben nenne ich, wenn sie da, wo sie aufhören sollte, immer mehr anwächst. Die erste Art kann man mit Gottes und der Menschen Hilfe zu seinem Zwecke mit Vorteil gebrauchen, wie dies bei Agathokles der Fall war. Mit der zweiten kann man sich nicht behaupten.

Daraus folgt: wer auf eine widerrechtliche und gewaltsame Weise eine Krone an sich reißt, muß alle Grausamkeiten auf einmal ausüben, damit er nicht nötig habe, alle Tage damit von vorne anzufangen; dann aber die Gelegenheit ergreifen, die Gemüter durch Wohltaten wieder zu versöhnen. Ein Fürst, der aus Furcht oder durch üblen Rat verleitet von diesem Grundsatze abweicht, darf nie das Schwert aus der Hand legen; er kann ebensowenig seinen Untertanen trauen, als diese ihm, wegen des stets erneuerten Druckes, mit welchem er sie ununterbrochen plagt, trauen können.

Die Verbrechen müssen auf einmal vollführt werden, damit die, welche davon betroffen werden, nicht Zeit gewinnen, sie zu fühlen; Wohltaten aber dürfen nur nach und nach erwiesen werden, damit man sie desto besser würdige. Und ein Fürst muß vor allem seine Untertanen so zu behandeln wissen, daß kein Zufall, er sei gut oder böse, sein Benehmen ändern könne. Im Drange der Not kommt die Rache zu spät, und Wohltaten helfen schlechterdings zu nichts mehr; denn man dankt sie dem Fürsten nicht, weil man es bemerkt, daß Zwang sie erzeugt hat.

9.

Von der Alleinherrschaft eines Bürgers.

Wenn ein Bürger nicht durch Verbrechen noch Gewalt, sondern durch die Gunst seiner Mitbürger ihr Fürst wird – welches ich ein Bürgerfürstentum nennen möchte –, dann bedarf er weder außerordentlicher Tüchtigkeit noch ausgezeichneten Glückes, sondern nur einer guten Dosis vom Glück begünstigten Scharfsinns. Entweder erhebt ihn die Liebe des Volkes, oder die Gunst des Adels. Diese Parteien finden sich in jeder Stadt; denn, entweder das Volk fürchtet, von dem Adel kommandiert und unterdrückt zu werden, oder dieser sucht das Volk zu kommandieren und zu unterdrücken. Dieses wechselseitige Streben ist es demnach, was Monarchien oder die Freiheit oder Anarchien erzeugt.

Die monarchische Regierungsform wird von dem Volke oder dem Adel eingeführt, sowie die Umstände eine oder die andere dieser Parteien dazu bestimmen. Sowie der Adel sieht, daß er das Volk nicht meistern kann, dann wählt er einen aus seiner Mitte zum Regenten, um unter seinem Namen desto ungehinderter eigene Willkür ausüben zu können.

Ebenso handelt das Volk, wenn es sieht, daß ihm der Adel über den Kopf gewachsen ist; es wählt sich einen Fürsten, dem es seine Gewalt übergibt, um von ihm gegen alle Anmaßungen des Adels geschützt zu werden.

Wer durch den Adel zum Throne erhoben worden ist, hat gewiß mehr Mühe, sich darauf zu erhalten, als jener, den die Stimme des Volkes dahin rief; denn er ist von einer Menge Menschen umgeben, welche so viel als er selbst zu sein wähnen, die er daher nicht behandeln und denen er nicht befehlen kann, wie er will. Dagegen ist der, den das Volk zum Throne erhob, Alleinherrscher, und niemand, oder doch nur wenige werden sich seinen Befehlen entziehen.

Kein rechtschaffener Mann kann, ohne gemeinschädlich zu handeln, dem Adel Genüge leisten; das Volk, das weit billiger ist, ist leichter zu befriedigen; der Adel bestrebt sich, Unterdrücker zu werden, und das Volk will nicht unterdrückt sein. – Hierzu kommt noch, daß ein Fürst sich nie des Volkes versichern kann, das ihn haßt; denn er hat es mit zu vielen zu tun; da aber der Adeligen weit weniger sind, so kann er mit diesen leichter zurechtkommen.

Ein Fürst, den das Volk haßt, hat im schlimmsten Falle zu befürchten, daß er von diesem verlassen werde; allein dieses und noch weit schlimmere Folgen hat er auch von dem feindlichen Adel zu befürchten. Denn da dieser scharfsichtiger und schlauer ist, so kommt er der Gefahr zuvor und sucht sich zu seiner eigenen Sicherheit der Freundschaft dessen zu versichern, der mutmaßlich gewinnen wird.

Es ist sozusagen eine Notwendigkeit, daß der Fürst immer mit dem nämlichen Volke leben muß; in bezug auf die Großen ist dies nicht der Fall; diese kann er nach Willkür erheben und stürzen, erhalten oder ausrotten.

Man muß – um den Gegenstand zu erschöpfen – den Adel hauptsächlich nach zwei Seiten hin betrachten. Die, welche sich ganz an den Fürsten anschließen, muß man achten und lieben, wenn sie anders nicht zu eigennützig oder raubsüchtig sind. Jene, welche sich nicht an den Fürsten anschließen, werden hierzu entweder durch Furcht und Mangel an Einsicht bestimmt. Erstere kann man, besonders wenn sie Verstand genug haben, um Rat erteilen zu können, gebrauchen; denn man kann in guten Zeiten Ehre von ihnen haben, und in den Zeiten des Unglücks sind sie nicht gefährlich. Wird aber ihr Benehmen durch Absicht oder Ehrbegierde erzeugt, dann denken sie mehr an sich selbst als an den Fürsten, und dieser muß sie so genau beobachten, sich so vor ihnen hüten, als wenn sie seine offenbarsten Feinde wären; denn bei jedem Sturme werden sie zuverlässig ihn stürzen helfen.

Wen die Gunst des Volkes zum Throne erhob, der muß dessen Neigung zu erhalten sich bemühen; und dies wird ihm leicht fallen, denn das Volk verlangt bloß, nicht unterdrückt zu werden. Wem aber der Adel wider den Willen des Volkes die Krone aufsetzt, der muß vor allem sich um die Volksgunst bemühen; so etwas wird ihm nicht schwer werden, wenn er es nur in seinen Schutz nimmt. Und da der Dank für die Wohltaten eines Mannes, von dem man nur Böses erwartete, doppelt warm wird, so kann ein solcher Fürst sicher hoffen, vom Volke mehr geliebt zu werden, als wenn es selbst ihn zu dieser Würde erhoben hätte. – Die Liebe des Volkes ist auf verschiedene Weise zu erlangen, doch kann man hierüber wenig allgemeine Regeln aufstellen, da alles auf Zeit und Verhältnisse ankommt. Doch ist es im allgemeinen richtig: ein Fürst bedarf immer der Liebe des Volkes und kann ohne diese im Notfalle nicht bestehen.

Nabis, Spartas Regent, belagert von ganz Griechenland und Roms sieggewohnten Heeren, verteidigte gegen sie das Vaterland und seine Obergewalt. Er hatte nur nötig, sich der Freundschaft einiger Edeln zu versichern, um sich aus der Gefahr zu ziehen; diese würde aber bei weitem unzureichend gewesen sein, wenn er selbst vom Volke gehaßt gewesen wäre.

Man setze dem nicht das allbekannte Sprichwort entgegen: Wer auf das Volk baut, baut auf Sand; denn dies ist nur dann wahr, wenn ein Bürger von demselben Befreiung aus den Händen der Feinde oder von dem Drucke der Behörden erwartet, worin er sich freilich meist getäuscht finden wird. So erging es den Gracchen zu Rom und Messer Giorgio Scali zu Florenz. Ein Fürst aber, der das Befehlen versteht, ein beherzter Mann ist, und dem es in Unglücksfällen nicht an Mut fehlt, der auch sonstige Vorsorge trifft und mit seinem Geist und seinen Einrichtungen beständig das Ganze belebt, wird durch sein Zutrauen auf die Volksgunst nicht übel fahren.

Bürgerfürstentümer sind immer in Gefahr zu scheitern, wenn eine unumschränkte Herrschaft eingeführt werden soll; denn der Fürst regiert entweder selbst oder durch seine Magistraturen und Beamten. Im letzteren Falle ist die Gefahr noch größer, weil der Fürst von dem Willen der Bürger, welche die Ehrenstellen bekleiden, abhängig ist, die ihm bei der ersten entstehenden Bewegung sehr leicht die Regierung wieder entreißen können, entweder indem sie einen förmlichen Aufstand gegen ihn anzetteln oder ihm den Gehorsam verweigern. Und dann ist es zu spät, unumschränkt werden zu wollen; denn er weiß nicht, wem er trauen soll, und die Untertanen, gewöhnt, den Behörden zu gehorchen, versagen ihm nun gänzlich den Gehorsam, und er wird immer in bedenklichen Zeiten Mangel an Leuten haben, auf die er sich verlassen kann. Er kann sich nach den Erfahrungen, die er in Zeiten des Friedens gemacht hat, nicht richten, wo die Bürger ihn nicht entbehren können; hier schließt sich jeder an ihn an, jeder überhäuft ihn mit Diensterbietungen, jeder will für ihn sterben – denn der Tod ist noch weit entfernt. Aber in Zeiten des Unglücks, wenn er des Volks bedarf, findet er wenige Anhänger. Es ist um so gefährlicher, diese Erfahrung zu machen, weil man sie nur einmal machen kann. Ein kluger Fürst muß es daher so einzurichten verstehen, daß die Untertanen immer und unter allen

Verhältnissen seiner bedürfen, und auf diese Art werden sie ihm auch ununterbrochen getreu verbleiben.

10.
Feststellung der Stärke jeder Fürstengewalt.

Es ist nötig, daß wir auch auf das Verhältnis dieser Fürstentümer in Hinsicht auf ihre Verteidigungskräfte einen Blick werfen, ob der Fürst nämlich mächtig genug sei, sich bei einem Anfalle aus eigenen Kräften zu erhalten, oder ob er fremde Hilfe nicht entbehren könne. Um diesen Gegenstand besser zu beleuchten, behaupte ich nach meinem Dafürhalten: So wie jene sich selbst erhalten können, welche Menschen oder Geld genug haben, um eine starke Armee organisieren und damit jedem, der sie anfallen will, die Spitze bieten zu können; so werden dagegen die anderen, welche sich auf ihre Festungen verlassen und diese verteidigen müssen, weil sie nicht im offenen Felde erscheinen können, jederzeit fremder Unterstützung bedürfen. Von dem ersten Falle haben wir schon gehandelt und wir werden uns noch weiter dazu äußern. Hinsichtlich des zweiten kann man nur raten, daß die Fürsten ihre Residenz befestigen sollen, ohne sich um das übrige Land zu bekümmern.

Ein Fürst der seine Residenz befestigt hat, sich mit seinen Untertanen in dem Verhältnisse befindet, welches oben schon angeführt worden, und von dem noch ausführlicher gesprochen werden soll, wird von niemand mutwillig angegriffen werden, denn kein Mensch befaßt sich gerne mit halsbrechenden Unternehmungen. Ein Angriff gegen einen Fürsten in einem gutbefestigten Platze und im Besitze der Liebe seines Volkes kann aber nicht leicht erscheinen. Die Städte Deutschlands erfreuen sich eines hohen Grades von Freiheit, obschon sie nur ein kleines Gebiet haben; sie gehorchen dem Kaiser, wenn sie wollen, und fürchten weder ihn noch einen anderen mächtigen Nachbar; denn da alle mit starken Mauern und tiefen Gräben umzogen sind, eine ihren Bedürfnissen entsprechende Artillerie haben und ihre Magazine jederzeit auf ein Jahr mit Holz und Lebensmitteln gefüllt dastehen, so sind die Belagerungen dieser Städte lang und beschwerlich. Auch haben sie immer Gelegenheit, die niedere Volksklasse auf ein Jahr lang mit Arbeiten zu beschäftigen, die den Lebensnerv der Stadt bilden und von denen das Volk sich nährt, so daß das niedere Volk ihnen nicht lästig wird. Auch werden die soldatischen Übungen stets aufrechterhalten, und sie haben außerdem noch viele Bräuche, um sie nicht in Verfall geraten zu lassen.

Ein Fürst, im Besitze einer festen Stadt und der Liebe seiner Untertanen, ist also sehr schwer anzugreifen, und der dies tut, wird schwerlich mehr als Schande sich erwerben; denn bei der Wandelbarkeit, welcher die menschlichen Schicksale unterworfen sind, ist es fast nicht möglich, ein ganzes Jahr lang untätig vor einer Stadt zu lagern.

Aber, wird man einwenden, wenn die Belagerten Besitzungen außerhalb der Stadt haben und sie in Brand gesetzt und verwüstet sehen, werden sie da nicht ungeduldig werden und, teils aus Sorge um ihr Eigentum, teils wegen der Beschwerden einer langen Belagerung, den Fürsten verlassen?

Ich antworte: Ein mächtiger und mutiger Regent wird diese Schwierigkeiten stets besiegen, indem er bald bei dem Volke die Hoffnung nährt, daß das Übel bald vorübergehen werde, bald ihm die Grausamkeit der Feinde recht fürchterlich ausmalt, bald sich auf eine geschickte Weise derer versichert, die er für allzu verwegen hält. Da der Feind gewöhnlich beim Vorrücken gleich beträchtlichen Schaden tut, wo alles noch voll Eifers und Mutes, sich zu wehren, ist, darf der Fürst um so weniger besorgt sein; denn ist einmal dieser Eifer erkaltet und sehen die Untertanen ein, daß der Schaden nun einmal da und ihm nicht mehr abzuhelfen ist, dann schließen sie sich noch enger an den Fürsten an, weil sie glauben, er sei ihnen nun doppelt verpflichtet, da ihre Liebe und Anhänglichkeit an ihn die Verheerung und Plünderung ihrer Häuser und Güter nach sich gezogen habe. – Die Menschen pflegen sich anderen ebenso um des Guten willen, das sie ihnen erzeigen, als um jenes, welches sie von ihnen empfangen, zu verbinden.

Mit diesen Hilfsquellen, glaube ich, wird es einem klugen Fürsten nicht schwer fallen, die Bürgerschaft zur Beharrlichkeit während einer langen Belagerung zu bewegen, wenn es anders der belagerten Stadt nur nicht an den erforderlichen Lebensmitteln und Verteidigungsmitteln fehlt.

11.
Von den geistlichen Fürstentümern.

Ich komme nun zu den geistlichen Fürstentümern. Es ist äußerst schwer, sie zu erwerben; man gewinnt sie entweder durch persönliches Verdienst oder Glück und behauptet sie ohne das eine und das andere; sie ruhen auf alten religiösen Fundamenten, welche so haltbar sind, daß man sich darauf, man verfahre und lebe auch wie man wolle, behaupten kann.

Diese Fürsten allein haben einen Staat und verteidigen ihn nicht, haben Untertanen und regieren sie nicht, und da diese Staaten nicht verteidigt sind, werden sie ihnen nicht genommen, und da die Untertanen nicht regiert werden, kümmern sie sich nicht darum und haben weder den Willen noch die Kraft, sich von ihnen loszureißen. Man darf also diese Fürstentümer allein gesichert und glücklich nennen. Da höhere Weisheit sie regiert und erhält, an welche der menschliche Verstand nicht hinreicht, werde ich mich nicht weiter damit beschäftigen; denn sie sind erhöht und gehalten von Gott, und jede Erörterung wäre da anmaßend und unbesonnen.

Fragte man aber, wodurch die Kirche eine so große Macht in weltlichen Dingen erlangt habe, die Frankreichs Monarchie heutzutage noch zittern machte, sie aus Italien vertrieb und die Venetianer zertrümmerte, da doch vor Alexanders Thronbesteigung nicht nur die Mächtigeren Italiens, sondern auch die unbedeutendsten italienischen Barone und Herren sich in weltlichen Dingen wenig um sie bekümmerten: dann würde man gezwungen sein, nachfolgende, obwohl schon bekannt genug gewordene Tatsachen, wieder anzuführen.

Italien war nämlich vor Karls, Königs von Frankreich, Zug dahin unter der Herrschaft des Papstes, der Venetianer, des Königs von Neapel, des Herzogs von Mailand und der Florentiner geteilt. Diese hatten zur Hauptsorge, daß erstens kein fremdes Heer in Italien eindränge, und daß zweitens keiner von ihnen sich selbst vergrößere. Der Papst und die Venetianer waren die Mächtigsten; alle übrigen mußten sich daher vereinigen, um sie in Schranken zu halten, wie man es bei der Verteidigung des Herzogtums Ferrara getan hatte. Um den Papst niederzuhalten, bediente man sich der römischen Barone, welche in zwei Lager geteilt waren und an deren Spitze die Orsini und Colonna standen, welche wegen ihres beständigen Zwistes immer unter Waffen standen, ohne sich an den Papst zu kehren und dadurch den Heiligen Stuhl schwächten und in Ohnmacht erhielten. Zwar bestieg diesen bisweilen ein mutiger Mann, wie Sixtus IV.; allein in der kurzen Zeit, welche er denselben innehatte, konnte er sich nicht von diesen Schwierigkeiten befreien. Schuld daran war die kurze Lebensdauer der Päpste. Zehn Jahre, die durchschnittlich ein Papst lebte, reichten kaum zu, eine der eben angeführten Faktionen zu demütigen. Denn wenn die Partei der Colonna unter einem Papste fast ganz erloschen war, dann erholte sie sich unter einem anderen wieder, der mit den Orsini in Fehde lag, und es war nicht geraten, sie dann wieder zu unterdrücken. Aus diesen Gründen war die weltliche Macht des Papstes in Italien so gering geachtet.

Endlich erschien Alexander VI. und zeigte besser als seine Vorgänger, was ein Papst mit Geld und Truppen zu tun vermag. Wir haben gesehen, was er durch den Herzog von Valentinois und bei Gelegenheit des Zuges der Franzosen ausführte. Er wollte zwar nicht die Kirche, sondern eigentlich seinen Sohn groß und mächtig machen; aber nach seinem und seines Sohnes, des Herzogs, Tode wurde diese die Erbin seiner Errungenschaften.

Julius, Alexanders Nachfolger, fand die Kirche mächtig vor, da sie die ganze Romagna besaß, die Faktionen der römischen Barone durch seines Vorgängers Energie vertilgt, und somit einen gebahnten Weg zur Sammlung eines Schatzes, woran vor

Alexander noch kein Papst gedacht hatte. Er trat daher nicht nur in dessen Fußtapfen, sondern er ging selbst noch weiter. Er nahm sich vor, Bologna wegzunehmen, die Venetianer völlig zu entkräften und die Franzosen aus Italien zu vertreiben. Dies gelang ihm und verschaffte ihm um so mehr Ruhm, da er die Kirche und nicht seine Familie zu vergrößern strebte.

Die Orsini und Colonna ließ er so, wie er sie fand. Und obgleich sie einige Unruhen hervorriefen, so wurden sie doch durch zwei Gründe im Zaum gehalten: einmal durch die Macht der Kirche, die. ihnen Furcht einflößte, und weil kein Glied aus ihrem Hause sich im Kollegium der Kardinäle befand, welche die Grundursache ihrer Händel untereinander waren. Und es werden diese Parteien sich nie ruhig verhalten, sooft sie Kardinäle haben, weil diese in und außer Rom dieselben unterhalten und die Glieder ihrer Familien nötigen, Partei zu nehmen, so daß der Ehrgeiz dieser Prälaten die Quelle der Zwietracht der Barone wird.

So fand Seine Heiligkeit Papst Leo X. den Päpstlichen Stuhl mächtig, und von ihm hoffte man, daß, wenn jene Päpste ihn durch Waffengewalt erhoben, er ihn durch seine Güte und die tausend Vortrefflichkeiten, welche ihn zierten, noch mächtiger und ehrwürdiger machen werde.

12.
Von dem Militärstande.

Nach dieser Abhandlung von den verschiedenen Arten der Regierungen, von denen ich anfangs mir vorgenommen zu sprechen und einigermaßen die Gründe ihres Gedeihens und ihres Unterganges angegeben, auch die Art und Weise gezeigt habe, wie viele Menschen sie zu gewinnen und zu behaupten suchten, haben wir nur noch von dem Militär und dessen zweifacher Anwendung im Angriffs- und Verteidigungskriege zu sprechen.

Wir haben oben gesagt, ein Fürst müsse, um festzustehen, auf ein gutes Fundament bauen, widrigenfalls er rettungslos verloren ist. Die stärksten Fundamente alter neuer und vermischter Staaten sind gutes Militär und gute Gesetze. Da es gute Gesetze ohne ein solches nicht geben kann, diese aber auch zugleich nötig sind, so will ich hier zuvörderst nur von dem Militär- und Waffenstande sprechen.

Das Militär, das ein Fürst zur Verteidigung seines Staates hält, besteht entweder aus eigenen Truppen, oder aus Söldnern, oder aus Hilfstruppen, oder aus gemischten Truppen. Söldner und Hilfstruppen sind unnütz und gefährlich. Ein Fürst, der sich auf sie verläßt, ist nie sicher. Sie sind uneins, ehrgeizig, undiszipliniert, treulos, tapfer unter Freunden, feig gegen Feinde und haben weder Gottesfurcht noch Redlichkeit, und so verschiebt sich der Untergang nur so lange, als sich ein Angriff verschiebt. In Friedenszeiten bist du von ihnen, im Kriege von den Feinden geplündert. Nicht Liebe, noch sonst irgendein anderes Motiv – nur der Sold knüpft sie an den Dienst, und dieser ist nicht groß genug, um ihnen zum Tode für dich Last zu machen. Sie wollen deine Krieger sein, solange es Friede ist; sowie es aber zum Kriege kommt, reißen sie aus und laufen davon.

Dies zu beweisen, ist nicht schwer. Italiens jetzige Zerrüttung hat bloß in dem langjährigen Vertrauen auf diese Mietlinge ihren Grund, die es besoldete, die zwar anfangs siegten und unter sich ganz tapfer schienen, aber, als der Fremde im Lande war, ihre Schwäche zeigten. König Karl von Frankreich eroberte Italien so recht spielend und nahm es mit einem Kreidestrich weg. Allerdings hatten daher jene recht, welche sagten, daß unsere Sünden daran schuld seien; obgleich es nicht jene Sünden waren, die sie meinten, sondern die, von denen ich im dritten Kapitel geredet, nämlich: der Ehrgeiz und Eigennutz der Fürsten, welche auch dafür gestraft worden sind.

Doch zur Sache zurück. – Die Führer dieser in Sold genommenen Truppen sind entweder vortreffliche Männer oder nicht. Sind sie ersteres, so kannst du dich darum nicht auf sie verlassen, weil sie bloß auf ihren eigenen Ruhm bedacht, entweder dich, ihren Herren oder andere gegen deine Absicht zu unterdrücken suchen. Sind sie es nicht, so ruinieren sie dich ohnehin.

Wollte man einwenden, daß jeder, der die Macht hierzu in Händen habe, sei er Söldner oder nicht, es auch so machen werde, so würde ich darauf folgendes erwidern: Entweder es ist ein Fürst, der die Waffen ergreifen muß, oder eine Republik. Ist es ein Fürst, dann muß er selbst als Führer ausziehen, ist es eine Republik, dann maß einer ihrer Bürger diese Stelle übertragen erhalten. Ist dieser hierzu untauglich, dann muß ein anderer an seine Stelle treten; ist er aber brauchbar, dann muß er doch so eingeschränkt werden, daß er nicht gegen die Gesetze handeln kann.

Die Erfahrung zeigt, daß allein Fürsten und bewaffnete Freistaaten große Fortschritte machen können, während Söldlinge nichts als Schaden tun. Zudem kann eine Republik sich mit ihren bewaffneten Bürgern gegen Unterdrückung durch einen der Ihrigen besser sichern als durch fremde Waffen. So waren Rom und Sparta viele Jahrhunderte unter Waffen und frei, und noch jetzt sind die Schweizer die Stärkstbewaffneten und Freiesten.

Ein Beispiel für die Wirkung von Söldnerwaffen im Altertum liefern die Karthager. Diese nahmen zwar die Feldherren aus ihren Bürgern, und gleichwohl hätten sie beinahe durch die in ihrem Sold stehenden Truppen am Schlusse des ersten Feldzuges mit den Römern ihre Freiheit verloren. – Philipp von Macedonien ward nach Epaminondas' Tode von den Thebanern an die Spitze ihrer Heere gestellt, und nachdem er ihre Feinde besiegt, raubte er ihnen selbst die Freiheit. Sforza verließ jählings den Dienst der Königin von Neapel, Johanna II., die sich dann, um ihr Reich zu retten, gezwungen sah, sich Alphonso, dem Könige von Aragonien, in die Arme zu werfen. Francesco Sforza, sein Sohn, nach Herzog Filippos Tode von den Mailändern gegen Venedig angeworben, schlug die Venetianer bei Caravaggio und vereinigte sich in der Folge mit ihnen zur Unterjochung von Mailand.

Auf die Einwendung, daß die Venetianer und Florentiner gleichwohl nur mit solchen Truppen Eroberungen gemacht haben, und gleichwohl seien ihre Generäle nicht ihre Fürsten geworden, antworte ich: die Florentiner hatten aber auch ein seltenes Glück, und die Feldherren, welche sie zu fürchten Ursache gehabt hätten, haben entweder nie gesiegt oder eine Menge Hindernisse auf ihrem Wege gefunden, oder sie hatten ihrem Ehrgeize ein anderes Ziel gesteckt. Johann Auguth siegte nie und konnte also deswegen nie Beweise seiner Treue ablegen; man wird aber nicht leugnen können, daß er, wenn er gesiegt, die Florentiner in seiner Gewalt gehabt hätte. – Sforza lag in steter Fehde mit den Braccianern, und beide beobachteten sich auf das genaueste. Sein Sohn Francesco hatte sich zum Ziele seines Ehrgeizes die Lombardei ausersehen; Braccio den Kirchenstaat und das Königreich Neapel. Wenden wir aber den Blick auf die Vorgänge in neuerer Zeit.

Die Florentiner hatten Paul Vitelli, einen sehr klugen Mann, der aus dem Privatstande zu einer so ansehnlichen Würde emporgestiegen war, an die Spitze ihrer Heere gestellt. Hätte er Pisa erobert, dann hätten sich die Florentiner ihm ohne Wahl ergeben müssen; denn sie wären verloren gewesen, wenn er zu ihren Feinden übergegangen wäre. Bei genauer Betrachtung wird man finden, daß die Venetianer mit Sicherheit und rühmlichem Erfolg handelten, solange sie selbst die Waffen führten, d.h. solange sie nämlich mit ihren eigenen Edelleuten und dem bewaffneten Volke zur See fochten, – und daß, als sie Landkriege anfingen und italienische Gewohnheiten annahmen, sogleich alles Glück von ihnen wich. Als sie sich im Anfange auf dem festen Lande ausdehnten, hatten sie von ihren Generälen nicht viel zu befürchten, denn sie hatten noch sehr wenig festes Land, aber ein desto größeres Ansehen und Macht. Aber bald entdeckten sie ihren Fehler, als sie sich weiter ausbreiteten und unter Carmagnolas Anführung den Herzog von Mailand schlugen. Denn jetzt sahen sie, daß Carmagnola zwar einerseits ein tapferer Soldat war, andererseits aber sich nicht sehr eilte, um den Krieg in die Länge zu ziehen; sie begriffen daher leicht, daß sie nun auf keine weiteren Siege rechnen konnten, weil es der Feldherr nicht wollte, und daß sie ihn aber ebensowenig entlassen durften, ohne das bereits Eroberte wieder zu verlieren. – Es blieb ihnen also zu ihrer eigenen Sicherheit nichts übrig, als ihn zu ermorden.

Dann wählten sie Bartolommeo Coleoni, aus Bergamo gebürtig, den Roberto da San Severino, Grafen von Pitigliano und noch mehrere andere zu ihren Feldherren, von denen sie keine Siege zu erwarten, aber sicheren Verlust zu befürchten hatten, wie es später auch in der Schlacht bei Vaila eintraf, in welcher sie alles verloren, was sie mit so vielem Aufwande in acht Jahrhunderten erworben hatten. Denn Söldnertruppen erobern träge und langsam, aber erleiden plötzliche und erstaunliche Niederlagen.

Da mich diese Beispiele auf Italien brachten, das so lange schon von fremden Söldnern regiert wurde, so sei es mir erlaubt, auf den Ursprung und die Entwicklung dieses Verhältnisses zurückzugehen, damit es leichter verbessert werden könne.

Zuvörderst muß man aber wissen, daß, je weniger das Reich in Italien Gehorsam fand und je mehr die Macht des Papstes stieg, in desto mehr Staaten Italien sich teilte.

Die meisten großen Städte ergriffen nämlich die Waffen wider den Adel, der sie unterdrückt hielt und vom Kaiser unterstützt ward. Dagegen schützte der Papst, der seine weltliche Macht zu verstärken suchte, die Städte. Viele andere wurden von ihren eigenen Bürgern unterjocht, und so fiel fast ganz Italien in die Hände der Kirche und einiger Republiken; man ward daher gezwungen, fremde Truppen in Sold zu nehmen, denn die Geistlichen und diese Bürger, welche sich zu Fürsten aufgeworfen hatten, verstanden den Krieg nicht. Der erste, der diesen Truppen Ehre verschaffte, war ein Edelmann aus der Romagna namens Alberigo da Conio[1)], dessen Schüler unter andern Braccio und Sforza waren, welche damals in Italien den Ton angaben. In ihre Fußtapfen traten alle folgenden Feldherren, die bis auf unsere Zeiten die Waffen Italiens befehligten. Das Ende von dem allem war, daß Karl VIII. Italien durchzog, Ludwig XII. dasselbe plünderte, Ferdinand von Aragonien ihm Gewalt antat und die Schweizer ihm die Ehre raubten. Die Art, wie diese Freischarenführer vorgingen, um ihren Leuten Achtung zu

[1)] Gemeint ist Alberigo da Barbiano, der Gründer der Compagnia di San Giorgio, dessen Geschlecht im Besitze der Grafschaft Conio war.

verschaffen, war zuerst, dem Fußvolke alle Achtung zu entziehen; denn da sie, ohne eigenes Gebiet und Vermögen, allein auf ihren Erwerb angewiesen, durch eine geringe Zahl Fußvolk keine Achtung gewinnen, eine größere aber nicht ernähren konnten, so beschränkten sie sich auf Reiterei, wodurch sie bei erträglicher Anzahl Erwerb und Ehre fanden. Ja es kam so weit, daß bei einer Armee von 20000 Mann kaum 2000 Mann Infanterie waren. Dann erfanden sie das Geheimnis, sich und ihre Soldaten allen größeren Beschwerden zu entziehen und ihnen alle Furcht zu benehmen, indem sie es einführten, daß man in den Gefechten den Feind nicht tötete, sondern gefangennahm und ohne Lösegeld wieder freigab. Bei Nacht beschossen sie nie die belagerten Orte und ebensowenig die Belagerten die Lager dieser; ja, sie befestigten nicht einmal ihre Lager mit Palisaden oder Gräben, noch rückten sie im Winter ins Feld. Mit dieser Kriegsordnung vermieden sie Arbeit und Gefahr und brachten – wie ich sagte – dadurch über Italien Sklaverei und Schande.

13.
Von den Hilfstruppen.

Hilfsvölker – die zweite Gattung nutzloser Truppen – sind es, wenn ein Potentat angerufen wird, daß er mit seinen Waffen komme, dich zu unterstützen und zu verteidigen. Eine solche unglückliche Maßregel ergriff vor einigen Jahren Papst Julius II. Nach dem unglücklichen Versuche, den er mit Mietstruppen auf Forrara gemacht, wiederholte er einen ähnlichen mit Hilfstruppen, welche Spaniens König Ferdinand ihm zuschickte.

Hilfstruppen können demjenigen nützen, der sie leiht, allein demjenigen, der sie erhält, sind sie allezeit schädlich. Dieser verliert, wenn sie geschlagen werden, und gerät, wenn sie siegen, in die Abhängigkeit des Gebers. Die ältere Geschichte liefert hierzu eine Menge Belege, allein wir wollen hier nur bei dem Beispiel Julius II. stehenbleiben, weil es noch in frischem Angedenken ist. Bei seinem Plane auf Ferrara konnte er nichts Schlimmeres tun, als daß er sich einem Fremden überließ; bloß sein gutes Glück wendete von ihm den Schaden ab, den sonst diese seine Wahl ihm unvermeidlich hätte bringen müssen; denn als seine Hilfstruppen bei Ravenna geschlagen waren, erschienen allen unvermutet und zum Glück die Schweizer und schlugen die Sieger in die Flucht. So ward er weder abhängig von seinen Feinden, denn diese waren geschlagen, noch von seinen Hilfstruppen, denn er hatte mit anderen Waffen als den ihrigen gesiegt.

Die Florentiner, von aller Waffenmacht entblößt, riefen, uni Pisa zu unterjochen, 10000 Mann Franzosen zu Hilfe, und dieser Fehler brachte ihnen mehr Unglück, als sie je zuvor gehabt hatten. – Der Kaiser von Konstantinopel ließ zur Verteidigung gegen seine Nachbarn 10000 Türken in Griechenland einrücken, welche sich aber nach Beendigung des Krieges zurückzukehren weigerten. Dies war der Anfang der Unterjochung Griechenlands durch die Türken.

Derjenige also, der nie siegen will, der bediene sich nur der Hilfstruppen; sie sind weit gefährlicher als die Mietstruppen; denn von ihrer Seite ist der Untergang fertig, sie sind alle einig und stehen unter dem Kommando eines andern, während Mietstruppen, die kein Ganzes bilden und von dir angeworben und bezahlt sind, wenn sie gesiegt haben, Zeit und eine bessere Gelegenheit brauchen, um feindlich gegen dich aufzutreten. Und stellst du einen Dritten an ihre Spitze, dann kann dieser sich nicht so bald Einfluß genug verschaffen, um dir zu schaden. Kurz, feige und träge Mietstruppen sind so schädlich als tapfere Hilfsvölker. Ein weiser Fürst muß sich daher allezeit beider enthalten und lieber mit seinen eigenen Truppen überwunden werden, als mit fremden siegen wollen, da man einen durch fremde Waffen errungenen Vorteil nicht einen wahren Sieg nennen kann.

Auch hier ist Cäsar Borgia, den anzuführen ich nie Bedenken tragen werde, wieder ein Muster. Dieser Herzog drang mit Hilfsvölkern in die Romagna ein. Er nahm Imola und Forli bloß mit französischen Hilfstruppen weg; als er sich aber in der Folge nicht genug auf diese verlassen zu können glaubte, wandte er sich an Mietstruppen und besoldete die Orsini und Vitelli.

Er fand sie aber in seinen späteren Kriegshändeln unzuverlässig, treulos und gefährlich, vernichtete sie und bediente sich dann nur seiner eigenen Leute. Man darf nur, um sich von dem Unterschiede zwischen beiden Arten von Militär genau zu überzeugen, betrachten, wie verschieden die Macht des Herzogs, solange er auf die Franzosen allein und solange er auf die Orsini und Vitelli angewiesen war, von jener war, als er ohne sie focht. Denn nie war sein Wert mehr anerkannt als eben jetzt, da er sich allein, als Herr, mit seinen eigenen Truppen schlug.

Ich wollte nur Beispiele aus der jüngsten italienischen Geschichte anführen, doch möchte ich Hieron von Syrakus nicht übergehen, dessen ich ja oben schon Erwähnung tat. Als ihm Syrakus den Oberbefehl übergab, sah er ein, daß die Truppen, welche man in Sold genommen hatte, nichts taugten; denn ihre Chefs wirtschafteten schon damals ebenso wie die jetzigen in Italien. Aber da er sich überlegt hatte, daß er sie weder behalten dürfe noch auch entlassen könne, so ließ er sie sämtlich zusammenhauen und setzte den Krieg mit seinen eigenen Waffen fort und nicht mehr mit fremden.

Hierher gehört auch noch ein passendes Gleichnis aus dem Alten Testament. Als David sich bei Saul zu dem Kampfe mit dem Philister Goliath erbot, gab ihm Saul, um seinen Mut zu stärken, seine eigenen Waffen. Allein David erwiderte ihm, er könne damit nicht zurechtkommen und er wolle daher mit seinem Feinde nur mit seiner Schleuder und seinem Messer kämpfen. – So sind fremde Waffen stets zu schwer oder zu enge oder fallen dem Träger vom Leibe. Karl VII., Vater König Ludwigs XI. von Frankreich, sah, nachdem er mit Glück und Mut die Engländer vertrieben hatte, die Notwendigkeit eigener Rüstung ein und organisierte zu diesem Zwecke durch sein ganzes Reich Regimenter von Infanterie und Kavallerie. Sein Sohn Ludwig dankte die Infanterie wieder ab und nahm dafür Schweizer in Sold. In diesem Fehler, dem auch seine Nachfolger verfielen, liegt die Quelle alles Unglückes, welches dieses Königreich traf, wie man jetzt deutlich sieht. Denn durch diese Erhebung des Ansehens der Schweizer setzten die Könige ihre eigenen Truppen herunter, – die, weil sie gewohnt waren, neben den Schweizern zu fechten, ohne diese nicht siegen zu können glaubten. Daher sind auch die Franzosen den Schweizern nicht gewachsen und können ohne sie gegen andere nichts ausrichten.

Frankreich hat also ein gemischtes Heer, das teils aus eigenen, teils aus Soldtruppen besteht; beide vereinigt sind zwar den Hilfstruppen oder den in Sold stehenden Völkern allein weit vorzuziehen, sie stehen aber, wie ich bewiesen habe, den eigenen weit nach. Hätte Frankreich die von Karl VII. eingeführte Organisation beibehalten, dann würde es unüberwindlich sein. Allein so handeln die Menschen, weil es ihnen an Klugheit fehlt. Sie gehen drauflos, wenn ein augenblicklicher Vorteil sich zeigt, der sie blendet, so daß sie das darunter, verborgene Übel nicht sehen, wie ich oben von der Schwindsucht gesagt habe. Einem Fürsten, der das Übel erst nach seinem Ausbrüche erkennt, fehlt es an der wahren Politik, – allein nur wenige Menschen besitzen die seltene Gabe, es vorauszusehen und ihm vorzubeugen.

Untersucht man den ersten Zusammenbruch des römischen Reiches, so wird man ihn in der unglücklichen Maßregel, die Goten in Sold zu nehmen, finden. Von da ab begann die Kraft des Römerreiches dahinzusiechen, und all seine schwindenden Kräfte gingen auf die Goten über.

Hieraus schließe ich: ein jeder Fürst ist ohne eigenes Militär nicht sicher, er muß vielmehr, wenn es ihm an Hilfsquellen in der Not fehlt, sozusagen von der Gnade des Glückes leben. Daher war es jederzeit die Meinung der Klügeren, daß nichts so schwach und zerbrechlich sei, als der Ruf einer Macht, die nicht auf eigenen Kräften beruht. Eigene Kräfte beruhen allein auf den Untertanen und Bürgern und Kreaturen des Fürsten, alle anderen sind Hilfsvölker oder Mietstruppen. Es wird nicht schwer sein, aus den ersteren eine Armee zu bilden, wenn man sich der angegebenen Mittel, besonders aber jener bedient, welche Philipp, Alexanders des Großen Vater, und andere Fürsten und Republiken angewendet haben und worauf ich mich überall beziehe.

14.

Wie der Fürst sich in bezug auf das Kriegswesen verhalten muß.

Ein Fürst muß alle seine Gedanken, allen seinen Fleiß auf das Studium der Kriegskunst, der einzigen, deren Beherrschung man von ihm erwartet, verwenden; denn durch sie allein erhalten sich Fürsten von Geburt auf ihrem Throne, und durch sie gelangen öfters Privatpersonen dazu. Dagegen zeigt es sich, daß Regenten, welche mehr an ein üppiges Leben dachten als an die Waffen, ihr Reich verloren haben. Gewiß das erste Mittel, einen Thron zu verlieren, ist die Geringschätzung dieser Wissenschaft, ihre Anwendung aber das sicherste Mittel, einen Thron zu gewinnen.

Francesco Sforza schwang sich als Privatmann durch die Kriegskunst auf Mailands Thron, allein seine Söhne sanken als Herzöge wieder in den Privatstand zurück, weil sie die Mühen und Strapazen des Waffenhandwerks scheuten. Zu den übrigen Gründen des Unglücks, welches dir der Mangel an Kriegsrüstung zuzieht, kommt noch, daß du darum mißachtet wirst: dies ist ein Schimpf, den ein Fürst, wie hernach gezeigt werden wird, vermeiden soll. Gegen den, der sich an der Spitze eines Heeres befindet, kommt ein Unbewaffneter gewiß nicht auf. Ohnehin widerstrebt es der Vernunft, daß ersterer diesem gehorche und ein Unbewaffneter sicher sei vor bewaffneten Dienern, und es ist daher unmöglich, daß diejenigen in Harmonie leben, von denen der eine Argwohn, die anderen Verachtung hegen. Ein der Kriegskunst unkundiger Fürst kann daher, abgesehen von jemandes Unglück, wie bemerkt, nie Ansehen oder die Hochachtung seines Heeres haben, noch sich auf dasselbe verlassen. Es ist daher unbedingt notwendig, daß ein Fürst die Kriegskunst zu seinem ersten Studium mache; ja, er muß sogar in Friedenszeiten sich mehr damit befassen, als selbst in Kriegszeiten. Und dies kann auf zweierlei Art geschehen, sowohl durch praktische Übungen als durch theoretisches Studium.

Was die praktischen Übungen anbetrifft, so muß er, abgesehen davon, daß er die Seinigen in guter Zucht und Übung erhält, sich immer mit der Jagd beschäftigen, damit er sich an Strapazen gewöhne, auch die Natur des Geländes kennenlernen, beobachten, wie sich die Berge erheben, die Täler einmünden, die Ebenen sich erstrecken, von der Beschaffenheit der Flüsse und Seen sich unterrichten, und darauf die größte Sorge verwenden. Dies hat doppelten Nutzen. Der Fürst wird einmal mit seinem Lande bekannt und lernt dadurch die besten Verteidigungsmöglichkeiten desselben kennen, zweitens begreift er auch dank seiner Vertrautheit mit seinem Lande unschwer die Geländeverhältnisse eines andern, dessen Kenntnis für ihn notwendig ist; denn die Hügel, Täler, Ebenen, Flüsse und Seen, welche z. B. in Toskana sind, haben eine gewisse Ähnlichkeit mit den anderen, und man kann leicht von dem Gelände einer Provinz auf jenes einer andern schließen.

Fehlt einem Fürsten diese Kenntnis, dann fehlt ihm das erste, nötigste Erfordernis zum Feldherrn. Denn obige Eigenschaften lehren ihn den Feind aufsuchen und passende Plätze zum Lagern auszuwählen, Armeen zu führen, Schlachten zu leiten und Städte mit Vorteil zu belagern. Philopömen, Fürst der Achäer, wird von den alten Schriftstellern neben anderm deswegen gelobt, daß er im Frieden stets an den Krieg dachte, auf seinen Wanderungen öfters anhielt und seine Begleiter fragte: „Wenn der Feind auf diesem Hügel stünde und unsere Armee hier, wer hätte den Vorteil? Wie könnten wir an ihn kommen und ihn regelrecht angreifen? Und wenn wir zum Rückzuge genötigt würden, wie müßten wir ihn ausführen? Und umgekehrt, wie den zurückgehenden Feind verfolgen?“ – Und nachdem er ihnen noch eine Menge dergleichen Kriegsfälle vorgelegt hatte, hörte er sodann das Gutachten seiner Begleiter über diese Fragen an und sagte ihnen dann auch seine Meinung und die Gründe dafür. Daher konnte ihm beim Ausbruch eines Krieges nicht leicht etwas begegnen, woran er nicht vorher schon gedacht hatte.

Was das theoretische Studium betrifft, so muß ein Fürst die Geschichte lesen, um aus derselben die Taten großer Feldherren und die Ursache ihrer Siege und ihrer Verluste kennenzulernen, um diese zu vermeiden und jene nachzuahmen. Vor allem aber muß er es einigen der berühmtesten Männer gleichtun und suchen, daß er einen jener Heroen sich zum Muster aufstelle, so z. B. wie Alexander der Große den Achilles, Cäsar den Alexander und Scipio den Kyros zum Muster nahmen. Liest man das Leben des Kyros bei Xenophon, so findet man in Scipios Leben, daß er alle Tugenden und Vorzüge, welche Xenophon seinem Helden beilegt, ohne Ausnahme angenommen und ihnen gemäß gehandelt hat.

Ähnlich soll ein weiser Fürst verfahren und auch im Frieden nie müßig sein, damit er bei jedem Wechsel des Glückes stets bereit sei, ihm die Stirne zu bieten.

15.

Was die Menschen und besonders die Fürsten lobens- oder tadelnswert macht.

Es bleibt nun noch zu untersuchen, wie sich ein Fürst gegen seine Untertanen und Freunde zu betragen habe. Und da ich sehr gut weiß, daß viele über diesen Gegenstand geschrieben haben, so besorge ich, man möge es anmaßend finden, daß ich denselben von einer abweichenden Seite betrachte. Da ich aber etwas Nützliches für die Unterrichteten schreiben will, so dürfte es, nach meinem Dafürhalten, besser sein, wenn ich dem wirklichen Wesen der Sache nachgehe, als einem Phantasiebild von ihr.

Und viele haben sich Republiken und Monarchien zusammenphantasiert, die nie existiert haben. Es ist ein so außerordentlicher Unterschied zwischen der Art, wie man wirklich lebt und wie man leben sollte, daß alle, welche bloß darauf sehen, was geschehen sollte, und nicht auf das, was wirklich geschieht, eher ihren Untergang als ihre Erhaltung erleben. Es ist daher unvermeidlich, daß ein Mann, der überall rein moralisch handeln will, unter so vielen anderen, die nicht so handeln, früher oder später zugrunde gehen muß. Es ist also notwendig, daß ein Fürst, der sich behaupten will, auch lernen müsse, nicht gut handeln zu können, um erforderlichenfalls hiervon Gebrauch zu machen. – Ich übergehe daher alles, was man sich in bezug auf einen Fürsten eingebildet hat, und halte mich bloß an das Wahre und Wirkliche.

Alle Menschen und besonders die Fürsten, über welche am meisten geredet wird, weil ihr hoher Stand sie der öffentlichen Aufmerksamkeit am meisten darstellt, werden mit einer jener Eigenschaften gekennzeichnet, die ihnen Lob oder Tadel zuziehen. Den einen nennt man freigebig, den andern karg *(misero)*, (ich bediene mich hier eines toskanischen Ausdrucks, da das Wort *avaco* in unserer Sprache auch einen Raubgierigen bedeutet; *misero* nennen wir den, der von seinem Vermögen allzu kärglichen Gebrauch macht), diesen freigebig, jenen räuberisch; der eine wird grausam, der andere gütig, der eine zuverlässig, ein anderer treulos, jener weibisch und schwach, dieser kühn und mutig, der eine herablassend, der andere stolz, der eine unzüchtig, der andere keusch, dieser rechtschaffen, jener verschlagen, jener talentvoll, dieser dumm, der eine fromm, der andere ungläubig genannt. – Niemand wird leugnen, daß der Fürst, der von allen diesen Eigenschaften nur die guten besäße, ein wahres Kleinod sein würde. Weil nun aber die Schwäche der Menschen es unmöglich macht, daß alle sich in einem vereinigen, so gebietet die Klugheit, daß ein Fürst jene Laster, welche ihn um seinen Thron bringen könnten, vermeide und sich nach Möglichkeit vor den übrigen hüte. Ist dies nicht möglich, so kann er sich bei einiger Vorsicht gehen lassen. Er darf auch kein Bedenken tragen, die Schande solcher Laster auf sich zu laden, ohne welche er die Herrschaft schwer retten könnte. Denn, nach genauer Erwägung, wird man sich überzeugen, daß die Ausübung einer scheinbaren Tugend ihn gestürzt haben würde, während ihn dagegen ein scheinbares Laster erhob.

16.

Von der Freigebigkeit und der Kargheit.

Ich werde mit den beiden ersten oben angeführten Eigenschaften hier den Anfang machen. Ich sage daher: es ist gut, für freigebig gehalten zu werden, aber ein Fürst, der die Freigebigkeit auf eine Weise übt, daß er nicht mehr gefürchtet wird, der wird Nachteil davon haben. Übt er sie auf edelmütige und gehörige Weise, so wird sie nicht bekannt, und er entgeht nicht der Schmach des Gegenteils.

Will man sich den Ruf der Freigebigkeit erhalten, so darf man gar keinen Aufwand scheuen, und so wird ein Fürst, wenn er sich dazu versteht, dabei sein ganzes Vermögen vergeuden und endlich genötigt sein, wenn er den Ruf eines Freigebigen erhalten will, sein Volk mit außerordentlichen Auflagen zu belasten, in dessen Eigentum einzugreifen und kein Mittel zu verschmähen oder unversucht zu lassen, um Geld zu erhalten. Durch solche Gewalttätigkeiten macht er sich seinen Untertanen verhaßt, so wie andererseits seine Armut ihm die allgemeine Hochachtung entzieht. Bei dem ersten widrigen Zufalle ist er in Gefahr umzukommen; denn seine Freigebigkeit hat bei vielen Anstoß erregt und nur wenige bereichert. Und, sowie er dies erkennt und hierin eine Änderung eintreten läßt, wird er als geizig verschrien.

Ein Fürst muß also, da er ohne seinen größten Schaden die Freigebigkeit nicht so üben kann, daß sie als solche bekannt wird, wenn er klug ist, es nicht achten, als geizig verschrien zu werden. Wenn man in der Folge sieht, daß seine Einkünfte ihm genügen, daß er sich gegen seine Feinde zu verteidigen und sie allenfalls auch anzugreifen vermag, ohne deshalb seine Untertanen zu belästigen, dann werden alle ihn freigebig nennen, denen er nichts nahm, d. h. unendlich viele, und nur ein kleiner Haufe, dessen Forderungen er nicht entsprach, wird ihn geizig schildern.

Wir haben in unseren Tagen große Unternehmungen nur von denen ausführen sehen, welche man für sparsam verschrie, alle übrigen gingen zugrunde. Julius II. benutzte den Ruf seiner Freigebigkeit, um den Päpstlichen Stuhl zu besteigen; als er auf denselben erhoben war, dachte er nicht daran, sich denselben zu erhalten, sonst hätte er den Krieg gegen den König von Frankreich nicht führen können. Durch langjährige Sparsamkeit legte er so viel zurück, daß ihn kein Krieg nötigte, eine ungewöhnliche Auflage zu machen. Ohne seine genaue Sparsamkeit hätte der gegenwärtige König von Spanien nicht so viele Unternehmungen anfangen und zu Ende führen können.

Ein Fürst also, der nicht arm und verächtlich noch genötigt sein will, seine Untertanen zu plündern und räuberisch zu werden, um sich verteidigen zu können, muß sich um den Vorwurf des Geizes wenig bekümmern; denn dieses Laster ist eines von denen, welche ihn auf dem Thron erhalten.

Aber, könnte man mir einwenden: Cäsar hat durch seine Freigebigkeit einen Thron, und viele andere dadurch die höchsten Ehrenstellen erhalten. – Gut; allein entweder hat jemand schon einen Thron, und dann wird die Freigebigkeit sehr schädlich; oder er sucht ihn erst zu erlangen, und dann ist es nötig, für freigebig gehalten zu werden; und aus eben diesem Grunde suchte auch Cäsar, nach dem Zepter strebend, diesen Ruf; er würde aber, wenn er nach der Erlangung desselben länger gelebt und sich nicht eingeschränkt hätte, das Reich zugrunde gerichtet haben.

Wollte darauf jemand einwenden: Aber viele sehr freigebige Fürsten haben glänzende Heldentaten getan, so antworte ich: Ein Fürst greift entweder in sein oder seiner Untertanen Vermögen, oder in jenes Dritter. Im ersten Fall muß er äußerst haushälterisch verfahren, im zweiten muß er seine Gaben gleichmäßig verteilen, und der Fürst, der ins Feld zieht, von Beute, Raub und Plünderung lebt und mit fremdem Gute haushält, der muß Verschwender sein, wenn er anders seine Soldaten auf seiner Seite erhalten will. Es ist auch gar keine Unannehmlichkeit, von jenem reichlich zu geben, was weder dem Fürsten noch den Untertanen gehört, wie Kyros, Cäsar und Alexander taten; ja ein Fürst wird sogar dadurch noch an Ansehen gewinnen. Nur die Verschwendung seines eigenen Vermögens wird ihm schädlich; die Freigebigkeit selbst verhindert die Möglichkeit ihrer Dauer; du wirst dadurch entweder arm und verächtlich, oder durch deine Bemühungen, dies zu verhüten, ein Räuber und allgemein verabscheut. Dem Hasse und der Verachtung muß aber ein Fürst vor allem auszuweichen suchen, und die Freigebigkeit setzt dich immer dieser doppelten Gefahr aus. Es ist also klüger, für geizig zu gelten, – ein Fehler, der wenigstens keinen Haß erzeugt, als sich durch Freigebigkeit in die Notwendigkeit zu setzen, in den Ruf eines Raubgierigen zu verfallen; denn dies erzeugt zugleich Schande und Haß.

17.

Von der Grausamkeit und Milde, und ob es besser sei, gefürchtet oder geliebt zu werden.

Zu den anderen oben angeführten Eigenschaften übergehend bemerke ich: Alle Fürsten sollten wünschen, für huldreich und gnädig und nicht für grausam zu gelten, doch müssen sie sich bei Gnadenerteilungen sehr in acht nehmen. Man hielt Cesare Borgia für grausam; allein seine Grausamkeit beruhigte die Romagna, einigte deren Einwohner und gab dieser Provinz Frieden und Treu und Glauben wieder. Betrachtet man es wohl, so wird man sich überzeugen, daß er weit menschlicher war als das Volk von Florenz, das, um den Vorwurf der Grausamkeit zu vermeiden, Pistoja verwüsten ließ. Wenn es darauf ankommt, die Untertanen in Einigkeit und Gehorsam zu erhalten, dann muß einem Fürsten der Vorwurf der Grausamkeit sehr gleichgültig sein; denn durch ganz wenige Beispiele bringt er es dahin, wenn er auch einige Anführer am Leben strafte, als humaner zu gelten als jene, welche aus allzu großer Nachsicht Unordnungen einreißen ließen, welche Plünderung und Mord erzeugen. Unordnungen dieser Art erregen bei einem ganzen Gemeinwesen Anstoß, während jene Exekutionen, die von Fürsten ausgehen, nur einzelnen wehe tun.

Übrigens ist es unmöglich, daß ein neuer Fürst sich nicht grausam benehme, da jede neue Besitzergreifung mit soviel Gefahr verbunden ist. Virgil beweist dieses durch die Dido und läßt sie, die Grausamkeit ihrer Regierung entschuldigend, sagen:

Res dura ei regni novilas, me talia cogunt
Moliri, et late fines custode tueri.

Indes muß doch ein Fürst sich auch nicht vor seinem eigenen Schatten fürchten, sondern bedächtig und vorsichtig Klugheit und Milde so zu verbinden wissen, daß ein zu großes Zutrauen ihn nicht unvorsichtig und ein überspannter Argwohn nicht unerträglich mache.

Hier fragt sich's also: ob es besser sei, geliebt oder gefürchtet zu werden. Ich glaube, beides wäre allerdings zu wünschen, aber da dies sehr schwer ist, und daher eine Wahl getroffen werden muß, so ist letzteres vorzuziehen. – Man darf nämlich gar wohl sagen: alle Menschen sind undankbar, unbeständig, heuchlerisch, furchtsam und eigennützig. Solange man ihnen Wohltaten erzeigt, ohne sie zu brauchen, bieten sie Vermögen, Leben, Kinder und alles zum Danke an, wie ich oben schon sagte. Brauchst du sie aber, dann empören sie sich und nichts ist dem, der unbedachtsam und ohne sonstige Vorkehrungen auf ihr Wort baut, gewisser als sein Verderben. Man verdient wohl die Freundschaft derer, welche man durch Wohltaten und Edelmut gewinnt, aber man besitzt sie nicht, und kann daher nie im Notfalle auf sie rechnen.

Ohnehin wagen es die Menschen weniger, jene zu beleidigen, welche sie fürchten, als jene, welche sie lieben. Liebe wird bloß durch das Band des Anstandes erhalten, welches die Menschen, da sie schlecht sind, jedesmal zerreißen, wenn sie ihren Vorteil anderwärts finden; Furcht aber gründet sich auf die Vorstellung eines zu erwartenden Übels, und diese hört niemals auf.

Doch muß eine solche Furcht, welche ein Fürst sich verschafft, von der Art sein, daß man ihn, wenn auch nicht liebt, doch auch nicht hasse. Beides verträgt sich sehr wohl zusammen und er wird es erzielen, wenn er seiner Untertanen Vermögen und Weiber unangetastet läßt. Wird er auch hie und da in die Notwendigkeit versetzt, jemand das Leben zu nehmen, so darf dieses doch nicht eher geschehen, als bis ein hinreichender Grund und offenkundiger Rechtsfall vorliegt, und nie darf er das Vermögen dieser Opfer angreifen; denn leichter vergißt der Mensch den Mord seines Vaters, als er den Raub und Verlust seines Erbteils verzeiht. – An Ursachen, jemandem das Seinige zu nehmen, wird es nie fehlen, und nur zu leicht gewöhnt man sich, fremdes Eigentum zu rauben, sobald man einmal angefangen hat, vom Raube zu leben, seltener aber findet man Gelegenheit zum Blutvergießen.

An der Spitze einer großen Armee hat ein Fürst nicht die entfernteste Ursache, den Ruf der Grausamkeit zu scheuen, denn sonst wird seine Armee nicht in Ordnung und in dem Stande bleiben, etwas unternehmen zu können. – Unter Hannibals Wundertaten ist dies die größte, daß er ein so starkes und aus unendlich vielen verschiedenen Arten von Menschen bestehendes Heer in ein fremdes Land führte, ohne daß bei diesem je die geringste Unordnung, weder in guten noch in bösen Tagen, weder unter sich selbst noch gegen ihren Befehlshaber entstand. Dies war bloß Folge seiner unmenschlichen Grausamkeit, welche, verbunden mit seinen übrigen Tugenden, ihm die Bewunderung und Furcht seiner Soldaten erwarb; ohne diese würde alles andere ihm nichts geholfen haben. Und gleichwohl bewundern oberflächliche Schriftsteller einerseits seine Taten, verdammen aber den Grund, worauf diese gebaut waren. Daß ihm aber auch sicher seine übrigen Tugenden wenig geholfen hätten, beweist das Schicksal Scipios, dieses nicht nur für seine, sondern für alle Zeiten bewundernswerten Feldherrn, gegen den sich sein Heer in Spanien empörte. Dieser Aufruhr kam nur von seiner Milde, die seinen Soldaten mehr Freiheit ließ, als die Grundsätze einer guten Kriegszucht erlauben. Daher warf ihm auch Fabius Maximus im Senate öffentlich vor, daß er die Soldaten verderbe. Einer seiner Legaten vernichtete die Lokrenser, des Feldherrn Milde ließ ihn straflos und rächte sie nicht, was nur eine Folge seiner Weichherzigkeit war. Es bemerkte daher im Senate einer, der ihn entschuldigen wollte: daß es Menschen gäbe, welche besser verstünden nicht zu fehlen, als die Verbrechen anderer zu bestrafen und zu verbessern. – Nichts ist gewisser, als daß Scipio in der Folge allein seinen Ruhm verloren haben würde, wenn er auf einem Throne ein gleiches Verhalten eingehalten hätte; nur unter einer republikanischen Regierung konnte sein Fehler übersehen und sogar noch gelobt werden.

Hieraus ergibt sich der Schluß: da eigene Neigung der Grund der Liebe, des Fürsten Wille aber der Grund der Furcht unter den Menschen ist, so kann sich ein kluger Fürst bloß auf das, was von ihm, nicht aber auf das, was von der Neigung anderer abhängt, verlassen, doch muß er sich bemühen, dem Hasse auszuweichen.

18.

Wie ein Fürst sein Versprechen und Wort halten müsse.

Jedem ist es klar, daß es lobenswürdig ist, wenn ein Fürst sein Wort hält, und mit Rechtschaffenheit und ohne Hinterlist seinen Weg geht. Allein die Erfahrung unserer Tage lehrt uns, daß bloß jene Fürsten mächtig geworden sind, die es mit Treu und Glauben leicht nahmen und sich darauf verstanden, andere zu täuschen und zu betrügen, und daß jene, welche redlich ihre Verbindlichkeiten befolgten, am Ende übel wegkamen.

Zuvörderst muß man daher wissen, daß man mit zweierlei Waffen kämpfen könne, d. h. mit den Gesetzen und mit der Gewalt. Die erste Art ist Sache der Menschen, die zweite Sache der wilden Tiere. Aber bei der Unzulänglichkeit der ersteren muß man öfters zur letzteren seine Zuflucht nehmen. Ein Fürst muß also die Rolle eines Menschen und jene einer Bestie zu spielen verstehen. Dies wollten uns die Alten unter dem Bilde des Achilles und anderer Fürsten vorstellen, von denen sie erzählen, sie seien dem Kentauren Chiron zur Erziehung übergeben worden. Dies will nichts anderes sagen als daß, weil der Lehrer halb Tier und halb Mensch war, auch dessen Schüler beide Eigenschaften annehmen mußten, weil die eine ohne die andere nicht lange bestehen könne.

Da nun ein Fürst genötigt ist, die Rolle eines wilden Tieres gut zu spielen, muß er sich den Fuchs und den Löwen zum Muster nehmen; der Löwe nämlich entgeht den Netzen nicht, der Fuchs entwischt dem Wolfe nicht. Er muß daher ein Fuchs sein, um die Schlingen zu wittern und ihnen zu entgehen, und ein Löwe, um die Wölfe zu schrecken. Die, welche bloß Löwen sein wollen, verstehen ihre Sache schlecht.

Ein kluger Fürst darf daher sein Versprechen nie halten, wenn es ihm schädlich ist, oder die Umstände, unter denen er es gegeben hat, sich geändert haben.

Diese Grundregel würde nicht gut sein, wenn alle Menschen gut wären. Weil aber alle böse und schlecht sind, und in dem angegebenen Falle dem Fürsten ihr Versprechen auch nicht halten würden, so berechtigt ihn dieses, auch wortbrüchig zu werden. Es wird ihm auch nie ein Vorwand fehlen, den Bruch desselben zu beschönigen. Tausend neuere Beispiele könnte ich hier anführen, um zu zeigen, welche Menge von Friedensschlüssen, von Zusicherungen und Verträgen durch wortbrüchige Fürsten null und nichtig geworden sind, – wobei aber immer jene, welche am geschicktesten die Rolle des Fuchses zu spielen verstanden, am besten weggekommen sind. Nur muß man es gleich dem Fuchse verstehen, seine Rolle durch geschickte Wendungen meisterhaft zu verstecken. Denn die Menschen sind so einfältig und so gewöhnt, den herrschenden Verhältnissen nachzugeben, daß der, welcher betrügen will, immer Leute findet, welche sich betrügen lassen.

Eines der neueren Beispiele darf hier nicht unangeführt bleiben. Alexander VI. tat sein ganzes Leben hindurch nichts anderes als betrügen. Niemand besaß mehr die Gabe andere zu täuschen als er; niemand bestätigte je sein Versprechen mit stärkeren Eidschwüren als er, und niemand hielt es weniger; und gleichwohl gelangen ihm seine Betrügereien sämtlich, – so gut kannte er die schwache Seite der Menschen.

Es ist also nicht nötig, daß ein Fürst alle die Tugenden, welche ich oben angab, gerade wirklich besitze, sondern es ist schon hinlänglich, wenn er sie nur zu besitzen scheint. Ja, ich getraue mir zu behaupten, daß es sogar gefährlich für ihn sein würde, wenn er sie wirklich alle besäße und immer ausübte, da es ihm im Gegenteil nützlich ist, wenn er sie nur zu besitzen scheint. Ein Fürst muß gnädig, rechtschaffen, herablassend, aufrichtig und gottesfürchtig scheinen und es sein, und gleichwohl so ganz Herr über sich sein, daß er im Falle der Not gerade das Gegenteil von dem allen tun kann.

Man kann als richtig voraussetzen: ein Fürst und namentlich ein neuer Fürst kann nicht so handeln, wie die Menschen gewöhnlich handeln sollten, um rechtschaffen genannt zu werden; das Staatserfordernis nötigt ihn oft Treue und Glauben zu brechen und der Menschenliebe, der Menschlichkeit und Religion entgegen zu handeln. Er muß also nach dem Winde segeln, aber nicht ganz vom Wege des Guten ablenken, solange dies nur möglich ist; erst dann muß er ohne Bedenken Verbrechen begehen, wenn es die äußerste Not erfordert.

Es muß sich daher ein Fürst angewöhnen, sich nie anders zu äußern als auf eine, jenen fünf Tugenden entsprechende Weise, so daß jeder, der ihn sieht, sich überzeugt halte, er sei die Güte, die Redlichkeit, die Treue, die Höflichkeit und Frömmigkeit selbst. Letztere Eigenschaft besonders darf er nie unterlassen äußerlich zu zeigen; denn die Menschen pflegen gemeiniglich mehr nach den Augen, als nach den Händen zu urteilen; denn jeder ist in der Lage zu sehen, wenige aber zu fühlen. Jeder sieht, was der Fürst scheint, aber fast niemand weiß es, was er in Wirklichkeit ist, und diese Minorität wagt es nicht, der Meinung der vielen entgegenzutreten, welche der Schild der Majestät des Staates deckt.

Man beurteilt die Handlungen aller Menschen, besonders aber die Handlungen der Fürsten, welche keinen Richter über sich haben, bloß nach dem Erfolge. – Es muß also des Fürsten einziger Zweck sein, sein Leben und seine Herrschaft zu erhalten. Man wird alle Mittel, deren er sich hierzu bedient, rechtfertigen, und jeder wird ihn loben; denn der Pöbel hält sich nur an den äußeren Schein und beurteilt die Dinge nur nach ihrem Erfolge. Nun ist aber fast nichts in der Welt als Pöbel, und die bessere Minorität entscheidet bloß da, wo die Majorität nicht zu entscheiden weiß.

Es lebt noch jetzt ein Fürst[1)], den man eben nicht öffentlich nennen kann, der aber stets die Worte Frieden und Treue im Munde führt, – aber gewiß schon längst seine Ehre und Länder verloren haben würde, wenn er immer nach seinen Worten gehandelt hätte.

[1)] König Ferdinand von Kastilien und Aragonien.

19.

Daß man sich vor Verachtung und Haß hüten müsse.

Nach diesen Bemerkungen über die wichtigsten Eigenschaften eines Fürsten wollen wir, der Kürze wegen, die übrigen unter der allgemeinen Regel zusammenfassen: Daß ein Fürst sorgfältigst alles das vermeiden müsse, was ihn verhaßt und verächtlich machen kann; handelt er danach, dann wird er stets seine Rechnung finden, und seine Schandtaten werden ihm keinerlei Gefahr bringen.

Nichts macht ihn, wie wir oben schon gesagt haben, verhaßter, als wenn er räuberisch ist und sich an dem Vermögen und den Weibern seiner Untertanen vergreift; sie werden ohne Anstand zufrieden mit ihm sein, wenn er von beidem die Hände läßt; und so bleibt ihm nichts mehr übrig, als den Ehrgeiz einiger unruhigen Köpfe zu unterdrücken, mit denen er auf manche Weise und mit Leichtigkeit fertig werden kann.

Verächtlich wird ein Fürst, wenn man ihn für inkonsequent, leichtsinnig, weibisch, kleinmütig und unentschlossen hält. Vor diesen Fehlern muß er sich wie vor ebenso vielen Klippen hüten, dagegen in allen seinen Handlungen Größe, Ernst, Mut und Festigkeit zeigen. Und wenn er sich mit den besonderen Angelegenheiten seiner Untertanen beschäftigt, dann muß er dieselben mit einem unwiderruflichen Ausspruche entscheiden und es so einrichten, daß niemand ihn zu hintergehen oder zu einem anderen Entschlusse zu verleiten wage. Mit einem solchen Verhalten wird jeder Fürst allgemein geschätzt worden, und eine solche allgemeine Verehrung wird jede Konspiration gegen ihn zertrümmern oder doch sicher erschweren und jeden äußeren, fremden Angriff, besonders weil man die Verehrung seiner Untertanen für ihn kennt, von ihm fernhalten. Bekanntlich hat jeder Fürst immer zweierlei zu fürchten, nämlich: die fremden Potentaten und seine eigenen Untertanen. Gegen erstere muß er sich durch eine gut disziplinierte Armee und gute Freunde verteidigen, welche ihm, wenn er jene besitzt, nie fehlen werden. Mit der Sicherheit der äußeren Angelegenheiten geht auch die innere Ruhe Hand in Hand, wenn anders beide nicht durch eine Verschwörung gestört werden. Sollten auch Auswärtige Bewegungen gegen ihn unternehmen, so wird er, wenn er sich den von nur angegebenen Grundsätzen gemäß konsequent verhält, ihnen allezeit Widerstand leisten können. – Ein Beispiel liefert uns der Spartaner Nabis, den ich schon erwähnte.

Hat ein Fürst von außen nichts zu fürchten, dann kann er – nach meinen oben angegebenen Regeln – wenn er sich nicht schon Haß und Verachtung bereitet hat, den Verschwörungen seiner Untertanen gegen ihn leicht vorbeugen. Gewöhnlich setzen die, welche sich gegen einen Fürsten verschwören, voraus, daß das Volk dessen Tod wünsche; denn bei der Überzeugung, daß dieses seinen Fürsten ungern verlöre, werden sie schwerlich einen so gefährlichen Entschluß fassen. Der Schwierigkeiten auf seiten der Verschwörer sind unzählige. Von den vielen Verschwörungen kennen wir nur wenige, die glücklich ausgeführt worden sind. – Wer über ein Unternehmen dieser Art gegen den Fürsten brütet, vermag nichts für sich allein; er wird sich daher mit solchen verbinden, die er für Mißvergnügte hält. Sobald du aber irgend jemand zum Vertrauten eines solchen Geheimnisses machst, gibst du ihm zugleich die Mittel an die Hand, sich eine ansehnliche Belohnung zu verschaffen. Bei dieser Aussicht auf ein gewisses Glück auf der einen und der Gefahr auf der anderen Seite müßte er dann ein seltener Freund von dir oder ein durchaus unversöhnlicher Feind des Fürsten sein, um zu schweigen. Kurz, unter den Verschworenen herrscht immer Dummheit, Eifersucht und Furcht vor der Strafe, wodurch ihnen all ihr Mut genommen wird. Für den Fürsten streiten dagegen die Majestät, die Gesetze, Freunde und Staatsgewalt; und wenn er gar im Besitze der Liebe des Volkes ist, dann ist die Verwegenheit einer Verschwörung gegen ihn kaum denkbar.

Die Verschworenen, die sonst vor dem Ausbruche ihrer Revolution sehr viel befürchten müssen, haben es nach vollbrachter Beendigung noch mehr, da sie das Volk gegen sich haben und nirgends mehr eine Freistätte finden.

Man hat hierfür eine große Menge Beispiele; ein einziges der neueren kann aber genügen. Messer Annibale Bentivoglio, Fürst von Bologna, der Großvater des jetzt lebenden Annibale Bentivoglio, fiel unter den Dolchen der Canneschi, die sich gegen ihn verschworen hatten. Alsbald erhob sich das Volk in Masse und mordete die ganze Familie der Canneschi, so allgeliebt waren die Bentivoglio in Bologna. Da Annibales Sohn noch in der Wiege lag – er hieß Giovanni und war erst sechs Monate alt – und kein anderer Bentivoglio zur Regierung übrig war, so berief Bologna einen, der sich, wie es hieß, zu Florenz aufhielt und bisher nur für eines Schmiedes Sohn gegolten hatte. Diesem ward als Vormund des Staates die Regierung so lange übertragen, bis der kleine Sohn des Annibale Bentivoglio diese selbst als Regent zu übernehmen imstande wäre.

Aus diesem Beispiele ersieht man klar, daß ein Fürst sich wenig um Verschwörungen sorgen soll, wenn das Volk ihm wohlgesinnt ist; ist es ihm aber feind und haßt es ihn, so muß er sich bei jeder Gelegenheit und vor jedem fürchten. Daher waren kluge Fürsten und vernünftige Staatseinrichtungen stets darauf bedacht, das Volk zufrieden und die Großen bei guter Laune zu erhalten; denn das ist einer der wichtigsten Punkte für einen Fürsten.

Unstreitig ist Frankreich eines dieser gut eingerichteten Reiche. Unter den tausend zur Erhaltung der Sicherheit des Regenten und der Freiheit des Volkes getroffenen trefflichen Maßregeln ist unzweifelhaft die gesetzmäßige Macht des Parlamentes die beste. Denn da der Gründer der Konstitution dieses Reiches überzeugt war, daß es nötig sei, den Ehrgeiz und Übermut der Großen zu zügeln, andererseits aber auch dieselben gegen den Haß des Volkes zu schützen, der aus der Furcht vor denselben resultierte, so fand er es zweckwidrig, daß der König sich selbst damit befaßte, damit er weder, wenn er dem Volke zuviel einräumte, beim Adel verhaßt werde, noch auch durch Nachsicht gegen den Adel sich mit dem Hasse des Volkes belaste. Darum setzte er einen dritten zum Richter ein, den Großen Einhalt zu tun und das Volk zu schützen, ohne den Regenten weder der einen noch der anderen Partei auszusetzen. Er konnte gar keine bessere und klügere Ordnung schaffen, noch eine bessere Bürgschaft für die Sicherheit des Königs und des Reiches finden.

Dies ist für die Fürsten ein Wink, daß es rätlich ist, alle Gnadensachen sich vorzubehalten, das Strafrecht aber und alles, was Mißvergnügen erzeugt, ihren Staatsbeamten zu überlassen. Noch füge ich hinzu: Ein Fürst soll die Großen schützen, jedoch so, daß er sich nicht beim Volke verhaßt macht.

Viele werden mir vielleicht den Einwurf machen: die Schicksale so mancher römischen Kaiser seien ebenso viele Beispiele zur Widerlegung dieser meiner Meinung, da, auch beim untadeligsten Leben und großer Geisteskraft, einige derselben nichtsdestoweniger das Reich verloren, oder von den Ihrigen, die sich gegen sie verschworen, ermordet wurden. Solchen Einwürfen zu begegnen, werde ich die Eigenschaften einiger Kaiser auseinandersetzen und den dem oben Dargelegten ganz entsprechenden Grund ihres Unterganges zeigen. Teilweise werde ich Dinge in Betrachtung ziehen, welche für den, der die Taten jener Zeit liest, von Wichtigkeit sind. Es dürfte genügen, wenn ich alle jene Kaiser bespreche, welche von Marcus Philosophus bis zu Maximinus folgten, nämlich: Marcus, Commodus, sein Sohn, Pertinax, Julian, Severus, Antonin, Caracalla, sein Sohn, Macrinus, Heliogabalus, Alexander und Maximin. Zunächst ist zu bemerken, daß, wenn man in anderen Monarchien bloß mit dem Ehrgeize der Großen und dem Übermut der Volkspartei zu kämpfen hat, Roms Kaiser eine dritte Schwierigkeit überwinden, nämlich die Grausamkeit und die Habsucht der Soldaten ertragen mußten.

Die Schwierigkeit, Soldaten und Volk zugleich zu befriedigen, hat vielen dieser Kaiser den Untergang bereitet. Letzteres liebt die Ruhe und wünscht sich daher einen stillen friedlichen Regenten; jene verlangen einen kriegerischen, grausamen, stolzen und raubsüchtigen Kriegsmann zu ihrem Fürsten. Diese Eigenschaften mußte ein Kaiser haben, wenn Roms Legionen ihn lieben sollten, um dadurch doppelten Sold zu erhalten und so ihre Grausamkeiten und ihren Geldhunger zu befriedigen. Daher kam es, daß der Kaiser, der von Natur oder aus Absicht in solchem Ansehen nicht stand, um beiden Teilen sein Übergewicht fühlbar machen zu können, stets verloren war. Da nun die meisten dieser Kaiser, und besonders jene, welche aus dem Privatstande sich auf den Thron geschwungen hatten, diese Schwierigkeit, d. h. beide Teile zu Freunden zu behalten, kannten, so schlugen sie sich auf die Seite der Soldaten und machten sich wenig daraus, das Volk zu beleidigen. Und dies war sozusagen ein notwendiges Übel. Denn da es nun einmal unvermeidlich ist, daß ein Fürst von einigen gehaßt werde, so muß er dahin trachten, daß dies nicht von den meisten geschehe und, wenn er auch dieses nicht erreichen kann, doch wenigstens – es koste, was es wolle – mit aller Kraft dahin streben, daß ihn die stärkste Partei nicht verabscheue. Die römischen Kaiser hatten bei ihrem neuen Glücke eine mehr als gewöhnliche Unterstützung nötig, um sich auf dem Throne erhalten zu können. Es ist also gar nicht zu verwundern, daß sie sich mehr um die Gunst der Soldaten, als um jene des Volkes bewarben. Und gleichwohl kam es noch darauf an, auf welche Art sie die Gewogenheit derselben benutzten, um Nutzen oder Schaden zu haben.

Pertinax und Alexander, welche ein bescheidenes Leben führten, fielen, weil sie sanft und gnädig waren, die Gerechtigkeit liebten und Gewalttätigkeiten verabscheuten. – Marc Aurel lebte und starb geliebt und geehrt, weil er der Erbfolge und nicht dem Volke oder den Soldaten den Thron zu verdanken hatte. Seine Tugenden erwarben ihm allgemeine Hochachtung, und seine großen Talente zeigten ihm den Weg, beide Teile in Schranken zu halten und sich vor Haß und Verachtung zu sichern. – Allein Pertinax ward gleich im dritten Monat seiner Regierung ermordet; denn die Soldaten, der eigenmächtigen Zügellosigkeit unter Commodus' Herrschaft gewohnt, fanden die so nötige Subordination, die er herzustellen sich bemühte, unerträglich. Auch war er alt und wider ihren Willen zum Kaiser erhoben, und also ebenso verhaßt als verachtet.

Hier drängt sich mir die Bemerkung auf: Man kann sich ebensogut durch Gutestun als durch Bösestun verhaßt machen. Aus diesem Grunde wird öfters ein Fürst, um sich auf dem Throne zu behaupten, von guten Taten abgehalten. Denn, wenn die Partei, deren er bedarf – es sei nun die des Adels, der Armee oder des Volkes – verdorben ist, dann muß er in ihren Ton stimmen, und da sind ihm die guten Werke schädlich.

Von Alexander, dem man so großes Lob erteilt, sagt man auch, daß er während seiner vierzehnjährigen Regierung niemand anders als nach Urteil und Recht habe hinrichten lassen, und dem ungeachtet ward er, weil man ihm vorwarf, er sei weibisch und werde von seiner Mutter regiert, verachtet und von seinen Soldaten, die sich gegen ihn verschworen hatten, ermordet.

Commodus dagegen, Severus, Caracalla und Maximin waren höchst grausam und raubgierig und plagten, um den Soldaten gefällig zu sein, das Volk mit allen nur ersinnlichen Gewalttätigkeiten, und gleichwohl war ihr Ende tragisch, jenes des Severus allein ausgenommen, dessen Regierung, der Bedrückungen des Volkes ungeachtet, glücklich war, weil er eine Menge vortrefflicher Eigenschaften hatte, die ihm die Bewunderung des Volkes und die Liebe und Ehrfurcht der Armeen erwarben, indem ersteres gewissermaßen verblüfft und betäubt, diese aber gehorsam und zufriedengestellt wurden. In den großen Taten dieses Fürsten zeigt sich die Rolle des Fuchses und des Löwen; eine Vereinigung, die, wie wir gesehen haben und auch jetzt wieder sehen werden, von jedem Fürsten nachgeahmt werden müsse.

Severus bemerkte des Kaisers Julian Feigheit, er beredete daher die Armee, welche er damals in Illyrien kommandierte, mit ihm nach Rom zu gehen, um den Tod des Pertinax zu rächen, den seine eigene Leibwache ermordet hatte. Unter diesem Vorwande, hinter welchem er seinen geheimen Wunsch nach dem Zepter sorgfältigst verbarg, ging er mit solcher Eile auf Rom los, daß er mit seiner Armee schon in Italien stand, ehe man noch in Rom wußte, daß er aufgebrochen wäre.

In Rom angekommen, wurde er vom Senate aus Furcht zum Kaiser gewählt und Julian ermordet. Aber er fand zwei mächtige Hindernisse, sich des ganzen Reiches zu bemächtigen. Diese kamen in der Hauptsache von zwei Männern, nämlich von Pescenius Niger, der in Asien die Legionen kommandierte und auch den Kaisertitel schon angenommen hatte, und Clodius Albinus im Okzident, der gleichfalls nach dem Throne strebte. Beide auf einmal anzugreifen, war zu gefährlich; er entschloß sich daher, den einen mit den Waffen des Betruges und den anderen mit jenen der Gewalt zu bekämpfen. Er schrieb also dem Albinus: da der Senat ihn zum Kaiser erwählt habe, wolle er diese Würde mit ihm teilen. Er übersandte ihm den Titel Cäsar und gesellte sich ihn infolge einer Senatsentschließung als Kollegen bei. Albinus nahm dieses ohne Bedenken für bare Münze.

Nachdem aber Severus in der Zwischenzeit den Pescenius Niger aufs Haupt geschlagen und sogar getötet und die Ruhe im Orient hergestellt hatte, eilte er nach Rom zurück, wo er sich über Albinus' Undankbarkeit beschwerte, der ihm – wie er vorgab – verräterisch nach dem Loben getrachtet habe, weshalb er sich in die Notwendigkeit versetzt sähe, mit der Armee nach Gallien aufzubrechen, um dieses Benehmen zu bestrafen. Schleunigst bewerkstelligte er dieses; er tötete Albinus und nahm ihm Herrschaft und Leben.

Bei näherer Betrachtung dieser Handlungen wird man leicht die Grausamkeit und Wildheit eines Löwen und die List des Fuchses entdecken. Man wird finden, daß Severus allgemein gefürchtet und von den Soldaten nicht gehaßt war; aber aufhören, sich darüber zu verwundern, wie ein neuer Regent sich in einem so großen Reiche habe erhalten können, weil stets sein großes Ansehen ihm zum Schilde gegen den Haß diente, den ihm seine Brandschatzungen zuziehen konnten.

Auch sein Sohn Antoninus war ein ausgezeichneter Mann und vereinigte in sich so viele vortreffliche Eigenschaften, daß sie ihm die Bewunderung des Volkes und die Liebe der Armee verschafften. Er war Soldat, konnte ungeheure Strapazen ertragen, war ein Feind der Üppigkeit und der Wollust, und eben darum von der ganzen Armee geliebt. Allein er war zugleich wieder so unerhört wild und grausam, daß er einen großen Teil des Volkes von Rom und die ganze Bevölkerung von Alexandrien mordete. Dies machte ihn der ganzen Welt und selbst seiner eigenen Umgebung verhaßt, weshalb er denn auch endlich von einem Centurio mitten unter seiner Armee niedergestochen wurde. Hier ist zu bemerken, daß vor solch einem, mit kaltem, überlegendem, festem Sinne begangenen Attentate kein Fürst sicher ist, da jeder, der sein Leben nicht achtet, es ausführen kann.

Da aber solche Taten sehr selten sind, so hat ein Fürst eben nicht nötig, sich deshalb sehr zu fürchten; er muß sich nur hüten, keinen seiner Höflinge und Staatsbeamten schwer zu beleidigen. Hierin versah es Antoninus Caracalla, da er unter seiner Leibwache einen Centurio behielt, dessen Bruder er schändlich hatte ermorden lassen und den er selbst täglich damit bedrohte, ein Wagnis, das ihm endlich selbst das Leben kostete.

Commodus hätte, wenn er anders die Regierung, die er ererbt hatte, zur Beruhigung und Zufriedenheit des Volkes und des Militärs hätte führen wollen, weiter nichts nötig gehabt, als dem Vorbilde seines Vaters getreu zu bleiben. Da er aber grausam und tierischen Sinnes war und nur vom Raube leben wollte, so ließ er seinen Soldaten alle mögliche Freiheit. Er vergaß seine Würde so sehr, daß er mit den Gladiatoren auf dem öffentlichen Kampfplatze kämpfte und eine Menge anderer Unziemlichkeiten beging, welche ihn dem Heere verächtlich machten, und da ihn das Volk schon längst verwünschte, so verlor er in einer gegen ihn ausgebrochenen Verschwörung sein Leben. – Nun noch einige Worte über Maximin.

Die Armee setzte, nachdem sie Alexander ermordet, den sie, wie ich soeben erzählte, für weibisch hielt, Maximin, einen gefürchteten Krieger, auf den erledigten Thron. Aber auch dieser behielt nicht lange die Regierung, weil er ebenfalls verhaßt und verächtlich ward; denn es war allgemein bekannt, daß er in Thrakien ein Hirt gewesen war. Wegen der Grausamkeiten, die seine Stellvertreter in Rom und in den übrigen Orten des Reiches verübten, ehe er dasselbe noch in Besitz nehmen konnte, ward er selbst für grausam gehalten. Furcht und Verachtung erzeugten in Afrika, Rom und in ganz Italien einen Aufruhr gegen ihn, wozu sich noch sein eigenes Heer gesellte, welches Aquileja belagerte und, während es Schwierigkeiten in seiner Eroberung fand, angewidert von seiner Grausamkeit, zugleich im Angesicht so vieler seiner Feinde, ihn weniger fürchtete und ermordete.

Auch Heliogabalus, Macrinus und Julianus wurden bald ermordet; da sie nur Eigenschaften hatten, die sie verächtlich machten, übergehe ich sie hier; nur bemerke man zum Schlusse noch folgendes: Jetzt haben die Fürsten nicht mehr so nötig, die Soldaten zu schonen und ihre Freundschaft zu suchen. Keiner hat eine Armee, die mit dem Oberbefehl und der Verwaltung der Provinzen durch die Länge der Zeit verwachsen wäre, wie es mit dem Heere des römischen Reiches der Fall war. Hier war es nötig, ja sogar Pflicht für die Regenten, mehr die Soldaten als das Volk zu gewinnen; denn dieses hatte weniger Kraft als die ersteren.

In unseren Tagen aber müssen die Fürsten mehr das Volk als die Soldaten zufriedenstellen; denn das Volk hat das Übergewicht. – Man muß aber hiervon den Sultan der Osmanen und den von Ägypten ausnehmen. Ersteren, weil er beständig 12000 Mann zu Fuß und 15000 Mann zu Pferde unterhält, auf welchen die Sicherheit und Macht seines Staates beruht, und deren Gunst ihm also unentbehrlich ist; den zweiten, weil sein Staat sich ganz in den Händen seiner Soldaten befindet und er dadurch gezwungen wird, sich diese als Freunde zu erhalten, ohne sich um das Volk zu bekümmern.

Das Reich des Großsultans unterscheidet sich von allen übrigen und ähnelt jenem des Papstes, das man kein erbliches Fürstentum nennen kann, auch kein neues Fürstentum. Denn dem Verstorbenen folgen nicht seine Söhne auf dem Throne, sondern jene, welche die Wahl der dazu berufenen Großen hierzu bestimmt. Bei dem Alter dieser Gewohnheit kann ein solcher Fürst ebensowenig als ein Papst ein neuer Fürst genannt werden; denn es sind bei seiner Regierung die Schwierigkeiten nicht vorhanden, welche sonst bei neuen Fürsten entstehen. Denn wiewohl der Fürst erst in diese Würde neu eintritt, so geschieht dies doch so, als ob er ein Erbreich anträte; denn die Regierungsform ist alt.

Um aber wieder zu meinem Gegenstand zurückzukommen, so wird man nach einer Überlegung des Dargelegten einsehen, daß Haß und Verachtung der Grund des Sturzes der genannten Kaiser waren; man wird die Ursachen erkennen, warum dieser im Glücke, jener mit Unglück geendet, je nachdem sie sich bald so, bald anders benahmen. Dem Pertinax und Alexander war es als neuen Fürsten nicht nützlich, sondern schädlich, daß sie Marc Aurel, als einen Erbfürsten, nachahmten, und ebenso mißlang die Nachahmung des Severus einem Caracalla, Commodus und Maximin, da es ihnen hierzu an der nötigen Fähigkeit und Kraft fehlte.

Ein Fürst, der erst neu zur Regierung gelangt ist, kann sich das Verhalten eines Marc Aurel nicht zum Muster nehmen, und er hat es auch nicht nötig, den Severus, nachzuahmen. Er muß aber vom ersten die zur Erlangung der Fürstenwürde nötigen Eigenschaften, und vom zweiten jene annehmen, welche einem Fürsten einen schon bestehenden und festgegründeten Staat erhalten können.

20.

Ob Festungen und viele andere Vorkehrungen, die oftmals von Fürsten getroffen werden, nützlich oder schädlich sind.

Mehrere Fürsten haben sich ihres Thrones dadurch versichert, daß sie ihre Untertanen entwaffneten; andere haben die unterworfenen Städte gegeneinander aufgehetzt und ihre Feindschaft genährt. Einige haben sich absichtlich Feinde gemacht; wieder andere diejenigen zu gewinnen gesucht, die ihnen beim Anfange ihrer Regierung verdächtig waren. Man fand ferner Fürsten, von denen der eine Festungen anlegte, der andere sie wieder schleifte. – Über dieses alles läßt sich nichts Bestimmtes sagen, sondern man muß die besonderen Verhältnisse eines jeden Staates betrachten; und deswegen soll hier, soweit es der Gegenstand erlaubt, nur im allgemeinen darüber gesprochen werden.

Es hat sich noch nie ereignet, daß neue Fürsten ihre Untertanen entwaffnet haben, vielmehr haben sie ihnen Waffen in die Hände gegeben, wenn diese unbewaffnet waren. Ein Fürst also, der sie bewaffnet, ist auch Herr darüber. Die Wankelmütigen und Verdächtigen werden ihm dadurch getreu; die Getreuen bleiben es und alle seine Untertanen vereinigen sich mit ihm. – Im ganzen kann man zwar nicht alle Untertanen bewaffnen; wenn man aber nur denen, die bewaffnet werden, Wohltaten erzeigt, dann kann man wegen der übrigen um so sicherer sein, weil die Bewaffneten für diesen Vorzug stets dankbar sind, und die übrigen ein solches Benehmen mit dem Glauben entschuldigen: für eine größere Gefahr gehöre auch eine größere Belohnung. Durch eine Entwaffnung aber beleidigt man sie und gibt Anlaß, sie glauben zu machen, es fehle an Zutrauen entweder aus Feigheit oder aus Zweifel an ihrer Treue, was beides Haß erzeugt. Da aber ein Fürst schlechterdings nicht ohne Truppen sein kann, so wird er dadurch genötigt, Söldner in Dienst zu nehmen, über deren Wert ich schon oben gesprochen habe. Wenn diese auch noch so trefflich sind, so werden sie doch nicht zulänglichen Schutz gegen mächtige Feinde und unruhige Untertanen leisten können.

Aus diesem Grunde haben die Fürsten in neuerworbenen Staaten immer einheimische Soldaten gehalten; die Geschichte liefert uns hierfür eine Menge Beispiele. Wenn aber ein Fürst ein neues Land erwirbt und es mit seinen Erbstaaten vereinigt, dann ist es nötig, die Einwohner desselben zu entwaffnen, jene ausgenommen, welche ihre Anhänglichkeit an den Erwerber zuvor schon gezeigt haben. Und auch diese muß man nach und nach weichlich und weibisch machen, daß alle Macht nur auf den eigenen Soldaten, welche man in den Erblanden in seiner Umgebung hatte und unterhielt, beruht.

Unsere Ahnen, und zwar gerade die, welche man für die klügsten hielt, pflegten zu sagen, daß es notwendig war, Pistoja vermittelst innerlicher Spaltungen und Pisa durch Festungen zu behaupten. Nach diesem Grundsatze nährte man überhaupt in einigen Städten Zwistigkeiten, um sich derselben besser zu versichern. Dies durfte zwar in jener Zeit, da in Italien ein gewisses Gleichgewicht herrschte, wohlgetan gewesen sein, jetzt aber glaube ich, dürfte man es nicht als Lehre aufstellen. Denn abgesehen davon, daß solche Spaltungen meiner Ansicht nach überhaupt nichts taugen, sind solche in ihrem Innern uneinige Städte bei dem ersten Anrücken eines äußeren Feindes verloren; sicher wird der schwächere Teil ihn verstärken helfen, dem dann der mächtigere keinen Widerstand mehr leisten kann. Venedig blies, wie ich glaube, aus den oben angeführten Gründen immer die Flamme der Parteisucht der Welfen und Ghibellinen in den Städten an, und obgleich dasselbe stets den Ausbruch von Blutvergießen unter denselben verhinderte, so unterhielt es doch diese Spaltungen, um sie zu beschäftigen, damit sie nicht an eine Empörung gegen sie dächten. In der Folge aber ward dies den Venetianern sehr schädlich; denn nach der Niederlage bei Vaila warf die eine Partei die Maske ab und nahm ihnen ihre Oberherrschaft gänzlich.

Ein solches Verhalten verrät auch Schwäche des Fürsten, der dieses Beispiel nachahmen wollte. Ein mächtiger Fürst wird daher solche Spaltungen nicht gestatten; sie beschäftigen zwar in Friedenszeiten die Untertanen, allein in Kriegszeiten sind sie um so schädlicher.

Ohne allen Zweifel werden Fürsten groß und mächtig, wenn sie die ihnen entgegenstehenden Hindernisse überwinden. Man findet auch, daß, wenn das Schicksal einen neuen Fürsten, der den Ruhm nötiger hat als ein Erbfürst, groß machen will, es ihm Feinde erweckt und dadurch seinen Mut und seine Tatkraft übt, um ihn so auf der Leiter, die seine Feinde ihm herbeigetragen haben, von Sprosse zu Sprosse zum höchsten Gipfel der Macht hinanschreiten zu lassen.

Darum glauben viele, ein kluger Fürst müsse sich gelegentlich durch List selbst einige Feinde machen, um durch den Sieg über sie mächtiger und geehrter zu werden. Viele und besonders neuerhobene Fürsten fanden jene, welche ihnen im Anfange ihrer Regierung verdächtig vorkamen, treuer und nützlicher als die, auf welche sie zuvor fest bauten. – Pandolfo Petrucci, Fürst von Siena, brauchte sogar lieber die, welche ihm verdächtig gewesen waren, als die andern. Da aber dieses sich nach den Umständen richtet und Änderungen unterworfen ist, so bemerke man nur folgendes: Wenn die, welche im Anfange Feinde des Fürsten waren, seines Schutzes zu ihrer Erhaltung bedürfen, dann wird der Fürst sich ihrer leicht versichern können, und sie werden ihm um so treuer anhängen, weil sie durch ihre Dienste die üble Meinung, die er von ihnen gefaßt haben könnte, zu verwischen suchen müssen. Und so zieht der Fürst von ihnen mehr Vorteil als von denen, die ihm in allzu großer Sicherheit dienen und seine Angelegenheiten aus dem Auge verlieren.

Hier darf man, da es der Gegenstand verlangt, die Bemerkung nicht übergehen, daß ein Fürst, der durch die Liebe der Einwohner zur Regierung gekommen, die Beweggründe, die jene dazu gehabt haben, besonders genau untersuchen müsse, ob nicht vielmehr Haß gegen den vorigen Regenten, als Neigung zu ihm, sie hierzu bestimmt habe.

In dem ersten Falle wird es ihm schwer sein, sich dauernd ihrer Gunst zu versichern, weil er dieselbe unmöglich wird befriedigen können. Durch ältere und neuere Beispiele wird er sich überzeugen lernen, daß es leichter sei, die Freundschaft derer zu gewinnen, welche mit der vorigen Regierung zufrieden lebten und also seine Feinde waren, als die jener, welche nur ihre Unzufriedenheit zu seinen Freunden machte und folglich dazu bestimmte, ihm zur Eroberung des Thrones zu verhelfen.

Manche Fürsten pflegten, um ihre Herrschaft besser zu sichern und den Aufwieglern einen Zaum anzulegen, Festungen zu erbauen und dadurch zugleich eine sichere Zufluchtsstätte gegen den ersten Angriff zu haben. Dieses schon von den Alten eingehaltene Verfahren ist vortrefflich. In unsern Tagen sahen wir dagegen den Niccolò Vitelli zwei Forts von Citta di Castello demolieren, um sich dieses Platzes zu versichern. Guid' Ubaldo, Herzog von Urbino, ließ, als er sein Herzogtum, woraus Cesare Borgia ihn vertrieben hatte, wiedererhielt, auf der Stelle alle Festungen in dieser ganzen Provinz schleifen, weil er überzeugt war, er würde sein Land, wenn sich keine festen Plätze mehr darin befänden, nicht so leicht wieder verlieren. Die Bentivoglio taten nach ihrer Rückkehr nach Bologna das nämliche.

Festungen sind also bloß nach den Verhältnissen der Zeit nützlich oder schädlich, und wenn sie auf der einen Seite nützen so schaden sie oft auf der andern. Ein Fürst z. B., der seine

Untertanen mehr als Fremde zu fürchten hat, muß Festungen anlegen; wenn er aber sich minder vor den Seinigen als vor Fremden zu fürchten hat, so kann er solche entbehren. Die Festung, welche Francesco Sforza in Mailand baute, hat dem Hause Sforza mehr geschadet, und wird ihm auch ferner noch schädlicher werden als irgendeine andere Unruhe in jenem Staate.

Die beste Festung für einen Fürsten ist nur die Liebe des Volkes. Sein Haß erschüttert alle Festungen; denn hat es einmal die Waffen in der Hand, so werden ihm stets Freunde zu Hilfe eilen. Keinem Fürsten unserer Zeiten – die Gräfin von Forli ausgenommen – haben Festungen etwas genützt. Dieser diente die ihrige, als ihr Gemahl, der Graf Girolamo, ermordet wurde, dazu, sich vor dem ersten Angriff zu bergen, darin von Mailand aus Hilfe zu erwarten und so ihr Land wiederzuerhalten; besonders unterstützten sie noch die Zeitumstände, daß fremde Fürsten damals ihren mißvergnügten Untertanen keine Hilfe leisten konnten. Als in der Folge Cesare Borgia sie angriff und ihre Untertanen sich an denselben anschlossen, hatte sie Gelegenheit, die Erfahrung zu machen, daß die Liebe des Volkes ihr nützlicher gewesen wäre als ihre Festung. Man kann also beide, die, welche Festungen, und jene, welche deren keine haben, keineswegs tadeln, nur jene verdienen aber Tadel, welche sich zu sehr darauf verlassen und sich zu wenig um die Liebe des Volkes bekümmern.

21.

Wie sich ein Fürst benehmen soll, um Achtung zu gewinnen.

Nichts kann einem Fürsten die allgemeine Verehrung dauernder sichern, als große Taten und außerordentliche Unternehmungen. Ein neueres Beispiel hiervon ist Ferdinand, König von Aragonien, jetzt König von Spanien, den man beinahe einen neuen Fürsten nennen könnte, weil er durch seinen Ruhm und sein Ansehen aus einem wenig bedeutenden Könige einer der ersten Monarchen der Christenheit ward. Betrachtet man seine Handlungen genau, dann wird man finden, daß sie alle groß und einige sogar außerordentlich waren. Im Anfange seiner Regierung wendete er seine Waffen gegen das Königreich Granada, und dieser Krieg ward die Grundlage seiner Größe. Anfangs, betrieb er ihn in aller Muße und ohne den Anschein, als wäre er auf Hindernisse gestoßen. Die Barone von Kastilien wünschten selbst nichts sehnlicher als Krieg, er hatte also von ihrer Seite um so weniger etwas zu befürchten, da sie keine Neuerung argwöhnten und es nicht einmal fühlten, daß er sein Ansehen und seine Macht auf Kosten der ihrigen vergrößerte und das Vermögen der Kirche und des Volkes zum Unterhalte jener Armeen verwendete, durch die er später so berühmt wurde.

Ferner bediente er sich, um noch größere Unternehmungen beginnen zu können, des Vorwandes der Religion und jagte mit frommer Grausamkeit die Marranen aus seinen Staaten. – Einen schändlicheren und unerhörteren Vorgang wird man wohl schwerlich finden.

Unter gleichem Vorwande wendete er seine Waffen gegen Afrika, dann gegen Italien und endlich gegen Frankreich und begann so immer große Taten, die derart eine aus der andern flossen, daß er stets die allgemeine Erwartung auf den Ausgang spannte und niemand soviel Zeit ließ, an etwas anderes zu denken, folglich auch kein ihm nachteiliger Plan von anderen unternommen werden konnte.

Auch wird jeder Fürst es sehr nützlich finden, wenn er auffallende Beispiele bezüglich der inneren Verwaltung gibt, ähnlich jenen, welche von Messer Bernabò von Mailand berichtet werden, sooft man nur Gelegenheit zu etwas hat, dessen Wirkung, sei es im Guten oder im Bösen, auf das bürgerliche Leben eine außerordentliche ist, und eine Weise zu belohnen und zu bestrafen herauszufinden, von der man noch lange zu reden hätte.

Vor allem aber muß ein Fürst sich bestreben, in allen seinen Handlungen etwas Außerordentliches und Großartiges zu zeigen. Ferner vermehrt noch seine Hochachtung, wenn er sich mit fester Selbständigkeit als Freund und als Feind zeigt und sich gerade und offen für den einen und gegen den andern erklärt, denn dieses ist ihm stets vorteilhafter als Neutralität.

Denn wenn zwei mächtige Nachbarn eines Staates einander befehden, dann wird es für einen dritten Fürsten, er mag von dem künftigen Überwinder etwas zu befürchten haben oder nicht, in jedem Falle immer besser sein, sich für den einen zu erklären und einen ordentlichen Krieg zu führen. Hält er es aber mit keinem, dann wird er zur großen Freude des Überwundenen am Ende gewiß, eine Beute des Siegers, von niemand beklagt werden und nirgends Hilfe erhalten; denn der Sieger will keine verdächtigen Freunde, die ihm im Falle eines Unglücks nichts helfen können; und auch von dem Überwundenen ist nichts zu erwarten, weil er im Kriege keine Unterstützung erhalten hat.

Als Antiochus auf den Ruf der Ätolier nach Griechenland zog, um die Römer daraus zu vertreiben, ersuchten seine Gesandten die Achäer, welche Freunde der Römer waren, neutral zu bleiben; die Römer forderten sie dagegen auf, sie möchten sich für sie erklären. Man beratschlagte sich hierüber in der Bundesversammlung der Achäer. Der Gesandte des Antiochus schlug eine Neutralität vor, der römische aber antwortete dagegen: „Man will euch überreden, ihr handeltet am klügsten, euch nicht in diesen Krieg zu mischen, ich versichere euch aber, ihr würdet nichts Schlimmeres tun können; denn wenn ihr neutral bleibt, dann werdet ihr euch der Willkür des Siegers überlassen müssen, ohne daß es euch jemand danken wird, und ohne daß ihr Ruhm davon habt."

Man wird immer finden, daß der, welcher keine freundschaftlichen Gesinnungen hat, zur Neutralität und der wahre Freund zum Gegenteile raten wird. Ein unentschlossener Fürst wird gewöhnlich seine Zuflucht zur Neutralität nehmen, um sich aus einer augenblicklichen Verwirrung zu ziehen, aber meist begründet er dadurch sein eigenes Verderben.

Erklärt man sich aber öffentlich für eine der beiden Parteien, und derjenige, für den man sich erklärt, siegt, dann ist er dafür Dank schuldig und wird sogar Freund werden, wenn er auch mächtig ist und man sich in seiner Gewalt befindet; denn so niederträchtig sind die Menschen nie, daß sie die, welche ihnen wesentliche Dienste leisten, aus Undank verderben sollten. Zudem ist nie ein Sieg so vollständig, daß der Sieger nicht noch nötig hätte, einige Rücksicht zu nehmen, zumal auf die Gerechtigkeit. Wird aber der Freund überwunden, dann wird man von ihm aufgenommen und nach Möglichkeit unterstützt und wird Teilhaber eines glücklichen Loses, das für ihn noch fallen kann.

Ist aber das Verhältnis der Kämpfenden von der Art, daß man den Überwinder nicht zu fürchten braucht, so handelt man um so klüger, sich für einen derselben zu erklären, weil man alsdann einen Nachbarn unterdrücken hilf L, welchen jener, wenn er klug wäre, zu erhalten suchen sollte. Bleibt man dann Sieger – denn das Gegenteil hiervon ist kaum möglich –, so hat man jenen in seiner Gewalt.

Hier aber sei jeder Fürst gewarnt, sich nicht mit einem Mächtigeren, als er selbst ist, zum Angriff auf andere zu verbinden, den Fall der Not ausgenommen, wie ich oben auseinandergesetzt. Denn siegt dieser, so wird man von ihm abhängig, und davor können sich Fürsten nicht sorgfältig genug hüten. Die Venetianer verbanden sich ohne Not mit Frankreich gegen den Herzog von Mailand, und dies erzeugte ihr Verderben.

Kann man sich aber einer solchen Verbindung nicht entziehen – wie dies das Schicksal der Florentiner war, als der Papst und der König von Spanien die Lombardei angriffen –, dann muß ein Fürst allerdings aus den angeführten Gründen Partei ergreifen.

Man glaube aber hier nur nicht mit sicherem Erfolge Partei ergreifen zu können, verspreche sich vielmehr stets einen ganz zweifelhaften davon; denn nie vermeidet man einen Abweg, ohne auf einen andern zu stoßen. Alle Klugheit besteht hier einzig darin, das Verhältnis der Nachteile und die Natur der Sache zu erkennen und das kleinere Übel als ein gutes anzusehen.

Ein Fürst muß sich ferner als ein Freund menschlicher Vorzüge zeigen, alle, welche sich in irgendeinem Gewerbe auszeichnen, ehren. Ferner soll er seine Bürger ermuntern, ihre Geschäfte ruhig zu treiben, im Handel, Ackerbau und in jedem andern Zweige menschlicher Tätigkeit, damit der eine sich nicht enthalte sein Besitztum auszuschmücken aus Furcht, es möchte ihm weggenommen werden, der andere, ein Geschäft zu eröffnen, aus Furcht vor Zöllen; er soll vielmehr Preise aussetzen für den, der solche Unternehmungen beginnen will, und immer und auf jede Weise sei er darauf bedacht, seine Stadt oder sein Gebiet zu erweitern.

Schließlich muß der Fürst jährlich zu gewissen Zeiten öffentliche Vergnügungen und Schauspiele zur Unterhaltung des Volkes anordnen. Es wird auch gut sein, wenn er den Zunftversammlungen der Künstler und Handwerker, die sich in jeder Stadt befinden, bisweilen beiwohnt und allda seine Pracht und Güte wirken läßt, doch so, daß er dabei die Größe seines Standes nicht vergißt; denn das darf nie und bei keiner Gelegenheit geschehen.

22.

Von den Ministern der Fürsten.

Die Wahl der Minister ist von nicht geringer Wichtigkeit, denn man beurteilt die Einsicht und Klugheit des Fürsten nach den Männern, welche ihn umgeben. Sind diese geschickt und getreu, dann hält man ihn selbst für klug, weil er ihren Wert erkannt hat, und man kann, wenn sie es nicht sind, der von ihm getroffenen schlechten Wahl wegen nicht günstig von ihm urteilen. Alle diejenigen, die Messer Antonio da Venafro kannten, mußten wegen der Wahl dieses vortrefflichen Ministers den Fürsten Pandolfo Petrucci von Siena für den klügsten Mann halten.

Der Verstand der Menschen aber ist von dreierlei Art. Entweder sie erkennen eine Sache mit eigenem Scharfblicke, oder erst wenn sie von anderen darauf hingewiesen werden, oder sie verstehen weder das eine noch das andere. Die erste Art ist vortrefflich, die zweite gut, die dritte aber taugt nichts.

War Pandolfo nicht im ersten Falle, so doch gewiß im zweiten. Denn wenn ein Fürst soviel Verstand hat, um das Gute und Schlechte in den Handlungen und Äußerungen anderer zu unterscheiden, obgleich sein Verstand nicht der durchdringendste ist, so wird er gewiß auch die guten und bösen Handlungen seines Ministers beurteilen können, und durch ein gnädiges Billigen der ersten und Verwerfen der zweiten ihn dazu zwingen, rechtschaffen zu sein.

Wie und wodurch kann man aber einen Minister beurteilen? – Gibt es überhaupt ein sicheres Mittel, so ist es das folgende: Bemerkt man, daß der Minister bloß an sein liebes Ich denkt, d. h. daß sein Eigennutz der einzige Zweck aller seiner Handlungen ist, dann wird er nie ein guter Minister sein, dann kann man sich nie auf ihn verlassen. Wer die Geschäfte des Staates besorgt, darf nie an sich selbst denken und den Fürsten nie von etwas anderm als von Staatsangelegenheiten unterhalten.

Der Fürst muß aber auch für seinen Minister sorgen, um ihn zum Guten zu verpflichten; er muß ihn daher mit Ehre, Auszeichnung, Reichtum und Ämtern so überhäufen, daß er nicht nach mehr trachten kann und die Überzeugung gewinne, daß er es unmöglich weiterbringen könne und die vielen Ämter ihn Veränderungen fürchten lassen, da er einsieht, sich ohne den Fürsten nicht behaupten zu können.

Bei einem solchen wechselseitigen Verhalten können Fürsten und Minister sich aufeinander verlassen; aus jeder Abweichung hiervon wird aber immer für den einen oder den andern Schaden erfolgen.

23.

Wie man die Schmeichler fliehen muß.

Man darf hier ein Übel nicht übergehen, welches Fürsten, wenn sie nicht besonders klug sind oder eine gute Wahl treffen, nicht ohne die größte Schwierigkeit vermeiden können: und dies ist die an allen Höfen herrschende Schmeichelei. Denn die Menschen besitzen eine so starke Dosis Eigenliebe und täuschen sich so sehr in der Meinung von sich selbst, daß es ihnen schwer wird, sich vor dieser Seuche zu hüten; auch geraten oft sogar jene, die sich davor hüten wollen, in Gefahr, sich verächtlich zu machen.

Da es nun kein anderes Mittel gibt, die Schmeichler fernzuhalten, als wenn man zeigt, daß man darüber nicht böse werde, wenn jemand die Wahrheit sagt, so wird man, wenn es jeder wagt, uns diese zu sagen, bald die Achtung verlieren. Aus diesem Grunde muß also ein kluger Fürst den Mittelweg gehen und sich vernünftige Männer erwählen, denen allein er gestattet, ihm in allem, worüber er sie befragt, die Wahrheit zu sagen, und die sich schlechterdings nie um etwas anderes bekümmern dürfen. Dieses vorausgesetzt, muß er sich aber nach allem bei ihnen erkundigen, ihre Meinung anhören und alsdann danach seine eigenen Urteile fällen; dabei muß er aber jeden glauben machen, es sei ihm um so angenehmer, je offener man mit ihm umgehe. Außer diesen darf er keinem andern mehr Gehör geben, sondern er muß fest auf seinem Entschlusse beharren.

Hält ein Fürst dies Verhalten nicht ein, dann verderben ihn entweder die Schmeichler, oder seine Entschlüsse, wechseln so oft, als er einen andern Vortrag anhört, und hierdurch verliert er an Achtung.

Die Bemerkung des im Dienste Kaiser Maximilians stehenden Priesters Lucas über Seine Majestät ist hier durchaus bezeichnend. Er sagte einst von ihm: „Der Kaiser fragt niemand um Rat und tut doch gleichwohl auch nichts nach seinem Kopfe." – Er handelte also gerade demjenigen entgegen, was ich oben bemerkt habe. Er ist ein verschlossener Mann, vertraut seine Geheimnisse niemand an und holt darüber von niemand ein Gutachten ein. Werden die geheimen Pläne aber ins Werk gesetzt, so werden sie allmählich bekannt und erfahren von denen, die er um sich hat, Widerspruch, und er, als leicht beeinflußbarer Mann, steht davon ab. Daher kommt es, daß er die Dinge, die er heute schafft, morgen wieder zerstört, und daß niemand weiß, was er will und was er zu tun beabsichtigt, und daß man auf seine Entschlüsse keineswegs bauen kann.

Ein Fürst muß sich daher immer, aber nur, wenn er will und nicht, wenn es andere wollen, Rat erteilen lassen, so zwar, daß ohne seinen Befehl ihm niemand Rat aufdringen darf. Doch muß er unaufhörlich Erkundigung einziehen, alle Mitteilungen gelassen anhören, ja denjenigen seine Ungnade zeigen, von denen er merkt, daß sie hinter dem Berge halten.

Jene irren sehr, welche glauben, ein Fürst, der sich Rat erteilen lasse, sei nicht selbständig, sondern sein Verstand beruhe bloß auf diesem Rat.

Es ist ja eine allgemeine und untrügliche Regel: ein Fürst, der nicht selbst Verstand genug hat, kann nicht gut beraten sein, es sei denn, daß er zufällig einem sehr klugen Manne sich anvertraute. Hier könnte er allerdings gut geleitet werden; aber es würde nicht lange dauern, denn ein solcher Minister würde ihn bald um seinen Staat bringen.

Hat aber ein am Verstande schwacher Fürst viele Ratgeber, dann wird es ihm wieder an Fähigkeit fehlen, ihre widersprechenden Vorschläge zu fassen und zu vereinigen. Alle werden auf ihren eigenen Nutzen denken, ohne daß er sie zurechtzuweisen oder zu beurteilen vermag. Und da nun die Menschen immer schlecht sind, wenn man es nicht versteht, sie zu zwingen, gut zu sein, so wird ein Fürst, der nicht Menschenkenner ist, übel fahren.

Hieraus folgt der Schluß: Die guten Ratschläge, sie mögen kommen, woher immer, müssen ihren Ursprung in der Klugheit der Fürsten haben und nicht die Klugheit der Fürsten in den guten Ratschlägen.

24.

Warum Italiens Fürsten ihre Länder verloren haben.

Ein neuer Fürst, der die von mir oben angeführten Maßregeln klug beobachtet, wird ebenso sicher, und wohl noch sicherer auf seinem Throne sein als ein Erbfürst. – Man ist aufmerksamer auf die Handlungen eines neuen Fürsten, als auf die eines solchen, welchen die Erbfolge zum Throne rief, und wenn man daher Weisheit, Güte und Verdienste an ihm erkennt, so werden ihm seine Untertanen mehr und dauernder gewonnen und verbindlich gemacht, als das Erbfolgerecht es vermocht hätte. Die Menschen werden viel mehr von der Gegenwart ergriffen als von der Vergangenheit, und wenn sie sich behaglich fühlen, dann suchen sie keine Veränderung ihres Zustandes. Im Gegenteil, sie verteidigen vielmehr ihren Fürsten mit allen Kräften, wenn er nur in anderen Dingen nach seinen Pflichten handelt.

Und so wird der Ruhm eines Fürsten, der ein neues Fürstentum gegründet und es durch Gesetze, durch Tapferkeit seiner Waffen, durch Freundschaftsbündnisse und durch gutes Beispiel befestigt hat, doppelt groß sein; so wie im Gegenteil die Schande eines Fürsten, der, zum Throne geboren, wegen Mangel an Klugheit diesen verliert, eine doppelte sein wird.

Wenn man daher die Zufälle betrachtet, durch welche der König von Neapel, der Herzog von Mailand und andere in unseren Tagen ihre Länder verloren haben, so wird man finden, daß sie alle hauptsächlich in der Organisation ihres Kriegsstandes fehlten aus den Gründen, welche oben ausführlich erörtert worden sind, und daß der weitere Fehler sie ganz ins Verderben stürzte, daß sie entweder den Haß des Volkes auf sich luden, oder sich der Gunst der Großen nicht versicherten.

Ohne diese Fehler verliert man einen Staat, der soviel Lebenskraft besitzt, daß er eine Armee im Felde halten kann, nicht leicht. Philipp von Macedonien – nicht der Vater Alexanders des Großen, sondern jener, den Titus Quinctius überwand – hatte, im Verhältnisse zu den ihn bekriegenden Römern und Griechen, nur ein kleines Land; und gleichwohl konnte er, da er ein guter Soldat war und sich der Liebe des Volkes und der Großen zu versichern wußte, den Krieg mehrere Jahre lang fortsetzen; und obgleich er einige Städte verlor, so erhielt er sich doch sein Königreich.

Unsere Fürsten, die viele Jahre hindurch ihre Gewalt behauptet, haben es also nicht dem Schicksale, sondern ihrer eigenen Feigheit zuzuschreiben, daß sie ihre Staaten verloren haben. Denn weil sie nicht an die Möglichkeit eines Glückswechsels dachten (sie machten es, wie die Menschen es gewöhnlich machen, die bei heiterem Himmel Sturm und Ungewitter nicht fürchten), so flohen sie bei der Annäherung eines Feindes, statt sich zu verteidigen; sie erhielten sich bloß die Hoffnung, daß ihr Volk, mißvergnügt über die Sieger, sie über kurz oder lang zurückrufen werde. – Eine Zuflucht, mit der man sich zwar trösten kann, wenn man nichts anderes hat, die aber sehr schimpflich ist, solange man bessere Mittel hat, sich zu helfen.

Ist es nicht töricht, fallen zu wollen, in der Hoffnung, daß man von einem anderen schon wieder aufgehoben werde? – Entweder dies mißlingt oder, wo nicht, so wird der Gefallene auf seine eigenen Kosten aufgehoben und wird von dem, der ihm diese Hilfe geleistet hat, abhängig. Kurz, keine Verteidigung ist besser und sicherer als jene, welche man sich selbst und aus eigener Kraft zu verschaffen weiß.

25.

Von dem Einflusse des Glücks auf die Schicksale der Welt, und inwieweit man ihm widerstehen könne.

Es ist mir nicht unbekannt, daß viele die Meinung hegten und noch hegen, die Welt werde so ganz von der göttlichen Vorsehung und dem Glücke regiert, daß menschliche Klugheit nichts dagegen ausrichten könne; woraus dann folgt, daß man sich bloß dem Spiele des Schicksals und des Zufalls überlassen müsse, ohne sich um irgend etwas anderes zu bekümmern. Man hat in unseren Zeiten so große Veränderungen gesehen, und noch täglich geschieht so viel gegen die allgemeine Erwartung, daß dieser Glaube sich täglich mehr verbreitet; ich selbst finde mich daher, sooft ich daran denke, halb und halb geneigt, demselben Beifall zu geben.

Da wir aber doch die Freiheit des Willens nicht verloren haben, so könnte man vielleicht sagen, die eine Hälfte unserer Handlungen hänge vom Schicksal ab, die andere aber oder etwas weniger sei unserem freien Willen überlassen.

Ich glaube, man kann dies Verhältnis mit einem reißenden Strome vergleichen. Dieser überschwemmt, wenn er aus seinen Ufern tritt, das Land, entwurzelt Bäume, stürzt Häuser um und verflößt ganze Landstreifen oder schwemmt ihren Boden weg. Jeder flieht vor ihm her, alles weicht seinem Ungestüm, ohne daß jemand seine Wut zu hemmen vermag. Dies alles geschieht nicht, wenn er ruhig ist: da kann man ungehindert Wälle und

Dämme aufführen, welche für die Zukunft ihn abhalten, aus seinem Ufer zu treten, oder doch zum wenigsten die Heftigkeit des Wasserstromes brechen.

Ähnlich steht es mit dem Schicksale: Widersteht man ihm nicht, dann übt es seine ganze Gewalt aus und richtet diese ganz dahin, wo es weiß, daß ihm weder Damm noch Schranken entgegenstehen.

Betrachtet man das Italien, welches die Schaubühne so großer Veränderungen war, und jenes, das sie erzeugte, so findet man, daß es ein Land ohne Schutzwehren und Dämme ist: Und wären darin, wie in Deutschland, Spanien und Frankreich, bessere Vorsichtsmaßregeln getroffen, so würde es entweder von der Überschwemmung durch Ausländer ganz freigeblieben sein, oder diese würden doch zum wenigsten nicht so weit um sich gegriffen haben.

Ich will von der Art, wie man dem Schicksale im allgemeinen begegnen solle, nicht mehr sagen, sondern bloß von besonderen Fällen sprechen. – Zuvörderst muß die Frage erörtert werden: Woran liegt es aber, daß ein Fürst, den heute das Glück anlächelt, morgen stürzt, ohne daß seine Natur oder sein Betragen sich geändert hätten? – Ich glaube, das kommt einmal aus den oben weitläufig erörterten Gründen, nämlich weil er sich bloß auf das Glück verlassen hat, und also stürzen muß, wenn dieses seine Laune wechselt.

Ich bin auch überzeugt, daß der glücklich ist, der sein Benehmen den Verhältnissen der Zeit anpaßt, und unglücklich, wer dies zu tun nicht versteht; denn die Erfahrung lehrt, daß die Menschen, um zu ihrem Zwecke zu gelangen – welcher immer in Ehre und Reichtum besteht –, die verschiedensten Mittel anwenden.

Der eine handelt bedachtsam, der andere nicht; der eine braucht Gewalt, der andere List; der eine handelt rasch, der andere sanft; und jeder kann durch diese verschiedenen Mittel zum Ziele gelangen. Auch sieht man ferner, daß von zwei Vorsichtigen der eine das Ziel erreicht, der andere nicht; und daß im Gegenteil wieder zwei andere von ganz ungleichen Temperamenten, oft auf ganz verschiedenen Wegen, beide ihren

Zweck doch erreichen. Gewiß kann dies bloß Folge der Verschiedenheit der Zeitverhältnisse sein, welche ihrem Vorgehen günstig oder ungünstig sind.

Daher kommt es, wie ich schon oben sagte, daß zwei bei ganz entgegengesetztem Handeln zu dem nämlichen Ziele kommen, während von zwei anderen, welche einen gleichen Weg einschlagen, der eine sein Ziel erreicht, der andere aber nicht. Hierauf beruht auch der böse und gute Erfolg. Kommen dem Sanften und Bedächtigen die Verhältnisse der Zeit so zustatten, daß sein Benehmen ihnen entspricht, dann ist er glücklich; ändern sich aber Zeit und Umstände, dann wird er, weil er sein Benehmen nicht auch geändert hat, zugrunde gehen.

Niemand aber besitzt Verstand genug, um sein Betragen immer den Zeitverhältnissen anzupassen: Sei es, weil man nicht allezeit seinem inneren Triebe widerstehen oder sich nicht so leicht entschließen kann, einen Weg zu verlassen, der bisher zum Hafen führte. Darum kann der Mann mit dem sanften Temperamente nicht ungestüm sein, wenn er es sein sollte, und dies schadet ihm; ja, wohl schwerlich würde sich sein Schicksal ändern, wenn er sein Verhalten der Zeit und den Umständen anpaßte.

Papst Julius II. handelte in allem nach seinem heftigen Temperamente; alles gelang ihm nach Wunsch, um so mehr, weil Zeit und Verhältnisse es auch so forderten. Man erinnere sich nur des ersten Unternehmens auf Bologna unter Messer Giovanni Bentivoglio. Dieses erregte das Aufsehen der Venetianer, die Könige von Frankreich und Spanien waren darüber schwierig, und gleichwohl ging er mit seinem ungestümen wilden Wesen in Person nach Bologna, ohne daß Venedig und Spanien sich gerührt hätten, weil ersteres sich fürchtete und dieses Neapel zurückzugewinnen wünschte. Zugleich durfte ihm der König von Frankreich, welcher Venedig gerne demütigen wollte, seine Hilfe nicht versagen, um ihn nicht zu beleidigen.

Julius führte also mit seiner wilden und heftigen Gemütsart das aus, was ein anderer Papst mit aller menschlichen Klugheit nicht ausgeführt haben würde. – Auch würden seine Absichten gewiß gescheitert sein, wenn er – wie an seiner Stelle jeder andere Papst getan haben würde – seine Abreise von Rom so lange verschoben hätte, bis die nötigen Vorbereitungen beendigt gewesen wären. Frankreich würde dann eine Menge Entschuldigungen einzuwenden gewußt und die anderen ihm Furcht einzujagen gesucht haben.

Seine übrigen Handlungen wollen wir übergehen. Sie sind sich alle ähnlich, alle waren glücklich. Der Tod ließ ihm keine Zeit, einen Wechsel zu erleben. Denn wäre eine Zeit erschienen, welche ein sanftes Benehmen erfordert hätte, dann würde er, der die ihm eigene Heftigkeit nicht ablegen konnte, verloren gewesen sein.

Hieraus folgt: Menschen, die sich fest vornehmen, beständig ein und denselben Weg einzuhalten, sind so lange glücklich, als ihr Verhalten mit dem Glücke zusammenstimmt; sie werden aber unglücklich, sobald dieses wechselt und sie sich mit ihm nicht ändern wollen.

Schließlich, glaube ich, sei es besser, ungestüm, als vorsichtig zu sein, weil das Glück ein Weib ist, mit dem man nicht auskommen kann, wenn man es nicht prügelt und stößt. Wir sehen ja aus der Erfahrung, daß es sich eher von hitzigen als phlegmatischen Menschen zwingen läßt und aus diesem Grunde eine Freundin junger Leute ist, weil diese weniger vorsichtig, aber desto kühner und feuriger sind.

26.

Ermahnung, Italien von den Barbaren zu befreien.

Wenn ich alles bisher Abgehandelte genau überlege und in Erwägung ziehe, ob die jetzigen Verhältnisse Italiens einem Fürsten, der dort eine neue Regierungsform einführen wollte, die für ihn ehrenvoll und für das ganze Land nützlich wäre, hierzu günstig seien, so finde ich, daß so viel zugunsten eines solchen Unternehmens zusammenkommt, daß ich zweifeln muß, ob je eine günstigere Zeit kommen könne. – Und war es, wie ich auseinandersetzte, nötig, daß das Volk Israels unter dem

Drucke der Ägypter seufzte, um in Moses Tatkraft kennenzulernen; daß die Perser von den Medern unterdrückt wurden, um Kyros' Tapferkeit glänzen zu lassen; daß die Athener zerstreut wurden, um Theseus' Trefflichkeit zu erkennen; so war es auch nötig, daß Italiens Bewohner, jetzt in einer solchen Tiefe des Elends, sklavischer als die Israeliten, bedrängter als die Perser, zerstreuter als die Athener, ohne Haupt, ohne Gesetze, verachtet, geplündert, zerrissen, von Ausländern tyrannisiert seien, damit einer der Söhne Italiens Gelegenheit habe, die Größe seiner Tatkraft zu zeigen.

Zwar zeigten sich von Zeit zu Zeit Leute von Mut, an deren göttliche Sendung zu unserer Befreiung man hätte glauben mögen; allein das Glück verließ sie mitten unter ihren besten Bemühungen.

Italien, das in den letzten Zügen liegende Italien, sage ich, sieht der Erscheinung eines Erretters entgegen, der die Leiden der Lombardei, des Königreichs Neapel und Toskanas beende und seine eiternden Wunden heile, welche durch die Länge der Zeit beinahe unheilbar sind. Es fleht zu Gott um einen Erretter, der es von dem unerträglichen Joche des fremden Despotismus befreie. Es ist bereit, jeder Fahne zu folgen, die ein Tapferer wehen lassen wird.

Auf niemand kann es zur Zeit zuversichtlicher hoffen, als auf Ihr Haus, Erlauchter Herzog! Seine Söhne sitzen auf dem Stuhle Petris, Gottes Gnade waltet sichtbarlich über demselben, und so kann es durch seine Tatkraft und sein Glück sich an die Spitze dieses rühmlichen Beginnens stellen. Ihnen selbst kann es nicht schwer fallen, wenn Sie den angeführten Mustern folgen. Diese, obgleich seltene und bewundernswürdige Männer, waren doch nur Menschen, und nicht einer hat unter so günstigen Umständen gehandelt und gewirkt, als die jetzigen sind. Ihre Sache war eben nicht gerechter als die Ihrige, Durchlauchtiger Fürst! und Gott nicht mehr für dieselbe als für Sie; denn hier ist eine Sache, die so gerecht ist als möglich. Es wäre ein heiliges Unternehmen, die Waffen zugunsten eines Volkes zu ergreifen, welches sein Heil durch sonst nichts anderes finden kann.

Jeder notwendige Krieg ist gerecht; und die Waffen, welche zur Verteidigung eines hilflosen Volkes ergriffen werden, sind Waffen des Mitleids. Alles wird sich zu diesem Vorhaben vereinigen, und da, wo die Gelegenheit vortrefflich ist, können die Schwierigkeiten nie groß sein, wenn man nicht die Straße verläßt, die ich als gut bezeichnet habe. – Noch mehr: Außerordentliche Vorzeichen waren schon da; das Meer hat sich geteilt; eine Wolke diente zum Wegweiser; aus einem Felsen floß Wasser; Manna regnete vom Himmel; kurz, alles vereinigte sich, Sie emporzuheben. Nun liegt es Ihnen ob, das übrige zu vollenden. – Gott will nicht alles tun, um uns nicht den freien Entschluß zu nehmen und einen Teil jenes Ruhmes, der uns zukommt.

Wundern darf man sich gar nicht, wenn noch keiner der vorgenannten Italiener die Hoffnungen erfüllen konnte, die man jetzt auf Ihre erhabene Familie setzt, und daß Italien in seinen Kriegen so unglücklich war, als ob die kriegerische Tugend gänzlich aus demselben verschwunden wäre. – Das kommt nur daher, weil die alten Einrichtungen nichts mehr taugten und niemand bessere zu erfinden wußte.

Nichts ehrt einen Fürsten, der erst die Regierung angetreten hat, mehr, als von ihm ausgehende neue Gesetze und neue Einrichtungen. Diese werden ihm allgemeine Ehrfurcht und Verehrung erwerben, wenn sie auf guter Grundlage aufgebaut und in sich selbst großartig sind.

Italien gebricht es gar nicht an bildungsfähigem Stoffe. Es fehlt allda nicht an tapferen Männern, sondern an Führern. Beweise hiervon liefern uns so manche Zweikämpfe, und so manche Fehde unter Privatpersonen zeugt von der den Italienern eigenen Kraft und Geschicklichkeit. – Warum vermißt man solche aber, wenn sie ein Heer bilden? – Weil ihre Anführer nichts taugen; wer Verstand hat, will nicht gehorchen, und jeder glaubt Verstand zu haben, und noch nie wollte einer dem andern nachgeben, wenn dieser auch noch so viele Verdienste hatte.

Dies ist die wahre Ursache, warum in all den Kriegen, welche wir seit zwanzig Jahren erlebt haben, eine bloß aus Italienern bestehende Armee, nie etwas taugte. Der Taro, Alessandria, Capua, Genua, Vaila, Bologna, Mestri beweisen uns dieses. Will also das Haus Medici den vortrefflichen Helden folgen, welche ehedem ihr Vaterland von fremder Tyrannei befreiten, dann muß es vor allem als Grund zu jeglicher Unternehmung eigene Soldaten halten; denn bessere und treuere gibt es nicht. Und wenn gleich jeder einzelne Soldat brav ist, so werden sie doch alle zusammen noch braver handeln, wenn ihr eigener Fürst sie anführt, ehrt und belohnt.

Es ist daher nötig, sich ein vaterländisches Heer zu bilden, um den Fremden widerstehen zu können. Man hält die schweizerische und spanische Infanterie für furchtbar; allein beide haben ihre Fehler; weshalb man ihnen nicht nur eine dritte Heeresverfassung entgegenstellen, sondern das feste Vertrauen haben könnte, sie zu besiegen. Die Spanier können den Angriff der Reiterei nicht aushalten, und die Schweizer fürchten eine Infanterie, wenn sie so beharrlich im Kampfe ist als sie selbst.

Man hat es schon gesehen und wird es noch ferner erfahren, daß die Spanier der französischen Kavallerie weichen müssen und die Schweizer von der spanischen Infanterie besiegt wurden. Bezüglich der Schweizer hat man, wenn auch keinen vollkommenen Beweis, so doch wenigstens eine Probe in der Schlacht bei Ravenna erlebt, als die spanische Infanterie auf die deutsche stieß, die mit der schweizerischen gleiche Taktik hat. Denn die Spanier drangen mit ihrer Gewandtheit und gedeckt durch ihre Schilde unter den Piken der Deutschen weg, ohne daß sie sich wehren konnten; und gewiß würden sie auch aufgerieben worden sein, wenn nicht die Kavallerie in die Spanier eingehauen hätte.

Da man nun den Fehler dieser Korps kennt, so wird es leicht sein, ein neues so zu organisieren, daß es der Infanterie und Kavallerie die Spitze bieten kann. Man dürfte nur die Art zu schlagen verändern. Dergleichen Erfindungen werden einem neuen Fürsten Ruhm und Ehre bringen.

Man darf also eine so schöne Gelegenheit nicht vorübergehen lassen. Und so wird Italien nach so langen Leiden endlich auch seinen Erlöser sehen. Mit welcher Liebe und mit welchem

Danke würde derselbe nicht überall aufgenommen werden! In allen Provinzen, sage ich, die unter diesen fremden Überschwemmungen gelitten haben, und wo so lange schon Rache in allen Adern kocht. Welche Städte könnten ihm wohl die Tore verschließen, welche Völker ihm den Gehorsam versagen? Welchen Neid könnte er zu bekämpfen haben? Könnte auch nur ein einziger Sohn Italiens ihm zu huldigen sich weigern? Gewiß nicht; denn alles ist des Druckes dieser Barbarenherrschaft müde.

Übernehme daher Ihr berühmtes Haus diese Aufgabe mit der Gesinnung und den Hoffnungen, mit denen gerechte Unternehmungen angepackt werden, auf daß unter Ihrem Banner unser Vaterland geadelt werde und unter Ihren Auspizien sich erfülle die Prophezeiung Petrarcas:

Virtù contra furore
Prenderà l'arme, et sia II combatter corto;
Ché l'antico valore
Nell' Italici cor non e ancor morto[1].

[1] Manneskraft wird gegen Wut die Waffen ergreifen, und möge der Kampf kurz sein; denn die alte Tapferkeit ist in den italienischen Herzen noch nicht erstorben.

Kleine Schriften

An Zanobi Buondelmonti und Luigi Alemanni
meine lieben Freunde

Es scheint, teuerster Zanobi und Luigi, dem Beobachter wunderbar, daß alle oder die Mehrzahl der Männer, die große Dinge in der Welt vollbrachten und vor ihren Zeitgenossen hervorragten, niederer und dunkler Herkunft waren oder vom Schicksal über alles Maß verfolgt wurden. Alle wurden sie entweder bei ihrer Geburt ausgesetzt, oder sie hatten einen so gemeinen Vater, daß sie sich seiner schämten und sich für Söhne Jupiters oder eines anderen Gottes ausgaben. Diese Männer aufzuzählen würde, da sie jedermann kennt, ermüdend und dem Leser wenig erfreulich sein; wir wollen es daher als überflüssig unterlassen.

Die Sache aber kommt, wie ich glaube, daher, daß das Schicksal – um der Welt zu beweisen, daß die Menschen ihm allein, nicht ihrer Klugheit ihre Größe zu verdanken haben – in einer Zeit seine Macht zu zeigen anfängt, wo die Klugheit sich noch nicht geltend machen kann, sondern ihm allein alles zugeschrieben werden muß. Castruccio Castracani von Lacca war einer von diesen Männern. Er führte in Anbetracht der Zeit, in der er lebte, und der Stadt, in der er geboren wurde, große Dinge aus, und seine Herkunft war weder glücklicher, noch ist sie bekannter als die der anderen, wie man unten finden wird. Ich wollte sein Leben den Menschen ins Gedächtnis zurückrufen, weil ich vieles darin gefunden zu haben glaube, worin sich teils das Walten des Schicksals, teils des Menschen eigene Kraft als hohes Beispiel offenbart. Ich wollte es Euch widmen, da Ihr Euch vor allen Männern, die ich kenne, an großartigen Handlungen erfreut.

Niccolò Machiavelli.

DAS LEBEN DES CASTRUCCIO CASTRACANI

Die Familie der Castracani wird zu den edelsten Familien der Stadt Lucca gerechnet, wennschon sie jetzt nach dem gemeinschaftlichen Los aller irdischen Dinge ausgestorben ist. In ihr wurde einst ein Antonio geboren, der, den geistlichen Stand ergreifend, Domherr von St. Michael von Lucca wurde, und den man, um ihm Ehre zu bezeugen, Messer Antonio nannte. Er hatte nur eine einzige Schwester, die früher an Buonaccorso Cenami vermählt war und jetzt nach dessen Tode als Witwe bei ihrem Bruder lebte, mit dem Entschlusse, nicht wieder zu heiraten. Messer Antonio besaß hinter seinem Hause einen Weinberg, der von Gärten umgeben war, und in den man von mehreren Seiten ohne viel Schwierigkeit hereinkommen konnte.

Als nun eines Morgens, kurz nach Sonnenaufgang, Madonna Dianora, so nannte sich Messer Antonios Schwester, durch den Weinberg spazierenging und nach der Sitte der Weiber Würzkräuter pflückte, hörte sie unter einem Rebstock im Laube rascheln, und es schien ihr, als sie sich hinwendete, als höre sie weinen. Sie näherte sich diesem Geräusche und erblickte die Händchen und das Gesicht eines kleinen Kindes, das unter den Blättern hervor sie um Hilfe zu bitten schien. Teils erstaunt, teils erschreckt hob sie es voll Mitleid und Bestürzung auf, trug es ins Haus, wusch es, wickelte es nach der Sitte in weiße Tücher und zeigte es so bei seiner Rückkehr Messer Antonio. Als dieser die Sache hörte und das Kind sah, wurde er nicht weniger von Verwunderung und Mitleid erfüllt als die Frau. Sie berieten sich miteinander, was zu tun sei, und beschlossen, es aufzuziehen, da er Priester war und sie keine Kinder hatte. Sie nahmen also, eine Amme ins Haus und pflegten den Knaben mit derselben Liebe, als ob es ihr eigener Sohn gewesen wäre. Bei der Taufe gaben sie ihm den Namen ihres Vaters Castruccio.

Castruccio nahm mit den Jahren an Anmut zu, zeigte in allem Verstand und Klugheit und lernte schnell nach seinem Alter, wozu ihn Messer Antonio anhielt. Dieser hatte die Absicht, ihn zum Priester zu machen und ihm mit der Zeit sein Kanonikat und seine anderen Pfründen abzutreten, er unterrichtete ihn daher diesem Zwecke gemäß. Allein er hatte einen Schüler gefunden, der nichts weniger als geistlichen Sinn besaß. Denn kaum war Castruccio in das Alter von vierzehn Jahren getreten, als er anfing, Messer Antonio und Madonna Dianora gegenüber seine kindliche Scheu zu verlieren und sie nicht im geringsten mehr fürchtete. Die geistlichen Bücher ließ er liegen, fing an, die Waffen zu führen und fand an nichts größeres Gefallen als am Fechten, am Laufen, Springen, Ringen und anderen solchen Übungen, wobei er die größte Geistes- und Körperkraft zeigte und alle anderen Knaben seines Alters bei weitem übertraf. Wenn er auch je einmal las, so gefielen ihm nur solche Schriften, worin von Krieg und von den Taten großer Männer gesprochen wurde. Messer Antonio verursachte dies unsäglichen Kummer und Verdruß.

Es war in der Stadt Lucca ein Edelmann aus der Familie der Guinigi, namens Messer Francesco, der durch Reichtum, Volksgunst und Verdienst alle anderen Luccaner weit hinter sich zurückließ. Sein Handwerk war der Krieg; er hatte lange unter den Visconti von Mailand gedient und war als Gibelline vor allen, die in Lucca dieser Partei folgten, geachtet. Als er sich nun gerade in Lucca befand und des Abends und Morgens mit den anderen Bürgern unter der Loggia des Podestà am Anfang des Platzes St. Michael, des Hauptplatzes von Lucca, zusammenkam, sah er mehreremal Castruccio mit den anderen Knaben dieses Stadtviertels bei den obengenannten Übungen. Er glaubte zu bemerken, daß Castruccio, außer daß er sie übertraf, eine königliche Gewalt über die anderen übe, die ihn gewissermaßen zu lieben und zu verehren schienen. Dies machte Messer Francesco äußerst begierig zu erfahren, wer der Knabe sei, und hiervon durch die Umstehenden unterrichtet, stieg sein Verlangen noch mehr, ihn bei sich zu haben. Er rief ihn daher eines Tages zu sich und fragte ihn, wo er lieber sein würde, im Hause eines

Edelmannes, der ihn reiten und die Waffen führen lehrte, oder im Hause eines Priesters, wo er nie etwas anderes als Beten und Messe lesen höre. Messer Francesco sah, welche innerliche Freude es Castruccio machte, als von Pferden und Waffen gesprochen wurde. Anfangs war er zwar ein wenig verschämt, als ihn aber Messer Francesco zu reden ermutigte, antwortete der Knabe: wenn es seinem Messere gefiele, so könne man ihm keine größere Gunst erweisen als die Erlaubnis, die geistlichen Studien verlassen und den Soldatenstand ergreifen zu dürfen. Messer Francesco gefiel die Antwort sehr, und in wenigen Tagen brachte er es dahin, daß Messer Antonio ihm Castruccio abtrat, wozu den Domherrn hauptsächlich die Natur des Knaben bewog, den er nicht mehr lange so halten zu können glaubte.

Als nun Castruccio aus dem Hause des Domherrn Antonio Castracani in das Haus des Condottiere Francesco Guinigi gekommen war, nahm er in unglaublich kurzer Zeit alle die Tugenden und Sitten an, die man von einem wahren Edelmann fordert. Zuerst wurde er ein vortrefflicher Reiter, er lenkte mit der größten Geschicklichkeit das wildeste Pferd, und im Ringelrennen und Turniere zeichnete er sich vor allen anderen aus; so daß sich niemand fand, der ihn in irgendeiner Übung, wozu Kraft und Gewandtheit gehört, übertroffen hätte. Hiermit vereinigte er die gefälligsten Sitten und zeigte in allem eine unschätzbare Bescheidenheit. Nie sah man ihn etwas tun oder hörte ihn etwas sprechen, das mißfiel: er war ehrfurchtsvoll gegen Höhere, bescheiden gegen Gleiche und freundlich gegen Geringere. Dies Benehmen erwarb ihm nicht allein die Liebe der ganzen Familie der Guinigi, sondern der ganzen Stadt Lucca.

In dieser Zeit, als Castruccio schon achtzehn Jahre alt war, trug sich zu, daß die Gibellinen von den Guelfen aus Pavia vertrieben wurden. Die Visconti von Mailand schickten den Vertriebenen Messer Francesco Guinigi zu Hilfe und Castruccio begleitete ihn als Befehlshaber seiner ganzen Kompagnie. Auf diesem Posten gab er so viele Beweise von Klugheit und Mut, daß niemand, der dem Feldzug beiwohnte, so viele Gunst bei jedermann erwarb als Castruccio; und nicht allein in Pavia, sondern in der ganzen Lombardei wurde sein Name berühmt und geehrt.

Castruccio, viel angesehener nach Lacca zurückgekehrt als er ausgezogen war, unterließ nichts, was in seiner Macht stand, sich Freunde zu erwerben, indem er alle die Mittel anwendete, die man nötig hat, um sich die Menschen zu gewinnen. Unterdessen starb Messer Francesco Guinigi und hinterließ einen dreizehnjährigen Sohn, namens Paolo, zu dessen Vormund und Verwalter er Castruccio ernannte. Vor seinem Tode hatte er ihn noch zu sich rufen lassen und ihn gebeten, er möge seinen Sohn mit derselben Treue auferziehen, mit der er ihn aufgezogen habe, und er solle die Wohltaten, die er dem Vater nicht vergelten konnte, dem Sohne vergelten.

Nachdem also durch Messer Francesco Guinigis Tod Castruccio Verwalter und Vormund Paolos geworden war, nahm er so sehr an Ansehen und Macht zu, daß die Gunst, die er bisher in Lucca besessen hatte, sich zum Teil in Neid verwandelte. Viele verleumdeten ihn als einen verdächtigen Mann, dessen Sinn nach der Tyrannei stehe. Der erste unter diesen war Messer Giorgio degli Opizi, das Haupt der Guelfenpartei, der gehofft hatte, durch den Tod Messer Francescos gleichsam Fürst von Lucca zu werden, und nun glaubte, Castruccio habe ihm alle Möglichkeit dazu entzogen, da dieser durch die Gunst, die ihm seine ausgezeichneten Eigenschaften erwarben, an Messer Francescos Stelle getreten war. Aus diesem Grunde sprengte Messer Giorgio überall Dinge aus, die, Castruccio diese Gunst entziehen sollten. Anfänglich erregte dies bei Castruccio nur Unwillen, bald aber kam auch die Furcht hinzu, Messer Giorgio werde nicht eher ruhen, als bis er ihn beim Vikarius des Königs Robert von Neapel in Ungnade gebracht hätte, der ihn dann aus Lucca würde vertreiben lassen.

In dieser Zeit war Uguccione della Faggiuola aus Arezzo Herr von Pisa, der, zuerst von den Pisanern zu ihrem Feldherrn erwählt, sich zu ihrem Herrn gemacht hatte: Bei Uguccione befanden sich einige verwiesene Luccaner von der Gibellinenpartei. Mit diesen unterhandelte Castruccio, sie mit Hilfe Ugucciones wieder einzusetzen, und zu gleicher Zeit begann er zu Hause seinen Plan mit seinen Freunden, denen die Macht der Opizi unerträglich war, vorzubereiten. Nachdem sie alles festgesetzt, was geschehen sollte, befestigte Castruccio vorsichtig den Turm der Onesti und versah ihn mit Kriegsbedarf und vielen Lebensmitteln, um sich im Notfall einige Tage halten zu können.

Als jetzt die festgesetzte Nacht kam, zog Uguccione mit vielen Soldaten auf die Ebene zwischen den Bergen und Lucca herab und rückte, nachdem er das verabredete Zeichen gesehen, an das Tor St. Peter heran und legte Feuer an das Vortor. Castruccio andererseits schlug Lärm, rief das Volk zu den Waffen und nahm das Tor von der innern Seite weg. Als so Uguccione und seine Leute eingezogen waren, durchsprengten sie die Stadt, töteten Messer Georgio mit seiner ganzen Familie und vielen anderen seiner Freunde und Anhänger, verjagten den Statthalter und veränderten die Regierung nach Ugucciones Gutbefinden. Die Stadt litt dabei großen Schaden; denn man findet, daß mehr als hundert Familien damals aus Lucca vertrieben wurden. Die Flüchtigen gingen zum Teil nach Florenz, zum Teil nach Pistoja, welche Städte von der Partei der Guelfen regiert wurden und deshalb Feinde Ugucciones und der Luccaner waren.

Den Florentinern und den anderen Guelfen schien es, die Gibellinen hätten zuviel Gewalt in Toskana erlangt. Sie kamen daher überein, die Verwiesenen Luccaner wieder einzusetzen, und zogen, nachdem sie ein zahlreiches Heer zusammengebracht, in das Tal des Nievole, besetzten Montecatini und belagerten sodann Montecarlo, um freien Zugang nach Lucca zu haben. Uguccione hatte unterdessen viel Kriegsvolk aus Pisa und Lucca, nebst einer bedeutenden Anzahl deutscher Reiter, die er aus der Lombardei gezogen, zusammengebracht und rückte gegen das florentinische Heer heran. Dieses war auf die Kunde von dem Nahen der Feinde von Montecarlo aufgebrochen und hatte sich zwischen Montecatini und Pescia gelagert. Uguccione machte daher unterhalb Montecarlo, zwei Miglien vom Feinde, halt. Einige Tage hindurch wurden nur kleine

Reitergefechte geliefert, da Uguccione krank geworden war, und die Pisaner und Luccaner deshalb keine Schlacht liefern wollten. Als sich aber Ugucciones Krankheit verschlimmerte, zog er sich nach Montecarlo zurück, um sich heilen zu lassen, und überließ Castruccio die Sorge für das Heer. Dies wurde die Ursache des Verderbens der Guelfen; denn es wuchs ihnen der Mut, da sie glaubten, das feindliche Heer sei ohne Feldherrn geblieben. Castruccio erkannte dies und bestrebte sich, einige Tage hindurch sie in dieser Meinung zu bestärken, indem er, um Furcht zu zeigen, niemand aus den Verschanzungen seines Lagers herausgehen ließ. Auf der anderen Seite wurden die Guelfen desto übermütiger, je mehr sie diese Furcht sahen, und sie boten täglich, in Schlachtordnung gestellt, dem Heere Castruccios den Kampf an. Als sie Castruccio kühn genug gemacht zu haben glaubte und ihre Aufstellung erkannt hatte, beschloß er, eine Schlacht zu liefern. Zuvor stählte er durch Worte den Mut seiner Soldaten und zeigte ihnen einen gewissen Sieg, wenn sie seinen Befehlen gehorchen wollten, Castruccio hatte gesehen, daß die Feinde ihre ganze Kraft in das Mitteltreffen verlegt und ihre schlechtesten Soldaten auf die Flügel gestellt hatten. Er tat daher das Gegenteil; denn er stellte auf die Flügel seines Heeres seine tapfersten Leute und zwischen sie die wenigst geschätzten. In dieser Schlachtordnung rückte er aus seinem Lager aus. Sobald er nun den Feind erblickte, der, wie gewöhnlich, voll Anmaßung heranzog, befahl er, daß die Scharen des Mitteltreffens langsam marschierten und die der Flügel rasch vorrückten. Als es daher zum Kampfe kam, so fochten allein die Flügel beider Heere und die Scharen des beiderseitigen Mitteltreffens blieben untätig; denn Castruccios Mitteltreffen war so weit zurückgeblieben, daß es das feindliche Mitteltreffen nicht erreichte. Auf diese Weise fochten die besten Soldaten Castruccios mit den schlechtesten der Feinde und ihre besten waren untätig, ohne die, welche sie gegenüber hatten, angreifen oder den Ihrigen irgend beistehen zu können. So wurden ohne große Schwierigkeit die beiden feindlichen Flügel in die Flucht geschlagen, und das Mitteltreffen, das seine Flanken entblößt sah, floh gleichfalls. Die Niederlage war blutig, denn es fielen mehr als 10000 Mann mit vielen Führern und vornehmen Rittern der Guelfenpartei aus ganz Toskana, und überdies viele Fürsten, die zu ihrer Unterstützung gekommen waren, wie Piero, der Bruder des Königs Robert, Karl, sein Neffe, und Philipp, Herr von Tarent. Der Verlust Castruccios betrug nicht 300 Tote, worunter Francesco, ein Sohn Uguccio-nes, der noch ganz jung und allzu feurig beim ersten Angriff getötet wurde.

Dieser Sieg vollendete die Größe von Castruccios Namen, so daß Uguccione eine solche Eifersucht und Argwohn wegen seines Staates ergriff, daß er auf nichts anderes mehr sann, als wie er Castruccio aus der Welt schaffen könne; denn dieser Sieg, schien es ihm, habe ihm die Herrschaft nicht gegeben, sondern entzogen. Als er mit diesem Gedanken umging und eine schickliche Gelegenheit zur Ausführung abwartete, trug es sich zu, daß Pier Agnolo Micheli, ein Mann von Stande und sehr geachtet in Lucca, getötet wurde. Der Mörder flüchtete sich in das Haus Castruccios, der die Gerichtsdiener des Stadthauptmannes, die den Schuldigen daselbst verhaften wollten, zurückdrängte, so daß dieser sich durch seine Hilfe rettete. Als Uguccione, der damals in Pisa war, diesen Vorfall erfuhr, glaubte er eine gerechte Ursache, Castruccio zu strafen, gefunden zu haben. Er schrieb daher seinem Sohne Neri, dem er schon die Herrschaft über Lucca gegeben hatte, und trug ihm auf, unter dem Vorwand einer Einladung Castruccio ergreifen und töten zu lassen. Castruccio ging vertraulich und ohne eine Kränkung zu fürchten in den Palast des Herrn und wurde zuerst von Neri zum Mahle zurückgehalten und dann verhaftet. Da aber Neri fürchtete, das Volk möchte unruhig werden, wenn er Castruccio ohne irgendeine Rechtfertigung sterben ließe, so ließ er ihn am Leben, um genauer von Uguccione zu hören, wie er sich benehmen solle. Dieser tadelte das Zögern und die Feigheit seines Sohnes und ritt, um die Sache zu Ende zu bringen, mit 400 Reitern von Pisa weg nach Lucca. Er war noch nicht bis Bagni gekommen, als die Pisaner zu den Waffen griffen, den Vikarius Ugucciones und alle, die von seiner Familie in Pisa geblieben waren, töteten und den Grafen Gaddo della Gherardesca zu ihrem Herrn machten. Uguccione erfuhr, noch ehe er in Lucca ankam, diese Vorfälle, er wollte aber nicht umkehren, damit ihm nicht auch die Luccaner nach dem Beispiel der Pisaner die Tore schlössen. Als aber die Luccaner die Begebenheiten in Pisa hörten, so ergriffen sie, trotz der Ankunft Uguccciones in Lucca, die Befreiung Castruccios als Anlaß, bildeten zuerst Gruppen auf den Plätzen und besprachen sich ohne Scheu, dann kam es zum Tumult, und zuletzt griffen sie zu den Waffen, indem sie Castruccios Befreiung begehrten, so daß Uguccione, aus Furcht vor Schlimmerem, ihn aus dem Gefängnis entließ. Castruccio versammelte sogleich seine Freunde und griff, vom Volke unterstützt, Uguccione an, der, die Unmöglichkeit des Widerstandes erkennend, mit seinen Freunden entfloh und sich in die Lombardei zu den Herren della Scala begab, wo er in Armut starb.

Castruccio aber, aus einem Gefangenen fast Fürst von Lucca geworden, brachte es durch seine Freunde und die neue Volksgunst dahin, daß er zum Feldherrn des Heeres ernannt wurde. Um sich nachdem er dies erreicht, im Kriege Ruf zu erwerben: entwarf er den Plan, den Luccanern viele Städte, die sich nach Uguccciones Abzug empört hatten, wieder zu erobern. Zuerst belagerte er mit Hilfe der Pisaner, mit denen er ein Bündnis schloß, Serezzana, baute eine Bastei, welche die Mauern überragte, und nahm mit Hilfe dieses Erdwerks, das, später von den Florentinern mit Mauern versehen, heute Serezanello genannt wird, die Stadt. Durch diese Eroberung zu Ansehen gelangt, besetzte er sodann Massa, Carrara und Lavenza und eroberte in sehr kurzer Zeit ganz Lunigiana. Um den Paß zu sperren, der von der Lombardei nach Lunigiana führt, stürmte er Pontremoli und verjagte daraus Messer Anastagio Pallavicini, den Herrn dieser Stadt. Als er nach diesen Siegen nach Lucca zurückkehrte, zog ihm das ganze Volk entgegen. Castruccio wollte jetzt nicht mehr länger verschieben, sich zum Fürsten zu machen, und mit Hilfe von Pazzino dal Poggio, Puccinello dal Portico, Francesco Boccansacchi und Cecco Guinigi, der damals im größten Ansehen in Lucca stand und von ihm bestochen war, machte er sich zum Herrn der Stadt und wurde feierlich durch

Volksbeschluß zum Fürsten erwählt. In dieser Zeit kam der römische König Friedrich[1)] von Bayern nach Italien, um sich zum Kaiser krönen zu lassen. Castruccio machte sich ihn zum Freunde und zog ihm mit 500 Reitern entgegen, nachdem er Paolo Guinigi als seinen Statthalter in Lucca gelassen hatte, den er aus Dankbarkeit gegen den Vater wert hielt, als ob er sein eigener Sohn gewesen wäre. Castruccio wurde von Friedrich ehrenvoll aufgenommen, erhielt viele Privilegien und wurde zum kaiserlichen Statthalter in Toskana ernannt. Da die Pisaner gerade Gaddo della Gherardesca vertrieben hatten und aus Furcht vor ihm Friedrich um Hilfe baten, so machte Friedrich Castruccio zum Herrn von Pisa, und die Pisaner waren es aus Furcht vor der Partei der Guelfen und besonders vor den Florentinern zufrieden.

Als hierauf Friedrich nach Deutschland zurückgekehrt war, nachdem er einen Verwalter der italienischen Angelegenheiten in Rom zurückgelassen, nahmen alle Gibellinen Toskanas und der Lombardei, die dem Reiche anhingen, zu Castruccio ihre Zuflucht, und jeder versprach ihm die Herrschaft über seine Vaterstadt, wenn er ihn wieder einsetzen würde. Hierunter waren Matteo Guidi, Nardo Scolari, Lapo Uberti, Gerozzo Nardi und Piero Buonaccorsi, sämtlich verwiesene Gibellinen aus Florenz. Durch sie und durch seine eigenen Streitkräfte dachte Castruccio sich zum Herrn Toskanas zu machen. Er verband sich, um sein Ansehen zu vergrößern, mit Matteo Visconti, dem Fürsten von Mailand, und teilte die Stadt und sein Land in militärische Bezirke ein. Nach den fünf Toren Luccas teilte er das Land in fünf Teile, bewaffnete es und verteilte es unter Häupter und Fahnen; so daß er augenblicklich 20000 Mann zusammenbringen konnte, ohne die, welche ihm aus Pisa zu Hilfe kommen konnten. Als er so mit diesen Streitkräften und mit diesen Freunden umgeben war, trug sich zu, daß Messer Matteo von den Guelfen aus Piacenza angegriffen wurde, die die Gibellinen vertrieben und von den Florentinern und dem König Robert Hilfstruppen erhalten hatten. Messer Matteo forderte Castruccio auf, die Florentiner anzugreifen,

1) Lies: Ludwig. Dieser kam 1327 nach Italien.

damit sie, zur Verteidigung der Heimat gezwungen, ihre Soldaten aus der Lombardei zurückriefen. Castruccio fiel mit einem zahlreichen Heere in das Arnotal ein und nahm Fucecchio und San Miniato, wobei große Verwüstungen angerichtet wurden. Die Florentiner riefen in dieser Not ihre Soldaten zurück. Kaum aber waren diese nach Toskana zurückgekehrt, als Castruccio selbst durch eine andere Notwendigkeit nach Lucca heimzukehren gezwungen war.

Die Familie der Poggio war mächtig in dieser Stadt, weil sie Castruccio, nicht allein groß, sondern zu Fürsten gemacht hatte. Sie glaubte nicht nach Verdienst belohnt zu sein und kam mit anderen Familien Luccas überein, aufzustehen und Castruccio zu vertreiben. Eine Gelegenheit ergreifend, fielen sie eines Morgens bewaffnet über den Statthalter, den Castruccio zur Pflege der Gerechtigkeit dort hielt, her und töteten ihn. Als sie fortfahren wollten, das Volk zum Aufstand aufzurufen, trat ihnen Stefano di Poggio, ein alter friedfertiger Mann, der an der Verschwörung keinen Teil genommen hatte, entgegen und zwang durch seine Autorität die Seinigen, die Waffen niederzulegen, wobei er sich als Vermittler zwischen ihnen und Castruccio anbot, damit sie ihre Wünsche erreichten. Sie legten also die Waffen mit nicht mehr Klugheit nieder, als sie sie ergriffen hatten. Castruccio eilte sogleich nach Empfang der Nachricht von diesem Vorfalle ohne Zeitverlust mit einem Teil seiner Soldaten nach Lucca, indem er Paolo Guinigi als Haupt der übrigen zurückließ. Als er wider Erwarten die Unruhen beigelegt fand, erachtete er es für um so leichter, sich für die Zukunft zu sichern, und verteilte zu diesem Zwecke seine Anhänger bewaffnet an alle geeigneten Orte. Stefano di Poggio, der sich Castruccio verpflichtet zu haben glaubte, ging zu ihm und bat nicht für sich, da er dies nicht für nötig hielt, sondern für die anderen seines Hauses. Er möge ihrer Jugend, sagte er, vieles zugute halten, sowie auch der alten Freundschaft und Verpflichtung, die er gegen ihr Haus habe. Castruccio antwortete freundlich und hieß ihn gutes Muts sein, hinzufügend, er sei dankbarer dafür, daß er die Unruhen beigelegt gefunden, als er den Ausbruch derselben übelgenommen habe. Zugleich forderte er

Stefano auf, alle übrigen zu ihm kommen zu lassen, da er Gott danke, eine Gelegenheit gefunden zu haben, wo er seine Milde und Großmut zeigen könne. Sie kamen im Vertrauen auf das Wort Stefanos und Castruccios und wurden samt Stefano eingekerkert und hingerichtet.

Unterdessen hatten die Florentiner San Miniato wiedererobert. Castruccio hielt es daher für gut, mit diesem Kriege einzuhalten, da er sich nicht eher von Hause entfernen zu können glaubte, als bis er sich Luccas versichert hatte. Er ließ daher wegen eines Waffenstillstandes unterhandeln und fand die Florentiner leicht geneigt, weil auch sie des Krieges müde waren und den Kosten ein Ende zu machen wünschten. Es wurde also ein Waffenstillstand auf zwei Jahre geschlossen, und jeder sollte behalten, was er gerade besaß. Sowie Castruccio vom Kriege befreit war, beseitigte er, um nicht mehr der Gefahr ausgesetzt zu sein, in der er sich befunden hatte, alle die Männer in Lucca, die aus Ehrgeiz nach der Herrschaft streben konnten. Er schonte keinen, beraubte sie des Vaterlandes und Vermögens und, wen er in die Hände bekommen konnte, des Lebens. Er sagte, die Erfahrung habe ihn gelehrt, daß ihm keiner von ihnen treu sein könne. Zu seiner größeren Sicherheit baute er sodann eine Zitadelle in Lucca und bediente sich dazu der Türme derer als Baumaterial, die er vertrieben oder getötet hatte.

Während Castruccio die Waffen gegen die Florentiner ruhen ließ, und sich in Lucca befestigte, unterließ er nicht, alles zu tun, was er ohne offenen Krieg konnte, und seine Macht zu vergrößern. Er wünschte sehr, sich Pistojas zu bemächtigen, da er durch den Besitz dieser Stadt einen Fuß in Florenz zu haben glaubte. Er machte sich daher das ganze Gebirge zum Freund und benahm sich mit den Parteien Pistojas so, daß beide auf ihn vertrauten. Diese Stadt war damals wie immer geteilt, und zwar in Weiße und Schwarze. Das Haupt der Weißen war Bastiano di Possente, der Schwarzen Jacopo da Gia, die beide mit Castruccio ganz im geheimen unterhandelten. Jeder wollte den andern verjagen, und nach vielem Argwohn kam es zum Kampfe. Jacopo befestigte sich am Florentinischen, Bastiano am Luccanischen Tor, und da beide mehr auf Castruccio als auf die Florentiner trauten, weil sie ihn für schneller zum Kriege bereit und für rascher hielten, so ließen sie ihn heimlich beide um Hilfe ersuchen. Castruccio versprach sie beiden, indem er Bastiano schrieb, er werde in Person kommen, und Jacopo, er werde Paolo Guinigi, seinen Pflegesohn, senden. Nach genauer Bestimmung der Zeit sandte er Paolo auf der Straße von Pisa ab, und er selbst zog gerades Wegs nach Pistoja. Um Mitternacht, so wie Castruccio und Paolo ausgemacht hatten, waren sie vor Pistoja, und beide wurden als Freunde aufgenommen. Als sie darinnen waren und es Castruccio Zeit schien, gab er Paolo das Zeichen, worauf der eine Jacopo da Gia, der andere Bastiano di Possente erschlug. Alle ihre Anhänger nahmen sie zum Teil gefangen, zum Teil töteten sie sie und bemächtigten sich hierauf ohne anderen Widerstand der Stadt für sich. Die Signoria entfernte Castruccio aus dem Palaste und das Volk zwang er, ihm Gehorsam zu schwören. Zugleich aber erließ er ihm viele alte Schulden und machte ihm viele Versprechungen, und gegen das Landvolk, dessen größerer Teil herbeigeeilt war, den neuen Fürsten zu sehen, tat er dasselbe, so daß jedermann, von Hoffnungen erfüllt und gutenteils durch seine hervorragenden Eigenschaften bewogen, sich beruhigte.

In dieser Zeit trug sich zu, daß das Volk von Rom wegen der Teuerung der Lebensmittel Unruhen anfing, indem es der Abwesenheit des Papstes, der sich in Avignon befand, die Schuld gab und die deutsche Regierung tadelte. Jeden Tag wurden Mordtaten und andere Unordnungen verübt, ohne daß Heinrich, der Statthalter des Kaisers, dem Übel steuern konnte. Heinrich fürchtete daher, die Römer möchten den König Robert von Neapel herbeirufen, ihn aus Rom verjagen und die Stadt dem Papste wiedergeben. Da er keinen näheren Freund hatte, zu dem er seine Zuflucht nehmen konnte, als Castruccio, so ließ er ihn bitten, er möge ihm nicht allein Hilfe senden, sondern persönlich nach Rom kommen. Castruccio urteilte, daß hier nicht zu zögern sei, sowohl um dem Kaiser einen Dienst zu leisten, als auch weil er sich für verloren hielt, sobald der Kaiser nicht mehr Rom besäße. Nachdem er also Paolo Guinigi in Lucca gelassen, zog er mit zweihundert Reitern nach

Rom, wo er mit den größten Ehrenbezeigungen von Heinrich empfangen wurde. Seine Gegenwart setzte sehr bald die Partei des Reiches wieder in so großes Ansehen, daß ohne Blutvergießen oder andere Gewalttat alles besänftigt wurde, besonders da Castruccio zur See eine Menge Getreide aus dem Pisanischen kommen ließ und dadurch die Ursache des Aufruhrs beseitigte. Sodann brachte er, teils durch Ermahnungen, teils durch Bestrafung der Rädelsführer die Römer freiwillig unter die Herrschaft Heinrichs zurück. Castruccio selbst wurde zum römischen Senator ernannt und noch viele andere Ehre wurde ihm vom römischen Volke erwiesen. Die Übernahme des Amtes ging mit dem größten Pompe vor sich, wobei er eine Toga von Goldstoff trug, worauf man vorn die Inschrift las: „Er ist's, den Gott will"; und hinten: „Er wird es sein, den Gott wollen wird".

Unterdessen sannen die Florentiner, erbittert, daß sich Castruccio während des Waffenstillstandes Pistojas bemächtigt hatte, auf Mittel, diese Stadt zur Empörung zu bewegen, was sie wegen seiner Abwesenheit für leicht hielten. Unter den verwiesenen Pistojesern, die sich zu Florenz befanden, waren Baldo Cecchi und Jacopo Baldini, beide Männer von Ansehen und immer bereit, sich in die gefährlichste Unternehmung einzulassen. Diese unterhandelten mit ihren Freunden in der Stadt, so daß sie mit Hilfe der Florentiner in der Nacht in Pistoja eindrangen, die Anhänger und Beamten Castruccios vertrieben, einen Teil von ihnen töteten und der Stadt die Freiheit wiedergaben. Diese Nachricht machte Castruccio großen Verdruß und Mißvergnügen; er beurlaubte sich sogleich bei Heinrich und zog in Eilmärschen nach Lucca. Als die Florentiner Castruccios Rückkehr erfuhren, dachten sie, er werde keine Zeit verlieren, und beschlossen, ihm zuvorzukommen und mit ihrem Heere vor ihm in das Tal des Nievole einzurücken. Durch die Besetzung dieses Tales, urteilten sie, würde ihm der Weg versperrt, so daß er Pistoja nicht wiedererobern könne. Sie zogen also ein großes Heer aus allen Freunden der Guelfenpartei zusammen und rückten ins Pistojesische ein.

Andererseits kam Castruccio mit seinen Soldaten zu Montecarlo an. Als er hier erfuhr, wo das florentinische Heer stand, beschloß er, den Feinden weder in der Ebene von Pistoja entgegenzuziehen, noch sie in der Ebene von Pescia zu erwarten, sondern womöglich auf der Enge von Serravalle mit ihnen zusammenzutreffen. Wenn ihm dieser Plan gelänge, dachte er einen gewissen Sieg davonzutragen. Er erfuhr nämlich, daß die Florentiner 40000 Mann beisammen hätten, und er selbst hatte nur 12000 von den Seinigen ausgehoben. Obgleich er nur auf seine Geschicklichkeit und auf die Tapferkeit seiner Soldaten vertraute, so fürchtete er doch, auf einem weiten Schlachtfeld kämpfend, von der Menge der Feinde überflügelt zu werden.

Serravalle ist ein Kastell an der Straße zwischen Pescia und Pistoja; es liegt auf der linken Talwand des Nievole, aber nicht am eigentlichen Passe, sondern einen Bogenschuß weiter oberhalb. Der Paß ist mehr eng als jäh, denn die Straße steigt von beiden Seiten sanft hinan, aber er ist so eng, daß oben, wo sich die Wasser scheiden, eine Reihe von zwanzig Mann ihn sperren könnte. An diesem Orte mit dem Feinde zusammenzutreffen, war Castruccios Plan, sowohl damit seine wenigen Leute im Vorteil wären, als auch damit sie den Feind nicht vor dem Kampf erblickten, da er fürchtete, sie möchten durch den Anblick der großen Menge der Feinde den Mut verlieren. Herr des Kastells Serravalle war Messer Manfred, von Nation ein Deutscher, der vor Castruccios Herrschaft in Pistoja in diesem Kastell, als einem den Luccanern und Pistojesern gemeinschaftlich gehörenden Orte, gelassen worden war. Auch später hatte es in niemands Interesse gelegen, ihn zu verletzen, da er allen neutral zu bleiben und sich keinem anzuschließen versprach; so daß man ihn deshalb, und weil er sich in einem festen Orte befand, unangefochten ließ. Unter den gegenwärtigen Umständen aber wünschte Castruccio diesen Ort zu besitzen und verabredete mit einem Einwohner, mit dem er in enger Freundschaft stand, daß die Nacht vor der zu liefernden Schlacht 400 Mann eingelassen würden und Manfred töteten.

So vorbereitet, ließ Castruccio sein Heer nicht von Montecarlo aufbrechen, um die Florentiner mehr zum Überschreiten des Hügels zu ermutigen. Diese, im Wunsche, den Krieg von Pistoja zu entfernen und ins Nievoletal hinüberzuspielen, lagerten sich unterhalb Serravalle in der Absicht, den nächsten Tag die Talwand zu überschreiten. Indessen hatten die 400 Soldaten Castruccios ohne Lärm in der Nacht das Kastell genommen, und er selbst brach um Mitternacht von Montecarlo auf und langte geräuschlos mit seinem Heere morgens am Fuße der Berge unterhalb Serravalle an, so daß zugleich die Florentiner und er, jeder auf seiner Seite, den Abhang hinanzusteigen begannen. Castruccio hatte sein Fußvolk auf der gewöhnlichen Straße in Marsch gesetzt und ein Geschwader von 400 Pferden links nach dem Kastell gerichtet. Die Florentiner auf der andern Seite hatten 400 Pferde vorausgesendet, denen das Fußvolk und diesem die Schweren Reiter folgten. Sie dachten nicht Castruccio auf dem Rücken zu finden; denn sie wußten nicht, daß er sich des Kastells bemeistert hatte. Auf diese Weise erblickten die florentinischen Reiter nach Ersteigung des Abhangs unerwartet das Fußvolk Castruccios und waren ihm schon so nahe, daß sie kaum Zeit hatten, die Sturmhauben festzubinden.

Bei diesem Angriff der Vorbereiteten und Geordneten auf Unvorbereitete drangen jene mit großem Mute vor, und diese widerstanden mit Mühe; wobei jedoch einige von ihnen kräftig standhielten. Als aber der Lärm durch das übrige florentinische Heer sich verbreitete, geriet alles in Verwirrung. Die Reiter wurden vom Fußvolk gedrängt, das Fußvolk von den Reitern und den Wagen, die Führer konnten wegen der Enge des Ortes weder vor- noch rückwärts, so daß niemand in so großer Verwirrung wußte, was man tun könnte oder sollte. Unterdessen wurden die Reiter, die mit dem feindlichen Fußvolk fochten, getötet oder verwundet, ohne sich verteidigen zu können, da ihnen dies das ungünstige Gelände nicht erlaubte. Dennoch widerstanden sie, mehr gezwungen als aus Tapferkeit, da, zur Seite die Berge, hinter sich die Ihrigen, vor sich die Feinde, ihnen kein Weg zur Flucht offen blieb.

Als Castruccio sah, daß er auf diese Weise den Feind nicht zurückschlagen konnte, schickte er 1000 Mann Fußvolk auf dem Wege nach dem Kastell ab, wo sie, mit den 400 Pferden, die er schon früher dahin gesendet hatte, vereinigt, den Berg herabstiegen und dem florentinischen Heere mit solchem Ungestüm in die Flanken fielen, daß es, außerstande ihren Angriff auszuhalten mehr durch das Terrain als vom Feinde besiegt zu fliehen begann. Den Anfang machten die Hintersten gegen Pistoja zu, sodann folgten die anderen, und alle zerstreuten sich durch die Ebene, wo jeder so gut er konnte auf seine Rettung bedacht war.

Die Niederlage war groß und blutig. Viele Führer wurden gefangen, worunter Bandino dei Rossi, Francesco Brunelleschi und Giovanni della Tosa, sämtlich florentinische Edle, nebst vielen anderen Toskanern und Neapolitanern, die, von König Robert den Guelfen zu Hilfe gesendet, mit den Florentinern in den Krieg gezogen waren.

Als die Pistojeser die Nachricht von dieser Niederlage erhielten, vertrieben sie ohne Zögern die den Guelfen befreundete Partei und übergaben sich Castruccio. Dieser, damit noch nicht zufrieden, nahm Prato und alle Kastelle der Ebene sowohl diesseits als jenseits des Arno ein, worauf er sich mit seinem Heere in der Ebene von Peretola, zwei Miglien von Florenz, lagerte. Hier blieb er viele Tage, um die Beute zu teilen und den errungenen Sieg zu feiern, wobei er, um seine Verachtung gegen die Florentiner zu zeigen, Münzen schlagen und Wettrennen von Pferden, Männern und Freudenmädchen halten ließ. Er unterließ nicht, einige edle florentinische Bürger zu bestechen, daß sie ihm des Nachts die Tore von Florenz öffnen sollten. Allein die Verschwörung wurde entdeckt und die Schuldigen verhaftet und enthauptet, worunter Tommaso Lupacci und Lambertuccio Frescobaldi.

Die durch die Niederlage entmutigten Florentiner verzweifelten an der Rettung ihrer Freiheit und schickten, um der Hilfe gewisser zu sein, Gesandte an den König Robert von Neapel, ihm Stadt und Herrschaft zu übergeben. Der König nahm es an, aber nicht sowohl wegen der Ehre, die ihm die Florentiner erzeigten, als weil er wußte, wie wichtig es für seine eigenen Staaten sei, daß die Guelfen die Regierung in Toskana behielten. Nach geschlossener Übereinkunft, daß ihm die Florentiner jährlich 200000 fl. bezahlen sollten, schickte er seinen Sohn Karl mit 4000 Pferden nach Florenz.

Unterdessen hatten sich die Florentiner ein wenig gegen die Kriegsvölker Castruccios erhoben, da er selbst genötigt gewesen war, sich aus ihrem Gebiete zu entfernen und nach Pisa zu gehen, um eine Verschwörung Benedetto Lanfranchis, eines der ersten Männer von Pisa, zu unterdrücken. Benedetto, dem es unerträglich war, daß sein Vaterland die Sklavin eines Luccaners sein sollte, verschwor sich gegen ihn und hatte den Plan entworfen, sich der Zitadelle zu bemächtigen und, nach Vertreibung der Besatzung, die Anhänger Castruccios zu töten. Weil aber in diesen Dingen die kleine Zahl, zwar sehr geeignet das Geheimnis zu bewahren, zur Ausführung nicht hinreicht, so fand er, während er mehr Männer zur Teilnahme an seinem Vorhaben zu gewinnen suchte, einen, der seinen Plan Castruccio entdeckte. Diese Entdeckung ging nicht ohne Schande für Bonifazio Cerchi und Giovanni Guidi vor sich, zwei Florentiner, die nach Pisa verwiesen waren. Castruccio aber ergriff Benedetto, tötete ihn, verbannte alle übrigen aus dieser Familie und enthauptete viele andere edle Bürger. Überhaupt suchte er sich Pistojas und Pisas, die ihm wenig treu schienen, durch Geschicklichkeit und Gewalt zu versichern.

Dies gab den Florentinern Zeit, wieder Kräfte zu sammeln und die Ankunft Karls abwarten zu können. Als er angekommen war, beschlossen sie, keine Zeit zu verlieren, und brachten eine große Macht zusammen; denn sie riefen fast alle Guelfen Italiens herbei und bildeten so ein Heer von mehr als 30000 Mann Fußvolk und 10000 Pferden. Bei der Beratung, welche Stadt zuerst anzugreifen sei, Pistoja oder Pisa, entschlossen sie sich für den Angriff auf Pisa, als die Unternehmung, die wegen der frischen, dieser Stadt zugefügten Unbill leichter gelingen würde und vorteilhafter wäre, da durch den Fall Pisas Pistoja sich von selbst ergeben würde.

Die Florentiner zogen also im Anfang des Mai 1328 mit diesem Heere aus Florenz aus, nahmen rasch Lastra, Signa, Montepulciano und Empoli ein und rückten vor San Miniato.

Castruccio andererseits, durch die Nachricht von dem großen Heere, das die Florentiner gegen ihn heranführten, nicht im geringsten entmutigt, dachte, dies sei die Zeit, wo ihm das

Glück die Herrschaft über Toskana in die Hand geben wolle. Denn er glaubte, die Feinde würden im Pisanischen nicht besser bestehen, als sie bei Serravalle bestanden hatten, und hier hatten sie die Hoffnung, sich wieder zu sammeln nicht mehr wie damals. Nachdem er 20000 Mann Fußvolk und 4000 Pferde zusammengezogen hatte, lagerte er sich mit dem Heere zu Fucecchio und sandte Paolo Guinigi mit 5000 Mann Fußvolk nach Pisa. Fucecchio ist durch seine Lage fester als alle anderen Kastelle im Pisanischen, weil es zwischen der Gusciana und dem Arno liegt und etwas über die Ebene erhaben ist. In dieser Stellung konnten die Feinde Castruccio die Lebensmittel, die ihm von Lucca oder Pisa zugeführt wurden, nicht abschneiden, wenn sie sich nicht in zwei Teile teilten. Ebenso konnten sie nur zu ihrem Nachteil ihn angreifen oder gegen Pisa ziehen. Im ersten Falle konnten sie von dem Heere Castruccios und von der Besatzung von Pisa in die Mitte genommen werden. Im zweiten Falle mußten sie über den Arno setzen, was sie, im Angesicht des Feindes, nur mit großer Gefahr tun konnten. Um sie zu dieser letzten Maßregel zu ermutigen, hatte Castruccio sein Heer nicht an das Ufer des Arno, sondern seitwärts an die Mauern von Fucecchio gelehnt und einen bedeutenden Raum zwischen dem Flusse und sich freigelassen.

Nachdem die Florentiner San Miniato eingenommen hatten, berieten sie sich, was zu tun sei: Pisa anzugreifen oder gegen Castruccio zu ziehen. Nach Erwägung der Schwierigkeit beider Maßregeln entschlossen sie sich zum letzteren. Der Fluß Arno stand so nieder, daß man ihn durchwaten konnte, jedoch so, daß das Fußvolk bis an die Schultern, die Pferde bis an die Sättel im Wasser gingen.

Es war am Morgen des zehnten Juni, daß die Florentiner, in Schlachtordnung gestellt, einen Teil ihrer Reiterei und eine Schar von 10000 Mann Fußvolk übersetzen zu lassen begannen. Castruccio, geordnet und zur Ausführung seines Planes bereit, rückte ihnen mit einer Schar von 5000 Mann zu Fuß und 5000 Pferden entgegen und eröffnete, ohne ihnen Zeit zu lassen, alle aus dem Wasser herauszusteigen, die Schlacht. 1000 Mann leichtes Fußvolk schickte er den Arno aufwärts, und 1000 abwärts.

Das florentinische Fußvolk war durch das Wasser und seine Waffen beschwert und hatte noch nicht in seiner Gesamtheit das Flußufer erstiegen. Die ersten Pferde der Reiterei zerstampften den Grund des Arno und machten den Übergang für die übrigen schwierig; denn von diesen, die die Flut bodenlos fanden, warfen viele ihre Reiter ab, viele blieben so fest im Schlamm stecken, daß man sie nicht mehr herausziehen konnte.

Als die florentinischen Führer die Schwierigkeit, an dieser Stelle überzusetzen, sahen, ließen sie den Rest der Reiterei den Fluß weiter hinaufziehen, um unverdorbenen Grund und einen sanfteren Uferabhang zu finden. Ihnen widersetzten sich die von Castruccio flußaufwärts gesandten Fußknechte, die leichtbewaffnet, mit Rundtartschen und Schiffsspeeren in der Hand, die Pferde unter großem Geschrei an Stirn und Brust verwundeten, sodaß sie durch die Wunden und das Geschrei erschreckt, nicht vorwärts wollten, sich überschlugen und rückwärts übereinander herfielen.

Der Kampf zwischen denen, die Castruccio selbst führte, und den schon übergesetzten Feinden war hartnäckig und schrecklich. Von beiden Seiten fielen viele, und beide Gegner bestrebten sich aus allen Kräften, den andern zu überwinden. Die Soldaten Castruccios wollten die Florentiner in den Fluß zurückstürzen, die Florentiner wollten jene zurückdrängen, um dem Rest ihres Heeres Platz zu machen, damit es aus dem Wasser steigen und kämpfen könnte. Diese Hartnäckigkeit vermehrten noch die Ermahnungen der Führer. Castruccio erinnerte die Seinigen, dies seien dieselben Feinde, die sie vor nicht langer Zeit bei Serravalle besiegt hätten, und die Florentiner warfen den Ihrigen vor, daß die vielen sich von den wenigen überwinden ließen.

Als Castruccio sah, daß die Schlacht fortdauerte, daß die Seinigen und die Gegner ermattet, und daß von beiden Seiten viele verwundet und getötet waren, ließ er eine zweite Schar von 5000 Mann vorrücken. Nachdem er sie in den Rücken seiner ersten fechtenden Schar gestellt hatte, befahl er dieser, sich zu öffnen und, als ob sie die Flucht ergriffe, zur Hälfte rechts, zur Hälfte links um die Flügel der zweiten Schar sich zurückzuziehen. Dies erlaubte den Florentinern vorzurücken und ein wenig Terrain zu gewinnen. Als aber die frischen Soldaten mit den ermüdeten zum Kampfe kamen, trieben sie nach kurzem Widerstand die Florentiner in den Fluß zurück.

Von der beiderseitigen Reiterei (der größere Teil der florentinischen war endlich übergesetzt) war noch keine im Vorteil, weil Castruccio, der die seinige schwächer wußte, den Condottieri befohlen hatte, dem Feind nur standzuhalten. Denn er hatte gehofft, das Fußvolk zu überwinden und nach dessen Überwindung dann leichter die Reiter besiegen zu können; was ihm auch nach seinem Plane gelang. Sowie er sah, daß sich das feindliche Fußvolk in den Fluß zurückgezogen hatte, sandte er den Rest seines Fußvolkes den feindlichen Reitern in den Rücken, die, mit Piken und Wurfspießen verwundet und zu gleicher Zeit von Castruccios Reiterei mit größerem Ungestüm gedrängt, flohen.

Zuvor schon hatten die florentinischen Feldherren, als sie sahen, wie schwer ihrer Reiterei der Übergang wurde, versucht, eine Schar Fußvolk an einer Stelle weiter flußabwärts übersetzen zu lassen, um den Soldaten Castruccios in die Flanke zu fallen. Allein da die Ufer hoch und oben von den 1000 Leichtbewaffneten Castruccios besetzt waren, mißlang auch dieser Versuch.

Das florentinische Heer wandte sich also zu großem Ruhme und Ehre Castruccios zu regelloser Flucht, und von einer so großen Menge kam kaum der dritte Mann davon. Viele Führer wurden gefangen, und Karl, der Sohn des Königs Robert, mit Michelangnolo Falconi und Tadeo degli Albizzi, den florentinischen Kommissaren, entfloh nach Empoli. Die Beute war groß und das Blutbad furchtbar, wie man aus so allgemeinem und hartnäckigem Kampfe schließen kann. Vom florentinischen Heere blieben 20231, und von dem Castruccios 1270.

Aber das seinem Ruhme feindliche Schicksal nahm Castruccio das Leben, als es gerade die Zeit war, es ihm zu erhalten, und unterbrach die Ausführung von Plänen, die er lange vorher durchdacht hatte und die nur der Tod verhindern konnte. Castruccio hatte sich den ganzen Tag angestrengt. Am Ende der

Schlacht hielt er atemlos und mit Schweiß bedeckt am Tore von Fucecchio, um die Rückkehr seiner siegreichen Soldaten zu erwarten, sie selbst zu empfangen und ihnen zu danken, sowie auch, um sogleich bereit zu sein, wenn der Feind irgendwo wieder Front machen würde oder sonst ein Vorfall seine Gegenwart forderte. Er erachtete es für die Pflicht eines guten Feldherrn, der erste aufs Pferd und der letzte vom Pferde zu steigen. Als er so, einem Winde ausgesetzt, hielt, der sich meistens um Mittag von der Seite des Arno her erhebt und fast immer der Gesundheit verderblich ist, erstarrte er am ganzen Leibe vor Kälte, was von ihm, der an solche Unbilden gewöhnt war, nicht beachtet wurde und die Ursache seines Todes ward. Die folgende Nacht ergriff ihn ein heftiges Fieber, das immer zunahm und von allen Ärzten für tödlich erklärt wurde. Als Castruccio dies selbst fühlte, ließ er Paolo Guinigi rufen und sprach zu ihm folgende Worte:

„Wenn ich, mein Sohn, geglaubt hätte, daß mir das Schicksal mitten in meinem Lauf die Bahn zu dem Ruhme verkürzen wollte, den ich mir bei soviel glücklichen Erfolgen versprach, so würde ich mich weniger angestrengt und ich würde dir wenn auch einen kleineren Staat, doch auch weniger Feinde und weniger Eifersucht hinterlassen haben. Zufrieden mit der Herrschaft über Lucca und Pisa, würde ich die Pistojeser nicht unterjocht und die Florentiner nicht durch so viele Kränkungen gereizt haben. Mein Leben würde, wenn auch nicht länger, doch gewiß ruhiger gewesen sein, und ich würde dir den Staat, wenn auch kleiner, doch ohne Zweifel sicherer und fester hinterlassen haben. Allein das Schicksal, das über alle menschlichen Dinge willkürlich entscheiden will, gab mir nicht soviel Scharfblick, seinen Willen vorauszusehen, noch soviel Zeit, daß ich es hätte überwinden können. Du hast gehört, denn viele haben es dir gesagt, und ich leugnete es nie, daß ich im ersten Jünglingsalter und ohne alle die Hoffnungen, die in jeder hochherzigen Brust wurzeln müssen, ins Haus deines Vaters kam, und daß ich von ihm erzogen und viel mehr geliebt wurde, als wenn ich aus seinem eigenen Blute entsprossen wäre. So wurde ich unter seiner Leitung tapfer und fähig, so hoch zu steigen, als du selbst gesehen hast und siehst. Da er mir sterbend dich und alle seine Besitzungen anvertraute, so habe ich dich mit der Liebe erzogen und deine Besitzungen mit der Treue vermehrt, wozu ich verpflichtet war und bin. Damit nicht allein dein sein sollte, was dir dein Vater hinterließ, sondern auch was mein Glück und meine Tapferkeit gewann, wollte ich niemals heiraten, damit mich die Liebe zu meinen Kindern nicht abhielt, in irgendeiner Hinsicht gegen das Blut deines Vaters die Dankbarkeit zu zeigen, zu der ich verpflichtet zu sein glaubte. Ich hinterlasse dir daher einen großen Staat, was mich sehr erfreut. Daß ich ihn dir aber schwach und unbefestigt hinterlasse, das schmerzt mich sehr. Es bleibt dir die Stadt Lucca, die sich niemals damit abfinden wird, unter deiner Herrschaft zu leben. Es bleibt dir Pisa, wo die Menschen von Natur beweglich und voll Falschheit sind. Obgleich in verschiedenen Zeiten zu dienen gewöhnt, werden sie doch immer über den luccanischen Herrn unwillig sein. Auch Pistoja ist dir wenig treu, weil es geteilt ist und gegen unser Haus durch die frischen Unbilden gereizt. Du hast die beleidigten, auf tausenderlei Art von uns verletzten und nicht vernichteten Florentiner zu Nachbarn. Ihnen wird die Nachricht meines Todes angenehmer sein, als es die Eroberung von Toskana ihnen sein würde. Auf die Fürsten von Mailand und auf den Kaiser kannst du dich nicht verlassen, weit sie fern, lässig und ihre Unterstützungen spät sind. Du darfst daher auf nichts anderes deine Hoffnung setzen, als auf deine Geschicklichkeit, auf das Andenken an meine Tapferkeit und auf das Ansehen, in das dich der gegenwärtige Sieg setzt. Wirst du diesen mit Klugheit zu benutzen wissen, so wird er dir zu einem Vertrage mit den Florentinern helfen, wozu diese, entmutigt durch die gegenwärtige Niederlage, sehr bereitwillig ihre Zustimmung geben müssen. Ich meinesteils suchte sie mir zu Feinden zu machen und dachte, daß mir ihre Feindschaft Macht und Ruhm bringen müsse. Du aber hast dich aus allen Kräften zu bestreben, sie dir zu Freunden zu machen; denn ihre Freundschaft wird dir Sicherheit und Vorteil bringen. Es ist in der Welt von großer Wichtigkeit, sich selbst zu kennen und zu wissen, die Kraft seines Geistes und Staates zu messen. Wer sich nicht tauglich zum Kriege weiß, muß sich bestreben, durch die Künste des Friedens zu regieren. Mein Rat ist es, daß du dich hierzu wendest und auf diesem Wege die Früchte meiner Anstrengungen und Gefahren zu genießen strebst; und leicht wird dir dies gelingen, wenn du diese meine Ermahnungen beherzigst. Du wirst mir doppelt verpflichtet sein: zuerst weil ich dir dies Reich hinterlasse, dann weil ich dich es zu erhalten gelehrt habe.“

Hierauf ließ er die Bürger von Lucca, von Pisa und von Pistoja kommen, die seine Krieger waren, empfahl ihnen Paolo Guinigi, ließ sie ihm Gehorsam schwören und starb. Er ließ bei allen, die seinen Namen gehört, eine glückliche Erinnerung zurück, und bei denen, die seine Freunde gewesen waren, so große Sehnsucht nach ihm, als je ein anderer Fürst in irgendeiner Zeit bei seinem Tode zurückgelassen hat. Sein Leichenbegängnis wurde auf das ehrenvollste gefeiert, und er wurde in S. Francesco zu Lucca beigesetzt. Aber Tapferkeit und Glück waren Paolo Guinigi nicht so günstig als Castruccio; denn nicht lange nachher verlor er Pistoja und hierauf Pisa, und kaum erhielt er die Herrschaft über Lucca, die bis auf seinen Urenkel Paolo bei seinem Hause blieb.

Castruccio war also, wie wir es gezeigt haben, ein seltener Mann, nicht allein in seiner Zeit, sondern auch in der früheren Geschichte. Er war von mehr als gewöhnlicher Körpergröße und jedes seiner Glieder stand im richtigen Ebenmaß. Er besaß in seinem ganzen Äußeren soviel Anmut und zeigte soviel Leutseligkeit, wenn er die Menschen empfing, daß niemals jemand mit ihm sprach, der sich unzufrieden entfernt hätte. Sein Haar, das ins Rote spielte, trug er oberhalb der Ohren geschnitten, und immer bei jedem Wetter, mochte es regnen oder schneien, ging er mit bloßem Haupte. Er war den Freunden wert, den Feinden schrecklich, gerecht gegen seine Untertanen, treulos gegen die Treulosen, und nie versuchte er durch Gewalt zu siegen, wo er es durch Betrug vermochte; denn der Sieg, sagte er, nicht die Art des Sieges bringt dir Ruhm. Niemand war je kühner, wenn es galt, sich in Gefahr zu begeben, noch vorsichtiger, um daraus hervorzugehen; und er pflegte zu sagen: die

Menschen müßten alles versuchen und vor nichts zurückschrecken, und Gott sei der kräftigen Männer Freund; denn man sehe, daß er die Schwächlinge durch die Starken züchtige. Er war auch bewundernswürdig in seinen Antworten und von beißendem Witz, und wie er hierin niemand schonte, so wurde auch er nicht unwillig, wenn man ihn nicht schonte. Man findet daher viele beißende Worte, die er teils selbst sagte, teils geduldig anhörte. Es folgen einige davon.

Als er ein Rebhuhn um einen Dukaten kaufen ließ und ihn deshalb ein Freund tadelte, fragte Castruccio: „Du würdest nicht mehr als einen Dreier bezahlt haben?" Als ihm der Freund recht gab, sagte Castruccio: „Für mich ist ein Dukat viel weniger." – Er hatte einen Schmeichler um sich, den er einmal aus Verachtung anspie. Der Schmeichler sagte hierauf: „Um einen kleinen Fisch zu fangen, lassen sich die Fischer ganz vom Meere benetzen; ich werde mich doch wohl durch ein wenig Speichel benetzen lassen, um einen Walfisch zu fangen!" Castruccio hörte dies nicht nur geduldig an, sondern beschenkte ihn. – Als ihm ein Geistlicher sagte, es sei unrecht, daß er so glanzvoll lebe, antwortete Castruccio: „Wenn dies ein Laster wäre, so würdet Ihr nicht am Feste Allerheiligen so kostbare Gastmähler geben." – Als er durch eine Straße ging und einen jungen Menschen sah, der aus dem Hause eines Freudenmädchens kam und, als er ihn sah, feuerrot wurde, sprach er: „Nicht wenn du heraus-, wenn du hineingehst, schäme dich." – Als ihm ein Freund einen geschickt geschlungenen Knoten zu lösen gab, sagte er: „O Tor, glaubst du, ich werde etwas lösen, was mir gebunden schon soviel zu schaffen macht?" – Als Castruccio zu einem Manne, der aus der Philosophie ein Handwerk machte, sprach: „Ihr seid wie die Hunde, die immer dem nachlaufen, der ihnen am besten zu essen gibt," entgegnete ihm jener: „Wir sind vielmehr wie die Ärzte, die zu denen ins Haus kommen, die ihrer am besten bedürfen." – Als er zur See von Pisa nach Livorno fuhr und sich ein gefährlicher Sturm erhob, der Castruccio sehr beunruhigte, warf ihm einer seiner Begleiter Kleinmut vor, indem er beifügte, er für seine Person fürchte nichts. „Darüber wundere ich mich nicht," antwortete Castruccio, „denn jeder schätzt sein Leben so hoch, als es wert ist." – Von jemand gefragt, was er machen solle, um Achtung zu erwerben, sprach er: „Wenn du zu einem Gastmahl gehst, mach, daß nicht ein Klotz auf dem anderen sitzt." – Als sich einer rühmte, viel gelesen zu haben, sagte Castruccio. „Besser wäre es, sich zu rühmen, viel behalten zu haben." – Als sich einer rühmte, er könne viel trinken, ohne berauscht zu werden, sagte er: „Das kann auch ein Ochse." – Castruccio lebte mit einem jungen Mädchen in vertrautem Umgang und wurde deshalb von einem Freunde getadelt, besonders da es schlimm sei, daß er sich von einem Weibe habe erobern lassen. „Du irrst," sprach Castruccio, „ich habe sie erobert, nicht sie mich." – Als ihn gleichfalls einer tadelte, daß er zu köstlich speise, fragte er: „Du würdest nicht so viel dafür ausgeben als ich?" Als ihm jener recht gab, entgegnete er: „So bist du also geiziger, als ich lecker." – Bei Taddeo Bernardi, einem sehr reichen, prachtliebenden Luccaner, zur Tafel geladen, zeigte ihm Taddeo ein Zimmer, das ganz mit Seidentapeten geschmückt war und dessen Fußboden aus Mosaik bestand, wo feine Steine von verschiedenen Farben so kunstvoll eingelegt waren, daß sie Blumen, Blätter und Laubwerk darstellten. Als nun Castruccio viel Feuchtigkeit im Munde gesammelt hatte, spie er alles Taddeo ins Gesicht, und als dieser hierüber in Zorn geriet, sprach er: „Ich wußte nicht, wohin ich speien sollte, daß es dich weniger beleidigt hätte." – Gefragt, wie Cäsar starb, sprach er: „Wollte Gott, daß ich stürbe wie er." – Als er im Hause eines seiner Edelleute, wo viele Damen zu einem nächtlichen Feste eingeladen waren, die ganze Nacht hindurch tanzte und sich mehr belustigte, als sich für seinen Stand ziemte, und deshalb von einem Freunde getadelt wurde, sagte er: „Wer am Tage für weise gilt, wird bei der Nacht nicht für einen Narren gelten." – Als ihn einer um eine Gnade bat und Castruccio tat, als höre er ihn nicht, warf sich dieser vor ihm auf die Knie, und als ihm Castruccio, dies verwies, sprach er: „Du bist selbst schuld, weil du deine Ohren an den Füßen hast." Worauf er doppelt so viel erreichte, als er verlangt hatte. – Er pflegte zu sagen, der Weg zur Hölle sei leicht, da man bergab und mit geschlossenen Augen gehe. – Als ihn einer mit einem

Schwall überflüssiger Worte um eine Gnade bat, sagte Castruccio: „Wenn du in Zukunft wieder etwas von wir willst, schicke einen anderen." – Als ihn ein ähnlicher Mann mit einer langen Rede gelangweilt hatte und mit den Worten schloß: „Ich habe Euch vielleicht durch zu viele Worte ermüdet," sagte er: „O nein; denn ich habe nichts von allem gehört, was du gesagt hast." – Er pflegte von einem zu sagen, der ein schöner Knabe gewesen und dann ein schöner Mann war, er sei allzu beleidigend, da er zuerst die Männer ihren Weibern untreu gemacht und jetzt die Weiber ihren Männern untreu mache. – Einen neidischen Menschen, der lachte, fragte er: „Lachst du, weil du vergnügt bist, oder weil ein anderer Kummer hat?" – Als er noch unter Messer Francesco Guinigi stand, fragte ihn einer: „Was muß ich dir geben, daß du eine Ohrfeige aushältst?" Castruccio antwortete: „Einen Helm." – Als er einen Bürger von Lucca hatte hinrichten lassen, der Ursache seiner Größe gewesen war, und ihm gesagt wurde, er habe übel getan, einen seiner alten Freunde töten zu lassen, antwortete er: „Man irre; denn er habe einen neuen Feind getötet." – Castruccio lobte die Leute sehr, die sagten, sie wollten heiraten, und dann nicht heirateten; und ebenso die, die sagten, sie wollten schiffen, und dann nicht schifften. – Er sagte, er wundere sich sehr über die Menschen, daß sie beim Einkauf eines irdenen oder gläsernen Gefäßes zuerst den Klang probieren, um zu sehen, ob es gut sei, und daß sie sich dann, wenn sie heiraten, mit dem Betrachten der Braut begnügen. – Als ihn jemand fragte, wie er einst begraben sein wolle, antwortete er: „Mit dem Gesicht abwärts; denn ich weiß, daß, wie ich tot bin, das ganze Land umgekehrt werden wird." – Gefragt, ob er zum Heil seiner Seele daran denke, einmal Mönch zu werden, antwortete er: „Nein; denn es scheine ihm sonderbar, daß Bruder Lazzarone ins Paradies eingehen und Uguccione della Faggiuola in die Hölle kommen solle." – Gefragt, wann man essen solle, um gesund zu bleiben, antwortete er: „Wer reich ist, wann er Hunger hat; wer arm ist, wann er kann." – Als er sah, daß einer seiner Edelleute sich von einem Diener zuknöpfen ließ, sagte er: „Ich bitte Gott, daß du dich auch noch füttern lässest." – Als er las, daß ein Mann mit lateinischen Buchstaben an sein Haus hatte schreiben lassen: Gott bewahre dies Haus vor den Bösen, sagte er: „Da darf er selbst nicht hineingehen." – Durch eine Straße gehend, wo ein kleines Haus mit einem großen Tor stand, sagte er: „Dies Haus wird durch seine Türe davongehen." – Als er mit einem Gesandten des Königs von Neapel wegen der Güter einiger Verwiesenen stritt und ein wenig heftig wurde, sagte der Gesandte: „Also fürchtest du dich nicht vor dem König?" Worauf Castruccio fragte: „Ist er gut oder böse, euer König?" Als nun jener antwortete, er sei gut, entgegnete Castruccio: „Warum willst du denn, daß ich die guten Menschen fürchten soll?" – Es ließen sich noch viele andere Worte von ihm erzählen, in denen allen man Geist und Inhalt finden würde; die angeführten sollen mir aber zum Beweise seiner großen Eigenschaften genügen.

Castruccio lebte vierundvierzig Jahre, ein Fürst in jeder Lage. Wie von seinem Glücke viele Denkmale bleiben, so sollten deren auch von seinem Unglück aufbewahrt werden. Die Handschellen, womit er im Kerker gefesselt war, sieht man heute noch in dem Turme seiner Wohnung aufgehängt, wo sie ihm angelegt wurden, damit sie stets Zeugnis geben von seinem Mißgeschick. Wie er im Leben weder Philipp von Macedonien, dem Vater Alexanders, noch dem Römer Scipio nachstand, so starb er auch im selben Alter, in dem beide starben; und ohne Zweifel würde er beide übertroffen haben, wenn er statt Lucca Macedonien oder Rom zum Vaterland gehabt hätte.

BESCHREIBUNG DER ART

wie der Herzog von Valentinois Vitellozzo Vitelli, Oliverotto von Fermo, den Signor Pagolo Orsini und den Herzog von Gravina Orsini gefangennahm und tötete[1].

Der Herzog von Valentinois war aus der Lombardei zurückgekehrt, wo er gewesen war, um sich beim König Ludwig XII. von Frankreich wegen vieler Klagen zu rechtfertigen, die von den Florentinern infolge der Empörung Arezzos und der übrigen Städte des Chianatales gegen ihn erhoben worden waren. Er begab sich nach Imola, von wo aus er einen Feldzug gegen Giovanni Bentivoglio, den Tyrannen von Bologna, zu unternehmen beabsichtigte, da er diese Stadt unter seine Herrschaft bringen und zur Hauptstadt seines Herzogtums Romagna machen wollte.

Als die Vitelli und Orsini und ihre Anhänger dies erfuhren, schien es ihnen, daß der Herzog zu mächtig werde und daß zu fürchten sei, er werde nach der Eroberung Bolognas sie zu vernichten suchen, um allein in Italien bewaffnet zu bleiben. Sie hielten hierüber zu Magione im Peruginischen einen Kongreß, wo der Kardinal Orsini, der Signor Pagolo Orsini, der Herzog von Gravina Orsini, Vitellozzo Vitelli, Oliverotto von Fermo, Giampagolo Baglioni, Tyrann von Perugia, und Messer Antonio da Venafro, gesandt von Pandolfo Petrucci, dem Haupte von Siena, zusammenkamen. Man besprach sich hier über die

[1] Diese Beschreibung ist auch in einer Depesche an den Rat der Zehn enthalten, welche Machiavelli, der sich in einer Sendung beim Herzog von Valentinois befand, zur Zeit der Begebenheit schrieb. Eine kleine Verschiedenheit zwischen der Depesche und der Beschreibung liegt nicht in der Sache, sondern in den Worten. Der Anfang der Depesche ist folgender:

Magnifici Domini etc.

Da Eure Herrlichkeiten nicht alle meine Briefe erhalten haben, wodurch man gutenteils den Verlauf der Begebenheit von Sinigaglia verstanden hätte, so will ich durch gegenwärtigen alle Umstände schreiben. Meine Zeit erlaubt es mir, da ich dem erlauchten Gesandten alles übertragen habe, was jetzt hier zu unterhandeln ist. Ich glaube, es wird Euch wegen der Natur dieser Begebenheit, die in jeder Hinsicht selten und merkwürdig ist, angenehm sein.

Anmerkung der italienischen Ausgabe vom Jahre 1804.

Macht des Herzogs und über seine Absichten, und daß es nötig sei, seine Begierde zu zähmen, sonst laufe man Gefahr, selbst mit den anderen zugrunde zu gehen. Der Kongreß beschloß, die Bentivogli nicht zu verlassen und zu suchen, die Florentiner zu gewinnen. An beide wurden hierauf Beauftragte gesendet, um den ersten Hilfe zu versprechen und die anderen aufzufordern, daß sie sich gegen den gemeinschaftlichen Feind vereinigten.

Der Kongreß wurde sogleich in ganz Italien bekannt, und diejenigen Völker, welche mit der Herrschaft des Herzogs unzufrieden waren, worunter die von Urbino, faßten Hoffnung, eine Staatsveränderung bewerkstelligen zu können. Als nun die Gemüter so gespannt waren, entwarfen einige Männer aus Urbino den Plan, sich des Forts San Leo, worin der Herzog Besatzung hielt, zu bemächtigen, und ergriffen folgende Gelegenheit: Der Kastellan befestigte das Fort und ließ zu diesem Zwecke Holzwerk hinführen. Die Verschworenen sorgten dafür, daß einige Balken, die in das Fort gezogen wurden, in einem gegebenen Augenblick auf der Zugbrücke lagen, damit diese von der Besatzung nicht aufgezogen werden konnte. Diesen Augenblick benutzend, eilten sie auf die Brücke und von da in das Fort. Kaum war die Einnahme bekannt, so empörte sich der ganze Staat und rief den alten Herzog zurück, nicht sowohl in der Hoffnung auf den Nutzen des genommenen Forts, als auf den Kongreß von Magione, von dem man Beistand erwartete.

Als die Mitglieder des Kongresses die Empörung Urbinos erfuhren, dachten sie, diese Gelegenheit dürfe nicht verloren werden, versammelten ihre Soldaten und rückten vor, um jede Stadt, die etwa noch in der Hand des Herzogs geblieben sein sollte, einzunehmen. Zu gleicher Zeit schickten sie nochmals nach Florenz, diese Republik zu ersuchen, daß sie mit ihnen vereint den allgemeinen Brand löschen möge, da die Unternehmung so gut als gelungen sei und man eine zweite Gelegenheit wie diese nicht zu erwarten habe. Die Florentiner aber, die aus verschiedenen Ursachen die Vitelli und Orsini haßten, schlossen sich ihnen nicht nur nicht an, sondern sandten Niccolò Machiavelli, ihren Staatssekretär, ab, dem Herzog Aufnahme und Beistand gegen diese seine neuen Feinde zu versprechen.

Der Herzog befand sich, von Furcht erfüllt, zu Imola; denn seine Soldaten waren ihm auf einmal wider alles Erwarten zu Feinden geworden, und er sah entwaffnet dem nahen Krieg entgegen. Auf die Anerbietungen der Florentiner jedoch wieder Mut fassend, entwarf er den Plan, den Krieg durch die wenigen Soldaten, die er noch hatte, und durch Friedensverhandlungen in die Länge zu ziehen, unterdessen aber sich Verstärkung zu verschaffen. Dies letztere suchte er auf zweierlei Weise zu erreichen, indem er zum König von Frankreich um Soldaten sandte, und indem er jeden Schweren Reiter und jeden anderen, der sonst zu Pferde diente, in Sold nahm und allen Geld gab. Trotzdem rückten die Feinde vor und kamen bis Fossombrone, wo einige Truppen des Herzogs, die daselbst haltgemacht hatten, von den Vitelli und Orsini geschlagen wurden. Dies bewirkte, daß sich der Herzog völlig dem Versuche zuwandte, ob er nicht durch Friedensunterhandlungen diesen Sturm beschwören könne.

Meister in der Verstellung, unterließ er keine Freundschaftsbezeigung, sie zu überreden, sie hätten die Waffen gegen einen Mann ergriffen, der seine Eroberungen ihnen überlassen wolle, und dem es am Fürstentitel genüge, während sie herrschen sollten. Seine Überredungskünste hatten solche Wirkung, daß sie den Signor Pagolo zu ihm sandten, über den Frieden zu unterhandeln, und Waffenstillstand schlossen. Der Herzog aber stellte seine Rüstungen nicht ein, sondern verstärkte sich mit größter Sorgfalt durch Reiterei und Fußvolk, die er in die Ortschaften der Romagna verteilte, damit man seine Rüstungen nicht gewahr werden solle. Unterdessen waren auch 500 französische Lanzen gekommen. Obgleich er nun schon stark genug war, sich durch offenen Krieg an seinen Feinden zu rächen, so hielt er es doch für sicherer und nützlicher, sie zu hintergehen und deshalb die Unterhandlungen nicht abzubrechen. Die Sache wurde so nachdrücklich betrieben, daß bald ein Friedensschluß zustande kam. Er bestätigte ihnen dadurch ihre alten Condottieristellen, gab ihnen 4000 Dukaten als Geschenk, versprach, die Bentivogli nicht anzugreifen, schloß mit Giovanni Bentivoglio Verschwägerung und sollte sie überdies nicht zwingen können, öfter persönlich bei ihm zu erscheinen, als es ihnen gefiele. Auf der anderen Seite versprachen sie, ihm das Herzogtum Urbino und alle ihre anderen Eroberungen zurückzugeben, ihm in allen seinen Feldzügen zu dienen und ohne seine Erlaubnis weder jemand den Krieg zu erklären, noch in jemandes Dienste zu treten. Nach Abschluß dieses Vertrages flüchtete Guido Ubaldo, Herzog von Urbino, von neuem nach Venedig, nachdem er vorher alle Festungen seines Staates hatte schleifen lassen, da er, auf sein Volk vertrauend, nicht wollte, daß die Feinde diese Festungen, die er nicht verteidigen konnte, besetzen sollten und dadurch seine Freunde im Zaume hielten.

Der Herzog von Valentinois aber, nachdem er diese Übereinkunft geschlossen und alle seine Soldaten nebst den französischen Schweren Reitern durch die Romagna verteilt hatte, reiste Ausgangs November von Imola ab und begab sich nach Cesena. Hier unterhandelte er viele Tage mit den Abgeordneten der Vitelli und Orsini, die mit ihrem Heere im Herzogtum Urbino standen, über die Frage, welcher Feldzug jetzt zu unternehmen sei. Da man über nichts zum Schlüsse kam, so wurde Oliverotto von Ferrno zu ihm gesandt mit dem Vorschlag: wenn er Toskana den Krieg erklären wolle, so seien sie dies zufrieden; wo nicht, so würden sie Sinigaglia belagern. Der Herzog antwortete, Toskana wolle er nicht bekriegen, weil die Florentiner seine Freunde seien; wohl aber sei er es zufrieden, daß sie gegen Sinigaglia zögen. Nicht lange darauf kam die Nachricht, die Stadt habe sich ihnen ergeben, mit Ausnahme der Zitadelle, die der Kastellan nur der Person des Herzogs und niemand anderem überliefern wolle; weshalb sie ihn zu kommen ersuchten.

Dem Herzog schien die Gelegenheit gut und so, daß kein Verdacht erregt werden könne, da er von ihnen gerufen war und nicht aus freien Stücken kam. Um sie noch sicherer zu machen, verabschiedete er alle französischen Kriegsvölker, die in die Lombardei zurückkehrten, mit Ausnahme der 100 Lanzen des Herrn von Candales, seines Verwandten. Ungefähr Mitte Dezember von Cesena aufgebrochen, zog er nach Fano, wo er alle seine Schlauheit und Geschicklichkeit aufbot, die Vitelli und Orsini zu bereden, daß sie ihn in Sinigaglia erwarteten, indem er ihnen zeigte, eine solche Unhöflichkeit könne ihren

Vertrag weder treu noch lange dauernd machen, und daß er der Mann sei, der sich der Waffen und des Rates seiner Freunde wolle bedienen können. Obgleich Vitellozzo lange widerstrebte, da ihn der Tod seines Bruders gelehrt hatte, daß man einen Fürsten nicht beleidigen und dann ihm trauen dürfe, so ließ er sich doch endlich von Pagolo Orsini, der durch Geschenke und Versprechungen vom Herzog berückt war, überreden und willigte ein, ihn zu erwarten.

Der Herzog also setzte seinen Aufbruch von Fano auf den 30. Dezember 1502 fest. Vor dem Abmarsch teilte er seinen Plan acht seiner Vertrautesten mit, worunter Don Michele und Herr von Euna, nachmals Kardinal. Er trug ihnen auf, daß, sobald Vitellozzo, Pagolo Orsini, der Herzog von Gravina und Oliverotto ihm entgegenkämen, je zwei von ihnen einen von jenen in die Mitte nehmen (der bestimmte Mann war den bestimmten Männern bezeichnet), diesen bis Sinigaglia unterhalten und sie nicht wegreiten lassen sollten, bis sie am Quartier des Herzogs angelangt und ergriffen wären. Sodann befahl er, daß alle seine Soldaten zu Pferd und zu Fuß, über 2000 Reiter und 10000 Mann Fußvolk, bei Tagesanbruch am Metauro, einem Fluß fünf Miglien von Fano, sein und ihn hier erwarten sollten. Den letzten Dezember also am Metauro bei diesem Heere eingetroffen, ließ er ungefähr 200 Pferde vorreiten, dann setzte er das Fußvolk in Marsch, welchem er selbst mit den übrigen Schweren Reitern folgte.

Fano und Sinigaglia sind zwei Städte der Mark, am Ufer des Adriatischen Meeres gelegen, fünfzehn Miglien voneinander entfernt. Wer gegen Sinigaglia geht, hat die Berge zur Rechten, deren Fuß manchmal dem Meere so nahe kommt, daß nur ein sehr schmaler Raum bleibt, und wo der Raum am breitesten wird, beträgt die Entfernung keine zwei Miglien. Die Stadt Sinigaglia liegt vom Fuß der Berge etwas über einen Bogenschuß ab, und vom Meeresufer ist sie weniger als eine Miglie entfernt. An ihr vorbei fließt ein kleiner Fluß, der auf der nach Fano zu gelegenen Seite, wo die Straße herkommt, ihre Mauern bespült. Wer sich daher Sinigaglia nähert, geht eine gute Strecke längs der Berge, und wenn er den Fluß erreicht hat, so wendet er sich links und kommt, einen Bogenschuß lang immer am Flußufer hingehend, an die Brücke, die dem Stadttor schräg gegenüberliegt. Vor dem Tore ist eine kleine Vorstadt mit einem Platze, dessen eine Seite das Flußufer bildet.

Die Vitelli und Orsini erwarteten also den Herzog und setzten alles in Bereitschaft, ihm Ehre zu erzeigen. Um seinen Soldaten Raum zu geben, legten sie die ihrigen in einige sechs Miglien von Sinigaglia entfernte Kastelle und ließen in der Stadt nur Oliverotto mit seiner Schar zurück, die 1000 Mann Fußvolk und 150 Reiter betrug und in der oben genannten Vorstadt einquartiert war. Als diese Anordnungen getroffen waren, näherte sich der Herzog Sinigaglia. Die Reiterei der Vorhut, an der Brücke angelangt, ritt nicht hinüber, sondern machte halt und stellte sich rechts und links neben der Straße auf, gegen welche sie Front machte. Das Fußvolk marschierte durch und rückte ohne zu halten in die Stadt ein. Vitellozzo, Pagolo und der Herzog von Gravina ritten auf Maultieren, von wenigen Reitern begleitet, dem Herzog entgegen. Vitellozzo, ohne Rüstung, in einem grün gefütterten Mantel, war ganz niedergeschlagen, als ob er ein Vorgefühl seines nahen Todes habe, was jedem, der die Tapferkeit des Mannes und sein früheres Glück kannte, auffiel. Man sagt, er habe bei der Trennung von seinen Soldaten, als er sich nach Sinigaglia begab, um dem Herzog entgegenzugehen, gleichsam für immer Abschied genommen. Seinen Offizieren empfahl er sein Haus und die Besitzungen desselben, und seine Neffen ermahnte er, sie sollten nicht das Glück ihres Hauses, sondern die Tapferkeit ihrer Väter in stetem Andenken behalten. Als nun diese drei beim Herzog ankamen und ihn höflich grüßten, wurden sie von ihm mit guter Miene empfangen und sogleich von den mit ihrer Beobachtung Beauftragten in die Mitte genommen. Da aber der Herzog sah, daß Oliverotto fehlte, der bei seinen Soldaten in der Vorstadt geblieben war und sie auf dem Platze jenseits des Flusses in Ordnung hielt und auf die Ehrenbezeigungen einübte, winkte der Herzog Don Michele, dem Oliverotto übertragen war, mit dem Auge, er solle sorgen, daß Oliverotto nicht entkäme. Don Michele ritt daher voraus zu Oliverotto und sagte ihm, es sei jetzt nicht Zeit, die Leute vor ihren Quartieren beisammenzuhalten, denn diese würden ihnen sonst von den Soldaten des Herzogs genommen werden, und forderte ihn auf, sie einrücken zu lassen und ihn zum Herzog zu begleiten. Als Oliverotto eben diesen Befehl ausgeführt hatte, kam der Herzog heran und rief ihn, sobald er ihn erblickte, worauf ihn Oliverotto begrüßte und sich den anderen anschloß. In Sinigaglia eingerückt, ritten sie alle an das Quartier des Herzogs, traten mit ihm in ein geheimes Zimmer und wurden zu Gefangenen gemacht. Sogleich stieg nun der Herzog zu Pferde und gab die Soldaten Oliverottos und der Orsini der Plünderung preis. Die Soldaten Oliverottos wurden sämtlich ausgeplündert, weil sie nahe waren; die der Orsini und Vitelli, fern und den Untergang ihres Herrn voraussehend, hatten Zeit, sich zu vereinigen, riefen sich die Tapferkeit und Kriegszucht des orsinischen und vitellesischen Hauses ins Gedächtnis und zogen sich, dicht geschlossen, gegen den Willen des Landes und der feindlich gesinnten Einwohner, in Sicherheit zurück. Aber die Soldaten des Herzogs, mit der Beute der Soldaten Oliverottos nicht zufrieden, fingen an, Sinigaglia zu plündern, und würden es ganz ausgeraubt haben, wenn der Herzog nicht durch den Tod vieler ihrer Frechheit Einhalt getan hätte.

Als jetzt die Nacht gekommen und der Tumult gestillt war, schien es dem Herzog Zeit, Vitellozzo und Oliverotto zu töten, die er an denselben Ort führen und miteinander erdrosseln ließ. Keiner von ihnen sprach ein Wort, würdig ihres früheren Lebens. Vitellozzo bat, man möge den Papst anflehen, daß er ihm vollen Ablaß seiner Sünden erteile. Oliverotto schob die ganze Schuld an den dem Herzog zugefügten Unbilden weinend auf Vitellozzo. Pagolo und der Herzog von Gravina Orsini wurden am Leben gelassen, bis der Herzog die Nachricht erhielt, daß zu Rom der Papst den Kardinal Orsini, den Erzbischof von Florenz und Messer Jacopo da Santa Croce verhaftet hatte. Auf diese Nachricht wurden am 18. Januar 1502[1)] auch sie in Castel della Pieve auf dieselbe Weise erdrosselt.

[1)] 1503.

Wie man das empörte Chianatal behandeln solle
1503.

Nach seinem Siege über die Latiner, die sich mehreremal gegen die Römer empört hatten, ging Lucius Furius Camillus, nach Rom zurückgekehrt, in den Senat und schlug vor, wie man mit den Städten und Ortschaften der Latiner verfahren solle. Die Rede, die er hielt, und der Ausspruch des Senates sind fast *ad verbum* folgendermaßen von Livius berichtet:

„*Patres conscripti*, der Zweck des Krieges und unserer Waffen in Latium ist durch die Gunst der Götter und die Tapferkeit unserer Soldaten völlig erreicht. Die feindlichen Heere sind bei Peda und Astura vernichtet. Alle Städte und Plätze der Latiner und die volskische Stadt Antium, mit Sturm oder durch Kapitulation genommen, haben römische Besatzung. Es bleibt jetzt zu überlegen, wie wir der Gefahr ihrer oft wiederholten Empörung für die Zukunft vorbeugen sollen, ob durch grausame Strenge oder durch großmütige Verzeihung. Die unsterblichen Götter haben in Eure Hand gelegt zu bestimmen, ob hinfür Latium sei oder nicht sei. Ihr könnt Euch ewigen Frieden schaffen. Wollt Ihr grausam gegen die verfahren, die sich Euch ergeben haben? Ihr könnt ganz Latium zerstören, Ihr könnt ein Land zur Einöde machen, woraus Ihr öfter in der Gefahr Hilfsheere zoget. Wollt Ihr nach dem Beispiel der Vorfahren die römische Republik dadurch vergrößern, daß Ihr die Besiegten nach Rom verpflanzt? Die rühmlichste Gelegenheit, die Stadt zu vergrößern, bietet sich dar. Nur dies will ich Euch sagen: Die Herrschaft ist die festeste, die treue, ihrem Fürsten ergebene Untertanen hat. Was Ihr aber beschließt, es muß schnell beschlossen werden. Während das zahlreiche Volk, noch zwischen Furcht und Hoffnung betäubt, in Erwartung harrt, müßt Ihr ihm zuvorkommen und Euch für

Strafe oder Wohltat entscheiden. Mein Amt war es, Euch zum Schiedsrichter zu machen; es ist geschehen. An Euch ist es jetzt zu beschließen, was der Republik zum Vorteil gereicht.“

Die Ersten der Senatoren lobten den Bericht des Konsuls. Da aber nicht alle empörten Städte und Ortschaften derselbe Vorwurf traf, so wollten sie nicht im allgemeinen entscheiden, sondern ließen sich die Sache einer jeden einzeln vom Konsul vorlegen. Sodann beschloß der Senat, daß die Lavinier römische Bürger sein sollten; man gab ihnen die im Kriege eroberten Heiligtümer zurück. Die Aricinier, die Nomentaner und die Pedaner erhielten gleichfalls Bürgerrecht. Die Tuscalaner behielten ihre Privilegien, und die Schuld der Empörung wurde auf wenige der Verdächtigsten gewälzt. Die Veliterner hingegen wurden grausam gestraft, weil sie schon römische Bürger waren und sich schon oft empört hatten. Ihre Stadt wurde zerstört und alle Einwohner nach Rom verpflanzt. Nach Antium schickte man zu völliger Sicherheit neue Bewohner, wie man sie für gut hielt; man nahm den Antianern ihre Schiffe und verbot ihnen, neue zu bauen.

Aus diesem Beschlusse läßt sich abnehmen, daß die Römer in ihrem Urteil über ihre empörten Städte der Meinung waren, man müsse ihre Treue entweder durch Wohltaten gewinnen, oder sie so behandeln, daß man sie nie mehr in Zukunft zu fürchten habe. Jeden andern Mittelweg zu ergreifen erachteten sie für verderblich.

Als es sodann zum Vollzug des Spruches kam, handelten sie auf beide Arten. Denen, die man zu versöhnen hoffen konnte, wurden Wohltaten erzeigt; und die anderen, wo man nichts hoffte, wurden so behandelt, daß sie niemals wieder schaden konnten. Um das letztere zu erreichen, bedienten sich die Römer gewöhnlich zweier Mittel: Das eine war, die Stadt zu zerstören und die Einwohner nach Rom zu verpflanzen. Das andere war, entweder die alten Einwohner herauszunehmen und neue hineinzusetzen; oder wenn man die alten darin ließ, soviel neue hinzuzufügen, daß die alten nie Umtriebe machen, noch einen Beschluß gegen den Senat durchsetzen konnten. Diese zwei Mittel, sich zu sichern, wendeten die Römer auch in diesem Falle an, indem sie Veliternum zerstörten und neue Bewohner nach Antium schickten.

Ich habe sagen hören, daß die Geschichte die Lehrmeisterin unserer Handlungen und besonders der Fürsten sei. Die Welt war immer, wie jetzt, von Menschen bewohnt, die stets dieselben Leidenschaften hatten. Immer gab und gibt es Diener und Herren; solche die ungern dienen und solche die gern dienen; solche die sich empören und wieder bezwungen werden.

Wer dies nicht glaubt, betrachte die Vorgänge des vorigen Jahres in Arezzo und allen Ortschaften des Chianatals. Sie sind sehr ähnlich mit den Vorgängen in Latium, wie sie die Geschichte berichtet. Dort sieht man Empörung und hierauf Wiedereroberung, wie hier; und wenn auch die Art, wie beides geschah, verschieden ist, so ist doch die Empörung und Wiedereroberung gleich.

Wenn es daher wahr ist, daß die Geschichte die Lehrmeisterin unserer Handlungen ist, so wäre es nicht übel für die gewesen, welche die Städte des Chianatals zu strafen und über sie Recht zu sprechen hatten, wenn sie ein Beispiel genommen und die nachgeahmt hätten, welche die Herren der Welt gewesen sind; besonders in einem Falle, wo sie euch genau zeigen, wie ihr zu handeln habt. Wie die Römer verschiedene Urteile fällten, weil die Vergehen jener Völker verschieden waren, ebenso mußtet ihr es tun, da auch bei euren Rebellen eine Verschiedenheit der Vergehen vorlag. Wenn ihr sagen solltet: wir haben es getan; so werde ich sagen, daß es zwar zum Teil geschehen, aber in der Hauptsache unterlassen worden ist. Ich halte es für gut geurteilt, daß Cortona, Castiglione, Borgo, Sojano die Verträge gehalten wurden, daß man sich ihnen freundlich zeigte und daß ihr euch bestrebt habt, sie durch Wohltaten wiederzugewinnen; denn ich vergleiche sie mit den Lanociniern, Arniciern, Nomentanern, Tusculanern und Pedanern, über die die Römer ein gleiches Urteil sprachen. Aber ich billige nicht, daß die den Veliternern und Antianern gleichen Aretiner ebenso behandelt wurden. So sehr das Urteil der Römer Lob verdient, so sehr verdient das eurige Tadel. Die Römer dachten einmal für immer, daß man den empörten Völkern entweder Wohltaten erzeigen oder sie vernichten müsse, und daß jeder andere Weg äußerst gefährlich sei. Ich sehe nicht, daß ihr den Aretinern eines von beiden getan habt. Man nennt es nicht Wohltat, sie jeden Tag nach Florenz vorladen, ihnen die Ämter nehmen, ihre Besitzungen verkaufen, öffentlich Böses von ihnen reden, ihnen Soldaten in die Stadt legen. Man nennt es nicht, sich sicherstellen, die Mauern stehen zu lassen, fünf Sechstel in der Stadt wohnen zu lassen, ihnen keine Einwohner zuzugesellen, die sie unten halten, und nicht so mit ihnen zu verfahren, daß ihr im Kriege und in schwierigen Zeiten nicht mehr Ausgaben in Arezzo zu machen habt, als gegen den Feind, der euch angreift. Ihr habt schon einmal im Jahr 1498 die Erfahrung gemacht, als sich Arezzo noch nicht empört hatte, und als man noch nicht so hart gegen diese Stadt verfahren war. Dennoch mußtet ihr damals, als das Heer der Venetianer nach Bibbiena kam, die Soldaten des Herzogs von Mailand und den Grafen Ranuccio mit seiner Kompagnie nach Arezzo legen, um die Ruhe aufrechtzuerhalten. Hättet ihr von dieser Seite nichts zu fürchten gehabt, so konntet ihr euch jener Truppen im Casentinischen gegen den Feind bedienen und mußtet nicht Paolo Vitelli die Belagerung von Pisa aufheben lassen, um ihn ins Casentinische zu schicken. Hierzu zwang euch die geringe Zuverlässigkeit der Aretiner, und ihr liefet viel mehr Gefahr und hattet viel größere Kosten, als wenn sie treu gewesen wären. Wenn man daher zusammen nimmt, was man damals sah, was man später gesehen hat und den Zustand, in dem ihr sie jetzt haltet, so läßt sich der sichere Schluß ziehen, daß, sowie ihr angegriffen werdet, was Gott verhüte, entweder Arezzo sich empört, oder euch durch seine Bewachung so sehr hindert, daß es der Republik unerträgliche Kosten verursachen wird.

Ob ihr gegenwärtig angegriffen werden könnt oder nicht, ob jemand Absichten auf Arezzo hat oder nicht, will ich nicht übergehen, da ich davon sprechen hörte. Ohne zu erörtern, was ihr von dem ultramontanischen Fürsten zu befürchten haben könnt, wollen wir von der Befürchtung sprechen, die uns am nächsten ist. Wer das Verhalten Cesare Borgias, genannt Herzog von Valentinois, beobachtet hat, sieht, daß er zur Erhaltung der

Staaten, die er besitzt, nie beabsichtigte, auf italienische Bündnisse zu bauen, da er immer die Venetianer wenig und euch noch weniger achtete. Wenn nun dies seine Richtigkeit hat, so muß er notwendig daran denken, sich einen so großen Staat in Italien zu erobern, daß er durch sich selbst sicher ist und seine Freundschaft für eine andere Macht wünschenswert wird. Wenn aber dies seine Absicht ist, so wird er nach der Herrschaft über Toskana streben, als dem nächstgelegenen Lande, das am geeignetsten ist, mit seinen anderen Staaten ein Reich zu bilden. Daß dies sein Plan ist, muß man notwendig sowohl aus dem oben Gesagten schließen, als aus seinem Ehrgeiz, sowie daraus, daß er alle Unterhandlungen mit euch immer in die Länge zog und nie einen Vertrag mit euch abschließen wollte.

Es bleibt jetzt noch übrig zu untersuchen, ob die Zeit zur Ausführung dieser seiner Pläne günstig ist. Ich erinnere mich, den Kardinal Soderini sagen gehört zu haben, daß man dem Papst sowohl als dem Herzog unter anderm auch deshalb das Lob eines großen Mannes geben könne, weil sie die Gelegenheit erkennen und trefflich zu benutzen wissen. Diese Meinung wird durch die Erfahrung bestätigt, da sie vieles dadurch durchsetzten, daß sie die gelegene Zeit wählten. Wenn nun zu erörtern wäre, ob jetzt die Zeit gelegen und sicher ist, euch zu drängen, so würde ich nein sagen; wenn man aber erwägt, daß der Herzog nicht abwarten kann, bis er einen gewissen Erfolg sieht, da ihm, wegen der wenigen Jahre, die der Papst noch leben kann, wenig Zeit bleibt, so muß man annehmen, daß er genötigt ist, die erste Gelegenheit, die sich ihm darbietet, zu benutzen und einen guten Teil seiner Sache dem Glücke anzuvertrauen.

(Das Ende fehlt.)

BERICHT ÜBER DEUTSCHLAND
erstattet den 27. Juni 1508.

Der Kaiser hielt im Juni des verflossenen Jahres zu Konstanz einen Reichstag sämtlicher Fürsten Deutschlands, um für die Krone die Mittel zu seinem italienischen Feldzug zu erhalten. Er hielt den Reichstag aus eigenem Antrieb und vom päpstlichen Gesandten gebeten, der ihm mächtigen Beistand von seiten des römischen Hofes versprach[1]. Der Kaiser verlangte zu diesem Feldzug 3000 Pferde und 16000 Mann Fußvolk und versprach, aus eigenen Mitteln 30000 Mann hinzuzufügen. Die Ursache, warum er zu einer so wichtigen Unternehmung nur so wenig Truppen verlangte, war erstlich die, daß er sie für hinreichend hielt, in der Überzeugung, er werde an den Venetianern und anderen italienischen Mächten eine Stütze finden, wie ich später sagen werde. Er glaubte niemals, daß ihn die Venetianer ohne Unterstützung lassen würden, da er ihnen erst vor kurzem einen Dienst geleistet hatte, als sie Frankreich nach seiner Eroberung Genuas fürchteten. Er hatte nämlich auf ihre Aufforderung ungefähr 2000 Mann nach Trient geschickt; er hatte das Gerücht verbreitet, er wolle die Fürsten versammeln, und war nach Schwaben gegangen, die Schweizer zu bedrohen, wenn sie nicht aus Frankreich abzögen. Dies bewirkte, daß der König Ludwig sogleich nach der Einnahme von Genua nach Lyon zurückkehrte. Da er sie auf diese Weise vom Kriege befreit hatte, glaubte er fest, sie müßten ihm dankbar sein, und pflegte oft zu sagen, daß er *in Italia non habebat amicos praeter Venetos*[2]. Die anderen Gründe, warum er so wenig Truppen begehrte, waren, daß sie ihm das Reich bälder versprechen und das Versprechen halten solle, und daß es lieber einwillige, sie

[1] Der Papst Julius II. fürchtete für seinen Stuhl, da Ludwig XII., vom Kardinal d'Amboise begleitet, mit einem mächtigen Heere über die Alpen gegangen war und Genua wieder unterworfen hatte.
[2] In Italien keine Freunde habe, außer den Venetianern.

sämtlich unter seinen Befehl zu stellen, und ihm nicht Feldherren im Namen des Reiches zu geben suche, die seine Kollegen wären. Es fehlte auf dem Reichstag auch nicht an solchen, worunter der Erzbischof von Mainz, die erinnerten, es sei gut, den Feldzug kräftig zu führen, wenigstens 40000 Mann zu bewilligen und ihm vier Feldherren im Namen des Reichs zu geben usw. Der Kaiser geriet darüber innerlich in Zorn und sagte: *Ego possum ferre labores, volo etiam honores*[1]; so daß man diese 19000 Mann bewilligte. Ferner sollte er 120000 Gulden erhalten, um das Heer zu ergänzen und etwa 5000 Schweizer auf sechs Monate in Sold zu nehmen, wie ihm dies am besten scheine. Der Kaiser schlug vor, daß die Truppen am St. Gallustag beisammen sein sollten, da es ihm bis dahin zu ihrer Rüstung Zeit genug schien, und da diese Jahreszeit zu ihrer Art Krieg zu führen bequem ist. Ferner zeigte er an, er werde bis dahin drei Dinge durchgesetzt haben: das erste, sich die Venetianer zu gewinnen, denen er bis zuletzt nie mißtraute, obgleich sich, wie man weiß, die Verjagung ihres Gesandten schon zugetragen hatte; das zweite, die Schweizer zu bestimmen; das dritte, vom Papste und anderen italienischen Staaten eine gute Summe Geldes zu ziehen. Während er also wegen dieser Dinge unterhandelte, kam St. Gallustag, die Truppen fingen an sich zu versammeln; er aber hatte noch keins von allen dreien durchgesetzt. Da er immer noch zeitig genug selbst aufbrechen zu können glaubte und an der Durchsetzung noch nicht zweifelte, so schickte er die Truppen teils nach Trient, teils nach anderen Punkten voraus und ließ nicht von den Unterhandlungen ab, so daß es Jänner wurde und die Hälfte der Dienstzeit der vom Reiche bewilligten Truppen herum war, er aber noch nichts getan hatte. Als er sich so weit gekommen sah, tat er *ultimum de polentia*, um die Venetianer zu bewegen: er schickte ihnen den Bruder Bianco, schickte Pre Luca, schickte den Disposto von Morea und seine Herolde mehreremal. Je mehr er ihnen aber nachlief, desto mehr entdeckten sie seine Schwäche und desto mehr verging ihnen die Lust. Sie sahen nichts von all dem dabei, weshalb Staaten Bündnisse schließen

[1] Kann ich die Mühen tragen, so will ich auch die Ehre.

(nämlich: der Wunsch, verteidigt zu werden, die Furcht vor einem Angriff oder Gewinn), sondern sie sahen, daß sie sich in ein Bündnis einlassen würden, wo Kosten und Gefahr für sie und der Gewinn für den andern sein würde. Der Kaiser also, der nichts anderes mehr wußte, beschloß, ohne noch mehr Zeit zu verlieren, sie anzugreifen. Er glaubte, dadurch entweder die Venetianer anderen Sinnes zu machen (und vielleicht hatten ihn seine Abgeordneten zu diesem Entschluß vermocht), oder doch wenigstens durch diesen Angriff eine Entschuldigung zu haben, damit ihm das Reich den gewährten Beistand verlängere oder vergrößere, wenn sich zeigen würde, daß die anfänglich bewilligten Truppen nicht hinreichten. Da er aber wußte, daß er, ehe größerer Beistand bewilligt war, den Krieg nicht fortführen konnte, so rief er, um das Land nicht preiszugeben vor seinem Angriff, auf den 8. Januar nach Bozen, einem Ort eine Tagereise von Trient gelegen, den Tiroler Landtag zusammen. Diese Grafschaft, früher das Erbteil seines Oheims, trägt ihm 300000 Gulden ein, ohne irgendeine Steuer aufzulegen; sie kann mehr als 16000 Mann ins Feld stellen, und die Einwohner sind sehr reich. Dieser Landtag unterhandelte neunzehn Tage, und am Ende kam man überein, für seinen Feldzug nach Italien 1000 Mann Fußvolk zu geben, und wenn dies nicht genug wäre, bis 5000 Mann, und bis zu 16000 zur Verteidigung des eigenen Landes. Nachdem dies beschlossen war, ging er nach Trient und machte den 6. Februar jene zwei Angriffe auf Rovereith und Vicenza mit ungefähr 5000 Mann, in etwa gleichen Teilen. Hierauf brach er mit ungefähr 1500 Fußknechten und den Bauern plötzlich auf, drang in das Tal von Codaura gegen das Trevisanische ein, plünderte ein Tal und nahm einige Forts. Als er sah, daß sich die Venetianer nicht rührten, verließ er voreilig diese Fußtruppen und begab sich schnell auf den Weg nach Deutschland, um die Gesinnung des Reiches zu erfahren. Die Fußtruppen in Codaura wurden getötet, weshalb er den Herzog von Braunschweig hinschickte, von dem man nie wieder etwas erfuhr. Er versammelte in Schwaben den Reichstag in der dritten Karwoche, und nachdem er ihn ausgeforscht hatte und nichts Gutes merkte, ging er nach Geldern und schickte Pre

Luca zu den Venetianern, über den Waffenstillsland zu verhandeln, der den sechsten des gegenwärtigen Monats Juni geschlossen wurde, nachdem er alles, was er im Friaul besaß, verloren hatte und auf dem Punkte war, auch Trient zu verlieren, wenn es nicht die Grafschaft Tirol verteidigt hätte. Denn am Kaiser und den Reichstruppen lag es nicht, daß es nicht auch verlorenging, weil alle mitten in der größten Gefahr des Krieges abzogen, sowie das Ende ihrer sechs Monate Dienstzeit gekommen war.

Ich weiß wohl, daß, wer dies hört und gesehen hat, ganz verwirrt wird und nicht weiß, was er denken soll. Man kann nicht begreifen, warum man jene 19000 Mann nicht gesehen hat, die das Reich versprach, noch warum Deutschland sich wegen des Verlustes seiner Ehre nicht gekränkt fühlt, noch aus welcher Ursache der Kaiser sich so sehr getäuscht hat. So ist jeder anderer Meinung über das, was man für die Zukunft zu fürchten oder zu hoffen hat, und über die Richtung, die die Dinge nehmen können. Da ich nun an Ort und Stelle gewesen bin, oft und von vielen darüber sprechen hörte, und kein anderes Geschäft hatte als dieses, so werde ich alles berichten, was ich mir gemerkt habe. Es werden dadurch, wenn auch nicht einzeln, doch durch alles zusammen, die obigen Fragen beantwortet werden. Ich gebe es nicht als wahr und vernünftig, sondern als vom Hörensagen, da es mir die Pflicht eines Dieners zu sein scheint, dem Herrn vorzulegen, was er hört, damit dieser benutzen kann, was Gutes daran ist.

Alle, die ich sprechen hörte, stimmen darin überein, daß dem Kaiser zweifellos jeder Plan in Italien, in Anbetracht des jetzigen Zustandes des Landes, gelingen würde, wenn eins von beiden geschehe: wenn er entweder seine Natur änderte, oder wenn ihm Deutschland ernstlich beistünde. Was den ersten Punkt betrifft, so sagen sie, daß er keiner christlichen Macht in Anbetracht seiner Grundlagen nachstehen würde, wenn er sich derselben zu bedienen verstünde. Sie sagen, daß ihm seine Staaten 600000 Gulden Einkünfte tragen, ohne eine Steuer aufzulegen; und 100000 Gulden trägt ihm die Kaiserwürde ein. Diese Einkünfte sind ganz sein, und er ist zu keinerlei Ausgabe durchaus genötigt. Denn drei Dinge, wofür die anderen Fürsten

Ausgaben zu machen gezwungen sind, kosten ihn keinen Kreuzer. Er hält keine Schweren Reiter, er bezahlt keine Festungsbesatzung, er hat keine Stadtbeamten anzustellen; denn die Edelleute des Landes sind immer bewaffnet und auf seinen Wink bereit, die Festungen bewacht das Land, und die Städte haben ihre Bürgermeister, die ihnen Recht sprechen.

Er könnte daher, wenn er ein König von Spanien[1] wäre, durch eigene Mittel eine solche Grundlage zusammenbringen, daß ihm alles gelingen müßte. Denn zur Summe von 800000 bis 900000 Gulden würde das Reich ebensoviel beitragen, und sein Land würde noch so viel hinzutun, daß dieses Geld beträchtlich würde vermehrt werden. Da es ihm nun leicht ist, einen plötzlichen Krieg anzufangen, da er an allen Orten Kriegsvölker hat, so könnte er, mit diesem Gelde versehen, plötzlich Krieg anfangen und jeden mit den Waffen unvorhergesehen überfallen. Hierzu kommt noch das Ansehen, das es ihm gibt, daß das Königreich Castilien, das Herzogtum Burgund und die Grafschaft Flandern seinem Hause gehören und daß er mit dem König von England verwandt ist. Diese Dinge würden ihm zu großem Vorteil gereichen, wenn sie gut benutzt würden, so daß ihm unbezweifelt alle seine Pläne auf Italien gelingen müßten. Allein er hat bei allen den obengenannten Einkünften nie einen Kreuzer und, was noch schlimmer ist, man sieht nicht, wo das Geld hinkommt.

Was sein Verfahren im übrigen betrifft, so sagte mir Pre Luca, einer der Ersten von den Männern, deren er sich bedient, folgende Worte: „Der Kaiser begehrt von niemand Rat und wird von jedermann beraten. Er will alles für sich selbst tun und tut nie etwas nach seinem Kopfe; denn trotzdem, daß er nie jemand seine Geheimnisse *sponte*[2] entdeckt, so wird er doch, sobald sich die Sache selbst entdeckt, von seiner Umgebung anders gestimmt und von seiner ersten Anordnung abgebracht."

Sein Erscheinen in Italien ist wegen nichts so sehr zu fürchten als deshalb, weil seine Bedürfnisse mit dem Siege wachsen würden, da man nicht annehmen kann, er werde so bald festen

[1] Ferdinand von Aragonien.

[2] Freiwillig.

Fuß fassen. Wenn er sich aber nicht ändert, so würden die Blätter der Pappeln in ganz Italien, in Dukaten verwandelt, nicht für ihn ausreichen. Es gibt nichts, was man dann nicht mit Geld in der Hand erreichen könnte. Viele erachteten die für weise, die am längsten zögerten, ihm das erstemal Geld zu geben, damit sie nicht noch viel länger zögern müßten, ihm das zweitemal zu geben. Wenn er keinen anderen Grund hätte, von einer Macht Geld zu erhalten, so würde er es als Anleihe verlangen; und würde man ihm nicht leihen, so würden alle früheren Ausgaben weggeworfen sein. Ich kann euch dafür einen sehr treffenden Beweis anführen. Als Messer Pagolo[1] den 29. März jene Forderung machte, ging ich – Francesco[2] war von ihm weggeschickt – mit dem Entwurf eures Begehrens zu ihm, und als er an die Stelle kam, wo es heißt, *non possit imperator petere aliam summam pecuniarum etc.*[3], so wollte er, daß vor *petere „jure"*[4] gesetzt würde; und als ich fragte warum, antwortete er, weil der Kaiser von euch Geld als Anleihe wolle fordern können; ich antwortete ihm so, daß er sich zufrieden gab.

Bemerkt, daß aus seinen häufigen Bedürfnissen häufige Forderungen entstehen und daraus die häufigen Reichstage und aus der wenigen Achtung, in der er steht, die geringen Beschlüsse und die noch geringere Ausführung. Wenn er aber nach Italien gekommen wäre, so hättet ihr ihn nicht mit Reichstagen bezahlen können, wie Deutschland tut.

Seine Freigebigkeit schadet um so mehr, als er, um Krieg zu führen, mehr Geld nötig hat als irgendein anderer Fürst. Denn weit seine Völker frei und reich sind, so zieht sie weder Dürftigkeit noch Neigung herbei, sondern sie dienen auf Befehl ihrer Städte und für Geld. Wenn daher am Ende jedes Monats das Geld nicht kommt, so gehen sie sogleich fort, und es hält sie weder Bitten, noch Hoffnung, noch Drohung, wenn er kein Geld hat.

---

[1] Paul von Lichtenstein, einer der drei Ersten beim Kaiser.

[2] Der florentinische Gesandte Francesco Vettori. Siehe *Die Gesandtschaft an den Kaiser.*

[3] Der Kaiser soll keine weitere Geldsumme fordern können usw.

[4] Von Rechts wegen.

Wenn ich sage, die Völker Deutschlands seien reich, so ist dies die Wahrheit; und reich macht sie hauptsächlich, daß sie ärmlich leben. Denn sie bauen nicht, sie machen keinen Aufwand für Kleider, sie verwenden nichts auf Hausgeräte. Es genügt ihnen, Überfluß an Brot und Fleisch und eine geheizte Stube zu haben, wo sie sich vor der Kälte schützen können. Wer weiter nichts hat, lebt ohne die anderen Dinge und strebt nicht danach. Auf ihren Leib verwenden sie zwei Gulden in zehn Jahren. Jeder lebt nach seinem Rang in diesem Verhältnis, und keiner veranschlagt, was er entbehrt, sondern nur was er notwendig bedarf, und ihre Bedürfnisse sind viel geringer als die unsrigen. Die Folge dieser ihrer Sitte ist, daß kein Geld aus ihrem Lande geht, da sie mit dem zufrieden sind, was es erzeugt. An diesem rauhen und freien Leben finden sie Gefallen und wollen nicht in den Krieg ziehen, wenn du sie nicht überbezahlst. Auch dies würde sie nicht bewegen können, wenn sie nicht von ihren Städten dazu Befehl erhielten. Der Kaiser hat daher viel mehr Geld nötig als der König von Spanien oder ein anderer Monarch, dessen Volk anders beschaffen ist.

Seine nachgiebige gute Natur ist Ursache, daß ihn jeder aus seiner Umgebung hintergeht. Einer der Seinigen hat mir gesagt, jeder Mensch und jede Sache könne ihn einmal hintergehen, bis er es gemerkt habe. Es gibt aber so viele Menschen und so viele Sachen, daß es sein Los sein kann, jeden Tag hintergangen zu werden, wenn er es auch jedesmal merkte. Er besitzt eine Menge Tugenden, und wenn er sich in den zwei obengenannten Punkten mäßigte, so würde er ein ganz vollkommener Mann sein. Denn er ist ein vortrefflicher Feldherr, er hält große Gerechtigkeit in seinem Lande aufrecht, in den Audienzen ist er gefällig und freundlich, und er besitzt viele andere Eigenschaften des besten Fürsten, so daß man schließen muß, es würde ihm alles gelingen, wenn er sich in jenen zwei Stücken mäßigte.

An der Macht Deutschlands kann niemand zweifeln, denn es hat Überfluß an Menschen, Reichtümern und Waffen. Was den Reichtum betrifft, so gibt es keine Stadt, die nicht einen öffentlichen Schatz hat; und jedermann sagt, Straßburg allein besäße einige Millionen Gulden. Dies kommt daher, daß sie keine

Ausgaben haben, die ihnen das Geld aus der Hand zögen, als die für die Unterhaltung ihrer Verteidigungsmittel und Vorräte. Wenn aber die erste Anschaffung einmal gemacht ist, so kostet sie die Erneuerung nicht viel. Sie haben in dieser Hinsicht eine sehr schöne Einrichtung. Ihre öffentlichen Vorratskammern sind immer mit Lebensmitteln, Getränken und Brennholz für ein Jahr angefüllt; ebenso haben sie Rohstoffe zur Verarbeitung, um bei einer Belagerung die Menge, die von ihrer Hände Arbeit lebt, ein ganzes Jahr lang ohne Verlust der Stadt ernähren zu können. Die Soldaten kosten nichts, weil die Bürger bewaffnet und in Übung erhalten werden[1]. Für Besoldung und andere Dinge geben sie wenig aus, so daß jede Stadt als Gemeinwesen reich ist. Es fehlt nur, daß sie sich mit den Fürsten vereinigen, die Unternehmungen des Kaisers zu unterstützen, oder daß sie es selbst ohne die Fürsten tun wollen, was genügen würde. Die, welche davon sprechen, die Ursache der Uneinigkeit sei das vielfach entgegengesetzte Streben, das man in diesem Lande findet, sagen, zwei Hauptspaltungen seien die, daß die Schweizer von ganz Deutschland angefeindet werden, und die Fürsten vom Kaiser. Es scheint vielleicht sonderbar zu sagen, die Schweizer und die Städte seien feind, da doch beide nach demselben Ziele strebten, ihre Freiheit zu erhalten und sich vor den Fürsten zu schützen. Allein diese ihre Uneinigkeit entsteht daraus, daß die Schweizer nicht nur Feinde der Fürsten sind, sondern auch Feinde der Edelleute. Denn es gibt in ihrem Lande weder Fürsten noch Adel, und sie erfreuen sich, ohne irgendeine Unterscheidung der Bürger, außer denen, die in den Magistraten sitzen, einer freien Freiheit. Dies Beispiel der Schweizer fürchten die Edelleute, die noch in den Städten geblieben sind, und alle ihre Sorge geht dahin, die Uneinigkeit zu erhalten und Freundschaft zu verhindern. Feinde der Schweizer sind auch alle die aus den Städten, welche Kriegsleute sind, und zwar aus einer natürlichen Eifersucht, da sie weniger geschätzt zu sein glauben als jene.

[1] Vergl. unten: *Politischer Zustand Deutschlands,* wo dieser und andere Abschnitte wiederholt werden.

Dies geht so weit, daß man weder so viel noch so wenig in einem Lager vereinigen kann, ohne daß es Zweikämpfe und Gefechte zwischen ihnen gibt.

Was die Feindschaft der Fürsten gegen die Städte und die Schweizer betrifft, so ist es nicht nötig, ausführlicher darüber zu sprechen, da dies eine bekannte Sache ist, sowie auch die Feindschaft zwischen dem Kaiser und den Fürsten. Zu bemerken ist, daß der Kaiser, der hauptsächlich die Fürsten haßt und sie nicht selbst demütigen konnte, sich hierzu der Unterstützung der Städte bedient hat. Aus demselben Grunde hält er sich seit einiger Zeit mit den Schweizern, und es scheint schon einiges Vertrauen zwischen ihnen zu herrschen.

Betrachtet man so alle diese allgemeinen Spaltungen und rechnet man dann die hinzu, die zwischen einem Fürsten und dem andern, zwischen einer Stadt und der andern bestehen, so wird man die Ursache finden, die die Einigkeit des Reiches schwer macht, welche der Kaiser nötig hätte. Was aber jeden in Hoffnung hielt, der früher den Kaiser als stark darstellte und glaubte, seine Unternehmungen würden leicht gelingen, war, daß man keinen Fürsten in Deutschland sah, der sich hätte seinen Plänen widersetzen können, wie dies früher gewesen war. Dies war und ist ganz richtig; aber das, worin man sich täuschte, war, daß der Kaiser nicht allein zurückgehalten werden kann, indem Krieg und Empörung in Deutschland gegen ihn ausbricht, sondern daß er auch zurückgehalten werden kann, indem ihm nicht geholfen wird. Wer nämlich nicht wagt, mit ihm Krieg anzufangen, wagt, ihm Hilfsvölker zu versagen; und wer sie ihm nicht zu versagen wagt, hat – wenn er sie versprochen hat – Mut genug, sie nicht zu schicken; und wer auch das nicht wagt, wagt doch, die Absendung so sehr zu verzögern, daß sie zu spät kommen, um ihm etwas zu nützen. Alle diese Dinge schaden ihm und stören ihn. Man erkennt dies daraus, daß ihm, wie oben gesagt wurde, der Reichstag 19000 Mann versprach, und daß man nie so viel sah, daß es nur 5000 gewesen wären. Dies muß teils aus den obengenannten Gründen kommen, teils daher, daß er Geld statt Soldaten genommen, und auch wohl fünf statt zehn.

Um aber zu einer weiteren Erklärung über Deutschlands Macht und Uneinigkeit zu kommen, sage ich, daß diese Macht viel mehr in den Städten besteht als in den Fürsten. Es gibt nämlich zweierlei Gattungen von Fürsten: weltliche und geistliche. Die weltlichen sind zu einer großen Schwäche herabgedrückt, teils durch sich selbst, da wegen der bei ihnen herkömmlichen Erbteilung jedes Fürstentum unter mehrere Fürsten verteilt ist; teils weil sie der Kaiser mit Hilfe der Städte gedemütigt hat, wie ich gesagt habe. Sie sind daher unnütze Freunde und wenig furchtbare Feinde. Was die geistlichen Fürsten betrifft, so hat sie zwar die Erbteilung nicht geschwächt, allein der Ehrgeiz ihrer Städte, vom Kaiser unterstützt, hat sie so sehr erniedrigt, daß die Erzbischöfe, Kurfürsten und die anderen Fürstbischöfe in ihren eigenen großen Städten nichts machen können. Die Folge davon ist, daß sie, wegen ihrer Entzweiung mit ihren Städten, den Kaiser in seinen Unternehmungen nicht unterstützen könnten, wenn sie auch wollten.

Kommen wir aber zu den freien Reichsstädten, dem Nerv des Landes, wo man Geld und Ordnung findet. Diese sind aus vielen Gründen kalt, wenn es gilt, ihn mit dem Nötigen zu versehen; denn ihre Hauptabsicht ist, ihre Freiheit zu erhalten, nicht ein ausgedehntes Gebiet zu erobern; und was sie für sich selbst nicht begehren, das liegt ihnen auch wenig am Herzen, daß es ein anderer hat. Dann sind es auch so viele und jede ihr eigener Herr, daß ihre Rüstungen, wenn sie solche machen wollen, zu spät kommen und den Nutzen nicht haben, der erforderlich wäre. Zum Beweise dient dies: Die Schweizer griffen vor neun Jahren die Staaten Maximilians und Schwaben an; der Kaiser schloß mit diesen Städten zur Züchtigung der Schweizer einen Vertrag, und sie machten sich verbindlich, 14000 Mann im Lager zu halten. Nie aber kam die Hälfte zusammen; denn wenn die Mannschaft einer Stadt kam, zog die der anderen wieder ab. So schloß der Kaiser, an diesem Feldzug verzweifelnd, mit den Schweizern Frieden und ließ ihnen Basel. Nun könnt ihr euch denken, was sie für fremde Unternehmungen tun werden, wenn sie es in ihren eigenen Angelegenheiten so machen. Alle diese Dinge zusammengenommen bewirken, daß ihre Macht nicht viel bedeutet und dem Kaiser wenig nützt. Weil die Venetianer durch ihren Umgang mit den Kaufleuten der Städte Deutschlands dies Land besser kennen als jeder andere italienische Staat, so haben sie auch am besten widerstanden. Hätten sie seine Macht gefürchtet, so würden sie sich nicht widersetzt haben oder, wenn sie sich auch widersetzt hätten, so würden sie es doch nicht verwundet haben, wenn sie geglaubt hätten, es könne sich vereinigen. Weil sie aber der Unmöglichkeit versichert zu sein glaubten, so blieben sie fest, wie man gesehen hat.

Trotzdem hängen fast alle Italiener am Hofe des Kaisers, die ich über die obigen Dinge sprechen hörte, immer noch an der Hoffnung, daß sich Deutschland alsobald vereinigen und dem Kaiser aufrichtig anschließen werde, und daß es nun mit Feldherren und Soldaten werde so gehalten werden, wie vor einem Jahre auf dem Konstanzer Reichstag besprochen wurde, und daß der Kaiser jetzt notgedrungen nachgeben werde und sie bereitwillig handeln werden, um die Ehre des Reiches wiederherzustellen; und der Waffenstillstand werde sie nicht kümmern, als vom Kaiser, nicht von ihnen, geschlossen. Dem entgegnen manche, man könne nicht gut glauben, daß dies so kommen werde; denn man sehe jeden Tag, daß die Angelegenheiten in einer Stadt, die viele angehen, vernachlässigt werden; es müsse dies also in einem Lande noch viel mehr der Fall sein. Dann wissen auch die Städte, daß die Eroberung Italiens für die Fürsten, nicht für sie sein würde; da diese persönlich sich der Länder Italiens erfreuen könnten, nicht sie. Wo aber der Gewinn nicht gleich ist, geben die Menschen ungern gleichen Einsatz. So bleiben diese Meinungen unentschieden, ohne daß man sich darüber vereinigen kann, was kommen wird.

Dies ist, was ich über Deutschland gehört habe. Was die anderen Dinge betrifft, wie es mit Krieg und Frieden zwischen diesen Fürsten gehen könne, so habe ich vielerlei sagen hören, das aber alles nur auf Vermutungen gegründet ist, die ich nicht wiederholen will, da ihr sie zu Hause mit besseren Nachrichten und richtigem Urteil selbst anstellen könnt.

ÜBER DEN KAISER MAXIMILIAN

Für den Gesandten. 1509.

Da ich schon bei meiner Rückkunft vor einem Jahre über die Angelegenheiten des Kaisers und Deutschlands geschrieben habe, so weiß ich jetzt nichts mehr zu sagen. Ich wiederhole nur über die Natur des Kaisers, daß seine Verschwendung alles übersteigt, was man in unserer und der früheren Zeit gesehen hat. Dies hat zur Folge, daß er immer bedürftig ist, und keine Summe ist groß genug, daß sie ihm genügte, mag auch seine Lage noch so günstig sein. Er ist veränderlich; denn heute will er etwas und morgen nicht mehr; er will, was er nicht haben kann, und was er haben kann, mag er nicht; er ergreift daher immer seine Maßregeln verkehrt. Auf der anderen Seite ist er ein großer Kriegsmann, er hält und führt gut ein Heer mit Gerechtigkeit und Ordnung. Er erträgt jede Strapaze gleich dem Abgehärtetsten, in der Gefahr ist er mutvoll, so daß er als Feldherr keinem nachsteht. Er ist leutselig, wenn er Audienz erteilt, er will sie aber erteilen, wann es ihm beliebt, und er will von den Gesandten nur dann aufgewartet haben, wenn er nach ihnen schickt. Er ist sehr verschlossen; sein Geist und Körper ist immer in beständiger Bewegung; aber häufig zerstört der Abend, was der Morgen abschließt.

Dies macht die Sendungen bei ihm schwierig; denn das wichtigste für einen Gesandten, der sich für einen Fürsten oder eine Republik auswärts befindet, ist, daß er richtig schließt, was kommen wird, sowohl aus dem, was im Werke ist, als aus dem, was geschehen ist. Wer hierin weise schließt und seine Vermutungen seinen Oberen gehörig zu wissen tut, ist Ursache, daß sein Auftraggeber mit seinen Angelegenheiten immer weiter vorwärtskommen und sich zu gehöriger Zeit vorsehen kann. Wenn dieser Teil geschickt getan wird, so bringt es dem Gesandten Ehre und seiner Regierung Vorteil; das Gegenteil tritt ein, wenn er schlecht getan wird. Ich will die Sache näher erklären.

Ihr werdet an einem Orte sein, wo man zwei Dinge betreiben wird, Krieg und Unterhandlungen. Um Euren Dienst wohl zu tun, habt Ihr zu schreiben, welche Meinung man über beides hat. Der Krieg ist zu messen an den Truppen, am Gelde, an der Führung und am Glück; wer mehr von diesen Dingen hat, von dem läßt sich glauben, daß er siegen wird. Habt Ihr hiernach erwogen, wer siegen könne, so ist es nötig, daß man es hier erfahre, damit Ihr und die Stadt zweckmäßiger beschließen und handeln könnt.

Die Unterhandlungen werden von verschiedenerlei Art sein, nämlich was zwischen den Venetianern und dem Kaiser im Werke sein wird, dann zwischen dem Kaiser und Frankreich, dann zwischen dem Kaiser und Papst, dann zwischen dem Kaiser und Euch. Bei Euren eigenen Unterhandlungen muß es Euch leicht sein, zu schließen und zu sehen, welchen Zweck der Kaiser mit Euch hat, was er will, wonach sein Sinn steht, was für Umstände es sind, die ihn zurückziehen oder vorwärtstreiben können; und wenn Ihr sie gefunden habt, muß es Euch ebenfalls leicht sein, zu sehen, ob es besser ist, abzuwarten oder abzuschließen. Hiernach zu handeln, wird dann je nach den Grenzen Eurer Vollmacht bei Euch stehen.

Über die Pisanische Angelegenheit

An den Rat der Zehn. 1499.

Da niemand daran zweifelt, daß es nötig ist, Pisa wiederzuerlangen, wenn wir die Freiheit erhalten wollen, so will ich dies weiter nicht beweisen und berufe mich auf die Gründe, die Ihr selbst kennt. Ich werde nur die Mittel untersuchen, die dazu führen oder führen können. Diese Mittel scheinen mir entweder Gewalt zu sein oder Liebe, indem die Stadt entweder durch Belagerung wiedererobert wird oder sich freiwillig Euch in die Hände gibt. Da nun dieses letztere der sicherste und folglich der wünschenswerteste Weg wäre, so wollen wir untersuchen, ob ein Gelingen auf diese Weise möglich ist oder nicht. Wir erörtern dies wie folgt:

Wenn Pisa ohne Feldzug in Eure Hände kommen soll, so muß es entweder selbst sich Euch wieder in die Arme werfen, oder ein anderer, der Herr darüber wäre, müßte Euch ein Geschenk damit machen. Wie sehr man glauben kann, daß die Pisaner geneigt sind, von selbst unter Euer Patronat zurückzukehren, das zeigt der gegenwärtige Augenblick. Von aller Hilfe entblößt, allein geblieben und sehr schwach, von Mailand nicht angenommen, von Genua abgewiesen, vom Papst nicht gern gesehen und von Siena wenig unterstützt, bleiben sie hartnäckig. Sie nähren sich mit der eitlen Hoffnung auf andere und hoffen auf Eure Schwäche und Uneinigkeit. Nie wollten sie – so groß ist ihre Treulosigkeit – eine Sendung oder nur das geringste Zeichen von Euch annehmen. Wenn sie, also in ihrer jetzigen großen Bedrängnis ihren Sinn nicht beugen, so kann und darf man auf keine Weise glauben, daß sie selbst jemals freiwillig unter Euer Joch sich begeben werden.

Die Stadt könnte Euch von dem, der sie besäße, abgetreten werden. Hier müssen wir betrachten, daß ein solcher, der sie besäße, entweder von ihr herbeigerufen hineinkommen müsse oder mit Gewalt. Wäre er mit Gewalt hineingekommen, so ist kein Grund vorhanden, warum er sie Euch abtreten sollte; denn wer stark genug ist, hineinzukommen, ist auch stark genug, sie für sich zu behalten und zu behaupten, und Pisa ist keine Stadt, die man gerne wieder hergibt, wenn man sie einmal hat. Wäre er mit Liebe und von den Pisanern herbeigerufen hineingekommen, so scheint es mir nach dem neuerlichen Beispiel der Venetianer nicht glaublich, daß ihnen jemand die Treue brechen wollte, sie unter dem Namen, sie verteidigen zu wollen, verriete und Euch auslieferte. Wollte aber ein solcher Besitzer doch, daß sie unter Euren Namen zurückkehrte, so würde er sie verlassen und Euch als Beute preisgeben, wie es die Venetianer getan haben. Aus diesen Gründen sehe ich keinen Weg, wie Pisa, ohne Gewalt zu brauchen, wiederzuerobern sei.

Da also die Gewalt notwendig ist, so will ich betrachten, ob es jetzt gut ist, Gewalt zu brauchen oder nicht. Um dem Feldzug gegen Pisa ein Ende zu machen, muß man es entweder durch Einschließung und Hunger, oder durch Belagerung, indem man Geschütz vor die Mauern führt, einnehmen. Was den ersten Teil, die Einschließung, anlangt, ist zu erwägen, ob die Luccaner verhindern wollen oder können, daß aus ihrem Lande Lebensmittel nach Pisa kommen. Wollten oder könnten sie dies, so stimmt jedermann überein, daß es dann genügte, allein die Meeresküste zu bewachen. Zu diesem Zwecke würde es dann hinreichen, ein Lager zu San Pietro in Grado zu halten mit einer Brücke über den Arno, über welche Eure Soldaten auf ein gegebenes Zeichen an die Mündung des Altwassers oder des Serchio, wo es gerade nötig wäre, hineilen könnten; nach Librafatti und ebenso nach Cascina würde man einige Pferde und etwas Fußvolk legen. Man zweifelt aber am Willen der Luccaner, und es ist sogar zu bezweifeln, ob sie, selbst wenn sie wollen, ihr Land gesperrt halten können, da die zu bewachende Strecke ausgedehnt ist und ihre Untertanen nicht völlig gehorsam sind. Man denke daher, man dürfe sich, um Pisa wirksam einzuschließen, nicht ganz darauf verlassen, daß diese Seite von den Luccanern bewacht wird; die Florentiner hätten vielmehr zu bedenken, daß es nicht an einem Lager bei San Pietro in Grado genug sei und daß man noch ein anderes oder zwei errichten müsse, wie man dies für besser halten oder können würde. Die richtigste und sicherste Art, wird daher gesagt, wäre, drei Lager zu errichten: eins zu San Pietro in Grado, das andere bei San Jacopo, das dritte am Schlachthaus oder bei N ... Einschließlich der Sturmhauben und der leichten Reiterei, die wir haben, würden 20 Helme, 100 leichte Reiter und 800 Mann zu Fuß auf das Lager kommen. Die Lager, in diesem Dreieck aufgestellt, würden Pisa eingeschlossen halten, auch gegen den Willen der Luccaner; sie würden sicher sein, indem sie sich mit Gräben verschanzten, was sie wohl zu tun verstünden, und sie würden die Pisaner so sehr entmutigen, daß diese bald die Segel streichen müßten. Da die Luft bei San Pietro in Grado schlecht ist, wo beim längeren Aufenthalt eines Lagers leicht Krankheiten entstehen könnten, und da es vielleicht zu drückend ist, drei Lager zu unterhalten, so könnte man das genannte Lager von San Pietro in Grado nur so lange dort lassen, bis eine große Schanze für 300 bis 400 Mann Besatzung erbaut wäre, was in einem Monat geschehen sein würde. Nach Erbauung der Schanze würde man das Lager aufheben, die Besatzung der Schanze dort lassen und es bei den zwei anderen Lagern bewenden lassen; so hätte man die Ausgaben für drei Lager nur einen Monat. Eine oder die andere von diesen beiden genannten Arten, entweder drei Lager oder eine Schanze mit zwei Lagern, ist das, was diese Herren Condottieri am meisten billigen und was sie für das nützlichste und geeignetste halten, Pisa auszuhungern. Wenn Ihr aber keine so großen Ausgaben haben und nur zwei Lager errichten wollt, so ist es durchaus notwendig, das eine zu San Pietro in Grado zu halten, und zwar entweder immer, wenn Ihr keine Schanze baut, oder, wenn Ihr sie baut, so lange, bis sie fertig ist. Das andere Lager, sagen sie, sei an den Poggiolo zu legen, oberhalb der Capellesischen Brücke; es hätte Casoli und die Berge zu bewachen. Einer der Herren bezweifelt, ob von diesem Lager aus Casoli gut bewacht werden könne. Seiner Meinung nach müßte man daselbst eine Schanze für 1100 Mann bauen; was die Berge betrifft, müßte man nach Verruca 200 oder ins Valle Calci 400 Fußknechte legen, oder zwischen Lucinari und den Arno eine Schanze für 100 Mann bauen und wenigstens 50 Pferde nach Cascina legen. Dies wäre eine andere Art, Pisa einzuschließen, aber nicht so kräftig wie eine der zwei ersten, mit drei Lagern oder mit der Schanze und zwei Lagern. Indessen könnte man entweder die drei Lager halten, während die Schanze gebaut wird, und sich nach der Erbauung auf zwei Lager beschränken, oder aber während der Erbauung der Schanze zwei Lager halten und dabei das andere tun, was oben gesagt ist. Nach der Erbauung der Schanze ließe man die Besatzung darin und beschränkte sich mit den zwei Lagern auf die obengenannten Stellen, bei San Jacopo das eine, das andere am Schlachthaus oder an der Capellesischen Brücke. Der Kostenunterschied zwischen beiden Arten beträgt so viel, als man einen Monat lang für 1000 Fußknechte mehr ausgeben muß.

Etwas anderes haben die Herren in Erwägung gezogen, ob nämlich die Schanze bei San Pietro in Grado zu bauen sei oder nicht. Einer hat folgende Unterscheidung gemacht:

Wenn die Florentiner im Sinne haben, Pisa mit Gewalt zu nehmen, im Fall sie es nicht aushungern können, so halte ich die Schanze für überflüssig; denn heute über einen Monat, wenn sie gebaut sein wird, ist es Zeit, vor die Mauern zu rücken, das heißt anfangs Mai; so ist das Geld für die Schanze weggeworfen. Haben sie nicht im Sinne, Gewalt zu versuchen, sondern bei der Einschließung zu bleiben, so urteilt jeder, die Schanze sei zu bauen.

Ein anderer sagt, daß die Florentiner doch die Schanze bauen sollen, wenn sie auch Gewalt versuchen wollen; denn die Gewalt könnte mißlingen, und in diesem Falle könnten sie, wenn die Schanze gebaut wäre, die Einschließung fortsetzen.

Die Herren haben auch untersucht, ob es glaublich sei, daß die Einschließung ohne Gewalt hinreichen werde. Ihre Meinung ist, daß die Einschließung allein nicht hinreicht; denn sie glauben, daß die Stadt bis zur Ernte Lebensmittel hat, nach der Aussage von Leuten, die aus Pisa kommen, und nach den dortigen Brotpreisen. Die Pisaner aber sind hartnäckig und entschlossen, viel zu leiden, und man sieht nicht, daß sie jetzt nur einen kleinen Teil von dem litten, was zu leiden sie ihre

Hartnäckigkeit bewegen kann. Die Herren denken daher, daß Ihr gezwungen sein werdet, Gewalt zu versuchen. Dagegen sind sie der Meinung, daß es den Pisanern unmöglich sein werde zu widerstehen, wenn Ihr auf die obigen Arten verfahret, um sie vierzig bis fünfzig Tage, so eng Ihr könnt, eingeschlossen zu halten; und wenn Ihr während dieser Zeit soviel waffenfähige Männer als möglich aus Pisa herausbringt, und nicht allein die, welche heraus wollen, sondern auch die, welche nicht wollen, indem Ihr Preise aussetzt, damit sie herauskommen. Überhaupt müßtet Ihr Erlaubnis geben, daß aus der Stadt geht, wer will, Weiber, Kinder, Greise, alle; denn alle sind zur Verteidigung gut. Wenn sodann diese Zeit vorüber ist, so müßtet Ihr rasch so viele Fußtruppen als möglich zusammenbringen, zwei Breschebatterien errichten und für alles übrige sorgen, was nötig ist, an die Mauer heranzukommen. So wird Pisa, leer von Verteidigern, auf zwei Seiten beschossen, unmöglich anders als durch ein Wunder drei bis vier Stürmen widerstehen können, wie die Erfahrensten in diesen Dingen bewiesen haben[1].

[1] Pisa wurde auf die erklärte Weise eingeschlossen und ergab sich, durch Hunger gezwungen, den Florentinern.

POLITISCHER ZUSTAND FRANKREICHS
im Anfang des sechzehnten Jahrhunderts. 1510.

Die Krone und die Könige von Frankreich sind heute stärker, reicher und mächtiger als je, und zwar aus den folgenden Gründen:

Da die Krone durch Erbfolge übergeht, so ist sie reich geworden, indem der König manchmal keine Kinder oder sonstige Erben hat und so sein Privatvermögen und seine Familienbesitzungen der Krone bleiben. Da nun dies mit vielen Königen der Fall war, so ist die Krone durch die vielen Staaten, die an sie gekommen sind, reich geworden. So war es mit dem Herzogtum Anjou und wird beim jetzigen König[1] so kommen; denn da er keine Söhne hat, so wird das Herzogtum Orléans und der Staat Mailand der Krone anheimfallen. Auf diese Weise gehören heute alle guten Städte Frankreichs der Krone, nicht ihren eigenen Baronen.

Eine andere sehr mächtige Ursache der Stärke des Königs ist die: Früher war Frankreich nicht einig wegen der mächtigen Barone, die sich erkühnten und Mut genug hatten, gegen den König Krieg zu führen, wie ein Herzog von Guyenne und von Bourbon. Alle diese Barone leisten heute unbedingten Gehorsam. Der König ist daher stärker.

Eine weitere Ursache ist diese: Jeder benachbarte Fürst hatte Mut genug, das Königreich Frankreich anzugreifen, und zwar deshalb, weil immer ein Herzog von Bretagne, oder ein Herzog von Guyenne, oder von Burgund, oder ein Graf von Flandern da war, der ihm Spielraum gab, ihm den Durchgang gewährte, ihn aufnahm. Als zum Beispiel England mit Frankreich im Kriege war, machte es immer durch einen Herzog von Bretagne dem König zu schaffen; ebenso ein Herzog von Burgund durch einen Herzog von Bourbon. Da hingegen jetzt die Bretagne, Guyenne, Bourbonnais und der größere Teil von Burgund folg-

[1] Ludwig XII.

same Untertanen des Königs sind, so fehlen nicht allein fremden Fürsten diese Mittel, in das Königreich einzufallen, sondern sie haben sie heute zu Feinden. So ist der König, weil er diese Staaten besitzt, mächtiger und der Feind schwächer.

Eine weitere Ursache ist ferner, daß heute die reichsten und mächtigsten Barone Frankreichs aus königlichem Blute stammen und zur königlichen Linie gehören, so daß, wenn ein Höherer oder Bevorrechteter stirbt, die Krone auf einen jeden von ihnen kommen kann. Jeder hält sich deshalb mit der Krone gut, in der Hoffnung, daß sie auf ihn selbst oder seine Söhne kommen könne. Sich gegen sie zu empören oder sie anzufeinden würde ihnen mehr schaden als nützen, wie der jetzige König fast erfahren mußte. Er war in der Schlacht in der Bretagne gefangen worden, als er auf der Seite des Herzogs gegen Frankreich stand, und es war nach Karls VIII. Tode strittig, ob er nicht durch dies Vergehen und den Abfall von der Krone das Recht der Thronfolge verloren habe. Hätte er nicht durch seine Ersparnisse viel Geld gehabt, das er am rechten Ort ausgeben konnte, und wäre der Herzog von Angoulême, der nach ihm König werden konnte, nicht ein kleines Kind gewesen, so hätte es schlimm mit ihm gestanden. Aus diesen Gründen jedoch, und weil er einen Anhang hatte, wurde er zum König gewählt.

Die letzte Ursache ist die, daß die Besitzungen der Barone Frankreichs nicht unter die Erben geteilt werden, wie in Deutschland und in mehreren Teilen Italiens. Sie gehen immer auf die Erstgeborenen über und diese sind die eigentlichen Erben. Die anderen Brüder finden sich damit ab und widmen sich, von ihrem erstgeborenen Bruder unterstützt, sämtlich den Waffen. In diesem Stande bestreben sie sich, darin so hoch zu steigen und in eine Lage zu kommen, daß sie sich selbst eine Herrschaft erkaufen können, und mit dieser Hoffnung nähren sie sich. Die Folge davon ist, daß die Französischen Schweren Reiter heute die besten sind, die es gibt, da sie alle Edle sind und Söhne von Herren und sich bereit halten, es selbst zu worden.

Das Fußvolk, welches man in Frankreich aushebt, kann nicht besonders gut sein, da sie lange keinen Krieg im Lande hatten und also keine Erfahrung haben können. Dann sind auch in den Städten alle unedel und Handwerksleute; sie stehen so sehr unter den Edlen und werden in jedem Geschäfte so sehr unterdrückt, daß sie niederträchtig sind. Man sieht daher, daß sich der König ihrer im Kriege nicht bedient, weil sie sich untauglich zeigen. Nur der Gascogner bedient er sich, die ein wenig besser als die anderen sind. Dies kommt daher, daß sie als Nachbarn der spanischen Grenze ein wenig vom spanischen Charakter haben.

Allein nach dem, was man seit vielen Jahren her gesehen hat, haben sie sich mehr als Diebe denn als brave Soldaten gezeigt. Zwar sind sie zum Angriff und zur Verteidigung der Festungen recht gut, im Felde hingegen sind sie schlecht; im Gegensatz zu den Deutschen und Schweizern, die im Felde ihresgleichen nicht haben, aber um Festungen zu verteidigen oder anzugreifen nichts taugen. Ich glaube, dies kommt daher, daß sie in beiden Fällen ihre Schlachtordnung nicht beibehalten können, in der sie sich im Felde aufstellen. Der König von Frankreich bedient sich daher der Schweizer und Landsknechte, weil seine Schweren Reiter, wo man dem Feinde frei gegenübersteht, auf die Gascogner kein Vertrauen haben. Wäre aber das Fußvolk so gut als die Schweren Reiter, so ist kein Zweifel, daß der König von Frankreich Mut genug haben würde, sich gegen alle Fürsten Europas zu verteidigen.

Die Franzosen sind von Natur mehr heftig als kräftig oder geschickt, und wenn man beim ersten Anfall ihrem Ungestüm widerstehen kann, so werden sie so demütig und verlieren so sehr den Mut, daß sie feige wie Weiber werden. Auch können sie die Strapazen und Entbehrungen nicht ertragen und vernachlässigen daher nach einiger Zeit den Dienst so sehr, daß es leicht ist, sie zu überwinden, wenn man sie in ihrer Unordnung angreift. Man hat davon im Königreich Neapel sehr oft die Probe gesehen; zuletzt am Garigliano, wo sie um die Hälfte stärker waren als die Spanier, und wo man glaubte, sie würden sie jeden Augenblick verschlingen. Als aber der Winter anfing und starker Regen fiel, fingen sie an, einzeln in die umliegenden Ortschaften zu gehen, um es dort bequemer zu haben. So blieb das Lager leer und in schlechter Ordnung, so daß die Spanier gegen jede vernünftige Erwartung Sieger wurden. Dasselbe würde den Venetianern gelungen sein, wenn sie die Schlacht bei Vaila nicht verloren hätten und wenigstens zwanzig Tage, ohne sich auf einen Kampf einzulassen, mit den Franzosen in gleicher Höhe marschiert wären; allein das Ungestüm Bartolommeo d'Alvianos fand ein größeres Ungestüm. Dasselbe würde auch den Spaniern bei Ravenna gelungen sein. Wenn sie nur den Franzosen nicht nachrückten, so brachten sie sie in Anbetracht ihres wenig kräftigen Kommandos und des Mangels an Lebensmitteln in Unordnung; von der Seite von Ferrara schnitten die Venetianer die Zufuhr ab, und was von Bologna kam, hätten die Spanier selbst zurückgehalten. Da aber der eine wenig Umsicht, der andere noch weniger Urteil hatte, so blieb das französische Heer Sieger, obgleich der Sieg blutig war. Wenn aber das Blutbad groß war, so würde es doch noch größer gewesen sein, wenn der Nerv der Streitkräfte beider Heere von derselben Waffengattung gewesen wäre. Allein das französische Heer war stark durch seine Schweren Reiter, das spanische durch sein Fußvolk, und deshalb war das Gemetzel so groß. Wer also die Franzosen überwinden will, hüte sich vor ihrem ersten Angriff; denn sie hinhaltend, wird er sie besiegen. Cäsar sagte daher: Die Franzosen seien im Anfang mehr als Männer, am Ende weniger als Weiber.

Frankreich ist durch seine Ausdehnung, Größe und den Vorteil der großen Flüsse, die es bewässern, fruchtbar und wohlhabend. Die Lebensmittel und die Handarbeit gelten wenig oder nichts wegen des Geldmangels beim Volke, das kaum so viel zusammenbringen kann, dem Herrn die Steuern zu bezahlen, obgleich sie sehr klein sind. Dies kommt daher, daß sie die Lebensmittel nicht anbringen können, da jedermann so viel einerntet, daß er verkaufen kann, so daß, wenn einer in einem Orte einen Scheffel Korn verkaufen wollte, er keinen Käufer fände, da jeder selbst zu verkaufen hat. Die Edelleute geben von dem Gelde, das sie von den Untertanen ziehen, außer für Kleidung nichts aus; denn sie haben zur Nahrung selbst Vieh genug, eine Menge Geflügel, Seen und Jagden voll jeder

Gattung von Wild; so ist es im ganzen Lande. Das Geld kommt daher alles in die Kassen der Herren, die heute wohlgefüllt sind. Hat aber einer vom Volke einen Gulden, so glaubt er reich zu sein.

Die Prälaten ziehen zwei Fünftel der Einkünfte und Reichtümer des Reiches; denn es gibt hier viele Bistümer, die das Weltliche und Geistliche vereinigen. Da sie ferner hinreichende Lebensmittel *in natura* haben, so gehen alle Steuern und Gelder, die in ihre Hände kommen, der geizigen Natur der Prälaten und Geistlichen entsprechend, niemals wieder heraus. Was an die Orden und Klöster kommt, wird für Silber, Edelsteine und anderen reichen Kirchenschmuck ausgegeben. So macht, was die Kirchen besitzen und was die Prälaten an Gold und Silber einzeln haben, einen unermeßlichen Schatz aus.

Bei der Beratung und an der Verwaltung der Kronbesitzungen und des Staates haben immer die Prälaten den größten Anteil. Die anderen Herren kümmern sich nicht darum, weil sie wissen, daß die Ausführung durch sie geschehen muß. Beide Teile begnügen sich also, der eine mit dem Anordnen, der andere mit dem Ausführen. Was das erste betrifft, so nehmen doch auch alte ehemalige Kriegsmänner teil daran, wo es sich um Krieg und was dazu gehört, handelt; denn hier können sie die Prälaten beraten, die darin keine Erfahrung haben.

Die Pfründen des Königreichs werden der pragmatischen Sanktion gemäß, die sie vor schon längerer Zeit von den Päpsten erhalten haben, durch ihre Kollegien verliehen. Wenn ein Bischof oder Erzbischof stirbt, so versammeln sich die Domherren und übertragen die Pfründe dem unter ihnen, den sie für den würdigsten halten. Sie haben deshalb häufig Streitigkeiten, weil sich immer welche finden, die sich durch Geld Gönner erwerben, und auch manchmal einer durch sein Verdienst und gute Werke. Auf dieselbe Weise verfahren die Mönche, wenn sie ihre Äbte ernennen.

Die übrigen kleinen Pfründen werden von den Bischöfen, in deren Sprengel sie gehören, verliehen. Wenn der König bisweilen dieser Pragmatik zuwiderhandeln will, indem er einen Bischof wählt, wie er ihn will, so muß er Gewalt brauchen, weil sie sich weigern, ihn in Besitz der Pfründe zu setzen; werden sie aber dazu gezwungen, so pflegen sie nach dem Tode des Königs den Prälaten wieder abzusetzen und dafür einen aus sich zu wählen.

Die Natur des Franzosen ist lüstern nach fremdem Gute, das er dann samt dem eigenen verschwendet. Er stiehlt auf das geschickteste, um viel Geld ausgeben zu können und um es selbst mit dem zu verjubeln, dem er es gestohlen hat. Eine der spanischen entgegengesetzte Natur; denn von dem, was dir der Spanier stiehlt, siehst du nie etwas.

Frankreich fürchtet die Engländer sehr wegen der häufigen Einfälle und großen Verheerungen, die sie vor alters im Reiche angerichtet haben. Dem Volke ist deshalb der englische Name furchtbar, weil es nicht unterscheidet, daß Frankreich heute ganz anders gestaltet ist als in jenen Zeiten. Jetzt ist es bewaffnet, kriegserfahren und einig, und es besitzt die Staaten, wo die Engländer im Kriege immer einen festen Fuß hatten, wie das Herzogtum Bretagne und Burgund.

Die Engländer hingegen sind nicht diszipliniert, da sie schon so lange keinen Krieg mehr hatten, daß von den heute Lebenden keiner einem Feind ins Auge geschaut hat; ebensowenig wäre außer dem Erzherzog jemand da, der sie nach der Landung unterstützen könnte.

Die Spanier würden sie wegen ihrer Schlauheit und Wachsamkeit sehr fürchten. Allein, wenn der König von Spanien Frankreich angreifen will, so kann er es nur unter großen Schwierigkeiten tun. Denn von dem Staate, von wo er aufbräche, bis an den Punkt, wo die Pässe der Pyrenäen in Frankreich sich öffnen, ist ein so weiter unfruchtbarer Weg, daß jedesmal, wenn die Franzosen diese Pässe, sowohl wo sie auf der Seite von Perpignan als auf der Seite von Guyenne sich öffnen, versperren, sein Heer in Unordnung geraten könnte, wenn auch nicht in Hinsicht auf Hilfstruppen, doch wenigstens in Hinsicht auf Lebensmittel, da sie so weit hergebracht werden müssen. Das Land nämlich, das er unmittelbar hinter sich läßt, ist wegen seiner Unfruchtbarkeit fast unbewohnt, und das, welches bewohnt ist, hat kaum für die eigenen Einwohner zu leben. Aus diesem Grunde fürchten die Franzosen von der Seite der Pyrenäen her die Spanier wenig.

Vor den Vlämen fürchten sich die Franzosen nicht. Die Ursache ist die, daß die Vlämen wegen ihres kalten Landes nicht genug Lebensmittel einernten, besonders kein Korn und keinen Wein, die sie aus Burgund, aus der Picardie und den anderen Staaten Frankreichs beziehen müssen. Auch leben die Vlämen von Handarbeit und setzen ihre Waren auf den französischen Märkten, besonders zu Lyon und Paris, ab; denn auf der Seite des Meeres können sie sie nicht absetzen, und gegen Deutschland zu ist es ebenso, weil man dort mehr hat und anfertigt als sie. Sooft sie daher des Handels mit Frankreich entbehren würden, könnten sie ihre Waren nicht absetzen; sie würden dann nicht nur die Lebensmittel entbehren, sondern den Nutzen ihrer Arbeit. Flandern wird daher nie anders als gezwungen mit Frankreich Krieg anfangen.

Die Schweizer fürchtet Frankreich sehr wegen ihrer Nachbarschaft und wegen der plötzlichen Einfälle, die sie machen können und denen man wegen ihrer Schnelligkeit unmöglich rechtzeitig vorbeugen kann. Sie machen eher Streifzüge und plündern, als daß sie etwas anderes unternähmen, weil sie bei ihrem Mangel an Geschütz und Pferden und bei der guten Befestigung der benachbarten französischen Städte keine großen Fortschritte machen. Dann sind auch die Schweizer ihrer Natur nach mehr fürs Feld und für die Schlacht geeignet, als zum Angriff und zur Verteidigung der Städte.

Die Franzosen lassen sich daher an diesen Grenzen ungern mit ihnen ein, weil sie kein gutes Fußvolk haben, das den Schweizern standhielte, und weil die Schweren Reiter ohne Fußvolk nichts nützen. Auch ist das Land von solcher Beschaffenheit, daß die Lanzen und Reiter schlecht verwendbar sind. Die Schweizer aber entfernen sich ungern von den Grenzen, um in die Ebene herabzusteigen, weil sie, wie ich gesagt habe, große wohlbefestigte Städte im Rücken lassen müßten. Sie fürchten, wie es auch kommen würde, an Lebensmitteln Mangel zu leiden und nicht nach Belieben wieder umkehren zu können, wenn sie in die Ebene herabkämen.

Von der Seite Italiens fürchten die Franzosen wegen der Apenninen und der großen Städte, die sie am Fuße dieses Gebirges haben, nichts. Wer Frankreich angreifen wollte, müßte diese Städte entweder belagern, und dann würde er wegen des unfruchtbaren Landes hinter sich verhungern, oder er müßte sie in seinem Rücken lassen, und dies würde eine Torheit sein. Aus diesen Gründen fürchten die Franzosen von der Seite Italiens nichts; ein weiterer Grund ist der, daß es in Italien keinen Fürsten gibt, der imstande wäre, sie anzugreifen, und daß das Land nicht vereinigt ist, wie zur Zeit der Römer.

Von der Südseite, soweit das Königreich ans Meer grenzt, fürchtet es nichts. Es liegen in den Häfen immer so viele Schiffe, die teils dem König, teils königlich Gesinnten gehören, daß diese Grenze gegen einen unvorhergesehenen Angriff verteidigt werden kann. Ist der Angriff ernstlich, so hat man Zeit, sich dagegen zu schützen; denn der Feind muß sich rüsten und vorbereiten, was jedermann erfährt. Um übrigens sicher zu gehen, liegen in der Regel in allen Grenzprovinzen Schwere Reiter in Garnison.

Die Bewachung der Städte kostet das Königreich wenig, weil die Untertanen sehr gehorsam sind; und es ist nicht gebräuchlich, im Innern des Reiches in Kastellen Besatzungen zu halten. An den Grenzen aber, wo es einigermaßen nötig wäre, dafür Ausgaben zu machen, liegen die Schweren Reiter in Garnison und ersparen diese Kosten. Gegen einen mächtigen Angriff hat man Zeit, Vorkehrungen zu treffen, da der Feind Zeit braucht, sich zu rüsten und ein Heer zusammenzubringen.

Das Volk ist in Frankreich demütig und völlig gehorsam und hat große Ehrfurcht vor seinem König. Es lebt wegen des Überflusses an Lebensmitteln mit sehr geringem Aufwand, und jeder hat auch einiges Grundeigentum. Sie kleiden sich grob in wohlfeiles Tuch, und weder Männer noch Weiber bedienen sich irgendeiner Gattung von Seide, weil sie deshalb von den Edelleuten übel würden angesehen werden.

Die Bistümer des Reiches belaufen sich nach der neuesten Zählung auf hundertundsechs, achtzehn Erzbistümer miteingerechnet.

Die Pfarreien auf eine Million und siebenhundert[1], siebenhundertundvierzig Abteien miteingerechnet. Von den Prioreien führt man kein Verzeichnis.

Die ordentlichen und außerordentlichen Einkünfte der Krone habe ich nie erfahren können. Ich habe viele gefragt, und jeder hat mir gesagt, es sei so viel, als der König haben will. Doch sagte mir jemand, ein Teil der ordentlichen Einkünfte, nämlich das, was man Steuer des Königs nennt und was aus der Naturasteuer an Brot, Wein, Fleisch und dergleichen gelöst wird, betrage eine Million und siebenmal hunderttausend Taler. An außerordentlichen Einkünften zieht er soviel er will, und die Auflagen zu diesem Zwecke müssen hoch oder niedrig bezahlt werden, wie es dem König gefällt. Reichen sie aber nicht hin, so werden gezwungene Anleihen gemacht, die selten zurückbezahlt werden. Sie werden in königlichen Briefen verlangt, die so lauten: „Der König unser Herr empfiehlt sich euch, und weil es ihm an Geld fehlt, so bittet er euch, ihm die im Briefe enthaltene Summe zu leihen.“ Diese Summe wird an den Einnehmer des Ortes bezahlt. Jede Stadt hat einen solchen Einnehmer, der sowohl den Ertrag der Naturasteuer als auch die Auflagen und Anleihen eintreibt.

Die der Krone untertänigen Städte haben keine andere Klasseneinteilung als die, welche der König zur Gelderhebung oder zur Bezahlung der obengenannten Abgaben macht.

Die Gewalt der Barone über ihre Untertanen ist unumschränkt. Ihre Einnahme ist Brot, Wein, Fleisch, wie oben, ein Gewisses auf die Feuerstelle jährlich. Doch übersteigt der Betrag nicht sechs bis acht Sols auf die Feuerstelle das Vierteljahr und wird vierteljährlich erhoben. Auflagen oder Anleihen können sie ohne Bewilligung des Königs nicht ausschreiben, und dies wird selten bewilligt.

Die Krone bezieht von ihnen nichts anderes als den Ertrag des Salzes und besteuert sie niemals, ausgenommen in einer sehr großen Not.

---

[1] Die italienischen Ausgaben haben sämtlich diese sonderbare Stelle; die französische Übersetzung von Guiraudet, Paris an VII., Tom. V., pag. 419, hat 17000, ohne jedoch einen Grund für diese Änderung anzugeben.

Die Regel bei den außerordentlichen Ausgaben, sowohl im Kriege als sonst, ist die, daß der König den Schatzmeistern Befehl gibt, die Soldaten zu bezahlen, und diese bezahlen sie durch die Hand derer, die sie mustern. Die Pensionäre und Edelleute gehen zu den Generalintendanten und lassen sich eine Anweisung geben, die Edelleute für ihre monatliche, die Pensionäre für ihre vierteljährliche Besoldung. Hiermit gehen sie zum Einnehmer der Provinz, wo sie wohnen, und werden sogleich bezahlt.

Die Edelleute des Königs sind zweihundert an Zahl. Ihre Besoldung ist zwanzig Taler monatlich, und sie werden bezahlt *ut supra*. Jedes Hundert hat ein Haupt, zu meiner Zeit waren es Ravel und Vidames.

Die Zahl der Pensionäre ist nicht bestimmt, und sie haben, der eine wenig, der andere viel, wie es dem König gefällt. Sie nähren sich mit der Hoffnung, zu höherem Range vorzurücken; eine Regel darüber gibt es nicht.

Das Amt der Generalintendanten von Frankreich ist, mit der Zustimmung des Königs eine bestimmte Summe von der Feuerstelle und eine bestimmte Summe als Auflage zu erheben und anzuordnen, daß das Geld, sowohl für die ordentlichen als außerordentlichen Ausgaben, zur gehörigen Zeit bereit ist, das heißt, daß die Anweisungen bezahlt werden wie oben.

Die Schatzmeister haben das Geld in Verwahrung und bezahlen nach dem Befehl und den Anweisungen der Generalintendanten.

Das Amt des Großkanzlers ist wahre Herrschaft; er kann nach seiner Willkür begnadigen und verurteilen etiam in capitalibus sine consensu regis, und die Revision in contamaciam gefällter Urteile befehlen. Er kann mit der alleinigen Zustimmung des Königs die Dienste und Besoldungen übertragen, und da die Gnaden durch königliche Briefe, mit dem großen königlichen Siegel versehen, erteilt werden, so bewahrt er das große Siegel Sein Gehalt ist 10000 Franken jährlich und 11000 Franken Tafelgeld. Unter der Tafel ist zu verstehen, daß der Großkanzler allen Mitgliedern des Rates, die ihm angehören, Advokaten und anderen Edelleuten, Mittag- und Abendmahlzeit gibt, wenn sie bei ihm speisen wollen, was häufig geschieht.

Die Pension, die der König von Frankreich dem König von England gab, belief sich auf 50000 Franken jährlich. Sie war eine Vergütung gewisser Ausgaben, die der Vater des gegenwärtigen Königs von England im Herzogtum Bretagne gemacht hatte. Sie hat jetzt ein Ende und wird nicht mehr bezahlt.

Gegenwärtig gibt es nur einen Großseneschall in Frankreich. Wenn mehrere Seneschalls da sind (Großseneschall ist immer nur einer), so sind sie über die ordentlichen und außerordentlichen Schweren Reiter gesetzt, die die Würde jenes Amtes zum Gehorsam verpflichtet.

Statthalter der Provinzen gibt es so viele als der König will, sie sind bezahlt, wie es dem König gut scheint, und sind auf ein Jahr oder auf Lebenszeit ernannt, wie es dem König gefällt. Auch die anderen Statthalter, bis zu den kleinsten Städten herab, sind alle vom König eingesetzt. Überhaupt ist zu bemerken, daß alle Ämter des Reichs vom König geschenkt oder verkauft werden, und von niemand anderem.

Jedes Jahr im August, manchmal im Oktober, manchmal im Januar, wie der König will, werden die Stände zusammenberufen. Die Art der Verhandlungen ist die: die ordentlichen Ausgaben und Einnahmen des Jahres werden durch die Generalintendanten vorgelegt und sodann die Steuern nach den Ausgaben verteilt und ausgeschrieben; die Besoldungen und Pensionäre werden vermehrt und vermindert, wie es der König befiehlt.

Die Größe der Besoldungen und die Zahl der Edelleute und Pensionäre ist nicht bestimmt; aber nichts wird durch die Rechnungskammer bestätigt, und der Befehl des Königs genügt.

Das Amt der Rechnungskammer ist, die Rechnungen aller derer nachzusehen, die die Gelder der Krone verwalten, wie der Generalintendanten, der Schatzmeister und der Einnehmer.

Die Universität von Paris wird aus den Einkünften ihrer Stiftungen bezahlt, aber spärlich.

Der Parlamente sind fünf: Paris, Rouen, Toulouse, Bordeaux und Dauphiné. Von keinem kann appelliert werden.

Die ersten Universitäten sind vier: Paris, Orléans, Bourges und Poitiers; dann Tours und Angers, die aber nicht viel taugen.

Die Garnisonen stehen, wo der König will, und so stark als sie der König will, sowohl an Geschütz als an Soldaten. Doch haben alle Städte einige Artillerie zur Verteidigung, und seit zwei Jahren wurde an vielen Orten des Reichs, auf Kosten der Städte, viel Geschütz gegossen, zu welchem Zwecke ein Denier Eingangszoll auf das Stück Vieh oder auf das Maß Getreide gelegt ist. In der Regel, wenn das Reich keinen Feind fürchtet, sind der Garnisonen vier, nämlich Guyenne, die Picardie, Burgund und die Provence. Sie werden gewechselt und vermehrt, je nachdem man für einen Punkt mehr fürchtet.

Ich habe mich zu erfahren bemüht, wie viele Gelder dem König jährlich für den Aufwand seines Hauses und seiner Person angewiesen sind. Ich finde, daß er soviel hat, als er verlangt.

Die Zahl der Bogenschützen, der Garde des Königs, ist vierhundert, worunter hundert Schotten. Sie haben jährlich 300 Franken auf den Mann und einen Waffenrock, der mit der Livree des Königs übereinstimmt. Vierundzwanzig davon bilden die Leibwache und stehen dem König immer zur Seite; sie haben jeder 400 Franken jährlich. Ihr Hauptmann ist Herr Dubigny Cursores, und unter ihm Gabriello[1].

Die Garde zu Fuß besteht aus Deutschen, wovon hundert monatlich 12 Franken erhalten. Man pflegte früher bis zu dreihundert zu halten, die 10 Franken bekamen. Sie bekommen überdies zweimal jährlich neue Kleider, nämlich einmal im Sommer und einmal im Winter, und zwar Leibröcke und Strumpfhosen nach der Livree. Die hundert Mann Leibwache hatten Leibröcke von Seide; dies war zur Zeit des Königs Karl.

Furiere heißen die, welche für den Hof Quartier zu machen haben. Es sind zweiunddreißig, und sie haben jährlich 300 Franken und einen Waffenrock nach der Livree. Sie haben vier Generalquartiermeister über sich, die jeder 600 Franken erhalten. Beim Quartiermachen verfahren sie auf folgende Weise. Sie teilen sich in vier Abteilungen, jede unter ihrem Generalquar-

[1] Stuart, comte d'Aubigny; Jacques de Crussol; Gabriel de la Châtre.

tiermeister oder, wenn er bei Hofe sein sollte, seinem Stellvertreter. Ein Viertel bleibt dort zurück, von wo der Hof abreist, damit die Forderungen der Hausherren berichtigt werden. Ein Viertel geht mit der Person des Königs. Ein Viertel geht dahin, wo der König ankommen soll, und bereitet die Quartiere für den Hof vor. Das letzte Viertel geht endlich dahin, wo sich der König den Tag darauf hinbegeben wird. Sie halten eine wunderbare Ordnung, so daß jeder bei seiner Ankunft seinen Platz hat, bis zu den Freudenmädchen.

Der Oberhofrichter ist ein Mann, der immer der Person des Königs folgt. Sein Amt ist wahre Herrschaft. An allen Orten, wo der Hof hingeht, ist sein Richterstuhl der erste, und selbst die Einwohner der Stadt, wo er sich befindet, können bei ihm klagen wie bei ihrem eigenen Statthalter. Wer wegen einer Kriminalsache von ihm ergriffen wird, kann nicht an das Parlament appellieren. Seine Besoldung ist in der Regel 6000 Franken. Er hält zwei bürgerliche Richter, die jeder vom König 600 Franken jährlich erhalten, sowie einen Stellvertreter in Kriminalsachen, der dreißig Bogenschützen hat, die bezahlt sind wie oben. Er spricht sowohl bürgerlich als peinlich Recht. Eine einzige Verhandlung zwischen dem Kläger und Beklagten in seiner Gegenwart reicht hin, den Prozeß zur Entscheidung zu bringen.

Hofmeister des Königs gibt es acht, doch ist ihre Besoldung unbestimmt, denn der eine hat 1000 Franken, der andere mehr oder weniger, wie es dem König gut scheint. Der jetzige Großhofmeister, der an die Stelle des Herrn von Chaumont kam, ist Herr von la Palisse, dessen Vater einst dasselbe Amt bekleidete. Er erhält 11000 Franken. Er hat keine andere Gewalt, als daß er über den anderen Haushofmeistern steht.

Der Admiral von Frankreich ist über die Seemacht gesetzt; er sorgt dafür, sowie für die Häfen des Reichs. Er kann Schiffe beschlagnahmen und, wie es ihm beliebt, über die Flotte verfügen. Jetzt ist Preianni[2] Admiral mit 10000 Franken Gehalt.

Die Zahl der Ritter vom Orden des Königs ist nicht bestimmt; denn der König kann soviel ernennen als er will. Bei

[2] Prégent de Bidoux.

ihrer Ernennung schwören sie, die Krone zu verteidigen und nie gegen sie zu ziehen. Sie können nur durch den Tod ihrer Würde beraubt werden. Ihre Besoldung ist höchstens 4000 Franken, einige haben weniger. Nicht jeder erhält diese Würde.

Das Amt des Kammerherrn ist, den König zu unterhalten, in die Kammer des Königs zu kommen, ihn zu beraten. Ihrem Ansehen nach sind sie eigentlich die Ersten des Reichs. Sie haben große Besoldungen, 6000, 8000, 10000, 11000 Franken, und einige nichts; denn der König erteilt manchmal diesen Titel, um einen würdigen Mann dadurch zu ehren, wenn's auch ein Fremder ist. Solche haben jedoch das Recht der Abgabenfreiheit im Reiche, und bei Hofe haben sie ihren Platz an der Tafel der Kammerherren, die nach der des Königs die erste ist.

Der Oberstallmeister ist immer beim König. Sein Amt ist, stets die Aufsicht über die zwölf Stallmeister des Königs zu haben, wie der Großseneschall, der Oberhofmeister, der Großkämmerer über ihre Untergebenen. Er hat für die Pferde des Königs Sorge zu tragen, den König aufs Pferd und vom Pferde zu heben, über das Reisegeräte des Königs zu wachen, ihm das Schwert voranzutragen.

Die Staatsräte des Königs haben alle eine Besoldung von 6000 bis 8000 Franken, wie es dem König gut scheint. Es sind dies der Bischof von Paris, der Bischof von Beauvais, der Ballei von Amiens, Herr von Bussy und der Großkanzler. Eigentlich leiten Robertet und der Erzbischof von Paris (Poncher) alles. Gegenwärtig hält keiner Tafel, seit der Kardinal d'Amboise tot ist[1]. Da der Großkanzler nicht da ist, versieht der Erzbischof von Paris sein Amt.

Die Ansprüche, die der König von Frankreich auf das Herzogtum Mailand macht, gründen sich darauf, daß sein Großvater eine Schwester des Herzogs von Mailand, der ohne Söhne starb, zur Frau hatte. Der Herzog Johann Galeazzo nämlich hatte zwei Töchter und ich weiß nicht wieviel Söhne. Die eine der Töchter, die Madonna Valentina hieß, wurde dem Herzog Ludwig von Orléans, dem Großvater des gegenwärtigen Königs Ludwig, der zur pipinischen Linie gehört, vermählt.

[1] Der Kardinal d'Amboise starb im Mai 1510.

Als der Herzog Johann Galeazzo starb, folgte ihm sein Sohn, der Herzog Philipp, der ohne eheliche Kinder starb und nur eine uneheliche Tochter hinterließ. Sodann wurde der Staat von den Sforza illegitimerweise usurpiert, wie gesagt wird. Denn sie sagen hier, der Staat gehöre den Nachfolgern und Erben jener Madonna Valentina. Auch fügte Orléans vom Tage seiner mailändischen Verschwägerung an zu den drei Lilien seines Wappens eine Schlange[2)], und so sieht man es jetzt noch.

In jeder Pfarrei Frankreichs ist ein Mann, der von ihr eine gute Besoldung erhält und Freischütze genannt wird. Er ist verpflichtet, ein gutes Pferd zu halten und, mit Waffen versehen, jedem Aufruf des Königs zu folgen, wenn der König im Kriege oder aus anderen Gründen außerhalb des Reiches ist. Sie sind gehalten, in die Provinz des Reiches zu reiten, die angegriffen wird, oder für die man fürchtet. Nach der Zahl der Pfarreien sind es im ganzen 1000000[3)].

Die Furiere sind durch ihr Amt gehalten, jedem, der dem Hofe folgt, ein Quartier anzuweisen. Gewöhnlich beherbergt jeder ordentliche Einwohner des Ortes Hofleute, und damit sich niemand beschweren kann, weder der Quartiergeber noch der Einquartierte, so hat der Hof eine Taxe festgesetzt, die allgemein bezahlt wird. Sie beträgt täglich einen Sol für das Zimmer, worin eine Bettstelle und ein Ruhebett, die wenigstens alle acht Tage frisch bezogen werden müssen, sein muß. Zwei Deniers werden täglich für Tischtücher, Servietten, Essig und Traubenmost bezahlt.

Die Tücher müssen sie wenigstens zweimal die Woche wechseln; da aber das Land Überfluß daran hat, so wechseln sie sie mehr oder weniger, wie man es verlangt. Überdies haben sie aufzuräumen, auszukehren und das Bett zu machen. Für den Stall werden zwei Deniers auf das Pferd bezahlt, und sie sind nicht gehalten, irgend etwas für die Pferde herzugeben; nur müssen sie den Stall ausmisten. Viele bezahlen weniger wegen

2) Das Wappentier der Visconti.

3) Abgerechnet, daß dies ein ganz ungeheures Reiterheer ausmachen würde, kämen auch nur zwanzig Seelen auf die Pfarrei, wenn man die damalige Bevölkerung Frankreichs zu zwanzig Millionen annähme. Der Übersetzer hat sich keine Abänderung erlaubt, besonders da er nichts Genaues gefunden hat.

ihrer oder des Wirtes Gefälligkeit; allein dies ist die ordnungsmäßige Hoftaxe.

Die neuesten Ansprüche, die die Engländer auf das Königreich Frankreich zu haben behaupten, sind, wie ich erfahre, diese: Karl VI. vermählte seine legitime eheliche Tochter an Heinrich, den legitimen ehelichen Sohn des Königs Heinrich von England. Ohne Karls VII., der später König von Frankreich wurde, Erwähnung zu tun, setzte er im Ehekontrakt, außer der Aussteuer Katharinens, seinen Schwiegersohn Heinrich, den Gemahl Katharinens, zum Erben des Königreichs Frankreich ein, wenn er (Karl VI.) sterben würde. Im Falle aber, daß besagter Heinrich vor Karl VI., seinem Schwiegervater, sterben sollte und legitime eheliche Söhne hinterließe, so sollten in diesem Falle auch die besagten Söhne Heinrichs Karl VI. nachfolgen. Da hierdurch Karl VII. von seinem Vater übergangen wurde, so kam der Kontrakt als gesetzwidrig nicht zur Ausführung. Dagegen sagen die Engländer, besagter Karl VII. sei in der Blutschande erzeugt.

England hat zwei Erzbistümer, zweiundzwanzig Bistümer und zweiundfünfzigtausend Pfarreien.

Die Natur der Franzosen

Sie schlagen den gegenwärtigen Nutzen und Schaden so hoch an, daß sie wenig Gedächtnis für die vergangenen Beleidigungen oder Wohltaten und wenig Sorgen um das künftige Wohl oder Wehe haben.

Sie sind eher verschlagen als klug. Sie kümmern sich nicht viel darum, was man von ihnen schreibt oder spricht. Sie sind noch geiziger mit ihrem Geld als mit ihrem Blut. Sie sind nur freigebig in den Audienzen.

Wenn ein Herr oder Edelmann in einer Sache, die einen Dritten angeht, dem König den Gehorsam versagt, so hat dies weiter nichts auf sich, als daß er durchaus gehorchen muß, wenn es noch Zeit ist; und ist es nicht mehr Zeit, daß er vier Monate nicht bei Hof erscheinen darf. Dies hat euch zweimal Pisa entzogen, das eine Mal, als Entragues die Zitadelle hatte, das andere Mal, als das französische Heer davorlag.

Wer bei Hofe etwas durchsetzen will, hat viel Geld, großen Eifer und gutes Glück nötig.

Um einen Dienst angesprochen, bedenken sie eher, was er ihnen eintragen kann, als ob sie dienen können.

Die ersten Verträge mit ihnen sind immer die besten.

Wenn sie dir nicht Gutes erweisen können, so versprechen sie es dir; können sie es, so tun sie es nach vielen Schwierigkeiten oder gar nicht.

Sie sind sehr demütig im Unglück, im Glücke unverschämt.

Wo sie unrecht haben, helfen sie sich durch Gewalt.

Der Sieger hat fast immer gutes Spiel bei dem König, der Unterliegende fast nie; wer sich daher auf eine Unternehmung einzulassen hat, muß eher erwägen, ob sie ihm gelingen wird oder nicht, als ob sie dem König mißfallen wird oder nicht. Weil der Herzog von Valentinois dies recht gut wußte, rückte er mit seinem Heere ins florentinische Gebiet ein.

In vielen Dingen sind sie im Punkt der Ehre wenig empfindlich und denken anders als die italienischen Herren. Deshalb machten sie sich wenig daraus, daß sie nach Siena sandten, Montepulciano zu verlangen, und keinen Gehorsam fanden.

Sie sind veränderlich und leichtfertig. Sie haben die Treue des Siegers. Sie sind Feinde der römischen Sprache und des Ruhms der Römer.

Von Italienern hat nur der gut Wetter bei Hofe, der nichts mehr zu verlieren hat und sich seinem Schicksal überläßt.

POLITISCHER ZUSTAND DEUTSCHLANDS
im Anfang des sechzehnten Jahrhunderts.

An der Macht Deutschlands darf niemand zweifeln; denn es hat Überfluß an Menschen, Reichtümern und Waffen. Was die Reichtümer betrifft, so gibt es keine Stadt, die nicht einen öffentlichen Schatz hätte; und jedermann sagt, Straßburg allein besäße einige Millionen Gulden. Dies kommt daher, daß sie keine anderen Ausgaben haben, die ihnen das Geld aus der Hand ziehen, als die für die Unterhaltung ihrer Verteidigungsmittel und Vorräte. Wenn aber die erste Anschaffung einmal gemacht ist, so kostet sie die Erneuerung nicht viel. Sie haben in dieser Hinsicht eine sehr schöne Einrichtung. Ihre öffentlichen Vorratskammern sind immer mit Lebensmitteln, Getränken und Brennholz für ein Jahr angefüllt; ebenso haben sie Rohstoffe zur Verarbeitung, um bei einer Belagerung die Menge, die von ihrer Hände Arbeit lebt, ein ganzes Jahr lang ohne Verlust der Stadt ernähren zu können. Die Soldaten kosten sie nichts, weil die Bürger bewaffnet und in Übung erhalten werden. An Festtagen übt sich die ganze männliche Bevölkerung, statt zu spielen, mit der Büchse, mit der Pike, mit dieser oder jener Waffe, wobei sie dem Geschicktesten Ehre erweisen und Preise austeilen, die sie dann miteinander verjubeln. Für Besoldungen und dergleichen geben die Städte wenig aus. So ist heute jede Stadt als Gemeinwesen reich.

Der Grund, warum die einzelnen des Volkes reich sind, liegt darin, daß sie ärmlich leben. Sie bauen nicht, sie machen keinen Aufwand für Kleider, sie verwenden nichts auf Hausgeräte. Es genügt ihnen, Überfluß an Brot und Fleisch und eine geheizte Stube zu haben, wo sie sich vor der Kälte schützen können. Wer weiter nichts hat, lebt ohne die anderen Dinge und strebt nicht danach. Auf ihren Leib verwenden sie[1] zwei Gulden in zehn

[1] *Spendonsi in dosso*, offenbar von der Kleidung gesagt. – Dieser Abschnitt findet sich bereits in dem „*Bericht über Deutschland*", siehe oben.

Jahren. Jeder lebt nach seinem Rang in diesem Verhältnis, und keiner veranschlagt, was er entbehrt, sondern nur, was er notwendig bedarf, und ihre Bedürfnisse sind viel geringer als die unserigen.

Die Folge dieser ihrer Sitten ist, daß kein Geld aus ihrem Lande geht, da sie mit dem zufrieden sind, was es erzeugt. In ihr Land kommt immer Geld, das von denen dahin gebracht wird, die die Erzeugnisse ihres Kunstfleißes haben wollen, womit sie fast ganz Italien versehen. Ihr Gewinn ist um so größer, als der größte Teil dessen, was sie verkaufen, in Manufakturwaren besteht und durch die Handarbeit seinen Wert erhält, ohne daß sie irgendein bedeutendes Kapitel als Auslage bedürfen.

So erfreuen sie sich ihres rauhen Lebens und ihrer Freiheit, und wollen aus dieser Ursache nicht in den Krieg ziehen, wenn sie nicht überbezahlt werden. Auch dies würde sie noch nicht bewegen können, wenn sie nicht von ihren Städten dazu Befehl erhielten.

Ein Kaiser bedarf daher viel größerer Summen als ein anderer Fürst; denn, wenn es den Menschen gut geht, ziehen sie ungern in den Krieg. Überdies ist es nötig, daß sich die Städte mit dem Fürsten vereinigen, ihn bei seinen Unternehmungen zu unterstützen, oder, daß dies die Städte selbst tun wollen, da sie es wohl allein imstande sind. Aber weder die einen noch die anderen wollen die Macht des Kaisers. Denn so oft er eigene Staaten besäße oder mächtig wäre, würde er die Fürsten bezwingen und schwächen und sie so sehr zum Gehorsam bringen, daß er sich ihrer nach eigenem Belieben bedienen könnte, nicht wenn's ihnen gut scheint; wie es heute der König von Frankreich macht, und wie es einst der König Ludwig XI. machte, der die französischen Fürsten mit Waffengewalt, und indem er einige von ihnen des Lebens beraubte, zu dem Gehorsam gebracht hat, den man heute noch bei ihnen sieht. Dasselbe würde den Städten widerfahren; denn der Kaiser würde sie dahin bringen wollen, daß er sie nach seinem Willen lenken könnte und von ihnen erhielte, was er fordert, nicht was sie geben wollen.

Die Ursache der Uneinigkeit der Fürsten und Städte liegt, wie ich erfahren habe, in dem vielfach entgegengesetzten Streben, das man in diesem Lande findet. Zwei Hauptspaltungen, sagen sie, seien die, daß die Schweizer von ganz Deutschland angefeindet werden und die Fürsten vom Kaiser. Es scheint vielleicht sonderbar, daß ich sage, die Schweizer und die Städte seien Feinde, da doch beide nach demselben Ziele streben, ihre Freiheit zu erhalten und sich vor den Fürsten zu schützen. Allein diese ihre Uneinigkeit entsteht daraus, daß die Schweizer nicht nur Feinde der Fürsten sind, wie die Städte, sondern auch Feinde der Edelleute. Es gibt nämlich in ihrem Lande weder Fürsten noch Adel, und sie erfreuen sich, ohne irgendeine Unterscheidung der Bürger außer der, die die Bekleidung der obrigkeitlichen Ämter mit sich bringt, einer freien Freiheit. Dieses Beispiel der Schweizer fürchten die Edelleute, die noch in den Städten geblieben sind, und bestreben sich daher immer mit der größten Sorgfalt, die Uneinigkeit zu erhalten und Freundschaft zu verhindern. Feinde der Schweizer sind auch alle aus den Städten, welche Kriegsleute sind, und zwar aus einer natürlichen Eifersucht, da sie weniger geschätzt zu sein glauben als jene. Dies geht so weit, daß man weder so viel noch so wenig in einem Lager vereinigen kann, ohne daß es Zweikämpfe und Gefechte zwischen ihnen gibt.

Was die Feindschaft der Fürsten gegen die Städte und die Schweizer betrifft, so ist es nicht nötig, ausführlicher darüber zu sprechen, da dies eine bekannte Sache ist, wie auch die Feindschaft zwischen dem Kaiser und den Fürsten. Zu bemerken ist, daß der Kaiser, der hauptsächlich die Fürsten haßt und sie nicht selbst demütigen konnte, sich hierzu der Unterstützung der Städte bedient hat. Aus demselben Grunde hält er sich seit einiger Zeit mit den Schweizern, und es scheint schon einiges Vertrauen zwischen ihnen zu herrschen.

Betrachtet man so alle diese allgemeinen Spaltungen und rechnet man die hinzu, die zwischen einem Fürsten und den anderen, zwischen einer Stadt und der anderen bestehen, so wird man die Ursache finden, die die Einigkeit des Reiches schwer macht, die ein Kaiser nötig hätte, um Großes auszuführen. Wer daher der Meinung ist, die Unternehmungen Deutschlands seien kräftig und könnten leicht gelingen, bedenkt zwar, daß es in Deutschland jetzt keinen Fürsten gibt, der sich den Plänen des Kaisers zu widersetzen vermöchte oder wagte, wie sie es früher zu tun pflegten; aber er bedenkt nicht, daß es für einen Kaiser Hindernis genug ist, wenn ihm die Fürsten in der Ausführung seiner Pläne nicht beistehen. Wer nämlich nicht wagt, mit ihm Krieg anzufangen, wagt, ihm Hilfsvölker zu versagen; und wer sie ihm nicht zu versagen wagt, hat, wenn er sie versprochen hat, Mut genug, sie nicht zu schicken; und wer auch das nicht wagt, wagt doch, die Absendung so zu verzögern, daß sie zu spät kommen, um etwas zu nützen; alle diese Dinge aber verhindern und stören die Ausführung der Pläne. Daß dies seine Richtigkeit hat, zeigte sich, als der Kaiser das erstemal gegen den Willen der Venetianer und Franzosen nach Italien gehen wollte. Auf dem damals zu Konstanz gehaltenen Reichstag versprachen ihm die deutschen Städte 16000 Mann Fußvolk und 3000 Pferde, und nie konnte er so viel zusammenbringen, daß ihre Zahl nur 5000 erreicht hätte. Dies kam daher, weil, wenn die Mannschaft der einen Stadt ankam, die der anderen abzog, weil ihre Zeit um war. Manche gab auch statt Soldaten Geld, das bereitwillig angenommen wurde. So kamen aus diesen beiden Ursachen die Truppen nicht zusammen, und die Unternehmung mißlang.

Es wird für gewiß gehalten, daß die Macht Deutschlands viel mehr in den Städten besteht als in den Fürsten. Es gibt nämlich zweierlei Gattungen von Fürsten, weltliche und geistliche. Die weltlichen sind zu einer großen Schwäche herabgedrückt, teils durch sich selbst, da wegen der bei ihnen eingeführten Erbteilung jedes Fürstentum unter mehrere Fürsten geteilt ist, teils weil sie der Kaiser mit Hilfe der Städte gedemütigt hat. Sie sind daher unnütze Verbündete. Was die geistlichen Fürsten betrifft, so hat sie zwar die Erbteilung nicht geschwächt, allein der Ehrgeiz ihrer Städte, vom Kaiser unterstützt, hat sie so sehr erniedrigt, daß die Erzbischöfe, Kurfürsten und die anderen Fürstbischöfe in ihren eigenen großen Städten nichts sagen dürfen. Die Folge davon ist, daß sie, wegen der Entzweiung mit ihren Städten, den Kaiser bei seiner Unternehmung nicht unterstützen könnten, selbst wenn sie es wollten.

Kommen wir aber zu den freien Reichsstädten, dem Nerv des Landes, wo Geld und Ordnung ist. Diese sind aus vielen Gründen in ihrer Freiheit kalt für die Eroberung eines ausgedehnten Gebietes, und was sie nicht für sich selbst begehren, das liegt ihnen auch nicht am Herzen, einem anderen zu erobern. Dann sind es auch so viele und jede ihr eigener Herr, daß ihre Rüstungen, wenn sie solche machen wollen, zu spät kommen und nicht soviel Nutzen bringen als erforderlich wäre. Den Beweis davon sah man, als vor einigen Jahren die Schweizer die Staaten Maximilians und Schwaben angriffen: Se. Majestät schloß mit den Städten des schwäbischen Bundes zur Züchtigung der Schweizer einen Vertrag, und sie machten sich verbindlich, 14000 Mann ins Feld zu schicken. Nie aber kam die Hälfte zusammen; denn, wenn die Mannschaft einer Stadt kam, ging die der anderen wieder fort. So schloß der Kaiser, am glücklichen Ausgang des Feldzuges verzweifelnd, mit den Schweizern Frieden und ließ ihnen Basel. Nun kann man sich denken, was sie für fremde Unternehmungen tun werden, wenn sie es in ihren eigenen Angelegenheiten so machen. Alle diese Dinge zusammen aber bewirken, daß ihre Macht nicht viel bedeutet und dem Kaiser wenig nützt.

Die Venetianer haben wegen ihres Umganges mit den Kaufleuten der deutschen Städte immer am besten verstanden, mit dem Kaiser zu verhandeln und überhaupt zurechtzukommen, und immer behaupteten sie ihm gegenüber eine ehrenvolle Stellung. Denn hätten sie den Kaiser gefürchtet, so würden sie ihn durch Geld oder Abtretung einer Stadt besänftigt haben; sie würden sich ihm nicht widersetzt haben, wenn sie geglaubt hätten, diese Macht könne sich vereinigen. Da sie aber die Unmöglichkeit kannten, so blieben sie in der Hoffnung auf Zeit und Gelegenheit so fest.

Man sieht schon, daß in einer Republik, innerhalb derselben Ringmauer, die Angelegenheiten, die viele betreffen, vernachlässigt werden; es muß dies in einer Provinz noch viel mehr der Fall sein. Überdies sehen auch die freien Reichsstädte, daß die Eroberungen, die man in Italien oder anderwärts machen würde, für die Fürsten, nicht für sie sein würden, da sich die

Fürsten persönlich dieser Eroberungen erfreuen könnten, was ein Gemeinwesen nicht kann. Wo aber der Gewinn nicht gleich ist, geben die Menschen ungern gleichen Einsatz. Die Macht Deutschlands ist deshalb groß, aber so, daß man sich ihrer nicht bedienen kann. Würden daher die, welche sie fürchten, die oben angeführten Dinge überlegen und das, was diese Macht seit vielen Jahren her ausgerichtet hat, so würden sie sehen, was von ihr zu erwarten ist.

Die deutschen Schweren Reiter sind recht gut beritten, nur daß ihre Pferde schwer sind, und sie sind auch ganz gut bewaffnet, was die bei ihnen gebräuchlichen Waffen und Rüstung betrifft. Zu bemerken ist aber, daß sie in einem Gefecht gegen Italiener oder Franzosen nicht bestehen würden, nicht wegen der minderen Güte des Mannes, sondern weil für die Pferde keine Art Rüstung gebräuchlich ist, weil die Sättel klein und schwach und ohne Sattelbögen sind, so daß der kleinste Stoß den Reiter in den Sand wirft. Ein anderer Umstand, der sie schwächer macht, ist der, daß sie vom Körper abwärts, das heißt an den Schenkeln und Beinen, gar keine Schutzwaffen haben. So können sie also dem ersten Anrennen, worin die Hauptkraft der Schweren Reiter besteht und worauf es im Gefecht der schweren Reiterei hauptsächlich ankommt, nicht widerstehen und können dann auch mit der kurzen Waffe diesen Nachteil nicht wieder gutmachen, da sie selbst sowohl als ihre Pferde an den von Schutzwaffen entblößten Teilen verwundet werden können. Es steht in der Gewalt eines jeden Fußknechtes, sie mit der Pike vom Pferde zu stoßen oder sie zu verwunden. Überdies erlaubt ihnen die Schwerfälligkeit ihrer Pferde nicht, diese im Handgemenge rasch herumzuwerfen.

Das Fußvolk ist vortrefflich, und die Leute sind von schöner Statur, im Gegensatz zu den Schweizern, die klein und weder hübsch von Gesicht noch wohlgestaltet sind. Die Waffen der großen Mehrzahl bestehen allein in der Pike und einem kurzen Degen, um gewandter, schneller und leichter zu sein. Sie pflegen zu sagen, daß sie deshalb keine Schutzwaffen trügen, Weil sie keinen anderen Feind als das Geschütz hätten, wogegen sie ein Bruststück, Küraß oder Ringkragen doch nicht schätzen würde.

Die anderen Waffen fürchten sie nicht; denn ihre Schlachtordnung, sagen sie, sei so gut, daß es unmöglich sei, zwischen sie einzudringen oder ihnen auf Pikenlänge nahezukommen. Sie sind die besten Truppen für die offene Feldschlacht, allein zum Angriff auf Festungen taugen sie nichts und zur Verteidigung derselben wenig; überhaupt sind sie, wo sie sich nicht in ihrer Schlachtordnung aufstellen können, nichts wert. Dies hat die Erfahrung bewiesen, als sie mit den Italienern zu tun hatten, und besonders, wo Festungen zu erobern waren, wie Padua und andere Plätze. Hier haben sie sich schlecht gehalten, dagegen im offenen Felde immer gut. Wenn in der Schlacht bei Ravenna, zwischen den Franzosen und Spaniern, die Franzosen nicht die Landsknechte gehabt hätten, so würden sie die Schlacht verloren haben. Denn während die Reiterei beider Heere im Gefecht begriffen war, hatten die Spanier das französische und gascognische Fußvolk schon geschlagen; und wenn ihm die deutschen Regimenter nicht zu Hilfe gekommen wären, so würde es bis auf den letzten Mann getötet und gefangen worden sein. Ebenso sah man neulich, als der katholische König mit Frankreich in Guyenne Krieg anfing, daß die spanischen Truppen eine Schar von 10000 Deutschen, die der König von Frankreich hatte, mehr fürchteten als das ganze übrige Fußvolk, und daß sie jede Gelegenheit vermieden, mit ihnen zusammenzutreffen.

VERFASSUNG DER STADT LUCCA
1520.

Die Stadt Lucca ist in drei Teile geteilt, wovon der eine nach San Martino benannt ist, der andere nach San Paolino und der dritte nach San Salvatore.

Der erste und oberste Magistrat sind neun Bürger, drei aus jedem der genannten Stadtteile gewählt, die mit ihrem Präsidenten, den sie Gonfaloniere der Justiz nennen, Signoria heißen oder, wenn man sich eines alten Namens bedienen will, Anzianer. Nächst diesen gibt es einen Rat von sechsunddreißig Bürgern, der nach dieser Zahl benannt wird, ferner einen Rat von zweiunddreißig Bürgern, welcher der Große Rat heißt. Um diese drei Glieder dreht sich das ganze Gewicht ihres Staates, die Umstände dazu gerechnet, die ich einzeln aufführen werde, wenn ich von diesen Gliedern spreche.

Die Gewalt der Signoria über das Gebiet der Republik ist sehr ausgedehnt, über die Bürger ist sie es nicht. Die Signoria versammelt bloß in der Stadt die Räte, schlägt vor, was zu beraten ist, schreibt an die Gesandten und empfängt ihre Briefe, sammelt die Gutachten ihrer weisesten Bürger, die Kolloquien genannt werden und als Vorbereitung der in den Räten zu fassenden Beschlüsse dienen, wacht über die Rechtssachen, bringt sie in Erinnerung und gibt kurz allen Regierungsgeschäften der Stadt gleichsam den ersten Anstoß. Die Signoren sind zwei Monate im Amte und dürfen in den nächsten zwei Jahren nicht wieder gewählt werden.

Der Rat der Sechsunddreißig überträgt mit der Signoria alle Ehrenstellen und Ämter des Staates. Da man will, daß bei der Übertragung stets sechsunddreißig Bürger außer der Signoria gegenwärtig sind, so kann jeder Signor bei jeder Ratsversammlung zwei Beisitzer aufrufen, die mit derselben Gewalt als die Sechsunddreißig beiwohnen.

Die Art der Amtserteilung ist diese: Sie beuteln alle zwei Jahre alle, die Signoren und Gonfalonieri ein, die in den zwei kommenden Jahren das Amt haben sollen. Wenn zu diesem Zwecke die Signoren und der Rat der Sechsunddreißig in einem dazu bestimmten Zimmer versammelt sind, so begeben sich in ein anstoßendes Zimmer die Stimmzettelsekretäre nebst einem Mönch, und ein anderer Mönch steht an der Türe, welche beide Zimmer verbindet. Die Ordnung ist, daß jeder, der Sitz hat, nach Gutbefinden einen Mann nennt. Der Gonfaloniere macht also den Anfang, sich von seinem Sitze zu erheben, und geht zu dem Mönch an der Verbindungstüre, dem er ins Ohr sagt, wem er seine Stimme gibt und wem er will, daß auch die anderen ihre Stimme geben sollen. Sodann geht er weiter zu den Sekretären und legt einen Stimmzettel in die Urne. Nachdem der Gonfaloniere auf seinen Sitz zurückgekehrt ist, geht der Signor, welcher am längsten im Amte ist, und dann gehen nach und nach die anderen zu den Sekretären. Nach den Signoren kommt der ganze Rat.

Erst dann, wenn er bei dem Mönch vorübergeht, fragt jeder diesen, wer genannt worden ist und wem er seine Stimme geben soll, so daß er nur soviel Zeit hat, sich zu entschließen, als er braucht, vom Mönche zu den Sekretären zu gehen. Nachdem jeder seinen Stimmzettel abgegeben hat, wird die Urne ausgeleert, und wenn der Mann drei Viertel der Stimmen für sich hat, so wird er als einer der Signoren eingezeichnet; hat er sie nicht, so hat er verloren. Nachdem dies vorbei ist, erhebt sich der älteste Signor und nennt einen zweiten Mann dem Mönche ins Ohr; sodann kommen alle übrigen, um über ihn abzustimmen, und so nennt nach und nach jeder einen Mann. Größtenteils ist die Signoria in drei Sitzungen ernannt, und es müssen auf diese Weise hundertundacht Signoren und zwölf Gonfalonieri durch Abstimmen erwählt werden, um die Zahl vollzumachen. Wenn sie diese Zahl haben, wählen sie aus ihrer Mitte durch Stimmenmehrheit die Assortitoren, welche diejenigen Signoren durchs Los bestimmen, welche in den bestimmten Monaten ins Amt zu treten haben. Die so durchs Los bestimmten Signoren werden dann alle zwei Monate bekannt gemacht.

Bei der Verteilung der anderen Ämter verfahren sie anders. Die Wahl wird einmal des Jahres vorgenommen, so daß zu dem Amte, das sechs Monate dauert, zwei Beamte gewählt werden. Sie beobachten dabei folgende Ordnung: zuerst wird eine Bekanntmachung erlassen, es seien die Beamten fürs nächste Jahr zu ernennen, und wer Ämter wolle, solle sich einschreiben lassen. Jedermann also, der über sich will abstimmen lassen, läßt sich beim Kanzler aufschreiben, der die Namen auf Zettel schreibt und diese Zettel in einen Beutel legt. Wenn sodann der Rat zur Ernennung der Beamten versammelt ist, so fängt der Kanzler an, einen Namen aus dein Beutel zu ziehen, und ist der Gezogene gegenwärtig, so sagt er: ich will wegen des und des Amtes über mich abstimmen lassen. So beginnt denn die Abstimmung, und wenn der Mann drei Viertel der Stimmen erhält, so ist das Amt besetzt, die Wahl ist geschehen und man stimmt nicht mehr über dieses Amt ab. Erhält er die Stimmen nicht, so wird der Zettel zerrissen, und der Mann kann nicht mehr über sich abstimmen lassen. Es wird jetzt ein anderer Zettel herausgezogen, und wenn der, dessen Namen gezogen wurde, gegenwärtig ist, so sagt er, zu welchem Amte er gewählt werden will, und wenn er nicht gegenwärtig ist, so hat er jemand beauftragt, der es für ihn sagt. So fährt man fort, bis alle Ämter für das nächste Jahr besetzt sind, indem, wie ich gesagt, zwei Beamte für die Ämter, die nur sechs Monate dauern, gewählt werden.

Zu bemerken ist also der Unterschied zwischen diesem Verfahren und der Stimmenwahl der Florentiner und der andern. Bei der Wahl der Signoria geht bei ihnen der Stimmende zur Urne, und anderwärts pflegt man die Urne zu den Stimmenden zu tragen. Bei der Wahl der Beamten schlägt man anderwärts vor, welches Amt zu besetzen sei, und zieht die Männer aus dem Beutel, über die abgestimmt werden soll; man will, daß viele konkurrieren, daß viele die gehörige Anzahl Stimmen erhalten, und daß derjenige das Amt erhält, der die meisten Stimmen hat. Die Luccaner tun das Gegenteil: sie ziehen zuerst den Mann, und dann wird erklärt, um welches Amt er sich bewerben soll, und diese Erklärung soll dem Gezogenen selbst zustehen, damit er seine Kräfte messe und danach ein Amt wähle. Wählt er schlecht, so ist es sein Schaden, er verliert für dieses Jahr die Fähigkeit, über sich abstimmen zu lassen. Erhält er aber die gehörige Anzahl Stimmen, so ist das Amt sein, und sie wollen nicht, daß noch über einen anderen abgestimmt werde, um das Amt nach den meisten Stimmen zuzuteilen; denn es scheint ihnen eine Beleidigung zu sein, daß ihm ein anderer nehmen könnte, was ihm einmal gegeben ist. Welches von diesen beiden Verfahren das bessere sei, das luccanische oder das Eurige oder das venetianische, hierüber will ich andere urteilen lassen.

Der Große Rat besteht, wie ich gesagt habe, aus zweiundsiebzig Bürgern, die sich mit der Signoria versammeln, wozu noch überdies jeder Signor drei Bürger berufen kann, die, mit ihnen versammelt, dieselbe Gewalt haben wie sie. Dieser Rat bleibt ein Jahr, der der Sechsunddreißig sechs Monate im Amt, und die Mitglieder dürfen bei der Erneuerung nur nicht unmittelbar wieder gewählt werden. Der Rat der Sechsunddreißig erneuert sich selbst; der Große Rat wird von der Signoria erneuert und von zwölf von den Sechsunddreißig hierzu gewählten Bürgern. Dieser Große Rat ist der Herrscher der Stadt; denn er macht Gesetze, schafft sie ab, schließt Waffenstillstände, Bündnisse, verbannt Bürger, verurteilt zum Tode, kurz, es läßt sich gegen ihn nicht appellieren, noch hält ihn irgend etwas im Zaume, wenn eine Mehrheit von drei Vierteilen einen Beschluß faßt.

Außer den obengenannten Einrichtungen haben sie drei Sekretäre, die sechs Monate im Amt bleiben. Ihr Amt ist, wie wir sagen würden, das von Spionen, oder mit einem ehrbareren Namen, das von Wächtern des Staates. Sie können einen Fremden ohne anderweitige Beratung ausweisen oder töten. Sie haben ein Auge auf die Angelegenheiten der Stadt. Wenn sie etwas erfahren, was den Staat verletzen könnte, und was Bürger angeht, so berichten sie es dem Gonfaloniere, der Signoria, den Kolloquien, damit Untersuchung und Strafe erfolge.

Ferner sind drei andere Bürger sechs Monate im Amt, die Condottieri genannt werden, und die Gewalt haben, Fußtruppen und andere Soldaten in Sold zu nehmen.

Sie haben einen Florentiner zum Podestà, der in bürgerlichen und peinlichen Rechtssachen über die Bürger und über jedermann gesetzt ist.

Sodann haben sie Obrigkeiten über die Kaufleute, die Handwerker, die Straßen und öffentlichen Gebäude, wie es in allen anderen Städten auch ist.

Mit diesen Einrichtungen bestanden sie bis heute und erhielten sich inmitten so vieler mächtiger Feinde. Man kann sie also hinsichtlich des Erfolges im allgemeinen nicht anders als loben; doch wollen wir untersuchen, was an dieser Verfassung gut oder schlecht ist.

Daß die Signoria keine Gewalt über die Bürger hat, ist eine sehr gute Einrichtung; denn so haben es die guten Republiken beobachtet. Die römischen Konsuln, der Doge und die Signoria von Venedig hatten und haben nicht die geringste Gewalt über ihre Mitbürger. Die erste Würde in einer Republik ist an sich selbst so angesehen, daß sie schlechte Wirkung hervorbringen muß, wenn du ihr noch Gewalt dazu gibst.

Schlimm ist es, wenn das Haupt einer Republik ohne Majestät ist, wie in Lucca. Da die Signoria nur zwei Monate im Amte bleibt, und die Unfähigkeit, wieder erwählt zu werden, lange währt, so muß sie notwendigerweise aus nicht angesehenen Männern bestehen. Diese Einrichtung ist nicht gut; denn die Majestät und die Klugheit, die man im öffentlichen Palaste nicht findet, sucht man im Hause des Privaten. Daraus entsteht, daß sie genötigt sind, die Kolloquien von Bürgern, die weder Ämter bekleiden noch zu den Räten gehören, halten zu lassen, was in den wohlgeordneten Republiken nicht geschieht. Betrachtet man, wer zu Venedig in der Signoria sitzt und wer in Rom Konsul war, so wird man sehen, daß die Häupter ihres Staates Majestät hatten, wenn sie auch keine Gewalt hatten. Wie es gut ist, daß sie der einen entbehren, ebenso ist es schlecht, daß sie der anderen entbehren.

Die Art, wie sie die Signoria und die Ämter besetzen, ist gut, politisch und wohlbedacht.

Wahr ist, daß sie darin von der Ordnung der alten Republiken abweichen; denn dort erteilte die große Zahl die Ämter, die mittlere beriet, die kleine führte aus. In Rom erteilte das Volk die Ämter, der Senat beriet, die Konsuln und geringeren Magistrate führten aus. Zu Venedig erteilt der Rat die Ämter, die Pregai beraten, die Signoria führt aus. In Lucca sind diese Stände verwirrt. Die Mittelzahl erteilt die Ämter, die größere und die kleinere Zahl berät zum Teil und fährt zum Teil aus. Wenn schon dies in der Republik Lucca keine schlimmen Folgen hat, so darf es doch, wer eine Republik einrichtet, nicht nachahmen. Die Ursache, warum es keine schlimmen Folgen hat, ist, daß die Ehrenstellen und Ämter in dieser Stadt mit wenig Ehrgeiz gesucht werden, da sie auf der einen Seite mit geringen Besoldungen verbunden sind, und auf der anderen Seite jene, die darnach streben könnten, reich sind und ihre eigenen Geschäfte höher anschlagen als jene Ämter und deshalb sich weniger darum kümmern, wer sie verwaltet. Auch daß die Zahl der Bürger gering ist, und daß die Räte nicht auf Lebenszeit, sondern für sechs Monate ernannt werden, bewirkt, daß jeder darum anhält, Rat zu werden und es zu werden hofft. Dann beruhigt auch die Gewalt, welche die Signoren haben, zu jeder Ratsversammlung je einen Bürger zu ernennen, viele ihrer Freunde, da viele, die nicht gewählt zu werden glauben, mit einem Signor in Freundschaft zu stehen hoffen, der sie zum Rate zuziehen werde, so daß, es ihnen wenig wichtig ist, wer die Ämter erteilt, der Rat der Sechsunddreißig oder der der Zweiundsiebenzig.

Sie haben bei der Versammlung dieser Räte noch eine andere Einrichtung, die zur Befriedigung des Volkes und zur Abkürzung der Geschäfte dient. Wenn der Rat sich versammelt, und die Stunde, wo die Räte da sein sollen, vorbei ist und einer fehlt, so kann die Signoria ihre Sergeanten ausschicken, und die ersten Bürger, die sie finden, in den Rat einführen lassen, um die vorgeschriebene Zahl vollzumachen.

Gut eingerichtet ist auch, daß der Große Rat Gewalt über die Bürger hat; denn er ist ein starker Zügel, die im Zaum zu halten, welche nach Macht streben. Aber schon nicht mehr gut eingerichtet ist, daß sie keinen Magistrat von wenigen Bürgern haben, zum Beispiel von vier oder sechs, die strafen könnten.

Wo eine von diesen beiden Einrichtungen in einer Republik fehlt, entsteht Unordnung. Die große Zahl dient dazu, die Großen zu züchtigen und den Ehrgeiz der Reichen; die kleine Zahl dient dazu, den Kleinen Furcht zu machen und den Übermut der Jünglinge zu zügeln. Es fallen jeden Tag in dieser Stadt Dinge vor, die die große Zahl nicht bessern kann, und daher kommt es, daß die Jünglinge kühn werden; die Jugend wird verdorben und kann so das Werkzeug des Ehrgeizes werden.

Da also Lucca dieser Einrichtung, die die Jugend im Zaume halten würde, entbehrt, so erkannte es, daß dieser Übermut anwuchs und üble Folgen für die Stadt hatte. Es wurde daher, um ihn zu zügeln, vor vielen Jahren ein Gesetz gemacht, das man Gesetz der Zügellosen nennt, was soviel bedeutet als ein Gesetz gegen die Übermütigen und Schlechtgesitteten. Es wird dadurch festgesetzt, daß im allgemeinen Rate jährlich zweimal, im September und März, alle Versammelten diejenigen aufschreiben, welche sie aus dem Staate zu verweisen für gut halten. Sodann werden die Zettel gelesen, und über jeden, der zehn- und mehrmal aufgeschrieben ist, wird abgestimmt. Sind dann drei Viertel der Stimmen gegen ihn, so wird er für drei Jahre des Landes verwiesen. Dieses Gesetz war sehr wohl bedacht und hat der Republik sehr genützt, da es auf der einen Seite ein starker Zügel für die Menschen ist, und auf der anderen die Menge der Verwiesenen sich nicht anhäufen kann, da, außer den drei ersten Jahren nach Einführung des Gesetzes, jedesmal soviel Verwiesene zurückkehren als sich entfernen müssen. Allein das Gesetz reicht doch nicht hin. Die Jünglinge, die adelig, reich und von einflußreicher Verwandtschaft sind, fürchten es wegen der geringen Zahl der Stimmenden nicht, und man sieht heute eine Familie dort, die Poggio, die jeden Tag schlechte Beispiele in einer guten Republik gibt, und man hat bis jetzt noch kein Mittel dagegen gefunden.

Manchem könnte es vielleicht als ein Mißstand erscheinen, daß bei den Luccanern stets drei Viertel der Stimmen nötig sind. Die Antwort hierauf ist, daß beim beständigen Kampfe der Neuerungen mit der Erhaltung in Freistaaten das Ja hier viel gefährlicher ist als das Nein, und daß diese Staaten viel mehr vor denen auf der Hut sein müssen, die wollen, daß ein Vorschlag durchgeht, als vor denen, die nicht wollen, daß er durchgeht. Man hält es dahin für weniger schlimm, daß die wenigen leicht etwas Gutes verhindern können, als daß sie leicht etwas Böses tun könnten. Wenn jedoch diese Schwierigkeit in dieser Hinsicht gut ist, so ist sie doch nicht im allgemeinen gut; denn es gibt viele Dinge, die man erleichtern sollte, wozu die Bestrafung der Bürger gehört.

Hätten über ihre Strafe zwei Dritteile zu entscheiden, so könnten Verwandtschaft und Freundschaft dieselbe schwerer verhindern.

Dies ist der Hauptsache nach, was man über die Regierungsform Luccas sagen kann, und über das, was daran gut und schlecht ist.

Denkschrift über die Reform des Staates von Florenz

1519.

Die Ursache, warum Florenz von jeher so häufig seine Regierungsform gewechselt hat, ist die, daß es nie weder eine Republik noch ein Fürstentum war, die ihre gehörigen Einrichtungen gehabt hätten. Man kann das Fürstentum nicht dauerhaft nennen, wo die Dinge geschehen, wie es einer will, und mit der Zustimmung vieler beschlossen werden. Ebensowenig kann man glauben, die Republik sei für die Dauer, in der das Streben nicht befriedigt wird, durch dessen Nichtbefriedigung die Republiken zugrunde gehen.

Daß dies wahr sei, kann man aus den Verfassungen erkennen, die diese Stadt vom Jahr 1339 bis jetzt gehabt hat. Wenn man mit der Reform, die in jener Zeit Messer Maso degli Albizzi bewerkstelligte, den Anfang macht, so wird man sehen, daß damals eine Aristokratie eingeführt werden sollte. Diese Aristokratie hatte so viele Mängel, daß sie nicht über vierzig Jahre dauerte, und sie würde noch viel kürzere Dauer gehabt haben, wenn nicht die Kriege mit den Visconti ausgebrochen wären, die sie einig erhielten. Die Mängel waren unter anderm, daß die Squittinien für lange Zeit vorgenommen wurden, daß leicht Betrug stattfinden konnte, und daß sich ereignen konnte, daß die Wahlen nicht gut waren. Da sich die Menschen leicht ändern und von gut böse werden, und da auf der anderen Seite die Grade den Bürgern auf längere Zeit gegeben wurden, so konnte es leicht kommen, daß die Wahl gut war und die Ziehung schlecht ausfiel. Ferner war nichts vorgesehen, um die Großen in Furcht zu setzen, auf daß sie keine Parteien bilden könnten, die der Ruin der Staaten sind. Die Signoria hatte wenig Ansehen und zu große Gewalt, da sie ohne Appellation über Leben und Vermögen der Bürger entscheiden und das Volk zur Versammlung berufen konnte. Sie war so nicht die Beschützerin der

Verfassung, sondern das Werkzeug ihres Untergangs, sooft ein angesehener Bürger ihr befehlen konnte oder sie zu gewinnen wußte. Sie hatte auf der anderen Seite, wie schon gesagt, wenig Ansehen, da in ihr oft gemeine Leute und Jünglinge saßen, weil die Amtsdauer kurz war, und weil sie keine wichtigen Geschäfte vornahm; weshalb sie denn kein Ansehen haben konnte. Es gab in dieser Verfassung noch eine andere Unzuträglichkeit von nicht geringer Bedeutung. Die Privaten hatten Stimme bei der Beratung der öffentlichen Angelegenheiten, was den Privaten Ansehen gab und es den öffentlichen Männern entzog und so dazu führte, den Magistraten Gewalt und Ansehen zu entziehen, was gegen jede politische Ordnung ist. Zu diesen Mißständen kam noch ein weiterer, so wichtig als alle übrigen zusammen, nämlich daß das Volk nicht seinen Teil an der Regierung hatte. Alle diese Dinge erzeugten unendliche Verwirrung, und wenn, wie ich gesagt, die auswärtigen Kriege diese Verfassung nicht aufrechterhalten hätten, so mußte sie viel schneller stürzen als sie gestürzt ist.

Hierauf erhob sich die Regierung der Medici, die mehr monarchisch als republikanisch war. Wenn sie eine längere Dauer hatte als die andere, so hatte dies zwei Ursachen. Die eine, daß sie durch den Beistand des Volkes errichtet worden war; die zweite, daß sie durch die Klugheit zweier Männer geleitet wurde, Cosimos und seines Enkels Lorenzo. Dennoch, weil durch viele beschlossen werden mußte, was Cosimo durchsetzen wollte, war die Regierung so schwach, daß Cosimo mehreremal in Gefahr kam zu stürzen. Hieraus entstanden die häufigen Generalversammlungen und die häufigen Verbannungen während der Dauer dieser Verfassung. Sie stürzte zuletzt zur Zeit des Kriegszugs Karls VIII. zusammen.

Hierauf wollte die Stadt wieder republikanische Formen annehmen. Sie traf aber keine solchen, die Dauer gehabt hätten; denn jene Verfassung befriedigte nicht das verschiedene Streben der Bürger, und andererseits konnten die Bürger nicht gezüchtet werden. Der Staat war so mangelhaft und fern von einer wahren Republik, daß ein Gonfaloniere auf Lebenszeit, wenn er weise und böse war, sich leicht zum Fürsten machen konnte;

war er aber gut und schwach, so konnte er leicht vertrieben werden und mit ihm die ganze Republik stürzen. Es wäre zu umständlich, alle Ursachen anzuführen, ich will daher nur die eine nennen, nämlich daß der Gonfaloniere niemand um sich hatte, der ihn schützen konnte, wenn er gut war, oder der ihn zügeln und zurechtweisen konnte, wenn er böse war.

Die Ursache, warum alle diese Verfassungen fehlerhaft waren, ist die, daß jedesmal die Reform der früheren Verfassung nicht zur Beförderung des allgemeinen Wohles vorgenommen wurde, sondern zur Verstärkung und Sicherheit einer Partei. Aber auch diese Sicherheit fand man nicht, da immer eine unzufriedene Partei da war, die das kräftigste Werkzeug dessen wurde, der eine Umwälzung wünschte.

Es bleibt uns jetzt noch zu erörtern übrig, welches die Verfassung vom Jahr zwölf bis jetzt gewesen ist, und was an ihr schwach oder kräftig war. Da die Sache noch neu ist und jedermann sie kennt, so sollte ich eigentlich nicht darüber sprechen. Allein, da es durch den Tod des Herzogs dahin gekommen ist, daß von einer neuen Regierungsform die Rede sein muß, so glaube ich nicht irren zu können, wenn ich, um meine Treue gegen Eure Heiligkeit zu beweisen, sage, was sich mir darbietet. Zuerst will ich die Meinung vieler anderer erwähnen, wie ich sie im Gespräch gehört zu haben glaube, und werde hierauf die meinige beifügen. Sollte diese irrig sein, so möge mich Eure Heiligkeit dadurch entschuldigen, daß mein guter Wille größer ist als meine Klugheit.

Ich sage also, daß einige urteilen, man könne keine sicherere Regierung einführen als die, welche zur Zeit Cosimos und Lorenzos bestand. Einige andere wünschen sie weiter. Die, welche die Regierung dem Staate Cosimos gleich wünschen, sagen, die Dinge kehrten leicht zu ihrer Natur zurück. Da es nun den florentinischen Bürgern natürlich sei, Euer Haus zu ehren, die Gnaden zu genießen, die von ihm ausgehen, zu lieben, was von ihm geliebt werde, und da ihnen dies während sechzig Jahren zur Gewohnheit geworden, so sei es unmöglich, daß ihnen beim Anblick derselben Formen nicht dieselbe Gesinnung zurückkehre. Man glaubt, es könnten nur wenige entgegengesetzten Sinnes bleiben, und diese wenigen könnten durch die entgegengesetzte Gewohnheit leicht verschwinden. Man fügt diesen Gründen die Notwendigkeit hinzu, indem man zeigt, die Florentiner könnten nicht ohne Haupt sein. Müßten sie aber ein Haupt haben, so sei es viel besser, daß es dem Hause angehöre, das sie anzubeten pflegen, als entweder ohne Haupt in Verwirrung zu leben, oder das Haupt aus einem andern Hause nehmen zu müssen, das weniger Ansehen habe und mit dem man weniger allgemein zufrieden sei.

Dieser Meinung wird entgegnet, daß ein so gebildeter Staat gefährlich ist, und zwar aus keinem andern Grunde, als weil er schwach ist. Zeigte sich beim Staate Cosimos in jenen Zeiten so große Schwäche, wie wir oben angeführt, so verdoppelt sich in der jetzigen Zeit die Schwäche eines gleichen Staates, da die Stadt, die Bürger, die Zeiten anders sind als sie damals waren. Es ist daher unmöglich, eine Verfassung in Florenz einzuführen, die bestehen kann und jener gleich ist. Zuerst nämlich hatte jene Verfassung die Masse zum Freunde, und die jetzige hat sie zum Feinde. Jene Bürger hatten nie in Florenz eine Verfassung gefunden, an der die Masse mehr teilzuhaben schien; diese haben eine gefunden, die ihnen freier scheint, und die sie mehr befriedigt. In Italien gab es damals weder Waffen noch eine Macht, denen die Florentiner mit ihren Waffen, auch wenn sie allein blieben, nicht widerstehen konnten; jetzt wo Spanien und Frankreich im Lande sind, müssen sie die Freunde von einem von beiden sein und sind, sowie das eine unterliegt, sogleich die Beute des Siegers, was damals nicht eintreten konnte. Die Bürger waren gewohnt, viele Abgaben zu bezahlen; jetzt ist dies aus Unvermögen oder Ungewohntheit nicht mehr so, und sie wieder daran gewöhnen wollen, ist eine haßerzeugende und gefährliche Sache. Die Medici, die damals regierten, waren mit ihren Mitbürgern geboren und erzogen und benahmen sich daher mit so großer Vertraulichkeit, daß sie sich dadurch Zuneigung erwarben; jetzt sind sie so groß geworden, daß sie weit über dem Bürgerstand stehen, und jene Vertraulichkeit nicht mehr stattfinden kann und folglich auch nicht mehr jene Zuneigung. Betrachtet man daher diesen Unterschied der Zeiten und der Menschen, so kann es keine größere Täuschung geben, als zu glauben, es lasse sich so ungleichartigem Stoffe dieselbe Form aufdrücken. Wenn die Medici, wie ich oben gesagt, alle zehn Jahre die Herrschaft zu verlieren Gefahr liefen, so würden sie sie jetzt wirklich verlieren. Auch glaube man nicht, daß es wahr ist, daß die Menschen leicht zu ihrer alten und gewohnten Verfassung zurückkehren. Dies wird nur dann wahr sein, wenn ihnen die alte Verfassung mehr gefällt als die neue; gefällt sie ihnen hingegen weniger, so kehren sie nur gezwungen dazu zurück und bleiben gerade so lange dabei, als dieser Zwang währt. Wenn es ferner auch wahr sein mag, daß Florenz nicht ohne Haupt sein kann, und daß es bei der Wahl zwischen einem Privathaupt und dem anderen einem Haupte aus dem Hause Medici vor einem aus einem anderen Hause den Vorzug geben würde, so wird doch bei der Wahl zwischen einem Privathaupt und einem öffentlichen Haupt immer das öffentliche Haupt, woher es auch sein mag, mehr gefallen als das Privathaupt. Einige glauben, man könne den Staat nicht ohne äußeren Angriff verlieren, und sie denken, es werde immer noch Zeit sein, mit dem Angreifer Freundschaft zu schließen. Hierin irren sie sich sehr, denn zumeist schließt man nicht Freundschaft mit dem Mächtigsten, sondern mit dem, der gerade am meisten in der Lage ist, dich angreifen zu können, oder mit dem, den zu lieben deine Gesinnung und Laune am meisten geneigt ist. Leicht kann es nun geschehen, daß dein Freund unterliegt und du hierdurch in der Gewalt des Siegers bist, und daß dieser keinen Vertrag mit dir schließen will, entweder weil du keine Zeit zum Begehren hast, oder weil er, wegen deiner Freundschaft mit seinen Feinden, Haß auf dich geworfen hat. Der Herzog Lodovico von Mailand würde mit Ludwig XII. von Frankreich einen Vertrag geschlossen haben, wenn es ihm möglich gewesen wäre. Gleichfalls würde König Friedrich von Neapel mit Frankreich einen Vertrag geschlossen haben, wenn Ludwig XII. gewollt hätte. Beide verloren ihre Staaten, weil sie nicht Verträge schließen konnten; denn es entstehen tausend Zufälle, die dich daran verhindern, solche Verträge zu schließen. Alles erwogen, läßt sich also diese Verfassung weder sicher noch dauerhaft nennen, indem so viele Ursachen der Unbeständigkeit da sind. Sie sollte daher weder Eurer Heiligkeit noch Euren Freunden gefallen können.

Was die betrifft, die die Regierung weiter wollen als diese, so sage ich, daß diese Weite nur dazu dient, sie desto früher stürzen zu machen, wenn man sie nicht so sehr erweitert, daß der Staat eine wohlgeordnete Republik wird. Wenn sie ausführlich sagten, wie sie es gehalten haben wollen, so würde ich ihnen ausführlich antworten; da sie aber bei allgemeinen Sätzen bleiben, so kann ich auch nur allgemein antworten. Es soll mir daher die folgende Antwort sowohl zu ihrer Widerlegung als zu der des Staates der Medici genügen.

Es läßt sich kein dauerhafter Staat errichten, wenn er nicht ein wahres Fürstentum oder eine wahre Republik ist. Alle Regierungsformen, die zwischen diesen beiden liegen, sind mangelhaft. Die Ursache ist sehr klar. Das Fürstentum hat nur einen Weg zu seiner Auflösung, daß es nämlich zur Republik herabsteigt; und ebenso hat die Republik nur einen Weg, sich aufzulösen, nämlich daß sie zur Monarchie hinaufsteigt. Die Staaten in der Mitte haben zwei Wege: sie können zum Fürstentum hinauf und zur Republik herabsteigen, und hieraus entsteht ihre Unbeständigkeit. Wenn daher Eure Heiligkeit in Florenz einen dauerhaften Staat zu Eurer Ehre und zum Heile Eurer Freunde errichten will, so läßt sich nichts anderes einführen als ein wahres Fürstentum oder eine Republik, die ihre gehörigen Einrichtungen hat. Alles übrige ist eitel und sehr kurzlebig.

Was das Fürstentum betrifft, so will ich diese Sache nicht ausführlich erörtern, sowohl wegen der Schwierigkeit, es zu errichten, als auch weil das Werkzeug gestorben ist. Eure Heiligkeit muß wissen, daß in allen Städten, wo große Gleichheit der Bürger herrscht, nur mit größter Schwierigkeit ein Fürstentum eingeführt werden kann; und daß in den Städten, wo große Ungleichheit der Bürger herrscht, sich nur mit größter Schwierigkeit eine Republik errichten läßt. Um in Mailand, wo große Ungleichheit der Bürger herrscht, eine Republik einzuführen, müßte man den ganzen Adel vernichten und ihn zur Gleichheit mit den anderen herabbringen; denn es gibt darunter so außerordentlich Mächtige, daß die Gesetze nicht hinreichen, sie im Zaume zu halten, sondern es bedarf dort einer lebendigen Stimme und einer königlichen Gewalt, sie zu bändigen. Um dagegen in Florenz, wo sehr große Gleichheit herrscht, ein Fürstentum zu errichten, würde es nötig sein, zuerst Ungleichheit einzuführen und viele Edle mit Türmen und Burgen zu schaffen, die im Verein mit dem Fürsten durch die Waffen und ihren Anhang die Stadt und das ganze Land unter Druck hielten. Ein Fürst allein, von Adel entblößt, kann das Gewicht der Herrschaft nicht tragen; es ist daher nötig, daß zwischen ihm und der Masse ein Mittelglied ist, das ihm die Herrschaft tragen hilft. Man sieht dies in allen Monarchien und besonders im Königreich Frankreich, wo die Edelleute das Volk, die Fürsten die Edelleute und der König die Fürsten beherrscht. Wo aber eine Republik paßt, eine Monarchie errichten, und wo eine Monarchie paßt, eine Republik errichten, ist schwierig, und weil es schwierig ist, unmenschlich und unwürdig eines jeden, der für milde und gut gelten will. Ich unterlasse daher, noch weiter über die Monarchie zu sprechen und werde von der Republik handeln, sowohl weil Florenz durch seinen Zustand äußerst geeignet ist, diese Form anzunehmen, als auch weil man erfährt, daß Eure Heiligkeit völlig geneigt dazu ist. Man glaubt, Ihr verschiebt es nur darum, weil Ihr eine Verfassung zu finden wünscht, wodurch Eure Gewalt in Florenz groß bliebe und Eure Freunde sicher leben würden. Da ich nun eine solche Verfassung ausgedacht zu haben glaube, so soll Eure Heiligkeit diesen meinen Gedanken wissen, damit Ihr Euch dessen bedient, was Gutes daran sein mag, Und damit Ihr daraus meine Untertänigkeit gegen Euch erkennen möget. Ihr werdet sehen, daß in dieser meiner Republik Eure Gewalt nicht allein erhalten, sondern vermehrt wird, und daß Eure Freunde geehrt und sicher bleiben, während die übrigen Bürger die augenscheinlichste Ursache haben, zufrieden zu sein. Ich bitte aber ehrerbietig Eure Heiligkeit, daß Ihr diese meine Denkschrift nicht tadeln und nicht loben möget, ehe Ihr sie ganz gelesen. Ebenso bitte ich, daß Ihr vor einigen Änderungen der Obrigkeiten nicht erschrecken möget; denn je weniger da, wo die Dinge nicht gut eingerichtet sind, vom Alten übrigbleibt, desto weniger bleibt vom Schlechten übrig.

Die, welche eine Republik konstituieren, müssen drei verschiedenen Klassen von Menschen, die in allen Städten sind, Raum geben, nämlich den ersten, den mittlern und den letzten.

Obgleich nun in Florenz die Gleichheit herrscht, von der ich oben gesprochen, so gibt es doch einige, die hohen Sinnes sind und die den Vorrang vor den anderen zu verdienen glauben. Diese müssen bei der Konstituierung der Republik befriedigt werden; und aus keinem anderen Grunde stürzte die letzte Verfassung zusammen, als weil dieses Streben nicht befriedigt wurde. Diese Männer kann man nicht befriedigen, wenn man den ersten Würden der Republik nicht Majestät gibt, welche Majestät ihren Personen erhalten wird. Es ist nicht möglich, diese Majestät den ersten Würden des florentinischen Staates zu geben, wenn man die Signoria und die Räte so beibehält, wie sie früher gewesen sind. Da in ihnen, in Anbetracht der Art der Ernennung, nur selten ernste angesehene Männer sitzen können, so mußte man diese Majestät des Staates weiter nach unten und an Nebenorte verlegen (was gegen alle politische Ordnung ist) oder sie Privatleuten zuwenden. Es ist daher notwendig, dies zu verbessern und zugleich mit der Verbesserung den höchsten Ehrgeiz, den es in der Stadt gibt, zu befriedigen. Die Art ist folgende:

Die Signoria, die *Otto della pratica* und die zwölf Gutmänner abschaffen. Statt dessen, um der Regierung Majestät zu geben, fünfundsechzig Bürger mit vollendetem fünfundvierzigsten Jahre wählen lassen (dreiundfünfzig durch die größere Sektion, zwölf durch die kleinere Sektion des Rates), die lebenslänglich auf die unten beschriebene Weise an der Regierung bleiben. Aus der genannten Zahl einen Gonfaloniere der Gerechtigkeit ernennen, für zwei oder drei Jahre, wenn man ihn nicht auf Lebenszeit ernennen will. Die vierundsechzig Bürger, welche bleiben, in zwei Teile teilen, zweiunddreißig auf den Teil. Der eine Teil regierte mit dem Gonfaloniere ein Jahr lang, der andere Teil das folgende Jahr, und so würden sie sich nach und nach ablösen, die unten beschriebene Ordnung beobachtend. Alle zusammen würden sie Signoria genannt. Die zweiunddreißig teilte man in vier Teile, acht auf den Teil. Jeder Teil würde mit dem Gonfaloniere drei Monate lang im Regierungspalast residieren und das Amt mit den herkömmlichen Feierlichkeiten übernehmen. Er würde alle Geschäfte besorgen, die heute die Signoria allein besorgt, und die sämtlichen zweiunddreißig würden alle Geschäfte besorgen, die die Signoria, die Acht der Praktik und die Räte, die unten abgeschafft werden, vereint besorgen.

Dies würde, wie ich gesagt, das erste Haupt und das erste Glied des Staates sein. Betrachtet man diese Einrichtung genau, so wird man sehen, daß durch sie dem Haupt des Staates Majestät und Ansehen wiedergegeben ist. Man wird sehen, daß die ernsten bedeutenden Männer immer die ersten Würden bekleiden würden, und daß die Dienste der Privatleute, die, wie ich oben sage, einer Republik verderblich sind, nicht nötig sein würden, da die Zweiunddreißig, die dieses Jahr nicht im Amte wären, zu Beratungen und Dienstleistungen benützt werden können. Eure Heiligkeit könnte bei der ersten Wahl alle Ihre Freunde und Vertrauten ernennen, wie unten gesagt werden soll. Kommen wir aber zum zweiten Grade des Staates.

Da es drei Klassen von Menschen gibt, wie oben gesagt wird, so halte ich es für nötig, daß es auch drei Grade in einer Republik gebe, und nicht mehr. Ich glaube daher, daß es gut ist, ein Durcheinander von Räten aufzuheben, die es eine Zeitlang in Eurer Stadt gab. Sie wurden nicht eingeführt, weil sie zur Freiheit nötig gewesen wären, sondern um damit mehr Bürger abzuspeisen, und zwar mit einer Sache, die eigentlich nichts zum allgemeinen Wohle der Stadt beitrug, da sie alle, als Parteien angehörig, bestechlich waren.

Um daher die Regierung einer Republik genau auf drei Glieder zu beschränken, scheint mir, daß der Rat der Siebenzig und der Rat des Volkes und der Gemeinde abzuschaffen seien. Statt diesen allen wäre ein Rat von Zweihundert mit zurückgelegtem vierzigsten Jahre zu errichten (vierzig für die kleine Sektion, hundertsechzig für die größere Sektion), worunter keiner der Fünfundsechzig sein dürfte, und die lebenslänglich im Amte blieben und der Rat der Erwählten genannt würden. Dieser Rat samt den genannten Fünfundsechzig würde alle die Geschäfte besorgen und alle Gewalt haben wie heute die obengenannten Räte, die kraft dieses abgeschafft wären. Dies wäre der zweite Grad des Staates, und alle würden von Eurer Heiligkeit erwählt werden.

Zu diesem Zwecke und zur Erhaltung und Regelung der obengenannten Einrichtungen und derjenigen, die unten genannt werden sollen, und zur größeren Sicherheit Eurer Gewalt und der Gewalt der Freunde Eurer Heiligkeit, würde Eurer Heiligkeit und Sr. Ehrwürden dem Kardinal de' Medici (Giuliano) durch die Balie lebenslänglich so große Gewalt gegeben werden als das ganze Volk von Florenz hat. Der Magistrat der Acht der Obsorge und Balie würde durch die Gewalt Eurer Heiligkeit von Zeit zu Zeit ernannt werden. Ferner würde zur größeren Sicherheit des Staates und der Freunde Eurer Heiligkeit die Ordonnanz des Fußvolks in zwei Scharen geteilt werden, deren jeder Eure Heiligkeit durch Eure Gewalt jedes Jahr einen Kommissar vorsetzen würde.

Man sieht aus dem Obigen, daß zweien Klassen von Menschen genügt wird, und daß Eure Gewalt und die Eurer Freunde in der Stadt befestigt ist, da Ihr die Waffen und die peinliche Rechtspflege in der Hand habt, die Gesetze von Euch abhängen und die Häupter des Staates sämtlich aus den Eurigen bestehen.

Es bleibt jetzt noch die Klasse zu befriedigen, die aus der gesamten Masse der Bürger besteht. Diese wird man nie befriedigen (und wer anderer Meinung ist, ist nicht weise), wenn man ihr nicht ihre Gewalt wiedergibt oder wiederzugeben verspricht. Da aber dieselbe ganz und auf einmal wiedergeben nicht mit der Sicherheit Eurer Freunde, noch mit der Erhaltung der Gewalt Eurer Heiligkeit sich vertrüge, so ist es nötig, sie zum Teil wiederzugeben, zum Teil zu versprechen, so daß die Bürger völlig gewiß sind, sie wiederzuerhalten. Ich halte daher für nötig, den Saal des Rates der Tausend oder wenigstens den der Sechshundert wieder zu eröffnen, die auf dieselbe Art wie früher alle Ämter und obrigkeitlichen Stellen zu verteilen hätten, ausgenommen daß die vorgenannten Fünfundsechzig, Zweihundert und Acht der Balie während des Lebens Eurer Heiligkeit und Sr. Ehrwürden des Kardinals von Euch ernannt würden. Damit Eure Freunde gewiß sein können, daß sie bei der Abstimmung im Rate eingebeutelt werden, würde Eure Heiligkeit acht Akkoppiatoren ernennen, die in einem besonderen Zimmer wären und den Namen eines jeden in den Beutel legen könnten, ohne einen Zettel herausnehmen zu können. Damit der Rat glaubt, es würden die eingebeutelt, welchen er seine Stimmen gibt, würde man gestatten, daß er zwei von ihm hierzu gewählte Bürger in das Zimmer abschickte, damit sie Zeugen der Einbeutelung seien.

Ohne die Masse zufriedenzustellen, hat man nie eine dauernde Republik errichtet. Nie aber wird man die Masse der florentinischen Bürger zufriedenstellen, wenn der Saal nicht wieder geöffnet wird. Um daher in Florenz eine Republik zu errichten, muß dieser Saal wieder eröffnet und der Masse die Ämterverteilung wieder übertragen werden. Eure Heiligkeit wisse, daß jeder, der Euch den Staat zu entreißen denkt, zuallererst daran denken wird, den Saal wieder zu eröffnen. Es ist daher besser, ihn auf sichere Art und Weise selbst zu eröffnen, und daß Ihr Euren etwaigen Feinden diese Gelegenheit nehmt, ihn zu Eurem Mißfallen und zur Zerstörung und zum Verderben Eurer Freunde wieder zu eröffnen.

Ist der Staat so geordnet, so wäre für nichts anderes zu sorgen, wenn Eure Heiligkeit und Se. Ehrwürden Monsignore nie aufhören würden zu leben. Da Ihr uns aber einst verlassen werdet, so ist, wenn man will, daß dann die Republik vollkommen sei, verstärkt durch alle gehörigen Einrichtungen, und daß jeder sehe und begreife, es müsse so kommen, damit die Masse sich mit dem, was sie zurückhält und mit dem, was man ihr verspricht zufrieden gibt, ferner nötig anzuordnen:

Daß die Gonfalonieri der Volkskompagnien in der Weise und für die Zeit ernannt werden, wie sie bis jetzt ernannt worden sind. Eure Heiligkeit würde sie entweder selbst ernennen oder vom Rate ernennen lassen, wie es Euch gefiele, nur müßte die Unfähigkeit, wieder erwählt zu werden, verlängert werden, damit mehr Bürger das Amt bekleideten, und es müßte verordnet werden, daß keiner von den Fünfundsechzig darunter sein könnte. Wenn sie ernannt wären, würde man aus ihnen vier Vorgesetzte ziehen, die einen Monat lang im Amte blieben, so daß sie am Ende der Zeit sämtlich Vorgesetzte gewesen wären. Von diesen vier würde man einen ziehen, der für eine Woche mit den neun residierenden Signoren den Palast bewohnen würde, so daß am Endc des Monats alle vier residiert hätten. In seiner Abwesenheit könnten die im Palast residierenden Signoren keine Amtshandlung vornehmen. Er selbst hätte keine Stimme zu geben, sondern nur Zeuge ihrer Handlungen zu sein; wohl aber könnte er verhindernd eintreten und verlangen, daß eine Sache an die sämtlichen Zweiunddreißig gewiesen werde. Ebenso könnten die Zweiunddreißig nichts ohne die Gegenwart zweier der besagten Vorgesetzten beschließen, welche keine andere Gewalt hätten, als eine Beratung abzubrechen und sie an den Rat der Erwählten zu überweisen. Ebensowenig könnte der Rat der Zweihundert etwas tun, wenn nicht wenigstens sechs von den Sechzehn nebst zwei Vorgesetzten dabei wären, welche ihrerseits nichts anderes tun könnten, als eine Sache diesem Rat zu entziehen und an den Großen Rat zu überweisen, wenn nämlich drei von ihnen einstimmig dies begehren. Der Große Rat endlich könnte nicht ohne zwölf der besagten Gonfalonieri versammelt werden, unter welchen wenigstens drei Vorgesetzte sein müßten, woselbst diese zwölf gleich den anderen Bürgern ihre Stimmen geben könnten.

Eine solche Ordnung dieser Räte ist nach dem Ableben Eurer Heiligkeit und Sr. Ehrwürden Monsignores aus zwei Gründen notwendig: Einmal, damit die Signoria oder der andere Rat jemand bei sich haben, der ihnen jedesmal, wenn sie aus Uneinigkeit nicht zu einem Beschlusse kommen oder aus Bosheit gegen das öffentliche Wohl handeln, die Gewalt dazu nimmt und sie einem anderen überträgt. Es ist nicht gut, daß irgendein Magistrat oder Rat den Gang eines Geschäftes hemmen kann, ohne daß jemand da ist, der dieses Geschäft besorgen kann. Ebensowenig ist es gut, daß die Bürger niemand haben, der sie beobachtet und der bemerkt, daß sie sich der nicht guten Werke enthalten. Der andere Grund ist der: da man der Masse der Bürger durch die Abschaffung der heutigen Art der Ernennung der Signoria die Möglichkeit entzieht, Signoren zu werden, so ist es nötig, ihnen einen Grad zurückzugeben, der dem entzogenen gleichkommt; dieser nun ist so, daß er noch größer ist, der Republik nützlicher und ehrenvoller als jener. Für die Gegenwart hätte man diese Gonfalonieri zu ernennen, um der Stadt ihre Einrichtungen zu geben; allein sie dürften ohne Erlaubnis Eurer Heiligkeit ihr Amt nicht versehen, und Ihr könntet Euch ihrer bedienen, die Handlungen jener Räte hinsichtlich Eurer Autorität und Herrschaft Euch berichten zu lassen.

Um der Republik nach Ableben Eurer Heiligkeit und Sr. Ehrwürden Monsignores Vollkommenheit zu geben, damit in keiner Hinsicht etwas fehle, ist es überdies notwendig, einen Rekurs von den Acht der Obsorge und Balie an dreißig Bürger vorzusehen, die aus dem Beutel der Zweihundert und der Sechshundert zu ziehen sind. Diese könnten den Ankläger und den Angeschuldigten innerhalb einer gewissen Zeit vor sich rufen. Doch würdet Ihr während Eures beiderseitigen Lebens diesen Rekurs nicht ohne Eure Erlaubnis ergreifen lassen.

Eine solche Einrichtung ist in einer Republik nötig, weil wenige Bürger den Mut haben, die Großen zu strafen. Es müssen daher, soll dies geschehen, viele Bürger beitragen, damit die einzelnen Stimmen verborgen bleiben und so ein jeder sich entschuldigen kann. Ein solcher Rekurs würde auch während Eures beiderseitigen Lebens dazu dienen, daß die Acht die Prozesse betrieben und Gerechtigkeit übten, da sie aus Furcht, Ihr möchtet den Rekurs erlauben, gerechter urteilen würden. Damit aber nicht in jedem Prozesse rekurriert würde, könnte man bestimmen, daß man in einer Sache, die Fälschung betrifft, nur wegen einer Summe von wenigstens fünfzig Dukaten rekurrieren dürfte, und wegen Realinjurien nur dann, wenn ein Knochenbruch oder Blutvergießen erfolgt wäre, oder der Schaden die genannte Summe von fünfzig Dukaten erreichte.

Betrachtet man diese ganze Verfassung als Republik und ohne Eure Gewalt, so scheint ihr nichts zu mangeln nach dem, was oben ausführlich abgehandelt und erörtert wurde. Betrachtet man sie aber während des Lebens Eurer Heiligkeit und Sr. Ehrwürden Monsignores, so ist sie eine Monarchie; denn Ihr befehlt über die Waffen, befehlt über die Kriminalgerichte, habt die Gesetze *in petto*, und ich weiß nicht, was man mehr in einer Stadt verlangen kann. Ebensowenig läßt sich absehen, was Eure Freunde, die gut sind und von dem Ihrigen leben wollen, zu fürchten hätten, da Eure Heiligkeit so große Gewalt behält und sie die ersten Stellen der Regierung einnehmen würden. Man sieht auch nicht ab, wie die Masse der Bürger nicht zufrieden sein sollte, da sie sähen, daß ihnen ein Teil der Amtsverteilungen wiedergegeben wäre, und der Rest ihnen nach und nach zufiele. Eure Heiligkeit könnte nämlich den Rat manchmal einige der abgängigen Sechshundert ersetzen lassen und ebenso der Zweihundert, während Ihr andere selbst ernennen würdet, je nach Zeit und Umständen. Ich bin überzeugt, daß durch die Gewalt Eurer Heiligkeit, die alles leiten würde, die gegenwärtige Verfassung sich so mit der vorgeschlagenen, und diese mit jener verschmelzen würde, daß sie eines und dasselbe und ein einziger Körper würden zum Frieden der Stadt und zum ewigen Ruhme Eurer Heiligkeit; denn Eure Gewalt könnte immer den Mängeln, die entstehen sollten, abhelfen.

Ich glaube, daß die größte Ehre, die der Mensch erwerben kann, die ist, welche ihm sein Vaterland freiwillig erzeigt. Ich glaube auch, daß das größte und Gott wohlgefälligste Gute, das man tun kann, das ist, welches man seinem Vaterlande tut. Überdies wird kein Mann wegen irgendeiner Handlung so sehr gepriesen, als es die werden, welche durch Gesetze und Einrichtungen die Republiken und Reiche reformiert haben. Diese Männer sind, nächst den zu Göttern Erhobenen, die zuerst Gelobten. Da es aber wenige gibt, die es zu tun Gelegenheit hatten, und sehr wenige, die es zu tun verstanden, so ist die Zahl derer klein, die es taten. So großen Wert legten auf diesen Ruhm die Männer, welche stets nur nach Ruhm strebten, daß sie, in der Unmöglichkeit, eine Republik in der Wirklichkeit zu errichten, dies in ihren Schriften getan haben. Aristoteles, Plato und andere wollten der Welt beweisen, daß, wenn sie nicht wie

Solon und Lykurg einen freien Staat gründen konnten, sie es nicht aus Unwissenheit unterließen, sondern aus Mangel an Macht und Gelegenheit. Der Himmel gibt also einem Manne kein größeres Geschenk, noch kann er ihm eine ruhmvollere Bahn zeigen als diese. Von so vielem Glück, das Gott Eurem Hause und Einer Heiligkeit selbst geschenkt, ist daher das das größte, daß er Euch Macht und Gelegenheit gibt, Euch unsterblich zu machen und auf diesem Wege den Ruhm Eures Vaters und Großvaters weit zu übertreffen.

Eure Heiligkeit möge hauptsächlich erwägen, daß bei Erhaltung der Stadt Florenz in ihrem gegenwärtigen Zustand tausend Gefahren drohen; sowie Unglücksfälle kommen, und ehe sie kommen, hat Eure Heiligkeit tausend jedermann unerträgliche Widerwärtigkeiten zu ertragen.

Diese Widerwärtigkeiten wird die hochwürdigste Herrlichkeit des Kardinals bezeugen, da er sich diese verflossenen Monate in Florenz befand. Sie rühren teils von vielen Bürgern her, die im Fordern anmaßend und unerträglich sind, teils von vielen, die beim jetzigen Stand der Dinge nicht sicher zu sein glauben und unaufhörlich erinnern, man solle die Regierungsform ordnen. Der eine sagt, man solle sie erweitern, der andere, man solle sie beschränken, und keiner kommt zur genauen Auseinandersetzung, wie zu beschränken oder zu erweitern sei. Alle sind sie verwirrt und glauben bei dieser Verfassung nicht sicher zu leben. Wie man sie aber einrichten soll, wissen sie nicht, und dem, der es wüßte, glauben sie nicht, so daß sie mit ihrer Verwirrung imstande sind, den bestgeregelten Kopf zu verwirren. Um diesen Widerwärtigkeiten zu entgehen, gibt es nur zwei Mittel: Entweder mit den Audienzen sparsamer sein und die Bürger nicht ermutigen, weder zu fordern, wenn es auch in der Ordnung wäre, noch zu sprechen, wenn sie nicht gefragt werden, wie der Herzog erlauchten Andenkens tat. Oder aber den Staat so einzurichten, daß er sich selbst verwaltet, und daß es Eurer Heiligkeit genügt, die Hälfte eines Auges darauf zu heften. Von diesen beiden Mitteln befreit Euch das letzte von den Gefahren und von den Widerwärtigkeiten; das andere befreit Euch nur von den Widerwärtigkeiten.

Um aber wieder zu den Gefahren zurückzukehren, die im jetzigen Zustand drohen, so will ich voraussagen, daß beim Eintreten eines schwerwiegenden Ereignisses, wenn die Stadt keine andere Verfassung hat, eines von beiden oder beides geschehen wird: Entweder es wird im Augenblick aufrührerisch ein Haupt ernannt werden, das durch die Waffen und durch Gewalttaten den Staat verteidigt; oder eine Partei wird herbeiströmen, den Saal des Rates zu öffnen, und wird die andere preisgeben. Was von beiden nun auch erfolgen mag, was Gott verhüte, so möge Eure Heiligkeit bedenken, wieviel Blut, wie viele Verbannungen, wie viele Erpressungen die Folge sein würden, genug, um dem grausamsten Menschen, geschweige denn Eurer Heiligkeit, die voller Milde ist, vor Schmerz den Tod zu bringen.

Es gibt keinen anderen Weg, diesen Übeln zu entgehen, als dafür zu sorgen, daß die Verfassung des Staates von selbst feststeht. Immer wird sie feststehen, wenn jedermann sie aufrecht hält, wenn jeder weiß, was er zu tun hat und auf wen er zu vertrauen hat, und wenn keine Klasse der Bürger aus Furcht für ihre Sicherheit oder aus Ehrgeiz eine Umwälzung zu wünschen hat.

Instruktion
für Raffaello Girolami, Gesandten bei Karl V. 1522.

Hochzuverehrender Raffaello!

Die Gesandtschaften sind in einer Stadt eines von den Dingen, die einem Bürger Ehre bringen, und man kann einen Mann, der nicht imstande ist, dies Amt zu versehen, nicht zur Regierung tauglich nennen. Ihr geht jetzt als Gesandter nach Spanien, einem Lande in Sitten und Gebräuchen von Italien verschieden und Euch unbekannt; hierzu kommt noch, daß dies Euer erster Auftrag ist. Eine gute Geschäftsführung, die jedermann von Euch hofft und glaubt, wird Euch daher um so größere Ehre bringen, je größer die Schwierigkeiten sind. Da ich nun in diesen Geschäften einige Erfahrung habe, so will ich Euch nicht aus Anmaßung, sondern aus Zuneigung sagen, was ich davon halte.

Einen Auftrag treu ausführen kann jeder ehrliche Mann, aber ihn befriedigend ausführen, darin liegt die Schwierigkeit. Der führt ihn genügend aus, der die Natur des Fürsten und derer, die ihn leiten, wohl kennt und sich nach dem zu richten weiß, was ihm den Weg zu den Audienzen erleichtert und offen hält. Das schwierigste Geschäft wird ihm leicht, wenn er das Ohr des Fürsten hat.

Vor allem muß sich ein Gesandter bestreben, Ansehen zu erwerben. Man erwirbt es dadurch, daß man sich als Ehrenmann zeigt, daß man für freigebig und bieder, nicht für habsüchtig und falsch gehalten wird, und daß die Leute nicht glauben, man spreche gegen seine Überzeugung. Dieser Punkt ist sehr wichtig. Ich habe manche gekannt, die durch ihre Hinterlist und Doppelzüngigkeit beim Fürsten so sehr allen Glauben verloren, daß sie später nie mehr mit ihm unterhandeln konnten. Wenn es auch manchmal nötig ist, eine Sache durch Worte zu verbergen, so muß man es doch so tun, daß es entweder nicht entdeckt wird, oder, wenn es entdeckt wird, daß die

Verteidigung sogleich bereit ist. Es brachte Alessandro Nasi in Frankreich große Ehre, daß er für einen Biedermann galt; mancher andere zog sich große Schande dadurch zu, daß man ihn für das Gegenteil hielt. Ich glaube, daß Euch diesen Punkt zu beobachten leicht sein wird, da es Euch, wie mir scheint, schon Eure Natur befiehlt.

Große Ehre machen auch einem Gesandten die Nachrichten, die er seiner Regierung schreibt. Sie sind von dreierlei Gattung: über Dinge, die unterhandelt werden, über Dinge, die abgeschlossen und geschehen sind, oder über Dinge, die geschehen sollen, wobei richtige Vermutungen über ihren wahrscheinlichen Ausgang anzustellen sind. Von diesen drei Dingen sind zwei schwer und eines sehr leicht.

Die Dinge zu erfahren, nachdem sie geschehen sind, ist größtenteils ganz leicht, es müßte denn der Fall sein, daß zwischen zwei Fürsten ein Bündnis zum Schaden eines Dritten eingegangen wird und dies so lange geheimzuhalten ist, bis die Zeit der Entdeckung kommt. So war es zum Beispiel bei der Liga, die Frankreich, der Papst, der Kaiser und Spanien zu Cambray gegen Venedig schlossen, dessen Sturz daraus hervorging. Solche Verträge sind freilich, auch wenn sie schon geschlossen sind, schwer zu erfahren, und hier muß man Urteil und Vermutung zu Hilfe nehmen.

Aber die Unterhandlungen, die im Werke sind, wohl zu wissen und ihren Ausgang zu vermuten, dies ist schwer; denn man muß sich allein durch Vermutungen und durch Urteil helfen. Da es nun an den Höfen immer verschiedene Gattungen von Angestellten gibt, die mit gespitzten Ohren auf die Dinge horchen, die im Werke sind, so ist es sehr zweckmäßig, sich zum Freunde aller zu machen, um von jedem von ihnen etwas zu hören. Die Freundschaft solcher Leute erwirbt man dadurch, daß man ihnen Bankette gibt und sie mit Spielen unterhält. Ich habe gesehen, daß die gewichtigsten Männer in ihrem Hause spielen ließen, um sie herbeizuziehen und mit ihnen sprechen zu können. Was der eine nicht weiß, weiß dann der andere, und größtenteils wissen alle zusammen das Ganze. Wer aber will, daß ihm andere sagen, was sie wissen, muß ihnen sagen, was er weiß; denn das beste Mittel, Nachrichten zu erhalten, ist, Nachrichten geben. Will daher eine Stadt, daß ihr Gesandter geehrt werde, so kann sie nichts Besseres tun, als ihn immer reichlich mit Nachrichten versehen, damit die Leute, wenn sie wissen, daß sie von ihm Neuigkeiten erfahren können, sich um die Wette beeilen, ihm die zu sagen, die sie hören. Ich mache Euch daher aufmerksam, daß Ihr die Acht, den Erzbischof und die Kanzler erinnert, daß sie Euch von allem, was sich in Italien zuträgt, unterrichtet halten, mag es noch so unbedeutend sein; daß sie Euch benachrichtigen, wenn sich in Bologna, Sierta oder Perugia etwas ereignet, und erst recht vom Papst, von Rom, von der Lombardei und von Neapel. Obgleich diese Dinge nichts mit Eurem Geschäfte gemein zu haben scheinen, so ist es doch aus den obengesagten Gründen nötig und nützlich, sie zu wissen.

Ihr habt also nötig, auf diesem Wege zu erfahren, was im Werke ist. Da aber von den Dingen, die Ihr erfahren werdet, das eine wahr, das andere falsch aber wahrscheinlich sein wird, so müßt Ihr sie durch Euer Urteil abwägen und Euch die merken, welche der Wahrheit am ähnlichsten sehen, die anderen unbeachtet lassen. Diese Dinge wohl angehört und noch besser untersucht werden Euch in den Stand setzen, den Ausgang einer Sache zu untersuchen und zu erwägen und, wenn Ihr schreibt, Euer Urteil darüber auszusprechen. Da aber Euer Urteil in Eurem eigenen Munde gehässig sein würde, so bedient man sich in den Briefen der Form, daß man zuerst erörtert, was im Werke ist, welche Männer die Sache betreiben und, welche Beweggründe und Neigungen sie haben, und sodann diese Worte setzt. „In Betracht also alles dessen, was Euch gemeldet ist, urteilen die klugen Männer hier, daß die Sache den und den Ausgang haben werde." Dieser Teil, gut ausgeführt, brachte in meinen Tagen vielen Gesandten große Ehre und schlecht ausgeführt Unehre. Ich habe bei einigen gesehen, daß sie, um ihre Briefe reicher an Nachrichten zu machen, jeden Tag aufschreiben, was sie hören, und daraus alle acht bis zehn Tage einen Brief zusammenstellen, wozu aus jener ganzen Masse das am vernünftigsten Erscheinende genommen wird.

Ich habe auch bei einem weisen und in Gesandtschaften erfahrenen Mann gesehen, daß er wenigstens alle zwei Monate seiner Regierung den ganzen Stand der Angelegenheiten der Stadt oder des Reiches, wo er Gesandter ist, vor Augen legt. Wenn dies gehörig getan wird, so bringt es dem, der schreibt, große Ehre, und dem, an den geschrieben wird, großen Nutzen, weil man sich besser raten kann, wenn man die Verhältnisse genau kennt, als wenn man sie nicht kennt. Damit Ihr diesen Teil genau versteht, will ich ihn Euch besser erklären.

Ihr kommt in Spanien an, tragt Euren Auftrag vor, übergebt Euer Beglaubigungsschreiben und schreibt sogleich. In diesem Briefe gebt Ihr Nachricht von Eurer Ankunft, von dem, was Ihr dem Kaiser vorgetragen habt, und von seiner Antwort. Hierbei bemerkt Ihr, Ihr würdet später ausführlich über die Angelegenheiten des Reiches und über den Charakter des Kaisers schreiben, wenn Ihr, nach einer Anwesenheit von einigen Tagen, eine genaue Kenntnis davon haben würdet. Hierauf habt Ihr mit aller Sorgfalt die Angelegenheiten des Kaisers und des Königreiches Spanien zu beobachten und umfassende Nachricht davon zu geben. Um zum einzelnen zu kommen, sage ich, daß Ihr die Natur des Mannes zu beobachten habt: ob er selbst regiert oder sich regieren läßt; ob er geizig oder freigebig ist; ob er mehr den Krieg liebt oder den Frieden; ob ihn Ruhmliebe bewegt oder eine andere Leidenschaft; ob ihn seine Völker lieben; ob er sich lieber in Spanien als in Flandern aufhält; welche, Männer er in seiner Umgebung hat, die ihm raten, und wozu diese geneigt sind, das heißt, ob sie ihn bewegen wollen, neue Kriege anzufangen, oder zu suchen, sich der Früchte dieses gegenwärtigen Glückes zu erfreuen; wie viele Gewalt sie über ihn haben; ob er sie wechselt oder lange behält; ob der König von Frankreich einen Freund unter ihnen hat; ob sie bestechbar sind. Sodann ist es auch gut, daß Ihr die Herren und Barone, die ihm näherstehen, betrachtet: wie groß ihre Macht ist, wie sie mit ihm zufrieden sind; und wenn sie unzufrieden sein sollten, wie sie ihm schaden können; ob Frankreich einen von ihnen bestechen könnte. Auch über seinen Bruder habt Ihr Euch zu erkundigen: wie er ihn behandelt, wie er dort geliebt ist, wie er zufrieden ist, ob durch ihn Aufruhr in diesem Reiche und in seinen anderen Staaten entstehen könnte. Dann habt Ihr die Natur des Volkes zu erforschen, ob jene Junta, die die Waffen ergriffen hatte, völlig besiegt oder beruhigt ist, oder ob man fürchtet, die Insurrektion könne von neuem ausbrechen, und ob Frankreich den Brand entfachen könnte. Auch werdet Ihr erwägen, welches Ziel sich der Kaiser gesetzt hat, wie er es in den Angelegenheiten Italiens meint, ob er nach der Herrschaft über die Lombardei strebt, oder ob er sie dem Sforza lassen will; ob er nach Rom zu gehen wünscht und wann; welche Absichten er hinsichtlich der Kirche hat, wie weit er dem Papste traut, wie er mit ihm zufrieden ist; und wenn er nach Italien kommt, welches Gute oder Schlimme die Venetianer von ihm zu hoffen oder zu fürchten haben.

Alle diese Dinge, wohl erwogen und gut geschrieben, werden Euch die größte Ehre bringen. Aber es ist nicht genug, sie nur einmal zu schreiben, sondern Ihr müßt sie alle zwei oder drei Monate mit solcher Geschicklichkeit wieder ins Gedächtnis rufen, indem Ihr die neuen Vorfälle hinzufügt, daß es Klugheit und Notwendigkeit, nicht Vorwitz scheint.

Verschiedene Sätze

Die Bürger, die sich in den Republiken mit mechanischen Künsten und Handwerken beschäftigen, können nicht wie Fürsten zu befehlen verstehen, wenn sie an die Spitze der Regierung gestellt werden. Es ist daher sicher, zum Befehlen von denen zu nehmen, die nie jemand anderem als den Königen und Gesetzen gehorcht haben, statt Männer, die von ihren Einkünften leben.

Als die Römer mit den Galliern eine Schlacht zu liefern hatten, stellten sie, um ihren ersten Anfall auszuhalten und die Gallier ihre Schwerter durch die ersten Hiebe stumpf machen zu lassen, die Hastati gegen ihre Gewohnheit ins erste Treffen, damit die Gallier, mit dem Abhauen der Lanzen beschäftigt und durch diese zurückgehalten, ihr erstes Ungestüm und Feuer verloren.

Als Hamilcar auf dem Marsche von zwei feindlichen Scharen angegriffen wurde, ließ er plötzlich die Treffen umkehren, das heißt die vorderen zurückgehen und die hinteren vorrücken, so daß beide Feinde, im Glauben, Hamilcar fliehe, ihre Glieder verließen, ihn zu verfolgen, ungeordnet auf die stießen, die geordnet in die Stelle der anderen rückten, und besiegt wurden.

Domitian beobachtete die Horoskope der Senatoren, und die, deren Horoskope er glücklich und den Thron verheißend fand, tötete er. Er wollte seinen Nachfolger Nerva töten, als ihm von einem Mathematiker, Nervas Freund, gesagt wurde, hier sei keine Gefahr, da Nerva in kurzem sterben müsse, weil er alt sei. Die Folge war, daß Nerva sein Nachfolger wurde.

Marc Aurel sagte zu einem Angeber, die Kaiser mühten sich umsonst ab, denn keiner töte je seinen Nachfolger.

Als Licinius bei Trajan einer Verschwörung gegen sein Leben angeklagt wurde, ging Trajan allein bei ihm speisen. Den anderen Tag sagte er in Gegenwart des Anklägers: gestern konnte mich Licinius töten.

Als Trajan Licinius zum Präfekten der Prätorianer ernannte, umgürtete er ihm ein Schwert mit den Worten: Ich gürte dir dies Schwert um, damit du mich schützest, wenn ich ein guter Regent sein werde, damit du mich tötest, wenn ein schlechter.

Man muß die Untertanen von siebzehn bis dreißig Jahren als Soldaten üben, dann in die Reserve setzen; denn nach dieser Zeit fehlt den Menschen die Gelehrigkeit und sie wollen nicht mehr gehorchen, sie nehmen an Bosheit zu und an Kräften ab.

Gesandtschaft beim Herzog von Valentinois

BEAUFTRAGUNG MACHIAVELLIS
nach dem Beschluß vom 5. Oktober 1502.

Niccolò, Wir schicken dich mit Beglaubigungsschreiben zu Sr. Exzellenz, dem Herzog von Valentinois, nach Imola. Du wirst eiligst dahin reiten. Dein erster Vortrag wird sein: Wir hätten in den verflossenen Tagen, nach seiner Rückkehr in die Romagna, den Abfall der Orsini von Sr. Exzellenz erfahren, sowie ihre Allianz und den zu la Magione im Peruginischen von ihnen und ihren Anhängern abzuhaltenden Kongreß, woran nach dem Gerüchte auch der Herzog von Urbino und der Signor Bartolommeo del Viano teilnehmen sollen, um Dinge gegen Se. Exzellenz zu unterhandeln und zu beschließen, die Wir auch als gegen den allerchristlichsten König gerichtet betrachten. Wir seien auf geschickte Weise ersucht worden, auch Unsererseits einen Bevollmächtigten hinzusenden, um mit ihnen eine Übereinkunft zu schließen. Wir seien jedoch desselben Sinnes und Willens geblieben, gute Freunde Sr. Heiligkeit und Sr. Exzellenz zu sein mit dem festen Vorsatz, Uns nicht von ihnen loszusagen, noch von Unserer Ergebenheit gegen den König von Frankreich abzugehen. Und da die Republik sich seines Bündnisses und Schutzes erfreue, so können Wir nicht unterlassen, überall, wo es sich um die Interessen der Freunde und Angehörigen des Königs handle, das Vorfallende, was Wir hören, zu berichten und jeden Freundschaftsdienst aufrichtig zu leisten. Aus diesem Grunde hätten Wir dich in aller Eile zu Sr. Exzellenz geschickt, da es Uns so die Wichtigkeit der Sache zu erfordern scheine. Zu gleicher Zeit wollten Wir ihm nochmals erklären, daß Wir bei dieser Bewegung unserer Nachbarn bereit seien, jede Rücksicht auf seine Angelegenheiten zu nehmen, und zwar in demselben Maße, wie Wir sie immer genommen haben, da Wir alle Freunde Frankreichs als Unsere Freunde betrachten und dafür halten, daß, wo es sich um ihr Interesse handelt, es sich auch um das Unserige handelt.

Dies scheint Uns für deine erste Audienz genügen zu müssen, worin du auf jede Weise an den Tag legen wirst, daß Wir viel Vertrauen und Hoffnung auf Se. Exzellenz setzen. Du wirst dich über diesen Gegenstand so sehr verbreiten, als es dir an Ort und Stelle zweckmäßig scheinen wird, indem du deinen Worten alle die Umstände beifügst, die Wir dir nicht erörtern wollen, da du selbst vollkommen unterrichtet bist. Weiter sollst du in dieser Sache nichts sprechen, und was Se. Exzellenz noch weiter von dir verlangt, das wirst du Uns melden und Antwort abwarten.

Nach diesen ersten Worten und in dieser ersten Audienz, oder später, wirst du Sr. Exzellenz auf das wärmste für die Unseren Kaufleuten erzeigte Gefälligkeit danken, die Wir als Uns selbst erzeigt und als Staatssache betrachten, nämlich für die Aufhebung der Beschlagnahme, die zu Urbino in den verflossenen Monaten über ihre Tuche verhängt worden war, und wovon die Kaufleute heute Nachricht haben, daß sie ihren Beauftragten auf eine freundliche Art verabfolgt worden sind. Du wirst sagen, daß du auch in dieser Sache besondere Aufträge hast. Sodann wirst du bei schicklicher Gelegenheit Se. Exzellenz in Unserem Namen um Sicherheit und Schutzbriefe in seinen Ländern und Staaten für die Güter Unserer Kaufleute ersuchen, die in die Levante gehen und dorther kommen. Da diese Sache von großer Wichtigkeit ist und der Magen dieser Stadt genannt werden kann, so ist es nötig, keine Mühe zu sparen und alle Sorgfalt anzuwenden, daß der Erfolg Unseren Wünschen entspricht.

Erster Brief.

Magnifici et excelsi Domini,
Domini mei singularissimi.

Da ich bei meiner Abreise nicht allzuwohl beritten war und mir mein Auftrag Eile zu erfordern schien, so nahm ich zu Searperia die Post und kam, ohne mich aufzuhalten, denselben Tag ungefähr um 18 Uhr hier an. Da ich meine Pferde und Diener zurückgelassen hatte, so begab ich mich sogleich im Reitkleid zu Sr. Exzellenz. Der Herzog empfing mich freundlich, und ich überreichte ihm mein Beglaubigungsschreiben und setzte ihm die Ursache meiner Ankunft auseinander. Mit dem Dank für die zurückgegebenen Tuche machte ich den Anfang, und kam sodann auf den Abfall der Orsini, auf ihren Kongreß und ihre Anhänger. Ich sagte, daß Eure Herrlichkeiten geschickt ersucht worden seien, und welches Eure Gesinnung mit Rücksicht auf die Freundschaft sei, die Ihr mit dem König von Frankreich unterhaltet, und auf die Ergebenheit, die Ihr gegen die Kirche bewahrt. Ich verbreitete mich mit soviel Worten, als sich mir darboten, darüber, daß Ihr dieser Freundschaft folgen und die der Gegner fliehen müßtet. Ich bezeugte dem Herzog, daß EE. HH. bei jeder Bewegung bereit seien, alle Rücksichten auf die Angelegenheiten Sr. Exzellenz zu nehmen, welche sich von der guten Freundschaft erwarten ließen, die Ihr mit dem König von Frankreich unterhaltet, von Eurer alten Ergebenheit gegen die Kirche und von der Zuneigung, die Ihr immer für Se. Exzellenz gefühlt hättet, da Ihr alle Freunde Frankreichs als Eure Freunde und Verbündeten betrachtet.

Se. Exzellenz erwiderte, was die zurückgegebenen Güter betrifft, kein Wort. Zu den anderen einzelnen Punkten übergehend, dankte er EE. HH. für das Anerbieten und die Freundschaftsbezeigung. Er sagte, er habe immer die Freundschaft EE. HH. gewünscht, und er habe sie mehr durch die Böswilligkeit anderer als durch seine Schuld nicht erlangt. Er wolle mir über seinen Marsch nach Florenz erzählen, was er bis jetzt noch niemand anderem mitgeteilt habe. Nach der Eroberung von Faenza und dem Überfallsversuch auf Bologna (1501) seien ihm die Orsini und Vitelli beständig in den Ohren gelegen, ihn beredend, er solle auf der Straße von Florenz nach Rom zurückkehren. Als er dies abgeschlagen, weil es ihm der Papst durch ein Breve anders aufgetragen, habe sich ihm Vitellozzo weinend zu Füßen geworfen mit der Bitte, diesen Weg zu nehmen, und mit dem Versprechen, es solle weder dem Lande noch der Stadt irgend Gewalt geschehen. Als er nicht habe einwilligen wollen, hätten sie ihn so sehr mit ihren Bitten bestürmt, daß er endlich nachgegeben, aber unter der ausdrücklichen Bedingung, daß das Land nicht verletzt würde, und daß von den Medici nicht die Rede sei. Um aber doch aus diesem Marsch über Florenz eine Frucht zu ziehen, habe er bei sich gedacht, diese Gelegenheit zu benutzen, um mit EE. HH. Freundschaft zu schließen. Ein Beweis dafür sei, daß er bei allen Unterhandlungen wenig oder nichts von den Medici gesprochen habe, wie die Kommissare wüßten, die mit ihm unterhandelt hätten, und daß er niemals zugegeben, daß Piero in sein Lager käme. Mehreremal hätten in Campi die Vitelli und Orsini die Erlaubnis begehrt, vor Florenz oder Pistoja zu rücken, indem sie ihm die Leichtigkeit des Gelingens gezeigt; er habe nie einwilligen wollen, ja er habe tausendmal protestiert und ihnen erklärt, er werde sie sogar mit Waffengewalt zurückhalten. Als später die Übereinkunft erfolgt sei, sei die Folge gewesen, daß es den Orsini und Vitelli geschienen, er habe seinen Wunsch erreicht und nicht sie den ihrigen, und der Marsch sei zu seinem Nutzen und zu ihrem Schaden ausgefallen. Sie hätten daher diese Übereinkunft durch schändliche Mittel zu stören gesucht, und sie hätten all jenen Schaden angerichtet, um EE. HH. mißtrauisch zu machen und den Vertrag zu hintertreiben. Er habe nicht abhelfen können, sowohl weil er nicht überall selbst habe sein können, als auch weil ihm EE. HH. das Darlehen nicht gegeben hätten, wie es festgesetzt, ja schon angewiesen gewesen sei. So sei es fortgegangen bis zum verflossenen Juni, wo sich Arrezzo empört habe, wovon er vorher kein Wort gehört zu haben behauptet, wie er schon dem Bischof von Volterra gesagt habe. Die Sache sei ihm jedoch angenehm gewesen, da er dadurch eine Gelegenheit zu finden geglaubt habe, Euren Dank zu verdienen. Aber auch jetzt sei nichts geschehen, entweder weil es ein widriges Geschick nicht gewollt, oder weil Eure Stadt nicht in der Verfassung gewesen sei, zu unterhandeln und abzuschließen, was beiden zum Heile gereicht hätte. Auch dies, sagte er, habe ihn nicht sehr bekümmert. Entschlossen, Euch zu dienen, da er den Willen des Königs gesehen, habe er geschrieben und Abgeordnete zu Vitellozzo geschickt, daß er sich von Arrezzo zurückziehe. Noch nicht damit zufrieden, sei er selbst mit seinen Soldaten vor Città di Castello gerückt. Er hätte Vitellozzo den Staat nehmen können; denn die ersten Männer der Stadt hätten sich ihm angeboten, wodurch, sagte er, die erste Erbitterung Vitellozzos und seine Unzufriedenheit entstanden sei. Woher der Unwille der Orsini und ihre Entfernung vom päpstlichen Hofe, ohne Erlaubnis Sr. Heiligkeit, gekommen sei, habe er anfänglich gar nicht gewußt. Die Sache verhalte sich so: Da Se. Majestät ihn vor dem Kardinal Orsino ausgezeichnet und ihm große Ehre erwiesen habe, wozu noch einige ausgesprengte Gerüchte gekommen, er wolle den Orsini ihre Staaten entreißen, so seien sie abgezogen und befänden sich jetzt bei diesem Kongreß von Bankerotteuren. Er habe zwar mehrere Botschaften von Signor Julius Orsini erhalten, daß er sich ihm nicht widersetzen wolle usw., und es lasse sich auch nicht annehmen, daß sie jetzt gegen ihn offen auftreten würden, weil sie sein Geld an, genommen hätten. Sollten sie aber dennoch sich gegen ihn erklären, so halte er sie für törichter als er zu sagen vermöge, weil sie die Zeit, ihm zu schaden, so schlecht gewählt hätten, da jetzt der König von Frankreich in Italien sei und Seine Heiligkeit der Papst lebe. Beide Umstände entzündeten für ihn ein so großes Feuer, daß es eines anderen Wassers bedürfe als des ihrigen, um es zu löschen. Ihre Umtriebe im Herzogtum Urbino kümmerten ihn nicht, weil er den Weg, es wieder zu erobern, noch nicht vergessen habe, wenn er es auch jetzt verlieren sollte. Jetzt sei es Zeit, sagte er sodann, daß EE. HH. sich mit ihm verbündeten, wenn Ihr seine Freunde sein wolltet; denn er könne jetzt ohne Rücksicht auf die Orsini mit Euch Freundschaft schließen, was er früher nie gekonnt hätte. Wenn hingegen EE. HH. zögerten und unterdessen eine Aussöhnung mit den Orsini zustande käme, welche diese stets suchten, so würden dann dieselben Rücksichten wieder eintreten. Eure Herrlichkeiten würden, da sich nur durch die Wiedereinsetzung der Medici ein befriedigender Vertrag mit den Orsini schließen lasse, in die alten Schwierigkeiten und Befürchtungen zurückfallen. Seine Meinung sei daher, daß sich EE. HH. schnell und durchaus entweder als seine oder ihre Freunde erklären müßten; denn wenn Ihr zögertet, könnte ein Vertrag zu Eurem Schaden geschlossen werden, oder einer der beiden Teile siegen, der dann entweder der Feind EE. HH. oder denselben nicht verpflichtet sein würde. Wenn Ihr Euch nun zu entschließen hättet, und er halte dies für durchaus notwendig, so sehe er nicht, wie EE. HH. von der Partei abweichen könnten, auf deren Seite die Majestät des Königs und die Heiligkeit des Papstes sei. Sehr lieb würde es ihm sein, fügte er hinzu, wenn Ihr bei einer Bewegung Vitellozzos oder eines anderen gegen einen seiner Staaten Eure Streitkräfte in der Richtung von Borgo oder an der betreffenden Grenze zeigen würdet, um seinen Angelegenheiten Ansehen zu geben. Ich hörte Sr. Exzellenz aufmerksam zu, welche das oben Gemeldete nicht allein der Sache nach, sondern wörtlich sprach. Ich habe diese Worte ausführlich niedergeschrieben, damit EE. HH. über alles besser urteilen können. Meine Antwort berichte ich nicht, da dies unnötig wäre. Ich bestrebte mich, meinen Auftrag nicht zu überschreiten, und antwortete hinsichtlich der Streitkräfte kein Wort. Ich sagte nur, daß ich EE. HH. seine wohlwollenden Gesinnungen melden werde, was dieselben auf das lebhafteste erfreuen werde. Obgleich Se. Exzellenz, wie Ihr seht, den Wunsch zeigte, daß der Vertrag zwischen Euch und ihm bald geschlossen werde, so drückte er sich doch immer ganz allgemein aus, trotzdem ich in ihn drang, sich näher zu erklären, und ich konnte nichts weiter aus ihm herausbringen, als was ich geschrieben habe.

Da ich bei meiner Ankunft erfahren hatte, es habe im Herzogtum Urbino eine Bewegung stattgefunden, und da mir

Se. Exzellenz im Gespräche sagte, er bekümmere sich nicht um die dortigen Umtriebe, so wollte ich ihn in der Erwiderung fragen, wie sich die Sache, verhalte. Se. Exzellenz antwortete: „daß ich milde war und auf die Dinge kein großes Gewicht gelegt habe, hat mir geschadet. Ich nahm, wie du weißt, das Herzogtum in drei Tagen und krümmte niemand ein Haar, außer Messer Dolce und zweien anderen, die sich gegen Se. Heiligkeit vergangen hatten. Ja, ich hatte, was noch mehr ist, vielen der Ersten Staatsämter erteilt. So war unter anderm auch einer beauftragt, den Bau gewisser Festungswerke, die ich im Fort San Leo aufführen ließ, zu überwachen. Vor zwei Tagen nun verschwor er sich mit einigen Bauern der Gegend und bemächtigte sich unter dem Vorwand des Emporziehens eines Balkens der Festung, die ich nun verloren habe. Der eine, sagt man, rufe S. Marco, der andere Vitelli, ein dritter Orsini; doch hat sich bis jetzt keiner von ihnen offen gegen mich erklärt. Zwar gebe ich das Herzogtum verloren, weil es schlaff und schwach ist, und weil die Einwohner mißvergnügt sind, die ich durch meine Soldaten einigermaßen bedrückt habe. Doch hoffe ich für alles ein Mittel zu finden. Du wirst deinen Herren schreiben, daß sie ihre Angelegenheiten wohl überlegen und bald von sich hören lassen. Wenn der Herzog von Urbino wiederkommt, und er kommt von Venedig, so ist dies ihnen nicht gelegen, und noch weniger mir. Wir können uns daher gegenseitig desto mehr vertrauen."

Dies ist alles, was ich gegenwärtig EE. HH. schreiben kann. Obgleich es meine Schuldigkeit wäre, denselben zu melden, wie viele Soldaten dieser Fürst gerade hat, wo sie im Lager liegen, und viele andere Einzelheiten über die hiesigen Angelegenheiten, so muß ich mir dies doch für ein andermal vorbehalten, da ich heute erst hier angekommen bin und also noch nicht wissen kann, wie die Dinge liegen. Ich empfehle mich EE. HH.

Den 7. Oktober 1502.

E. V. D.
servitor
Nicolaus Machiavellus. Imole.

Der Brief ist bis heute morgen 16 Uhr liegengeblieben, weil ich kein Pferd für den Kurier finden konnte.

Ich habe Euch noch zu melden, daß Se. Exzellenz in unserem gestrigen Gespräche sagte, Pandolfo Petrucci habe ihm tags vorher einen verkleideten Mann gesandt, um ihm zu beteuern, daß er niemand begünstigen werde, der Sr. Exzellenz entgegenhandle. Er habe hierfür die förmlichsten Versicherungen erhalten.

Bei meiner gestrigen Ankunft begegnete ich, ungefähr zwei Miglien von der Stadt, Messer Agapito[1] mit sechs bis acht Pferden. Als er mich erkannte, fragte er, wo ich hinginge und wer mich schickte. Er zeigte sich äußerst freundlich, und nachdem er ein wenig weitergeritten war, kehrte er wieder um. Heute morgen erfahre ich, daß Messer Agapito, vom Herzog gesandt, sich zu EE. HH. begeben wollte und wegen meiner Ankunft wieder umkehrte. *Iterum Valete Die 8. Octobris 1502.*

Ich habe dem Überbringer zwei Dukaten gegeben, damit er morgen den 9. vor Tagesanbruch in Florenz sein soll. Ich bitte, das Geld an Ser Agostino Vespucci zurückzubezahlen.

Zweiter Brief.

Magnifici Domini etc.

Meinen gestrigen Brief sollte Campriano heute morgen vor Tag überbringen, und ich gab ihm zwei Dukaten zum voraus, die ich Messer Agostino Vespucci zurückzubezahlen bitte. Heute morgen kam der Reiter Ardingo mit Briefen für einige Privatleute, hatte aber keine von EE. HH., so daß ich fürchte, sie sind entweder in der Schreibstube liegengeblieben, oder unterwegs verlorengegangen. Im Zweifel, wie es sich damit verhalten mag, will ich schreiben, was weiter erfolgt ist, und ihm den Brief mitgeben.

Als ich heute, ungefähr um 20 Uhr, bei Hofe war, ließ mich Se. Exzellenz rufen und sagte, er wolle mir Nachrichten mitteilen, die er erhalten habe, damit ich EE. HH. davon in Kenntnis

[1] Agapito de' Gherardi d'Amelia, einer der ersten Sekretäre des Valentino.

setzen könnte. Er zeigte mir einen Brief von Monsignor d'Arli, dem päpstlichen Gesandten in Frankreich, worin er ihm schreibt: der König und der Kardinal d'Amboise seien wohlgeneigt, sich dem Herzog gefällig zu zeigen; sogleich, wie sie seinen Wunsch gehört, Soldaten zum Feldzug gegen Bologna zu haben, hätten sie zu Herrn von Chaumont nach Mailand gesandt, er solle ohne Widerrede den Herrn von Lanques mit 300 Lanzen zum Herzog in Marsch setzen; und er selbst solle, wenn ihn der Herzog dazu aufforderte, in Person mit anderen 300 Lanzen in der Richtung von Parma abmarschieren. Der Gesandte hat die Kopie des Briefes geschickt, den der König an Chaumont geschrieben. Se. Exzellenz las mir selbst diese Kopie ganz vor und zeigte mir die Unterschrift Arlis und Arlis an ihn geschriebenen Brief. Ich erkannte die Handschrift die ich hier und in Frankreich häufig gesehen habe, und wirklich konnte man dem Inhalt der Kopie nach nicht ausdrücklicher befehlen, daß diese Soldaten aufbrechen. Nachdem Se. Exzellenz mit dem Vorlesen fertig war, sagte er: „Nun siehst du, Sekretär, dieser Brief ist auf mein Begehren geschrieben, als ich Bologna angreifen wollte, und du siehst auch, wie kräftig er ist. Bedenke nun, wie erst der sein wird, den ich erhalten werde, um mich gegen diese Leute zu verteidigen, die zum größeren Teil die größten Feinde Sr. Majestät des Königs sind, da sie ihm bei jeder Gelegenheit in Italien Schach zu bieten gesucht haben. Glaube mir, dieser Vorfall nützt mir; nie hätten sie sich zu einer für mich günstigeren Zeit gegen mich erklären können. Ich konnte zur Befestigung meiner Staaten nichts wünschen, was mir vorteilhafter gewesen wäre; denn ich werde diesmal ins reine kommen, vor wem ich mich zu hüten habe, und ich werde meine Freunde kennenlernen.

Sollten sich die Venetianer jetzt gegen mich erklären, was ich nicht glaube, so wird es mir desto lieber sein, und auch der König von Frankreich könnte nichts lieber wünschen. Ich teile dir dies mit und werde dir mitteilen, was im Laufe des Tages noch vorfallen wird, damit du es deinen Herren schreiben kannst. Sie sollen daraus sehen, daß ich mich nicht selbst aufgeben werde, und daß es mir auch nicht an Freunden fehlt, worunter ich Ihre Herrlichkeiten zählen will, wenn sie bald von sich hören lassen. Tun sie es jetzt nicht, so bin ich entschlossen, sie auf die Seite zu setzen. Ich werde dann nie mehr von Freundschaft sprechen, und sollte mir das Wasser an der Kehle stehen, obgleich es mich immer schmerzen wird, einen Nachbar zu haben, dem ich nichts Gutes erweisen und von dem ich nichts Gutes empfangen kann." Er fragte mich, wann die Antwort auf den Brief kommen müsse, den ich Euch gestern schrieb. Ich antwortete, sie könnte nicht über Freitag ausbleiben. Für die Mitteilung der Briefe dankte ich ihm, und was die Freundschaft betrifft, die er wünscht, bediente ich mich der Ausdrücke, wovon ich glaubte, daß sie sowohl ihm, als den Aufträgen EE. HH. genügten.

Se. Exzellenz sagte mir ferner, er habe das erstemal, als ich mit ihm gesprochen, vergessen, darauf zu antworten, daß ihm EE. HH. für die zurückgegebenen Tuche dankten. Er habe es, sagte er, sehr gerne getan und werde immer so handeln, wo sich Gelegenheit zeige, Euch zu dienen. Nichts habe ihm jemals soviel Mühe gekostet, als diese Tuche vor den Orsini zu schützen, die ihn jeden Tag geplagt hätten, sie ihnen als Beute zu verteilen. Er habe sie *motu proprio* zurückgeben wollen, ohne irgend jemandes Dazwischenkunft; so pflege er seine Wohltaten zu erzeigen. Ich ersuchte ihn hierauf um einen allgemeinen Schutzbrief für die Nation. Sehr gerne, gab er mir zur Antwort, da er aber von solchen Dingen nichts verstehe, solle ich mit Messer Alessandro Spannocchi sprechen und mit diesem die Sache abschließen.

Dies werde ich tun, und da mich der Herzog an ihn gewiesen hat, so muß ich wohl in dieser Sache segeln, wie Messer Alessandro will. Ich glaube zwar nach der früheren Erfahrung, daß Messer Alessandro geneigt ist, alles Gute zu tun, doch aber möchte es zweckmäßig sein, wenn einer der Kaufleute, die bei ihm in Kredit stehen, an ihn schriebe, um ihn günstiger zu stimmen. Ich glaube jedoch, daß man diese Kaufleute aufmerksam machen muß, daß sie sich wohl überlegen, wie weit sie sich einlassen; denn bei solchen Bewegungen gehört heute ein Land dem und morgen einem andern.

Se. Exzellenz sprach nochmals mit mir über den Fall von San Leo, ohne jedoch etwas anderes zu sagen, als was ich Euch schon gemeldet. Es hätten sich um San Leo herum nur zwei kleine Kastelle empört, und alle übrigen Städte seien noch unentschlossen. Weder die Orsini noch die Vitelli hätten sich bis jetzt gegen ihn erklärt. Ein Orsino, einer seiner Edelleute, sei vor drei Tagen zu ihnen gegangen, und er erwarte ihn baldigst zurück. Pandolfo schicke Botschaften auf Botschaften, daß er nichts gegen ihn tun wolle. Als ich mich entfernte, erinnerte er mich nochmals, ich solle EE. HH. aufmerksam machen, daß ihr durchaus verlieren müßtet, wenn Ihr die Mitte hieltet, und daß Ihr gewinnen könntet, wenn Ihr Euch anschlösset.

Es ist mir unmöglich, durch die Feder auszudrücken, mit welchen Zeichen von Liebe er sprach, und wie sehr er sich bemühte, die früheren Vorfälle zu rechtfertigen. Alle ihm Nahestehenden stimmen hierin überein. Sagen muß ich aber EE. HH., daß er nicht lange so bleiben wird, und daß er, wenn nicht durch die erste, doch durch die zweite Antwort im klaren sein will. Ich will Euch hierauf aufmerksam machen, damit Ihr nicht glaubt, es sei immer noch Zeit, im Fall Ihr diesen Weg für gut haltet. Er sagte mir bei unserer ersten Unterredung, jetzt habe er keine Rücksichten auf die Orsini zu nehmen, wie es nötig sei würde, wenn sie sich wieder vereinigt hätten; wäre aber die Vereinigung Tatsache geworden, so würde er Geduld haben. Obgleich er weiter nicht ins Wesentliche einging, so sieht man doch, daß man jeden Handel mit ihm schließen kann. Man erkennt dies aus vielen Dingen, die man besser begreift als schreibt. Ich bitte daher EE. HH., daß sie sich entschließen wollen und mir schreiben, wie ich mich in dieser Sache zu verhalten habe. Auch bitte ich, nicht zu unterlassen mich zu benachrichtigen, was ich auf das Begehren Sr. Exzellenz antworten soll, Ihr möchtet bei einer Bewegung der Vitelli Eure Soldaten gegen Borgo ziehen. Haben EE. HH. sonst eine Nachricht zu geben, so belieben sie mir zu schreiben, damit ich leichter Audienz erhalten kann und Zeit mit ihm gewinne. Wenn Ihr Euch auf etwas Wichtiges einlassen wollt, so wird es sich um so besser und vorteilhafter durchführen lassen, mit je mehr Ansehen unterhandelt wird. Einen anderen Mann hierherzuschicken, der entweder Gesandter oder dergleichen wäre, könnte daher nur zweckmäßig sein.

Ich will nun EE. HH. von den hiesigen Angelegenheiten genauer in Kenntnis setzen. Als dieser Fürst den Verlust von San Leo erfuhr, gab er sogleich das Herzogtum Urbino auf und war darauf bedacht, die Romagna mit allen Streitkräften, die er hat, festzuhalten, bis er so viele Hilfstruppen zusammenbringen würde, um seine Gegner angreifen zu können. Er sandte daher sogleich Messer Ramiro ab, das ganze Land zu durchreiten und die Festungen zu besichtigen und zu rüsten. Er schrieb dem Spanier Don Ugo[1)], der mit seinen Schweren Reitern an der urbinischen Grenze stand, er sollte sich nach Rimini zurückziehen. Don Michele schickte er mit Geld ab, um ungefähr 1000 Fußsoldaten, die schon früher bei seinem Heere waren, wieder anzuwerben. Heute nahm er etwa 800 Fußknechte aus dem Lamonetal in Sold, die zu den übrigen in Marsch gesetzt werden. Im ganzen hat er gegenwärtig nicht mehr als 2500 Mann Fußvolk in Sold, und an Schweren Reitern sind ihm etwa 100 Lanzen, aus seinen Edelleuten bestehend, geblieben, die über 400 Dienstpferde ins Feld stellen werden. Außerdem hat er drei Kompagnien, zu 50 Lanzen eine jede, unter drei spanischen Hauptleuten; doch sind sie sehr zusammengeschmolzen, weil sie lange Zeit keinen Sold erhielten.

Was er an Fußvolk und Reiterei neu zu bilden sucht, und die Hilfstruppen, auf die er hofft, sind folgende: Er hat Raffaello dei Pazzi nach Mailand geschickt, um 500 von den gascognischen Abenteurern, die sich in der Lombardei aufhalten, anzuwerben. Er hat einen erfahrenen Mann zu den Schweizern geschickt, um 1500 von ihnen in Sold zu nehmen. Vor fünf Tagen ließ er 5000 Mann, aus seinen eigenen Staaten gezogen, die Musterung passieren; sie können in zwei Tagen beisammen sein. In betreff der schweren und der leichten Reiterei hat er bekanntmachen lassen, es sollten alle, die aus seinen Staaten sind, zu ihm stoßen, und wer kommt, wird reichlich bezahlt. Er hat allein fast so viel

[1)] Don Ugo di Cardona und Don Michele Coreglia waren Condottieri im Dienste Cesare Bogias.

und so gutes Geschütz als das übrige Italien. Kuriere eilen unaufhörlich nach Rom, nach Frankreich, nach Ferrara; und er hofft von allen zu erhalten, was er wünscht. Von Rom ist es nicht zu bezweifeln; von Frankreich hören EE. HH., was ich oben schreibe; was er aber von Ferrara will, weiß ich nicht. Was EE. HH. anbelangt, so glaubt er Euch entweder in Anbetracht Frankreichs und der Beschaffenheit seiner Feinde zu Freunden zu haben, oder daß Ihr Euch neutral haltet.

Auf der anderen Seite sieht man seine Feinde gewaffnet und gerüstet, einen augenblicklichen Brand zu entzünden, und diese Völker sind doch alle Romagnolen und nicht allzu gut behandelt worden, da dieser Fürst immer seine Soldaten mehr begünstigt hat als sie. Man fürchtet, daß die Venetianer bei diesen Bewegungen die Hand im Spiele haben und daß die Sache von Spanien und Deutschland und von allen, die auf die Macht Frankreichs eifersüchtig sind, gestützt ist oder je nach dem Erfolg gestützt werden wird.

Wenn jedoch wahr ist, was mir heute morgen der Herzog gesagt hat, so hat sich auf die Ereignisse in Urbino noch keiner von den Vitelli und Orsini gerührt. Nur Messer Giovanni Bentivoglio habe drei von ihnen und vier Fähnlein Fußvolk unter der Führung Ramazzottos und Mancinos nach Castel San Piero, das wenige Miglien von hier liegt, gesandt. Auch diese sind diesen Morgen, wie mir Se. Exzellenz heute gesagt hat, von Messer Giovanni nach Hause zurückberufen worden. Von der Seite der Venetianer hört man nichts anderes, als daß sie Soldaten in Ravenna hätten, die schon einige Zeit dort stünden, was ich aber auch nicht aus authentischer Quelle habe.

Mein Dienst schien mir zu erfordern, daß ich EE. HH. schrieb, wie die Angelegenheiten hier stehen und was ich davon halte. Ich habe es mit meiner gewohnten und schuldigen Treue getan. Die Beurteilung überlasse ich nun der Klugheit EE. HH., denen ich mich empfehle.

Ex Imola 9. Octobris 1502.

E. V. D.
servitor
Nicolaus Machiavellus, Cancellarius.

P.S. Als ich gestern gerade Ardingo absenden wollte, sagte mir Messer Alessandro Spannocchi, der Herzog wolle heute morgen einen Mann auf demselben Wege nach Rom senden, und ich solle den Kurier so lange warten lassen. Ich konnte ihn daher erst jetzt den 10. um 22 Uhr absenden. Als ich mit Messer Alessandro über den allgemeinen Schutzbrief für die Nation sprach, sagte er, ich solle zwei Tage vorübergehen lassen, und er wolle sehen, etwas zu tun, was mir angenehm sein werde. Ich werde es an Sorgfalt nicht mangeln lassen und empfehle mich EE. HH. *Iterum valete.*

DRITTER BRIEF.

Magnifici Domini etc.

Gestern schrieb ich durch den Kurier Ardingo EE. HH., was vorkam. Um nicht zu ermangeln, EE. HH. täglich von dem zu benachrichtigen, was ich erfahre, melde ich, daß man heute hier die Nachricht hat, daß die Signoria von Venedig auf die Nachricht von der Empörung des Forts San Leo den päpstlichen Gesandten, Bischof von Tivoli, zu sich bitten ließ und ihm diese Empörung zu wissen tat. Sie zeigte ihr großes Mißfallen darüber und beklagte, daß man in dem Kastell San Marco gerufen habe. Sie beteuerte dem Gesandten, daß sie sich nicht von Frankreich abwenden wolle, noch von Sr. Heiligkeit, noch von dem Schutze, in den sie Se. Exzellenz den Herzog genommen, und daß sie auf keine Weise dem Herzog Guido[1] Beistand leisten würde. Letzteren ließ sie zu sich bescheiden und erklärte ihm in Gegenwart des Bischofs ihren Entschluß. Diese Nachricht hat hier den ganzen Hof gutes Muts gemacht, da man daraus schließt, die Vorgänge in Urbino hätten nicht die Stütze, die man vorausgesetzt hatte. Um sich dankbar zu zeigen, sandte. Se. Exzellenz sogleich den Staatssekretär Messer Romelino[2]

---

[1] Guidobaldo da Montereltre, Herzog von Urbino, den Cesare Borgia aus seinem Lande vertrieben hatte.

[2] Dieser Francesco Romolino, Spanier, wurde von Alexander VI. wegen Savonarola nach Florenz gesandt und dann im Mai 1503 zum Kardinal kreiert.

an die Signoria ab, ihr für ihre Anerbietungen und guten Gesinnungen zu danken.

Eine andere Neuigkeit hört man noch. Der Herzog hätte den Spanier Don Ugo, den Befehlshaber seiner Schweren Reiter, und Don Michele, den Befehlshaber seines Fußvolks, anläßlich dieser Bewegungen nach Rimini beordert. Diese rückten, ohne Befehl zu haben, vor, um die Kastellane von Pergola und Fossombrone zu unterstützen, nahmen beide Städte, plünderten sie und töteten fast alle Einwohner. Wie man sieht, fangen die Ereignisse an, eher eine günstige Wendung für den Herzog zu nehmen als umgekehrt. Ich empfehle mich EE. HH. *Quae bene valeant.*

Ex Imola die 11. Octobris 1502.

E. D. V.
servitor
Nicolaus Machiavellus Secret.

Vierter Brief.

Magnifici etc.

Aus Beiliegendem werden EE. HH. ersehen, was man gestern hier am Hofe Neues erfuhr. Verflossene Nacht ungefähr um 5 Uhr kam Euer Kurier Baccino mit dem Schreiben EE. HH. vom 10. als Antwort auf das meinige vom 8. Nachdem ich den Inhalt wohl überlegt und verstanden, begab ich mich zur Audienzzeit zum Herzog; es war diesmal ungefähr 22 Uhr.

Als ich vor Sr. Exzellenz erschien, sagte er: „Wir haben von allen Seiten gute Neuigkeiten." Er erzählte mir, was ihm die Venetianer angeboten, ganz so wie ich es in Beiliegendem EE. HH. schreibe, und auch was Don Ugo und Don Michele in Pergola und Fossombrone verrichtet. „Dieses Jahr", sagte er ganz vergnügt, „steht unter dem Einfluß eines ungünstigen Planeten für die Rebellen."

Hierauf sagte er mir, es seien aus Perugia von einem Abgeordneten des Papstes Nachrichten angekommen. Dieser habe daselbst Vitellozzo am Fieber krank und den Signor Pagolo Orsino mit Krätze bedeckt angetroffen. Kaum sei er angekommen gewesen, so hätten sich ihm die Orsini in die Arme geworfen, indem sie gesagt: sie seien Soldaten der Kirche und wollten vom Willen des Papstes nicht abweichen; wenn sie abgezogen seien, so sei der Mangel an Lebensmitteln die Ursache gewesen; er solle den Papst bitten, daß er sie wieder aufnehme und ihnen Standquartiere anweise; denn hier könnten sie nicht mehr leben. Der Papst habe es bereits getan.

Von Vitellozzo sprach der Herzog nichts Weiteres. Ich erfuhr jedoch auf einem anderen Wege, daß er an den Herzog gesandt hat, er wolle zu ihm kommen, wenn er ehrenvolle Sicherheit von Sr. Exzellenz erhalten könne; wo nicht, so werde er sich doch jedenfalls von den anderen losmachen und ihm beweisen, daß er sein Diener sei.

Nachdem wir einige Zeit über die Orsini gesprochen, trug ich Sr. Exzellenz vor, was mir EE. HH. durch ihr Schreiben vom 10. antworten. Ich teilte ihm Punkt für Punkt den Inhalt desselben mit: welche Ursache die Absendung von Hilfstruppen verhinderte, wenn Se. Exzellenz ihrer für den Augenblick bedürfen sollten, und daß Ihr Euch gegenwärtig nicht (auf andere Weise) als seine Freunde erklären könnt, indem Ihr nach Frankreich geschrieben hättet und die Antwort erwartetet. Sodann benachrichtigte ich ihn, daß Ihr den Marchese von Mantua[1] in Sold genommen, indem ich, als ob es von mir komme, hinzufügte, ich sei überzeugt, daß Se. Majestät der König von Frankreich EE. HH. zu dieser Maßregel veranlaßt habe. Denn da er einen Freund, was dieser Marchese geworden ist, zu befriedigen habe und eine Republik, die ihm immer treu war, mit guten Waffen bewaffnen wolle, deren er und seine Freunde sich bedienen könnten, und da Ihr Werkzeuge von solcher Wichtigkeit denen entziehen wolltet, die auf seine Größe eifersüchtig sind, so hätte der König EE. HH. zu keiner Maßregel bewegen können, die weiser und nützlicher und auch Sr. Exzellenz erfreulicher wäre. Ich ermangelte weder bei diesem Punkte noch bei anderen Sr. Exzellenz Eure gute Gesin-

[1] Francesco Gonzaga.

nung gegen ihn einzuprägen, so wie Ihr es in Euren Briefen wünscht.

Er antwortete mir auf den ersten Punkt freundlich, indem er sagte, er sehe ein, was EE. HH. über die Soldaten und die Freundschaft schreiben. Er bestand auch nicht sehr darauf und ersuchte nicht weiter darum, wie er früher getan hatte. Vom Marchese sprach er ehrenvoll. Er sei ein braver Mann und sein Freund, und er könne mir Briefe von ihm vorzeigen, worin er ihm kürzlich angeboten, bei jedem Feldzug mit seinen Soldaten zu ihm zu stoßen. Sehr lieb sei es ihm, ihn hier in der Nachbarschaft zu haben. Ich antwortete hierauf gehörig.

Um die Aufträge EE. HH. zu erfüllen, kam ich sodann wieder auf die Orsini und Vitelli. Der Herzog hat von ihnen eine üble Meinung und bekennt offen, daß er sich nicht auf sie verlassen könne, sondern Zeit gewinnen wolle usw. Ich sagte, daß sie, so zur Verzweiflung gebracht, wohl einen Einfall in unser Gebiet machen könnten. Wir fürchteten zwar für keine Stadt, das Land aber würde dadurch doch beunruhigt werden. Was Se. Exzellenz in einem solchen Falle tun würde, wenn es sich ereignete, ehe die von EE. HH. dazu bestimmten Soldaten an Ort und Stelle wären? Se. Exzellenz antwortete, er glaube um nichts in der Welt, daß sie etwas unternehmen würden; wofür er einige Gründe anführte. Sollten sie es aber dennoch tun, und man erführe, wo sie einzufallen Lust hätten, mit was für Soldaten, und welche Hilfe Ihr nötig hättet, so sei er entschlossen, es an keinem Freundschaftsdienst fehlen zu lassen, soweit es in seinen Kräften stünde.

Weiter konnte ich in dieser Unterredung aus Sr. Exzellenz nichts herausbringen.

Als ich mich entfernte, ersuchte ich ihn von neuem um den Schutzbrief für die Nation. Er versprach ihn mir wiederum ohne Schwierigkeiten; ich sollte mit Messer Alessandro sprechen. Ich sagte, ich hätte es getan, und er hätte mich auf zwei bis drei Tage vertröstet. Der Herzog antwortete, die gegenwärtige starke Beschäftigung sei die Ursache dieses Aufschubs, und ich solle nochmals mit ihm sprechen. Ich habe nochmals mit ihm gesprochen und ihm gute Worte gegeben; es hat aber wieder nichts geholfen. Den Grund weiß ich mir nicht zu erklären. Ich empfehle mich EE. HH. *Quae bene valeant.*

Ex Imola die 12. Octobris 1502.

servitor
Nicolaus Machiavellus Secret.

Fünfter Brief.

Magnifici etc.

Ich habe bis heute abend gezögert, Baccino mit den beiden eingeschlossenen Briefen zurückzusenden, um EE. HH. besser über den Stand der hiesigen Angelegenheiten unterrichten zu können, und besonders um den Wunsch zu befriedigen, den Ihr zeigt, zu erfahren, wohin der Sinn dieses Fürsten steht, und was er mit Euch beabsichtigt.

Da ich nie etwas anderes von Sr. Exzellenz erfahren konnte, als was ich geschrieben, so nahm ich die Gelegenheit wahr, mit einem Minister des Herzogs von Ferrara zu sprechen, der jüngst anläßlich dieser Ereignisse zu Sr. Exzellenz gesandt worden ist. Als uns das Gespräch vom einem aufs andere führte, sagte er von selbst, er habe besonderen Auftrag von seinem Herrn, den Herzog zum Bündnis mit Euch aufzumuntern. Seiner persönlichen Ansicht nach, fügte er hinzu, zögere man zu lange mit dem Abschluß. Er sei entschlossen, in seiner ersten Unterredung mit dem Herzog zu versuchen, ob er ihn zu einer näheren Erklärung bewegen könne, die man dann durch die Vermittelung seiner Herren EE. HH. vorlegen würde. Ehe er abreise, wolle er noch mit mir darüber sprechen. Ich zeigte weder Widerwillen noch Verlangen bei diesem Anerbieten, sondern dankte ihm im allgemeinen. Er sprach hierauf mit dem Herzog, und als er mich wieder antraf und wir auf diese Unterredung kamen, sagte er, er habe den Herzog im allgemeinen sehr geneigt gefunden. Als er ihm zuletzt bemerkt, um die Sache abzuschließen, müsse man aufs einzelne kommen, und ob er wolle, daß sein Heer deshalb einen Schritt tue usw., habe der

Herzog geantwortet: für jetzt noch nicht, er werde es ihm seinerzeit wissen lassen.

Da mich dies nicht befriedigte, so sah ich die Gelegenheit ab, heute längere Zeit mit Messer Agapito, dem ersten Sekretär des Herzogs, zusammen zu sein. Als wir nun beide über diese Dinge sprachen, als unter uns Staatssekretären, sagte er, er wolle sagen, was jedermann für beide Teile vorteilhaft halte, und sprach sich darüber ausführlich so aus: „Sieh, wie die Verbündeten beider Mächte gut zusammen passen. Die, welche die Freunde deiner Herren sind, sind die besten Freunde meines Herzogs, die, welche die Feinde meines Herzogs sind, sind die ärgsten Feinde deiner Herren. Die Venetianer sind beiden verdächtig, weil ihnen der Herzog die Romagna aus der Hand gerissen hat. Unnötig war es für deine Herren, im gegenwärtigen Augenblick den Marchese von Mantua in Sold zu nehmen, da sie nicht angegriffen werden konnten, indem der Herzog nie wieder den Orsini und Vitelli trauen kann, die ihn so oft hintergangen haben." Wohl aber scheine es ihm, daß EE. HH. eine gute Gelegenheit verlieren, besonders da Ihr die Stelle des Herzogs von einem anderen hättet einnehmen lassen. Er wisse nicht, welche Übereinkunft jetzt mit EE. HH. sich schließen lasse, da der Herzog ruhmgekrönt, vom Glück begünstigt und sieggewohnt sei. Er sei gewachsen, seit Ihr ihm jene Condottierestelle gabt, und Ihr wäret gesunken. Vernünftig sei es daher eher, ihm größere Ehre und Gefälligkeit zu erzeigen, als umgekehrt. Als er mir von seinem guten Glücke erzählt hatte, auch abgesehen von den gelungenen Feldzügen, kam er auf die letzten Ereignisse. Wenn Se. Exzellenz nur zu wünschen brauche, sagte er, so hätte nichts Günstigeres für ihn geschehen können. Bei diesen Bewegungen sei es so gekommen, daß, wo die Orsini gehofft hätten, sie könnten jedermann gegen Se. Exzellenz aufbringen, jedermann sich zu ihm gewandt und zu seinen Gunsten erklärt habe. Denn EE. HH. hätten ihm eine Gesandtschaft geschickt, die Venetianer geschrieben, die Majestät des Königs Soldaten gesandt. Ein so frisches Glück, fügte er hinzu, müsse man einigermaßen in Rechnung bringen. Während dieser Unterredung, die nicht kurz war, berührte er noch zweimal, daß für die Zukunft nichts geschehen könne, wenn man in betreff der Condottierestelle nicht auf das Frühere zurückkomme.

Ich will EE. HH. nicht durch Wiederholung meiner Antwort ermüden. Nur versichere ich EE. HH., daß ich wenig von dem vergaß, was sich passenderweise auf die obigen Dinge antworten läßt. Am Ende aber brachte ich doch nichts anderes heraus, als daß der Herzog die Augen auf diese Condottierestelle gerichtet hat.

Ermangeln will ich nicht, EE. HH. zu melden, daß der ferraresische Minister, mit dem ich erörterte, welche Ursache den Herzog zurückhaltend machen könne, sagte, er glaube, der Herzog habe an Se. Heiligkeit geschrieben und wolle in dieser Sache mit den Füßen des Papstes gehen. Nun denke ich, dies könnten wohl zwei andere Füße sein, oder aber er will durchaus diese Condottierestelle nicht aufgeben, da sich die Aussichten hier aufgehellt haben, und daher abwarten usw. Oder aber er will, ehe die Sache weitergeht, abwarten, bis der künftige Gonfaloniere im Palaste ist, durch welche Würde die Stadt ein so großes Ansehen gewonnen hat, daß es kein Mensch glauben würde[1].

Ich kann und darf, Erlauchte Herren, diese Dinge nicht anders beurteilen. Ich werde bloß fortfahren, von Zeit zu Zeit Bericht zu erstatten, wie sie stehen. Bis jetzt ist in Zeit von vier Tagen die Veränderung vorgegangen, die ich melde. Je schöner aber das Wetter sein wird, desto schwerer wird dieser Boden umzuackern sein. Nur eins will ich ehrerbietig EE. HH. sagen: wenn Ihr den Marchese bald aufbrechen läßt, so wird sich immer zur Vernunft bringen lassen, wer davon abgehen sollte. *Bene valete.*

Ex Imola hora 4. noctis, die vero 13. Octobris 1502.

E. V. D.
servitor
Nicolaus Machiavellus Secret.

[1] Machiavelli spielt hier auf die Wahl Pieros Soderini zum Gonfaloniere auf Lebenszeit an, die am 20. September erfolgt war.

Sechster Brief.

Magnifici etc.

EE. HH. werden aus meinen Briefen vom 11., 12. und 13. laufenden Monats, die ich Euch durch den Kurier Baccino überschickte, gesehen haben, was sich bis jetzt zugetragen hat. In Gegenwärtigem habe ich nicht viel zu sagen. Da ich aber durch Messer degli Spinelli Gelegenheit habe, der heute von Bologna hier eingetroffen ist und in Eile nach Florenz reist, so will ich das wenige, was ich erfahren habe, EE. HH. melden.

In einem meiner Früheren schrieb ich EE. HH., daß der Herzog einen Ritter Orsino zu den auf dem Kongreß versammelten Orsini geschickt hat, um ihre Gesinnung zu erfahren und zu sehen, ob es ein Mittel gebe, sie zurückzubringen. Gestern kam der Ritter zurück. Genau weiß ich nicht, was er ausgerichtet hat, sondern ich habe bloß gehört, daß sich Pagolo Orsino erboten habe, hierherzukommen, und daß der Ritter gekommen sei, das Ja des Herzogs zu holen. Gestern abend ist er damit zurückgeschickt worden mit den nötigen Befehlen, wie ich erfahren, damit der genannte Pagolo sicher kommen kann. Man erwartet ihn hier in zwei bis drei Tagen. Spinelli hat mir vieles gesagt, was EE. HH. von ihm selbst hören werden; nur den Umstand will ich melden, daß er sagt, in Bologna erfahren zu haben, es sei auf dem Kongreß beschlossen worden, daß der genannte Signor Pagolo hierherkommen und mit dem Herzog einen Vertrag schließen könne, wobei jedoch von einem Feldzug gegen Bologna durchaus nicht die Rede sein dürfe. *Bene valete.*

Ex Imola die 14. Octobris 1502.

servitor
Nicolaus Machiavellus Secret.

SIEBENTER BRIEF.

Magnifici etc.

Als ich heute ungefähr um 20 Uhr bei Hofe war, kam der Kurier EE. HH. an mit Eurem Schreiben vom 13., das hinsichtlich der Unterhandlung usw. der Hauptsache nach dasselbe enthält wie Euer früheres Schreiben vom 10. Da es mir deshalb nicht sehr wichtig schien, besonders da ich schon durch meine Briefe vom 11., 12. und 13. ausführlich darauf geantwortet habe, so würde ich keinen Wert darauf gelegt haben, nochmals mit Sr. Exzellenz dem Herzog zu sprechen, wenn nicht das Schreiben von Borgo in betreff des Aufbruchs des Geschützes und Fußvolks eingeschlossen gewesen wäre. Da mir dieses von Bedeutung schien und geeignet, EE. HH. Dank einzutragen, so suchte ich Audienz zu erhalten. Da nun der Herzog sehr beschäftigt war, eine Abteilung Fußvolk zu besichtigen, die er Mann für Mann an seinem Palaste vorbei die Musterung passieren ließ, so gab ich einem seiner Minister die Abschrift vom Briefe Giovanni Ridolfis, um dieselbe als etwas Wichtiges dem Herzog zu überreichen.

Sowie er den Brief gelesen hatte, ließ er mich hereinrufen und fragte mich: Was hältst du von dieser Nachricht? Nachdem ich sie gelesen, antwortete ich, wenn ich die Nachricht nach dem Orte, wo sie geschrieben worden, und nach dem Manne, der sie geschrieben, zu bemessen hätte, so könnte ich sie nur als wahr bestätigen. Denn Borgo sei von Castello fünf Miglien entfernt, und Giovanni sei ein sehr kluger Mann und so geachtet als irgendeiner in Florenz. Er sagte hierauf: „Ich errate, wie die Sache zugeht. Du siehst, daß Vitellozzo das Fußvolk und die Leibtrabanten in Marsch gesetzt hat und nicht die Schweren Reiter. Ich nehme daraus ab, daß er sich bei jedermann will entschuldigen können, er sei kein Verräter an mir; was er nicht könnte, wenn er mich mit den Schweren Reitern angriffe, die ich bezahlt habe. Auch dem Abmarsch des Geschützes kann Vitellozzo einen harmlosen Anstrich geben. Er hatte einige Stücke von mir, die ich vor mehreren Tagen zurückverlangt habe. So kann er meinen Schweren Reitern sagen, er schicke diese Stücke zurück, und zwar mit Bedeckung, damit die Leute von Gubbio sie nicht wegnehmen. Den Leuten von Gubbio kann er sagen, er komme ihnen zu Hilfe. Aber bald muß sich zeigen, wie das enden wird. Es scheinen mir hundert Jahre, bis sie losschlagen, obgleich ich wegen gewisser Unterhandlungen, die im Werke sind, nicht glaube, daß es die Orsini tun; und heute sollten meine Soldaten vor Urbino erscheinen."

Als wir einige Zeit über diese Dinge gesprochen, zeigte sich die Gelegenheit, ihn aufmerksam zu machen, wie offen EE. HH. Grechetto und Bianchino begünstigt hatten, und wie bereitwillig Ihr Migliano den Abschied gabt. Obgleich diese Dinge klein seien, so mache man doch aus kleinen Dingen die großen, und die Gesinnungen der Menschen erkenne man *etiam in minimis*. Dann bezeugte ich von neuem kurz, nach Eurem Auftrag, die Wohlgeneigtheit EE. HH. in allem übrigen, immer mit Beachtung dessen, was billig und möglich wäre, und mit den nötigen Rücksichten, die Ihr zu nehmen hättet. Ich dankte ihm auch für die gute Antwort, die er mir zweimal in betreff des Schutzbriefes gegeben, und wie angenehm es EE. HH. sein würde, wenn man bald einen Erfolg sähe usw.

Se. Exzellenz dankte EE. HH. höchlich für den ersten Punkt, indem er sagte, er achte die geringste von Euch empfangene Wohltat für groß. Sodann brach er mit einigen allgemeinen Redensarten ab, aber doch mit freundlichen liebevollen Worten. In betreff des Schutzbriefes rief er Messer Alessandro Spannocchi und sagte ihm: „Man hat sich mit dem Staatssekretär hier zu benehmen und zu sorgen, daß dieser Schutzbrief Form erhält." So entfernte ich mich von Sr. Exzellenz, nachdem er noch mehreres mit mir gesprochen, besonders wie sehr der König von Frankreich geneigt sei, ihm Vergnügen zu machen, und daß gestern Odoardo Baglio[1] hier gewesen sei, ihm mündlich zu versichern, was Se. Majestät ihm mehreremal geschrieben habe, und daß man bald die Beweise sehen werde.

---

[1] Vielleicht Odoardo Bagliotto, von dem in der Gesandtschaft an den französischen Hof die Rede ist, und der vom König von Frankreich nach Florenz gesandt wurde.

Ich schrieb EE. HH. in meinem Brief vom 9., der bis zum 10. zurückgehalten wurde, so ausführlich über die Streitkräfte des Herzogs und die Hilfsvölker, die er erwartet, daß ich für unnötig halte, mehr zu schreiben. Seine Angelegenheiten stehen um so günstiger, als man unterdessen erfahren hat, es sei nicht Absicht der Venetianer, etwas gegen ihn zu unternehmen, und es zeigt sich, daß er jetzt wieder die Oberhand im Herzogtum Urbino hat, das er schon verloren gab. Hierzu kommt noch, wenn es wahr ist, daß die Orsini die Segel gestrichen haben oder auf dem Punkte sind, sie zu streichen. Man hat davon weiter nichts gehört, obgleich es beißt, Signor Pagolo Orsini werde hierherkommen, wie ich EE. HH. gestern geschrieben. Überdies hat der Herzog den Signor Lodovico della Mirandola mit 60 Schweren und 60 Leichten Reitern in Sold genommen. Ferner hat er befohlen, daß der Sohn des Generalintendanten von Mailand, früher Generalintendant von Savoyen betitelt, den er absandte, jene 1500 Schweizer anzuwerben, bis zu 150 Schwere Reiter in der Lombardei zusammenbringe. Er will ihm die Führung übertragen. Folgendes sind also die Schweren Reiter, die er in einem Monat beisammen zu haben glaubt: Erstens seine Edelleute, die drei Kompagnien Spanier, wovon ich Euch schrieb und die, welche er in seinen Ländern aufbringt, was in Summa 500 Schwere Reiter erreicht. Dann kommt Signor Lodovice und dieser Sohn des Generalintendanten, was ungefähr 210 ausmachen wird. Er rechnet darauf, ebensoviel Leichte Reiter zusammenzubringen als Schwere Reiter. Fußvolk, schätze ich, steht im Urbinischen und in Siena ungefähr an 2500 Mann. Er wird noch soviel anwerben, als er Geld haben wird, und bis jetzt sieht man, daß er überall zusammenbringen läßt.

Was die Nachschrift EE. HH. betrifft, daß ich Zeit gewinnen, mich nicht verbindlich machen und suchen soll, seine Absicht zu erforschen, so glaube ich bis jetzt das erste und das zweite getan und das letzte zu tun mich bestrebt zu haben. Nochmals darauf zurückzukommen, scheint mir überflüssig, da ich hierüber in meinem Brief vom 13. ausführlich geschrieben und bis jetzt nichts Weiteres erfahren habe. Zwar glaube ich, daß außer den Ursachen, die, wie ich geschrieben, Se. Herrlichkeit haben kann, unentschieden zu bleiben, noch eine andere Ursache wirksam sein kann; und diese ist, daß er Euch in dieser Sache durch Frankreich Euer Verhalten will vorschreiben lassen, da Ihr die Zustimmung dieser Macht zu erwarten behauptet.

Gestern war, wie ich oben gesagt, Odoardo Baglio hier. Ich besuchte ihn, fand aber keine Gelegenheit, etwas von ihm zu erfahren. Dies kümmerte mich nicht sehr, da er mir sagt, sein Auftrag führe ihn zu EE. HH.

Messer Alessandro Spannocchi sagte mir, nachdem er in den Palast zurückgekehrt gewesen, habe er nochmals mit dem Herzog über den Schutzbrief gesprochen; ihn zu einem allgemeinen zu machen, scheine ihm allerdings eine Sache, die dem Herzog eher zuwider sei als nicht. Als ich ihm antworten wollte, sagte er: Wir wollen morgen miteinander zu Messer Agapito gehen und wollen sehen, was sich tun läßt. Ich kann über diese Sache nichts anderes sagen, als daß es sehr zweckmäßig sein würde, wenn einer seiner Freunde in Florenz an Messer Alessandro schriebe.

Von Bologna hört man nichts und von Urbino auch nichts Weiteres. Ich empfehle mit Euren Herrlichkeiten.

Die 15. Octobris 1502. Imola.

E. V. D.
servitor
Nicolaus Machiavellus.

Achter Brief.

Magnifici etc.

EE. HH. werden aus Beiliegendem ersehen, was ich nach Empfang Eures Schreibens vom 13. mit Sr. Exzellenz dem Herzog gesprochen habe, und weiter, was ich über die hiesigen Angelegenheiten schreibe. Ich habe mich entschlossen, diesen Brief gesondert an EE. HH. zu schreiben, da es so zweckmäßig scheint.

Se. Exzellenz der Herzog sagte mir auf die Nachricht Giovanni Ridolfis, welche den Aufbruch der Artillerie und der Soldaten Vitellozzos anzeigt, wenn ich mich recht erinnere, folgendes: „Deine Herren werden durch zweierlei Rücksicht abgehalten, einen Teil ihres Heeres den Grenzen Vitellozzos zu nähern. Erstens wollen sie den Befehl des Königs abwarten und Verhaltungsregeln, wie sie sich bei den Bewegungen in Italien zu benehmen haben. Zweitens hält sie ihr wenig zahlreiches Heer und die vielen Orte, die sie zu bewachen haben, ab. Da ich nun sehr wünsche, daß keine Zeit verloren wird, und daß mir deine Herren eine Gunst erzeigen, so löse ich diese beiden Rücksichten so: Was erstlich den König betrifft, so kannst du versichern, daß ich des Todes nicht so gewiß bin, als daß es Sr. Majestät erwünscht wäre, wenn das ganze florentinische Volk in Person mir zu Hilfe käme; bald wird sich das durch die bestimmteste Antwort zeigen. Was die zweite Rücksicht betrifft, daß ihr wenig Soldaten habt, so schreibe deinem Herren, daß, wenn ein Übelstand daraus entsteht, daß sie die Soldaten aus ihren Standorten entfernen, ich entschlossen bin, persönlich zu ihrer Hilfe anzurücken und das ganze Gewicht des Krieges auf mich zu nehmen. Sie sollen nichts weiter tun, als in die an Castello grenzenden Orte 50 oder 60 Reiter und 300 oder 400 Kommandierte schicken, zwei Stück Geschütze dahin führen lassen, einen Mann auf das Haus in diesen Orten einberufen, Musterung halten und dergleichen. Ich binde dir auf die Seele, daß du sie darum so dringend ersuchst als du kannst." Dies waren fast seine eigenen Worte.

Ich ermangelte nicht, Sr. Exzellenz die geringe Zahl unserer Truppen und die Befürchtungen entgegenzuhalten, die mit einer Verlegung verbunden seien. Dem ungeachtet wollte er, daß ich Euch schreibe und darum ersuche. Ich mußte es ihm versprechen und tue es in diesem besonderen Schreiben, nicht im ordentlichen Dienstbrief, damit Ihr diese Forderung des Herzogs nicht in Florenz bekanntzumachen braucht, im Fall Ihr es für gut haltet, ihm zu willfahren. So läßt sich die Sache vorsichtiger tun. Man könnte nach Borgo und Anghiari einige Kommandierte schicken, die Leute einberufen und das andere, was er fordert, ganz oder zum Teil tun, unter dem Vorwand, man habe Verdacht. Auf der anderen Seite könnte man sich hier ein Verdienst machen und statt zwei vier sagen, da der Herzog keine sicheren Nachrichten erhalten kann. Ich bitte EE. HH., mir dies weder als Rat noch als Anmaßung auszulegen, sondern es der natürlichen Liebe zuschreiben zu wollen, die jedermann für sein Vaterland fühlen muß. Ich erwarte über alles baldige Antwort.

Die 16. Octobris 1502.

E. V. D.
servitor
Nicolaus Machiavellus Secret.

Neunter Brief.

Magnifici Domini etc.

EE. HH. werden aus meinen Letzten, die ich gestern durch den Kurier sandte, ersehen haben, was ich von den hiesigen Angelegenheiten halte und was ich als Antwort auf den Eurigen vom 13. zu sagen hatte. Ich erwarte Antwort.

Es bleibt mir noch übrig, Euch durch Gegenwärtigen zu melden, daß heute ungefähr um 18 Uhr Se. Exzellenz nach mir ins Haus schickte. Als ich mich zu Sr. Exzellenz begeben hatte, sprach er: „Ich will in meinem Vorsatz fortfahren, dir mitzuteilen, wenn ich etwas erfahre, was deine Herren oder uns beide gemeinschaftlich angeht. Ich habe heute diesen Brief aus Siena von einem Manne erhalten, den ich dorthin gesandt.“ Er las mir eine Stelle vor, welche besagte, daß die Orsini mit ihren Soldaten gegen Cagli rückten, nicht als Feinde, sondern indem sie sagten, der Ritter Orsini, der im Namen des Herzogs mit ihnen sprach, habe gesagt, wenn die Orsini Freunde des Herzogs sein wollten, so sollten sie mit den Soldaten ins Urbinische zurückmarschieren. Der Brief enthielt ferner, die Florentiner hätten die Freundschaft der Orsini gesucht, indem sie ihnen ehrenvolle Bedingungen vorgeschlagen. Der Schreiber des Briefes fügte hinzu, daß die Orsini wirklich gute Verbündete Sr. Exzellenz sein würden, wenn er den Feldzug gegen Bologna aufgeben, und in die florentinischen oder venetianischen Staaten einfallen wolle. Nachdem mir Se. Exzellenz diese Stelle vorgelesen, sprach er: „Du siehst, wie redlich ich mit Euch verfahre, im Glauben, daß es Euch wirklich darum zu tun ist, meine Freunde zu sein, und daß mich deine Herren nicht hintergehen. Ich wollte darauf wetten, daß sie mir jetzt mehr trauen als früher, und ich werde meinesteils sicher nicht ermangeln, meine Schuldigkeit zu tun."

In betreff des ersten Punktes dankte ich ihm im Namen EE. HH. für die Loyalität, womit er den Brief mitgeteilt habe. In betreff des zweiten Punktes sagte ich, wenn ich mich gegen Se. Exzellenz nach dem bei meiner Abreise erhaltenen Auftrag und den später von EE. HH. empfangenen Briefen aussprechen solle, so könne ich nur die besten Gesinnungen EE. HH. gegen ihn beteuern. Ich verbreitete mich hierüber, soviel es mir Eurem Befehle zufolge nötig schien.

Als wir sodann über die Orsini sprachen, wo sie mit ihren Soldaten stünden und was sie für Absichten hätten, sagte er: er habe auf einem anderen Wege Nachricht, sie befänden sich zu Cagli, dessen Einwohner bei ihrer Ankunft die Burg hätten stürmen wollen, was jedoch die Orsini verweigert hätten. Von den Einwohnern gefragt, ob sie sie anzugreifen gedächten, hätten die Orsini geantwortet: nein, sie gedächten sie aber auch nicht zu verteidigen. So suchten sie Zeit zu gewinnen. Hierauf entfernte ich mich von Sr. Exzellenz.

Aus seinen Reden und aus vielen Ausdrücken, deren er sich bediente, die zu schreiben aber zu weit führen würde, zu schließen, schien er mir heute begieriger zu sein, mit EE. HH. zu einem festen Ergebnis zu kommen, als da ich ihn das letztemal sprach. Auch will ich nicht ermangeln, EE. HH. zu schreiben, was mir einer der ihm zunächst Stehenden gesagt hat, den ich nicht nenne, weil er es sich so ausbittet. Als ich mit ihm über den gegenwärtigen Stand der Dinge redete, fing er an, dieses Zögern EE. HH. und Sr. Exzellenz, bis ihr euch verständigt, zu tadeln, und sagte mir im Laufe des Gespräches:

„Was ich dir jetzt sage, sagte ich, es sind noch nicht zwei Tage, dem Herzog selbst. Es ist gut, sagte ich ihm, die Hände zu rühren, da ja die Sache leicht scheint; denn die Florentiner haben Lust, und Eure Herrlichkeit hat Lust, beide habt ihr Feinde, beide müßt ihr Schwere Reiter halten, beide müßt ihr euch verteidigen, und nichts Leichteres gibt es, als sich unter diesen Umständen zu einigen." Se. Exzellenz der Herzog antwortete (so sagt er): „Warum zögern aber denn diese Herren, mir einen Vorschlag zu machen? Nichts anderes macht mich mißtrauisch gegen sie, als daß sie sich nicht erklären, daß sie sich nicht vernehmen lassen. Daß die Vorschläge von ihrer Seite ausgehen, wünsche ich nur darum, damit alles dauerhafter sei, was wir abschließen."

Was ich antwortete, tut nichts zur Sache. Ich wollte nur dies melden, damit dadurch EE. HH. die Gesinnung des Herzogs besser zu erkennen imstande sind oder, wollte ich sagen, besser zu mutmaßen.

Ich vergaß EE. HH. zu schreiben, daß mir der Herzog heute im Gespräche sagte: „Mein Abgeordneter schreibt mir auch aus Siena, deine Herren hätten dahin gesandt, über einen gewissen Waffenstillstand zu unterhandeln." Ich antwortete, daß dies das erste Wort sei, was ich von einer Unterhandlung zwischen EE. HH. und den Sienesern höre, und ich wüßte nicht, was dies für ein Waffenstillstand sei, es müßte denn der sein, welcher im Jahre 1498 auf fünf Jahre abgeschlossen worden und in sechs bis acht Monaten zu Ende gehe. Es sei leicht möglich, daß man ihn zu erneuern suche.

Er fragte mich nach den Bedingungen desselben. Ich antwortete: einander nicht anzugreifen und einem feindlichen Heere keine Hilfsvölker zu schicken, um die Staaten des anderen anzugreifen. Er schien es zu glauben.

Von Urbino hört man, das Heer des Herzogs, das Befehl hatte, vor die Stadt zu rücken, sei noch nicht über Fossombrone hinausgekommen: der eine sagt, wegen der schlechten Witterung, der andere, weil eine Schar Fußvolk Vitellozzos in Urbino eingerückt sei, oder vielleicht weil die Orsini nach Cagli marschiert sind, wie ich oben schreibe.

Hier sind 1000 Mann Fußvolk im Sold des Herzogs, und daß es nicht noch mehr sind, scheint nur am Geldmangel zu liegen. Indessen erwartet man von Rom aus, auf der Straße von Florenz, bedeutende Summen. Um die französischen Kriegsvölker wird beständig von neuem angehalten und die Aushebung von Reiterei und Fußvolk mit großer Tätigkeit betrieben. Täglich kommen seine Beauftragten aus der Lombardei zurück, und er sendet wieder andere dahin ab.

Gestern abend kam der Ritter Orsino, von dem ich früher schrieb, von Perugia zurück. Was er mitbringt, weiß ich nicht. Ich vermute dasselbe, was der Abgeordnete des Herzogs aus Siena schreibt, und was ich oben melde.

Weiter habe ich EE. HH. nichts zu schreiben, außer dieselben müßten mich fragen, was ich von diesen Bewegungen halte. *Praestita venia* würde ich dann antworten, daß meiner Meinung nach, solange der Papst lebt und die Freundschaft mit dem König besteht, den Herzog das Glück nicht verlassen wird, das ihm bis jetzt immer entgegenkam; denn für die, deren feindliche Gesinnungen zu befürchten waren, ist es schon jetzt nicht mehr Zeit, ihm viel zu schaden, und wird es von Tag zu Tag weniger.

Die 17. Octobris 1502. Imolae.

E. V. D.
servitor
Nicolaus Machiavellus Secret.

Zehnter Brief.

Magnifici etc.

Durch den Kurier Baccino empfing ich gestern ungefähr um 20 Uhr einen Brief EE. HH. vom 17., nebst der Abschrift des aus Perugia nach Florenz gesandten Briefes. Sogleich nach dem Empfang machte ich Sr. Exzellenz dem Herzog meine Aufwartung und erzählte ihm zuerst, was mir EE. HH. vom Erwarten der Nachrichten aus Frankreich und von Eurer guten Gesinnung schreiben. Sodann sagte ich ihm die Ursache, warum Ihr mir diesen Kurier geschickt habt, und las ihm die Abschrift dieses Briefes vor. Als er sie gehört, dankte er EE. HH. sehr für die Freundschaftsbeweise, die er in allen Stücken von Euch erhalte, worüber er sich mit vielen liebevollen Worten verbreitete, indem er versprach, sich einmal dankbar zu zeigen, wenn ihm die Zeit dazu Gelegenheit geben würde. Sodann sagte er, diese 600 Schweren Reiter, auf welche seine Gegner rechnen, würden sich bei der Musterung als etwelche weniger ausweisen, und lachend fuhr er fort: „Sie tun gut daran, 600 Schwere Reiter auf dem Papier zu sagen, das heißt so viel wie gar keine. Ich will nicht prahlen, aber die Folge soll lehren, wer sie sind und wer wir. Ich schlage sie um so weniger an, je besser ich sie kenne, sie und ihre Truppen.

Von Vitellozzo, dem man einen so großen Ruf gegeben hat, kann ich nicht sagen, daß ich ihn bei irgendeiner Gelegenheit als Mann von Mut gesehen hätte. Wenn es galt, entschuldigte er sich immer mit Franzosenkrankheit. Er ist nur gut, unverteidigte Länder zu verheeren und die zu berauben, die ihm nicht die Stirn bieten, und solche Verrätereien zu üben. Diesmal hat er uns über den Vorgang bei Pisa aufgeklärt. Niemand kann darüber jetzt mehr im Zweifel sein, da er mich als mein Soldat und mit meinem Geld in der Tasche verraten hat.“ In solchen starken Ausdrücken sprach er noch viel über diese Angelegenheit, ohne sich sonst erschüttert zu zeigen.

Ich antwortete Sr. Exzellenz alles, was mir einfiel, und versäumte in dieser Unterredung, die so bald nicht abgebrochen wurde, nicht, meine Pflicht zu tun, um ihn in der Meinung festzuhalten, daß er ihnen nie mehr trauen könne noch dürfe. Zu diesem Zwecke machte ich ihm durch viele frühere Vorfälle handgreiflich, daß sie alle gegen Se. Exzellenz intrigierten und Verrat anspannen, während sie sich als seine Freunde zeigten. Er sah es völlig ein. Ich bestrebte mich auf jede Weise, bei Sr. Exzellenz als zuverlässiger Mann zu gelten und vertraulich mit ihm sprechen zu können, worin mich zwar schon die Zeitumstände unterstützten und die bisherigen Freundschaftsbezeigungen EE. HH. gegen ihn. Weiter erfuhr ich diesmal von Sr. Exzellenz nichts. Von den urbinischen Angelegenheiten fing ich nicht an, da er nicht von selbst anfing, weil ich ihn nicht beleidigen wollte und weil ich die Sache gutenteils auf einem anderen Wege erfahren kann.

Endlich einmal, Erlauchte Herren, haben sich die Orsini, Vitelli und andere Verbündete offen gegen den Herzog erklärt, wie EE. HH. vielleicht in Florenz sicherer haben erfahren können als ich hier; denn an diesem Hofe werden die zu verschweigenden Dinge nie ausgeplaudert und mit einem bewunderungswürdigen Geheimnis behandelt. Sie verstellen sich nicht mehr, wie mir Se. Exzellenz gesagt und ich durch meinen Brief vom 17. gemeldet hatte. Vor drei Tagen brachten sie Don Michele und Don Ugo und Messer Ramiro fast eine Niederlage bei und warfen sie auf Fossombrone zurück. Es heißt, Don Ugo sei gefangen, Don Michele verwundet und Messer Ramiro habe sich mit dem größeren Teil der Truppen nach Fano zurückgezogen: der eine sagt, sie hätten Fossombrone ganz verlassen, der andere, sie hätten etwa 300 Mann Infanterie dort gelassen. Wie dem nun sein mag, auf die einzelnen Umstände kommt es nicht an; die Soldaten des Herzogs haben sich einmal zurückgezogen und eine Schlappe bekommen. Von ferneren Gefechten hört man nichts. Was den Herzog Guido betrifft, so verbreitete sich hier vor vier Tagen das Gerücht, er sei von Venedig abgereist, um sich in das Herzogtum zu begeben. Se. Exzellenz schickte sogleich viele der Seinigen ab, um ihm, wo möglich, den Weg zu versperren. Man weiß noch nicht, wo er eingetroffen ist: der eine sagt, er sei in Urbino, der andere, in San Leo, der dritte, er sei noch nicht über die Grenze. Ich kann nur schreiben, was ich höre, und nur hören, was ich kann.

Von der Seite von Bologna rührt sich niemand, und es scheint auch nicht, daß man von daher etwas befürchtet.

Von allen Seiten betreibt der Herzog die Rüstungen, wovon ich in mehreren Briefen geschrieben habe. Seitdem ich hier bin, hat er mehr Geld für Kuriere und Sendungen ausgegeben, als eine andere Regierung in zwei Jahren braucht. Tag und Nacht fertigt er Boten ab, und gestern abend noch sandte er zwei seiner Edelleute, nebst Guglielmo Bonaccorso, der seit einiger

Zeit in seinen Diensten ist und gut Französisch spricht, den französischen Lanzen entgegen. Wie mir Se. Exzellenz sagt, müssen diese jetzt schon diesseits Modena sein.

Ich glaube, heute den allgemeinen Schutzbrief für die Nation übersenden zu können. Gestern noch sprach ich mit Sr. Exzellenz davon, der sehr unwillig wurde, daß er noch nicht ausgefertigt war. Auf diesen Gegenstand näher eingehend, fragte er mich: „Werde ich keine Bürgschaft erhalten, damit meine Untertanen auf eurem Gebiete sicher sind?" Ich antwortete, er sehe durch das, was geschehe, daß dies nicht nötig sei; wenn aber Se. Exzellenz ein sicheres Geleite für seine Beamten und Untertanen wünsche, so werde ihnen dies nie verweigert werden. Ich empfehle mich EE. HH.

Imolae die 20. Octobre 1502.

E. D. V.
servitor
Nicolaus Machiavellus Secret.

Elfter Brief.

Magnifici etc.

Ehe ich gestern Euer Schreiben vom 17. erhielt, auf das ich durch Beiliegendes antworte, ließ mich Se. Exzellenz der Herzog rufen und sagte mir, er habe Briefe aus Frankreich vom Hrn. von Arli des Inhalts: EE. HH. Gesandter sei in Eurem Namen bei Sr. Majestät gewesen und habe von den Bewegungen der Orsini, dem Kongreß und den anderen Bewegungen gegen Se. Heiligkeit erzählt; er habe den Schwanz gezeigt, den diese Sache haben könne, und den König aufgefordert, sich ins Mittel zu legen; zuletzt habe er gesagt, daß EE. HH. bereit seien, sich in allem, was sie könnten zugunsten Sr. Heiligkeit und des Herzogs zu erklären, wenn dies Sr. Majestät gut schiene. Hierauf, sagt er, habe der König sehr warm für ihn gesprochen und geantwortet, er sei es völlig zufrieden; je kräftiger der Beistand sein würde, desto lieber sei es ihm; Ihr solltet mit Schweren Reitern und auf jede andere Weise beistehen. Als der Gesandte die geringe Zahl der Schweren Reiter EE. HH. entgegengehalten, habe der König geantwortet, er erlaube Euch, aus allen seinen Staaten solche herbeizuziehen, um der Kirche dadurch nützlich zu sein.

Nachdem er mir diese Nachricht mitgeteilt, sprach Se. Exzellenz: „Du wirst deinen Herren schreiben, sie sollen mir zehn Schwadronen Reiter schicken. Schreibe ihnen, daß ich bereit bin, mit ihnen ein festes unauflösliches Bündnis zu schließen, woraus sie solche Früchte ziehen werden, als sich von meinem Beistand und meinem Glücke hoffen läßt." Da dies, fahr er fort, die Meinung Sr. Majestät des Königs sei, worüber EE. HH. bald im klaren sein würden, so wünsche er, daß ins Werk gesetzt werde, was ich Euch in meiner Depesche vom 16., welche unser Kurier Giovanni di Domenico überbracht haben wird, geschrieben habe und daher nicht wiederhole. Ferner möchten EE. HH. mündlich oder schriftlich, wie es Euch am besten schiene, unter dem Vorwand, Euch zu entschuldigen, den Orsini und den anderen Häuptern ihrer Anhänger zu wissen tun, daß Ihr gezwungen wäret, den Befehlen oder Erinnerungen Sr. Majestät des Königs nachzukommen, und daß Ihr daher genötigt seiet, es zu tun, wenn Se. Majestät wollte, daß Ihr Se. Heiligkeit den Papst gegen jedermann unterstützet. Hierdurch, sagte er, würden ihm EE. HH. einen großen Dienst erzeigen, und ich solle Euch sogleich darum schreiben.

Hierauf sprach er noch verschiedenes, wobei ich nicht ermangelte, in jedem Punkte meine Schuldigkeit zu tun, was ich jedoch nicht näher melden will, weil diese Dinge nicht besonders wichtig waren. Nur das will ich melden, daß er mir, von Pandolfo Petrucci sprechend, sagte: „Er schickt täglich mit der Post Briefe oder Abgeordnete, um mir seine große Freundschaft zu erklären, aber ich kenne ihn." Auch sagte er mir, es werde ihm von mehreren Orten geschrieben, Ihr fordertet die Bologneser auf, ihm den Krieg zu erklären. In den Briefen hieße es, Ihr tätet es, entweder weil Ihr seinen Sturz wünschtet, oder um einen ehrenvolleren Vertrag mit ihm zu schließen. Er glaube es aber nicht, sagte er, wegen der vielen Beweise vom Gegenteil, besonders wegen der Nachrichten aus Frankreich. *Valete.*

Die 20. Octobris 1502. Imolae.

E. D. V.
servitor
Nicolaus Machiavellus Secret,

Zwölfter Brief.

Magnifici etc.

Gestern schrieb ich durch den Kurier Baccino an EE. HH., was ich als Antwort auf Euer Schreiben vom 17. zu melden hatte, und sagte im Eingang, ich glaubte den Schutzbrief zu erhalten. Ich ging deshalb zu Messer Agapito, der mir sagte, er sei fertig, er wolle aber dagegen einen entsprechenden Schutzbrief von EE. HH. für alle Untertanen des Herzogs. Er gab mir eine Abschrift von dem seinigen, welche ich beiliegend sende, damit EE. HH., so es Ihnen gut dünkt, einen gleichen aufsetzen und mir senden können. Ich werde dann den hiesigen sogleich erhalten und werde suchen, ihn mittelst dieses Tausches ohne Kosten zu bekommen, wenn es EE. HH. so zweckmäßig scheint.

Neues hat es seitdem hier nichts gegeben, außer, daß gestern abend Messer Antonio da Venafro[1], der Minister Pandolfo Petruccis, von den Orsini gesandt, hier ankam. Er ist heute wieder abgereist; was unterhandelt wurde, weiß ich nicht. Ich werde mich bestreben, es zu erfahren und EE. HH. davon benachrichtigen, welchen ich mich empfehle.

Die 21. Octobris, 1502.

E. D. V.
servitor
Nicolaus Machiavellus Secret.

Abschrift des Schutzbriefes.

Caesar Borgia de Francia, Dei gratia Dux Romandiolae, Valentiaeque, Princeps Hadriae et Venafri, Dominus Plumbini etc., ac S. R. E. Gonfalonerius, et Capitaneus Generalis.

---

[1] Siehe über ihn Machiavellis Buch vom Fürsten, Kap. 22.

Allen Hauptleuten, Condottieri, Schwadronchefs, Obersten, Soldaten und Angestellten Unseres Heeres, dem verehrlichen Präsidenten und den Kollegen, Auditoren Unseres Rates, den Statthaltern, Kommissaren, Podestàs, Beamten, Gemeinden und einzelnen, Unseren mittelbaren und unmittelbaren Untertanen, denen Gegenwärtiges zukommen wird, tun Wir kund, daß im Wunsche, der hohen Signoria, Gemeinde und Volk von Florenz zum Vorteil ihrer Bürger und Untertanen einen greifbaren Beweis des engen und brüderlichen Wohlwollens, das Wir für die Signoria fühlen, zu geben, Wir beschlossen haben, daß die vorbesagten Bürger und Untertanen in voller Freiheit und Sicherheit mit allen Unseren Untertanen verkehren und freundschaftliche Verbindungen erhalten, und mit ihren Personen und Gütern durch alle Unsere Staaten und Herrschaften reisen können: indem Wir allen Vorgenannten *in genere* und *in specie* auftragen und befehlen, daß sie keinem Bürger der vorbesagten Stadt und keinem Untertanen derselben, an irgendeinem Orte und namentlich in den Städten, Marktflecken, Kastellen und Ortschaften Unseres Herzogtums Romagna und Unserer anderen Staaten irgendein sächliches oder persönliches Hindernis in den Weg zu legen wagen; sondern daß sie sie frei mit ihren Waren und jeder Gattung von Gütern passieren, umgehen und verkehren lassen, ihnen überall sicheren Durchgang und freundschaftliche Aufnahme mit guter Behandlung gewährend und jede gerechte Unterstützung und Beistand leistend, den sie begehren sollten. Es nehme sich niemand heraus, dagegenzuhandeln, so lieb es einem jeden ist, Unseren Unwillen zu vermeiden, den er schwer fühlen würde.

Datum Imolae 19. Octobris anno Domini 1502, Ducatus vero nostri Romandiolae secundo.

Dreizehnter Brief.

Magnifici Domini etc.

Heute um 20 Uhr erhielt ich durch Francesco del Magno drei Briefe EE. HH., der eine vom 19. und zwei vom 21. Nachdem ich wohl überlegt hatte, was der erste und der andere enthalten, begab ich mich zu Sr. Exzellenz dem Herzog und trug ihm mit den Worten, die sich mir darboten, die Antwort vor, die Ihr mir auf sein Begehren gebt, wovon ich Euch in meinem Briefe vom 16. gemeldet. Dann ging ich zur Ankunft Messer Guasparres, als Abgesandten des Papstes in Florenz, und auf sein Begehren über. Die zwei ersten Punkte in betreff der 100 Lanzen und des Marchese von Mantua löste ich, den ersten durch die Unmöglichkeit, den zweiten dadurch, daß sich wegen des Marchese nichts tun lasse, da seine Verbindlichkeit erst im März anfange. Was den dritten Punkt betrifft, hinsichtlich der Freundschaft usw., teilte ich Euren Beschluß mit, eiligst einen Botschafter zum Papst zu senden, um seinen Willen näher zu erfahren und über etwas zu unterhandeln, was zum gemeinschaftlichen Wohl gereiche[1]. Ich entdeckte hierbei nichts von dem Auftrag des Botschafters, wie Ihr mir zu Ende Eures letzten Briefes befehlt. Ich ermangelte nicht, Se. Exzellenz zu überzeugen, wie sehr EE. HH. geneigt seien, ihm zu dienen, und wie weit Ihr davon entfernt seiet, mit irgendeinem seiner Gegner in ein Einverständnis zu treten. Da mir der Absatz in Eurem Briefe, der von diesem Gegenstand handelt, zweckmäßig schien, so teilte ich ihn dem Herzog mit.

Se. Herrlichkeit hörte mich freundlich an, wie er immer getan hatte. Er trat sodann an einen Tisch, worauf mehrere Briefe lagen, und sagte: „Ehe ich dir antworte, will ich dir einen Brief zeigen, den Se. Majestät der König[2] an die Venetianer schreibt. Herr von Arli hat mir eine französische Abschrift davon geschickt. Damit du ihn besser verstehst, wisse, daß die Venetianer unter dem Scheine von Wohlwollen Sr. Majestät durch ihren Gesandten hatten sagen lassen. Es schmerze sie bei ihrer Liebe zur französischen Krone, daß in Italien einiger Schimpf auf ihr hafte. Sie wollten daher den König als seine besten Freunde von dem benachrichtigen, was man sage und wie sehr man ihm zur Last lege, daß er den Papst und den

[1] Dieser Botschafter war Gio. Vettorio Soderini, der am 7. Dezember 1502 in Rom eintraf. Er wurde im September zum Gesandten in Rom ernannt, zur gleichen Zeit, da beschlossen wurde, Machiavelli an Cesare Borgia zu entsenden.

[2] Ludwig XII.

Herzog von Talentinois unterstützt habe und unterstützen wolle, die sich doch unrechtmäßigerweise fremden Gutes bemächtigten, die Länder durch Krieg verwüsteten, unendliches Unheil stifteten und unzählige Übelstände verursachten, zur Unehre seiner Krone, die es ihnen erlaube. Und was man dem König wegen der früheren Vorfälle vorwerfe, sei noch gar nichts im Vergleich mit dem, was man ihm jetzt wegen Bologna nachrede, das Seine Majestät unter seinem Schutze habe. Als der König dies hörte, gab er ihnen die Antwort schriftlich, damit sie sie mehreremal lesen können und seine Gesinnung besser erkennen."

Er las mir hierauf den ganzen Brief vor, der wirklich alle Anschuldigungen widerlegte und damit schloß, der König wolle alle Städte der Kirche zum Gehorsam unter dieselbe zurückbringen; und wenn sich die Venetianer den Unternehmungen des Papstes widersetzten, so werde er sie als Feinde behandeln. Nachdem Se. Exzellenz mit Lesen zu Ende war, sagte er:

„Ich habe dir mehrmals gesagt, und heute sage ich es dir noch einmal, daß es mir an Beistand nicht fehlen wird. Die französischen Lanzen werden in kurzem hier sein und ebenso das ultramontanische Fußvolk, das mir schon vor mehreren Tagen angekündigt ist. Von den Einheimischen siehst du, daß ich ihrer jeden Tag in Sold nehme. Dem Papste fehlt es nicht an Geld, und dem König nicht an Soldaten. Ich will nicht prahlen, was ich tun will, aber wahrscheinlich dürften meine Feinde ihren Verrat an mir bereuen."

Hierauf kam er auf die Orsini zu sprechen und sagte: „Du weißt, wie ich dir die vergangenen Tage gesagt habe, daß sie mir geschrieben haben, sie kämen auf meinen Befehl und meinen Wunsch ins Herzogtum Urbino, weil der Ritter Orsino es ihnen so gesagt habe. Dies glaubte ich, da sie den Sturm auf die Zitadelle von Cagli verhindert hatten, wie ich dir sagte. Ich schrieb daher Don Ugo, er solle gegen Urbino vorrücken; denn die Orsini kämen von der anderen Seite zu meiner Unterstützung heran. Er tat es, und wenn er sich unterwegs nicht aufgehalten hätte, um zwei kleine Kastelle zu plündern, so würden alle meine Soldaten in Stücke gehauen worden sein. Als sie endlich vorrückten und von einer großen Zahl Bauern angefallen wurden, wären sie fast von den Orsini eingeschlossen worden, die ihre Freunde hätten sein sollen. Jetzt sind die Orsini in die Grafschaft Fano gezogen; sie nehmen nur die nötigen Lebensmittel und sagen, sie seien meine Freunde. Giovampagolo[1], auch so ein Freund, wollte in die Stadt Fano eindringen, aber es gelang ihm nicht. So siehst du, wie sie sich benehmen; sie unterhandeln, schreiben mir schöne Briefe, heute soll der Signor Pagolo zu mir kommen, morgen der Kardinal Orsini, so haben sie mich zum besten. Ich meinesteils gewinne Zeit, ich höre alles an und warte meine Zeit ab.

Um hier auf das zu antworten, was du mir von deinen Herren sagst, so kann ich leicht alle Entschuldigungen gelten lassen, da ich sie auf die Wahrheit gegründet weiß. Ich könnte nicht zufriedener mit ihm sein, als ich es bin. Was sie mir schreiben, daß sie aus List nach Siena gesandt haben, ist wahr; denn ich erfahre es auch von anderwärts her. So biete ihnen denn in meinem Namen alles an, was ich kann und was ich vermag. Ich sprach mich bei deiner Ankunft nicht gleich anfangs sodeutlich aus, weil sich mein Staat in schlimmem Zustande befand. Urbino hatte sich empört, auf wen es dabei fußte, wußte ich nicht; alle meine Angelegenheiten waren in Unordnung und dabei diese neuen Herrschaftsgebiete. Ich wollte daher nicht, daß deine Herren glauben sollten, die Furcht mache mich zum großen Versprecher. Hingegen jetzt, wo ich weniger fürchte, verspreche ich dir mehr; wenn ich nichts mehr fürchten werde, soll den Versprechungen die Tat folgen, so es nötig sein wird."

Nachdem ich auf diese Worte, die er sprach, wie ich sie melde, schicklich geantwortet hatte, kam er wieder auf die Orsini und den Vertrag. Es schien mir zweckmäßig, ihm als aus eigenem Antriebe zu sagen: „Eure Exzellenz sieht, wie offen meine hohen Herren zu Euch hielten und noch halten. Im Augenblick Eurer größten Gefahr sandten sie mich, Euch ihrer Gesinnung zu versichern und Euch wegen ihrer zu beruhigen. Sie kümmerten sich nicht darum, daß man es erfahre, um so Eurer Exzel-

[1] Giovampagolo Baglioni von Perugia.

lenz Ansehen zu geben und es Euren Feinden zu entziehen. Ihr seht auch, daß sie jede Unterhandlung mit ihnen abgebrochen haben. Sie haben ihre Straßen und ihr ganzes Gebiet zur Benutzung Eurer Herrlichkeit geöffnet. Diese Dinge sind hoch anzuschlagen und verdienen anerkannt und im Gedächtnis behalten zu werden. Ich erinnere daher Eure Exzellenz, daß Ihr bei einem Vertrage mit den Orsini oder den anderen nichts abschließt, was der Euch bewiesenen Liebe und den guten Worten widerspricht, deren Ihr Euch stets bedient habt."

Se. Exzellenz antwortete, er denke nicht daran. „Du weißt, daß Messer da Venafro im Namen der Orsini hier war. Unter anderen Histörchen, die er mir vorschwatzte, legte er mir auch den Plan vor, die Regierungsform in Florenz zu ändern. Ich antwortete, der Staat von Florenz sei der Freund des Königs von Frankreich, dessen Diener ich sei, und dieser Staat habe mich niemals beleidigt, ja noch mehr, ich stehe auf dem Punkte, mit ihm einen Vertrag zu schließen. Er sagte: ja nicht abschließen, laßt mich gehen und wiederkommen, und wir wollen etwas Gutes zustande bringen. Um ihm keine Hoffnung zu geben, entgegnete ich, wir seien schon so weit, daß ich nicht mehr umkehren könne. Ich wiederhole dir, daß ich sie anhöre und hinhalte, aber daß ich nie etwas gegen Euren Staat abschließen werde, wenn er mir keinen Grund dazu gibt. Wenn Messer Antonio wiederkommt, so verspreche ich dir alles mitzuteilen, was er mir in betreff Eurer Angelegenheiten sagen wird. Ganz gewiß werde ich das tun." Als er hierauf noch mehreres andere gesprochen hatte, was zu erzählen überflüssig ist, verließ ich Se. Exzellenz.

EE. HH. hören die Worte des Herzogs, die ich kaum zur Hälfte schreibe; Ihr werdet die Person in Betracht ziehen, welche spricht, und mit Eurer gewohnten Klugheit urteilen.

Um über den Stand der hiesigen Angelegenheiten zu berichten, so ist die Lage des Herzogs, seitdem ich hier bin, immer nur günstiger geworden. Die Ursache davon ist die feste Meinung, die man hatte, daß ihn der König von Frankreich mit Soldaten und der Papst mit Geld unterstützen würde. Noch etwas, was ihm nicht weniger leichtes Spiel machte, ist die Langsamkeit seiner Gegner, ihn zu bedrängen. Ich glaube nicht, daß es jetzt noch Zeit für sie ist, ihm viel Übles zu tun; denn er hat in alle bedeutenden Städte Besatzungen von Fußvolk gelegt und die Kastelle aufs beste versehen. Rechnet man zu diesen Rüstungen noch hinzu, daß die Gemüter abgekühlt sind, so kann er sicher die Soldaten erwarten. Die Städte wissen, daß angesichts dieser Zitadellen auf ihrem Nacken jede Torheit, die sie begehen würden, bei der Ankunft der Franzosen auf ihr Haupt zurückfallen würde. Schon diese Furcht allein wird sie entweder alle oder doch den größeren Teil ruhig halten.

Der Herzog hat Don Michele mit soviel Leuten, als ihm geblieben sind, in Pesaro einrücken lassen, als in die verdächtigste Stadt. Fano läßt er von den Einwohnern bewachen, als eine treuere Stadt. Nach Rimini hat er eine gute Besatzung gelegt; denn gegen diese Stadt hatte und hat er Argwohn. Wegen Cesena, Faenza und Forli befürchtet er nicht viel, weil die Forliveser die Feinde ihrer Gräfin[1] sind und weil die zwei anderen keine Herren haben. Er selbst befindet sich in Imola, um den Bewegungen der Bologneser zu widerstehen. Bei diesen Anordnungen unterläßt er nicht, die Rüstungen zu betreiben, um ins Feld rücken zu können. Hierzu erwartet er nur noch die Ankunft der Franzosen, und heute kam Raffaello de' Pazzi zurück und sagt, sie müßten bestimmt jetzt im Ferraresischen sein, und 800 Gascogner hat er zu N. verlassen, dreißig Miglien von hier. Heute sind 600 Mann ferraresisches Fußvolk angekommen, die der Herzog anwerben ließ. Er hat heute den Kanzler des Herrn von Mirandola mit Geld abgefertigt, daß er in seinen Sold trete, und er hat versprochen, in zehn Tagen mit den Truppen hier zu sein.

Die Feinde stehen auf der einen Seite in der Gegend von Fano, und heute sagt man, sie belagerten die Stadt; auf der anderen Seite stehen viele Bolognesen zu Castel Sampiero; vor zwei Tagen haben sie einen Streifzug gemacht und das Land beraubt, und heute abend sagt man, sie stünden bei Doccia, drei Miglien von hier. EE. HH. mögen nun urteilen, wie es ihrer Klugheit gut scheint.

---

[1] Caterina Sforza Riario.

Da EE. HH. jemand[1] nach Rom gesendet haben, so ist meine Anwesenheit hier überflüssig. Ich bitte daher, daß Ihr mich abzuberufen geruht; denn meine Angelegenheiten in Florenz gehen zugrunde, und ich habe alles Geld ausgegeben, das Ihr mir gabt, wie meine Dienerschaft weiß.

Imolae die 23. Octobris 1502.

E. V. D.
servitor
Nicolaus Machiavellus.

N. S. Heute den 24. sagt man, Signor Pagolo Orsino übernachte zu Cesena, um diesmal wirklich mit dem Herzog morgen früh eine Unterredung zu haben.

VIERZEHNTER BRIEF.

Magnifici Domini etc.

Durch mein Schreiben vom 23., das bis zum 24. aufgehalten wurde, meldete ich EE. HH., was ich auf Euren Brief vom 21. zu antworten hatte.

Gestern, den 25., kam Signor Pagolo Orsino in diese Stadt und begab sich sogleich noch im Reitkleide zum Herzog. Es heißt, zu seiner Sicherheit habe sich der Kardinal Borgia in die Hände der Orsini gegeben. Es war dem Herzog sehr darum zu tun, daß Signor Pagolo kam; er ist denn auch wie gerufen hierhergekommen, um das Vorgefallene zu entschuldigen und zu rechtfertigen, und um den Willen des Herzogs zu hören und ihn den anderen zu berichten oder zu schreiben. Heute, den 26., hat er einen der Seinigen nach Fano gesandt, um die endliche Entschließung der übrigen zu erhalten. Weiter konnte ich von ihrer Unterredung nichts erfahren und glaube es auch nicht zu können, da dieser Fürst sehr verschwiegen ist und sich mit wenigen berät. Gewiß ist einmal, daß über einen Vertrag unterhandelt wird, und Messer Giovanni Bentivoglio hat mehrmals hierher zum Bischof von Enna gesandt, und seitdem der Signor

[1] Gio. Vettorio Soderini.

Pagolo hier ist, kommt gleichfalls ein Kanzler von Messer Annibale Bentivoglio, der sich zu Castel Sampiero befindet, häufig zu ihm. Auch wird die Beute, welche die Bolognesen vor drei Tagen gemacht haben, sämtlich zurückgegeben. Die Orsini belagern weder Fano, wie es hieß, noch stehen die Bentivogli zu Doccia, wie das Gerücht hier ging und ich Euch schrieb, daß man hier sage. So rührt sich also keiner. Man sieht, daß das Unterhandeln dem Herzog vorteilhaft ist, und daß er sie geneigt zu halten sucht. Was seine Absicht dabei ist, will ich nicht entscheiden.

Den 27. Da gestern abend 4 Uhr Briefe von EE. HH. vom 25. anlangten, so begab ich mich heute morgen, sobald Se. Exzellenz aufgestanden war, zu ihm, und da mir Euer Brief mitteilbar schien, so las ich ihm den größeren Teil davon vor. Er dankte nach seiner Gewohnheit EE. HH. für ihren beständigen Sinn und für die Mitteilung der Ankunft Messer Gino dei Rossis, indem er beteuerte, er könne nichts anderes glauben, als was aus Euren Worten und aus Eurem Schreiben hervorgehe. Als er sodann auf die Ankunft des Signor Pagolo und den Vertrag zu sprechen kam, sagte er: „Sie wollen nichts anderes, als daß ich sie sicherstelle. Es handelt sich jetzt nur noch darum, die Art zu finden. Es soll durch gewisse Artikel geschehen, die man vom Kardinal Orsino erwartet." Und ohne daß ich etwas darauf entgegnen konnte, fuhr er fort: „Begnüge dich mit der allgemeinen Versicherung, daß gegen deine Herren nichts abgeschlossen werden soll, und daß ich nicht zugeben werde, daß man ihnen ein Haar krümmt." Er sagte, es sei ihm angenehm, daß Ihr nach Rom gesandt habt. Ich drang also über diese Sache nicht weiter in ihn, sondern überging sie.

Was Salvestro dei Buosi betrifft, so ermangelte ich nicht, ihn mit den Worten zu empfehlen, die mir EE. HH. aufgetragen. Se. Exzellenz antwortete: „Deine Herren wünschen, daß ich ihn frei lasse, weil er ihr Freund sei. Ich antworte, daß alle meine Untertanen ihre Freunde und Diener sind; und sie müssen die Masse der meinigen, die durch seine Befreiung Schaden leiden würden, mehr lieben als diesen einen. Es genüge, daß ihm kein Leid geschehen soll; und wenn ich ihn freilassen kann, ohne daß es Aufruhr in meinem Lande zur Folge, hat, so werde ich es, ihnen zuliebe, mit Vergnügen tun."

EE. HH. schreiben mir, daß ich ihnen noch einmal den Stand der hiesigen Angelegenheiten erzählen soll. Da ich dies durch meinen letzten Brief, der bis zum 24. zurückblieb, ausführlich getan habe und annehme, daß er angekommen ist, so will ich mich nicht wiederholen, indem der Stand der Dinge noch derselbe ist, den ich Euch meldete, ausgenommen, daß die von den Bolognesen gemachte Beute zurückgegeben wurde, und daß weder Fano noch Doccia belagert wird, wie es hieß. Heute jedoch hat man hier die Nachricht, die Zitadelle von Fossombrone, in welcher der Herzog Besatzung hatte, sei von den vitelleskischen Soldaten genommen worden. Der Signor Pagolo hat darüber großes Mißfallen gezeigt und stark gegen den Urheber losgezogen.

Was den Vertrag betrifft, der zwischen ihnen geschlossen werden möchte, so kann ich nicht wohl urteilen, da ich nichts Näheres davon höre. Wenn man die Verhältnisse beider Teile betrachtet, so sieht man den Herzog als einen mutigen, glücklichen Mann, voll Hoffnung, unterstützt von einem Papste und einem König, und von den Verbündeten beleidigt, nicht nur in einem Staate, den er erobern wollte, sondern in einem, den er schon erobert hatte. Die Verbündeten sieht man, fürchtend für ihre Staaten, ängstlich wegen seiner Macht, ehe sie ihn beleidigt hatten, und jetzt noch viel ängstlicher, seitdem sie ihm diese Beleidigung zugefügt. Man sieht nicht, wie er die Unbill verzeihen und sie die Furcht fahren lassen sollen, noch *per consequens,* wie sie wegen des Feldzugs gegen Bologna und im Herzogtum Urbino einander nachgeben sollen.

Man spricht davon, daß nur dann ein Vertrag möglich wäre, wenn sie sich vereinigt gegen einen Dritten wenden könnten; wobei weder der Herzog noch die Verbündeten ihre Streitkräfte zu vermindern hätten, sondern vielmehr beide Teile Ansehen und Nutzen gewännen. Wenn nun dies sein sollte, so könnten sie sich nirgends anders hinwenden, als gegen EE. HH. oder gegen die Venetianer. Ein Feldzug gegen EE. HH. wird für leichter gehalten, was Euch betrifft, aber für schwieriger in

Anbetracht des Königs; ein Feldzug gegen die Venetianer für leichter in Anbetracht des Königs, und für schwieriger, was diese betrifft. Dieser würde dem Herzog mehr zusagen und jener den Verbündeten. Man glaubt daher weder an den einen noch an den andern, sondern spricht nur davon als von einer möglichen Sache.

So finde ich niemand, der zu einem Schluß kommen kann, wie man einen Vertrag zwischen ihnen zusammenlöten könnte. Wer aber zu einem Schluß kommt, glaubt, der Herzog werde einen oder den anderen von diesen Verbündeten lostrennen und, wenn er ihren Bund zerrissen hat, nichts mehr von ihnen zu befürchten haben und seine Unternehmungen fortsetzen. Hieran glaube ich auch am meisten, weil ich einige Andeutungen von seinen ersten Ministern gehört habe; auch finde ich darin eine Bestätigung, daß die Bentivogli wegen der Ankunft des Signor Pagolo sehr unruhig sind. Dennoch ist auch dieses, bei ihrem noch so neuen Bündnis, schwer zu glauben.

EE. HH. haben jetzt die Betrachtungen gehört, die man hier anstellt; dieselben werden, als viel klüger und erfahrener, darüber entscheiden. Ich meinesteils glaube EE. HH. alles, was ich höre, schreiben zu müssen.

Von den Gascognern ist ein guter Teil zu Castel Bolognese angelangt, und die Quartiermacher der französischen Schweren Reiter erwartet man hier täglich.

Nochmals bitte ich EE. HH., mich abberufen zu wollen; denn was das Publikum betrifft, so ist Zeitgewinnen nicht mehr nötig, und um abzuschließen, bedarf es eines Mannes mit ausgedehnteren Vollmachten. Was meine Privatverhältnisse betrifft, so sind meine Angelegenheiten in Florenz in der größten Unordnung, und hier kann man nicht ohne Geld leben und nicht ohne Ausgaben. Ich empfehle mich EE. HH.

Ex Imola die 27. Octobris 1502.

E. D. V.
servitor
Nicolaus Machiavellus Secretarius.

FÜNFZEHNTER BRIEF.

Magnifici etc.

Mein letzter Brief war vom 27; ich schrieb darin, was ich von den hiesigen Angelegenheiten gehört hatte. Unterdessen ist der Signor Pagolo Orsino nach Bologna gegangen und heute abend wiedergekommen; man sagt *publice*, der Vertrag zwischen den Verbündeten und dem Herzog sei geschlossen, und man erwarte nur noch die Zustimmung des Kardinals Orsino. Als ich mich nach den Bedingungen dieses Vertrages erkundigte, konnte ich nichts erfahren, was mich befriedigt hätte; denn man sagt, es seien alle die alten Verträge bestätigt worden, die vorher zwischen dem Herzog und Messer Giovanni und den Vitelli und Orsini bestanden; er solle in das Herzogtum Urbino wieder eingesetzt werden, und der Herzog von Ferrara verbürge sich für beide Teile. Man sagt noch etwas anderes, was ich nicht erzähle, weil es noch weniger glaublich ist.

Ob die Übereinkunft wirklich geschlossen oder auf die obengenannte Weise geschlossen ist, wage ich nicht zu behaupten; denn bei allen diesen Unterhandlungen sehe ich den Herzog große Summen auf Kriegsrüstungen verwenden, und gestern noch schickte er einen Ser Arcolano mit mehreren tausend Dukaten nach der Lombardei, um den Aufbruch sowohl der übrigen Franzosen zu betreiben, die noch kommen sollen, als auch der anderen Reiter, die er unter dem Sohn des Generalintendanten von Savoyen hat zusammenbringen lassen, wie ich vor mehreren Tagen meldete. Außerdem höre ich die ihm Nächststehenden insgeheim gegen die Orsini losziehen und sie Verräter nennen; und als ich gestern morgen noch mit Messer Agapito von der Übereinkunft sprach, lachte er darüber und sagte, die Übereinkunft sei ein Hinhalten mit leerer Hoffnung. Aus den Reden des Herzogs habe ich immer entnommen, daß er gerne Zeit mit ihnen gewänne, bis er gerüstet ist. Ich kann aber auch nicht glauben, daß alles dies den anderen unbekannt ist. So weiß ich nicht, was ich denken soll. Da ich nichts Näheres von seinen Ministern habe erfahren können, so würde ich mit dem Herzog selbst gesprochen haben, ich habe aber seitdem noch keine Gelegenheit gehabt. Wenn jedoch morgen kein Brief von Euch kommt, so werde ich ihn zu sprechen suchen, um zu hören, wie er sich über diesen Vertrag ausspricht.

Wenn ich bedenke, ob etwas zum Nachteil EE. HH. abgeschlossen worden sein könnte, so beunruhigt mich diese Heimlichkeit, und daß seine Minister auf einmal ganz fremd gegen mich tun. Überdies weicht mir ein Geschäftsträger des Herzogs von Ferrara aus, der sonst gerne mit mir zusammentraf, und heute abend, nach der Tafel, hat sich Messer Alessandro Spannocchi gewisser Redensarten bedient, die mir nicht gefallen, indem er einen Wink fallen ließ, EE. HH. hätten Zeit gehabt, mit dem Herzog abzuschließen, jetzt sei sie vorbei. Diese Winke und dies Benehmen halte ich für nötig, Euch zu melden, und zwar, wie ich sie auslege, damit EE. HH. an das denken, was kommen kann, und sich in eine solche Verfassung setzen, daß niemand den Plan machen kann, Euch zu überraschen.

Es ist 6 Uhr abends, und soeben kommt jemand zu mir, der mir berichtet, es sei im Augenblick an den Herzog die Meldung eingegangen, Camerino habe sich empört. Ob es wahr ist, werde man morgen früh genauer erfahren; eine Übereinkunft zwischen ihnen sollte dadurch um so schwerer werden, der Herzog müßte denn in der Furcht vor noch Schlimmerem zum Nachgeben geneigter werden.

Die 29. Octobris 1502 Imola.

servitor
Nicolaus Machiavellus.

Heute, den 30., ist Zerino mit Eurem Briefe vom 28. angekommen. Ich werde darüber mit dem Herzog sprechen und heute abend ausführlicher über den Stand der hiesigen Angelegenheiten schreiben. Diesen Brief schicke ich durch Branchino, der in diesem Augenblick, um 20 Uhr, nach Florenz abreist um daselbst Pferde zu kaufen. Über die Angelegenheit von Camerino, wovon ich oben schreibe, spricht man diesen Morgen bei Hofe nicht *publice*; allein mein Mann, von dem ich die Nachricht gestern hatte, bestätigt mir sie heute. Er sagt, er habe den Brief gesehen, in welchem die Sache dem Signor Pagolo geschrieben worden ist; der Herzog habe ihn aber gebeten, die Nachricht nicht lautwerden zu lassen. Ich schreibe EE. HH., wie ich es höre. *Et iterum* empfehle ich mich.

Sechzehnter Brief.

Magnifici Domini etc.

Ich melde Euch in Eingeschlossenem, was ich bis heute morgen vom Stand der Dinge dahier erfahren habe. Ich habe bis jetzt, 24 Uhr, warten müssen, bis ich beim Herzog Audienz erhielt; dies ist mir noch nie begegnet, wie sehr er auch beschäftigt sein mochte. Nachdem ich mich Sr. Exzellenz vorgestellt, sagt' ich ihm, was Ihr mir aufgetragen über Eure gute Gesinnung, und daß EE. HH. die Rückkehr ihres Abgeordneten von Rom erwarten usw. Als ich hierauf von dem Vertrag anfing, der, wie man sage, geschlossen sei, sagte Se. Exzellenz, alles sei abgeschlossen. Auf meine Frage um das Nähere sagte er: erstlich verzeihe ihnen Se. Heiligkeit großmütig alles, was sie bei diesem Abfall gegen dieselbe unternommen hätten. Ferner bestätigte er die Orsini und Vitelli in ihren früheren Condottierestellen, und hierfür gebe ihnen weder er noch der Papst irgendeine Sicherheit. Sie hingegen gäben Sr. Exzellenz ihre Söhne und Neffen oder andere, nach der Wahl des Papstes, als Sicherheit, indem sie sich verbindlich machten, zur Wiedereroberung Urbinos und jedes anderen Staates, der sich empört habe oder empören sollte, heranzurücken. Auf meine Frage, ob Eurer Herrlichkeiten Erwähnung geschähe, sagte er nein; und als ich ihn über die Angelegenheiten Bolognas um Auskunft ersuchte, sagte er, die Sache sei der freien Entscheidung Sr. Exzellenz, des Kardinals Orsino und Pandolfo Petruccis anheimgestellt. Er versicherte mir nochmals, daß EE. HH. im Vertrage durchaus nicht erwähnt seien, und er versprach, mir eine Abschrift des Vertrages geben zu lassen. Ich werde mich bestreben, dieselbe jedenfalls bis morgen zu erhalten, wenn mir Wort gehalten wird. Auf das, was EE. HH. von Freundschaft und Eurer Gesinnung usw.

schreiben, antwortete er kurz, doch freundlich, allein er ging leicht darüber weg.

Ehe ich bei Sr. Exzellenz dem Herzog war, ging ich im Gespräche mit einem Manne auf und ab, der sich, aus Liebe für EE. HH., gefällig gegen mich zu zeigen pflegt und in einer Stellung ist, daß er erfahren kann usw. Als ich von allen Seiten in ihn drang, teilte er mir den Abschluß mit demselben Ergebnis mit, wie es nachher der Herzog tat. Damit übereinstimmend sprach mir auch ein anderer Mann, der gleichfalls im Besitz eines guten Teils der Geheimnisse des Herzogs ist. Von allen wurde mir beteuert, ohne daß ich mich besorgt zeigte, daß der Herzog bei den Unterhandlungen stets Eure Partei genommen habe. Nun mögen EE. HH. die Größe der Beleidigung und die Zuverlässigkeit des Vertrages erwägen und mit Ihrer hohen Weisheit urteilen; ich habe nichts anderes erfahren können. Ich werde mich indes bestreben, den Traktat zu schicken, wenn mir das Versprechen gehalten wird. EE. HH. mögen aber bedenken, daß, wenn doch etwas gegen sie ausgemacht sein sollte, ich es nicht erfahren werde, weil nicht anzunehmen ist, daß es so bald an den Tag kommt. Ob dem so sein kann oder nicht, das werdet Ihr beurteilen.

Heute abend sind die Quartiermacher der französischen Lanzen angekommen, und morgen werden sie selbst hier sein. Der Herzog läßt nicht ab, das Eintreffen aller anderen Truppen zu betreiben, die er aus der Lombardei erwartet. Es sind dies der Herr von Mirandola und der Sohn oder Neffe des Generalintendanten von Mailand, wozu noch der Signor Fracassa und ein Pallavisini kommt, die der Herzog als Condottieri in Sold genommen hatte. Jetzt heißt es, er habe ihnen Geld gesandt, damit ein jeder von ihnen Schwere Reiter anwerbe; wirklich hat er von großen Summen, die hier auf dem Wege von Venedig angekommen sind, den größeren Teil nach der Lombardei geschickt. Außerdem befanden sich hier alle Unzufriedenen von Perugia, Castello und Siena, sowie einer der Savelli, und gestern noch sagte mir einer von ihnen, der Herzog habe sie nicht entlassen wollen, als sie, in der Meinung, der Vertrag nötige sie dazu, ihre Entlassung begehrten. Er will, daß die bedeutenderen von ihnen nicht ausgehen, und er sprach des Nachts mit ihnen. Heute abend ist Signor Pagolio Orsino abgereist in der Richtung von Urbino.

Außer der Unterhandlung mit sämtlichen Verbündeten hat Messer Giovanni Bentivoglio besonders mit dem Herzog mittelst Tommaso Spinelli unterhandelt, der mehrmals hin und her gegangen ist. Nach dem, was mir dieser Tommaso gesagt hat, wäre Messer Giovanni wohl geneigt, die Orsini steckenzulassen, wenn er sähe, daß er sich dadurch mit dem Herzog auf einen sicheren Fuß stellen könnte. Allein er wolle, daß Se. Majestät der König von Frankreich für seine Sicherheit bürge. Unter den einzelnen Vorschlägen, über die unterhandelt wurde, war auch der, daß der Protonotarius Bentivoglio dem geistlichen Stand entsagen und eine Schwester des Kardinals Borgia heiraten solle. Um diese Dinge vorwärts zubringen, kam besagter Tommaso vor acht Tagen hierher, um sicheres Geleite für den Protonotarius zu begehren. Diese Zeit ist nun herum, und gestern kam Tommaso wieder, auf eine weitere Zeit sicheres Geleite zu begehren; heute abend ist er damit abgereist. Hieraus kann man also entnehmen, wenn dem nämlich so ist, wie groß die Treue zwischen ihnen sein kann und welches Ende dieser Anfang des Krieges und dann dieser geschlossene Vertrag haben wird.

Neues weiß ich für jetzt weiter nichts, ausgenommen, daß sich die Empörung Camerinos bestätigt, wovon ich Euch in Eingeschlossenem melde, den ich später nicht mehr durch Branchino absenden wollte, da ich die Gelegenheit des Kuriers hatte, welcher jedenfalls morgen in Florenz sein wird.

Ich höre, EE. HH. beschweren sich, daß meine Nachrichten selten kämen. Dies ist mir leid, besonders da ich nicht mehr glaube tun zu können, indem ich den 7., 9., 11., 12., 13., 14., 15., 16., 17., 20., 23., 27. geschrieben habe und gegenwärtige Briefe vom 29. und 30. sind. Ich empfehle mich EE. HH.

Ex Imola die 30. Octobris 1502.

servitor
Nicolaus Machiavellus.

Ich vergaß EE. HH. zu melden, daß ich im Gespräche Messer Alessandro geschickt über den Sinn seiner Worte befragte, wovon ich in Beiliegendem schreibe, und von ihm zur Antwort erhielt: er habe weiter nichts sagen wollen, als daß EE. HH. die Gelegenheit verloren hätten, zu ihrem Vorteil mit Sr. Exzellenz dem Herzog abzuschließen; denn da die Orsini durch diese Übereinkunft wieder seine Freunde geworden seien, so müsse er Rücksicht auf sie nehmen, die er zuvor nicht nötig hatte. *Etiam* je länger man zögere, desto schlimmer sei es. Weiter konnte ich nichts aus ihm herausbringen. Doch erinnere ich EE. HH. ehrerbietig, zu beachten, was er mir im Vertrauen sagt, und daß dem Herzog nichts zu Ohren kommt. *Iterum valete.*

SIEBZEHNTER BRIEF.

Magnifici Domini etc.

Aus meinen Letzten vom 29. und 30., die ich durch den Kurier Zerino EE. HH. übersandte, werden dieselben ersehen haben, was ich auf ihr Schreiben vom 28. zu antworten hatte, und was ich über die Reisen des Signor Pagolo und über den Traktat zwischen den Verbündeten und dem Herzog, teils aus dem Munde des Herzogs selbst, teils von anderen, erfahren habe. Da mir nun der Herzog versprochen hatte, mir eine
» Abschrift geben zu lassen, „so bin ich heute hinter Messer
» Agapito gerückt, um sie zu erhalten. Dieser sagte denn am
» Ende: Ich will Euch die Wahrheit sagen. Dieser Traktat ist
» noch nicht völlig abgeschlossen, sondern es ist nur ein
» Entwurf gemacht, der dem Herzog und dem Signor Pagolo
» gefallen hat. Signor Pagolo ist damit abgereist, und wenn ihn
» die Verbündeten bestätigen, so hat ihn Signor Pagolo im
» Namen des Herzogs gleichfalls zu bestätigen, zu welchem
» Zwecke ihn der Herzog bevollmächtigt hat. Als aber nach
» der Abreise des Signor Pagolo der Herzog den Traktat durch-
» ging, schien ihm ein Artikel zu fehlen, wodurch der Einfluß

» und die Ehre Frankreichs gewahrt würde. Sogleich wurde
» also zu diesem Zwecke ein neuer Artikel entworfen, und der
» Herzog ließ mich dem Signor Pagolo nachreiten, mit dem
» Befehl, ihm zu erklären, daß der Herzog ohne diesen Artikel
» durchaus nicht abschließen werde. Als ich ihn eingeholt
» hatte, verweigerte er zuerst die Annahme dieses Artikels,
» dann sagte er, er wolle ihn den anderen vorlegen, glaube aber
» nicht, daß sie ihn annähmen. Dies ist der Grund, warum der
» Herzog nicht will, daß Abschriften gegeben werden; und
» weder der Kanzler von Ferrara noch sonst jemand hat eine
» erhalten. Sodann fügte besagter Messer Agapito noch hinzu:
» Entweder Wird dieser Artikel angenommen oder nicht. Wird
» er angenommen, so öffnet er dem Herzog ein Fenster, nach
» Belieben aus dem Traktat herauszugeben; und wird er nicht
» angenommen, so öffnet er ihm eine Tür. Allein über einen
» solchen Vertrag müssen sogar die Kinder lachen, da er
» erzwungen ist und so beleidigend und gefährlich für den
» Herzog. So geriet er im Gespräche gewaltig in Feuer."[1] Dies Gespräch habe ich EE. HH. auf diese Weise geschrieben, weil es mir als Geheimnis anvertraut wurde. Dies mit dem vergleichend, was ich gestern schrieb, werden EE. HH. in ihrer hohen Weisheit den gehörigen Schluß ziehen; ich bemerke *solum*, daß „Messer Agapito ein Colonna und seiner Partei ergeben ist".

EE. HH. sagen in der Nachschrift ihres Briefes, die Hilfstruppen, die der Herzog aus Frankreich erwarte, seien gering an Zahl und würden zu spät kommen; ihr fürchtet daher, Se. Exzellenz möge, sich schwach findend und mit den Feinden auf dem Nacken, einen Vergleich zu seinem Nachteil und zum Schaden seiner Nachbarn eingehen. Ich glaube, daß EE. HH. zuverlässige Nachrichten aus Mailand und Frankreich haben, in Anbetracht der Männer, die an beiden Höfen sind; ich will aber doch melden, was ich hier höre, damit EE. HH. besser vergleichen und mutmaßen und sodann entscheiden können. Gestern kam Euer Bürger, Guglielmo di N. di P. di Bonaccorso, zurück,

[1] Diese ganze durchgehend mit franz. Anführungszeichen vor jeder Zeile kenntlich gemachte Stelle ist im Original chiffriert. Die später vorkommenden chiffrierten Stellen sind auf die gleiche Weise kenntlich gemacht.

der, wie ich geschrieben, den französischen Lanzen entgegengegangen war, die jetzt angekommen sind und die der Herzog sämtlich in der Umgebung von Faenza einquartiert hat. Bonaccorso sagt mir, diese Lanzen bestünden ans fünf Kompagnien, nämlich: Montison, Foix, Miolans, Dunois und Marchese von Saluzzo, und er habe der Musterung beigewohnt, wo auf 250 Lanzen, die es sein sollten, etwa sieben gefehlt hätten. Jetzt aber, glaubt er, seien sie überzählig, weil noch einige selbständige Lanzen nachgekommen seien. Und wie ich gesagt habe, diese Lanzen sind wirklich da. Gestern kam gleichfalls ein Spanier namens Pietro Guardaroba zurück, der vom Herzog nach Frankreich gesandt worden war; und Bonaccorso sagt mir, als sie unterwegs lange miteinander gesprochen, habe ihm dieser Guardaroba erzählt, er habe mit Sr. Majestät dem König ausgemacht, daß noch drei andere Kompagnion kommen sollten. Bei ihrer Abreise von Mailand sei die Kompagnie des Herrn von Ligny auch wirklich schon marschfertig gewesen, und hinsichtlich der beiden anderen Kompagnien sei Herr von Chaumont nur noch nicht mit sich einig, welche er schicken wolle. Ich schrieb EE. HH. am 9., wenn sich dieselben wohl erinnern, daß der Herzog unter den anderen Rüstungen, die er beim Aufstand der Orsini machte, auch einen Sohn des Generalintendanten von Mailand in die Lombardei geschickt hat, mit dem Befehl, 1500 Schweizer anzuwerben, und überdies 50 bis 100 der besten von denjenigen Schweren Reitern, die früher beim Herzog von Mailand gedient hatten, in Sold und unter seine Führung zu nehmen; die laufenden Ausgaben bei Anwerbung dieser Truppen, heißt es, bestreite der Generalintendant, da er einen seiner Söhne zum Kardinal zu machen wünscht. Nun sagt mir Bonaccorso, er habe gehört, die Schweizer seien schon bei Pavia und die Schweren Reiter seien fast beisammen. Überdies heißt es, der Sohn des Herrn von Albret komme nochmals mit 100 Lanzen zur Unterstützung seines Schwagers nach Italien. Wenn dies wahr ist, so gibt es ihm immer einiges Ansehen, wenn sie auch spät kommen. Dieser Bonaccorso aber, der mir diese Dinge versichert, ist ein verständiger Mann und nicht doppelzüngig, insoweit ich ihn kennengelernt habe. Was die italienischen Truppen betrifft, so hat es mit dem Insoldnehmen des Grafen von Mirandola als Condottiere seine Richtigkeit, und vor mehreren Tagen erhielt er Geld. Man sagt, der Herzog gebe auch Fracassa Schwere Reiter zu befehligen, der schon Geld bekommen habe, und auch einem der Pallavisini, der sein Edelmann ist. Tatsache ist es, daß er alle einzelnen Schweren Reiter, die in seine Staaten kommen, in Sold nimmt, und vor zwei Tagen erst kam ein gewisser P. Balzano mit 40 Armbrustschützen zu Pferd, der von Messer Giovanni Bentivoglio desertiert ist, und erhielt gleich nach seiner Ankunft Geld. Mehr kann ich von den hiesigen Angelegenheiten für jetzt nicht schreiben, da man nach der Empörung von Camerino von den Verbündeten nichts Weiteres gehört hat und noch weniger von Bologna. Auch ist der Protonotarius Bentivoglio nicht hierher gekommen, wie ausgemacht war, und wie ich EE. HH. schrieb. Um die hiesigen Angelegenheiten mit zwei Worten zu schreiben: auf der einen Seite unterhandelt man den Frieden, auf der anderen rüstet man sich zum Krieg. Was nun seine Feinde tun werden oder können, und ob der Herzog nachgeben muß oder nicht, werden EE. HH., die Nachrichten von allen Seiten haben, besser beurteilen als ich, der ich nur einen Teil sehe.

Das bis hierher Geschriebene ist vom 31. Heute, den 1. November, sprach ich – im Wunsche, EE. HH. den Traktat zu schicken oder bestätigt zu hören, was mir der Freund gesagt hatte – mit einem anderen Mann, der gleichfalls in die Geheimnisse des Herzogs eingeweiht ist. Im Gespräche über diese Sache sagte er mir ungefähr dasselbe, was mir der Freund gesagt hatte, und ich konnte über diesen Zusatzartikel nichts Näheres aus ihm herausbringen, als daß er die Ehre Frankreichs betreffe; daß von EE. HH. nicht die Rede sei, beteuerte er mir gleichfalls. Nur das sagte er noch weiter, daß im Vertrage ein Artikel vorkomme, daß die Orsini und Vitellozzo nicht verbunden seien, alle zugleich dem Herzog persönlich zu dienen, sondern jedesmal nur einer von ihnen; „lachend sagte er: schau, was das für ein Vertrag ist." Ich werde diese Sache nicht vernachlässigen und sehen, wie ich mehr aus ihm herausbringe oder sonst erfahre. Damit EE. HH. nicht in der Ungewißheit bleiben, sende ich den Überbringer mit der Post; er heißt Giovan Antonio, von Mailand, und hat mir versprochen, sicher bis morgen in Florenz zu sein. EE. HH. werden ihm einen Goldgulden bezahlen lassen.

Die 1. Novembris 1502 hora 24. Imolae.

E. V. D.
servitor
Nicolaus Machiavellus Secret.

Als ich den Brief siegeln wollte, kam Tommaso Spinelli und sagt mir, er habe den Protonotarius Bentivoglio zu Castel Sampiero verlassen, und morgen werde er hier sein.

ACHTZEHNTER BRIEF.

Magnifici Domini etc.

Meine beiden Letzten an EE. HH. sind vom Letzten verwichenen Monats und vom Ersten dieses, und ich meldete denselben, was ich später über den Traktat erfahren, und die Ursache, warum ich ihn nicht erhalten habe. Heute noch sprach ich lange mit einem der ersten Staatssekretäre, der mir alles bestätigt hat, was ich geschrieben. Er sagt, man warte die Rückkunft des Ritters Orsino ab, und nach seinem Berichte würde der Traktat publiziert werden oder nicht. Er versprach mir, niemand solle ihn erhalten, ohne daß ich nicht auch eine Abschrift bekäme.

Hierin muß ich mich auf andere verlassen. Jedoch habe ich nichts erfahren, was mich das Gegenteil besorgen ließe, und ich habe auch von keiner Seite etwas gehört, was EE. HH. beträfe, ausgenommen, daß ich dieselben habe tadeln hören, daß sie unter diesen Umständen nicht gesucht hätten, mit dem Herzog zu einem festen Abkommen zu gelangen.

Über die hiesigen Angelegenheiten habe ich in jedem meiner Briefe ausführlich geschrieben und da ich mir nichts vorbehalten und sich seitdem auch nichts verändert hat, so habe ich nichts zu melden. Nur das will ich Euch nochmals wiederholen:

wenn die Worte und Unterhandlungen auf Frieden deuten, so deuten die Rüstungen auf Krieg. Fünf Kompagnien französische Lanzen liegen, wie ich früher schon berichtet, seit vier Tagen in der Umgebung von Faenza. Gestern besuchten die Führer den Herzog, mit dem sie sich eine Weile besprachen. Als sie sich entfernt hatten, besuchte ich Herrn von Montisson, der das Kommando führt, im Namen EE. HH. Er war erfreut, mich zu sehen, erbot sich bereitwillig, Euch zu dienen, und sagte, ich solle ihn im Laufe des Tages erinnern, ob ihm nichts zu Eurem Vorteil einfalle. Ich besuchte den Baron du Bierra, den Herrn von Grafis und den Herrn von Borsu, die Leutnants der Herren von Foix, Miolans und Dunois. Ich nannte mich ihnen, und sie erkannten mich, da ich früher öfter mit ihnen zusammengewesen. Alle waren sehr erfreut, mich zu sehen und boten mir ihre Dienste an; wie ich erfahren habe, sind sie Eure Anhänger und loben sehr das Verfahren EE. HH. gegen sie. Dies ist ein nicht wenig glücklicher Zufall, und wenn ich bei diesen Herren etwas Besonderes betreiben soll, so werden EE. HH. mir den Auftrag geben.

Heute sind ungefähr 300 weitere Gascogner eingetroffen, und die Schweizer werden in vier Tagen erwartet. Wenn sie da sind, glaubt man, wird begonnen werden, was hier geschehen soll.

Ich schrieb in meinem Letzten vom 1. November, der Protonotarius Bentivoglio solle gestern morgen unter sicherem Geleit hier ankommen; er kam auch wirklich um 19 Uhr. Er speiste mit dem Herzog, blieb hierauf ungefähr eine halbe Stunde mit ihm allein und reiste dann unverzüglich in der Richtung auf Bologna ab. Ihre Unterredung kann ich nicht erfahren, da derjenige mit ihm gegangen ist, der mir diese Unterhandlungen mitzuteilen pflegt. Im Gespräche mit einem der Männer, welche die Angelegenheiten des Herzogs wissen, erfuhr ich jedoch, daß er in Bälde wieder zurückkommen solle. Messer Giovanni, sagt er, will sich verbindlich machen, den Herzog gegen die Orsini und Vitelli zu unterstützen; er ist bereit, jede Friedensbedingung einzugehen und jede Bürgschaft zu geben. Als ich fragte, wie er dies könne in Anbetracht der Allianz, antwortete er, man würde es so machen, daß es ihm der König von Frankreich befehle. Als wir nun darüber sprachen, wie vorteilhaft die Sache für den Herzog, für Eure Herrlichkeit und für Messer Giovanni sei, fügte er hinzu, der Herzog wünsche es sehr und es sei ihm gezeigt worden, daß es mehr zur Festigkeit seines Staates beitrage, Messer Giovanni zu erhalten und ihn sich zum Freunde zu machen, als ihn vertreiben zu wollen und eine Stadt zu erobern, die man nicht halten könne, und die mit der Zeit die Hauptursache seines Sturzes werden würde. Ferner sagte er, der Herzog von Ferrara habe niemals dem Herzog Beistand versprechen wollen und werde auch keinen versprechen, wenn er nicht mit Bologna Frieden schließt. Ich bestrebte mich, diesen Mann in seiner Meinung zu bestärken, und zählte noch die ferneren Gründe auf, die mir einfielen. Es scheint mir gewiß zu sein, daß diese Unterhandlung im Werke ist, und daß sie sowohl von diesem Herzog, als auch vom Herzog von Ferrara betrieben wird. Ich setze Eure Herrlichkeiten davon in Kenntnis, da mir dies passend scheint; ich hätte vorsichtiger[1] schreiben sollen, *tamen* habe ich mir und Euren Herrlichkeiten diese Mühe ersparen wollen, indem ich den Brief durch einen eigenen Kurier absende. Dieselben werden mir ihn des allgemeinen Nutzens wegen zu bezahlen geruhen.

Ein Mann, der früher Bataillonschef in Euren Diensten war und jetzt Leibtrabant im Dienste des Herzogs ist, berichtet mir: Gestern abend, als er sich im Quartier des Grafen Alessandro da Marciano, des Bruders des Grafen Rinuccio, befunden, habe der Herzog, als er gerade vorbeigegangen, den besagten Grafen Alessandro herausrufen lassen und habe eine volle Stunde mit ihm gesprochen. Als er sodann fortgegangen war, sagte ihm der Graf Alessandro, der Herzog hätte von vielen Dingen mit ihm gesprochen, die alle zusammengenommen bewiesen, daß Se. Exzellenz viel eher Rache wünsche an denen, die seinen Thron in Gefahr gebracht, als daß sein Wunsch oder Sinn nach Frieden stehe.

Auf das Schreiben Eurer Herrlichkeiten vom 1. dieses habe ich nichts anderes zu antworten, als was ich oben geschrieben. Ich habe nicht gesucht, mit dem Herzog zu sprechen, da ich

[1] D. h. in Chiffreschrift.

ihm nichts Neues zu sagen habe, und das nämliche wiederholen, würde ihn langweilen. Ihr müßt bedenken, daß niemand mit ihm spricht als drei bis vier seiner Minister und wohl auch ein Fremder, der Dinge von Wichtigkeit mit ihm zu verhandeln hat. Er verläßt nie sein Kabinett, außer nach 5 oder 6 Uhr abends. Aus diesem Grunde hat man nie anders Gelegenheit, ihn zu sprechen, als in förmlicher Audienz. Wenn er aber weiß, daß ihm einer nur Worte bringt, so gibt er ihm niemals Audienz. Dies sage ich, damit sich Eure Herrlichkeiten darüber, daß ich nicht mit ihm gesprochen habe, nicht befremden, und auch nicht für die Zukunft, wenn ich denselben schreiben sollte, ich hätte keine Audienz erhalten können.

Ex Imola die 3. Novembris 1502.

E. V. D.
servitor
Nicolaus Machiavellas Secret.

Neunzehnter Brief.

Magnifici etc.

Messer Baldassar Scipioni, spanischer Edelmann, dessen gute Eigenschaften Eure Herrlichkeiten bereits kennen und der neuerlich von Sr. Exzellenz dem Herzog als Condottiere seiner Leibtrabanten angestellt worden ist, wird von vorbenanntem Herzog wegen einiger Se. Exzellenz betreffenden Angelegenheiten nach Florenz gesandt. Der Schatzmeister Messer Alessandro hat mich daher ersucht, ihn Euch zu empfehlen, und er bittet Euch im Namen des Herzogs und im seinigen, daß Ihr besagtem Scipioni in allem Eure Hilfe und Beistand gewähren möget, wo er sie nötig haben sollte. Der Herzog und er werden Euch dafür auf das höchste verpflichtet sein. Ich bitte in ihrem Namen Eure Herrlichkeiten untertänigst darum, welchen ich mich empfehle.

Ex Imola 4. Novembris 1502.

E. V. D.
servitor
Nicolaus Machiavellas Secret.

ZWANZIGSTER BRIEF.

Eure Herrlichkeiten werden erfahren haben, wie ich in meinem Brief vom 5. nach Florenz meldete, daß der Herzog die französischen Herren zu Salarolo besuchte. Als er noch daselbst war, kam Euer Schreiben vom 3. dieses, und gestern kam dann auch das vom 5. Da nun der Herzog gestern abend spät zurückkam und heute Musterung über die Schweizer gehalten hat, welche nach und nach ankommen, so konnte ich nicht eher als heute abend um 1 Uhr des Nachts mit Sr. Exzellenz sprechen. Ich meldete ihm erstlich die Absendung des Bischofs von Volterra nach Frankreich und seine Aufträge zugunsten und Nutzen Sr. Exzellenz und seiner Staaten, indem ich mich gehörig hierüber verbreitete. Dann sagte ich, daß Eure Herrlichkeiten mir schrieben, dieselben hätten von ihrem Gesandten am römischen Hofe Nachricht, daß Se. Heiligkeit die nämlichen guten Gesinnungen habe wie Se. Exzellenz; Eure Herrlichkeiten wünschten aber demungeachtet den Beistand Sr. Exzellenz bei Sr. Heiligkeit in den Dingen, welche täglich vorkommen könnten. Als mich Se. Exzellenz fragte, was vorkommen könne, antwortete ich, ich glaube, es könne die Erlangung einiger Zehnten sein; worauf er erwiderte, daß er das Seinige tun wolle. Nachdem er hierauf Euren Herrlichkeiten wegen der Aufträge des Bischofs gedankt, fragte er mich, ob der Marchese von Mantua die Condottierestelle annehme. Ich antwortete, Eure Herrlichkeiten hätten mir in einem ihrer Briefe vor wenigen Tagen geschrieben, daß sie hierüber noch im ungewissen seien. Er fragte hierauf dieses: „Und welche Condottierestelle werden die Signoren mir geben?" Ich antwortete, daß ich die Absicht EE. HH. nicht kenne, allein bis jetzt sei ich überzeugt gewesen, Se. Exzellenz sei eher geneigt, andere in Sold zu nehmen. Er antwortete: „Welche Ehre würde es mir machen, als Soldat und Freund der Signoria keine Condottierestelle von ihr zu haben? Ich glaube mich wenigstens darin nicht zu täuschen, daß ich ihr so gute Dienste leisten kann als ein anderer." Hierauf fragte er mich, wieviel Schwere Reiter EE.HH. zu halten dächten. Ich sagte, ich wüßte Eure Absicht nicht, ich glaube aber, Ihr wolltet

500 wenigstens halten. Er fragte mich, wieviel der Marchese habe und wieviel wir; ich sagte ihm wie es ist. Als er dies hörte, erhob er sich mit den Worten: „Also ist für mich kein Platz mehr“, und entfernte sich, um mit einem Franzosen zu sprechen, worauf ich gleichfalls meiner Wege ging.

Ehe wir auf die Condottierestelle und die Schweren Reiter kamen, sagte mir Se. Exzellenz, von den Orsini sprechend, die Bestätigung des Traktates sei noch nicht angekommen, weil die, die ihn zu unterschreiben haben, sich nicht am selben Orte befänden. Auch sträubten sich einige von ihnen ein wenig, weil Messer Giovanni unwillig sei, da es schiene, sie hätten ihm wenig Beachtung geschenkt, indem sie seine Angelegenheiten unentschieden gelassen. Allein ihr Unwille mache ihm von Tag zu Tag weniger Sorge, weil er besser gerüstet sei. Jetzt würde es gut sein, fügte er hinzu, wenn EE. HH. ein engeres Bündnis mit ihm schlössen, damit er nicht gezwungen sei, sich völlig auf die andere Seite zu wenden. Wenn er einmal fest mit den Orsini abgeschlossen habe, versicherte er, sei er entschlossen, sie in keiner Art zu hintergehen; und auf dieses sagte er mir: „Ich bitte dich, Sekretär, sage mir, ob deine Herren im Sinne haben, weiter mit mir zu gehen, als in der bisherigen allgemeinen Art?“ Ich antwortete Eurem Briefe gemäß usw. „Ich sage dies,“ sprach er sodann weiter, „weil ich nichts Weiteres will als sie, wenn es ihnen an dieser allgemeinen Freundschaft genügen sollte. Nur möchte ich nicht, daß die getäuschte Hoffnung eines engeren Bündnisses, das nicht abgeschlossen würde, Unwillen zwischen uns erregte; denn ich wünschte, daß man offen mit mir zu Werke ginge usw.“ Hierauf kam er denn auf das, was ich Euch oben schreibe.

Ungefähr zwei Stunden nachdem ich mit dem Herzog gesprochen hatte, kam ein Minister der Bentivogli zu mir und sagte mir, er habe soeben mit dem Herzog gesprochen, nachdem ich mich vom Hofe entfernt hätte. Die Ratifikation des Vertrages sei angekommen, dem ungeachtet dringe er auf Abschluß des besonderen Vertrages mit Bologna und habe ihm aufgetragen, sogleich an den Protonotarius zu senden, der noch nicht da war, weil er sich eine Zehe verletzt hat, daß er hierherkomme. Überdies heißt es, heute habe sich das Fort della Pergola, worin der Herzog Besatzung hatte, den Soldaten der Orsini ergeben. Diese Dinge machen einen ganz wirr im Kopfe, ich kann Euch jedoch nichts anderes darüber schreiben, als was sich erfahren läßt. Die Schweizer und jene anderen Franzosen, heißt es, werden sämtlich in dieser Woche hier sein; als ich aber mit einem Staatssekretär des Herzogs über die Ankunft besagter Franzosen sprach, sagte er, der Herzog habe Befehl gegeben, daß ein Teil zu Parma haltmache und nicht weiter vorrücke. Ich entgegnete: „Also will sich der Herzog gegen seine Feinde nicht sicherstellen." Er antwortete: „Ihr seid selbst schuld daran, weil ihr die Zeit nicht wahrzunehmen gewußt habt, den Herzog und euch sicherzustellen." Ich sagte, das Wie sei uns nicht gezeigt worden, und EE. HH. ermangelten niemals, ihr möglichstes zugunsten ihrer Freunde zu tun.

Ich sprach mit dem Herzog über die Angelegenheit der Gaddi; er sagte, ich sollte sie seinen Sekretären in Erinnerung bringen. Weiter weiß ich für jetzt nichts zu melden, außer daß ich morgen an den Hof gehen werde, um zu sehen, ob ich etwas von diesem Traktat höre. Was ich erfahre, werde ich EE. HH. melden.

Imolae die 8. Novembris 1502.

E. V. D.
servitor
Nicolaus Machiavellus Secret.

EINUNDZWANZIGSTER BRIEF.

Magnifici Domini etc.

Ich will außer dem, was ich in Beiliegendem schreibe, EE. HH. noch von einem Gespräche mit jenem Freunde in Kenntnis setzen, der mir dieser Tage, wie ich bereits geschrieben, gesagt hatte, es sei nicht gut, daß EE. HH. mit dem Herzog nur freundliche Beziehungen allgemeiner Art unterhielten, besonders da bei gleichen Wünschen und gleichen Feinden ein engeres Bündnis angemessen und leicht sei. Dieser Mann richtete es nun gestern abend so ein, daß er mit mir sprechen konnte, und sagte mir:

„Sekretär, ich habe dir schon einigemal einen Wink gegeben, daß dieses allgemeine Wohlwollen deiner Herren für den Herzog ihm wenig nützt und ihnen noch weniger. Aus diesem Grunde, und damit der Herzog nicht mit anderen abschließt, wenn er sieht, daß er mit den Signoren in der Luft bleibt, will ich mich heute abend offen gegen dich aussprechen; und obgleich ich aus mir selbst rede, so sind doch meine Worte nicht ganz ohne eine sichere Grundlage. Der Herzog weiß sehr wohl, daß der Papst jeden Tag sterben kann, und daß er daran denken muß, sich vor dem Tode desselben eine andere Grundlage zu schaffen, wenn er sich die Staaten erhalten will, die er besitzt. Die erste Grundlage, auf die er baut, ist der König von Frankreich, die zweite eigene Waffen, und du siehst, daß seine Rüstungen schon aus 500 Schweren Reitern und ebensoviel Leichten Reitern bestehen, welche in wenigen Tagen in effektivem Stand sein werden. Weil er aber urteilt, daß diese beiden Grundlagen in der Folge nicht genügen möchten, so denkt er darauf, sich seine Nachbarn und diejenigen zu Freunden zu machen, welche ihn notwendig verteidigen müssen, um sich selbst zu verteidigen; und dies sind die Florentiner, die Bolognesen, Mantua und Ferrara. Um hinten anzufangen, siehst du, welche Freundschaft mit Ferrara geschlossen ist, da außer der Verheiratung seiner Schwester mit einer so großen Mitgift der Kardinal[1] mit Wohltaten überhäuft wurde und es täglich noch wird. Mit Mantua ist zweierlei im Werke: einmal soll der Bruder des Marchese Kardinal werden; zweitens will der Herzog seine Tochter dem Sohn des Marchese zur Ehe geben; für den Kardinalshut soll der Marchese und sein Bruder 40000 Dukaten hinterlegen, die dann als Mitgift der Tochter des Herzogs dienen sollen; diese Dinge werden jedenfalls zur Ausführung kommen, und dies sind Verpflichtungen von solcher Beschaffenheit, daß sie die Freundschaft wohl erhalten werden. Mit Bologna wird noch über einen Separatfrieden ohne Teilnahme der Verbündeten unterhandelt; und ich sehe ihn auf gutem

[1] Ippolito d'Este.

Wege; denn der Herzog von Ferrara betreibt ihn, mein Herzog wünscht ihn und den Bentivogli ist er vorteilhaft. Und in der Tat verlangte der Herzog niemals so sehr Bologna zu besitzen, als sich mit diesem Staate sicherzustellen; und sobald nur dies letztere geschieht, ist er entschlossen, sich zu beruhigen. So, können diese vier Staaten, wenn sie vereinigt sind, wohl Achtung einflößen, da sie aneinandergrenzen und Heere auf den Beinen haben; und der König von Frankreich ist geneigt, sie zu verstärken, da er auf sie zählen kann. Von deinen Herren Florentinern hörte ich den Herzog vor noch nicht drei Tagen sagen, er wolle, daß sie frei in seinem Lande verkehrten, so wie er in dem ihrigen, da sie und er die Freunde Frankreichs seien und bei keiner Gelegenheit werde er zu ihrem Nachteil handeln, wenn es auch zu keinem festen Bündnis kommen sollte. Sollte es aber dazu kommen, so würden sie sehen, welcher Unterschied zwischen seiner Freundschaft sei und der anderer. Und, um wieder zur Sache zu kommen, sage ich dir, daß der allgemeine Charakter der freundschaftlichen Beziehungen deinen Herren mehr Nachteil bringt als dem Herzog; denn da der Herzog den König und die Vorgenannten zu Gönnern hat, und ihr niemand als den König, so werden deine Herren eher den Herzog nötig haben als der Herzog sie. Ich sage deshalb nicht, daß sich der Herzog euch nicht gefällig zeigen wollte; aber wenn ihr ihn nötig habt und er nicht verpflichtet ist, so kann er handeln und nicht handeln, wie es ihm gut dünkt. Wenn du mich jetzt fragen solltest, was könnte er uns denn für einen Gefallen tun?, kommen wir ein wenig aufs Einzelne; – so antworte ich dir, daß ihr zwei Wunden habt, die, wenn ihr sie nicht heilt, euch krank machen werden und vielleicht den Tod bringen. Die eine ist Pisa, die andere ist Vitellozzo. Und wenn ihr jenes wieder bekämt, und dieser gestürzt würde, wäre das nicht eine große Wohltat für euch? Was den Herzog betrifft, sage ich dir, daß es Sr. Exzellenz genügen würde, mit euch in betreff der alten Condottierestelle seine Ehre zu wahren, die er mehr als Geld und alles andere schätzt; und wenn ihr dafür ein Mittel findet, so würde alles in Ordnung sein. Solltest du in betreff Vitellozzos sagen, der Herzog hat mit den Orsini und ihm Friede gemacht, so antworte ich dir, daß ihre Ratifikation noch nicht gekommen ist, und der Herzog würde seine beste Stadt darum geben, wenn sie nicht käme, oder wenn man nie von einem Vertrage gesprochen hätte. Sollte die Bestätigung aber auch kommen, so gibt es, wo Menschen sind, Mittel, und es ist besser, sie sich zu denken und davon zu sprechen als zu schreiben: du verstehst mich. Einen Teil der Orsini ist der Herzog genötigt zu retten, da er beim Tode des Papstes doch einige Freunde in Rom haben muß. Von Vitellozzo aber kann er nicht sprechen hören, weil es eine giftige Schlange ist, der Feuerbrand Toskanas und Italiens, und erst noch bei dieser Bestätigung, die die Orsini geben sollten, hat er alles getan und tut es noch, um sie zu hintertreiben. Ich wünsche daher, daß du dem Gonfaloniere oder den Zehn schreibst, was ich dir gesagt habe, obgleich es als von mir kommend zu betrachten ist. Erinnere sie auch noch daran, daß es leicht sein könnte, der König von Frankreich befehle deinen Herren, den Herzog im Besitz der Condottierestelle zu lassen und ihn mit ihrem Heere zu unterstützen; dann würden sie gezwungen sein, es zu tun und mit wenig Dank. Erinnere daher ihre Herrlichkeiten, daß es besser ist, die Gefälligkeiten, die man zu erzeigen hat, aus freien Stücken und zu Dank zu erzeigen als ohne Dank."

Er bat mich, daß ich in Anbetracht der Worte gegen Vitellozzo und der anderen wichtigen Dinge die Sache geheim besorgen möge. Dieser Freund sprach lange und so wie EE. HH. hören.

Ich antwortete kurz und nur auf die wichtigen Punkte. Ich sagte zuerst, daß der Herzog klug handle, sich zu bewaffnen und Freunde zu machen. Zweitens gestand ich ihm, daß wir großes Verlangen hätten, Pisa wiederzuerobern und uns Vitellozzos zu versichern, obgleich wir ihn nicht besonders hoch anschlügen. Drittens sagte ich ihm, was die Condottierestelle betrifft, immer aus mir selbst sprechend, daß Se. Exzellenz der Herzog, in Anbetracht der Staaten, die er besitzt, nicht wie die anderen Herren zu messen sei, die weiter nichts als eine Karosse haben; sondern man müsse von ihm sprechen als von einem neuen Potentaten in Italien, mit dem es sich besser paßt, eine

Allianz oder Freundschaft zu schließen, als ihm eine Condottierestelle zu geben. Und da die Freundschaft zwischen den Fürsten mit den Waffen erhalten wird und diese allein sie beobachten machen, sagte ich, würden EE. HH. nicht absehen, welche Sicherheit sie ihrerseits haben würden, wenn die drei Viertel oder drei Fünftel ihrer Waffen in der Hand des Herzogs wären; ich sage dies nicht, weil ich den Herzog nicht für einen Mann von Wort halte, sondern weil ich EE. HH. als klug kenne und wisse, daß die Regierenden vorsichtig sein müssen und niemals etwas tun dürfen, worin sie hintergangen werden können. Über den Punkt, daß der König von Frankreich EE. HH. befehlen könne, sagte ich, es sei kein Zweifel, daß Se. Majestät über Eure Stadt wie über eine eigene verfügen könne, doch könne weder er, noch jemand anderes bewirken, daß Ihr tätet, was Euch unmöglich wäre.

Er erwiderte mir nur über den Punkt der Condottierestelle. Er sagte, ich spräche offen und der Wahrheit gemäß, was ihm sehr lieb sei. Man könne die 300 Schweren Reiter auf 200 effektiv beschränken und nur dem Namen nach 300 lassen. Damit es sich besser tun lasse, könne man EE. HH. einen oder zwei Zehnten der Geistlichkeit zugestehen.

Seine wichtigen Geschäfte nötigten ihn, hier abzubrechen, und er entfernte sich mit dem Ersuchen, daß ich diese Unterredung dahin melden solle, wohin ich es für gut fände, nur solle es geheim geschehen. Dies habe ich getan, wie EE. HH. sehen. Ob die Sache vom Herzog kommt, oder bloß von ihm, kann ich denselben nicht sagen. Nur das kann ich sagen, daß er einer der Ersten beim Herzog ist. Ist aber die Sache seine eigene Idee, so könnte er sich wohl täuschen, da er von Natur von größter Gutmütigkeit und äußerst dienstfertig ist. EE. HH. mögen nun alles untersuchen und mir darüber antworten usw.

Datum Imolae die 8. Novembris 1502.

E. V. D.
servitor
Nicolaus Machiavellus Secret.

ZWEIUNDZWANZIGSTER BRIEF.

Magnifici Domini etc.

Meine Letzten waren vom 8. dieses als Antwort Eurer Schreiben vom 3., 4. und 5. Ich schickte sie durch den Burschen Tommaso Tottis und hoffe, daß sie richtig angekommen sind, da ich sie für ziemlich wichtig halte; ich erwarte Antwort.

Heute habe ich EE. HH. zu melden, daß der Protonotarius Bentivoglio heute hierhergekommen ist. Ich sprach mit ihm, ehe er mit dem Herzog redete, und finde ihn ganz Euren Herrlichkeiten zugetan. Die Ursache seines Kommens habe ich früher schon EE. HH. geschrieben, nämlich sein Verhältnis zum Herzog zu befestigen und das Schiedsgericht zu vermeiden, das in dem Traktate mit den Verbündeten beabsichtigt war. Man glaubt, wie ich früher schon geschrieben, daß es jedenfalls geschehen werde, da man sieht, daß es der Herzog wünscht und daß es den Bentivogli vorteilhaft ist. Wer wegen der Allianz der Bentivogli mit den Orsini daran zweifeln sollte, dem antworte ich, daß sie bei diesem Traktat von Signor Pagolo getäuscht zu sein glauben, indem ihre Angelegenheiten einem Schiedsgericht überlassen worden sind.

Damit EE. HH. besser wissen, was man jetzt von diesen Unterhandlungen zu halten hat: Ich schrieb EE. HH. in meinen letzten Briefen, daß ich nach meiner Unterredung mit dem Herzog erfahren habe, die Ratifikation des Traktates sei gekommen. Sie ist auch wirklich gekommen, und alle Verbündeten haben ratifiziert, außer Messer Giovanni Bentivoglio, der nicht sicher zu sein glaubt, wenn seine Angelegenheiten einem Schiedsgericht überlassen bleiben. Auch reklamierte Messer Giovanni gleich am ersten Tag gegen diesen Traktat.

Noch von einem anderen Umstand habe ich EE. HH. in Kenntnis zu setzen, nämlich daß zur Bestätigung des Traktates die Ratifikation des Papstes gegeben sein muß, der durch ein Breve, wovon ich eine Abschrift sende, Trocces beauftragt, in seinem Namen zu ratifizieren, unter der Bedingung, daß der Kardinal Orsino, Pandolfo und Messer Giovanni ratifiziert hätten.

Damit der Traktat zustande komme, sind also noch zwei Dinge nötig: das eine, die Ratifikation des Papstes, das andere, die Messer Giovannis. Es läßt sich aber nicht absehen, daß Messer Giovanni ratifizieren wird, und *per consequens* wird es auch der Papst nicht; und man glaubt, der Papst habe Trocces die Vollmacht mit der vorgenannten Bedingung gegeben, weil er schon im voraus wußte, daß Giovanni nicht ratifizieren wird. In Anbetracht aller dieser Dinge urteilt man, wenn sich mittlerweile nichts anderes ereignet, daß sich Messer Giovanni dadurch retten wird, daß er sich durch ein enges Band an den Herzog anschließt. Der Herzog wird sich dann auf gute Weise dieser Herren versichern, die ihm entgegengehandelt haben.

Wenn EE. HH. diesen Traktat genau betrachten, wovon ich hierbei eine Abschrift sende, so werden Sie ihn voll Mißtrauen und Argwohn finden; und dieselben werden sodann nach Erwägung des Traktates und der Meinung, welche man hier davon hat, mit ihrer gewohnten Klugheit urteilen.

Den Traktat und den Brief des Papstes habe ich nicht aus der Kanzlei des Herzogs erhalten, wie mir versprochen war, sondern ich habe sie mir auf anderem Wege verschafft. Weiter habe ich EE. HH. nichts zu melden, außer daß man noch auf zwei Dinge wartet, um mit dem Heere gegen Pesaro vorzurücken: auf den Rest der französischen Lanzen und die Schweizer, und auf den Vertrag mit Messer Giovanni; und man glaubt, daß beides in Bälde in Ordnung sein wird. Ich empfehle mich EE. HH. *Quae bene valeant.*

Ex Imola, die decima Novembris 1502.

E. V. D.
servitor
Nicolaus Machiavellus Secret.

Abschrift des Vertrages zwischen dem Herzog von Valentinois einerseits und den Orsini und ihren Anhängern andererseits.

Kund und zu wissen sei den untengenannten Parteien und jedem, der den Inhalt gegenwärtiger Akte erfahren wird: da zwischen dem durchlauchtigsten Herzog der Romagna usw., und den Orsini und ihren Verbündeten einige Streitigkeiten, Zwistigkeit, Mißtrauen, Argwohn usw. entstanden sind, und da die obengenannten Parteien besagten Argwohn heben und die Zwistigkeiten endigen wollen, so schließen sie *primum* wahren und ewigen Frieden, Eintracht und Bündnis mit völliger Vergebung aller Schäden und Unbilden, welche bis diesen Tag vorgekommen sind, und versprechen, einander nie etwas nachzutragen. Und zur Beobachtung vorbesagten Friedens und Vereinigung nimmt der vorbenannte durchlauchtigste Herzog der Romagna alle die vorbenannten Herren und jeden von ihnen in sein Bündnis, Allianz und Union, die ewig dauern soll, auf, und verspricht die Staaten der Vorbenannten und eines jeden derselben gegen jede Macht zu beschützen, welche sie belästigen und angreifen wollte, aus welcher Ursache es auch sei: ausgenommen immer Se. Heiligkeit den Papst Alexander VI. und Se. allerchristlichste Majestät den König Ludwig XII. von Frankreich.

Andererseits versprechen die Vorbenannten in vorbesagter Weise zur Verteidigung der Personen und Staaten Sr. Exzellenz und der durchlauchtigsten Herren Don Zofre Borgia, Fürst von Squillacci, Don Rodrigo Borgia, Herzog von Sermoneta und Biselli, und Don Johanni Borgia, Herzog von Camerino und Neppe, der Brüder und Neffen des durchlauchtigsten Herrn Herzogs von Romagna, und zwar jeder der Vorbenannten beizutragen und mitzuwirken.

Item, da zur Zeit der vorbenannten Zwiste, Streitigkeiten und Uneinigkeit die Empörung und Einnahme der Staaten Urbino und Camerino erfolgt ist, so verpflichten sich die vorbenannten Verbündeten alle zusammen und jeder von ihnen, alle ihre Streitkräfte, zur Wiedereroberung der vorbesagten empörten und eingenommenen Staaten, Städte und Ortschaften aufzuwenden.

Item, verspricht der vorbesagte durchlauchtigste Herzog der Romagna, dieselben Besoldeten und Condottieri des Hauses Orsini und die Vitelli in seinem Sold zu halten, die er früher darin gehalten hat usw.

Item, will und verspricht vorbesagte Exzellenz, daß die vorbenannten Condottieri nicht gehalten sein sollen, bei Sr. Exzellenz im Lager zu stehen, außer einer von ihnen, und die übrigen nur, soweit es ihnen selbst gefallen wird.

Item verspricht der vorbenannte durchlauchtigste Herzog, daß Se. Heiligkeit der Papst alle gegenwärtigen Artikel ratifizieren und bestätigen wird, und daß Se. Heiligkeit Se. Hochwürden dem Kardinal Orsino nicht zwingen wird, nach Rom zu kommen, außer wenn es Sr. Hochwürden gefällt.

Item, da zwischen Sr. Heiligkeit dem Papst und Messer Johann Bentivoglio einige Streitigkeiten bestehen, so sind die vorbesagten Herren Verbündeten zufrieden, daß alle diese Streitigkeiten Sr. Hochwürden dein Kardinal Orsino, Sr. Exzellenz dem Herzog der Romagna und dem erlauchten Pandolfo Petrucci überwiesen sein sollen, gegen deren Entscheidung keine Appellation und Reklamation stattfinden soll.

Item, verpflichten sich die vorbenannten Herren Verbündeten und jeder von ihnen und versprechen, daß sie auf jede Aufforderung des vorbesagten Herrn Herzogs der Romagna jeder von ihnen einen ihrer rechtmäßigen Söhne in die Gewalt Sr. Exzellenz stellen wollen, die an einem von dieser gewählten Orte so lange bleiben sollen, wie es Sr. Exzellenz gut scheinen wird.

Item, verpflichten sich und versprochen alle die vor benannten Verbündeten und jeder von ihnen, jedesmal wenn sie merken, daß ein Anschlag gegen einen von ihnen gemacht wird, den anderen, gegen den er gemacht wird, unverzüglich davon in Kenntnis zu setzen, sowie auch alle übrigen.

Item, sind der vorbesagte Herr Herzog und alle übrigen Verbündeten zufrieden, daß jeder von ihnen, der die versprochenen Dinge nicht halten sollte, als der Feind aller erklärt sein soll; und alle übrigen sollen verpflichtet sein, sich zum Sturze dessen zu vereinigen, der diese Versprechen nicht beobachtet. *Datum Imolae XXVIII. Octobris MDII.*

Cesar.
Io Paulo Orsino Ssi.
Agapitus.

Abschrift des Breve des Papstes an Messer Francesco Trocces.

Dilecte fili salutem, et Ap. benedictionem. Vidimus Capitulationem quam nobis cum tuis litteris misisti nuper initam, et confirmatam inter dilectum filium nobilem virum Caesarem Borgiam Ducem Romandiolae etc. et dilectum filium Paulum Orsinum nomine aliorum de domo, et familia de Ursinis, et eorum Confoederatorum. Et quoniam quae per ipsum Ducem facta, et conclusa sunt recte, et bonis respectibus facta fuisse existimamus, volentes illa firma, et illibata servari, tibi de cujus fide, et prudentia singularem in Domino fiduciam obtinemus, tenore praesentium committimus, et mandamus, ut dictam Capitulationem, si et postquam illa per dilectum filium nostrum Cardinalem de Ursinis, ac Pandulfum Petruccium de Senis, et Johannem Bentivolum de Bononia nomine aliorum Confoederatorum acceptata, et ratificata fuerit, tu nostro nomine approbes, et confirmes, in quo tibi plenam, et liberam concedimus facultatem. Datum Romae apud S. P. sub Anulo Piscatoris die IV. Novembris MDII. Pontificatus nostri anno XI.

Dilecto filio Francisco Trocce Protonotario, et Camerario nostro Secr. [1].

Hadrianus

[1] Geliebter Sohn! Unsern Gruß und apostolischen Segen. Wir sehen, daß der Traktat, den du Uns mit deinem Briefe neulich geschickt hast, zwischen Unserm geliebten Sohn, dem edlen Mann Cesare Borgia, Herzog der Romagna usw., und Unserm geliebten Sohn Paolo Orsino im Namen der Übrigen

aus dem Hause Orsini und ihrer Verbündeten eingegangen und abgeschlossen ist. Weil Wir nun, was durch den Herzog getan und abgeschlossen ist, als recht und aus guten Rücksichten getan erachten, so bevollmächtigen Wir, im Wunsche, den Vertrag fest und unerschütterlich zu erhalten, dich, in dessen Treue und Klugheit Wir stets ein besonderes Vertrauen im Herrn setzen, durch den Inhalt gegenwärtigen Breves und senden dich, daß du besagten Vertrag – wenn und nachdem derselbe von Unserm geliebten Sohn, dem Kardinal Orsino und Pandolfo Petrucci von Siena und Johann Bentivoglio von Bologna angenommen ist – in Unserm Namen billigst und bestätigst, worin Wir dir unbeschränkte Vollmacht erteilen. Gegeben zu Rom bei dem heil. Petrus unter dem Siegel des Fischerringes, den 4. Nov. 1502, im elften Jahre unseres Pontifikates.

Aufschrift: Unserm geliebten Sohne, dem Protonotarius Francesco Trocces, Unserm geheimen Kämmerer.

[Francesco Trocces war der erste Günstling des Papstes und des Herzogs, wie aus der Lebensbeschreibung des Herzogs von Valentinois von Tomasi und aus dem Tagebuch Burchardts hervorgeht. Das Jahr darauf, den 21. Juni 1503, entfloh er aus Rom, ohne daß man die Ursache später erfahren hat. Er wurde eingeholt, nach Rom gebracht und in der folgenden Nacht erdrosselt. Buonaccorsi, Seite 78. Note der italienischen Ausgabe.]

Dreiundzwanzigster Brief.

Magnifici Domini etc.

Humili commendatione praemissa. EE. HH. wundern sich, daß sie meine Briefe nicht erhalten haben. Ich wundere mich darüber nicht, wohl aber schmerzt es mich, daß ich es nicht verhindern konnte noch kann. Statt Tommaso Totti kam ein Bote zu Fuß, der des Landes wenig kundig und schlecht auf den Beinen ist; ihm gab ich vor acht Tagen meine Antwort, die so wichtig war als je ein Brief, den ich seit meiner Anwesenheit dahier geschrieben habe. Ich würde sie wiederholen, wenn nicht dieser Kurier gesagt hätte, der Überbringer derselben sei in Florenz angelangt gewesen, bevor er es verlassen. Ich hatte zuerst am 5. dem Gonfaloniere dasselbe *privatim* geschrieben, was ich *publice* zu schreiben hatte, und was nicht viel war. Zuvor hatte ich schon am 3. und am 1. geschrieben und mein letzter ist vom 10. gewesen. Diesen Brief schickte ich Euch durch den Fuhrmann Jakob aus Monticelli mit der Abschrift des Traktates und mit allen hiesigen Neuigkeiten; er muß heute in Florenz sein. Ich bitte daher EE. HH., daß sie mich entschuldigen und bedenken, daß die Dinge sich nicht erraten lassen. Dieselben müssen wissen, daß man hier mit einem Fürsten zu tun hat, der selbst regiert; und daß, wer keine Grillen und Träume schreiben will, die Dinge vergleichen muß; über dem Vergleichen aber vergeht Zeit, und ich bestrebe mich, meine Zeit auszugeben, nicht wegzuwerfen.

Ich will nicht wiederholen, was ich in meinen Briefen vom 8. und vom 10. geschrieben, da ich sie sicher angekommen weiß, wenn auch spät. EE. HH. werden daraus ersehen haben, welche Wendung die Dinge hier nehmen. Zum Teil werden dieselben auch die Gesinnung des Herzogs daraus erkannt haben, sowohl aus den Worten, die er selbst zu mir sprach, als aus dem, was mir jener Freund sagte. Dieser stachelt mich den ganzen Tag, indem er sagt: wer die Zeit abwartet, wenn sie schon da ist, sucht besseres Brot als von Korn, und nicht immer finde man die Gelegenheit bereit. Ich entgegnete dasselbe, was ich früher entgegnet habe, daß erst der Wille des Königs von Frankreich abzuwarten sei, dann, daß man nach Rom senden wolle, um den Papst zu hören, daß es jetzt an der Reise des Bischofs nach Frankreich und an der Ankunft des Archidiakonus von Celon zu Florenz hänge. Allein dies wird als ein Hinausschieben ausgelegt, und es fehlt hier nicht an Leuten, die mir sagen: was ist das für ein Betragen von EE. HH.; und den ganzen Tag wird mir vorgeworfen, daß vor dem Jahre 99, weil sie weder Franzosen noch herzoglich gewesen, EE. HH. zuerst vom Herzog übel bedient und dann vom König gemeuchelmordet wurden. Ich trete für die Ehre der Stadt ein und verteidige sie *juxta posse*, indem ich die Gründe anführe, die da sind, und es sind viele da, allein man läßt sie nicht gelten. Bis jetzt habe ich EE. HH. nichts davon schreiben wollen, da ich der Anmaßung beschuldigt zu werden fürchtete; *tamen*, da ich sehe, daß die Dinge gerade so kommen, wie ich gedacht habe, so will ich mich lieber über eine schlimme Auslegung zu beschweren haben als später bereuen müssen, daß ich nicht alles geschrieben, was ich hier höre.

EE. HH. fordern von mir viele Nachrichten. Ich glaube dieser Forderung bis jetzt entsprochen zu haben, wenn meine Briefe alle gelesen worden sind. Zuerst verlangen EE. HH. zu wissen, ob man hier mehr an den Frieden als an den Krieg denkt. Ich antworte, gesagt zu haben, daß man vom Frieden spricht und für den Krieg rüstet. Ferner habe ich, was den Frieden betrifft, geschrieben, was der Signor Paolo dahier abgeschlossen hat; sodann schickte ich mit meinem Schreiben vom 10. den Traktat und meldete die Schwierigkeiten, die sich dabei zeigen, weil Messer Giovanni nicht ratifizieren will, und was der Papst an Trocces geschrieben, so daß beim Ausstehen der Ratifikation Messer Giovannis und des Papstes der Abschluß des Traktates verschoben bleibt. Zuvor, am 30. verwichenen Monats, teilte ich die Betrachtungen mit, die man hier über die Weise anstellte, wie dieser Friede zustande kommen könne; die Schwierigkeit war dabei erwogen, die sich aus der Lage und den Verhältnissen des Herzogs und der anderen ergeben, ich sagte, es lasse sich nicht glauben, daß zwischen ihnen ein Vertrag zustande kommen könne, wohl aber glaube man, daß der Herzog einen von ihnen lostrennen könne. Jetzt, sieht man, haben die Dinge diesen Weg genommen; denn der Protonotarius Bentivoglio befindet sich hier, wie ich bereits geschrieben, und unterhandelt über einen Separatfrieden mit dem Herzog, der auch fast so gut als abgeschlossen ist. Die Bentivogli können sich wegen desselben bei den Verbündeten dadurch entschuldigen, daß man die Entscheidung über ihre Angelegenheiten einem Schiedsgericht vorbehalten hat; und sie werden ihre Sicherheit darin finden, da sich der König von Frankreich für die Beobachtung des Friedens verbürgt. Als ich heute abend mit dem Protonotarius hierüber sprach, fragte er mich: ob EE. HH. diesen Frieden beiden Teilen verbürgen würden, wenn sich der König von Frankreich dafür verbürge? Ich antwortete, daß mit dem König von Frankreich EE. HH. bereit seien, zu allem die

Hand zu bieten. Die Bedingungen des Vertrages melde ich nicht, weil ich sie nicht auf eine Weise gehört habe, die mich befriedigt hätte. Sollte man einwenden, dem Herzog werde es schwerfallen, sein Verlangen nach Bologna nicht zu befriedigen, so ist die Antwort das, was ich Euch früher geschrieben habe, daß man ihm bewiesen hat, es sei besser eine Freundschaft zu schließen, die Dauer habe, als eine Stadt zu erobern, die sich nicht halten lasse. Dann haben ihm auch die Orsini und Vitelli eine Lehre gegeben, die ihn klug machen könnte, wenn er es nicht wäre; sie haben ihm gezeigt, daß er mehr an die Erhaltung seiner Eroberungen denken muß als an neue Eroberungen. Die Art sie zu erhalten aber ist, mit eigenen Waffen bewaffnet zu sein, den Untertanen zu schmeicheln und sich die Nachbarn zu Freunden zu machen. Dies ist sein Plan, wie mir jener Freund berichtet und wie ich in meinem Briefe vom 8. geschrieben.

Was den Vertrag mit den Verbündeten betrifft, dessen Ratifikation, wie ich geschrieben, eingetroffen ist, so hat der Herzog zu den Orsini einen Abgeordneten gesandt, um über die Sache Messer Giovannis eine Einigung zu versuchen: so hält er sich hin. Sie stehen ihrerseits in der Gegend von Fano und rücken weder vor, noch ziehen sie ab. So bleibt dieser allgemeine Friede zweifelhaft, „und der wird Meister bleiben, der die anderen am besten zu berücken versteht, bis er an Soldaten und Verbündeten der stärkste ist“, und dies mag über Frieden und Krieg genügen.

Welche Rüstungen hier gemacht werden, habe ich EE. HH. bereits gesagt. Sie werden stets fortgesetzt und betrieben, doch geht es ein wenig langsamer damit als man gedacht hatte. Damit EE. HH. von der Zahl des Fußvolks und der Reiterei, die schon da sind, und von dem, was noch erwartet wird, genauere Kenntnis erhalten, sende ich hierbei ein Verzeichnis. Meine Nachrichten habe ich von mehreren Personen gesammelt; ich muß mich auf andere berufen, da ich nicht nach dem Augenschein sprechen kann.

Der Herzog befindet sich hier und wird auch nicht eher weggehen, als bis die Schweizer da sind. Sie sollen mit ferneren französischen Lanzen diese Woche ankommen, und man erwartet sie von Tag zu Tag. Der Herzog nimmt, wie ich mehrmals gesagt habe, alle Feinde Pandolfo Petruccis, Giampagolos, Vitellozzos und der Orsini in Sold. Weiter weiß ich über die hiesigen Angelegenheiten nichts zu schreiben; ich bitte, daß EE. HH. entschuldigen, wenn es nicht genügt, oder abhelfen. Ich empfehle mich denselben untertänig.

Die 13. Novembris 1502. Imolae.

E. V. D.
servitor Nicolaus Machiavellus Secret.

Verzeichnis der Soldaten des Herzogs von Valentinois.

FUSSVOLK.

	Mann
Don Michele	600
Dionigi di Naldo	500
Comandatore	500
Maestro di Sala	500
Rominoli	400
La Sgalla da Siena	300
Grechetto	200
Der Spanier Salzato	300
Limolo	200
Giambattista Martino	400
Marcantonio da Fano	500
Giannetto di Siviglia	150
Mangiares	200
Teils Gascogner, teils Deutsche	600

Die Gascogner und Deutschen sind hier, alle übrigen sind in die Ortschaften verteilt bis nach Fano, und bei den meisten ist der Sold schon vier bis sechs Tage fällig. Es sollen noch Schweizer kommen, man erwartet sie und sagt, es seien 3000.

SCHWERE REITER.

Der Spanier Don Ugo	50
Der Spanier Monsignor d'Allegri	50
Don Giovanni di Cardona	50

Diese drei Kompagnien waren vor der Niederlage bei Fossombrone schon nicht vollzählig und müssen nun im schlechten Stande sein, da sie viel gelitten haben.

In seinen Staaten zusammengebracht	50
Graf Ludovico Mirandola nach ihrer ersten Angabe sechzig, wie ich später erfahren vierzig	40

Dieser steht heute mit seiner Kompagnie sechs Miglien von hier.

Es heißt, der Sohn des Generalintendanten von Mailand habe Befehl, hundert Schwere Reiter in Sold zu nehmen. Er ist noch in der Lombardei, und ich weiß gewiß, daß ihm vor zwölf Tagen eine Summe Geldes gesandt wurde.

Messer Galeazzo Pallavisini soll Befehl haben, fünfzig Schwere Reiter anzuwerben; auch er ist noch in der Lombardei.

An Edelleuten des Hauses sind hundert Schwere Reiter hier. Fünf Kompagnien französischer Lanzen stehen in der Umgegend von Faenza. Sie sagen, es kämen noch mehr, und sie erwarten sie täglich.

LEICHTE REITER.

Don Michele	100
Maestro Francesco de Luna, Arkebusiere	50
Messer Rinieri della Sassetta und Giovan Paolo da Toppa, Armbrustschützen	100
Graf Lodovico della Mirandola	40

FERNER SIND NOCH AN SCHWEREN REITERN HIER.

Guido Guaini	40
Giovanni da Sassatello	40
Gebrochene Lanzen [1]	40

[1] Gebrochene Lanzen, *lance spezzate*, hießen die, welche nicht zu der Kompagnie eines Condottiere gehörten, sondern einzeln in den Sold des Fürsten traten und von diesem einen Befehlshaber vorgesetzt erhielten.

Er hat Messer Baldassar von Siena nach Florenz geschickt, noch mehrere anzuwerben.
Überläufer von Bentivoglio, Armbrustschützen 40
Der Condottiere Fracassa befindet sich hier, er ist mit seinen Schweren Reitern in Sold genommen.

Vierundzwanzigster Brief.

Magnifici Domini etc.

Den 13. schrieb ich durch den Kurier Carlo, was ich auf Euren Brief vom 11. zu antworten hatte. Am selben Tage kam noch der Graf Lodovico della Mirandola mit seinen Truppen hier an, deren wahren Bestand ich nun melden kann. Es sind 34 Schwere und 70 Leichte Reiter. Als Standquartier ist ihm Doccia angewiesen worden, das drei Miglien von hier in der Richtung von Bologna liegt.

Ich schrieb EE. HH. *etiam* durch meinen Letzten und durch meine Früheren, daß der Vertrag mit den Bentivogli lebhaft betrieben werde, und daß der Protonotarius Bentivoglio hier ist. Er ist vom Herzog mit erstaunlicher Liebenswürdigkeit behandelt worden. Gestern morgen war ich ein wenig bei Sr. Hochwürden; er sprach lange mit mir über diese Dinge, indem er mir erklärte, wie vorteilhaft in der Tat die Freundschaft des Herzogs für sie sei, da sie sich darauf verlassen könnten, und wie sehr der Herzog, wenn er gut beraten sei, ihr Wohlwollen wünschen müsse. Vom Protonotarius erfuhr ich auch der Hauptsache nach, daß die Sache schon abgeschlossen sein würde; allein der Herzog wolle, daß der Papst bei diesem Vertrag die Hauptperson sein solle, da der Papst aus Prahlsucht immer diesen Feldzug gegen Bologna gewünscht habe, damit man sagen solle, Se. Heiligkeit habe eine Stadt unter die Botmäßigkeit der Kirche gebracht, die kein anderer Papst je darunter bringen konnte. Aus diesem Grunde wolle der Herzog, daß der Papst den Vertrag aufsetzen lasse, zu welchem Zwecke Messer Romolino, Sekretär des Herzogs, nach Rom reiten werde. Ich erfahre, die Übereinkunft habe zwei Hauptpunkte: Erstens, eine Verschwägerung zwischen dem Bischof von Enna oder dem Kardinal Borgia und den Bentivogli, was auf eine von beiden Weisen geschehen soll, entweder daß der Protonotarius den geistlichen Stand verläßt, oder daß Messer Hermes jene Orsini verstößt, mit der er sich verlobt hat, und diese Borgia nimmt. Der andere Hauptpunkt ist, daß die Bentivogli gehalten sein sollen, den Herzog mit einer gewissen Zahl Schwerer Reiter gegen jeden zu unterstützen; und hier, heißt es, finde eine Differenz statt, weil der Herzog gratis bedient sein wolle und die Bentivogli für alle oder einen Teil Bezahlung verlangten. Ferner sollen in diesem Vertrag die alten Rechnungen getilgt werden, und man spricht etwas von einem Kardinalshut für den Protonotarius, wenn er den geistlichen Stand verlassen sollte. Hiervon weiß ich jedoch nichts Genaues, *etiam* behaupte ich nicht, was ich oben schreibe.

Heute morgen ist Messer Romolino abgereist; er begleitet den Protonotarius nach Bologna, um mit Messer Giovanni über den Vertrag zu sprechen. Von da wird er sich nach Rom begeben, aus welchem Grunde ich diesen Brief schreibe, damit, wenn er nicht mit Post reist, EE. HH. ihm einige Ehre erweisen und einiges über diese Sache von ihm erfahren können.

Bei Hofe spricht man davon, daß der Herzog nächsten Donnerstag von hier abreisen und nach Cesena gehen wird, wo er mit seinen Truppen haltmachen will.

Von Fano hört man nichts Weiteres, weil der Abgeordnete, welcher vor wenigen Tagen vom Herzog zu den Orsini gesandt worden, noch nicht zurück ist. Heute ist mir gesagt worden, daß zwischen den Orsini einerseits und Vitellozzo und Giampagolo andererseits über den Traktat eine Differenz entstanden ist, weil Vitellozzo sehr unzufrieden damit sei.

Von den Schweizern und den Schweren Reitern, die noch hierherkommen sollen, weiß ich nichts anderes, als was ich in meinen Letzten geschrieben. Man erwartet Geld von Florenz, um mit dem Heere aufzubrechen, zu welchem Zwecke vor acht Tagen jener Guglielmo di Bonaccorso nach Florenz geschickt wurde, von dem ich früher EE. HH. geschrieben.

Um wieder auf den Traktat zu kommen, so ist man hier der Meinung, daß durchaus nichts Allgemeines und was jeden miteinbegriffe zustande kommen könne, es müßte denn sein, daß sie sich einigten, einem Dritten Böses zu tun. Man glaubt daher, wer dies zu fürchten habe, müsse, während es Zeit ist, handeln, daß eine solche Einigung nicht erfolge. Ich empfehle mich EE. HH.

Ex Imola die 14. Novembris 1502.

E. V. D.
servitor
Nicolaus Machiavellus Secret.

Gegenwärtiger Bote geht den 15. um 12 Uhr ab; ich schicke meinen Burschen, weil ich es nicht anders machen kann. Er soll Mittwoch zu Florenz sein. EE. HH. werden ihm sechs Lire bezahlen lassen.

Fünfundzwanzigster Brief.

Magnifici Domini etc.

Gestern früh sandte ich EE. HH. durch meinen Burschen Antonio meinen Letzten vom 14., der, wie ich glaube, jetzt angekommen sein wird. Durch Gegenwärtigen habe ich Euch zu melden, was ich später über den Vertrag erfahren habe, über den so lange zwischen dem Herzog und den Verbündeten unterhandelt worden ist. Die Sache ist kurz die: der Signor Paolo ist mit einem Entwurf des Traktates von hier abgereist. Diesen Entwurf haben die anderen in einigen Punkten geändert und so aufgesetzt, wie ihn EE. HH. in der von mir übersandten Abschrift finden, und haben ihn dem Herzog unterschrieben und ratifiziert übersandt. Da er nun, wie ich gesagt habe, geändert worden war, so wollte ihn der Herzog nicht bestätigen, sondern setzte einiges zu seinem Vorteil hinzu und nahm davon weg. Hiermit sandte er eigens einen Abgeordneten, ihnen zu erklären: wenn sie den Vertrag so wollten, so sollten sie ihn nehmen, anders wolle er ihn nicht eingeben. Dieser Abgeordnete reiste am 8. oder 9. dieses ab, und gestern abend zeigte mir einer der Minister einen Brief, den der besagte Abgeordnete an den Herzog unter dem 13. dieses von Siena schreibt. Der Brief lautet so: „Ich habe den Signor Paolo hier getroffen, der sich wunderte, daß weder eine Antwort noch ein Abgeordneter von EE. HH. in der Angelegenheit gekommen sei, von der er Euch im Namen der anderen in Kenntnis gesetzt hatte. Nachdem ich ihm und Pandolfo Petrucci den Auftrag Eurer Durchlauchtigsten Herrlichkeit vorgetragen, wurde auch wirklich nach kurzer Erörterung alles in guter Form abgeschlossen, genau nach dem Wunsche und dem Vorschlag EE. HH. Besagter Signor Paolo und Pandolfo haben in guter Form ratifiziert, und für den Kardinal Orsino hat Antonio da Venafro ratifiziert, der die Vollmacht dazu hatte. Da weder von Vitellozzo, noch von Giampagolo, noch von Oliverotto Bevollmächtigte da waren, so haben sich Pandolfo und der Signor Paolo für sie verbürgt, daß sie ratifizieren werden, wie Ihr ausführlicher von besagtem Signor Paolo vernehmen werdet, der sich zu Eurer Durchlauchtigsten Herrlichkeit begibt.“ Dies ist der Hauptsache nach, was in vorbesagtem Briefe steht. Der Signor Paolo wird heute abend erwartet, und wenn ich noch etwas Näheres erfahre, werde ich EE. HH. davon in Kenntnis setzen.

Der Herzog Guido von Urbino ließ vor zwei Tagen hierher sagen, wenn Se. Exzellenz ein sicheres Geleite für einen Bürger von Urbino senden wolle, so würde es ihm lieb sein; er habe einige Mitteilungen zu machen. Das sichere Geleite wird ausgestellt, ohne einen bestimmten Mann zu bezeichnen, der hierherkommen soll. Wenn er kommt, werde ich mich zu erfahren bestreben, um was es sich handelt, und werde EE. HH. davon in Kenntnis setzen.

Gestern wurden, wie sie sagen, für 150 französische Lanzen, die neu ankommen, zu Tosignano, Fontana und Codrionco Quartiere befohlen; es sind drei Ortschaften am Fuße dieser Berge an der bolognesischen Grenze. Von den Schweizern habe ich seitdem nichts Weiteres gehört. Von Fano erfährt man nichts, außer daß ein Giovanbattista Mancino, Hauptmann über

400 Mann zu Fuß, der in der Nähe von Montefeltro, ungefähr acht Miglien oberhalb Rimini, gelagert war, von den Bauern von Montefeltro ausgeplündert worden ist; gestern kam er in Unterkleidern hier an. Was die Angelegenheit von Bologna betrifft, so wartet man, was Messer Romolino zu Rom ausrichten wird; er ging gestern von Bologna dahin ab. Man spricht nicht davon, daß der Herzog morgen von hier abreisen soll, wie es bestimmt war, sondern er wird vielleicht noch bis Montag bleiben. Alles übrige ist noch so, wie ich in meinen Früheren geschrieben.

Das Korn gilt hier 40 Soldi der Scheffel, Florentiner Maß, und ein Messer Jacopo dal Borgo, der Kommandant dieser Stadt, sagt mir, man habe die Frucht berechnet, die in den Staaten des Herzogs vorrätig ist, und man finde, daß allen diesen Städten teils für einen, teils für zwei Monate fehlt. Rechnet man die fremden Truppen dazu, so müssen die Kantonierungen in diesem Lande nicht allzu gut sein, obgleich der Herzog von anderwärts Vorräte beschafft. Ich benachrichtige EE. HH. hiervon, damit sie wachen, daß nichts vom Ihrigen hier herüberkommt.

Es befindet sich hier ein Messer Gabriello da Bergamo, der Geld von Venedig bringt und viele Geschäfte macht. Er zeigte mir gestern abend einen Brief von Venedig, worin es heißt, es seien Nachrichten gekommen, daß vier Karavellen, jede mit einer Ladung Spezereien, aus Kalkutta nach Portugal zurückgekommen seien. Diese Nachricht habe den Preis ihrer Spezereien bedeutend gedrückt, was ein sehr großer Schaden für die Stadt sei. Ich empfehle mich EE. HH. *Quae bene valeant.*

Die 16. Novembris 1502. Imolae.

E. V. D.
servitor
Nicolaus Machiavellus Secret.

Überbringer dieses geht um 22 Uhr ab; er hat versprochen, morgen abend in Florenz zu sein. Ich habe ihm einen Goldgulden versprochen, EE. HH. werden ihn demselben bezahlen zu lassen belieben.

Sechsundzwanzigster Brief.

Magnifici Domini etc.

EE. HH. haben aus meinen Briefen vom 8., 10. und 13. gesehen, daß ich von verschiedenen Personen die Gesinnungen des Herzogs erfahren habe. Obgleich nun alle in ein Horn blasen, so läßt sich doch der Herzog selbst nicht aus und spricht von vielen Dingen nicht, von denen jener Freund spricht. Aber auch weder der Freund noch der Herzog stachelten mich mit unpassenden Redensarten, wie einige andere, die mit mir über diesen Gegenstand zu sprechen hatten. Obgleich daher EE. HH. mir in ihrem Schreiben vom 15. eine allgemeine Antwort vorschreiben, so bin ich doch überzeugt, daß es meine Pflicht war, einem jeden nach seinen Reden zu antworten. Ich habe dies um so eher getan, als mir EE. HH. sagen, ich solle diese Sache mit der Bescheidenheit behandeln, die mir passend scheinen werde usw.

Ich habe also gestern abend eine lange Unterredung mit Sr. Exzellenz dem Herzog gehabt und begann mit dem Mißtrauen, welches Se. Exzellenz gegen Euch gezeigt habe, als er mich das letztemal, da ich mit ihm sprach, gefragt habe, ob ich in Wahrheit glaube, daß EE. HH. engere Freundschaft mit ihm schließen wollten oder nicht. Dies, fuhr ich fort, habe ich EE. HH. geschrieben, und es habe Euch Unwillen und Mißvergnügen verursacht. Beim Auseinandersetzen der Ursachen sagte ich ihm sodann viele von den Dingen, die mir EE. HH. im Anfang ihrer Briefe über die von denselben gemachten Demonstrationen schreiben, ohne Rückhalt oder Rücksicht usw. Nachdem ich mich hierüber ausführlich verbreitet, ging ich auf den Punkt der Condottierestelle über, indem ich sagte, daß auch diese Sache Euch sehr unangenehm gewesen sei, sowohl weil sie unmöglich sei, als auch weil es mir scheine, daß er während der ersten Unterredung mehr Rücksicht auf sein eigenes als auf das gemeinschaftliche Interesse genommen habe. EE. HH., sprach ich weiter, sähen durchaus nicht ab, wie sie sich auf diese Sache einlassen könnten oder sollten; denn eine bedeutende Condottierestelle könnten sie nicht geben und eine unbedeutende wollten sie nicht geben. Schließlich erklärte ich ihm, daß – wenn dieser Punkt beseitigt wäre und Se. Exzellenz sich zu möglichen und für EE. HH. sicheren Vorschlägen wenden wolle, immer mit Rücksicht auf den König von Frankreich – EE. HH. bereit seien, sogleich jede engere Verbindung einzugehen. Hierüber verbreitete ich mich in vielen zweckmäßigen Worten, indem ich bei allem, was ich sagte, zwei Dinge im Auge behielt: erstens, keinen Finger breit von Euren Aufträgen abzuweichen; zweitens, Worte zu wählen, die ihn nicht aufbringen sollten, indem ich mich jedoch immer, soviel ich konnte, an den Brief EE. HH. hielt.

Se. Exzellenz hörte mich gelassen an und gab kein Zeichen von Unwillen. Nachdem ich geendet, sagte er mir: „Da siehst du, daß es hier zu keinem festen Abschluß kommt. Wie ich dir das letztemal gesagt habe, ist zwischen uns entweder eine allgemeine oder eine besondere Freundschaft zu schließen. Wenn sie allgemein sein soll, so ist nicht nötig, weiter davon zu sprechen, da ich dir stets gesagt habe, daß ich entschlossen bin, und ich bin es wirklich, deiner Signoria kein Haar zu krümmen, ja ihr jeden Dienst zu leisten, wenn ich kann; und ihre Bürger sollen in meinem Lande frei verkehren, wie es ihnen vorteilhaft ist. Soll es aber eine besondere Freundschaft sein, so habe ich – wenn die Condottierestelle auf die Seite geschoben wird – nichts zu tun; denn man widersetzt sich den ersten Anfängen." Ich ermangelte nicht, auf alles zu antworten, indem ich ihm sagte, daß die allgemeinen Freundschaften zu nichts verpflichten, daß die Zeiten wechseln, und daß weder Mißgeschick noch Glück immer unter demselben Dach wohnen, daß jeden Tag Freundschaften geschlossen werden, wobei von einer Condottierestelle nicht die Rede ist, und daß die dauernden Freundschaften die sind, die beiden Teilen Vorteil bringen; wozu ich noch vieles andere beifügte, was mir damals zweckmäßig schien, jetzt aber unnötig zu wiederholen ist. Zum Verständnis EE. HH. genügt zu wissen, daß er diesen Schluß machte: wenn EE. HH. mit dieser allgemeinen Freundschaft zufrieden seien, sei er zufrieden, wozu er noch viele andere liebenswürdige Worte fügte usw. Wenn dieselben ein engeres Bündnis schließen wollten, so hätten sie seine Gesinnung gehört. Und was ich auch sagen mochte, weiter konnte ich nichts herausbringen.

Nach diesem Gespräche ließ er sich verschiedentlich über seine Angelegenheiten aus. Die Sache mit Bologna habe er so gut als abgeschlossen. Von den Orsini und Vitelli sprechend, sagte er, er erwarte den Signor Paolo, und ich sagte ihm von dem sicheren Geleite und aus welchem Grunde es erteilt worden sei[1]. Von Vitellozzo und Giovan Paolo sprach er sehr schlimm. Ich sagte ihm, ich hätte ihn immer zum Sieger gemacht, und wenn er meine Meinung, die ich den ersten Tag niedergeschrieben, jetzt lesen würde, so würde er sie für eine Prophezeiung halten. Als ich ihm unter den anderen Gründen, die mich zu dieser Meinung bewegt hatten, auch den anführte, daß er allein sei und mit mehreren zu tun habe, und daß es für ihn leicht sei, solche Ketten zu sprengen, antwortete er, er habe sie in der Tat gesprengt und schon mehr als vier Glieder davon losgetrennt. Von Giovan Paolo sprechend, sagte er, dieser rühme sich gar sehr, der Eurige zu sein. Ich antwortete, daß er wirklich unser Freund gewesen sei, weil er in unserem Solde gestanden und ein tapferer Mann sei; allein, daß er uns bei dieser letzten Gelegenheit einen schlechten Dienst geleistet habe. Hierauf entgegnete er mir: „Ich will dir etwas sagen, was deine Herren nicht wissen. Ehe ich von Perugia aufbrach, um zu Vitellozzo nach Arezzo zu rücken, schrieb er mir einen Brief des Inhalts: ‚du weißt, daß ich Vitellozzo übel will, und doch möchte ich mich mit ihm vereinigen, um die Medici wieder in Florenz einzusetzen; allein ich möchte nicht, daß es den Anschein habe, als tue ich es Vitellozzo zuliebe; ich bitte dich daher, schreibe mir einen Brief, der mir befiehlt, daß ich zu diesem Unternehmen marschiere‘. Ich schrieb den Brief. Nun weiß ich nicht, ob er sich damit nicht schön gemacht hat, um mich anzuschwärzen.“ Ich antwortete,

[1] Was es damit für eine Bewandtnis hat, ließe sich wahrscheinich nur aus dem Briefe der Signoria an Machiavelli ersehen. Die Stelle könnte jedoch auch so übersetzt werden: ich fragte ihn über usw.; da *dire* häufig in diesem Sinne gebraucht wird. Man müßte alsdann annehmen, daß der Herzog Machiavelli die Antwort auf seine Frage, zu welchem Zwecke jenes sichere Geleite gegeben worden, wovon im vorigen Briefe die Rede ist, schuldig geblieben sei, oder daß sie Machiavelli zu melden vergessen habe.

daß ich nie etwas gehört hätte. Als wir sodann von Vitellozzo sprachen, sagte er mir unter anderm: „Ich will dir noch einen anderen Verrat mitteilen, den er, wie ich vor zwei Tagen erfuhr, gegen mich im Sinne gehabt hatte. Als wir, wie du weißt, mit dem Heere ins florentinische Gebiet rückten und er sah, daß ihm nicht gelang, was er wünschte, und daß ich die Augen nicht auf diesen Punkt gerichtet hatte, dachte er, ohne mein Wissen sich mit den Orsini zu einigen, eines Nachts Prato mit Leitern zu ersteigen und mich mitten in Eurem Gebiete preiszugeben. Diesen Plan teilte er jemand mit, der ihn mir vor zwei Tagen mitgeteilt hat." Ich fragte, auf was er hätte bauen sollen, um dies zu tun, und wie er sich daselbst hätte halten können? Er antwortete, man habe die Sache einmal anfangen wollen, die Mitte und das Ende würden dann notwendig gefolgt sein. Es sei unterblieben, weil er bei einer Besichtigung von Prato die Stadt besser bewacht und die Mauern höher gefunden, als er geglaubt. „Stets", fügte er hinzu, „ist es sein Handwerk, Verräterei anzuspinnen, und jeden Tag bestätigt sich, daß die Florentiner gerecht gegen seinen Bruder[2] verfahren sind." Ich antwortete, wie es die Sache erforderte. Aus allen seinen Reden konnte ich abnehmen, daß er Böses gegen Vitellozzo im Sinne habe; allein Näheres, wie zu Werke gegangen werden soll, brachte ich nicht heraus.

Ich war sodann bei dem Freunde. Über die Condottierestelle verbat ich mir zu sprechen, dem Auftrag EE. HH. gemäß. Über Vitellozzo und Pisa sagte ich ihm fast die nämlichen Worte, die EE. HH. schreiben, indem ich alles übrige hinzufügte, was über diese Freundschaft zu sprechen zweckmäßig ist. Über Vitellozzo konnte ich nichts anderes herausbringen als eine schlimme Gesinnung des Herzogs gegen ihn. Von Pisa sagt er: „dieses Heer hat sich einmal gegen Urbino in Marsch zu setzen, später vielleicht darüber hinaus", womit er auf Perugia, Castello und Siena anspielte. Und wenn es dort wäre, so würde es ihm leicht sein, sich plötzlich nach Pisa zu wenden, und da es die Stadt ohne Vorräte fände, so würde es ganz leicht sein, sie

[2] Paolo Vitelli, Kommandierender General der Florentiner bei der Belagerung von Pisa. Sie schöpften Argwohn gegen ihn, ließen ihn nach Florenz führen und enthaupten.

einzunehmen. Allein man müßte bei der Sache geheim zu Werke gehen. „Ich weiß nicht, ob durch die Ernennung des Gonfaloniere dies sich jetzt tun läßt, und ob die Signoren 25 000 bis 30 000 Dukaten anweisen können, die er nötig hätte, ohne erst jedermann Rechenschaft abzulegen." Was ich antwortete, will ich nicht wiederholen, um EE. HH. nicht lästig zu werden; ich bestrebte mich, meinem Amt zu genügen. Über die Condottierestelle sagte der Freund, daß es für den Herzog nicht ehrenvoll sei, davon zu sprechen; und nachdem er ein wenig nachgedacht, sagte er, man könne ja die Condottierestelle in eine Provision verwandeln, die EE. HH. ihm gäben. Ich antwortete, daß dies den Namen aber nicht die Sache ändern hieße; und um mit EE. HH. von dieser Provision sprechen zu können, müßte ich denselben sagen können, was sie für einen Vorteil dagegen hätten, und es wäre nötig, daß sich dieser Vorteil klar und sogleich zeigte, und daß ausgerechnet würde, wieviel die Provision betragen würde; wobei ich immer in meinem Namen sprach. Der Freund antwortete, er wolle ein wenig darüber nachdenken; und so endeten wir die Unterredung. Weiter habe ich EE. HH. als Antwort auf ihren Brief vom 15. nichts zu melden; denn den anderen, die täglich von diesen Dingen mit mir sprechen, habe ich geantwortet und werde immer antworten, was ich glaube, daß sich mir ziemt.

Der Rest der Franzosen, den man erwartete, ist angekommen, und sie sind dahin gelegt worden, wo, wie ich EE. HH. bereits geschrieben, zu ihrer Aufnahme Befehl gegeben wurde. Nach dem, was mir ein Messer Federigo, ein Mann aus dem Gefolge des Kardinals von San Giorgio, der vor zwei Tagen hierher kam, sagt, erreichen alle Franzosen, die von Parma zum Sukkurs des Herzogs abgegangen sind, die ersten und die letzten zusammengerechnet, die Summe von 450 Lanzen. Ich weiß nicht, ob er die Wahrheit sagt, aber es stimmt mit dem überein, was sie hier sagen, und er kommt von Parma, wo er längere Zeit gewesen ist.

Die Schweizer sind noch nicht gekommen; ich habe auch nicht gehört, wo sie sind, aber man sagt, sie müßten jeden Augenblick eintreffen.

Der Vertrag hängt von seiten der Orsini an der Ankunft des Signor Paolo, der noch nicht erschienen ist. Von seiten der Bentivogli hängt er an Messer Romolino, der nach Rom gegangen ist, wie ich bereits geschrieben. Von einer Bewegung hört man nichts.

Der Herzog befindet sich noch hier. Als ich gestern den Schatzmeister Messer Alessandro fragte, wann er abreise, antwortete er, man warte eine Antwort von einem Messer Ercolano ab, der vor mehreren Tagen nach Mailand geschickt wurde.

Von den Kriegsrüstungen des Herzogs während dieser Friedensschlüsse weiß niemand, was er denken soll, besonders wenn man betrachtet, auf wessen Treue heute zu bauen ist. Trotz der Ehrenbezeigungen gegen den Protonotarius und der Betreibung des Vertrages hegt Messer Giovanni große Befürchtungen; denn erstlich sieht er den Herzog immer stärker werden und nicht von hier abziehen, obgleich sein Aufenthalt den Einwohnern und ihm beschwerlich ist. Dann sieht er den Grafen Lodovico della Mirandola und die zuletzt über Ferrara eingetroffenen Franzosen kommen. Während, um nach Rimini zu gehen, ihr Weg über Faenza geführt hätte, läßt sie der Herzog eine Wendung hierher machen, sodann umkehren, und legt den Grafen nach Doccia und die Franzosen in drei Nester, wie ich Euch das letztemal geschrieben, hart an der bolognesischen Grenze gegen Piancaldoli zu, wo sie schlechte Quartiere haben und vom Wege abliegen. Ferner kehren einige Kompagnien Fußvolk wieder hierher zurück, die vor einiger Zeit durch die Stadt passiert waren. Diese Dinge geben denn zu verschiedenen Reden Anlaß; doch glaubt man nicht, daß nicht werde Wort gehalten werden, wenn schon zugesagt sei. Die Venetianer, welche sehen, daß sich hier ein Gewitter zusammenzieht, haben den Grafen von Pitigliano mit 4000 Pferden nach Ravenna geschickt, um nicht unvorbereitet davon überfallen zu werden.

Eure Herrlichkeiten hält man davor sicher, weil des Herzogs Waffen Franzosen sind und man nicht glaubt, daß diese Euch verletzen würden; wäre das nicht, so würde Euch niemand sicher stehen. Was sie sonst zu fürchten haben, Vitelli oder

Orsini, das können EE. HH. besser unterscheiden, als man es hier tut; in der Tat gibt es auch hier keinen so sicheren Kopf, der in diesen Dingen eine bestimmte Meinung auszusprechen wagte.

Es sind hier ungefähr 20 Reiter aus Pisa angekommen, die Dienste suchen; ich weiß nicht, ob man sie annehmen wird. Ich habe weder für, noch gegen sie zu handeln versucht, weil ich nicht weiß, was besser wäre.

Man hat heute morgen in der Stadt gesagt, das Volk in Bologna sei aufgestanden, aus Argwohn, Messer Giovanni wolle Bologna dem Herzog verkaufen. Man glaubt, es ist ein Stadtgeschwätz, weil man keine zuverlässigen Nachrichten hat. Ich empfehle mich EE. HH.

Die 20. Novembris hora 20. diei, 1502.

E. V. D.
servitor
Nicolaus Machiavellus Imolae.

P. S. Ich habe den Schutzbrief dem EE. HH. gleichlautend erhalten und sende ihn hier. Es war mir schwer, ihn zu bekommen, ohne diese Kanzlei zu bezahlen, die nicht so ist, wie die EE. HH...... Ich sagte, der Eurige sei gratis gegeben worden, *tamen* war ich genötigt, Messer Alessandro Spanocchi...... Wenn er urteilt, daß etwas zu bezahlen sei, so werden wohl unsere Kaufleute sorgen müssen. *Iterum valete.*

Idem Nicolaus.

Siebenundzwanzigster Brief.

Magnifici Domini etc.

Am 20. schrieb ich durch den Kurier Carlo ausführlich EE. HH. als Antwort auf den Brief derselben vom 15., und da sich der Stand der Dinge dahier seitdem nicht verändert hat, so werde ich heute ganz kurz sein. Um alles der Hauptsache nach zu sagen, so befindet sich der Herzog noch hier, und man weiß nicht bestimmt den Tag seiner Abreise. Die Truppen rücken nicht weiter gegen Faenza vor, aber auch die früheren Kriegsrüstungen werden nicht eingestellt. Die Schweizer sind noch nicht angekommen. Der Signor Paolo Orsini ist noch nicht erschienen, und es heißt, er werde nicht hierherkommen, weil er das sichere Geleit für 25 Armbrustschützen, das er verlangte, nicht erhalten hat. Der Vertrag mit Bologna ist noch nicht ganz abgeschlossen, weil Messer Giovanni hier alles in Richtigkeit glaubte, aber die Differenz des alten Vertrages bleibt, wonach Messer Giovanni gehalten ist, dem Herzog jährlich 9000 Dukaten zu bezahlen. Messer Giovanni glaubte, diese Verbindlichkeit solle aufhören, der Herzog aber sagte, es verstehe sich, daß sie fortbestünde, und aus diesem Grunde ist die Sache drei Tage unentschieden geblieben. Heute abend jedoch ist Messer Mino de' Rossi gekommen, um nachzugeben, wenn man ihm nicht nachgibt, und abzuschließen. Was geschehen wird, weiß ich nicht.

Ich habe heute Euer Schreiben vom 19., das auf meine Briefe vom 14. und 16. antwortet, erhalten und verstehe, was Ihr mir über das Eingehen von Verbindlichkeiten usw. usw. sagt. Ich will abwarten, bis mir davon gesprochen wird, und werde von allem EE. HH. in Kenntnis setzen. Ich habe nicht weiter gesucht, beim Herzog Audienz zu erhalten, um ihm nochmals die Ursachen vorzutragen, die EE. HH. nicht erlauben, von seiner Condottierestelle zu sprechen. Ich glaube seinen Charakter genau zu kennen und will ihn nicht mit einer Sache belästigen, die er zu wissen glaubt, da dies eher dazu geeignet wäre, ihn noch mehr zu entfremden als zu besänftigen. Ich werde daher abwarten, bis mir von dieser Sache gesprochen wird, was je nach dem Stand der Dinge dahier geschehen wird, der – es läßt sich nicht verkennen – von Tag zu Tag günstiger wird. Ich will daher die Kette nicht anspannen, wenn ich nicht dazu gezwungen bin; ein- oder zweimal, daß ich es getan habe, haben mir die Lust benommen, es wieder zu versuchen, obgleich ich mich bis jetzt noch nicht beklagen kann; doch möchte ich nicht, daß ich es müßte. Alles daher zusammengenommen, wünsche ich sehr, daß mich EE. HH. abrufen; denn außer daß ich sehe, daß ich nichts zum Vorteil der Republik ausrichten kann, leidet meine Gesundheit; vor zwei Tagen hatte ich ein heftiges Fieber und fast beständig leide ich an Taubheit. Überdies haben meine Sachen in Florenz niemand, der sich ihrer annimmt, und ich verliere in mehr als einer Hinsicht. *Computatis omnibus* glaube ich daher nicht, daß mich EE. HH. durch Verweigerung kränken sollten.

Es ist ein Beauftragter des Herzogs von Urbino hierhergekommen, es heißt, um eine Übereinkunft zu versuchen. Genaues weiß man aber nichts. *Bene valete.*

22. Novembris 1502. Imolae.

E. V. D.
servitor
Nicolaus Machiavellus Secret.

ACHTUNDZWANZIGSTER BRIEF.

Magnifici Domini etc.

Mein Letzter war vom 22., den ich durch Ugolino Martelli sandte, und zuvor hatte ich am 20. auf Euer Schreiben vom 15. geantwortet. Von später habe ich EE. HH. nichts zu schreiben, da der Stand der Dinge dahier derselbe ist, wie bei meinem letzten Briefe. Der Herzog ist noch hier, der Signor Paolo ist noch nicht gekommen, und über sein Kommen spricht man verschieden; der Vertrag mit Messer Giovanni Bentivoglio ist noch nicht abgeschlossen, weil über die alte Rechnung von 9000 Dukaten, die Messer Giovanni während einer gewissen Zeit dem Herzog jährlich geben muß, eine Differenz besteht. Der Herzog nämlich will, daß diese Verbindlichkeit fortdaure, oder daß ihm 40000 Dukaten in wenig Monaten gegeben werden; und Messer Giovanni, schließt für dies letztere die Ohren und will, daß die Verbindlichkeit nach sechs bis acht Jahren aufhören soll. Hierüber haben sie vier Tage lang gestritten. Von seiten Messer Giovannis ist Messer Mino de' Rossi hier, und heute abend glaube ich gehört zu haben, daß man morgen den Protonotarius Bentivoglio erwartet. Wer sich mit der Auslegung dieses Aufschubs abgibt, sagt, der Herzog tue es darum, um Antwort von Messer Romolino, abzuwarten, der nach Rom gegangen ist, und wolle in dieser Sache nur nach dem Wunsche des Papstes handeln. Einige andere legen den Aufschub viel schlimmer aus, trotzdem zwischen den Bolognesern und diesem Staate in jeder Hinsicht gute Freundschaft gezeigt und beobachtet wird und gegenseitig viele Geschenke gemacht worden sind.

Ursachen, warum der Herzog nicht von hier abreist, werden viele angegeben. Erstens, weil er vor seiner Abreise diesen Vertrag mit den Bentivogli völlig abschließen wolle; zweitens, weil hier kein Pfennig ist und Geld von Rom erwartet wird; drittens, weil die Schweizer noch nicht gekommen sind; doch schon vor drei Tagen hieß es, sie hätten Ferrara passiert, und im Publikum weiß man nichts Gewisses von ihnen; viertens auch, weil der Herzog im klaren sein möchte, ob er beim Vorrücken die Orsini zu Freunden oder Feinden haben werde, was man nach der Ankunft des Signor Paolo wissen wird. Auch fehlt es nicht an solchen, die jene Ursachen angeben, die ich Euch schon in einem meiner früheren Briefe angedeutet habe.

Ich schrieb EE. HH., daß beim Herzog sicheres Geleite für einen Beauftragten des Herzogs von Urbino verlangt worden ist. Dieser Beauftragte kam vor vier Tagen hierher und reiste sogleich wieder ab. Es wurde im Publikum verbreitet, die Ursache seines Kommens sei die Auswechselung gewisser Gefangenen, und ich habe nichts Weiteres darüber erfahren.

Vor zwei Tagen kam ein Mann, der beim Aufstand als Gefangener festgehalten war, von Urbino zurück, von wo er am 19. dieses abging. Er berichtet, es herrsche dort große Furcht unter dem Volke, obgleich es viel Hartnäckigkeit zeige, und der Vertrag der Orsini mit dem Herzog habe große Bestürzung erzeugt. Er erzählt, zwei Tage vor seiner Abreise habe der Herzog von Urbino zuerst die Bürger und dann die Soldaten zusammengerufen, die, wie er sagt, nur in Giovanni di Rossetto und zwei anderen Obersten mit etwa 400 Mann zu Fuß bestehen. Der Herzog sprach zu den einen sowohl als zu den anderen, obgleich besonders, auf dieselbe Weise: der Vertrag zwischen den Orsini und dem Herzog von Valentinois sei gewiß; ein Vertrag zwischen Vitellozzo und dem Herzog von Valentinois werde lebhaft unterhandelt, und er fürchte, daß es nicht zum Abschluß komme; sodann verlangte er hierüber ihren Rat. Die Bürger antworteten, sie wollten mit ihm sterben. Die Soldaten, nachdem sie zuerst untersucht hatten, welche Streitkräfte er zusammenbringen könnte, sagten, sie würden ihm diesen ganzen Winter über Urbino und San Leo erhalten, und wenn die ganze Welt gegen sie wäre. So wurde beschlossen, daß alle Kastelle und Städte des Herzogtums verlassen werden sollten, und daß sich alles in diese zwei Orte einschließen solle. Giovanni di Rossetto ließ seine Frau und Kinder durch seinen Bruder nach San Leo bringen. Der Mann berichtet ferner, wie bereitwillig die Soldaten Vitellozzos anfangs gegen den Herzog von Valentinois zogen, und wie übel sie gehaust haben würden, wenn sie der Signor Paolo nicht zurückgehalten hätte. 600 Mann zu Fuß Vitellozzos haben allein das Heer des Herzogs bei Fossombrone geworfen, wo 100 Schwere Reiter und 200 Leichte Reiter standen, die alle, ohne eine Lanze einzulegen, die Flucht ergriffen. Solange sie dort im Lager standen, hätten sie nie einen Pfennig gesehen. Und der Herzog hat vom 1. Oktober bis jetzt über 60000 Dukaten ausgegeben, was mir vor noch nicht zwei Tagen Messer Alessandro, der Schatzmeister, bezeugt und beteuert hat. Ich schreibe dies EE. HH. um so lieber, damit dieselben sehen, daß ein anderer, wenn er in mißliche Lage kommt, nicht weniger ausgibt als sie und auch nicht besser von den Soldaten bedient wird als dieselben es werden. Wer dagegen gut bewaffnet ist und mit s e i n e n Waffen, hat die nämlichen Erfolge, wohin er sich wendet.

Jener Freund hat mir seitdem nie mehr von dem Vertrage gesprochen, der zwischen EE. HH. und dem Herzog einzugehen sei. Ich glaube, sie warten ab, mit welchen Aufträgen Messer Gio. Vittorio nach Rom geht, oder aber sie warten die Zeit ab, da Ihr sie mehr nötig hättet als jetzt, wovor sich, ich bin es gewiß, EE. HH. nach Kräften hüten werden. Ich tue noch, als sähe ich nichts, sowohl weil ich meinen Auftrag erfüllt habe, da ich ihm einmal den Weg abgeschnitten, auf dem er gehen wollte, als auch weil ich von EE. HH. keinen Befehl zu neuen

Vorschlägen habe, ohne die schwer etwas zustande gebracht werden wird, sei es nun in Rom oder hier. Denn da sie einmal gesagt haben, was sie wollen, und EE. HH. nicht einwilligen, so gibt es kein anderes Mittel, sie wieder zum Sprechen zu bringen, als daß man ihnen neue Vorschläge macht; denn abschlagen und dann schweigen, geht nicht bei diesen Köpfen. Ich schreibe nicht aus Anmaßung meine Meinung EE. HH., sondern weil mir dieselben in ihrem Briefe vom 15. sagen, sie seien entschlossen, mit dem Herzog ein Bündnis einzugehen und es jetzt abzuschließen. Denn würde ich nicht sagen, was ich davon halte, in Anbetracht daß ich den Charakter des Herzogs kennengelernt habe, so würde ich meiner Amtspflicht nicht nachzukommen glauben. *Bene valete.*

Die 26. Novembris 1502. Imolae.

E. D. V.
servitor
Nicolaus Machiavellus Secret.

Neunundzwanzigster Brief.

Magnifici Domini etc.

Mein letztes Schreiben war vom 26. Ich übersandte es durch einen Burschen, der von den Gugliani in Privatgeschäften hierhergeschickt war. Vorher hatte ich am 22. geschrieben und den Brief durch Ugolino di Niccolò Martelli gesandt, der nach Florenz zurückkehrte. Da ich glaube, daß diese Briefe richtig angekommen sind, so will ich sie nicht wiederholen. In diesem habe ich EE. HH. zu melden, daß gestern der Signor Paolo Orsino hier ankam. Wie ich erfahren, hat er den Vertrag von Vitellozzo und allen übrigen Verbündeten ratifiziert und unterschrieben überbracht und bestrebt sich aus allen Kräften, den Herzog zu überzeugen, daß sie ihm treu sein müssen und werden, und daß er sie zu jedem Feldzug und gegen jeden anderen verwenden könne. Der Herzog seinerseits zeigt sich damit zufrieden. Vitellozzo schreibt ihm noch besonders einen sehr unterwürfigen und schmeichelhaften Brief, worin er sich entschuldigt, seine Dienste anbietet und sagt, wenn er jemals mündlich mit ihm sprechen würde, so zweifle er nicht, daß er sich völlig rechtfertigen und ihm beweisen werde, daß das Vorgefallene nie geschehen sei, um ihn zu verletzen usw. Se. Exzellenz nimmt alles an: welchen Weg er aber geht, weiß man nicht, weil er schwer zu durchschauen und zu kennen ist. Hat man nach der Sache an sich, nach seinen Worten und nach denen seiner Minister zu urteilen, so läßt sich nur Schlimmes für die anderen glauben; denn die Unbill war groß, und seine Worte und die seiner Minister waren voll Erbitterung gegen Vitellozzo.

Ein Mann, der gestern mit mir über diese Sache sprach, der Erste beim Herzog, sagte: „Dieser Verräter hat ihm einen Dolchstoß gegeben, und nun glaubt er die Wunde durch Worte zu heilen.“ Und als ich behutsam herauszubringen suchte, wie sich der Herzog unter diesen Umständen benehmen werde, und meinen Mann zum Reden brachte, der, wie ich sage, einer der Ersten ist, sagte er: „Wir werden einmal mit diesem Heere gegen Urbino ziehen, wo man nicht lange bleiben wird; denn wir sind der festen Meinung, daß man sich uns ergibt, ehe wir zu Rimini sind. Hierauf werden wir uns gegen Perugia oder gegen Castello wenden, wie es gut scheint. Wir werden Quartiere in der Stadt verlangen, als Gonfalonieri der heiligen Kirche von einer Stadt der Kirche, und der Vertrag sagt nicht, daß wir mit dem Heere des Papstes nicht lagern dürfen, wo er will. Es wird sich zeigen, welche Antwort erfolgt, und nach dieser werden wir unsere Maßregeln ergreifen.“ Hiermit gab er zu verstehen, daß es ihnen an Anlaß nicht fehle, zu schließen, daß Vitellozzo und Giovan Paolo nicht zu trauen sei, gegen welche sie schlimmer gestimmt sind als gegen die anderen.

Vor zwei Tagen kam der Präsident des Gerichtshofes, den der Herzog in diesem Staate errichtet hat, namens Messer Antonio dal Monte a San Savino, ein sehr gelehrter Mann von musterhaftestem Lebenswandel, hier an. Er hat seinen Sitz zu Cesena. Bei seiner Ankunft hieß es, Se. Exzellenz habe ihn kommen lassen, um ihn als Beauftragten des Papstes nach Urbino zu schicken, dem Volke Verzeihung anzubieten, ebenso den anderen Städten. Dies bestätigt sich; denn heute sind Se. Exzellenz der Herzog, der Signor Paolo, besagter Messer Antonio und Messer Agapito den größeren Teil des Tages miteinander eingeschlossen gewesen, wie man sagt, um die Patente und die Instruktion auszufertigen, nach der besagter Messer Antonio handeln soll. Mit ihm wird der Signor Paolo gehen, um die Schweren Reiter, die im Gebiet von Fano stehen, aufbrechen und gegen Urbino zurückmarschieren zu lassen.. Man hält für gewiß, daß bei dieser Eroberung das Schwert nicht gebraucht werden muß. Ferner glaubt man, daß Jacopo di Rossetto, der sich in San Leo befindet, wie ich in meinen Früheren EE. HH. schrieb, und der, wie jedermann weiß, ein Offizier Vitellozzos ist, zu keinem anderen Zwecke von Vitellozzo nach San Leo gelegt worden sei, als um sich durch dieses Geschenk den Herzog mehr versöhnen zu können. Man sagt überdies, es werde besonders mit dem Herzog Guido unterhandelt, daß er für einen Kardinalshut oder eine ähnliche Entschädigung dem Titel seines Herzogtums entsage. Der Signor Paolo fordert für sich und die anderen Geld wegen dieses Abzugs von Fano, und es sind ihm in Zeit von acht Tagen 5000 Dukaten versprochen.

Die Wiedereroberung Camerinos während des Winters wird nicht nur für schwierig, sondern für unmöglich erachtet. Man glaubt auch nicht, daß Zeit damit verloren wird, wenn es nicht durch Vertrag übergeht. Weil man nun bei allen diesen Verträgen und Hoffnungen, ja Gewißheiten, diese Staaten ohne Waffen wieder in Besitz zu nehmen, keine der französischen Kompagnien heimmarschieren sieht, sondern mit diesem ganzen Heere vorzurücken plant, und gesagt wird, daß es mit dem Herzog bis Rom ziehen werde, so glaubt man, er tue es, um mancherlei unterwegs auszumachen, und ich habe die Bestätigung davon, wie ich oben EE. HH. schreibe, oder aber, weil diese Franzosen zur Unterstützung der Ihrigen nach Neapel ziehen sollen. Obgleich nun diese letzte Meinung erst nach der Ankunft der Franzosen geäußert wurde, so glaubt man doch jetzt mehr daran, weil man hört, daß von neuem viele Spanier über Sizilien in das Königreich eingerückt sind. Hiervon können jedoch EE. HH. von Rom aus sicherere Nachricht haben.

Die Angelegenheiten Bolognas mit dem Herzog kamen gestern in Ordnung. Die Bezahlung der 9000 Dukaten, worüber die Differenz bestand, ist auf fünf Jahre beschränkt, und der Kontrakt würde abgeschlossen worden sein, wenn die bolognesischen Abgeordneten die Vollmacht dazu gehabt hätten. Diesen Morgen kam die Vollmacht an, aber heute ist nichts geschehen, weil der Herzog mit dem Signor Paolo und Messer Antonio dal Monte mit den obengenannten Dingen beschäftigt war. Es ist mir gesagt worden, der Papst habe sogleich nach der Ankunft Messer Romolinos zu Rom dem Herzog geschrieben und ihm dringend geraten, sich mit diesem Vertrage mit Bologna zufrieden und befriedigt zu zeigen. Ich werde mich, wenn er abgeschlossen ist, bestreben, mir eine Abschrift zu verschaffen, und sie EE. HH. senden.

Diese verwünschten Schweizer, die kommen sollten, haben sich noch nicht blicken lassen, und ich kann EE. HH. nichts Näheres von ihnen sagen.

Ich will nicht ermangeln, EE. HH. zu schreiben, daß ich hier erfahre, der Herzog werde, wenn er bei seinem Zuge gegen Rom mit diesem Heere jene Wendung macht, die man hier glaubt, seine alte Weise befolgen, alle Städte der Kirche, die ihm unter die Hände kommen, die Zeche bezahlen zu lassen. Unter anderen ist es auf Ancona abgesehen. Da es nun heißt, es seien viele Güter Eurer Kaufleute in dieser Stadt, und da ich nicht weiß, ob das Heer dahin zieht, wenn es aber hinkommt, Plünderung und überhaupt das Schlimmste zu fürchten ist, in Anbetracht seines Glückes, so habe ich es für meine Schuldigkeit gehalten, EE. HH. aufmerksam zu machen. Als ich gestern morgen lange mit Messer Alessandro sprach, fragte ich ihn, im Fall wir Güter in Ancona hätten, wie wir sie sicher kommen lassen könnten. Er antwortete, man müsse sie einschiffen lassen und nach Cesena oder Rimini führen. Wenn sie dorthin geschafft wären, würde er sie versichern. Weiter habe ich für diesmal nichts zu schreiben, außer daß ich mich EE HH. tausendmal empfehle.

Quae bene valeant.

Ex Imola die 28. Novembris 1502.

E. V. D.
servitor
Nicolaus Machiavellus Secret.

Heute morgen, den 29., ist ein Bursche des Kuriers Carlo mit dem Schreiben EE. HH. vom 26. angekommen. Ich verstehe, was EE. HH. von dem Botschafter sagen, der nach Rom abreisen soll, und wie ich mich hier indessen zu verhalten habe, und daß EE. HH. der Hoffnung sind, der Herzog werde von seiner festen Meinung wegen der Condottierestelle ablassen. Ich will, was dies betrifft, EE. HH. nicht widersprechen. Es scheint mir jedoch gut, da ich ihm weiter nichts zu sagen habe, den Herzog nicht ferner zu sprechen zu suchen, sondern die Sache mit seinen Ministern reif werden zu lassen, sie ihnen begreiflich zu machen, sie zu überzeugen, damit sie begreifen, daß sie auf EE. HH. in jeder Hinsicht bauen können, wenn sie nicht über das Mögliche und Billige hinauswollen. So werde ich abwarten, bis sie selbst mit einem anderen Vorschlag kommen; auch bin ich entschlossen, in dieser Sache nicht anders zu handeln, wenn mir EE. HH. nicht ausdrücklichen Befehl geben.

Ich verstehe ferner, was mir EE. HH. von Rom erfahren zu haben sagen, bezüglich des Marsches des Herzogs ins Königreich Neapel. Ich antworte, daß ich nie das Geringste davon gehört habe, daß der Herzog in Person dahin marschieren werde, wohl aber spricht man von den Franzosen in der Art, wie ich oben schreibe. Ich werde mich bestreben, genauer zu erfahren, was Wahres daran ist, und von allem sollen EE. HH. in Kenntnis gesetzt werden. Ich will den Überbringer nicht länger aufhalten, um EE. HH. über das, was hier vorgeht, nicht im ungewissen zu lassen; durch meinen Nächsten sollen dieselben alles erfahren. Ich würde täglich schreiben, wenn es wegen des schlechten Wetters nicht schwer wäre, diese Berge zu überschreiten; und dann scheint es mir auch überflüssig, wenn sich nichts verändert, EE. HH. mit Unkosten dasselbe zu schreiben.

18 Uhr denselben. Der Signor Paolo ist soeben in Gesellschaft Messer Antonios dal Monte abgereist, und der besagte Signor Paolo hat 3600 Dukaten erhalten. *Valete Iterum etc.*

Über die Abreise des Herzogs von hier spricht man, daß er Ende dieser Woche abreisen werde, wie ich in meinem Früheren schrieb, und daß er von hier nach Forli gehen werde.

Dreissigster Brief.

Magnifici Domini etc.

Gestern schrieb ich EE. HH. durch einen Burschen Eures Kuriers Carlo, und obgleich ich heute nicht viel zu sagen habe, so will ich doch nicht unterlassen, das Folgende zu melden, da ich Gelegenheit habe, diesen Brief durch einen Burschen Messer Alessandros, des Schatzmeisters, zu überschicken. Wie EE. HH. aus meinem Gestrigen ersehen, ist der Signor Paolo mit Messer Antonio nach Urbino abgegangen. Man hat von dieser Seite bis jetzt weiter nichts gehört und wartet ab, was sie ausrichten werden. Die Ersten des Herzogs sagen, er wolle nicht eher von hier aufbrechen, als bis er hört, wie er sich gegen Urbino zu benehmen hat, das heißt, ob er Gewalt brauchen muß oder nicht. Über diese Sache habe ich nichts weiter zu melden, als daß der Bischof von Cagli vor mehreren Tagen sicheres Geleite begehrt hat, um hierher zukommen, was man ihm zuerst nicht geben wollte. Vor zwei Tagen hat er es aber doch erhalten und wird bei Hofe erwartet.

Ich sagte EE. HH. in meinem Letzten, daß der Vertrag zwischen den Bolognesern und dem Herzog in Richtigkeit sei, und daß die Provision von 9000 Dukaten, die der Herzog zu erhalten hat, fünf Jahre dauern soll, und daß zum Abschluß nur den hiesigen Bolognesern die Vollmacht fehlte. Als aber die Vollmacht angelangt war, kamen Briefe und ein Beauftragter der Bologneser mit Post von Rom, dem Herzog zu melden, der Papst und die Beauftragten der Bentivogli zu Rom seien einig geworden, daß die Provision acht Jahre dauern und jährlich 10000 Dukaten betragen solle. So sagt nun der Herzog, da er sieht, wie der Papst durch diese Übereinkunft Zeit und Geld gewonnen hat, er wolle nicht von dem abgehen, was der Papst getan hat; und auf der anderen Seite weigert sich Messer Giovanni und fordert den Herzog zur Beobachtung dessen auf, worüber sie selbst übereingekommen waren. So wird die Sache immer verwirrter, der Abschluß wird von einem Tag zum andern verschoben, und man weiß nicht, was man dahinter suchen soll, Absicht oder Zufall. Sehr bald wird es die Folge lehren müssen, obgleich den Beauftragten der Bentivogli die Sache natürlich zuzugehen scheint und sie deshalb gutes Mutes bleiben.

Ich habe auf verschiedenen Wegen zu erfahren gesucht, ob der Herzog in Person mit seinen Truppen ins Königreich Neapel zu marschieren gedenkt, oder ob die Franzosen allein dahin rücken werden. Ich habe weder über das eine noch das andere irgend etwas Gewisses erfahren können, sondern nur, daß man nach der Ankunft der Franzosen am hiesigen Hofe der Meinung war, sie würden nach Beendigung ihres hiesigen Geschäftes nach Neapel marschieren. Ich werde nicht ermangeln, alles Mögliche zu tun, um Gewißheit zu erhalten, und werde sodann meine Meldung machen. Weiter habe ich diesmal nichts zu schreiben, da alles übrige noch auf demselben Punkte steht, wie ich es in meinem Letzten EE. HH. geschrieben habe, welchen ich mich untertänig empfehle. *Quae bene valeant.*

Ex Imola die 30. Novembris 1502.

E. V. D.
servitor
Nicolaus Machiavellus Secret.

EINUNDDREISSIGSTER BRIEF.

Magnifici Domini etc.

Mein Letzter ist vom 30. und zuvor hatte ich am 28. und 29. verwichenen Monats geschrieben. Durch Gegenwärtigen habe ich EE. HH. zu melden, daß heute abend in Gottes Namen der

Vertrag zwischen Sr. Exzellenz und Messer Giovanni Bentivoglio in Richtigkeit gebracht und abgeschlossen worden ist. Ich sende diese Nachricht durch einen Eilboten, in der Meinung, daß sie EE. HH. erwünscht sein sollte; denn außer den anderen Vorteilen, die die Republik infolge dieses Vertrages hoffen kann, erkenne ich auch das nicht gering anzuschlagende Gute daraus, daß dieser Herzog sich an die Bezähmung seiner Begierden zu gewöhnen anfängt und einsieht, daß sie ihm das Glück nicht alle befriedigt. Dies wird ihn zu jedem Vorschlag geneigter machen, wozu ihn EE. HH. sollten bewegen wollen. Obgleich es mein Amt verlangte, Euch die Abschrift des Traktates zu senden, so habe ich Euch doch lieber diese Nachricht ohne Traktat geben wollen, da ich ihn heute abend nicht haben konnte, als die Nachricht durch Abwarten verzögern.

Wie nun der Herzog, meine Erlauchten Herren, in seinen Angelegenheiten verfahren wird, darüber sind die Meinungen verschieden. Denn da mit Bologna und den Orsini abgeschlossen ist und die Dinge in Urbino einen guten Ausgang hoffen lassen, von wo jedenfalls morgen Nachrichten von den Verrichtungen des Signor Paolo eintreffen müssen, so bleibt nichts mehr im Zweifel, als was der Herzog mit diesen Truppen machen wird, die er versammelt hat: ob diese Franzosen alle oder zum Teil nach der Lombardei zurückkehren werden, ob sie ins Königreich Neapel marschieren werden, oder aber ob der Herzog trotz aller Verträge sich sicherer stellen wird, besonders vor den Vitelli und Baglioni. Was das letzte betrifft, so habe ich nie etwas anderes gehört, als was ich mehreremal EE. HH. geschrieben: erstens, daß ich eine schlimme Absicht des Herzogs gegen sie sehe, zweitens, daß mir jener Freund gesagt hat, auf dem Marsche nach Rom und beim Lagern werde man die Juden von den Samaritanern unterscheiden können, wie ich Euch in meinem Früheren ausführlicher geschrieben. Was den anderen Punkt betrifft, ob die Franzosen ins Königreich Neapel marschieren werden, entweder mit oder ohne den Herzog, so habe ich das äußerste getan, es zu erfahren, habe aber nie etwas Gewisses herausbringen können, und eher ist mir nein gesagt worden als ja. Als ich heute noch mit jenem Freunde sprach, den ich öfter in meinen Briefen angeführt habe, sagte er mir: „diese Franzosen haben heute einen Brief aus Neapel gezeigt, wonach die Ihrigen die Oberhand haben; dies macht ihren Marsch dahin überflüssig." Er zog den Brief aus der Tasche und gab ihn mir. EE. HH. werden die Abschrift lesen, die ich beiliegend sende. Weiter kann ich EE. HH. über diese Sache nichts schreiben, aber jedenfalls muß sich bis nächsten Dienstag zeigen, welchen Weg dieses Wasser nimmt, und nach diesem Anfang muß man dann weiter schließen; denn ich sehe aus vielen Zeichen den Herzog entschlossen, in drei bis vier Tagen aufzubrechen. Das erste Nachtquartier wird, heißt es, Forli sein, um sodann unverzüglich weiter vorzurücken, und zwar mit allen diesen Truppen. Die Zeit wird das besser zeigen, als irgend etwas anderes, was jetzt davon gesagt wird. Damit aber EE. HH. besser erkennen, wie der Herzog gegen seine wieder versöhnten Feinde gestimmt ist, so will ich nicht zu melden unterlassen, daß sich seit acht Tagen ein Beauftragter Pandolfo Petruccis und einer Giampaolo Baglionis hier befinden, und noch keiner von beiden Audienz erhalten konnte und sie auch nicht zu hoffen hat. Ein Freund, der mit einem von ihnen sprach, hat mir gesagt, sie entschuldigen den Bruch mit dem Herzog, indem sie behaupten, sie hätten ihn zum König von Toskana machen wollen; er aber habe diese Wohltat nicht nur nicht angenommen, sondern habe sie noch dazu, als er sich zum König Ludwig begab, bei Sr. Majestät in Ungnade gebracht. Dies sei alles, was Vitellozzo dem Herzog antworten könne.

Neues habe ich EE. HH. weiter nichts zu melden, weil von der Seite von Urbino noch keine Nachricht gekommen ist, seit der Signor Paolo und Messer Antonio dal Monte dahin abgereist sind. Man erwartet morgen Nachricht, wie ich oben gesagt habe. Heute hat man bei Hofe gesagt, die von Camerino hätten Sanseverino, ein Kastell der Kirche in ihrer Nachbarschaft, geplündert. Ich empfehle mich EE. HH. *Quae bene valeant.*

Die 2. Decembris 1502. In Imola.

E. D. V.
servitor
Nicolaus Machiavellus.

Abschrift des Briefs des Herzogs von Nemours an den Herrn von Chaumont, datiert vom 19. November aus dem Königreich Neapel, sechs französische Meilen von Barletta.

Herr Oberhofmeister, ich will Euch von uns Nachrichten geben, indem ich Euch zu wissen tue, daß wir sechs Meilen von Barletta stehen, und daß sich die Feinde sämtlich in die Stadt eingeschlossen haben, wo sie sich befestigen, ohne je zu einem Ausfall Miene zu machen. Mehr noch, Herr Alionso von Sansevero ist mit 100 Schweren Reitern, mit denen er im Dienste Gonsalvo Ferrantes in besagter Stadt lag, zu uns übergegangen. Das Heer des Königs von Spanien hat sich nach Apulien gezogen und sich daselbst mit anderen spanischen Truppen vereinigt. Wir haben noch keine von den eroberten Städten und Kastellen verloren, denen ich fünfzig französische Lanzen und sechshundert Mann Fußvolk gesandt habe. Ich zweifle nicht, daß die Ankunft dieses Sukkurses die Feinde von weiteren Angriffen abhalten wird. Der König wird hieraus erkennen, daß wir sein Gebiet gut beschützt haben, und in kurzem soll er die Dinge noch eine bessere Wendung nehmen sehen. Ihr könnt diese guten Nachrichten den Untertanen und Dienern des Königs mitteilen und zu wissen tun. Gott erhalte Euch. Lebt wohl, Herr Oberhofmeister usw.

ZWEIUNDDREISSIGSTER BRIEF.

Magnifici Domini etc.

EE. HH. sehen, was ich in Eingeschlossenem melde. Was mir Näheres über den Vertrag zwischen den Bentivogli und dem Herzog mitgeteilt worden ist, wollte ich geheim schreiben, da ich darum gebeten wurde. Der Mitteiler ließ mich zwar den Vertrag lesen, ließ mich aber keine Abschrift nehmen, weshalb ich EE. HH. melde, was ich davon im Gedächtnis behalten habe. EE. HH. wissen, wie ich in meinem Früheren schrieb, daß hier und in Rom ein Vertrag festgesetzt worden ist, und daß der von Rom dem Herzog vorteilhafter war als jener. In dem Vertrage von Rom sind nun folgende Bestimmungen enthalten:

Daß zwischen Sr. Exzellenz dem Herzog der Romagna, Fürsten von Squillaci und Bisegli, einerseits und der erlauchten Regierung und Messer Giovanni Bentivoglio nebst Söhnen von Bologna andererseits ein wahrer und ewiger Friede abzuschließen sei, wodurch sie die Freunde zu Freunden und die Feinde zu Feinden haben sollen, und daß beide Teile gehalten sein sollen, einander durch die Waffen und durch Unterhandlungen gegen einen jeden zu unterstützen, ausgenommen gegen den Papst Alexander VI. und Seine Allerchristlichste Majestät, den König von Frankreich.

Item, daß Messer Giovanni Bentivoglio gehalten sein soll, Sr. Exzellenz dem Herzog der Romagna innerhalb eines Jahres, vom Tage des Endabschlusses dieses Vertrages an gerechnet, so oft es dem Herzog gut scheinen oder gefallen wird, in einem oder zwei Feldzügen, während einer Zeit von sechs Monaten, mit hundert Schweren Reitern und hundert Bogenschützen zu Pferd zu dienen, auf Kosten besagten Messer Giovannis.

Item, daß der Erstgeborene Messer Annibal Bentivoglios die Schwester des Bischofs von Enna zur Ehe haben soll.

Item, daß der Papst der Stadt Bologna und Messer Giovanni alle Verträge und Privilegien, die ihnen früher von irgendeinem Papste zugestanden wurden, bestätigen soll.

Item, verspricht der Papst und der Herzog, daß Se. Majestät der König von Frankreich, die hohen Signoren von Florenz und Se. Exzellenz, der Herzog von Ferrara, für die Beobachtung besagter Artikel von seiten des Herzogs der Romagna Gewähr leisten werden.

Item, soll der vorbesagte Herzog der Romagna von vorbesagter Stadt Bologna mit hundert Schweren Reitern für die acht nächstfolgenden Jahre in Sold genommen sein, mit 10000 Kammer-Goldgulden jährlich.

Dies ist der Hauptsache nach, Erlauchte Herren, was ich nach einmaliger Lesung dieses Traktates melden kann. Der heute abend abgeschlossene Traktat ist demselben in allem gleichlautend, ausgenommen, daß der Sold für hundert Schwere

Reiter, der zehn Jahre dauern sollte, auf fünf Jahre beschränkt ist, und das Geld für die übrigen drei Jahre der Schwester des Bischofs von Enna als Mitgift gegeben wird. Messer Giovanni verpfändet seine Güter für diese Mitgift, und der Herzog hat gewollt, daß unter diesen Gütern diejenigen verpfändet werden, welche Messer Giovanni auf florentinischem Gebiete hat. Einen Artikel des Vertrages habe ich ausgelassen, nämlich daß dieser Traktat die drei nächsten Monate geheimzuhalten sei, wegen der Angelegenheiten von Urbino und Camerino. Dies ist der Grund, warum ich keine Kopie erhalten konnte, und daß ich Euch geheim geschrieben habe, um dem Mitteiler Wort zu halten, der mich darum gebeten hat. Ich empfehle mich Euren Herrlichkeiten. *Quae bene valeant.*

Die 2. Decembris 1502. Ex Imola.

E. D. V.
servitor
Nicolaus Machiavellus Secret.

Dreiunddreissigster Brief.

Magnifici Domini etc.

Vorgestern erhielt ich ein Schreiben EE. HH. als Antwort auf mehrere Briefe von mir. Da mein letzter vom 2. ist, in dem ich denselben ausführlich über die hiesigen Angelegenheiten schreibe, und da sich seitdem nichts geändert hat, sondern alles in derselben Lage ist, so habe ich weiter nichts zu melden. Damit jedoch EE. HH. nicht in Unruhe sind, wenn ich zu schreiben verschiebe, so wollte ich gegenwärtigen schreiben.

Da ich seit zehn Tagen nicht mit dem Herzog gesprochen hatte, und da dieser Vertrag zwischen Sr. Exzellenz und den Bentivogli abgeschlossen worden, so schien es mir gestern nicht unpassend, davon Gelegenheit zu nehmen, um mit ihm zu sprechen. Die Audienz wurde mir unverzüglich gewährt. Ehe ich noch etwas gesagt hatte, hob Se. Exzellenz an: „Ich hatte vor vier oder sechs Tagen im Sinne, mit dir zu sprechen. Der Signor

Paolo Orsini hat mir das letztemal, als er hier war, gesagt, deine Herren hätten ihm zwei Beauftragte nach Urbino gesandt mit dem Erbieten, wenn er oder sein Sohn in ihren Sold treten wolle, so seien sie dazu bereit, wenn er etwas in der Pisanischen Angelegenheit zu Eurem Vorteil wirke. Nur an ihm habe es gelegen; denn EE. HH. hätten es an nichts fehlen lassen, ihn zu bewegen, daß er von neuem gegen mich auftrete." Ich fragte Se. Exzellenz, ob ihm der Signor Paolo die Namen dieser zwei Männer genannt habe, oder ob er ihm darüber Beglaubigungsbriefe gezeigt habe, oder aber, ob besagter Signor Paolo ihm früher je einmal eine Lüge gesagt habe. Er antwortete, daß er ihm die Briefe nicht gezeigt habe und noch weniger gesagt habe, wer die Männer gewesen; Lügen aber habe er ihm schon eine Menge gesagt. So löste sich diese Sache in Lachen auf, obgleich er mir anfänglich in aufgebrachtem Tone davon sprach und so, als ob er es glaube und als ob es ihn schmerze. Ich halte daher nicht für unpassend, daß mir EE. HH. ein paar Worte darüber schreiben, die ich ihm zeigen kann.

Wir sprachen hierauf eine starke Stunde lang über verschiedene Dinge, was ich als überflüssig und wenig zur Sache gehörig nicht wiederholen will. Als Inhalt läßt sich daraus nur ziehen, daß Se. Exzellenz sagt, er sei noch desselben Sinnes, mit EE. HH. Freundschaft zu schließen und zu erhalten, und nie gegen Euch zu handeln, noch zu erlauben, daß es ein anderer tue, da er Eure Schwäche und Verkleinerung als eigene Verkleinerung betrachte. Er deutete gewissermaßen darauf hin, daß er nach Eurem Wunsche abschließen wolle, wenn Ihr es nicht nach dem seinigen wollt. Mit klaren Worten zwar sagte er mir dies nicht, aber ich glaubte es aus seinen Reden abzunehmen. Obgleich ich mich bestrebte, ihn zur Erklärung zu bewegen, so konnte ich es doch nicht dahin bringen, weil ich ihm nur Allgemeines antworten konnte.

Wir kamen dann auf die Venetianer zu sprechen. In Rimini, sagte er, hätten sie durch einen dort ansässigen Venetianer gegen ihn unterhandelt, und er habe diesen ihnen zu Ehren aufhängen lassen. Er sprach von dem Argwohn, den sie wegen seines hier versammelten Heeres hegten, und daß sie erst noch einem seiner Männer, den er wegen Hakenbüchsen nach Venedig gesandt, mehr Ehre erzeigt hätten als es ihnen zieme und dem Rang dieses Mannes gebühre.

Wir sprachen von Pisa und den heftigen Angriffen EE. HH. auf diese Stadt, und daß dies die ruhmvollste Eroberung sein würde, die ein Feldherr machen könne.

Von Pisa sprang er auf Lucca über, indem er sagte, dies sei eine reiche Stadt und wäre ein wahrer Leckerbissen. Mit solchen Reden wurde lange fortgefahren.

Er sagte ferner, er habe diesen Vertrag mit den Bentivogli sehr gerne geschlossen und wolle sie als Brüder betrachten. Gottes Finger zeige sich hier; denn erst habe er sich mehr zum Scherz in Unterhandlungen eingelassen, auf einmal aber habe sich der Papst geneigt gezeigt, und er habe mit solcher Zufriedenheit beigestimmt als nur möglich. Wenn deine Herren, sagte er, ich, Ferrara und Bologna einen Weg gehen, so werde ich nie das geringste fürchten; erstens weil der König von Frankreich der Freund aller vier ist und, solange er in Italien Fuß hat, uns erhalten oder vergrößern wird; zweitens weil, wenn auch Se. Majestät Widriges erfahren sollte, diese Vereinigung uns solche Stärke gibt, daß niemand je wagen wird, Hand an uns zu legen. Er sagte mir, im Traktat sei enthalten, daß Se. Majestät, EE. HH. und der Herzog von Ferrara die Beobachtung für beide Teile verbürgten, und er glaube, EE. HH. würden nichts dagegen einwenden. Ich antwortete, ich könne weiter nichts sagen, aber ich glaubte, daß EE. HH. stets gerne mitwirken würden, wo es sich um Erhaltung von Ruhe und Friede handle, besonders in Gesellschaft des Königs von Frankreich. Ich fragte Se. Exzellenz, ob etwas über Urbino darin enthalten sei, und was er mit diesem Heere zu machen beabsichtige, und ob er von den französischen Lanzen zu verabschieden gedenke. Er antwortete, er habe gestern Briefe erhalten: Signor Paolo und Messer Antonio dal Monte befänden sich in einem Kastell fünf Miglien von Urbino, sie hätten dem Herzog von Urbino sagen lassen, er möge sich dahin verfügen, was er noch nicht getan habe, weil ihn die Gicht daran verhindere, und sie dächten daher, zu ihm zu gehen; die Einwohner von Penna a San Marino hätten

Gesandte an besagten Signor Paolo geschickt, eine Übereinkunft zu schließen. Er denke in drei Tagen mit diesem ganzen Heere in der Richtung von Cesena abzumarschieren und dann zu handeln, wie er es für notwendig halten werde. Für jetzt, fuhr er fort, werde er noch keinen Franzosen verabschieden; wenn er aber seine Angelegenheiten in Ordnung gebracht, werde er nur 200 bis 250 Lanzen behalten; denn sie seien unerträgliche Leute und Zerstörer des Landes[1]. Während er nur 450 französische Lanzen gewollt habe, fügte er hinzu, seien 600 gekommen; denn alle die, welche Herr von Chaumont zu Parma bei sich gehabt, seien einzeln herbeigekommen, als sie gehört hätten, daß man hier um Gottes willen lebe.

Als wir eine Zeitlang auf diese Weise gesprochen hatten, empfahl ich mich Sr. Exzellenz. Von den hiesigen Angelegenheiten habe ich EE. HH. weiter nichts zu melden, weil, wie ich anfangs sagte, alles im selben Stande ist, wie ich es früher geschrieben. Es sind hier dieselben Truppen, wir sind täglich im Begriffe, von hier aufzubrechen, und EE. HH. sehen, was mir der Herzog über sein Verfahren gesagt hat. Von anderer Seite höre ich darüber nichts, und raten ist schwer.

Da ich nicht weiß, wann die Waren von Ancona abgehen und welchen Weg sie nehmen, so weiß ich nichts zu ihrer Sicherheit zu tun. Ich empfehle mich EE. HH. und bitte dieselben, daß sie mich abrufen, um den Staat dieser Kosten zu entheben und mich dieser Anstrengung; denn seit zwölf Tagen her fühle ich mich sehr übel, und wenn es so fortgeht, fürchte ich im Korbwagen zurückkehren zu müssen.

Die 6. Decembris 1502.

Laßt dem Überbringer einen Goldskudo ausbezahlen. Er hat mir versprochen, morgen vor 3 Uhr in Florenz zu sein.

E. D. V.
servitor
Nicolaus Machiavellus. In Imola.

[1] Per essere loro gente insopportabile e distruggitori di provincie.

VIERUNDDREISSIGSTER BRIEF.

Magnifici Domini etc.

Nachdem ich Euch ausführlich geschrieben, kam der Stallmeister des Herzogs zu mir und beschwerte sich sehr bei mir, daß dem Herzog im Gebirge von Sambenedetto Stuten gestohlen worden sind. Ich kann gar nicht sagen, wie dies, nach seinen Worten, den Herzog schmerzt. Er sei darüber in Zorn geraten, als wenn er eine Stadt verloren hätte. Ich solle EE. HH. schreiben, daß dieselben für die Rückerstattung der entwendeten Stuten sorgen möchten, und daß sie einen Beauftragten in diese Berge schickten und gegen den verfahren möchten, der sich dies Vergehen hat zuschulden kommen lassen. Ich habe die Sache nach Kräften entschuldigt, aber sie lassen sich nicht besänftigen, da der Herzog große Stücke auf seine Pferde hält. Ich bitte daher EE. HH., daß sie ein Auskunftsmittel finden, ihm seine Stuten wiederzuschaffen, und alles in Ordnung zu bringen suchen, damit Eure Kaufleute nicht darunter zu leiden haben, wenn sonst nichts Schlimmes daraus entstehen sollte. Ich empfehle mich EE. HH.

Ex Imola die 6. Decembris 1502.

E. V. D.
servitor
Nicolaus Machiavellus Secret.

FÜNFUNDDREISSIGSTER BRIEF.

Magnifici etc.

Meine letzten Briefe waren vom 2. und 6. laufenden Monats; ich sandte sie durch Post, jeden für einen Gulden, und obgleich noch keiner von den Boten zurück ist, so glaube ich doch, daß sie richtig angekommen sind. Durch diesen habe ich EE. HH. zu melden, daß man gestern hier Nachricht hatte, der Signor Paolo habe mit Urbino einen Vertrag geschlossen, und daß dieser ganze Staat sich völlig in die Hände des Herzogs gegeben hat. Der Herzog Guido ist, nach diesen Nachrichten, nach Città di Castello gegangen und sucht vom Herzog eine Besoldung zu erhalten. Aus diesem Grunde, sagen sie, habe sich San Leo noch nicht ergeben, sondern hat noch Besatzung von besagtem Herzog Guido. Ich höre, daß sie haben möchten, er solle seiner Ehe entsagen, wofür sie ihm dann einen Kardinalshut geben wollen. Er will aber nicht, sondern sagt, es genüge ihm, eine Besoldung zu erhalten, um leben zu können. Heute morgen sind viele Truppen gegen Forli abmarschiert, und morgen früh, heißt es, wird diesmal endlich der Herzog mit den Franzosen und allen übrigen Soldaten aufbrechen. Wir werden sehen, was geschieht.

Jener Freund, von dem ich in meinem Früheren EE. HH. geschrieben, hat mir dieser Tage mehrmals gesagt, er wundere sich, daß EE. HH. mit dem Herzog zu keinem Abschlusse kommen, da jetzt die Zeit so geeignet dazu sei, wie man sie wohl nicht besser wünschen könnte. Ich antwortete ihm unter anderm, ich sei besserer Zuversicht als früher, weil ich während meiner letzten Unterredung mit dem Herzog erkannt zu haben glaubte, daß Se. Exzellenz nicht entschlossen sei, durchaus auf der Condottierestelle zu bestehen. Wäre dem wirklich so und wolle er den Vorteil EE. HH. ebenso in Betracht ziehen wie den seinigen, so werde er stets zu Florenz Anklang finden, wie ich ihm unzähligemal gesagt habe. Er erwiderte mir: „Ich habe dir früher gesagt, daß es sich bei dieser Condottierestelle um Ehre und Geld handle. Um das Geld kümmert er sich nicht, um die Ehre dagegen viel. Findet sich daher ein Mittel, der Ehre genugzutun, so wird er gleich einverstanden sein.“ Er sagte mir ferner, es sei ein Beauftragter der Anzianer von Pisa gekommen und habe den Herzog zu sprechen verlangt. Se. Exzellenz habe zuerst beschlossen, ihn nicht zu hören, dann aber habe der Herzog gedacht, anhören könne nichts schaden. Er werde mir jedoch mitteilen, was die Pisaner wollen. Dies sagte er mir vor drei Tagen. Ich habe seitdem besagten Freund oft um diese Sache befragt; er hat mir immer geantwortet, der Beauftragte habe noch nicht mit dem Herzog gesprochen, und er habe wegen seiner vielen Geschäfte nicht erfahren können, was man wolle. Heute abend fragte ich wieder um diese Sache, und er sagte mir, der Beauftragte habe nicht mit dem Herzog gesprochen und sei verabschiedet worden. Auf anderm Wege aber habe ich erfahren, daß dieser Beauftragte Lodovico d'Acconcio ist und daß er zweimal mit dem Herzog gesprochen hat. Die Ursache seines Kommens sei, Sr. Exzellenz zu melden, daß ein Abgeordneter des Königs von Spanien nach Pisa gekommen sei, ihren Beistand anzubieten, und daß sie dies Erbieten annehmen würden, wenn sie keinen näheren Verteidiger fänden; denn so könnten sie nicht länger bleiben. Zuletzt hat er die Stadt dem Herzog angeboten. Hierauf, erfahre ich, habe der Herzog im allgemeinen geantwortet und ihm gesagt, er solle ihm nach Cesena folgen usw. Nun weiß ich nicht, welchen von beiden ich glauben soll. Ich will EE. HH. urteilen lassen. Nur das will ich denselben versichern, daß der eine sowohl als der andere in der Lage ist, sehr leicht die Wahrheit zu erfahren.

Vor zehn Tagen sagte man hier, Cascina sei EE. HH. durch Überfall genommen worden, und gestern hörte ich von einem Freunde von mir, als diese Nachricht im Hause Bianchinos von Pisa, wo sich die hiesigen Pisaner versammeln, erzählt worden sei, habe einer von ihnen ausgerufen, er glaube sie. Denn es sei angeordnet gewesen, daß sich eines Tages die pisanische Reiterei vor Cascina zeigen solle, und wenn die Besatzung von Cascina ihr entgegen ausgerückt und nur wenige Wachen zurückgeblieben seien, dann sollten die Landbewohner mit ihren Weibern aufstehen und sich der Stadt bemächtigen. Ich melde dies EE. HH., damit dieselben, wenn allenfalls diese Anordnung wahr wäre, den Kommissar davon benachrichtigen. Ich empfehle mich EE. HH.

Die 9. Decembris. Imola.

E. V. D.
servitor
Nicolaus Machiavellus.

Sechsunddreissigster Brief.

Magnifici Domini etc.

Gestern abend schrieb ich Beiliegenden EE. HH., und als ich ihn absenden und zwei Dukaten Botenlohn geben wollte, fand ich niemand wegen des abscheulichen Wetters. Seit vier Tagen schneit es anhaltend, und es findet sich deshalb niemand, der über die Berge gehen will. Ich bitte daher EE. HH. mich für entschuldigt zu halten, da ich, trotzdem ich immer suchen lasse, noch keinen Boten gefunden habe.

Ich habe EE. HH. noch zu melden, daß heute morgen in Gottes Namen der Herzog aufgebrochen ist. Er marschiert mit seinem ganzen Heere in der Richtung von Forli und lagert heute abend zu Oriolo secco und morgen abend zu Cesena. Man sagt nicht, was sodann geschehen soll, und hier ist niemand, der es zu erraten dächte; denn der Vertrag mit Urbino ist zustande gebracht, und der Traktat mit den Orsini und Bentivogli ist abgeschlossen, und doch sieht man nicht, daß eine einzige französische Lanze verabschiedet wird, sondern sie machen sämtlich den Weg, den ich EE. HH. gesagt habe. Gestern kam viel Geld von Mailand, das der König diesen Franzosen schickt.

Ich weiß die Summe nicht anzugeben, aber sie sagen sechs Saumtierlasten von Silbermünzen. Francesco della Casa[1] wird EE. HH. davon unterrichten können. *Ulterius* erwartet der Herzog 12000 Dukaten von Florenz, 10000 von Bologna, 3000 von Venedig, und ein Messer Gabriello da Bergamo, der sich hier befindet, hat mir gesagt, er habe Befehl, ihm überdies 10000 in Zeit von fünfzehn Tagen auszubezahlen. Ich überlasse nun EE. HH. die Auslegung dieser Dinge. Da dieselben Nachrichten von allen Seiten haben, so können sie sehr wohl darüber urteilen.

Ich werde morgen früh von hier abreisen und dem Hofe folgen. Nicht gerne; denn ich fühle mich nicht wohl, und abgesehen von meinen anderen Unbequemlichkeiten habe ich von

[1] Der gleiche, der 1500 mit Machiavelli an den Hof des Königs von Frankreich gesandt worden war.

EE. HH. 55 Dukaten erhalten und bis jetzt 62 ausgegeben. Ich habe 7 Dukaten in der Börse, und ich muß doch der Notwendigkeit gehorchen. Ich bitte daher EE. HH., daß sie mich versehen. *Quae bene valeant.*

Die 10. Decembris 1502. Imolae.

E. D. V.
servitor
Nicolaus Machiavellus Secret.

SIEBENUNDDREISSIGSTER BRIEF.

Magnifici Domini etc.

Ich ging am 11. morgens von Imola ab und übernachtete zu Castrocaro, wo ich den ganzen 12. blieb. Ich ging sodann den folgenden Morgen weiter und kam gestern abend in Cesena an. Ich wollte einen Tag später als der Hof reisen, der Quartiere wegen. Obgleich ich durch Gegenwärtigen nichts Neues zu melden habe, da ich EE. HH. am 9. und 10. laufenden Monats geschrieben, so wollte ich doch diesen schreiben, um EE. HH. in keinem Punkte über die hiesigen Angelegenheiten im ungewissen zu lassen.

Ich schrieb in meinem Letzten, was ich von Urbino gehört und daß der ganze Staat, ausgenommen San Leo, sich völlig in die Hände des Herzogs gegeben habe; daß der Herzog Guido nach Citta di Castello gegangen sei, und daß die Übergabe von San Leo aufgeschoben wurde um zu sehen, ob hierdurch der Herzog Guido die Bedingungen dieses Herzogs einigermaßen verbessern könne. Weiter hat man seitdem nichts gehört, aber die Unterhandlung dauert fort. Wie sie jedoch enden wird und auf welchem Punkte sie sieht, weiß ich nicht. Ich werde mich es zu erfahren bestreben und EE. HH. meine Meldung machen. Es wird gleichfalls über einen Vergleich mit den Einwohnern von Camerino unterhandelt; und ich höre aus guter Quelle, er sei so gut als abgeschlossen. Se. Exzellenz der Herzog ist mit dem ganzen Heere, Franzosen und seinen Soldaten, hier, ausgenommen die Truppen, welche dieses ganze Jahr über zu Pesaro standen und die dort geblieben sind. Das Heer ist in und um Cesena gelagert und lebt auf Diskretion, das heißt, wie es die Soldaten wollen, nicht die Hausherren. EE. HH. können sich danach vorstellen, wie es hergeht, und wie es zu Imola gegangen ist, wo der Hof drei Monate und dieses ganze Heer zwei Monate war und alles bis auf die Steine verzehrt hat. In der Tat hat diese Stadt und das ganze Land die Vortrefflichkeit dieses Heeres kennengelernt und die Erfahrung gemacht, wieviel ein Land ertragen kann. Ich sage dies EE. HH., damit sie hören, daß die Franzosen und alle anderen Soldaten in der Romagna nicht anders hausen, als sie es in Toskana getan haben, und daß hier keine bessere Ordnung noch kleinere Verwirrung herrscht als anderwärts, wo sie waren usw.

Wie ich in einem Früheren EE. HH. geschrieben, wissen alle, die einiges Urteil haben, nicht, was sie über die Absichten des Herzogs denken sollen, da er mit diesem Heere hierher gezogen ist und bei diesen Friedensschlüssen keinen einzigen Franzosen verabschiedet hat. Wenn sie lange genug hin und her überlegt haben, kommen sie am Ende immer wieder darauf zurück, daß er nichts anderes wollen könne, als sich vor denen sicherstellen, die ihm jenen Schimpf angetan haben und ihm um ein Haar den Staat entrissen hätten. Obgleich nun diesem der geschlossene Vertrag zu widersprechen scheint, so bewirken *tamen* frühere Beispiele, daß man darauf weniger Wert legt. Ich glaube denen, die dieser Meinung sind, am meisten, wegen der Anzeichen, die ich immer gesehen habe, und deren sich EE. HH. aus meinen Briefen erinnern müssen. Was ich erst noch das letztemal in meinem Briefe vom 10. über die Savelli[1] schrieb, war keine geringe Bestätigung dieser Meinung. Bei alledem fehlt es nicht an solchen, die sagen, er werde nach Ravenna oder nach Cervia ziehen, und die Venetianer zeigen großen Argwohn; denn Leute, die von dorther kommen, erzählen, die Rektoren machten in Person des Nachts die Runde, und die Wachen würden gehalten, als ob der Feind vor den Toren stünde. *Tamen* glaubt trotz alledem niemand daran, da man dafür hält, der

[1] Dieser Brief ist nicht in der Sammlung.

Herzog könne sich auf eine solche Unternehmung nicht einlassen, es müßte denn der König von Frankreich die Venetianer auf der Seite der Lombardei angreifen. Da man nun zu letzterem durchaus keine Anstalten sieht, so glaubt man nicht an das erstere. Da also auf diese Weise die Meinungen verschieden sind, so kommt der größte Teil darin überein, daß es besser sei, die Zeit lehren zu lassen, als sich mit urteilen abzumühen, um wenig vorauszusehen.

Ob mit diesem Heere nach Neapel marschiert werden soll oder nicht, und welcher Meinung man darüber ist, habe ich EE. HH. in meinem Früheren geschrieben und wiederhole, daß hier nicht stark die Rede davon ist. Dagegen sagen alle diese Hofleute, daß der Herzog, nachdem er Urbino und Camerino in gehörige Ordnung gebracht, nach Rom gehen wolle. Nach Weihnachten wird er von hier aufbrechen. Wer glaubt, daß er sich durchaus vor seinen Feinden sichern wolle, sagt, daß es gar wohl sein könne, daß er nach Rom aufbreche und unterwegs die Dinge nach seinem Plan in Ordnung bringe. Wir werden sehen, was geschieht. Ich werde EE. HH. meinem Amt gemäß Nachricht geben, solange ich hier bin, was, wie ich glaube, nicht mehr lange sein kann, erstens weil ich im ganzen noch vier Dukaten in der Börse habe, wie mein Diener, der Überbringer dieses, weiß, der EE. HH. über mein Befinden und meine Ausgaben Auskunft geben wird; zweitens weil mein Hierbleiben nicht zweckmäßig ist. Um EE. HH. mit der Treue zu sprechen, mit der ich denselben immer gedient habe, so wäre es für den Abschluß eines Vertrages mit dem Herzog viel besser gewesen, einen Mann von Ansehen hierher zu schicken als nach Rom. Die Ursache ist die, daß durch den Vertrag, der zu schließen ist, der Herzog und nicht der Papst zufriedenzustellen ist. Was daher vom Papste ausgemacht würde, könnte gar wohl vom Herzog zurückgenommen werden, wohingegen das vom Herzog Abgeschlossene nicht vom Papst wird zurückgenommen werden, der Herzog müßte denn seinen Vorteil dabei sehen, wie bei dem Vertrage mit Bologna. Da also über dieselbe Sache an zwei Orten zu unterhandeln gefährlich ist und deshalb an einem Orte zu unterhandeln ist, so wäre es viel besser gewesen, hier darüber zu unterhandeln als zu Rom. Da ich nun hierzu nicht tauglich war noch bin, weil ein Mann von mehr Urteil, von mehr Ansehen, und der die Welt besser kennt als ich, dazu nötig ist, so war ich immer der Meinung, daß es gut sei, hierher einen Botschafter zu senden. Es würde dadurch so viel beim Herzog in den mit ihm zu unterhandelnden Dingen gewonnen worden sein, als durch jedes andere Mittel, das man hätte anwenden können. Derselben Meinung wie ich ist hier jedermann. Wahr ist, daß er nicht arm an Rat kommen dürfte, sondern entschlossen in einigen Punkten: so würden die Sachen ohne Zweifel in Richtigkeit gekommen sein, und zwar schnell. Ich habe schon früher meine Pflicht erfüllt, indem ich dies sagte, und wollte auch jetzt nicht ermangeln, sie zu erfüllen; denn wenn auch viele Zeit hingegangen ist, so ist die Gelegenheit doch noch nicht ganz verloren. Eure Herrlichkeiten werden diese Worte so nehmen, wie ich sie schreibe. Ich bitte dieselben nochmals untertänigst, daß sie mich mit Geld versehen und mich abberufen. *Quae bene valeant.*

Ex Caesena die 14. Decembris 1502.

E. D. V.
servitor
Nicolaus Machiavellus.

P. S. Einer der Ersten beim Herzog ist im Namen Sr. Exzellenz bei mir gewesen und bittet mich, EE. HH. Messer Bartolommeo Marcelli von Borgo a Sansepolcro zu empfehlen, der auf der Liste derer sieht, die durch Edikt der fünf Beauftragten vom 1. dieses innerhalb zehn Tagen vor ihnen zu erscheinen hatten. Er sagt, er habe den Befehl erst am 8. erhalten und hätte als Mann von 72 Jahren einen Weg von 70 Meilen in zwei Tagen machen müssen; denn er wohnt hier. Da das Gebirge voll Schnee und der Tag nur 7 Stunden lang ist, so scheint dies allerdings unmöglich gewesen zu sein, und ich glaube, er verdient Mitleid. Er sagt, er wolle gehorchen und seine Unschuld beweisen, wenn es noch Zeit sei. Ich bin daher ersucht worden, EE. HH. zu bitten, daß dieselben eine Revision seines Prozesses befehlen möchten. Wenn er vom Tage, wo er hiervon Nachricht hat, wenigstens 5 bis 6 Tage Zeit erhält, wird er unverzüglich erscheinen. Ich bin darum gebeten worden und bitte also EE. HH. darum, da ich, von seiten des Herzogs auf das wärmste ersucht, es tun zu müssen glaube. Ich erwarte hierüber Antwort.

Eure Herrlichkeiten werden dem Überbringer für seine Mühe einen Golddukaten bezahlen lassen.

ACHTUNDDREISSIGSTER BRIEF.

Magnifici Domini etc.

Ich habe in Gegenwärtigem auf drei Briefe EE. HH. vom 8., 10. und 11. dieses zu antworten, auf die nicht viel zu erwidern ist, da sie die meinigen beantworten.

Da in diesen Briefen Eure Entschuldigung enthalten ist wegen dessen, was wie ich schrieb, Paolo Orsini dem Herzog gesagt hat, und da ferner Euer guter Wille mit ihm abzuschließen darin gezeigt wird, und wie angenehm dem Papste die Ankunft Eures Gesandten gewesen sei, und daß Ihr zu etwas Bestimmtem gekommen wäret usw., so wollte ich den Herzog zu sprechen suchen, konnte aber vorgestern abend 4 Uhr nicht vorkommen. Da mir Eure Briefe teilweise mitteilbar schienen, so las ich ihm alle Stellen vor, die sich auf die obigen Punkte beziehen. Se. Exzellenz hörte alles sehr erfreut an. Dann sagte er, er sei völlig durch das befriedigt, was EE. HH. in betreff des Signor Paolo schreiben. Was die anderen Punkte betrifft, sagte er das nämliche, was er mir oft gesagt hat: er wünsche Eure Freundschaft, und je enger sie sei, ein desto größerer Gewinn scheine es ihm und desto lieber sei es ihm. Er biete dazu um so bereitwilliger die Hand, je mehr er sehe, daß Se. Heiligkeit dazu geneigt sei.

Kürzlich habe er Briefe vom Papste erhalten, woraus man einen lebhaften Wunsch nach dieser Sache und eine Zuneigung zu EE. HH. erkenne, wie Ihr sie selbst nicht größer wünschen könntet. Er sei hierüber, sagt er, mehr erfreut als je, da er sich durch dieses Mittel eine breite Grundlage seines Staates lege. Wenn, fügte er hinzu, EE. HH., er, Ferrara, Mantua und Bologna zusammenhielten, so wisse er nicht, wen er oder die anderen zu fürchten hätten. Er seinesteils sei dazu sehr geneigt, weil es ihm sein Vorteil scheine, und er wolle so offen und mit so großer Aufrichtigkeit zu Werke gehen, als man es von einem rechtschaffenen Fürsten verlangen könne. Es falle ihm ein, daß er mir früher gesagt habe, als er wenig vermocht hätte, habe er weder geprahlt noch Versprechungen gemacht, sondern sich dies für die Zeit vorbehalten, wo sein Staat sicherer stehe. Dann habe er EE. HH. seine Dienste angeboten. Jetzt, wo er Urbino wiedererlangt habe, Camerino sich zu unterwerfen bereit sei, und er ohne die Vitelli und Orsini von 10000 Pferden umgeben sei, glaube er viel versprechen zu können und verspreche, seine ganze Macht zugunsten EE. HH. anzuwenden. Und wenn der Fall eintreten sollte, daß dieselben angegriffen würden, so würde er die Aufforderung nicht abwarten, sondern durch die Tat beweisen, was er jetzt verspreche.

Ich fürchte, meine Erlauchten Herren, daß EE. HH. glauben möchten, daß ich übertreibe; denn ich, der ich ihn habe sprechen hören und gehört und gesehen habe, mit welchen Worten und Ausdrücken Se. Exzellenz die obigen Dinge gesagt und mit welchen Gebärden ausgesprochen hat, kann es selbst kaum glauben. Es scheint mir mein Amt zu sein, sie zu schreiben, und das EE. HH., sie zu beurteilen und zu denken, daß es gut ist, daß er sie sagt, aber daß es besser ist, ihn nicht auf die Probe stellen zu müssen.

Ich dankte ihm im Namen EE. HH. so, wie ich es für passend hielt, indem ich sagte, wie fest EE. HH. auf seine Freundschaft und sein Anerbieten bauten usw.

Zu etwas anderem überspringend sagte mir hierauf Se. Exzellenz: „Du weißt nicht, daß ein Bürger von Pisa hierher gekommen ist und seit mehreren Tagen Audienz verlangt. Ich habe sie ihm noch nicht gewährt. Ich habe mich erkundigen lassen, was er will, und erfahre, daß er mir melden will, der König von Spanien habe ihnen Hilfe angeboten und daß sie sie anzunehmen entschlossen sind, wenn ihnen niemand anders-

helfen will. Ich denke ihn jetzt anzuhören; denn er ist draußen im Saale, und du wirst nicht fortgehen, weil ich dir alles wiedersagen will, was ich von ihm hören werde." Nachdem ich ihm also gedankt, ging ich in ein Seitenzimmer, und der besagte Pisaner trat ein, der ungefähr eine Viertelstunde bei ihm blieb. Als er ihn entlassen hatte, rief er mich zurück und sagte nur, er habe ihm von seiten der Anzianer von Pisa gemeldet, daß der König von Spanien zu ihnen gesandt hat, er wolle ihnen soviel Korn geben, als sie verlangten, und soviel Reiterei und Fußvolk, als zu ihrer Verteidigung nötig wäre, wenn sie zu seiner Verfügung zu stehen und seine Freunde zu sein versprächen. Sie sagen, diesen Entschluß seien sie gezwungen zu fassen, wenn ihnen niemand anders zu Hilfe komme. Sie hätten deshalb an Se. Exzellenz gesandt, sich wegen jeder Maßregel zu rechtfertigen, die sie ergreifen würden. Er sagte mir, er habe geantwortet, sie sollten wohl überlegen, was sie täten und worauf sie sich einließen; denn sie sähen, daß ganz Italien französisch sei, und der König von Frankreich mächtig in Italien und Feind des Königs von Spanien. Wenn sie sich an Spanien anschlössen, so würden sie sich alle die zu Feinden machen, die sie bis jetzt freundlich erhalten haben. Auf einmal würde ihnen die Kehle zugeschnürt sein; denn an einem schönen Morgen würden sie den König und die Freunde desselben unter ihren Mauern sehen, und er selbst sei bereit, auf die ersten paar Zeilen des Königs herbeizueilen und sie zu belagern. Als Freund rate er ihnen daher, so zu bleiben und sich mit dem König von Frankreich zu halten und zu tun, was Se. Majestät wolle, auf die sie allein hoffen könnten. Er sagt, der Pisaner sei in Verwirrung geraten und habe weiter nichts antworten können, als daß sie so nicht mehr leben könnten. Diese Antwort, sagte mir Se. Exzellenz, habe er ihm deshalb gegeben, weil es ihm scheine, daß sie den Pisanern glaublich erscheinen werde, und weil sie zu gleicher Zeit für EE. HH. nützlich sei. Denn da er sie an Frankreich weise, und Frankreich Euer Freund sei, so weise er sie an Euch, ohne Euer zu erwähnen, um sie nicht noch mehr zu erbittern. Denn Euch eines Nachbarkrieges zu entheben, wie dieser sein würde, scheint ihm Euer Vorteil zu sein; und er denkt, man müsse alles tun, damit sie nicht diese Torheit begehen, obgleich er es in Anbetracht ihrer Verzweiflung fürchtet. Für diesmal, fügte er hinzu, habe sich ihm diese Antwort so dargeboten, aber für die Zukunft wolle er antworten, wie es EE. HH. bestimmten. Ich dankte ihm für die Mitteilung und sagte, die Antwort scheine mir sehr klug und wohlbedacht von allen Seiten; ich würde Sr. Exzellenz nicht sagen, wie er sich in dieser Sache zu benehmen habe, weil er sehr gut wisse, wie sehr Euch Pisa am Herzen liege und wie die übrigen Angelegenheiten Italiens stehen, wonach er alle Antworten zu bemessen habe und alle Unterhandlungen, auf die sich Se. Exzellenz mit den Pisanern eingelassen hätte. Ich sagte, ich würde EE. HH. darüber schreiben und, wenn mir von denselben ein Befehl gegeben werde, ihm es melden.

Eure Herrlichkeiten wissen, wie ich denselben in meinem Früheren schrieb, daß ich verschiedene Berichte über diese Unterhandlung erhielt, und daß der eine mir gesagt hat, der Abgeordnete habe nicht mit dem Herzog gesprochen, der andere, er habe zweimal mit ihm gesprochen. Ich wünschte daher vor Schluß dieses Briefes noch einmal mit diesen beiden zu sprechen, um zu sehen, was mir der eine sowohl als der andere sagen würde. Es hat sich nicht tun lassen. Ich werde mich bestreben, es durch meinen Nächsten zu ergänzen.

Die Angelegenheiten Urbinos sind im selben Stande, wie ich früher geschrieben, und von Camerino weiß ich weiter nichts, als was mir der Herzog gesagt hat und was ich oben schreibe, nämlich daß es sich ihm zu unterwerfen bereit sei. Der Herzog hat nach der Artillerie geschickt, die in Forli ist, und läßt sie hierherführen. Er gibt dem Fußvolk und den Schweren Reitern viel Geld, und es heißt, er werde in acht Tagen aufbrechen, um Sinigaglia zu belagern. Vor vier Tagen hat man gesagt, die Franzosen hätten im Königreich Neapel eine große Niederlage erlitten. Der Herzog sagte mir gestern abend, es sei nicht von großer Bedeutung. EE. HH. können besser erfahren, was wahr ist.

Ich habe zu erfahren gesucht, wie die Bürgschaft sein soll, die EE. HH. mit dem König von Frankreich und dem Herzog von Ferrara wegen des Traktates mit Bologna leisten sollen. Ein Messer Gio. Paolo, Sekretär der Bentivogli, hat mir gesagt, der Artikel laute: Se. Exzellenz der Herzog macht sich verbindlich, innerhalb zweier Monate vom Tage des Endabschlusses des Traktates an zu sorgen, daß Se. Majestät, der König von Frankreich, die hohe Signoria von Florenz und der Herzog von Ferrara die Erhaltung des Friedens gewährleisten werden. Da der Herzog darum nachzusuchen hat, so scheint man sich nur für den Herzog allein verbürgen zu sollen; und so scheint es auch diesem Sekretär. Wenn jedoch die Worte so gesetzt sind, so kann man sie auch anders verstehen. EE. HH. sind noch nicht darum ersucht worden, weil bei dem Abschluß die Mitgift noch nicht in Richtigkeit gebracht war, welche die Schwester des Bischofs von Enna[1] erhalten soll. Heute werden sie hierüber unterhandeln.

Eure Herrlichkeiten empfehlen mir in einem Schreiben vom 8. nochmals die Sache Salvestros de' Buosi. Ich sprach darüber gestern abend mit Sr. Exzellenz. Nach langer Erörterung gab er mir den Endbescheid: er lasse ihm gegen den Willen der Familie Naldi das Leben, aber er werde ihm nicht gegen ihren Willen die Freiheit geben, weil er nicht, um einen zu begünstigen, vier verletzen wolle. Wenn sich ein Mittel finden lasse, daß es Dionisio zufrieden sei, so werde er sich das größte Vergnügen daraus machen; anders könne er es nicht tun.

Ich empfehle mich EE. HH. und bitte dieselben nochmals, daß sie mir Geld schicken, um leben zu können; denn da ich drei Burschen und drei Tiere auf dem Nacken habe, so kann ich nicht von Versprechungen leben. Ich habe angefangen Schulden zu machen, und bis jetzt habe ich 70 Dukaten ausgegeben, worüber Ihr den Kanzleidiener Grillo fragen könnt, den ich bei mir hatte. Ich hätte bei Hofe freigehalten werden können und könnte es noch; ich will aber nicht und habe früher wenig Gebrauch davon gemacht, da es mir die Ehre EE. HH. und die

[1] Machiavelli schreibt immer Euna; gemeint ist vielleicht Elna oder Elenopolis, d. h. Perpignan. Bischof dieser Stadt war damals Francesco de Loris, Nepot, Prosekretär und Generalschatzmeister Alexanders VI. Er wurde Ende Mai 1503 Kardinal und starb zu Rom am 12. Juli 1506.

meinige so zu verlangen scheint. Und mit welchem Vergnügen ich um drei bis vier Dukaten herumbettle, mögen sich EE. HH. selbst denken. *Bene valete.*

Ex Caesena die 18. Decembris 1502.

E. V. D.
servitor
Nicolaus Machiavellus Secret.

P. S. Eure Herrlichkeiten wissen, daß ich vor länger als sieben Wochen, als ich den Schutzbrief vom Herzog erhielt, versprechen mußte, der Kanzlei zu geben, was von Messer Alessandro Spannocchi für billig erklärt würde. Es half mir nichts, was ich auch dagegen einwenden mochte, und jetzt ist diese Kanzlei alle Tage hinter mir her. Kurz, ich bleibe zu 16 Ellen Damast verurteilt. Ich bitte EE. HH., sie mir zukommen zu lassen, um sie den Kaufleuten zu verkaufen; denn wenn ich diesen Kanzler nicht befriedige, so werde ich nie mehr eine Ausfertigung erhalten können, besonders wo es Privatsachen betrifft. Alles fertigen sie aus, ohne daß man je mit dem Herzog davon sprechen kann. Auch werden mich EE. HH. so einer Verbindlichkeit entheben. Ich empfehle mich also auch in diesem Punkte EE. HH. *Iterum valeant.*

Neununddreissigster Brief.

Magnifici Domini etc.

Als ich gestern mit Sr. Exzellenz dem Herzog sprach, kam Messer Agapito zu mir und bat mich, EE. HH. zu schreiben und dieselben zu bitten, daß sie bewirken möchten, daß Messer Lodovico Archilegio von Amelia als Richter der Wollkrempler-zunft angestellt würde. Der Herzog sagte hierauf, es würde ihm ein besonderes Vergnügen machen, er wolle jedoch nicht darum schreiben, sondern sich auf mich verlassen. Wenn die Wahl schon geschehen sei, so möge man besagten Messer Lodovico als Nachfolger erwählen. Ich kann nicht sagen, mit welcher Wärme von beiden gebeten wurde. Ich erwarte Antwort.

Der Baron von Bierra empfahl mir noch bei seiner Abreise den Vater Camillos dal Borgo, der unter der Zahl derer ist, die von den fünf Beamten vorgeladen sind. Er sagt, er werde erscheinen, wenn ihm Zeit gegeben werde, um kommen zu können; er sei 72 Jahre alt und befinde sich hier in Cesena. Beiliegenden schreibt besagter Baron EE. HH. Ich empfehle den Mann in seinem Namen und mich mit ihm.

Ex Caesena die 19. Decembris 1502.

servitor
Nicolaus Machiavellus Secret.

Vierzigster Brief.

Magnifici Domini etc.

Vorgestern schrieb ich EE. HH. und schickte den Brief durch einen Burschen Antonios da Sesto. Durch Gegenwärtigen habe ich Euch zu melden, daß ich diesen Abend, als ich mich bei Hofe befand, alle französischen Hauptleute zusammen zum Herzog gehen sah. Ehe sie eintraten, besprachen sie sich untereinander, und ich glaubte in ihren Gebärden und Bewegungen Unwillen zu beobachten. Da ich nun dachte, dies möge etwas Neues von Bedeutung sein, so begab ich mich, um ins reine zu kommen, nach ihrer Entfernung in die Wohnung des Barons von Bierra, unter dem Vorwand, ihm im Namen Eurer Herrlichkeiten einen Besuch zu machen, indem ich sagte, ich hätte neuerdings dazu Auftrag erhalten. Nachdem er mir also gedankt, zog er mich beiseite und sagte: „Wir müssen in zwei Tagen von hier abgehen und ins Herzogtum Mailand zurückkehren. Wir haben heute Briefe in diesem Sinne erhalten.“ Als ich ihn um die Ursache fragte, sagte er, er wisse sie nicht, aber alle Franzosen müßten einmal abgehen und zurückmarschieren, und übermorgen würde er unfehlbar aufbrechen. Ich fragte ihn, ob Herr von Vannes[1], der Sohn des Herrn von Albret, mit seinen Leuten gleichfalls abzöge? Er antwortete, er wisse nicht, was Herr von Vannes tun werde, aber alle übrigen zögen mit allen ihren Kompagnien *infallanter* ab. Er sagte mir, ich könne es Euren Herrlichkeiten als gewiß schreiben und ihnen weiter melden, daß Geld nach Mailand gekommen sei, um 15000 Mann Fußvolk in Sold zu nehmen, die innerhalb eines Monats beisammen sein würden.

Diese so unverhoffte Sache hat, wie ich aus ihren Gebärden sehen konnte, dem ganzen Hofe den Kopf verwirrt. Wenn sie bekanntgemacht ist, werde ich Euch genauer schreiben können, wie es damit zugeht. Da ich weder die Ursache noch den Grund erfahren kann, so kann ich nicht urteilen. Eure Herrlichkeiten, die Nachrichten von anderwärts her haben, werden besser an alles denken. Obgleich ich glaube, daß Eure Herrlichkeiten jetzt Nachrichten aus der Lombardei haben, so wollte ich *tamen* diesen Boten mit Post absenden, der wegen Unsicherheit des Landes erst morgen früh abgehen kann und den andern Tag in Florenz zu sein versprochen hat.

Im Gespräche sagte mir Herr von Bierra, daß er und die anderen Hauptleute beschlossen hätten, nie mehr ohne Fußvolk irgendwohin zu ziehen, weil sie auf diese Art durchaus nicht sicher sind. Er sagte dies, weil sie hiervon den Landleuten beleidigt worden zu sein glauben und nicht nach Gefallen mit ihnen schalten konnten. Ich habe nicht ermangeln wollen, dies zu schreiben, da es mir Worte scheinen, die man sich zu merken hat usw.

Die ganze Artillerie ist hierher geführt, und vor dieser neuen Sache war Befehl gegeben, sie nach Fano zu führen. Ich weiß nicht, was jetzt geschehen wird; denn es ist anzunehmen, daß auf diesen neuen Vorfall ein neuer Plan gemacht wird.

Nachdem das Heer hier angekommen war, sind gewisse Kastelle des Bischofs von Ravenna verwüstet worden, die jedoch *in temporalibus* unter Cesena stehen. Man sagt, weil sie die Urbinater bei der Empörung unterstützt haben.

[1] Der Herzog von Valentinois hatte eine Schwester des Herrn von Vannes zur Gemahlin.

Weiter habe ich nichts zu melden, als daß ich mich Euren Herrlichkeiten empfehle.

In Caesena die 20. Decembris 1502, hora quarta noctis.

E. V. D.
servitor
Nicolaus Machiavellus Secret.

Laßt dem Überbringer einen Goldgulden bezahlen.

EINUNDVIERZIGSTER BRIEF.

Magnifici Domini etc.

Gestern kam das letzte Schreiben EE. HH. vom 17. des Gegenwärtigen auf dem Wege über Bagno hier an. Ich verstehe, was Ihr mir darin sagt. Es scheint mir nicht zu fürchten, daß auf diesen oder einen andern Ort EE. HH. wegen der geflüchteten Güter dieser Untertanen ein Überfall gemacht werde; denn wenn dieselben angegriffen werden sollen, so muß die Ursache bedeutender sein als diese. Dem ungeachtet halte ich es für klug, zu sorgen, daß diese Güter weiter ins Innere Eures Gebietes geschafft werden. Ich habe deshalb dem Ortshauptmann geschrieben, und wenn ich etwas erfahren sollte, was mich im geringsten fürchten ließe, so werde ich es EE. HH. melden, da ich weiter nichts dagegen zu tun wüßte.

Ich glaube, daß EE. HH. jetzt alle meine Briefe erhalten haben werden, die ich seit meiner Anwesenheit in Gesena geschrieben. Der erste war vom 14., durch meinen Diener Grillo übersendet, der zweite vom 18., durch einen Burschen Antonios di Sesto, der nach Florenz zurückkehrte, und der dritte vom 20., durch einen Boten mit Post[1]. Durch meine beiden ersten meldete ich, was ich von den hiesigen Angelegenheiten gehört, meine Unterredung mit dem Herzog und besonders die Sache mit Pisa. Durch den letzten vom 20. gab ich Nachricht

[1] Den Brief vom 19. erwähnt Machiavelli nicht, weil er an die Signoria, die andern aber an den Rat der Zehn gerichtet waren.

von dem plötzlichen Abzug der Franzosen, die gestern morgen in der Richtung auf Bologna aufbrachen. Drei Miglien von hier machten sie sämtlich halt (es sind etwa 450 Lanzen), und gestern abend zogen sie weiter nach Castel Bolognese, wo sie übernachten werden, um den andern Abend im Bolognesischen sein zu können. Dieser plötzliche und unerwartete Abzug gab und gibt jedermann zu sprechen, und jeder denkt sich sein Teil dabei. Authentischen Orts läßt sich nichts erfahren, was man für vernünftig hielte. Ich habe es nicht am schuldigen Eifer fehlen lassen, die Wahrheit zu erfahren. Was mir der Baron von Bierra sagte, habe ich EE. HH. geschrieben.

Ich sprach hierauf mit Montisson. Er sagte mir, sie gingen fort, weil sie mit dem Lande und dem Herzog Mitleid hätten, der ihrer nicht mehr bedürfe, und dem das Land feind würde, da es durch so viele Truppen bedrückt sei. Ich habe mit den Ersten des Herzogs gesprochen; alle haben sie mir gesagt, der Herzog könne die Franzosen nicht mehr ertragen; wenn er sie behielte, so würden ihm die Waffen der Freunde mehr schaden als die der Feinde; und auch ohne sie blieben dem Herzog noch Soldaten genug, alles unternehmen zu können. Um nichts zu unterlassen, ging ich sogleich nach Bekanntmachung ihres Abzugs zu dem früher von mir erwähnten Freunde und sagte ihm: da ich gehört hätte, daß die Franzosen abzögen, und mir dies eine unverhoffte Sache scheine, und da ich nicht wisse, ob es auf Befehl des Herzogs geschehe oder gegen sein Erwarten, so halte ich es für meinem Amte gemäß, Sr. Exzellenz sagen zu lassen, daß ich bereit sei, wenn der Herzog wolle, daß ich mehr eines als das andere EE. HH. schreiben solle. Er antwortete mir, daß er die Botschaft sehr gern übernehme. Ich ging später wieder zu ihm, und er sagte mir, er habe es dem Herzog ausgerichtet, der über diese Aufmerksamkeit sehr erfreut gewesen sei und nach einigem Nachdenken gesagt habe: für jetzt ist es nicht nötig; danke dem Sekretär und sage ihm, wenn es nötig wird, werde ich ihn rufen lassen. So entging mir die Gelegenheit, die ich wünschte, mit ihm sprechen zu können und etwas Näheres über diese Sache herauszubringen. Ich kann Euch daher nichts weiter davon sagen, ich glaube aber, daß EE. HH. durch ihre

Klugheit und nach den Nachrichten, die sie von mehreren Orten haben und worüber ich ganz im dunkeln bin, genau werden urteilen können. Wer hier davon spricht, sagt, es müsse eine von beiden Ursachen haben, entweder daß der König seine Soldaten in der Lombardei brauche, oder daß Se. Majestät sich für schlecht bedient vom Papste halte, und daß einiger Argwohn zwischen ihnen entstanden sei. Gewiß ist, daß die Schweren Reiter wenig erbaut und übel gegen den Herzog gestimmt abgezogen sind, obgleich sich wegen ihrer Natur hierauf nicht viel Wert legen läßt.

Was der Herzog jetzt will oder tun könnte, weiß man nicht; aber man sieht nicht, daß er irgendeine bis jetzt getroffene Anordnung aufgibt: die Artillerie ist vorgerückt, gestern kämen 600 Mann Fußtruppen aus dem Lamonatal; 1000 Schweizer, von denen, die man so lange erwartete, stehen zu Faenza, und 1500 Schweizer, Deutsche und Gascogner hatte er schon vorher. Es heißt, der Herzog breche nach den Feiertagen in der Richtung auf Pesaro auf, und geradeso hieß es zuvor schon. Auf der anderen Seite ist die Hälfte der Streitkräfte und zwei Drittel des Ansehens fort, und man glaubt nicht, daß er viele Dinge, worauf er zuvor anspielte und die man glaubte, jetzt noch tun könne. San Leo ist in der Hand des Herzogs Guido, und die anderen Kastelle des Herzogtums Urbino sind geschleift. Camerino, das, wie der Herzog zuvor sagte, bereit sei, sich ihm zu ergeben, wird auf diese Nachricht anderen Sinnes werden; und gestern war ein Sekretär des Kardinals Farnese, der Legat der Mark ist, hier und sagte mir, Camerino sei zuvor schon hartnäckig gewesen und werde jetzt noch viel hartnäckiger werden. EE. HH. werden nun bedenken, wohin diese Dinge ausschlagen können, und dieselben werden auch nicht zu bedenken ermangeln, ob die Not, in die er kommen sollte, den Herzog nicht bewegen könnte, sich Euren natürlichen Feinden in die Arme zu werfen, und mit ihrer gewohnten Klugheit werden EE. HH. auf alle Fälle Vorkehrungen treffen.

Ich habe von der Unterhaltung mit Pisa, wovon ich EE. HH. schrieb, seitdem nichts von Erheblichkeit erfahren. Als ich mit denen sprach, die ich früher erwähnt habe, redete der eine um die Sache herum und verwies mich auf das, was mir der Herzog gesagt hat. Der andere sagte mir, Lorenzo d'Acconcio sei abgereist und solle sorgen, daß drei pisanische Abgesandte kommen, zwei Bürger und einer aus dem Gebiete. Der Herzog wolle versuchen, ob er EE. HH. auf dem Wege eines Vertrages ein nicht unbedeutendes Vergnügen machen könne. Zuerst wolle er Tarlatino aus Pisa ziehen und bewirken, daß die Pisaner sich nicht mehr an Vitellozzo anschließen. Dann wolle er sich bei den Pisanern Vertrauen erwerben, indem er ihren Soldaten Geld gebe und sie in seinem Sold halte; und wenn er sie so zahm gemacht, wolle er durch Vermittlung Frankreichs bewirken, daß zwischen ihnen und EE. HH. ein Vergleich zustande komme, dessen Beobachtung er verbürgen werde. Dies sagt er, werde ihm leicht gelingen, wenn die Pisaner wegen weiter nichts hartnäckig sind, als weil sie fürchten, daß ihnen die Versprechungen nicht gehalten werden möchten. Ob nun dies wahr ist, weiß ich nicht. Ich schreibe es, wie ich es erfahren habe, und zwar von einem Manne, der die Wahrheit wissen kann. Nur bitte ich EE. HH., es für alle Fälle im Gedächtnis zu behalten, was ehrerbietig erinnert sei.

Messer Rimino, der der Erste in der Gunst des Herzogs war, ist gestern von Pesaro zurückgekehrt und vom Herzog in einen unterirdischen Kerker geworfen worden. Man fürchtet, er werde ihn dem Volke opfern, das mit größter Begierde seinen Tod wünscht.

Ich bitte EE. HH. auf das inständigste, daß sie mir Geld zu schicken geruhen, um loben zu können, denn wenn der Herzog aufbricht, weiß ich nicht, was ich ohne Geld anfangen soll. Ich werde hierbleiben oder nach Castrocaro zurückkehren, bis EE. HH. über mich beschließen. *Quae bene valeant.*

Die 23. Decembris 1502. In Caesena.

E. V. D.
servitor
Nicolaus Machiavellus Secret.

Nachschrift: Man erklärt es als gewiß, daß der Herzog bis Montag von hier nach Rimini aufbrechen wird. Ich werde

Antwort von EE. HH. erwarten und nicht von hier weggehen, ohne daß ich die Mittel dazu erhalte. Ich bitte EE. HH., mich deshalb zu entschuldigen; denn es geht so nicht mehr länger.

Zweiundvierzigster Brief.

Magnifici Domini etc.

Ich schickte meinen Letzten vom 23. über Bagno an EE. HH., da ich darin ausführlich über den Abzug der Franzosen und das, was man davon hält, geschrieben, so habe ich in diesem weiter nichts von Bedeutung darüber zu sagen. Vorgestern kam der Bursche des Kuriers Ardingo mit zwei Schreiben EE. HH. vom 20. und 22. hier an. Obgleich ich mich nach Empfang derselben bestrebt habe, mit dem Herzog zu sprechen, so ist es mir doch nicht gelungen. Denn da ich nur den gestrigen Tag Zeit hatte, und Se. Exzellenz gestern mit der Musterung seines Fußvolkes und seinen anderen Vergnügungen anläßlich des Weihnachtsfestes beschäftigt war, so konnte es mir unmöglich gelingen. Diesen Morgen ist er in der Frühe mit dem ganzen Heer nach Santo Arcangelo aufgebrochen, das fünfzehn Miglien von hier und noch fünf von Rimini entfernt liegt. Ich werde morgen früh abgehen und mich nach Rimini begeben, weil ich wegen der Überfüllung des ersten Nachtquartiers daselbst nicht unterkommen kann. Aber auch in Rimini wird er, nach dem, was man sagt, nicht verweilen, sondern in großen Tagemärschen in der Richtung auf Pesaro weiterziehen. Was dann geschehen soll, weiß man nicht; der eine ist der Meinung, er wolle gegen Sinigaglia einen Versuch machen, der andere, gegen Ancona. Was seine Streitkräfte betrifft, so hat er die Reiterei, wovon ich Euch letzthin ein Verzeichnis sandte, und wozu später ungefähr dreißig albanesische Stradioten neu hinzugekommen sind. Ultramontanisches Fußvolk hat er 2500 Mann, und etwa ebensoviel Italiener, über welche gestern und vorgestern hier Musterung gehalten wurde. Jedes Tausend Infanterie hat 50 berittene Korporäle, die Reiterdienst tun müssen. Das Geschütz mit allem Bedarf an Pulver und Kugeln hat dieselbe Richtung genommen wie er. Inwiefern er sich der Soldaten der Orsini und Vitelli wird bedienen können, weiß man nicht. Man wird es im Verlauf des Tages besser erkennen, wenn sie einander näher sind. Wie ich EE. HH. mehreremal geschrieben habe, dieser Herzog ist äußerst verschlossen, und ich glaube nicht, daß jemand anders als er weiß, was geschehen wird. Seine ersten Minister haben mir mehreremal versichert, daß er sich stets nur mitteilt, wenn er Befehle gibt, und er gibt die Befehle, wenn ihn die Notwendigkeit dazu zwingt, das heißt unmittelbar vor der Ausführung und niemals früher. Ich bitte daher EE. HH., daß sie mich entschuldigen und mir nicht als Nachlässigkeit anrechnen, wenn ich EE. HH. durch meine Nachrichten nicht befriedige; denn meistens bin ich selbst ebensowenig befriedigt.

Wegen San Leo wird mit dem Herzog Guido unterhandelt; weiter hört man hierüber nichts.

Über Camerino habe ich früher geschrieben, was mir der Herzog gesagt hat, daß es bereit sei, sich ihm zu ergeben. Ich schrieb hierauf, was ich von dem Sekretär des Kardinals Farnese erfahren, der mir sagte, man habe sich darauf wenig Hoffnung zu machen, besonders seit dem Abzug der Franzosen. Gestern sagte mir der Bischof von Enna, daß es sich so gut als verglichen habe. Um mich nicht mehr zu irren, werde ich nun den Ausgang abwarten.

Messer Rimino ist heute morgen in zwei Stücken auf dem Markte gefunden worden, wo er noch liegt, und das ganze Volk hat ihn sehen können. Man weiß die Ursache seines Todes nicht genau, außer daß es dem Fürsten so gefallen hat, der zeigt, daß er die Männer nach Gutdünken zu erheben und zu vernichten weiß, je nach ihren Verdiensten.

Der obengenannte Kurier brachte mir 25 Golddukaten und 16 Ellen schwarzen Damast[1]). Ich danke EE. HH. bestens für beides.

[1]) In der Nachschrift eines Briefes von Biagio Buonaccorsi an Machiavelli vom 22. Dezember 1502 liest man: „Von diesem Damast wird wohl ein Wams für Euch abfallen, Schelm, der Ihr seid."

Da der Hof im Begriff ist aufzubrechen, wurde mir kein Mann angewiesen, die drei Stuten zu holen, die, wie EE. HH. sagen, zu Poppi stehen. Es ist mir nur gesagt worden, ich solle EE. HH. bitten, daß sie gut besorgt werden, bis jemand beordert wird, sie abzuholen.

Messer Bartolommeo Marcelli dal Borgo, wegen dessen der Baron von Bierra kürzlich an unsere hohen Signoren schrieb, verlangt weiter nichts, als daß der Tag seiner Vorladung so lange verschoben wird, daß er nach Florenz kommen kann. Er selbst schreibt an Piero di Braccio Martelli, er solle darum sollizitieren. Ich empfehle ihn nochmals EE. HH. *Quae bene valeant.*

Ex Caesena die 26. Decembris 1502 hora 22. diei.

E. V. D.
servitor
Nicolaus Machiavellus.

Dreiundvierzigster Brief.

Magnifici Domini etc.

Vorgestern schrieb ich von Pesaro[1] EE. HH., was ich von Sinigaglia gehört hatte. Gestern ging ich nach Fano, und diesen Morgen in der Frühe ist Se. Exzellenz der Herzog mit dem ganzen Heere aufgebrochen und in Sinigaglia eingezogen, wo alle Orsini und Vitelli waren, die ihm, wie ich geschrieben, diese Stadt gewonnen hatten. Sie ritten ihm entgegen, und als er von ihnen begleitet in die Stadt eingezogen war, wandte er sich zu seiner Leibwache und ließ sie gefangennehmen. So hat er sie alle gefangen, und die Stadt wird in einem fort geplündert. Es ist 23 Uhr und ich bin in der größten Unruhe, ob ich diesen Brief werde absenden können, da niemand mir zu Befehl steht. In meinem nächsten werde ich ausführlich schreiben. Nach meiner Meinung leben sie morgen früh nicht mehr.

In Sinigaglia die ultima Decembris 1502.

[1] Der Brief aus Pesaro vom 29. Dezember fehlt.

Alle ihre Soldaten sind *etiam* gefangen worden. Die Proklamation, die umhergesandt wird, sagt, die Verräter sind gefangen usw.

Gegenwärtigem Überbringer habe ich drei Dukaten gegeben, EE. HH. werden ihm drei andere geben und die von mir ausgelegten Biagio zurückerstatten.

servitor
Nicolaus Machiavellus.

Vierundvierzigster Brief.

Magnifici Domini etc.

Gestern habe ich in zwei Briefen EE. HH. geschrieben, was nach dem Einzug Sr. Exzellenz des Herzogs in Sinigaglia geschehen ist: daß er Paolo (Orsini), den Herzog von Gravina Orsini, Vitellozzo und Oliverotto gefangengenommen hat. Im ersten Briefe gab ich einfache Nachricht von der Sache, im zweiten erzählte ich alle Einzelheiten und was man glaubt, daß der Herzog jetzt tun werde. Ich würde diese Briefe ausführlich wiederholen, wenn ich nicht glaubte, daß sie richtig angekommen sind. Da ich aber den ersten für einen Botenlohn von sechs Dukaten durch einen Florentiner, den zweiten von drei Dukaten durch einen Mann aus Urbino, beide mit Postpferden abgesandt habe, so bin ich guten Muts. Doch will ich der Hauptsache nach EE. HH. alles wiederholen, um lieber an Vorsicht zu viel zu tun, wenn die Briefe doch nicht angekommen sein sollten.

Der Herzog marschierte gestern morgen mit seinem ganzen Heere von Fano in der Richtung auf Sinigaglia ab, das mit Ausnahme der Zitadelle von den Orsini und Messer Oliverotto von Fermo eingenommen worden war[2]. Den Tag zuvor war auch Vitellozzo von Castello nach Sinigaglia gekommen. Sie

[2] Die Prefettessa von Sinigaglia, Giovanna von Montefeltro, Mutter Francesco Marias della Rovere, der vom Kardinal von San Pietro in Vinculis, seinem Bruder, nach Frankreich geschickt worden war, belud, als sie sah, daß ihre Stadt dem Zugriff des Borgia nicht entgehen werde, zwei Barken mit ihrer Habe und begab sich damit nach Venedig, nachdem sie Cesare die Schlüssel von Sinigaglia in einem silbernen Becken übersandt hatte.

ritten einer nach dem andern dem Herzog entgegen, begleiteten ihn sodann in die Stadt, und als sie an seinem Quartier abgestiegen und mit ihm ins Zimmer gegangen waren, ließ sie Se. Exzellenz gefangennehmen.

Hierauf ließ er ihr Fußvolk ausplündern, das in den Vorstädten lag, und sandte die Hälfte seines Heeres ab, ihre Schweren Reiter auszuplündern, die sechs bis sieben Miglien von Sinigaglia in gewissen Kastellen lagen. Um zwei Uhr des Nachts rief mich der Herzog und wünschte mir mit der fröhlichsten Miene von der Welt Glück zu diesem guten Erfolge indem er sagte, er habe mir den Tag zuvor etwas von seiner Absicht gesagt, aber nicht alles entdeckt, wie es wirklich war[1]. Er fuhr dann mit freundlichen und über die Maßen liebevollen Worten gegen die Republik zu reden fort, indem er alle die Gründe aufzählte, die ihm Eure Freundschaft wünschenswert machten, wenn es an Euch nicht fehle, so daß ich ganz erstaunt war. Ich will diese Gründe nicht wiederholen, da ich sie in meinem gestrigen Briefe ausführlich geschrieben. Er schloß zuletzt damit, daß ich in seinem Namen drei Dinge EE. HH. schreiben solle. Erstens, daß ich denselben, zum guten Erfolge Glück wünschen solle, da er des Königs, seine und Eure Todfeinde vernichtet und jeden Samen von Zwietracht und das Unkraut ausgerottet habe, das Italien zu verwüsten drohte, wofür ihm EE. HH. verpflichtet sein müßten. Sodann solle ich EE. HH. in seinem Namen ersuchen und bitten, daß dieselben bei Gelegenheit dieser Tat der ganzen Welt zu zeigen geruhen möchten, daß sie seine Freunde seien.

Sodann möchten dieselben ihre Reiterei nach Borgo schicken und daselbst Fußvolk versammeln, um mit ihm vereint Castello oder Perugia anzugreifen, wie es zweckmäßig sein würde. Unverzüglich, sagte er, wolle er sich dahin in Marsch setzen, und er würde für seine Person schon gestern aufgebro-

[1] Dies ist die Rache, sagte der Herzog, die ich in Urbino dem Kardinal von Volterra für Eure Herren nehmen zu wollen andeutete. Doch traute ich damals nicht, das Geheimnis zu entdecken. Seht, wie ich die Gelegenheit zu benutzen und ihnen zu dienen wußte, indem ich sie von diesen argen Feinden befreie. Buonaccorsi, Diario, 69. Blatt.

chen sein, wenn er nicht gefürchtet hätte, Sinigaglia würde nach seiner Entfernung geplündert werden. Er bat mich wiederholt zu schreiben, Ihr möchtet auf alle Weise zu zeigen geruhen, daß Ihr seine Freunde seid, indem er sagt, jetzt habe Euch weder Furcht noch irgendeine Rücksicht länger zurückzuhalten, da er wohl bewaffnet und Eure Feinde gefangen seien. Er bat mich drittens, EE. HH. zu schreiben, wenn wegen der Gefangennehmung Vitellozzos der Herzog Guido, der zu Castello ist, in Euer Gebiet flüchten sollte, so wünsche er, daß ihn EE. HH. festnehmen lassen. Als ich entgegnete, es würde sich mit der Würde der Republik nicht vertragen, daß Ihr ihn ihm gefangen ausliefertet, und Ihr würdet dies niemals tun, antwortete er, ich hätte wohl gesprochen, allein es genüge ihm, daß ihn EE. HH. festnehmen und ohne seine Einwilligung nicht freigäben. Ich versicherte alles sogleich zu schreiben, und er erwartet Antwort.

Ich schrieb ferner in meinem gestrigen Brief, daß ich von vielen einsichtsvollen Männern und Freunden der Republik erinnert worden bin, dies sei eine vortreffliche Gelegenheit für EE. HH., für die Wiederherstellung Eures Gebietes vorteilhaft zu wirken, da jeder glaubt, daß EE. HH., in Anbetracht Frankreichs, dem Herzog trauen können. Man urteilt hier, es sei zweckmäßig, auf dieses neue Ereignis hin einen Eurer ersten Bürger als Gesandten hierher zuschicken und damit nicht zu zögern. Denn, wenn ein Mann von Stand kommt und mit annehmbaren Vorschlägen, so glaubt man, daß es hier Anklang findet. Dies ist mir von vielen, die der Republik wohlwollen, in Erinnerung gebracht worden. Ich schreibe es EE. HH. mit der Treue, mit der ich denselben stets gedient habe.

Dies ist der Hauptsache nach, was ich EE. HH. in meinem letzten Briefe vom gestrigen, obgleich viel ausführlicher, schrieb.

Nach Abgang meines Briefes, heute nacht um 10 Uhr, hat der Herzog Vitellozzo und Messer Oliverotto von Fermo sterben lassen. Die anderen zwei sind noch am Leben geblieben. Man glaubt, um zu sehen, ob der Papst den Kardinal und die anderen, die zu Rom waren, in die Hände bekommen hat. Man denkt ja, und dann werden sie über die ganze schöne Sippschaft beschließen[1].

Die Zitadelle von Sinigaglia ergab sich heute in der Frühe dem Herzog und hat Besatzung erhalten. Se. Exzellenz marschierte noch den nämlichen Morgen ab und kam mit dem Heere hier an. So werden wir so gut wie gewiß gegen Perugia und Castello ziehen. Ob auch gegen Siena, zweifelt man. Sodann wird er sich gegen Rom zu ausbreiten, um alle diese orsinischen Kastelle zu unterwerfen. Der Plan ist, Bracciano zu stürmen, worauf die anderen nur ein Strohfeuer sein werden, wie sich die Leute hier ausdrücken. Wir werden morgen den Tag über hierbleiben und übermorgen zu Sassoferrato lagern. Das Wetter ist so ungünstig zu einem Feldzug, als man sich nur vorstellen kann. Man würde keinen Glauben finden, wenn man das Elend beschreiben wollte, worin sich das ganze Heer befindet und das es hinter sich läßt; denn wer ein Obdach zum Schlafen findet, kann von Glück sagen.

Messer Goro von Pistoja, Feind und Rebell der Republik, war bei Vitellozzo und ist hier gefangen in den Händen gewisser Spanier. Mit 200 Dukaten, wenn EE. HH. so viel daran wenden wollen, glaube ich es dazu bringen zu können, daß sie ihn einem Eurer Rektoren ausliefern. Bedenken EE. HH. diese

[1] Man vergleiche die Beschreibung dieser Begebenheit S. 517 dieses Bandes. Burchardt erzählt in seinem Tagebuch (Diario): Der Herzog hatte an den Papst geschrieben, daß er den Kardinal Orsini festnehme. Adriano von Corneto, Sekretär und Schatzmeister des Papstes (später Kardinal), nachdem er diesen Brief dem Papste vorgelesen, wollte diese Nacht nicht aus den Zimmern des Papstes gehen, um nicht beschuldigt zu werden, wenn dem Kardinal Orsini etwas zu Ohren kommen sollte. Der Papst ließ also dem Kardinal Orsini und Jacopo von Santa Croce melden, daß sich die Zitadelle von Sinigaglia dem Herzog ergeben habe. Um dem Papste Glück zu wünschen, ritt der Kardinal den 3. Januar 1503 nach dem Palast, und ihm schloß sich der Gouverneur an, als ob er ihn zufällig begleite. Als der Kardinal abgestiegen und in den Palast gegangen war, wurden alle Pferde und Maultiere in die Ställe des Papstes geführt. Kaum war er sodann im Papageiensaal, so sah er sich von Bewaffneten umgeben, und er erschrak. Er ward ins Gefängnis geführt und nach ihm der Protonotarius Orsini, Jacopo von Santa Croce und der Abt Bernardino d'Alviano, und alle wurden gefangengehalten. Zu derselben Zeit ließ der Herzog von Valentinois Vitellozzo Vitelli, Paolo Orsini und den Herzog von Gravina Orsini sowie Oliverotto von Fermo ergreifen. Vitellozzo und Oliverotto wurden wenige Stunden darauf erdrosselt, die anderen bewacht.

Sache und schreiben mir darüber, wenn es ihnen gut scheint. Ich empfehle mich EE. HH. *Quae bene valeant.*

Ex Conrinaldo die Prima Januarii 1502[2)].

E. V. D.
servitor
Nicolaus Machiavellus Secret.

Fünfundvierzigster Brief.

Magnifici Domini etc.

Gestern schrieb ich Beifolgenden an EE. HH., worin ich wiederhole, was ich durch zwei Briefe von vorgestern aus Sinigaglia und mit Post übersandt geschrieben habe. Ich hoffe, daß sie richtig und bei Zeit angekommen sind. Ich weiß, wenn EE. HH. in Betracht ziehen, wo ich bin und in welcher Verwirrung, so werden mich dieselben wegen des späten Eintreffens der Nachrichten entschuldigen, wenn sie spät kommen sollten.

Die Einwohner verbergen sich, kein Soldat will weggehen, solange durch Rauben zu gewinnen ist, und meine Leute wollen sich nicht von mir trennen, um nicht ausgeplündert zu werden. Durch all diese Dinge sind die Schwierigkeiten so groß, daß ich nach Absendung der ersten beiden Boten, die ich durch die Bemühungen meiner Freunde und Hoffnung auf Gewinn in Anbetracht der Nachricht usw. aufgetrieben habe, niemand finde, der gehen will. So habe ich den Brief, den ich gestern geschrieben, noch hier und weiß nicht, ob ich ihn heute werde absenden können.

Neues habe ich nicht viel zu schreiben, da Se. Exzellenz der Herzog noch in Conrinaldo ist. Er hat diesen Tag dazu verwendet, das Fußvolk bezahlen zu lassen, das drei Miglien von hier steht, und die Artillerie in Ordnung zu bringen, die er auf dem Wege von Fossombrone nach Gubbio führen läßt, von wo er sie dann entweder gegen Castello oder gegen Perugia gehen lassen

2) Bei den Florentinern fing das Jahr erst am 25. März an. Nach neuem Stil würde man also 1503 schreiben.

wird, wie es ihm gut scheint. Morgen wird zu Sassoferrato gelagert und sodann wird gegen einen der beiden Orte vorgerückt.

Ich habe heute lange mit einem der Ersten des Herzogs gesprochen. Er hat mir viele von denselben Dingen wiederholt, die mir der Herzog zugunsten EE. HH. gesagt hat. Als wir darüber sprachen, wie Se. Exzellenz handeln werde, sagte er, der Herzog habe einmal Vitellozzo und Oliverotto als Tyrannen, Meuchelmörder und Verräter hinrichten lassen; den Signor Paolo und den Herzog von Gravina wolle er nach Rom führen, in der festen Hoffnung, daß der Papst in diesem Augenblick den Kardinal Orsini und den Signor Julio in den Händen habe; in Rom werde ihnen sodann der Prozeß gemacht und sie gerichtlich verurteilt werden. Er sagte *ulterius,* der Herzog habe im Sinne, alle Städte der Kirche von den Parteien und den Tyrannen zu befreien und sie dem Papste zurückzugeben und *solum* die Romagna für sich zu behalten. Er urteilt, ein neuer Papst werde ihm dafür Dank wissen, wenn er nicht mehr der Knecht der Orsini und Vitelli sei, wie es früher immer die Päpste waren. Von neuem versicherte er mir, daß Se. Exzellenz seit geraumer Zeit an nichts anderes gedacht habe, als wie er die Romagna und Toskana beruhigen könne. Jetzt glaube er es durch die Gefangennehmung und den Tod derer getan zu haben, die der Stein des Anstoßes waren. Das wenige, was übrigbleibt, hält er für ein Feuer, das sich mit einer Schale Wasser löschen läßt. Zuletzt sagte er mir, jetzt könnten EE. HH. ihre Angelegenheiten in Ordnung bringen und sollten ihm einen Gesandten mit einem ehrenvollen und für beide Teile nützlichen Vorschlag schicken und sodann auf alle Art ihre Freundschaft mit ihm zeigen und den Zögerungen und Rücksichten ein Ende machen. Diese Worte wollte ich schreiben, wie er sie gesagt hat. EE. HH. werden darüber urteilen, denen ich mich empfehle.

Die 2. Januarii 1502 (1503) in Canrinaldo.

E. V. D.
servitor
Nicolaus Machiavellus.

SECHSUNDVIERZIGSTER BRIEF.

Meine erlauchten Herren.

Mit Schwierigkeit habe ich den Überbringer dieses gefunden, der sich Tornese von Santa Maria Impruneta nennt. Ich habe ihm einen Golddukaten gegeben und versprochen, daß ihm EE. HH. zwei andere Dukaten geben werden. Ich bitte dieselben meinen Dukaten an Biagio[1)] zurückzuerstatten, sowie die anderen vier, die ich für Übersendung der zwei vorigen Briefe ausgelegt habe. Ich empfehle mich EE. HH. *Quae bene valeant.*

Ex Conrinaldo, die 2. Januarii 1502 (1503) hora 23.

E. V. D.
servitor
Nicolaus Machiavellus Secret.

SIEBENUNDVIERZIGSTER BRIEF.

Magnifici Domini etc.

Gestern schrieb ich EE. HH. meinen Letzten, fast gleichlautend mit dem, was ich in meinen zwei Früheren vom letzten verwichenen Monats geschrieben hatte. In diesem Augenblick sollten die zwei Ersten eingetroffen sein. EE. HH. werden daraus die Gefangennehmung Paolos und des Herzogs von Gravina Orsini und den Tod Vitellozzos und Messer Oliverottos ersehen haben. Ferner, daß der Herzog mit mir sprach und was er mir auftrug, EE. HH. zu schreiben; worauf ich Antwort erwarte.

Neues ist seitdem weiter nichts vorgefallen. Wir gingen gestern morgen von Conrinaldo ab, von wo ich meine Letzten schrieb, und kamen bis Sassoferrato, wo wir heute noch sind.

1) Biagio Buonaccorsi, ein Freund Machiavellis, der Autor eines Tagebuches (Diario), das die Begebenheiten in Italien und besonders in Florenz vom Jahr 1448 bis 1512 enthält.

Morgen geht der Herzog nach Gualdo, um dann zum Schaden seiner Feinde zu handeln, je nachdem sich die Gelegenheit darbieten wird.

Heute sind die Condettieri zurückgekehrt, die den orsinischen und vitelleskischen Truppen nachgeschickt worden sind. Sie haben sie nicht ausplündern können. Alle diese Truppen sind nach Perugia gezogen, viele Pferde jedoch haben sie auf dem Wege zurückgelassen, wegen der schlechten Straßen und weil sie in Eile marschieren mußten.

Weiter habe ich diesmal nichts zu schreiben; denn EE. HH. können über die hiesigen Dinge sehr gut urteilen, besonders da dieselben viel besser erfahren, als ich hier, welche Stimmung gegenwärtig in Perugia und Castello herrscht, worauf es hauptsächlich ankommt.

Ich habe diesen Abend Euer Schreiben vom 28. verflossenen Monats erhalten. Ich höre, wie ich mich wegen der Angelegenheit mit Pisa zu verhalten habe; ebenso, was EE. HH. über die Stuten des Herzogs sagen, und was Ihr aus Frankreich erfahrt, und daß ich dem Herzog dafür danken soll, was ich bei erster Gelegenheit tun werde.

Ich danke EE. HH. für die Nachrichten aus Frankreich und empfehle mich denselben. *Valete.*

Ex Saxo Ferrato, die 4. Januarii 1502 (1503).

E. V. D.
servitor
Nicolaus Machiavellus.

Achtundvierzigster Brief.

Magnifici Domini etc.

Am 4. schrieb ich EE. HH. von Sassoferrato, was vorkam, und in einer Nachschrift[1] meldete ich die Nachricht von Castello, daß Gesandte kämen, und daß der Bischof von Castel-

[1] Die verlorengegangen ist.

lo und alle Vitelli geflohen seien. Gestern kamen wir hier in Gualdo an, wo wir noch sind, um das Heer ausruhen zu lassen. Wir fanden hier die besagten Gesandten von Castello, welche dem Herzog die Stadt anboten und ihm Glück wünschten usw. Der Herzog nahm die Stadt als Gonfaloniere der Kirche an und nicht anders. Er befahl unverzüglich, sie sollten nach Castello schicken, um die dortige Artillerie bereitzumachen. Dagegen ließ er das Geschütz, welches er nach Gubbio hatte führen lassen, haltmachen, da er das in Castello befindliche zu den ferneren Operationen für hinreichend erachtet.

Gestern abend, um 4 Uhr in der Nacht, kam sodann die Meldung an den Herzog, daß Giampaolo Baglioni mit den Orsini und den Vitelli und allen eigenen und zu ihnen geflüchteten Schweren Reitern von Perugia in der Richtung auf Siena abgezogen seien, und daß sogleich nach ihrem Abzug das Volk von Perugia aufgestanden und „Herzog, Herzog" gerufen habe. Heute morgen trafen sodann zwei peruginische Gesandte ein und haben die Nachricht als wahr bestätigt, aber bis jetzt noch nicht mit dem Herzog gesprochen. Die ersten Beamten Sr. Exzellenz sagen, der Herzog wolle weder diese Stadt noch Castello für sich, sondern sie von den Tyrannen befreien und in den Besitz der Kirche bringen; und sie bestehen von neuem auf demselben, was ich EE. HH. ausführlich von Conrinaldo aus geschrieben.

Morgen zieht der Herzog mit dem Heere von hier ab und geht nach Assisi. Von da wird er sich ins Gebiet von Siena wenden, um dieser Stadt eine Regierung nach seinen Zwecken zu geben. Ob nun Pandolfo Petrucci mit den Soldaten, die dahin geflüchtet sind, den Angriff abwarten wird oder nicht, darüber sind die Meinungen verschieden. Messer Baldassare Scipioni aus Siena, der hier Führer Gebrochener Lanzen ist, ein EE. HH. bekannter und verständiger Mann, ist der Meinung, daß sie den Angriff abwarten werden; viele andere glauben nein, und jeder gibt seine Gründe an. Es wird sich bald zeigen müssen.

Ich habe seitdem nicht mehr mit Sr. Exzellenz gesprochen. Das Begehren an EE. HH., ihre Truppen nach Borgo in Bewegung zu setzen, ist gegenstandslos, da sich Perugia[1] und Castello ergeben haben. Ich glaube daher, daß er Euch ersuchen wird, die Truppen gegen Siena zu richten. Es wäre gut, daß EE. HH. hieran denken, damit entweder der Beistand zu Dank kommt, oder die Entschuldigung annehmbar ist.

Weiter brauche ich EE. HH. nichts zu schreiben; denn dieselben sind klug und begreifen sehr gut den Gang der Dinge und die Vorkehrungen, die nötig sind. *Bene valete.*

Ex Gualdo die 6. Januarii 1502 (1503).

E. V. D.
servitor
Nicolaus Machiavellus Secret.

NEUNUNDVIERZIGSTER BRIEF.

Magnifici Domini etc.

Ich schrieb EE. HH. am 6. meinen Letzten aus Gualdo, zuvor hatte ich aus Sassoferrato am 4., ans Conrinaldo, am 2. und 1., aus Sinigaglia zwei Briefe am letzten verflossenen Monats und aus Pesaro einen am 28. geschrieben. Ich erwarte sehnlich Antwort auf diese Briefe. Jedermann fängt hier an, sich zu verwundern, daß EE. HH. nicht an den Herzog geschrieben, oder ihm einen Glückwunsch zu dem hätten sagen lassen, was er zu Euren Gunsten neuerlich getan, und wofür er denkt, daß ihm die ganze Republik verpflichtet sei. Euren Herrlichkeiten, sagt Se. Exzellenz, würde die Vernichtung Vitellozzos und die Unschädlichmachung der Orsini 200000 Dukaten gekostet haben und würde denselben doch nicht so völlig gelungen sein, wie es ihm gelungen ist.

Von weiteren Vorfällen dahier nach meinem Letzten habe ich wenig zu melden, und dieses werden EE. HH. viel früher

[1] Den 6. Januar 1503 begab sich Perugia unter die Botmäßigkeit des Papstes, nachdem der Tyrann Giampaolo nach Siena abgezogen war. Denselben Tag, zur ersten Vesper Epiphania, empfahlen die Kardinäle dem Papst den Kardinal Orsini. Er zog sich aber heraus, indem er von der Verschwörung Vitellozzos, der Orsini, Giampaolo Baglionis, Pandolfo Petruccis und ihrer Spießgesellen, um den Herzog zu ermorden, sprach; und es wurde keine Gnade erwirkt. Burchardt.

von anderen Seiten erfahren. Von den Plänen des Herzogs bleibt nur noch der auf Siena auszuführen; denn Castello und Perugia haben sich ergeben, wie ich bereits EE. HH. geschrieben. Der Herzog hat diese Städte nicht für sich angenommen, noch will er mit ihnen über Verträge verhandeln, sondern er verweist sie nach Rom, indem er sagt, er wolle, daß sie unter die Kirche zurückkehren, und er wolle die Parteien im Kirchenstaate ausrotten und die Tyrannen vertreiben. Um die Sache glaubwürdiger zu machen, hat er bis jetzt nicht erlaubt, daß die Verwiesenen von Perugia in die Stadt zurückkehren, und es scheint, daß er dies den perugianischen Gesandten, die nach Gualdo kamen, versprochen hat, indem er sagt, es sei nicht seine Absicht, einen Tyrannen zu vertreiben und zehn dafür einzusetzen.

Wir kamen gestern hier in Assisi an und sind heute hiergeblieben. Morgen früh zieht das Heer, mit Zurücklassung aller überflüssigen Bagagewagen, so ist der Befehl, nach Torsiana, sieben Miglien von hier, und wer dort nicht unterkommen kann, weil der Ort klein ist, wird außerhalb biwakieren. Das nächste Nachtquartier wird er sodann in Chiusi im Sienesischen machen, wenn es ihm zuerst gelingt, über die Chiana zu setzen, und wenn dann Chiusi die Tore öffnet, wo er entweder gutwillig oder mit Gewalt einzuziehen beabsichtigt.

Heute abend sind sienesische Botschafter, von der Stadt gesendet, hier gewesen und haben eine lange Unterredung mit dem Herzog gehabt. Ihr Vortrag, höre ich, ist gewesen, sie seien von der Stadt Siena gesendet, um die Ursache zu erfahren, die Se. Exzellenz bewege, ihnen den Krieg erklären zu wollen, wie man öffentlich sage, daß er es wolle; sie seien bereit, die Stadt zu rechtfertigen usw. Der Herzog, heißt es, hat geantwortet, er halte und habe immer die Stadt für seine gute Freundin gehalten, und es sei durchaus nicht seine Absicht, mit ihr Krieg zu führen. Pandolfo Petrucci dagegen hasse er heftig, der sein Todfeind sei, weil er mit den anderen verbündet gewesen, ihn aus seinen Staaten zu vertreiben. Wenn die Stadt Mittel und Wege finde, Pandolfo fortzuschicken, so sei der Friede gemacht; wo nicht, so ziehe er mit dem Heere zu diesem Zwecke heran. Es betrübe ihn, andere verletzen zu müssen, aber er rechtfertige sich bei Gott, bei den Menschen und bei ihnen durch die Notwendigkeit und den gegründeten Unwillen gegen Pandolfo, dem es nicht genüge, eine der schönsten Städte Italiens zu tyrannisieren, sondern der auch, zum Untergang anderer, allen seinen Nachbarn Gesetze vorschreiben wolle. Die Unterredung wurde, wie ich höre, ohne weiteren Erfolg abgebrochen; die Gesandten aber blieben, um an die Balia zu schreiben; und so bleibt die Sache unentschieden.

Hier ist niemand, der den Ausgang zu beurteilen wagte; denn auf der einen Seite sieht man bei diesem Herzog ein unerhörtes Glück, einen Mut und eine übermenschliche Hoffnung, alle seine Wünsche durchzusetzen. Auf der anderen Seite sieht man einen Mann von großer Klugheit, in einem Staate, den er mit großem Ansehen behauptet und ohne innerhalb oder außerhalb Männer von besonderer Bedeutung zu Feinden zu haben, weil er sie entweder getötet oder versöhnt hat; mit bedeutenden und guten Streitkräften, wenn sich Giampaolo zu ihm zurückgezogen hat, wie man sagt; nicht ohne Geld; und wenn sie für den Augenblick nicht auf Unterstützung hoffen können, so bringt sie häufig die Zeit. Doch das beste ist, den Ausgang abzuwarten, der sich nach wenigen Tagen zeigen muß. Wenn es zum Kampf kommt, so werden EE. HH. ganz sicher vom Herzog zum Beistand aufgefordert und ersucht werden, von ihrer Seite einzugreifen. Ich wundere mich, daß er es noch nicht getan hat; ich glaube aber, der Grund ist der, weil er gesehen hat, wie es mit Castello und Perugia gegangen ist, und glaubt, es werde mit Siena ebenso gehen, und daher diese Verbindlichkeit gegen EE. HH. nicht haben will.

Weiter kann ich EE. HH. über die hiesigen Angelegenheiten nichts schreiben und berufe mich wegen allen anderen Einzelheiten und jeder anderen Meinung auf das, was ich früher geschrieben, sowohl was seine Streitkräfte, als was seine Absichten betrifft. Um, was seine Streitkräfte betrifft, alles in zwei Worten zu wiederholen, so hat er ungefähr 500 Helme und 800 Leichte Reiter und etwa 600 Mann Fußvolk.

Was seine Gesinnung und Absichten gegen EE. HH. betrifft, so waren immer und sind seine Worte so gut, als ich geschrieben habe. Er hat stets so triftige Gründe angeführt und mit solcher Wärme gesprochen, daß, wenn er dächte, wie er spricht, man sich auf ihn verlassen könnte. Allein nach der Erfahrung anderer muß man für sich selbst fürchten, und sein Benehmen, als von einem Abschluß mit ihm gesprochen wurde, verdient nicht geringe Beachtung. Denn es geht daraus hervor, daß Se. Exzellenz nach der alten Condottierestelle verlangte, und als ihm die Hoffnung darauf benommen war, sprach er immer von Fernerliegendem und ging über alles Nähere leicht hinweg, indem er sagte, es genüge ihm ein allgemeines Bündnis. Er sah, daß er damals nicht darauf dringen könne, und wollte die Zeit abwarten, wo er es könnte. Er glaubte recht gut warten zu können, da er einmal im klaren war, daß ihn EE. HH. in Anbetracht Frankreichs, seiner Feinde und Eurer Schwäche nicht angreifen würden. So sah er im Verschieben der Sache Gewinn. Ich will hieraus nichts anderes folgern, als EE. HH. aufmerksam machen, daß nach dem Gelingen dieser Unternehmung gegen Siena, deren Zeit herannaht, jene Gelegenheit gekommen sein wird, die er abwartet und zu benutzen beabsichtigt. Ich mache hierauf EE. HH. freundschaftlich aufmerksam. Wenn ich mich irre, so kommt dies außer meiner wenigen Erfahrung daher, daß ich nichts anderes sehe als die Dinge hier, wonach ich nicht anders schließen kann als ich oben tue. Ich überlasse nun EE HH., in ihrer hohen Weisheit darüber zu urteilen, denen ich mich empfehle.

Ich habe heute abend munkeln hören, daß einige Montepulcianer hier herumschleichen. Ich werde Näheres zu erfahren suchen und EE. HH. davon Meldung machen.

Die 8. Januarii 1502 (1503).

E. D. V.
servitor
Nicolaus Machiavellus in Asciesi.

Ich schrieb EE. HH., daß Messer Goro von Pistoja hier gefangen ist und für 200 Dukaten, oder weniger, ausgelöst und denselben übergeben werden könnte. Antworten mir EE. HH. darüber.

FÜNFZIGSTER BRIEF.

Magnifici Domini etc.

Ich schrieb zuletzt aus Assisi am 8. Gestern kamen wir hierher nach Torsiano, einem Ort vier Miglien von Perugia. Morgen werden wir nach Spadelotto gehen, das zwölf Miglien von hier auf dem Wege nach Siena liegt. Da ich in meinem Letzten gemeldet, was vorkam, und auf so viele Briefe, die ich seit dem 28. vergangenen Monats geschrieben, noch keine Antwort von EE. HH. habe, so wüßte ich nichts zu schreiben, wenn der Herzog nicht heute nach mir geschickt hätte. Ich begab mich zu Sr. Exzellenz, der mich fragte, ob ich Briefe von EE. HH. hätte. Als ich nein antwortete, zeigte er sich befremdet. Ich ermangelte nicht, dieses Zögern durch alle vernünftigen Gründe zu entschuldigen, die sich finden lassen. Nachdem dies zu Ende war, sagte er:

„Du weißt, wie wohl ich deinen Herren will, weil ich sie für eine der ersten Stützen meines Staates in Italien halte. Mein Gang und meine inneren und äußeren Maßregeln brauchen ihnen daher nicht verborgen zu sein. Du siehst, wie weit ich mit denen gekommen bin, die meine und deiner Herren gemeinschaftliche Feinde waren. Ein Teil ist tot, ein Teil gefangen, ein Teil entweder geflüchtet oder in ihrer Heimat belagert. Unter diesen ist Pandolfo Petrucci, dessen Überwindung die letzte Anstrengung unseres Feldzuges sein wird und die Sicherheit meiner und Eurer Staaten. Ihn aus seiner Heimat zu vertreiben, ist notwendig. Denn bei seinem bekannten Verstande, bei dem Gelde, das er auftreiben kann und dem Orte, wo er ist, würde in ihm, wenn er sich erhielte, ein Funke bleiben, der großen Brand fürchten ließe. Man darf daher hier die Hände nicht in den Schoß legen, sondern muß ihn *totis viribus* bekämpfen. Ihn aus Siena zu vertreiben, wird mir nicht schwer sein, aber ich möchte ihn in meine Gewalt bekommen. Zu diesem Zwecke denkt ihn der Papst mit Breven einzuschläfern. Er sagt, es genüge ihm, daß Pandolfo seine Feinde zu Feinden habe. Währenddessen rücke ich mit dem Heere vor. Es ist gut, die zu berücken, die die Lehrmeister in der Verräterei gewesen sind. Die Gesandten von

Siena, die im Namen der Balie bei mir gewesen sind, haben mir gute Versprechungen gemacht. Ich habe ihnen erklärt, daß ich ihnen ihre Freiheit nicht nehmen will, sondern daß sie nur Pandolfo vertreiben sollen. Ich habe der Stadt Siena einen Brief geschrieben, worin ich ihr meine Gesinnung erkläre. Als gültiger Beweis dafür muß ihnen Peragia und Castello gelten, die ich der Kirche zugestellt habe und nicht für mich annahm. Auch würde der Herr des Krams, der König von Frankreich, nicht zugeben, daß ich Siena für mich nähme. Ich bin nicht so verwegen, daß ich mir das einbilde. Die Stadt sollte mir daher glauben, daß ich nichts gegen sie im Sinne habe, sondern nur Pandolfo vertreiben will. Ich wünsche, daß deine Herren meine Absicht bezeugen und bekanntmachen, die *solum* darin besteht, mich vor diesem Tyrannen sicherzustellen. Ich denke, die Stadt Siena wird mir glauben; sollte sie mir aber nicht glauben, so werde ich vorrücken, Geschütz vor die Tore führen und *ultimum de polentia* tun, Pandolfo zu vertreiben. Dies wollte ich dir mitteilen, damit deine Herren Zeugen meiner Absicht seien, und wenn sie hören, daß der Papst ein Breve an Pandolfo geschrieben hat, damit sie wissen, zu welchem Zweck. Denn ich bin entschlossen, nachdem ich meinen Feinden die Waffen entrissen habe, ihnen auch den Verstand zu entreißen, der allein in Pandolfo bestand und in seinen Berückungskünsten.

Ich wünschte ferner, daß du deine Herren bätest, sie möchten mir, wenn es nötig wird, gegen diesen Pandolfo Beistand zu leisten geruhen. Ich glaube fürwahr, wenn man vor einem Jahre deiner Signoria versprochen hätte, Vitellozzo und Oliverotto zu vertilgen, die Orsini aufzureiben und Giampaolo und Pandolfo zu verjagen und dafür 100000 Dukaten verlangt hätte, sie würde sich beeilt haben, einzuschlagen. Da dies jetzt so völlig ohne Kosten, Mühe oder Vorwurf ihrerseits gelungen ist, so besteht die Verbindlichkeit, wenn auch nicht *in seriplis*, doch stillschweigend. Es ist daher gut, mit der Abtragung einen Anfang zu machen, damit es weder mir noch anderen scheint, die Republik sei gegen ihre Sitte und Natur undankbar. Wenn deine Herren sagen sollten, sie wollten nichts gegen die Schützlinge Frankreichs tun, so wirst du ihnen schreiben, daß der König die

Stadt Siena unter seinem Schutz hat und nicht den Pandolfo. Sollte er ihn aber auch darunter haben, was nicht der Fall ist, so hat Pandolfo den Schutz verwirkt, weil er sich gegen mich und Se. Majestät verbündet hat. So haben deine Herren durchaus keine Entschuldigung, wenn sie nicht bereitwillig an diesem Feldzug teilnehmen. Und um so bereitwilliger müssen sie es tun, als ihr Nutzen, das Vergnügen der Rache und der Vorteil des Königs von Frankreich damit verbunden ist. Ihr Nutzen, daß sie einen ewigen Feind der Republik vernichten, einen Wegweiser für alle ihre Feinde, einen Sammelplatz für jeden, der je gegen sie auftreten wollte.

Das Vergnügen der Rache, weil er Haupt und Leiter aller der Übel gewesen ist, die ihre Stadt im verflossenen Jahre erduldet hat; denn von ihm kam das Geld, die Aufmunterung und der Plan zum Angriff – und worauf?; auf die ganze Staatsform und auf ihre Freiheit. Wer sich dafür nicht zu rächen wünscht und eine Gelegenheit wie diese nicht ergreift, zeigt, daß er Kränkungen nicht empfindet, und verdient, jeden Tag beleidigt zu werden. Daß der Vorteil des Königs von Frankreich damit verbunden sei, begreift jedermann; denn wenn Pandolfo vernichtet ist, so bin ich und Ihre Herrlichkeiten von jeder Furcht wegen unserer Staaten befreit und wir können mit unseren Streitkräften ins Königreich Neapel, in die Lombardei und überallhin eilen, wo es Se. Majestät nötig hat. Solange aber Pandolfo in Siena ist, können wir wegen unserer Staaten nicht sicher sein. Dies begreift und weiß der König, und großes Vergnügen wird ihm machen und wird ihn verpflichten, wer es zuwege bringt. Ich würde mich mehr bemühen, wenn ich mein Interesse allein dabei sähe; da aber unser gemeinschaftliches Interesse darin liegt, so mag dies genügen. Ich sage auch dies nicht darum, daß ich mir nicht getraute, allein diese Unternehmung auszuführen, sondern weil ich wünsche, daß ganz Italien von unserer Freundschaft überzeugt sei, damit unser beider Ansehen wachse."

Er trug mir auf, Euch dies zu schreiben und zu sorgen, daß ich unverzüglich Antwort erhalte. Ich habe EE. HH. fast seine ausdrücklichen Worte geschrieben. Über die neapolitanischen Angelegenheiten sprechend, sagte er mir, die Spanier hätten einige dreißig französische Schwere Reiter in einem Hinterhalt getötet; der Verlust sei nicht bedeutend. Von der Seite Deutschlands höre man durchaus nichts von einer Bewegung, und Herr von Chaumont habe schlechten Dank vom König gehabt, daß er die Schweren Reiter zurückgerufen. Seine Herrlichkeit versicherte mir wiederum, es sei weiter nichts als ein persönlicher Unwille Chaumonts gegen ihn gewesen. Ich empfehle mich EE. HH. *Quae bene valeant.*

Ex Torsiano 10. Januarii 1502 (1503).

E. V. D.
servitor
Nicolaus Machiavellus.

Eure Herrlichkeiten werden dem Überbringer 10 Lire bezahlen lassen und Biagio die 5 Dukaten zurückerstatten zu lassen geruhen, wenn sie es noch nicht getan haben, die ich für die drei Boten dieser Tage ausgelegt.

Nachschrift. Don Michele ist heute in teufelmäßigem Zorn zu mir gekommen, weil seine Briefe, wie er sagt, die er nach Piombino schreibt und von dort erhält, aufgemacht werden, und an den Toren von Florenz seinen Dienern, die nach Piombino gingen, von den Zollwächtern Bruchsilber abgenommen worden ist. Ich bitte Eure Herrlichkeiten, ihn mir vom Hals zu schaffen, indem sie das eine wieder gutmachen und das andere entschuldigen. Ich empfehle mich denselben.

Nachschrift. Ich hatte vergessen, Euren Herrlichkeiten zu sagen, daß ich denselben mit meinem Zweiten vom letzten verflossenen Monats ein Schreiben des Herzogs übersandt habe, worin er Euren Herrlichkeiten das Geschehene anzeigt und rechtfertigt. Ich glaube, es wird gut sein, ihm zu antworten, wenn auch sein Brief nicht angekommen sein sollte.

Einundfünfzigster Brief.

Magnifici Domini etc.

Heute morgen sind wir von Spedale abmarschiert, wo wir gestern übernachtet haben. Als ich gegen diesen Ort ritt, wurde ich von einem Armbrustschützen Antonio Giacominis eingeholt, der mir einen Brief Eurer Herrlichkeiten von fünf Tagen her überreichte. Er bekümmerte mich sehr, da mir EE. HH. schreiben, daß Sie damals noch keine meiner Nachrichten von dem Vorgefallenen erhalten hatten. Hier angelangt, kam Labbro Fesso mit anderen Briefen vom 9., die mir dasselbe Mißvergnügen verursachten, da mir nur der Empfang von zweien meiner Briefe vom ersten und zweiten dieses angezeigt wird. Es scheint in der Tat, daß meine Mühe verloren ist, wo sie am nötigsten war und mir am meisten Dank eintragen mußte. *Tamen* wissen die klugen Männer, wie es Eure Herrlichkeiten sind, daß es nicht genügt, seine Schuldigkeit zu tun, sondern daß man Glück haben muß. Ich würde EE. HH. gerne eine Abschrift von allen meinen Briefen schicken, wenn ich sie bei mir hätte; da ich sie aber nicht habe, wegen Zeit und Ort, wo ich mich befand, so will ich alles kurz wiederholen.

Am letzten des vergangenen Monate schrieb ich zwei Briefe; den einen kurz, 23 Uhr datiert, der die Gefangennehmung der Orsini und Vitelli enthält; den anderen lang, mit der ausführlichen Schilderung des Vorgefallenen und was mir der Herzog gesagt hat. Er zeigte hierbei so große Freundschaft für die Republik und sprach in so liebevollen und klugen Worten, daß ich es nicht hätte besser wünschen können. Er begreife, sagte er, daß Florenz notwendig frei und stark sein müsse, wenn die benachbarten Staaten sich ihrer Unabhängigkeit sollten erfreuen können, und wolle in jeder Art dazu beitragen, wenn es an Euch nicht fehle. Er verlangte sodann, daß ich Eure Herrlichkeiten ersuchte, ihn mit Euren Soldaten gegen Castello und Perugia zu unterstützen und den Herzog von Urbino festzunehmen, wenn er in Euer Gebiet kommen sollte, wobei Se. Exzellenz sagte, er sei es zufrieden, ihn nicht ausgeliefert zu erhalten, und es genüge, daß er in Eurer Gewalt bleibe.

Ich schrieb sodann am 1. und am 2. von Conrinaldo, indem ich das nämliche wiederholte und hinzufügte, was damals vorkam, wie EE. HH. gesehen haben werden, da dieselben die Briefe erhalten haben, wie sie schreiben.

Ich schrieb hierauf am 4. von Sassoferrato und am 6. von Gualdo die Nachrichten aus Castello und Perugia, und daß aus beiden Orten Gesandte zum Herzog gekommen sind.

Ich meldete am 8. von Assisi die Ankunft der Gesandten von Siona und was ich hierüber gehört.

Ich schrieb am 10. von Torsiano, was der Herzog mit mir gesprochen, als er mir seine Absichten wegen Siena mitteilte. Er sagte, er habe stets in seinem Herzen auf Florenz als die erste Stütze seiner Staaten gerechnet. Er wolle daher nicht *solum* seine auswärtigen, sondern auch seine inneren Verhältnisse der Republik mitteilen. Da er Vitellozzo und Oliverotto getötet, die Orsini übel zugerichtet und Giampaolo verjagt habe, so sei nur noch eine letzte Anstrengung zu machen, um sich und EE. HH. zu sichern. Dies sei Pandolfo Petrucci, den er aus Siena ausheben wolle. Da ihm nun dieses Werk so gut zu Eurem als zu seinem Vorteil zu gereichen scheine, so halte er für nötig, daß EE. HH. Hand dabei anlegen. Denn wenn Pandolfo dort bliebe, so würde in Anbetracht der Eigenschaften des Mannes, in Anbetracht des Geldes, das er auftreiben kann, und in Anbetracht der Lage der Stadt, wo er ist, zu fürchten sein, daß er mit der Zeit einen Brand entfache, der mehr als einen Ort verzehren möchte, weil alle diese zügellosen Herren, die nichts scheuen, dort immer ein Nest finden könnten. Da Euch dies mehr als anderen schaden könne, so müßtet Ihr Euch um so näher davon berührt fühlen. Mehreres hätte Euch zu bewegen: erstens die von Sr. Herrlichkeit durch den Tod Vitellozzos empfangene Wohltat zu vergelten; zweitens Euer Nutzen; drittens das Verlangen nach Rache; viertens der Vorteil Sr. Majestät des Königs von Frankreich. Was das Abtragen der Verpflichtung betrifft, sagt er, wenn vor einem Jahre EE. HH. versprochen worden wäre, Vitellozzo zu töten und die Orsini und diese anderen Anhänger zu vernichten, so würden sich dieselben zur Bezahlung von 100000 Dukaten verpflichtet haben. Da nun dies ohne Kosten, Mühe oder Vorwurf Eurerseits geschehen sei, so bestehe die Verpflichtung stillschweigend, wenn auch nicht *in scriptis*. Es sei gut, daß EE. HH. mit der Abtragung einen Anfang machten und sich nicht gegen ihre Gewohnheit undankbar zeigten. Was Euren Nutzen betrifft, so sagt er, dieser Nutzen wäre groß; denn solange sich Pandolfo in Siena befinde, sei es notwendig immer ein Sammelplatz für Eure Feinde und eine Stütze für sie. Was das Verlangen nach Rache betrifft, sagte er, da Pandolfo den vorigen Sommer bei den Vorfällen von Arezzo EE. HH. *solum* den Krieg gemacht habe durch seinen Verstand und durch sein Geld, so sei es natürlich, daß Ihr die Gelegenheit, Euch zu rächen, suchet. Ließet Ihr es hingehen und zeiget kein Gefühl dafür, so verdientet Ihr jeden Tag von neuem beleidigt zu werden. Was den Vorteil betrifft, der Sr. Majestät dem König daraus entspringt, so sei es der, daß Se. Exzellenz, nachdem er Pandolfo aus dem Nest getrieben, ungehindert und sicher den König mit seinen Soldaten in der Lombardei und im Königreich Neapel unterstützen könne. Er sagt, EE. HH. dürften darauf, daß Siena unter dem Schutze Frankreichs steht, keine Rücksicht nehmen; denn die Stadt und nicht Pandolfo stehe darunter, und er wolle Pandolfo bekriegen und nicht die Stadt. Dies habe er Siena sagen lassen, und ich solle es EE. HH. schreiben, damit es dieselben bekanntmachen und jedermann bezeugen können. Er versicherte dabei, wenn die Stadt Pandolfo vertreibe, so wolle er keinen Fuß ins Gebiet von Siena setzen. Wenn sie ihn aber nicht vertreibe, so wolle er mit seinem Geschütz vor ihre Mauern rücken. Er bat mich wiederholt, daß ich EE. HH. schreiben und sie bitten solle, daß sie mit ihren Truppen zu dieser Unternehmung mitwirkten. Dies war der Hauptsache nach der Inhalt meines Briefes vom 10. aus Torsiano. Ich habe ihn wiederholt, weil ich fürchtete, EE. HH. möchten ihn ebensowenig erhalten haben als die anderen. Entschließen sich dieselben bald und geben mir Antwort.

Ich bin heute nach Empfang Eures Schreibens vom 9. beim Herzog gewesen und habe ihn in Kenntnis gesetzt, daß Ihr bereit seiet, Eure Truppen gegen Castello zu schicken, im Fall es nötig sei. Ich meldete ihm die Freude, die die Republik über das Geschehene gehabt halbe, und zeigte ihm die Ernennung Jacopo Salviatis zum Gesandten an, und daß er unverzüglich eintreffen werde. Er war über alles höchlich erfreut und sagte, er glaube, daß es EE. HH. an ihrer Schuldigkeit, gegen Pandolfo mitzuwirken, nicht fehlen lassen sollten, und er bat mich von neuem, Euch darum zu ersuchen. Er freute sich über die Wahl dieses Mannes und erwartet ihn mit Verlangen. Wir sprachen von vielen Dingen, alle in bezug auf diesen Feldzug gegen Pandolfo, wozu er sich durchaus entschlossen zeigt und sagt, er sei gutes Mutes, da ihm weder Geld noch Unterstützung fehle. Auf der anderen Seite ist Messer Romolino gestern als Kurier nach Rom gegangen, und ich habe aus sehr guter Quelle erfahren, die Ursache sei, um sich mit dem Papste über diesen Feldzug zu beraten und zu hören, wenn man mit Pandolfo einen fetten Vertrag haben könne, ob er nicht anzunehmen sei? Denn der Herzog glaube zuviel zu kauen zu haben, wenn er sich mit Siena und den Orsini zu gleicher Zeit abgeben müsse; wäre dagegen eines davon einstweilen in Ordnung gebracht, so sei das andere leichter, und später könne er dann nach Belieben auf das erste zurückkommen. Es wäre möglich, daß man mir nicht die Wahrheit gesagt hat, *tamen* ist die Sache nicht unwahrscheinlich, obgleich sie seinen Worten *totaliter* widerspricht. Denn er hat mir versichert, er wolle mit Hintansetzung jeder Bedenklichkeit diesen Feldzug gegen Pandolfo unternehmen, und wenn der Papst mit ihm unterhandle, so sei dies eine List, um ihn in die Hände zu bekommen und damit er, in der Hoffnung auf einen Vertrag, nicht die Flucht ergreife. Es ist gut, alles zu hören und dann den Erfolg abzuwarten.

Man hat sich hier den ganzen Tag mit Anfertigung von Leitern beschäftigt. Das nächste Nachtquartier wird jenseits der Chiana, im Gebiet von Siena sein. Wo, hört man nicht bestimmt.

Der Herzog hat einem Sekretär der Bentivogli, der hierher kam, ein freundliches Gesicht gemacht und ihn von seiner guten Gesinnung gegen sie versichert. Auch hat er befohlen, daß der Friede zwischen ihm und den Bentivogli in allen seinen Staaten, sowie hier im Lager bekanntgemacht werde, damit es jedermann wisse. Er hat die 100 Schweren und 200 Leichten Reiter von den Bentivogli verlangt, die sie ihm als Hilfstruppen stellen müssen. Heute hat er mich gebeten, EE. HH. zu schreiben, daß dieselben diesen Soldaten Messer Giovannis, die zu seiner

Unterstützung kommen, den Durchzug gestatten und Lebensmittel für ihr Geld geben möchten. Ich soll EE. HH. darum in seinem Namen bitten.

Vom Herzog Guido von Urbino sprach weder ich noch er, und ich hielt nicht für gut, davon anzufangen.

Da der Herzog hier in Castello della Pieve ist, so habe ich ihm Messer Bandino, der in Eurem Sold steht, empfohlen, weil ich gehört hatte, daß gewisse Gegner von ihm hierher zurückgekehrt sind. Der Herzog antwortete, er betrachte und schätze Messer Bandino als einen werten Mann, weil er in Eurem Sold und Freund EE. HH sei. Ich solle ruhig sein, es würde ihm weder an seiner Person noch an seinen Gütern Gewalt geschehen.

Es kommt hiermit ein Brief, der nach Piombino geht und der mir von Messer Alessandro Spannocchi ans Herz gelegt worden ist. Ich habe ihm versprochen, daß EE. HH. den Brief durch einen Mann mit Post übersenden werden, warum ich dieselben bitte.

Ich habe fünf Dukaten für die ersten drei Depeschen nach den Vorfällen in Sinigaglia ausgelegt; ich bitte, sie mir zurückzuerstatten und Biagio di Buonaccorso für mich geben zu lassen, wenn EE. HH. nicht wollen, daß ich leiden soll, wo ich keine Schuld habe. Ich empfehle mich denselben tausendmal.

Ex Castello della Pieve 13. Januarii 1502 (1503).

servitor
Nicolaus Machiavellus Secret.

ZWEIUNDFÜNFZIGSTER BRIEF.

Magnifici Domini etc.

Gestern morgen verließ ich den Gesandten, um nach Florenz zurückzukehren, aus den Gründen, die EE. HH. aus seinem beifolgenden Schreiben ersehen werden. Ehe ich abreiste, sprach man bei Hofe davon, der Vertrag zwischen dem Herzog und den Sienesern sei geschlossen. Als ich mich aber vergangene Nacht zu Castello della Pieve befand, wo ich wegen der Chiana landen mußte, kam an Don Ugo, der sich mit seinen

Truppen hier befand, ein Brief, wodurch er Befehl erhielt, diesen Morgen aufzubrechen und nach Orvieto zu marschieren, weil der Herzog *etiam* mit seinen Soldaten diese Richtung nähme[1]. Als ich heute früh zu Pferde stieg, sattelten *etiam* Don Ugo und seine Truppen auf, um abzuziehen. Don Ugo sagte mir, der Vertrag sei geschlossen und Pandolfo müsse jetzt mit sicherem Geleite des Herzogs von Siena abgereist sein[2]. Sonst wußte er mir nichts Näheres zu sagen. Nachdem ich diese Nachricht bis hierher getragen habe, wollte ich sie einen Vorsprung machen lassen und sende sie daher durch einen Mann mit Post. Die näheren Umstände zu schreiben, muß ich dem Gesandten überlassen. Da ich jedoch weiß, mit welcher Schwierigkeit seine Nachrichten anlangen, so wollte ich nicht ermangeln, EE. HH. über diese Sache dies wenige Licht zu geben. Ich empfehle mich EE. HH.

Die 21. Januarii 1502 (1503), hora tertia noctis. In Castiglione Aretino.

E. D. V.
servitor
Nicolaus Machiavellus Secret.

Dem Überbringer sind drei Lire versprochen.

---

[1] Den 23. Januar hieß es, daß der Herzog die vergangenen Tage die Städte Chiusi und Pienza, und ferner Sarteano, Castel della Pieve und San Quirico unterworfen habe. Im letzten Orte fanden sich nur zwei Greise und neun alte Weiber, die man an den Armen aufhängte und ihnen Feuer unter die Füße machte, damit sie gestehen sollten, wo die Güter verborgen seien. Da sie es aber nicht wußten oder nicht gestehen wollten, starben sie über der Marter. Auch in Acquapendente, Montefiascone, Viterbo und anderwärts wurde alles geplündert (Burchardt).

[2] Den letzten Januar 1503 hieß es, daß Pandolfo Petrucci Samstag nacht den 28. von Siena abgezogen sei, um nach Lucca zu gehen oder sonst wohin er wolle, und daß der Herzog nach Rom kommen werde (Burchardt). Wirklich reiste Pandolfo von Siena ab, um in Lucca Schutz zu suchen, wohin er besondere Empfehlungsschreiben vom Herzog von Valentinois hatte. Kurz darauf schickte ihm der Herzog 5o Reiter nach, um ihn zu töten. Die Sache gelang nicht, weil sie zu Cascina einige Zeit durch den florentinischen Kommissar aufgehalten wurden. Pandolfo Petrucci, dieser Gefahr entgangen, brachte seine Angelegenheiten wieder in Ordnung und wurde durch die Vermittelung des Königs von Frankreich und mit der Zustimmung der Florentiner den 29. März 1503 in Siena wieder eingesetzt, nachdem er sich verpflichtet hatte, Florenz Montepulciano zurückzugeben.

Legation nach Mantua in Geschäften mit dem Kaiser

KOMMISSION FÜR NICCOLÒ MACHIAVELLI NACH MANTUA UND UMGEGEND

beschlossen den 10. November 1509.

Niccolò, du wirst nach Mantua gehen, wohin dich zwei bis drei Reiter mit den Summen begleiten werden, die daselbst dem Kaiser oder seinen beglaubigten Abgeordneten als zweiter Termin der Gelder bezahlt werden müssen, die ihm in dem letztlich abgeschlossenen Vertrag versprochen worden sind[1]. Es ist notwendig, daß alle, oder wenigstens du auf eine Weise reisest, daß du am 14. abends oder längstens den 15. dieses ankommst. Damit diese Angelegenheit erleichtert werde, wirst du ein Beglaubigungsschreiben an die erlauchte Markgräfin erhalten, bei dessen Überreichung du ihr alles Nötige vortragen wirst, indem du ihr zuerst auf das verbindlichste für die freundliche Aufnahme dankst, die sie unseren Botschaftern erwiesen, dich hierüber nach den Umständen ausführlich verbreitend.

Bei deiner Ankunft wird der zum Empfang der Summen Beauftragte schon zu Mantua sein, mit hinreichender Vollmacht zur Entgegennahme. Zu deiner genaueren Information hast du zu wissen, daß von der ganzen Summe tausend Dukaten an Lante Bonifazio da Sarego, Edelmann von Verona, zu bezahlen sind, wie es im Vertrage bestimmt ist. Alle übrigen Gelder sind an den Beauftragten Seiner Majestät zu entrichten. Da die Sache doch sehr bekannt ist, so ist es notwendig, daß du dir es wohl angelegen sein lässest, die Personen, welchen du zu bezahlen hast, zu erkennen und ihre Legitimation zu prüfen. Was Bonifazio betrifft, wird dies nicht sehr schwierig sein; was den Abge-

[1] Dieser Vertrag wurde zu Verona zwischen dem Kaiser und den Florentinern abgeschlossen. Der Kaiser gewährleistete dadurch der Republik ihre Staaten und verpflichtete sich, weder in Person noch durch seine Feldherren die bestehende Regierung und Freiheit derselben anzugreifen. Die Florentiner machten sich dagegen verbindlich, ihm vierzigtausend Dukaten in vier Terminen zu bezahlen, einen zu Ende Oktober, den zweiten den 25. November, zu welchem Zwecke Machiavelli gesandt wurde, den dritten Ende Januar und den vierten Ende Februar. S. Diario di Buonaccorsi S. 144 und Guicciardini lib. VIII.

ordneten Seiner Majestät betrifft, so muß er hinreichende Beglaubigung mitbringen. Der Empfänger des ersten Termines nämlich hatte ein kaiserliches Schreiben, daß die Summe an ihn ausbezahlt werden solle, und ein solches muß auch der gegenwärtige haben. Bestimmt wollen Wir, daß du dir Quittung und Empfangsschein von den Personen selbst eigenhändig ausstellen lässest, und überdies, daß über beide Zahlungen ein öffentlicher Akt aufgesetzt werde; denn so geschah es bei der ersten Zahlung. Giovanni Borromei wird dir den nämlichen Notar verschaffen können, in dessen (Giovannis) Haus Wir glauben, daß du absteigen wirst, wenn du nicht Gründe zum Gegenteil hast. Nach geleisteter Zahlung wirst du Uns durch die nämlichen Reiter alle besagten Quittungen und Akten zusenden, indem du uns zugleich durch sie meldest, was man von den Angelegenheiten des Kaisers und diesem ganzen Feldzug desselben erfahren wird. Hierauf wirst du dich nach Verona begeben, oder wo es dir am zweckmäßigsten scheint, um die Dinge genauer zu erfahren und uns zu berichten. Aus dieser Gegend wirst du nicht abreisen, ehe du Befehl von Uns erhältst; denn wenn du einmal dahin gegangen, um diese Gelder zu bezahlen, so wird es weniger Aufsehen machen, wo du bleibst, als wenn Wir andere schicken würden. Während deines Aufenthaltes in jenen Orten, die du täglich nach den Umständen wechseln wirst, wirst du Uns fleißig alles melden, was sich Wissenswertes zuträgt. – Obgleich es sich von selbst versteht, so wird doch, des möglichen Schadens wegen, dir und den vorbenannten Reitern in Erinnerung gebracht, daß ihr vorsichtig, behutsam und mit so wenig Aufsehen als möglich reiset.

Du wirst ferner ein Beglaubigungsschreiben an Seine Hochwürden den Kardinal von Gurk erhalten, hinsichtlich dieser Zahlung und des etwa sonst noch Nötigen. Dieses wirst du vor und nach der Zahlung, den Umständen gemäß, benutzen.

Ferner wirst du eine Abschrift des oben erwähnten kaiserlichen Briefes erhalten, damit du siehst, wie der neue sein muß und welche Unterschriften nötig sind.

Der Abgeordnete, welcher den ersten Termin in Empfang nahm, war ein Sekretär Seiner Majestät, namens Wolfgang

Hemesle, ein Mann von kleiner Statur, dreißig bis zweiunddreißig Jahre alt, ein wenig stark an Fleisch, mit rotem Bart und gleichem etwas krausem Haupthaar. Der Notar, welcher das Instrument über die erste Zahlung aufsetzte, ist Ser Gabriello di Ser Bartolomeo d'Albo aus Mantua. Derselbe kann das neue Instrument so machen wie das erste, weshalb du von letzterem keine Abschrift erhältst; nur ist hinzuzusetzen, daß dies der zweite Termin ist.

Erster Brief.

Magnifici et Excelsi Domini, Domini mei singularissimi.

Donnerstag den 15. kam ich hier wohlbehalten an. Am nämlichen Tag war auch Piggello Portinari angekommen, und in Begleitung Messer Antimacos, der früher Sekretär des Markgrafen gewesen und später, von diesem kassiert, Agent des Kaisers geworden ist. Messer Antimaco hatte ein kaiserliches Schreiben, daß ihm die Gelder zu bezahlen seien, und somit zählte ich ihm gestern nach dem Essen neuntausend Dukaten vor. Ich habe das kaiserliche Schreiben und eine eigenhändig geschriebene Quittung; ferner ist durch denselben Notar, welcher dies Geschäft das erstemal besorgte, ein Instrument über die Zahlung aufgesetzt worden. Mit Messer Antimaco kam ein junger Veroneser, dem ich die tausend Dukaten bezahlen sollte, in Gemäßheit der Kommission Eurer Herrlichkeiten. Da er jedoch weder Vollmacht, noch Schreiben von seinem Prinzipal hatte und nur die Verbürgung des Messer Antimaco, so wollte ich ihn nicht bezahlen, mit der Bemerkung, er solle zurückkehren, die Vollmacht zu holen, dann würde ich ihm das Geld geben. Er kam mit mir überein, daß er es tun wolle und heute zurückkommen würde. Ich werde ihn hier erwarten und dann, wenn ich alle Quittungen über die bezahlten Gelder habe, dieselben durch einen der Reiter Euren Herrlichkeiten übersenden, wie mir befohlen ist. Hätte ich gestern alle Zahlungen leisten und alle Quittungen senden können, so würde ich

Gegenwärtigen, nebst beiliegendem Schreiben des Francesco Pandolfini, welches Euch Giovanni Borromei in dessen Auftrag mit Post sendet, durch einen der Reiter abfertigen, und würde heute morgen mit Messer Antimaco und Piggello nach der Gegend abgereist sein, wo sich der Kaiser befindet. Da ich jedoch die Zahlungen nicht geleistet und keinen Auftrag habe, sie anderwärts zu leisten, so bin ich geblieben, um sogleich, wie ich alles besorgt, die Papiere zu senden und zum Kaiser zu reisen.

Messer Antimaco sagte mir, er habe den Kaiser den 12. zu Rovereith verlassen, von wo er nach Bassano gehen sollte, einem Ort, einige zwanzig Miglien in der Richtung auf Friaul von Verona entfernt. Seine Majestät, mit einem großen Heer, wolle die Venetianer von jener Seite erwarten, während auf dieser Seite Lignago belagert werden solle. Er, Messer Antimaco, solle mit einem Teil dieser Gelder einige Tage hier bleiben, um das Nötige zur Belagerung zu besorgen. Der Kaiser habe sich neuerlich noch enger mit dem König von Frankreich verbunden und sende ihm eine feierliche und ehrenvolle Gesandtschaft. So schilderte er im Gespräche die Angelegenheiten des Kaisers, nach ihrer Gewohnheit, gar prächtig.

Es trug sich hierauf zu gegen 22 Uhr, während das Geld gezählt wurde, daß ein Kurier vom Bischof von Trient, der, wie Ihr wißt, Gouverneur von Verona ist, mit Briefen an Messer Antimaco eintraf, nach deren Durchsicht er und Piggello sich mir näherten und mir mitteilten, sie hätten Nachricht: daß gestern morgen Vicenza sich empört habe, und daß die Venetianer darin seien; er habe deshalb Befehl, sobald sie könnten, mit diesem Gelde nach Verona zu gehen. Nähere Umstände sagten sie mir nicht. Aber als ich das Zimmer verließ, wo die Bezahlung geschehen, hörte ich, daß die Nachricht schon in der ganzen Stadt verbreitet sei und der Vorfall verschieden erzählt werde. Der eine sagt, alle Schweren Reiter, die sich in der Stadt befunden, seien ausgeplündert worden, und Fracassa und der Markgraf von Brandenburg gefangen. Der andere sagt, das Volk sei in Waffen aufgestanden und habe sie alle durch Vergleich fortgeschickt, ohne sie irgend zu verletzen. So habe ich die

Wahrheit nicht erfahren können. Ich glaube, daß Francesco Pandolfini in diesem Schreiben, das er mit Post sendet, Euch vielleicht zuverlässigere Nachricht geben konnte. Viele besorgen, Verona werde es auch so machen, und geschieht es nicht, so glaubt man, es werde durch die Scheu vor den Franzosen abgehalten, welche nahe stehen, und weil es von guten Zitadellen beherrscht wird, wenn diese besetzt sind.

Weiter habe ich für jetzt über die hiesigen Angelegenheiten Euren Herrlichkeiten nichts zu schreiben, sobald ich mich jedoch an Orten befinde, wo man mehr erfahren kann, werde ich zuverlässigen Bericht erstatten können. Ich wollte gestern morgen der Markgräfin aufwarten, fand aber, daß sie vor Tische, weil sie spät aufsteht, niemand Audienz erteilt. Nach Tische konnte ich nicht, durch die Zahlung abgehalten, die mich bis in die Nacht beschäftigte. Ich werde sie heute jedenfalls zu sprechen suchen. Empfehle mich Euren Herrlichkeiten. *Quae bene valeant.*

Ex Mantua, die 17. Novembris 1509.

Ich sende mit Gegenwärtigem keinen der Reiter, weil einer die Quittungen nach Florenz bringen soll, und ich einen zweiten jedenfalls bei mir haben will, wenn ich weiter gehe.

Servitor
Niccolò Machiavelli Secret.

ZWEITER BRIEF.

Magnifici Domini etc.

Ich glaubte heute die tausend Dukaten bezahlen und Euch dann alle Quittungen und Kontrakte über beide Zahlungen schicken zu können. Allein heute am Abend kam der Agent des Lante Bonifazio mit einem Kontrakte, der so beschaffen war, daß unser Notar sagte, man könne darauf keine Zahlung leisten, noch ein Instrument aufsetzen. Der Kontrakt mußte also noch einmal nach Verona zurückgeschickt werden, um ihn besser zu machen. Als ich die Sache sich verzögern sah, schien es mir gut, Ardingo mit den Quittungen für die neuntausend Dukaten, welche an Messer Antimaco auf die in meinem Beiliegenden von gestern angegebene Weise bezahlt wurden, abzufertigen. Dabei befindet sich der Brief des Kaisers, der befiehlt, die neuntausend Dukaten an Messer Antimaco zu bezahlen, die Quittung, die Messer Antimaco eigenhändig ausgestellt, und der Kontrakt, welcher die Bezahlung beglaubigt, aufgesetzt vom nämlichen Notar, der bei der ersten Bezahlung, welche durch die Gesandten geschah, verwendet worden war. Messer Antimaco weigerte sich, obgleich ich sehr darauf drang, in seiner Quittung zu sagen, daß dies der zweite Termin sei. Er wendete ein, er habe keine Kenntnis von der Bezahlung des ersten Termines und anderen glaube er nicht, wolle jedoch sagen, für den Seiner Kaiserlichen Majestät schuldigen Termin des Monats November. Im Kontrakt zwar ist gesagt und mehreremal wiederholt, als zweiter Termin und Zahlung. Ich werde bis übermorgen hier warten, um dem Veroneser die tausend Dukaten zu bezahlen, dann nach Verona gehen, wenn nichts Neues dazwischenkommt, und da ich Zerino mitzunehmen gedenke, die Quittungen und den Kontrakt über diese Summe Luigi Guicciardini zurücklassen, damit er sie nach Florenz Euren Herrlichkeiten mitbringt.

Ich habe heute mit der Markgräfin gesprochen und ihr im Namen Eurer Herrlichkeiten für die Euren Botschaftern erzeigte Ehre gedankt, wozu ich alles beifügte, was ich für zweckmäßig hielt anzubieten usw. Sie antwortete mir sehr höflich, indem sie Euren Herrlichkeiten tausendmal dankte. Als ich hierauf auf die Vorfälle von Vicenza kam, sagte sie mir: sie habe noch keine genaue Nachricht, wie sie wünsche; man höre, die Truppen des Kaisers seien ohne Unbill fortgeschickt worden. Auch auf anderem Wege habe ich nichts anderes erfahren. – Von Verona hört man, daß der Bischof von Trient in die Zitadellen ungefähr fünfzehnhundert Spanier gelegt hat und die Häuser bezeichnet werden, um französische Truppen einzuquartieren. Man weiß nicht, was geschehen wird; denn auf der einen Seite glaubt man, daß die Veroneser großes Verlangen haben, die

Vicentiner nachzuahmen, auf der anderen scheint angenommen werden zu müssen, daß die Zitadellen und die Franzosen sie zurückhalten sollten. Doch wollen die Leute manchmal ein Gelüste befriedigen, ohne an die wahrscheinlichen Folgen zu denken; und um so eher dürften es die Veroneser tun, als der Kaiser zu Trient sein soll, von wo er, wie es heißt, nach Bozen gehen wird, daselbst einen Landtag zu halten. Ich schreibe dies nicht als gewiß, sondern als eine Rede derer, die von Verona kommen, und als eine mögliche Sache.

Giovanni Borromei glaubte gestern einen Mann zu finden, der den Brief des Francesco Pandolfini überbrächte, wie ihm Francesco aufgetragen. Da er jedoch keinen fand, hielt er dafür, daß Ardingo mit Post ebensoviel Weg zurücklegen könne, als ein Mann mit einem einzigen Pferd, und gab ihm, damit er in zwei und einem halben Tag in Florenz sei, vier Dukaten. Eure Herrlichkeiten werden soviel an Lionardo Nasi zurückbezahlen lassen, sowie einunddreiviertel Goldgulden, die der Notar erhielt, welcher das Instrument aufgesetzt hat, das Euch gesendet wird. Empfehle mich Euren Herrlichkeiten. *Quae bene valeant.*

Ex Mantua, die 18. Novembris 1509.

Bezahlen Eure Herrlichkeit ferner an Lionardo Nasi einen halben Dukaten, welchen Giovanni Borromei dem Boten, der ihm den Brief Francesco Pandolfinis brachte, gab, wie ihm Francesco befohlen.

Servitor
Niccolò Machiavelli Secret.

Dritter Brief.

Magnifici Domini etc.

Gestern morgen ging Ardingo mit meinen Briefen vom 17. und 18. von hier ab, worin ich das Vorkommende melde und alle Beglaubigungen der Zahlung der neuntausend Dukaten übersende. Diesen Brief schreibe ich Euren Herrlichkeiten, weil

Giovanni Borromei eine Stafette im Auftrag Francesco Pandolfinis abfertigt, die nicht ohne eine Zeile von mir kommen soll, obwohl ich nichts Neues zu schreiben habe außer dem Gemeldeten. Ich erwarte, daß heute jener Agent von Verona kommen wird, um die tausend Dukaten in Empfang zu nehmen, nach deren Bezahlung ich weiter reisen werde. Hier am Ort wachsen, ja regnen die Lügen, und der Hof ist mehr damit angefüllt als der Markt. Heute morgen noch wurde gesagt und überall behauptet, der Kaiser sei in Padua eingedrungen, als es die Venetianer verlassen, um nach Vicenza zu marschieren. Dies behauptet man in der ganzen Stadt. Ich werde, wie ich gesagt, nach Bezahlung der tausend Dukaten nach Verona gehen oder weiter, so nah zum Kaiser, als ich kann, wenn die Wege so beschaffen sind, daß man durchkommt. Weiter habe ich nichts zu sagen, außer mich EE. HH. zu empfehlen.

In Mantua, die 20. Novembris 1509.

Servitor
Niccolò Machiavelli Secret.

Vierter Brief.

Magnifici Domini etc.

Gestern reiste ich von Mantua ab, nicht vorgestern, und kam hier an. Ich bezahlte die tausend Dukaten, worüber ich Quittung, Vollmacht und Instrument Luigi Guicciardini zurückließ, mit dem Auftrag, sie zu überbringen, wann er nach Florenz zu EE. HH. zurückkehren wird, so es ihm Dieselben nicht anders befehlen.

Der Kaiser befindet sich zu Acci, einem Ort, wenige Miglien diesseits Rovereith. Es heißt, er habe in der Grafschaft Tirol einen Mann auf das Haus aufgeboten, um damit zur Unterstützung der hiesigen Stadt vorzurücken, wo Seine Majestät täglich erwartet wird. Ich bin deshalb nicht weiter gegangen, auch ist der Weg nicht sicher, und erst heute noch sind von den Venetianern zehn Reiter gefangengenommen worden, die zum Kaiser wollten. Ich denke ihn daher hier zu erwarten, wo anzunehmen ist, daß sich der Krieg konzentrieren dürfte.

Die Verhältnisse in dieser Stadt sind folgende. Die Edelleute sind nicht für St. Markus gesinnt, vielleicht weil sie in Schuld zu sein glauben. Die Bürger und die niederste Menge sind ganz venetianisch gesinnt. Bei alledem sah man am Tage, wo die Venetianer Vicenza wieder nahmen, ein sehr gutes Zeichen. Gerade bei Ankunft der Nachricht vom Verlust Vicenzas entspann sich auf dem Platz ein Kampf zwischen einigen Spaniern, so daß die ganze Stadt zu den Waffen griff und ein Gerücht ging, die Venetianer seien in der Stadt. Gleichwohl verließ kein einziger sein Haus oder machte irgend Miene zu Schlimmem. – Die besetzten Werke in Verona sind getrennt und so beschaffen, daß ihre Einnahme viel Zeit erfordert, wenn sie wohl versehen sind. Die Besatzung derselben besteht aus deutschen Fußtruppen, deren Zahl nicht 1000 erreicht. Ferner sind ungefähr 3500 andere Fußsoldaten hier, teils Spanier, teils Italiener. Es sind hier 1000 bis 1200 Pferde. Zu bemerken ist, daß alles deutsche Fußvolk und Reiterei, mit Ausnahme von wenigen, die hier beim Bischof blieben, abmarschiert sind. Ferner blieben ungefähr 200 burgundische Reiter hier und die Italiener, welche er in Sold genommen. Es sind etwa 400 französische Reiter hier, die auf den Verlust Vicenzas kamen, vom Großmeister geschickt; und heute ist, gleichfalls von ihm geschickt, ein Graf Giovan Francesco da Bergamo mit ungefähr 250 Pferden gekommen.

Die Venetianer stehen mit ihrem Heer zu San Martino, fünf Miglien von hier. Es heißt, sie haben etwas über 5000 Mann Soldtruppen, eine große Menge wütender Bauern, und ihre ganze Reiterei. Heute haben sie die ganze Umgegend verheert und alle Wege abgeschnitten, so daß es ein großes Glück für mich ist, daß ich gestern kam, nicht heute.

Man glaubt, die Venetianer werden alles aufbieten, diese Stadt zu bekommen. Sie ziehen lockend umher, das Volk zu versuchen und zu sehen, ob nicht ein Aufruhr sie hineinbringe. Wenn sie sehen, daß dies nichts hilft, glaubt man, werden sie mit Geschütz kommen; denn sie werden meinen, daß sie nur mit der Besatzung zu kämpfen haben, indem das Volk, wenn es sich nicht als Freund zeigt, doch auch nicht Feind sein wird. Sollte es so kommen, so möchte Sonntag nicht vorübergehen; denn sie dürfen keine Zeit verlieren. Nehmen sie Verona nicht, so wird ihnen die Einnahme von Vicenza wenig nützen; denn Verona sperrt zugleich den Franzosen und den Deutschen den Paß, was Vicenza nicht tut. Auch sagen die Deutschen, Vicenza sei so schwach, daß sie es ebenso leicht wieder einnehmen würden, als sie es verloren. Der Teil der hiesigen Einwohner, welche keine Änderung wünschen, und die Deutschen setzen alle ihre Hoffnung auf die Franzosen. Sie sprechen nichts mehr von den Rüstungen Deutschlands, sondern sagen, der Großmeister komme in Person, er habe Messer Jacopo mit allen Schweren Reitern, die der König in der Lombardei hat, in Marsch gesetzt, 4000 Abenteurer angeworben, lasse 10000 Schweizer kommen, und werde mit diesem ganzen Heer unverzüglich erscheinen, Vicenza wieder zu nehmen und das Heer der Venetianer bis in den Golf zurückzuwerfen. Wenn es mit diesen Rüstungen seine Richtigkeit hat, können Eure Herrlichkeiten von Francesco Pandolfini vollständigen Bericht haben. Hier ist mir gesagt worden, der Großmeister habe die wenigen Truppen hierher geschickt, um den Deutschen Hoffnung auf Sukkurs zu machen, während er an den König einen Kurier abgefertigt, der in neun Tagen zurück sein müsse, um zu hören, wie Seine Majestät wolle, daß er handle. Nun weiß man nicht, wie es der König meinen wird, ob er wird abwarten wollen, die Städte für sich selbst wieder einzunehmen, oder die eines anderen verteidigen. Gleichwohl ist dieser Paß zu wichtig und vorteilhaft für jeden, der ihn in Italien angreifen wollte.

Ich sprach mit dem Bischof heute morgen, indem ich die Ursache meines Kommens sagte, daß ich hier bleiben werde usw. Er sah mich sehr gerne, lobte sehr Eure Herrlichkeiten, daß sie mit der Bezahlung Wort gehalten usw. Beiseite ist mir gesagt worden, und von mehr als einem Mann von Bedeutung, daß die neuntausend Dukaten Ursache sind, daß Verona heute dem Kaiser gehört; sie würden dies immer bezeugen. Bemerken dies somit Eure Herrlichkeiten, um es zu gehöriger Zeit in Erinnerung bringen zu können, wenn die Ereignisse sich danach gestalteten; denn es verhält sich wirklich so, wie mir gesagt worden und ich schreibe.

Ich schicke den Zerino nicht, weil es mir noch nicht Zeit scheint, mit Marcone allein zu bleiben. Wahr ist, daß ich mehr als einen Dukaten täglich verzehre, welcher mir als Gehalt bestimmt worden; ich werde jedoch, wie früher, stets mit allem zufrieden sein, was Eure Herrlichkeiten wollen, denen ich mich empfehle.

Ex Verona, die 22. Novembris 1509.

Servitor
Niccolò Machiavelli Secret.

FÜNFTER BRIEF.

Magnifici Domini etc.

Vorgestern, den 22., schrieb ich Euren Herrlichkeiten, was ich über die diesseitigen Angelegenheiten erfahren. Den Brief sandte ich an Giovanni Borromei nach Mantua; da ich mich aber heute morgen entschlossen habe, den Zerino nach Florenz zurückzuschicken, so habe ich diesem befohlen, zu Mantua im Vorbeigehen bei Giovanni jenen Brief mitzunehmen. Da ich ihn richtig angekommen denke, will ich ihn nicht wiederholen.

Das Heer der Venetianer, welches, wie ich darin sagte, zu S. Martino fünf Miglien von hier stand, zog sich gestern gegen Vicenza zurück. Man sagt hier, dies hätten sie getan, weil sie hier in der Stadt keine Bewegung zu ihren Gunsten gesehen. Aus Scheu vor den Franzosen seien sie nicht vorgerückt; und obgleich, wie ich in meinem Letzten sagte, nicht viele Franzosen gekommen sind, so haben die Venetianer doch sich in kein Gefecht einlassen wollen, wo diese sich befinden, um den König nicht zu reizen, daß er sie ernstlich angreife. – Was jetzt geschehen wird, wagt hier niemand vorauszusagen. Wahr ist, daß man weiß, daß der König großes Verlangen nach dieser Stadt trägt, und daß die Bürger und Edelleute sehnlich wünschen, er möge sie erhalten, während der Kaiser für jetzt nicht imstande zu sein scheint, weder die Stadt zu verteidigen, noch zu erhalten, und daß es so nicht bleiben kann, weil man in kurzem hier Hungers sterben und es nötig sein wird, daß Frankreich Verona außer mit Truppen auch mit Lebensmitteln unterstützt. Wie es diese beiden Fürsten halten werden, muß man den Erfolg lehren lassen. Daß darüber unterhandelt werde, hört man hier nicht. Eure Herrlichkeiten können von Francesco Pandolfini mehr Licht darüber haben.

Der Kaiser befindet sich zu Acci, wie ich gemeldet, in der Nähe von Rovereith. Es heißt, er sei beschäftigt, Soldaten zu sammeln, um hierher zu marschieren. Ohne den Vorfall von Vicenza, sagen sie, würde er jetzt in Innsbruck sein. Er dürfte vielleicht, da die Venetianer sich zurückgezogen, diese Reise zu einem guten Zwecke ausführen, den man nicht kennt, obgleich man hier Seine Majestät mit besagten Truppen stündlich erwartet. Ich werde, so mir EE. HH. nicht andere Befehle geben, von hier nicht abreisen; denn wo er ist, hat er weder Botschafter noch andere bei sich haben wollen, sondern hat den Botschafter von Frankreich und den von Aragonien, die ihn begleiteten, nach Trient geschickt, wo sie jetzt sind. Ich glaube aber, daß es, um diese Vorfälle zu erfahren, besser sei, hier als in Trient zu verweilen. Eines würde mich zur Weiterreise bewegen: wenn ich jene Privilegien auszuwirken glaubte, die er im Vertrag versprochen und noch nicht erteilt. Da mir aber Eure Herrlichkeiten bei meiner Abreise weder schriftlich noch sonst etwas gesagt haben, so weiß ich nicht, ob ich gut oder übel täte, sie zu verlangen. Weiter habe ich nichts zu melden, als mich Euren Herrlichkeiten zu empfehlen. *Quae bene valeant.*

Ex Verona, die 24. Novembris 1509.

Servitor
Niccolò Machiavelli Secret.

Messer Piggello erinnert EE. HH. an die geleisteten Dienste und sein Geschäft zu Rom usw.

SECHSTER BRIEF.

Magnifici Domini etc.

Seit meiner Ankunft zu Verona habe ich zweimal Euren Herrlichkeiten geschrieben, den 22. und 24., welche Schreiben Zerino denselben überreicht haben wird. Weiteres von Bedeutung hat sich nicht zugetragen, außer daß man täglich die Besatzung dieser Stadt sich vermehren sieht. Gestern kamen 1000 Gaskogner von Peschiera, und heute sind 200 Schwere Reiter, sämtlich Franzosen, angekommen. Zu Peschiera, heißt es, steht viel Fußvolk und Reiterei, die in zwei Tagen mit dem Großmeister hier einrücken sollen, wo auch der Kaiser bis dahin erwartet wird. Nach deren Ankunft, heißt es, werden sie vorrücken, Vicenza seine Sünden büßen zu lassen. Die Soldaten warten hierauf mit Sehnsucht, in der Hoffnung auf Beute, und wegen der Schwäche von Vicenza, wo sie mit wenig Mühe und noch weniger Gefahr den größten Gewinn hoffen. Man hört nicht, daß die Venetianer jene Stadt befestigen, noch sonst außerordentliche Vorkehrungen treffen, sondern sie bleiben mit ihren Truppen um die Stadt herum in einigen kleinen Kastellen. Die diesseitigen Soldaten sind damit beschäftigt, das flache Land zu plündern und zu verheeren, wobei man erstaunliche, beispiellose Dinge sieht und erfährt. Es hat sich hierdurch Todesverachtung und Rachedurst der Gemüter des Landvolks bemächtigt, das hartnäckiger und wütender gegen die Feinde Venedigs geworden ist, als es die Juden gegen die Römer waren. Täglich ereignet es sich, daß Gefangene sich eher töten lassen, als daß sie Venedig verleugneten. Gestern erst wurde ein Mann vor den Bischof gebracht, der sagte: er sei Untertan von St. Markus und wolle als solcher sterben, nicht als eines anderen Untertan leben. Der Bischof ließ ihn aufknüpfen, und weder das Anerbieten, ihm das Leben zu schenken, noch andere Versprechungen konnten ihn von seinem Sinne abbringen. In Anbetracht alles dessen ist es unmöglich, daß diese Könige dieses Land behaupten, solange diese Einwohner am Leben sind.

Ob nach Einnahme von Vicenza mehr geschehen soll, oder unter welchen Bedingungen der König von Frankreich ein so starkes Heer sende, weiß ich nicht. Ich berufe mich deshalb auf die Berichte Francesco Pandolfinis, der infolge seiner längeren Anwesenheit bei mitteilenderen Leuten einiges Nähere erfahren haben muß.

Der Bischof von Gurk, wie ich erfahren, befindet sich nicht beim Kaiser, sondern ist mehr ins Innere von Deutschland gegangen, Gelder einzutreiben. Empfehle mich Euren Herrlichkeiten. *Quae bene valeant.*

Ex Verona, die 26. Novembris 1509.

Ich schicke diesen Brief an Giovanni Borromei nach Mantua, damit er ihn mit den nächsten Depeschen übersende.

Servitor
Niccolò Machiavelli Secret.

Siebenter Brief.

Magnifici Domini etc.

Mein Letzter war vom 26., den ich an Giovanni Borromei nach Mantua schickte mit dem Auftrag, ihn mit seinen ersten Depeschen zu übersenden. Ebenso werde ich es mit diesem Briefe machen.

Nachdem ich obengenannten Brief geschrieben, sind hier zirka 200 Schwere Reiter, von Chaumont geschickt, teils Franzosen, teils Italiener, angekommen, worunter Tarlatino mit seiner Kompagnie. Man steht jetzt hier in der Erwartung, daß sich ein starkes Heer versammle. Gestern sollte der Kaiser zu Obsolengo zum Großmeister stoßen, der bis vor drei Tagen zu Peschiera gestanden. Sie werden, wenn sie sich vereinigen, ausmachen müssen, wie und in welcher Art der Krieg geführt werden soll. Ich habe nichts unterlassen zu erfahren, ob Frankreich dafür, daß es diesen Krieg führt, vom Kaiser Belohnung fordert oder erhalten wird, oder ob es den Krieg ohne Belohnung führen wird, für hinreichenden Gewinn erachtend, daß es den Feind von seinen Grenzen fernhalte und der wenig treuen

Bevölkerung die Gelegenheit zur Empörung entziehe. Ich habe hierüber noch nichts erfahren können, was mir genügte; denn ich glaube nicht, daß es hier jemand weiß. Die Deutschen, mit denen ich darüber gesprochen habe, bestehen auf dem Ehrenvollen. Maximilian, sagen sie, werde Frankreich keine Scholle von dem Staate geben, der ihm gebühre. Es müsse Frankreich genügen, daß der Staat des Kaisers seinem Staate einen Schild bilde und den Einfällen preisgegeben sei. Frankreich sei gezwungen, die Verteidigung zu übernehmen; denn es verteidige seine Staaten sowohl mit mehr Vorteil, als auch mit größerer Sicherheit, wenn es den Feind fernhalte, als wenn es abwarte, bis es ihn an der Grenze habe. Kurz, den Deutschen scheint dieser Feldzug für Frankreich eine Notwendigkeit. Es kommt nun darauf an, was Frankreich davon halten wird. Ich kann Euren Herrlichkeiten nur so viel sagen, daß es mit diesem Lande nicht so bleiben kann. Je langsamer die beiden Fürsten Krieg führen werden, desto größer wird das Verlangen der Bevölkerung werden, unter ihre vorigen Herren zurückzukehren; denn die Stadt wird durch die Einquartierung aufgezehrt, auf dem Lande wird geraubt und gemordet. Die Venetianer hingegen, die dies wissen, benehmen sich umgekehrt; sie lassen die Einwohner der Städte und der Landschaft schonen und achten, mehr als es von einer bewaffneten Menge glaublich ist. Legen daher diese Könige beide die Hände in den Schoß und führen diesen Krieg nicht kurz und derb, so könnte sich ereignen, daß diese Städte schneller unter die alte Herrschaft zurückkehren, als sie abgefallen sind.

Der Kaiser befand sich vor zwei Tagen, wo ich in meinem Letzten Euren Herrlichkeiten geschrieben. Gestern kam Fracassa hierher, der, heißt es, vom Kaiser zum General seiner italienischen Schweren Reiter ernannt werden wird, an die Stelle des Signor Costantino. Dieser, sagen sie, kehre nach Rom zurück, weil er mit Herrn von la Palisse einen so heftigen Wortwechsel gehabt, daß ihn la Palisse gefordert habe. Um nicht mit den Franzosen in Berührung zu kommen, kehrt er nun nach Rom zurück. Er hinterläßt hier keine gar gute Meinung von sich.

Die Venetianer haben ihre Truppen in einer Ausdehnung von zehn Miglien zerstreut. Ihre Stradioten streifen häufig bis auf zwei Miglien an Verona heran. Gestern erst nahmen sie den Deutschen über 100 Furagierpferde, so daß heute mit einer Bedeckung von über 500 Reitern zum Furagieren ausgerückt wurde. Es befinden sich hier zirka 4500 Mann Fußtruppen und 2500 Pferde, wovon wohl 2000 auf Frankreich zurechnen sind. Man erwartet morgen 4000 Mann deutsche Fußtruppen und den Kaiser, nachdem er sich mit dem Großmeister unterredet haben wird. Weiter habe ich nichts Neues zu melden, als mich EE. HH. zu empfehlen. *Quae bene valeant.*

Ex Verona, die 29. Novembris 1509.

Servitor
Niccolò Machiavelli Secret.

ACHTER BRIEF.

Magnifici Domini etc.

Den 29. vorigen Monats schrieb ich Euren Herrlichkeiten und sandte den Brief nach Mantua an Giovanni Borromei. Gestern schrieb ich gleichfalls an Eure Herrlichkeiten einen kurzen Brief, den ich durch einen Kurier des Papstes sandte, der Florenz passiert. Ich gab darin Nachricht von der Ankunft des Beauftragten des Kaisers mit dem Signor Costantino. Gegenwärtigen sende ich Euch durch Messer Francesco da Santa Fiore, Kanzler Pandolfo Petruccis, der nach Hause geht. Durch diesen habe ich von neuem zu melden, daß die Unterredung, welche der Großmeister mit dem Kaiser haben sollte, nicht stattgefunden hat. Gleichwohl befand sich gestern der Großmeister zu Peschiera, und der Kaiser reiste von Arco nach Trient ab, was ein schlechter Weg scheint, hierherzukommen. Am Heutigen sind zirka 3000 deutsche Fußsoldaten hier eingerückt; es heißt, sie gehören zu denen, welche in Vicenza waren. Andere Truppen sieht man nicht kommen, auch erfahre ich von Leuten, die von Innsbruck kommen, daß keine unterwegs sind, und man dort nicht davon spricht, daß solche kommen sollen.

Der Bischof-Statthalter, der auf die Bitten der Bürger Verona Erleichterung zu schaffen wünschte, und der die hier befindlichen Truppen für zahlreich genug hielt, in die Landschaft auszurücken und einige der umliegenden Kastelle zu besetzen, wo sie den Feind beschränken und die Kommunikation mit der Stadt erweitern würden, forderte gestern die Franzosen auf, dies zu tun. Sie antworteten, sie würden nicht Verona verlassen, um vorzurücken, ohne Befehl vom Großmeister. Zufällig kam zur selben Zeit Nachricht an, daß der Kaiser durch den Signor Ludovico Gonzaga, den er an Chaumont gesandt, dasselbe begehrt habe, und daß ihm Chaumont dieselbe Antwort gegeben, nämlich ohne neuen Befehl vom König werde er seine Truppen nicht über Verona hinausmarschieren lassen. Die Folge war, daß die Kaiserlichen auf die Franzosen loszuziehen begannen: der Kaiser werde mit den Venetianern Frieden machen und sie aus Italien treiben; so daß die ganze verflossene Nacht über die französischen Schweren Reiter zu Pferde in der Stadt aufmarschiert waren. Mancher von den hiesigen Edelleuten fürchtete schon sehr, sie würden heute früh nach Peschiera zurückkehren, und morgen würden die Venetianer wieder einrücken. Heute jedoch, wie es kam, weiß ich nicht, scheint die Sache beigelegt. Die französischen Generale sind in langer Beratung beim Bischof gewesen, ohne daß man bis jetzt weiß, was sie beschlossen haben. Doch sieht man so aus der Ferne, daß dies zwei Könige sind, wovon der eine den Krieg führen kann und nicht will, der andere ihn führen möchte und nicht kann. Der, welcher kann, zieht ihn zu seinen Zwecken in die Länge. Aber Gott gebe, daß er sich nicht irre; denn würde er erwägen, was die eingefleischte Verzweiflung der Bevölkerung dieses Landes vermag, es würden ihm hundert Jahre scheinen, bis er ihr das venetianische Heer aus den Augen gerückt hätte, worauf sie ihre Hoffnung baut; er würde an nichts anderes denken. Lassen sie hingegen durch dieses Verfahren die Bevölkerung in Verzweiflung und die Venetianer am Leben, so glaubt man, wie ich früher gesagt, daß in einer Stunde sich Dinge ereignen können, welche die Könige, die Päpste und uns bereuen machen werden, ihre Schuldigkeit nicht zu rechter Zeit getan zu haben.

Die Stadt Verona hat heute morgen zwei Botschafter an den Kaiser gesandt, vorzustellen, wie ihre jetzige Lage ist, und wie sie fürchten, daß es kommen werde. Man muß ihre Rückkehr abwarten, die von Bedeutung sein wird, wenn man auch nichts anderes sehen sollte, als man jetzt sieht. Es wird davon gesprochen, daß ein Reichstag zu Kempten gehalten werden soll, drei Tagreisen jenseits Innsbruck. Wahrscheinlich, glaubt man, werde der Kaiser in Person gegenwärtig sein wollen.

Die Venetianer nehmen hier in der Umgegend soviel Kastelle als sie wollen. Ferner hört man, daß sie im Ferrarischen Schaden angerichtet haben und noch anrichten, wovon ich in der Überzeugung, daß Ihr Nachricht von Ferrara haben müßt, nicht näher schreibe. Heute erst ist gesagt worden, die Venetianer hätten Galeeren den Po aufwärts geführt, und der Herzog von Ferrara habe in ihrem Rücken einige Schiffe versenkt, so daß sie so gut als gefangen sind. Man erwarte französische Truppen, um sich ihrer bemächtigen zu können.

Wenn der Kaiser zu Trient bleibt, werde ich vielleicht dahin gehen, so mich Eure Herrlichkeiten nicht zurückrufen. Hierum bitte ich Dieselben sehr; denn begleiten darf ihn niemand, und um fern zu sein, kann ich ebensogut in Florenz sein als hier, besonders da Francesco Pandolfini hier in der Nachbarschaft ist, der von allem Eure Herrlichkeiten sehr gut in Kenntnis halten kann, da er mit Leuten zu tun hat, die usw. *Valete.*

Ex Verona, die prima Decembris 1509.

Servitor
Niccolò Machiavelli Secret.

Neunter Brief.

Magnifici Domini etc.

Gestern schrieb ich EE. HH. und sandte den Brief durch Messer Francesco da S. Fiore, Kanzler Pandolfo Petruccis, der nach Hause zurückkehrte. Ihr werdet daraus ersehen haben, daß man hier den Tag zuvor sehr übel von den Franzosen gesprochen, weil sie, zum Vorrücken aufgefordert, nicht wollten; daß sie fast den ganzen Tag zum Abmarsch bereit waren, und daß den Tag darauf die Sache wieder zugepflastert schien. Heute habe ich gehört, die Ursache des Zornes sei gewesen, daß der Großmeister von den Deutschen den Besitz von Valleggio wollte, ein Kastell am Mincio, das mit Peschiera diesen Fluß beherrscht. Um diesen Paß für sich zu erhalten, den sie, was er wirklich ist, für vorteilhaft erachten, wollten sie bei dieser Gelegenheit den Versuch machen, ob sie sich in seinen Besitz setzen könnten. Man hört, die Sache sei fast in Richtigkeit. Was aber die Franzosen für dieses Kastell versprechen, weiß ich nicht gewiß, weil ich verschiedenes gehört. Der eine sagt, sie versprechen Verona für den Kaiser zu besetzen, bis er zum Vorrücken gerüstet sei. Der andere sagt, sie versprechen dem Kaiser mit 5000 Schweizern und 800 Lanzen zur Einnahme von Vicenza zu dienen. Welche Meinung die richtige sei, weiß ich nicht. Soviel ist gewiß, daß ein ähnlicher Vertrag zwischen ihnen geschlossen wurde oder auf dem Punkte ist, geschlossen zu werden; wir werden nun sehen, was folgt. Weiter habe ich EE. HH. nichts zu sagen; denn vom Kaiser hört man nichts weiter, als ich bereits EE. HH. geschrieben, Denen ich mich untertänig empfehle. *Valete.*

Ex Verona, die 2. Decembris 1509.

Servitor
Niccolò Machiavelli Secret.

ZEHNTER BRIEF.

Magnifici Domini etc.

Vom 2. war mein Letzter, den ich durch die Hände Giovanni Borromeis sandte, durch den ich auch diesen sende. Ich schrieb darin EE. HH., daß man sagte, die Franzosen wollten das Kastell Valleggio in ihre Hände bekommen, wofür sie dem Kaiser zu dienen haben[1] …

[1] Hier folgen vier Zeilen Chiffren, wozu der Schlüssel nicht gefunden wurde.

Gestern kehrten die zwei Botschafter zurück, von denen ich gesagt habe, daß sie von seiten dieser Stadt zum Kaiser gegangen waren. Sie haben Verona mit Hoffnung erfüllt, indem sie von seiten Seiner Majestät zu wissen getan, man solle guten Mutes sein; denn bald werde er mit einem sehr starken Heere hier sein, womit er in wenigen Tagen den Krieg endigen zu können glaube. Hierüber ist jedermann sehr vergnügt und in großer Erwartung. Sie melden, daß sie ihn zwischen S. Michele und Bozen verlassen, etwa achtzehn Miglien jenseits Trient. Zwar heißt es heute, er befinde sich zu Bozen und entwickle die größte Tätigkeit, alles zu tun, was er könne.

............[1]

Die Venetianer sind beschäftigt, in der Umgegend zu streifen und das Land aufzuzehren, während die Deutsehen für jetzt nichts tun, als die Stadt wohl zu bewachen. Der Großmeister ging dieser Tage nach Brescia zurück; jetzt, sagen sie, sei er nach Peschiera zurückgekehrt, man glaubt aus der oben erwähnten Ursache. Weiter habe ich nichts zu melden, außer mich EE. HH. zu empfehlen. Man hört, daß die Venetianer in allen Orten, deren sie sich bemächtigen, einen heiligen Markus malen lassen, der statt des Buches ein Schwert in der Hand hält. Es scheint, sie sind durch Schaden so klug geworden, einzusehen, daß zur Behauptung der Staaten Gelehrsamkeit und Bücher nicht hinreichen. *Valete.*

Ex Verona, die 7. Decembris 1509.

Ich vergaß EE. HH. folgenden Vorfall zu melden. Den 4. gegen zwanzig Uhr wollten einige Spanier in einer der Vorstädte von Verona, S. Zeno genannt, in ein Haus einbrechen. Während sich die Leute im Hause verteidigten, lief ein Mann aus der Vorstadt in einen Glockenturm und läutete Sturm, so daß die ganze Stadt die Waffen ergriff. Die Sache war gefährlich, denn es dauerte eine Zeitlang, bis man die Ursache des Tumultes erfuhr. Als man sie jedoch erfahren hatte, gab's Ruhe, und der Mann, welcher Sturm geläutet, wurde sogleich ergriffen und aufgeknüpft. Auf den Lärm marschierten die Deutschen auf,

[1] Vier andere Zeilen Chiffren.

worauf man denn sehen konnte, wieviel ihrer sind. Ich zählte achtzehn Fähnlein und ungefähr 300 Mann aufs Fähnlein. Beim Einrücken nach Stillung des Tumultes wurden diese Fußsoldaten in die Straße S. Stefano innerhalb der Stadt einquartiert, unterm Fort S. Piero, während sie zuvor außerhalb der Stadt einquartiert waren, wo sie ihre Quartiere leergegessen hatten. In Summa lebt man in dieser Stadt in großem Argwohn, besonders gegen die Einwohner der Landschaft. Alle Tage wird ausgerufen, daß sie zu einer festgesetzten Stunde vor dem Bischof erscheinen sollen. *Valete iterum.*

Servitor
Niccolò Machiavelli Secret.

ELFTER BRIEF.

Magnifici Domini etc.

Gestern schrieb ich EE. HH. meinen Letzten, der mit diesem kommt. Es ist noch nicht .... (Chiffren), daher kann ich EE. HH. nicht melden, wie die Sache gegangen ist. Wahr ist, daß man hier überall sagt, es sei übergeben. Anzunehmen wäre, daß er nicht lange mit dem Vorrücken zögern sollte, wenn er dieser Stadt Gutes erzeigen, seinen Soldaten Nutzen gewähren und den Feinden Schaden zufügen will. Denn es sind hier viele Truppen und kommen immer neue; gestern erst trafen etliche hundert gascognische Fußsoldaten ein, und die Spanier, welche hier liegen, haben Geld von Frankreich erhalten. So fehlt diesen Truppen nichts zum Vorrücken, als der Befehl. Daß dieser bald komme, ist, wie ich gesagt habe, notwendig; denn man hört, daß die Venetianer Verschanzungen anlegen und, wenn man sie machen läßt, wird es nach dem Ausspruch der Landeskundigen schwer werden, sie während des Winters in der Gegend von Vicenza zu beunruhigen. Es muß auch der Herzog von Ferrara nötig haben, daß die Venetianer von hier aus beengt werden, damit sie ihn nicht so mit Muße anfallen können, wie sie in den letzten Tagen getan. Hiervon ist hier jeden Tag anders geredet worden; da ich jedoch weiß, daß EE. HH. vom Gesandten des

Herzogs genau unterrichtet sind, will ich nicht weiter davon sprechen.

Heute abend habe ich mit jemand gesprochen, der von Bozen kommt, von wo er vorgestern abreiste. Er sagte mir, er habe den Kaiser in dieser Stadt verlassen, von wo derselbe, wie es geheißen, nach Innsbruck abreisen werde. Zu Trient sind die Fremden zurückgeblieben, welche dem Hofe zu folgen pflegen, mit dem Befehl, nicht abzureisen, sondern ihn dort zu erwarten, bis er es ihnen anders bedeuten werde.

Ich glaube, wenn Chaumont hierherkommt, wird ihn Francesco Pandolfini begleiten, der dann von den hiesigen Vorfällen EE. HH. in Kenntnis halten kann. So wird meine Anwesenheit dahier völlig unnütz sein, und auch dem Kaiser nach Innsbruck nachzugehen, wenn er sich auch nicht darum kümmern sollte, würde ohne Nutzen für EE. HH. sein. Man sieht aber, daß er niemand bei sich haben will, der ihn beobachte; und was die Zahlung betrifft, die zu leisten ist, so soll der Kaiser das Geld in Trient bezogen haben, und der, welcher die Anweisung hat, wird EE. HH. in Florenz besuchen. Demnach ist in jeder Hinsicht mein Verweilen überflüssig. Ich erwarte daher mit dem Nächsten Verhaltungsbefehle, und zwar mit Sehnsucht; denn seitdem ich von Florenz abgereist, habe ich noch keine einzige Nachricht erhalten. Empfehle mich EE. HH. *Quae bene valeant.*

Ex Verona, die 8. Decembris 1509.

Servitor
Nicollò Machiavelli Secret.

ZWÖLFTER BRIEF.

Magnifici Domini etc.

Ich schrieb EE. HH., außer den übrigen, am 2., 7. und 8., welche Briefe, da sie Giovanni Borromei noch nicht gesandt, mit diesem kommen.

Den 9. kehrte der Beauftragte des Bischofs von Valleggio zurück und meldete, er habe diesen Ort den Franzosen übergeben unter dem Versprechen, ihn auf die erste Aufforderung des Kaisers zurückzugeben. Er hat zwei Inventarien des vorhandenen Geschützes und der Munition gemacht, wovon er eines den Franzosen gelassen, das andere mitgebracht hat. Es werden jetzt die Franzosen zum Ausmarsche gedrängt, welche antworten, sie warteten nur auf Fußvolk und gewisse Vorrichtungen, die sie zum Transport des Geschützes machen lassen. Ferner habe ich von guter Hand, daß sie, um Verona mit größerer Sicherheit in ihrem Rücken zu lassen, eines von den Forts wollen, und daß ihnen der Bischof die Zitadelle übergeben wird.

Damit EE. HH., wenn in der Folge von Verona die Rede ist, besser alles verstehen, bemerken dieselben, daß Verona viele Ähnlichkeit mit Florenz hat. Seine Mauern umfassen einen Teil des Abhanges, und der Etschfluß, welcher aus den Gebirgen Deutschlands kommt und sich dem Gardasee nähert, dehnt sich nicht durch die Ebene aus, sondern windet sich links hart am Fuß der Berge hin und teilt Verona so, daß ein Teil der Ebene mit dem ganzen Abhang jenseits der Etsch gegen Deutschland zu liegt, und der ganze Rest der Stadt gegen Mantua diesseits der Etsch. Vor der Stadt verläßt sodann dieser Fluß die Berge und richtet sich durch die Ebene gegen den See. Verona hat auf dem Berge, sozusagen am Tor S. Giorgio (in Florenz), ein Fort, S. Piero genannt. Dann höher hinauf, vom ersten zwei Armbrustschüsse entfernt, auf dem Gipfel der Anhöhe, hat es ein zweites, S. Felice genannt. Beide Forts haben deutsche Besatzung. Nach ihrem Verlust würde Verona sich kaum mehr halten können, allein sie sind sehr fest, mehr durch die Lage, als durch die Mauern. Auf der Seite diesseits der Etsch gegen Mantua zu, wo es, wie ich gesagt, eben ist, liegen zwei Werke, eins gegen Peschiera, welches die alte Burg heißt, das andere gegen Vicenza, welches die Zitadelle heißt. Ihre Entfernung voneinander beträgt drei Armbrustschüsse. Die Stadtmauer, welche sie verbindet, bildet einen Halbkreis, welcher nach außen vorspringt. Überdies geht im Innern eine gerade Mauer von der alten Burg zur Zitadelle, auf beiden Seiten mit sehr großen Gräben versehen. Zwischen diesen beiden Mauern und den beiden Werken stehen mehrere Häuser, die mit dem ganzen eingeschlossenen Raume die Vorstadt S. Zeno genannt werden.

In dieser Vorstadt ist ein Teil der Franzosen einquartiert, und damit nicht zufrieden, haben sie noch die Zitadelle gewollt, wo die Spanier einquartiert waren. EE. HH. sehen nun, von welchem Teile von Verona die Franzosen Herren sind. Die Edelleute sind des Sinnes, den ich früher EE. HH. geschrieben. Sie halten ihre Lage für schlimm und fürchten noch Schlimmeres, da sie sehen, daß der Wille der beiden Fürsten veränderlich ist, während die Venetianer aufwachen und das Land für dieselben Partei nimmt. Sie beschäftigen sich daher angelegentlich, ihr Vermögen, ihre Weiber und Kinder aus Verona zu schaffen und nach Mantua zu bringen, doch leben sie noch der Hoffnung, Chaumont werde kommen, der, wie ich oben gesagt, Fußvolk und Artillerie erwarten, und dann unverzüglich kommen soll.

Ich schrieb EE. HH., daß ich gehört, der Kaiser sei von Bozen nach Innsbruck abgereist. Später erhielt man hier sichere Nachricht, daß er zu Augsburg einen Reichstag halte, um nächstes Frühjahr gerüstet zu sein, seine Schuldigkeit zu tun. Auf diese Nachricht sind alle dem Hofe folgenden Männer, die in der Ungewißheit, wo sie ihn finden würden oder was sie zu tun hätten, zu Verona waren, nach Augsburg abgereist. Als ich dies sah, hielt ich für zweckmäßig, hierherzugehen, wo ich gestern ankam, um an EE. HH. einen Kurier mit Post abzufertigen, wozu ich, denselben die Kosten zu ersparen, meinen Diener Marcone verwende, damit mich EE. HH. durch diesen benachrichtigen, was sie wollen, daß ich tue. Von den Vorgängern EE. HH. nämlich wurde mir mündlich gesagt, daß ich nach Florenz zurückkehren solle, wenn der Kaiser nach Deutschland ginge. Trotzdem will ich gleichwohl den Beschluß derselben hören. Zwar bitte ich, mich abrufen zu wollen; denn nach Augsburg gehen, um den Beschluß des Reichstages zu hören, ist nicht sehr nötig, weil dieser keine anderen Folgen haben wird als die früheren. Dann ist es dem Kaiser nicht angenehm, wie den anderen Fürsten, Gesandte von anderen Mächten bei sich zu haben; und so entläßt er sie entweder oder verweist sie an einen anderen Ort, mit dem Befehl, nicht ohne seinen Willen abzureisen. Man sieht, daß er alle fremden Diplomaten in Trient gelassen hat, mit dem Befehl, nicht von dort abzureisen. Was das Hierbleiben betrifft, um diese Angelegenheiten zu erfahren, so ist auch dies nicht nötig, da Francesco Pandolfini, indem alles durch die Hände Chaumonts geht, Euch früher und besser darüber berichten wird als jeder andere. Ich bitte daher nochmals, mich abrufen zu wollen. EE. HH. können mich dann immer, wenn der Kaiser zurückkehrt oder aus anderer Ursache, wieder hierher reisen lassen. Sollten jedoch dieselben anders beschließen, so senden sie mir mit gegenwärtigem Überbringer, Marcone, den Kurier Ardingo, weil ich einen Mann brauche, der das Land kennt und damit ich eine Depesche abfertigen kann, nachdem der Beschluß des Reichstags erfolgt ist. Früher könnt Ihr keine Briefe erwarten noch erhalten, wenn nicht EE. HH. die Kosten daran wenden wollen, Kuriere nach allen Richtungen abzusenden, wie sie zur Zeit Francesco Vettoris taten. Ferner senden sie mir soviel Geld, daß ich wenigstens zwei bis drei Monate lang mit drei Pferden zehren kann, die wir haben werden, und auch um ein Pferd vertauschen zu können, wenn mir eines unbrauchbar würde; denn in jenen Städten findet man niemand, der einem mit einem Soldo diente. Von neuem empfehle ich mich EE. HH. und bitte sie, mir zu antworten und Marcone unverzüglich zurückzuschicken. Ich vergaß zu sagen, daß mir von den fünfzig Dukaten, die ich in Florenz erhielt, nur noch acht bleiben, welche meine ganze Barschaft ausmachen. *Valete.*

In Mantua, den 12. Dezember 1509.

Servitor
Niccolò Machiavelli Secret.

Dreizehnter Brief.

Magnifici Domini etc.

Durch meinen Diener Marcone schrieb ich den 12. an EE. HH. und erwarte hier Antwort. Heute ist Zerino von Brescia zurückgekehrt, und man hört, der Großmeister werde nächsten

Mittwoch nach Mailand abreisen. Dies ist völlig das Gegenteil von dem, was man glaubte, als ich von Verona abreiste. Es scheint, die Dinge werden nicht mit der Energie betrieben, die nötig wäre, da weder der Kaiser, noch der Großmeister hier ist. Ich weiß nicht, wie ohne einen von beiden ins Feld gerückt werden sollte; ebensowenig weiß ich, wie sie, ohne auszurücken, lange in Verona bleiben können. Zuviel Truppen werden dort Hungers sterben, wenige werden tausend Gefahren ausgesetzt sein. Der Aufenthalt in Verona ist demnach nicht gar sicher, wenn die Dinge zu fürchten sind, von denen EE. HH. in ihren Briefen vom 8. und 9. sagen, daß sie wohl zu fürchten seien. Gleichwohl bin ich bereit, an jedem Orte zu verweilen, und erwarte Antwort von EE. HH., was ich zu tun habe. Bei der Ankunft Zerinos dürfte Marcone noch nicht abgereist sein; dieselben können deshalb von neuem beschließen, wie sie wollen, daß ich mich verhalte, denen ich mich empfehle.

Ex Mantua, die 16. Decembris 1509.

Servitor
Niccolò Machiavelli Secret.

Veit Valentin
Geschichte der Deutschen
Erhard Klöss
Deutsche Geschichte 1945–1993

Veit Valentin (1885–1947) gilt als einer der bedeutendsten deutschen Historiker dieses Jahrhunderts. Diese Darstellung, die bei aller wissenschaftlichen Genauigkeit in einem leicht verständlichen und lebhaften Stil abgefaßt ist, reicht von den Anfängen der deutschen Geschichte – von der Auflösung des Frankenreichs – bis zum Ende des zweiten Weltkrieges. Ergänzt wurde das Werk um die Jahre 1945 bis 1993 von Eberhard Klöss. Der bekannte Historiker aus Frankfurt am Main zeichnete die neuere deutsche Geschichte nach: von der bedingungslosen Kapitulation des Deutschen Reiches 1945 bis zu den Folgen der Vereinigung von BRD und DDR zur Bundesrepublik Deutschland in den 90er Jahren.

864 Seiten, geb., ca. 150 sw-Abbildungen,
Lizenz: Verlag Kiepenheuer & Witsch.
(Originalausg.: DM 68,–) Sonderausgabe: DM 29,95
ISBN 3-88059-966-3

Ludwig von Brunn (Hg.)
Ars Erotica

„Ars Erotica" ist eine kultur- und gesellschaftlich bedeutende Veröffentlichung zu einem Thema von höchstem Reiz. Erstmals sind die im Auftrag reicher Gönner und anonymer Verleger geschaffenen Werke der großen Kupferstecher des achtzehnten Jahrhunderts nicht nur begüterten Sammlern sondern allen Liebhabern erotischer Kunst in einem Band zugänglich.
Das Werk enthält 824 der besten Arbeiten großer französischer Kupferstecher. Das Schönste aus den Schätzen öffentlicher und privater Bibliotheken wurde hier veröffentlicht – versehen mit bibliographischen Notizen in drei Sprachen: Deutsch, Englisch, Französisch.

576 Seiten, geb. m. SU, 32 Seiten mit vierfarbigen Abb.,
544 Seiten mit sw-Abbildungen.
DM 49,90
ISBN 3-88059-959-9

John McManners (Hg.)
Geschichte des Christentums

Die Geschichte des Christentums von seinen Anfängen vor 2000 Jahren und den Jahrhunderten der Verfolgung über den Aufstieg zur Weltreligion bis zu den brennenden Fragen der heutigen Zeit.
In diesem opulent illustrierten Werk wurde von einem internationalen Team von Wissenschaftlern eine umfassende Darstellung der christlichen Religion erarbeitet. Es umfaßt alle historischen Epochen und Schauplätze der Völker und Kulturen, in denen die sozialen, politischen und kulturellen Auswirkungen des Christentums eine prägende Kraft hatten und noch heute haben.

744 Seiten, geb. m. SU, 200 farbige und 344 sw-Abbildungen,
Register und Zeittafel,
Lizenz: Campus Verlag.
(Originalausg.: DM 198,–) Sonderausgabe: DM 49,90
ISBN 3-88059-957-2

PARKLAND

Bertrand Russel

Philosophie des Abendlandes – Ihr Zusammenhang mit der politischen und der sozialen Entwicklung

Das berühmte Standardwerk des Nobelpreisträgers für Literatur. Dieses Werk unterscheidet sich von einer üblichen Geschichte der Philosophie, indem es die gewohnten Bahnen einer nur historisch-respektvollen Schau verläßt und jeden Gedanken im Zusammenhang mit seinen politischen und gesellschaftlichen Grundlagen behandelt. Bertrand Russels „Philosophie des Abendlandes" ist das Werk eines hervorragenden Erzählers mit einem untrüglichen Blick für das Einzigartige, der die realen Bezüge des Denkens nie aus den Augen verliert.

„Was die Tradition betrifft, so steht ein Philosoph wie Russel, der gerne allen, die da lesen und zuhören wollen, das von ihm erworbene Wissen vermitteln möchte, der großen alten philosophischen Tradition näher als die geheimnistuerischen Fachleute, die nur mit anderen geheimnistuerischen Fachleuten verkehren und Probleme lösen, die außer ihnen kein Mensch versteht."

J. B. Priestley

856 Seiten, kartoniert, Lizenz: Europa-Verlag.
(Originalausg.: DM 98,–) Sonderausgabe: DM 29,95
ISBN 3-88059-965-3

Georg Ifrah
Universalgeschichte der Zahlen

Die großartige Kulturgeschichte der Zahlen. Das Standardwerk zur aufregenden Entwicklungsgeschichte von den ältesten Rechenverfahren und Ziffernsystemen bis zur modernen Zahlenschrift. Dieses reich illustrierte Buch erzählt eine Geschichte der Menschen aller Erdteile, die schon immer gezählt und gerechnet haben.

„In der Weltliteratur dürfte es kein so ausführliches und zugleich unterhaltsam geschriebenes Werk über die Kulturgeschichte des Zählens und der Zahlensymbole geben wie dieses Buch.“

Die Zeit

600 Seiten, geb., 797 sw-Abbildungen,
Register und Zeittafel, Lizenz: Campus Verlag.
(Originalausg.: DM 78,–) Sonderausgabe: DM 29,95
ISBN 3-88059-956-4

PARKLAND

Harald Haarmann
Universalgeschichte der Schrift

„Durch die reiche Illustrierung und kulturgeschichtliche Kommentierung wird auch die Darstellung des langen und verschlungenen Weges von den Vorstufen der Schrift über die ersten logographischen Systeme zu den phonographischen Formen, die in den modernen Alphabetschriften gipfeln, zu einer kurzweiligen, mitunter spannenden Lektüre."
Frankfurter Allgemeine Zeitung

Die Vielfalt der Schriftsysteme vergangener und existierender Völker der ganzen Welt werden in diesem Buch dokumentiert. Es ist das Standardwerk zu allen bekannten Schriftsystemen, in denen sich die historische und kulturelle Identität der Völker widerspiegelt.

„Ohne Umschweife: mit seinem Erscheinen ist es zum Standardwerk geworden, das bei allen Theorien und Reflexionen zur Funktion der Schrift zur Hand sein sollte."
Süddeutsche Zeitung

576 Seiten, geb., ca. 800 sw-Abbildungen, Register,
Lizenz: Campus Verlag.
(Originalausg.: DM 78,–) Sonderausgabe: DM 29,95
ISBN 3-88059-955-6

PARKLAND